2024年山西省长城保护传承利用重点项目

忻州长城研究成果汇集

第一至五届中国长城论坛获奖论文选

杨峻峰 主编

燕山大学出版社
·秦皇岛·

《忻州长城研究成果汇集》编委会

竭力打造长城研究学术高地（代序）

杨峻峰

一

　　山西是中国的长城大省，忻州是山西的长城大市。忻州长城是万里长城中非常重要的点段，忻州全市 14 个县（市、区）全部拥有长城资源，是全省长城分布最广的地级市。忻州长城的修筑时间纵贯战国、秦、汉、北魏、东魏、北齐、北周、隋、宋、辽、明、清 12 个朝代，在全国长城界占据多项第一和唯一。忻州长城历史跨度之长，朝代之多，体量之大，形制之丰富，风格之多样，文化之深厚，地位之崇高，皆为全国罕见，是中国长城的精华、长城文化的教科书，是一座天然的长城博物馆。

　　忻州长城是一座宝库，不仅是旅游资源的宝库，更是一座历史文化的宝库、一座学术研究的宝库。在 20 世纪 80 年代初的国家长城资源调查中，有情怀的忻州长城人就开始积累资料和定点研究。90 年代初，一些被长城感动的忻州人士开始着手研究忻州长城，在报刊上零星发表长城文章。2001—2003 年，《忻州日报·教育周刊》连载了 100 多篇忻州长城考察文章，将长城知识送进校园，热爱长城从娃娃抓起，这一系统性的长城研究和传播在全市引起很大轰动，在全国长城界亦有反响。2004 年 3 月，忻州的长城研究者以中国长城专家的身份参加了由中国、埃及、挪威、土耳其等国家联合举办的"世界文化遗产与可持续发展备忘录"的签约仪式，受邀出访了埃及和土耳其。虽然是一次随行性的出访，但充分说明忻州长城的魅力，忻州长城人的研究成果已经得到中国长城学会的认可，并逐步走向全国，走向世界。2014 年，忻州市长城学会创办了会刊《长城爱好者》，给忻州长城人提供了研究成果的展示平台，对内起到练兵和激励作用，对外展示了忻州长城人的学术风采。

　　中国长城学会从 2008 年到 2023 年，共主办了五届中国长城论坛，忻州长城人一届也没有缺席，忻州长城研究成果源源不断。2008 年的首届论坛在北京市昌平区隆重举行，许嘉璐会长、罗哲文副会长亲临大会。忻州长城人的论文受到高度重视,并在开幕式被分享交流。因为主题宏大,论据充分,反响很大,论文和作者被北京晚报等多家媒体采访报道。第二届论坛于2020年在甘肃敦煌举行,忻州三位长城人在大会发言,介绍了偏头关、雁门关的旅游开发,将长城研究的触点放到开发利用上,充分体现忻州长城研究的社会价值,忻州的长城研究已经提升到服务社会的高度。2021年,第三届中国长城论坛在河北省秦皇岛举行,受疫情影响,改为线上举行,忻州长城人成果丰硕,获奖论文颇多,其中获得一等奖1篇,二等奖1篇,三等奖2篇,优秀奖2篇,一、二等奖作者皆在线上发言。忻州长城论文的学术价值和演讲效果获得线上参会者的广泛好评,会后许多省市的同人纷纷向学会索求演讲课件。2023年4月,第四届中国长城论坛在内蒙古乌兰察布市举行,忻州长城论文获得三等奖7篇,优秀奖15篇。忻州长城人雄厚的学术研究实力,得到中国长城学会的高度赞赏。2023年,中国长城学会拟办第五届中国长城论坛,忻州市长城学会勇敢地向中国长城学会和市政府递交了主办论坛的申请,经过认真考察和研究,中国长城学会和市政府同意此项申请。面对家门口举办的论坛,学会自己承办的论坛,忻州长城人更是大显神威。据统计,忻州人写、写忻州的长城研究文章获奖多达42篇,其中一等奖1篇,二等奖2篇,三等奖5篇,优秀奖34篇。这一丰硕成果,充分说明忻州长城的强大魅力和研究价值,也充分证明忻州长城人的研究实力和学术水平,一个地级市的长城论文在国家论坛上一次获奖42篇,在全国范围内暂未出现。

在中国长城学会主办的高规格的五届论坛之外,忻州长城人竭力打造学术研究的高地,放眼全国,遍地开花。2017年5月,忻州长城人赴北京参加了纪念"中国长城学会成立30周年暨长城列入世界自然与文化遗产名录30周年"庆祝活动,并作为唯一的基层代表作大会发言。忻州长城人还在上海、北京等地参加了中国文物保护基金会主办的"社会力量参与文物保护论坛",其中在上海"新形势下的文物保护社会组织创新发展"论坛上作大会发言。在中国长城学会、文明杂志社于北京八达岭举办的中国长城文化研讨会,忻州市长城学会共有4人发言。2019年,中国长城研究院成立时,忻州多位长城人参加大会,并有2人被聘为研究员。在内蒙古自治区、北京延庆、陕西榆林、山西大同、内蒙古呼和浩特、河北秦皇岛等地主办的长城学术论坛上,都有忻州长城人的声音。

二

忻州的长城研究能够取得如此成果,主要来源于忻州长城人对忻州长城发自内心的感动。没有这些感动,就不会从无声的形体上引发学术共鸣,就没有足够的动力搭建这座长城研究的殿堂。

忻州长城的文化魅力是引发感动的来源。忻州长城是一座开掘不完的富矿,它是军事的长城、文化的长城、艺术的长城、商贸的长城、民族交融的长城。只要走近忻州长城,就会收获一种特殊的感动。不论从哪一角度审视,都会被动人的故事与精美的看点感染。比如雁门关,从西周设关到汉代名将镇守,从宋辽的九军防务到明代的三关固险,无不引领中国长城文化的高度。"天下第一雄关""万里长城第一关""九塞尊崇第一关",这个"第一"的破题就需要第一流的研究者面对和把握。我们陶醉在宛若游龙的边城上,那一层层不同颜色的夯土就是一页页浑厚的史书。那令人费解的刁口、暗门、帮城、悬楼,就是给我们列出的一道道难解的命题。翻开典籍,有关忻州长城的记载是相当的繁杂,每一章、每一句都是引发研究的切入点。俗话说半部宋史写在雁门关,品读《续资治通鉴长编》的大臣奏章,享受血雨腥风的忻州故事;查阅《九边图说》及关志、府志、州志,满目皆是忻州大地修边筑城的信息资料。即使阅读文学著作,也到处有发生在忻州大地的长城故事,隋唐演义、金庸小说……随便翻开一页,就会升华为一篇颇有意义的学术论文。再从长城诗歌的角度吟诵忻州长城,从汉代张衡的"我所思兮在雁门"到南北朝庾信的"南思洞庭水,北想雁门关";从唐朝李贺的《雁门太守行》到明朝多位三关守将的《巡边》诗作,行行诗句垒筑成长城研究的基石。史籍珍存的古人吟诵忻州长城的诗歌有上千首,鲍照、江淹、骆宾王、卢照邻、杜审言、陈子昂、崔颢、王昌龄、李白、岑参、刘长卿、范仲淹、司马光、苏轼、苏辙、黄庭坚、萨都刺等等名家都为忻州长城创作了名篇。

　　长城学会的艰辛努力是引发感动的向心力。早在1999年,忻州市开始筹建长城学会,中国长城泰斗罗哲文题写了会名。2009年,忻州市长城学会登记注册,这是全国长城界成立最早的地市级学会。15年来,学会致力于四方面的工作:一是培养人才,壮大队伍;二是组织考察,发力研究;三是弘扬正义,保护长城;四是服务地方,助力开发。由刚开始的长城人单枪匹马考察,到现在近四百名会员的团队作战,学会启蒙指导,出课题,指纲要,引导会员立足忻州长城研究保护的紧迫性,扛起忻州长城人的责任与担当,提升写论文的动力和质量,鼓励和表彰学术研究的先进。特别是在国家级学会每次发出举办论坛的通知以后,学会都及时发文转载,将信息传递给每位长城人,并时常督导,协助破题,将忻州的长城研究成果以获奖论文的形式奉献给社会,服务社会。忻州长城人具有问题意识,考察了史书记载不明但重新发现的点段,还有史书虽有记载但国家文物普查尚未发现的点段,市长城学会组织有识之士进行辨析论证,为长城正名。如史书上没有记载定襄县有长城,我们组织人马反复寻找考察,终于找到了古堡和烽燧,填补了中国长城界的空白。这些年,市长城学会在岢岚宋长城、宋辽界壕、清代长城,偏关县的护水长城,原平市的四十亩地火烧长城、三关砖窑群等遗址的发现、考察和认定上作出巨大的努力,为文物部门提供了数据,为地方政府的长城旅游开发提供了翔实资料,应当是中国长城研究的重大成果。2018年,忻州市长城学会主办了首届"雁门杯"长城研究有奖征文活动,不仅将忻州长城研究辐射到全国,而且大大推动了忻州长城研究。这两年又连续主办了宋辽长城方面的学术研究论证会,在全国长城界颇有影响。

学会会员的敬业奉献是引发感动的原动力。第一至五届中国长城论坛,忻州长城人有72篇论文获奖,涉及作者55人。学会将这些获奖论文汇编成集,既是忻州长城人丰硕研究成果的展示,更是庞大学术团队的展示。可以自豪地说,在中国大地上,一个地级市能有如此雄厚的长城研究实力,可谓屈指可数,难能可贵。从厚厚的文集中,可窥视到忻州长城人坚实的长城研究足迹。多少年来,忻州长城人本着对长城的敬畏与感动,踏荒野,披荆棘,点青灯,阅黄卷,翻史书,对遗迹,一段一段勘踏,一点一点考证,一寸一寸研究,发现普查未见的点段,探究前人未定论的观点,最终形成著述和论文,直至延伸于长城的保护开发和利用。由忻州长城人主持和参与协助的雁门关旅游景区的开发复修,助推了该景区跻身国家5A级景区行列,老牛湾古堡、红门口地下长城的开发建设迈入国家4A级景区行列,还有偏头关长城博物馆的建设、黄河边的维修、《忻州市长城旅游规划》的编制、《忻州市长城保护条例》草案的撰写,无不彰显出忻州长城人的智慧和贡献。讲到此,著述论文也好,景区修复开发也好,有文字的、没文字的,有形的、无形的,都渗透了忻州长城人的心血和汗水。现在忻州长城人出版的长城研究方面的著作多达数十部,真可谓成果丰硕。

三

忻州长城人能够取得如此丰硕的研究成果,其最强的助推力是各级领导的重视与支持。早在2006年6月,忻州长城人因为保护研究长城有功,被中共山西省委宣传部、山西省文物局授予"山西省文物保护模范"光荣称号。2009年6月,忻州长城人又被忻州市人民政府授予"忻州市义务保护文物模范"光荣称号。这两次受奖,从省里到市里,在文物保护表彰先进上首先能考虑到长城人,体现出对忻州长城的高度重视。在2024年的"长城两边是故乡"文化旅游季开幕式上,隆重表彰了十位"长城卫士"。

2009年,忻州市长城学会成立时,市委、市人大领导亲临大会指导。2015年8月,新一届市委领导上任,主要领导经常召集市长城学会人士座谈,探讨有关忻州长城的学术问题,还专门召开规模较大的忻州长城专题讨论会,要求摸清忻州长城的家底,为市委、市政府发展长城事业做出决策依据。

2015年12月底,中共忻州市委三届七次全会召开,工作报告发前人未发的观点让忻州人耳目一新:忻州有五台山和长城(忻州段)两处世界遗产,发展文化旅游业怎么干,就是要叫响世界品牌,做好龙的文章,讲好忻州故事。要"舞龙身",长城精华在忻州,以平型关、雁门关、宁武关、偏头关长城为龙身,提升各类景区的文化内涵、服务能力和市场竞争力,打造忻州文化旅游业的新优势。这是忻州市委第一次在工作报告中将长城的价值提升到一个新的高度。就在这次全会上,通过了《忻州市国民经济和社会发展"十三五"规划纲要》,将长城内容写进规划,同时给忻州市的长城研究列出重要课题。同年11月27日,忻州市民营经济发展推进大会召开,市领导在讲话中向民营企业家阐述了长城保护和开发利用的观点:要理直气壮地打出长城世界文化遗产牌,发展我们的美好家园。2017年2月16日,市委召开了全市长城公园和特色小镇规划投资座谈会。3月26日,市委又召开了长城(忻州段)保护开发座谈会,议定下一步长城保护开发方面的7项工作。

忻州市委、市政府基于对长城事业发展的高度重视,将中华长城博物馆的国家项目争取到忻州。本届市委、市政府在长城博物馆建设的各个环节上呕心沥血,从工程建设、内部展陈,到工程进度、施工质量等方面事事过问。市委书记、市长亲自参加展陈方案论证会,严格审核把关,坚持学术至上,一心想建成全国最好的长城博物馆,彰显着市领导对长城事业的情怀和热爱。

2023年,忻州市委、市政府和中国长城学会共同主办了第五届中国长城论坛,市领导对各个重要节点亲自把关,提出意见,作出指示,从财物上给予大力支持,全力推动。论坛的成功举办,给参加论坛的全国长城人以很大的震撼,大家都感受到忻州重视长城真正上升到一个高度。朱晓东书记在致辞中引用了市长城学会对忻州长城的考察研究观点,同时对市长城学会在长城保护、长城研究方面的成绩给予充分肯定,给忻州长城人以极大的鼓舞和鞭策。2024年全国"两会"期间,市长李建国在人代会上大力推介忻州长城,全国六家省级报纸隆重刊登了李建国市长的推介词,这大大提高了忻州长城的知名度。2024年7月,忻州市委、市政府再次举办了"长城两边是故乡"文化旅游季,长城成了忻州振兴发展的名片和突破口。

忻州市委、市政府对长城事业的支持,重点体现在对具体研究项目的支持上。前些年,市委支持编印《忻州长城》图册,市委书记李俊明九次审阅文稿,不断提出修改意见。2023年,市政府支持学会出版《忻州长城研究成果汇集——第一至五届中国长城论坛获奖论文选》和《忻州长城概览》,山西省委宣传部还将这两部书稿的出版列为2024年的重点工程项目。市委宣传部曾支持学会出版长城研究论文集《叩响雁门》。忻州文化研究院内部成立长城文化研究所,聘请长城学会会长为名誉所长,在研究项目上给予很大的支持与配合。

这些年来,基层县市对长城事业越来越重视,偏关、河曲、原平、保德、宁武、神池等县市相继成立了市学会的分支机构,承办了全市的长城论坛。近年来,忻州长城人被推选为市县两级人大代表和政协委员的近60人,市长城学会有10余名理事先后被选举为市政协常委,会长被任命为市政协文史委兼职副主任。河曲有11人成为县人大代表或政协委员;偏关有6人被推选为县政协委员,1人被推选为县政协常委、市政协委员;宁武有2人当选为县人大常委;岢岚、静乐各有4人被吸收为县政协委员。作为热爱长城、研究长城的人士,能够得到如此的政治待遇,不仅是对长城人辛勤付出的充分肯定,更是对忻州长城事业长足发展的有力支持。

四

2024年,对忻州长城人来说又是一个丰收年,不仅在国家级出版社出版两部大型文集,而且在中国长城学会筹备的第六届长城论坛中又推荐了数十篇论文,应当能获得许多奖项。学会还和市文旅局合办了"宋辽长城与忻州文化"学术研讨会,收获颇丰。可以说,这段时间我的心一直在感动着,这两部文集既是对前一段历史的总结,又象征着一个新时代的开启。

1991年3月,我到嘉峪关考察,恰巧在卧铺车上遇到中国长城博物馆的高凤山馆长,在从西安到嘉峪关三天四夜的漫长旅程中,他给我讲述了许许多多的长城知识和研究方法。记忆犹新的是,他告诫我:"暂时不要到全国各地乱跑了,你回去抓住山西长城不放,坚持数年,定有成就,定是专家。"我当时认为他的观点不一定正确,研究山海关、嘉峪关、八达岭多好,总比研究山西的土长城有价值吧。但当我返回忻州后,反复咀嚼高馆长语重心长的话语,最后慢慢地将考察的重心转移到山西长城上来,越来越感觉到山西长城真是厚重,真是伟大。全国15个省(自治区、直辖市)分布有长城,建筑的外形各有千秋,但是其他地方的长城有山西长城特别是忻州长城的战事、文化、商贸、民族交融的内涵吗?1995年,我在高凤山、高旺二位师长的推荐下加入了中国长城学会,那时我是忻州地区唯一的会员。发展到现在,忻州市有国家级会员数十名,让我看到忻州长城研究的希望。但我作为忻州市长城学会的会长,真感到犹如丘山的压力。2024年的所有成就是一座里程碑,已经成为历史,如何走好下一步,如何持续出新再创辉煌,并非易事。现在的长城研究不再是单枪匹马出于爱好随便地走走看看,因为时代发展的需要,长城旅游开发的需要,地方经济社会发展的需要,长城博物馆建设完善的需要,长城保护刻不容缓的需要,我们长城人必须更多地参与和奉献,分享我们的数据,表达我们的观点,提供我们的考证,发出我们的声音。我深信,有这么一支已经趋于成熟的研究团队,加上市委、市政府对长城事业的重视,我们面对的道路并不曲折,前途定会光明,成果定会辉煌!

2024年7月

目　录

文 化 与 精 神

保 护 与 开 发

考 证 与 研 究

文化与精神

Culture and Spirit

长城文化"走西口"的历史内涵及现实意义

杨峻峰

一、走西口与忻州人走西口

"走西口"是典型的长城文化,是近代中国与闯关东、下南洋齐名的三大移民运动之一,是中国近代史上最著名的五次人口迁徙事件之一,从明朝初期到中华人民共和国成立长达580多年历史中,无数山西人、陕西人、河北人翻过长城,背井离乡,通过移民和半移民的方式,经历着一场波澜壮阔的北上草原部落求生存、创新业的移民生产过程,也是晋中、晋北商人跳过长城到达草原部落开拓商业、流通货物所进行的经济行为。"走西口"是一部辛酸的移民史,是一部艰苦奋斗的创业史,也是长城内外的民族融合史,更是一场交织着艰难与成功、融合着民族团结与开拓创新的时代精神的伟大实践。这一伟大创举,保证了华北、西北穷困地区农民的正常生存繁衍,打通了中原腹地与内蒙古草原的经济和文化通道,沟通了长城内外的文化,开发了内蒙古地区,带动了中国北部地区的繁荣和发展。

伴随着"走西口"移民的进程,长城外的内蒙古地区以传统单一的游牧社会演变为旗县双立、牧耕并举的多元化社会。在这一演变过程中,作为移民主体的山西移民作出了极大的贡献。由于山西移民在整个移民人口中的比例占绝大多数,因而当地的移民文化更多地富有晋文化的特色,也可以说是晋文化在这一地区的扩展。

在山西人占绝大多数的走西口移民大军中,忻州人是当之无愧的先驱和主力,走西口也因此成为忻州近现代史册中极其辉煌的篇章,给后人留下一笔极为珍贵、丰硕、厚重的文化财富和精神遗产。

浩浩荡荡的走西口大军的成员分两大部分:一是农民走西口,这是走西口大军中的绝大部分,他们走西口的目的是逃离饥荒,脱离贫穷,寻找生存。二是商人走西口,他们走西口的目的是流通货物,开创新业,赚取最大利润。哪里能养活人到哪里,多数开始了移民迁徙的过程。以扩大再生产为目的,一要精明挣钱创产业,二要光宗耀祖保产业,多数是既在口外发展产业,又要在山西建设家乡,属于半移民状态,如平遥、祁县的大商户。

忻州的走西口大军中,农民走西口和商人走西口两种类型都有,河曲、保德、偏关三县是以农民走西口为主,忻州、定襄、原平、代县、宁武是以商人走西口为主,其中宁武是"走东口",到内蒙古海拉尔地区行商。五台、繁峙是既有农民走西口,又有商人走西口。五寨、岢岚、静乐三县有少量农民走西口。神池县因土地宽广且又肥沃,能够解决温饱问题,农民中没有走西口的,只有个别商人走西口。

二、"走西口"的起止时间

晋冀陕三省北部的汉人北上内蒙古,或开荒种地,或经商做买卖,是从什么时间开始的?学术界有两种说法。

一是发端于明洪武初年(1368)的《开中法》的实行时间。据《明史·食货志》记载,洪武三年(1370)六月,山西行省上言朱元璋,称大同边防部队的储粮不足,军粮要从山东省的长芦、陵县运至山西雁门关外的马邑县(朔州)和关内的太和岭口,路途险远,运费高昂。建议让商人们拉上粮食,送到大同镇(驻大同)和山西镇(驻偏关)的国防仓库。大同镇路远,交米一石,给淮盐小引票一张。山西镇路近,交米一石三斗,给淮盐小引票一张。商人们运粮到边防,可以得到紧俏商品的盐引,有了盐的经营权,就可得利,这样动用了社会力量,国家不用出运费,既解决了边防的粮食短缺问题,又保证了盐的有计划流通,国家有利,商人有利。朱元璋一看这个建议利国、惠商、便民,十分高兴,很快下旨批准在全国推行这个办法,这个办法就称为《开中法》。从此,各边防重镇盘活了商人手中盐、粮和边防的军储供应的关系,盐的运销与军需供应相辅而行,有机地结合在一起。《开中法》的推行解决了边防的粮食问题,边防粮食吃紧,长城内的临边地区随之粮食吃紧,于是一些长城内的农民开始到长城外开荒种地,这就是"走西口"的雏形。

二是从"康熙开边"开始。明朝的形势是蒙古人经常侵扰内地,而不是内地人到蒙地谋生。因此明王朝为了防御蒙古部落劫掠,最初修筑了外边长城,从嘉峪关到山海关,一直修到辽东。后来在嘉靖年间,又修了内长城,从偏头关丫角山到北京居庸关。明朝灭亡,清朝建立,最初实施的是蒙汉隔离政策,严禁蒙汉接触,于是沿长城北侧划出一条约50里宽的隔离带,名为"禁留地",蒙人不能到此放牧,汉人不能进入种田。

康熙三十六年(1697),清王朝第三次征剿噶尔丹叛乱,康熙皇帝亲自督军,经神池,到保德,过黄河,沿府谷县的长城一线进入宁夏。康熙接见沿途百姓时发现了百姓的穷苦,同时沿路官民都是请求放开禁令,让皇帝同意长城内的汉人到长城外边的"禁留地"开荒种地。于是康熙皇帝现场下诏,允许附近边民进入蒙地开垦"禁留地",并规定有沙处开放30里,无沙处开放20里,史称"康熙开边",此为汉人进入蒙地之始。此禁一放,长城内紧靠长城的县的农民捷足先登,到长城外开荒,这样就有了河曲、保德、偏关县的农民走西口一说。

到了乾隆年间,垦殖地一再向北扩展,逐步蚕食,到乾隆八年(1743),"禁留地"全部解禁,给更多的口里人走西口提供了土地与物质上的可能。到了嘉庆年间,鄂尔多斯地区的蒙古王爷们为了获取地租,将私自圈住的草原悄悄地租给内地的汉人开垦耕种,收取租金。最初朝廷会干涉,后来管不过来也不管了,使得走西口的民众向内蒙古西部地区逐步发展。

走西口现象的停止是在1956年,在新中国实行农业合作化后,由于土地的国有和户口的限制,农民们不再方便走西口,走出去也没有可供耕种的土地。商人不走西口是因民营的商业逐渐转向公私合营,并逐步公有化,个体经商的现象基本消失,商人们也无法走西口了,于是这场长达几百年的走西口壮举宣告结束。

三、西口的地域概念

"走西口",亦称"走口外",是指山西、陕西、河北等地民众前往长城以外的内蒙古草原垦荒、经商的移民活动。"走西口"中的"西口",其地域概念与具体位置历来众说纷纭,但归纳起来无非是两个角度、两种观点,一是目的地说,二是关口说。

1.目的地说。目的地说是指"走西口"的人群所到的草原部落。从一过黄河,一出杀虎口,出内蒙古,到草原,一直延伸到蒙古国的乌兰巴托,清代时称大库仑,这广袤的大漠北地统统都是"西口"。以内蒙古为例,东西直线距离 2400 公里,南北跨度 1700 公里,面积 118.3 万平方公里,在如此浩浩漫漫的草原部落,都被称作"口外"。忻州人多是在乌兰察布市、呼和浩特市、巴彦淖尔市、鄂尔多斯市、包头市、赤峰市、呼伦贝尔市和锡林郭勒盟等地,几乎遍布整个内蒙古。但是令走西口人最为神往的、去得最多的地方是到河套平原,人们在此开荒种地。在这个以目的地评论西口的具体位置和方位上,忻州人的走西口可以分为三路,即东路、西路、中路。东路是出雁门关从右玉县的杀虎口和大同得胜口出关,到达的目的地是乌兰察布和呼和浩特、丰镇一带;中路是从偏关县红门口和滑石涧口出关,到达的目的地是包头大青山一带;西路是由河曲县过黄河从府谷县出关,到达的目的地是内蒙古西部和宁夏、甘肃一带。

河套平原是指内蒙古高原中部黄河沿岸的平原。主要指阴山以南的黄河冲积平原,包括前套平原和后套平原。前套平原指包头、呼和浩特一带的平原,南北朝时称"敕勒川",五代时叫"丰州滩",明朝以后称"土默川",当时走西口时经常遇到狼,有"土默川的狼——善眉善眼吃人哩"的歇后语;后套平原指乌拉山以西至巴彦高勒的平原,以巴彦淖尔市的陕坝镇、临河区、五原县、磴口县、乌拉特前旗、乌拉特中旗、乌拉特后旗为最。在走西口的忻州人心目中,"进后套"即为走西口的最高境界。

还有一些懒惰的或者连盘缠也拿不起没有实力的走西口者,一出长城关口,进入内蒙古境内,就近在那"禁留地"的地界上,在那不算肥沃的荒地荒坡上开荒种地,如呼和浩特市的清水河县、鄂尔多斯市的准格尔旗等。

总之,对于走口外的晋北人、陕北人来说,特别是对忻州人来说,走西口的概念就是北上离家的概念,无论是进后套也好,到大青山也好,远的走海拉尔到锡林郭勒盟也好,近的出清水河过鄂尔多斯也好,只要是进入内蒙古境内,都被称作"西口"。

2.关口说。因山西忻州人走西口到内蒙古草原逃生,必定是向西北方向进发,到西口外必然要出西北方向的长城关口,这些关口也有人称作是"西口"。在清朝前期,国家规定的商人走西口的路线一般是指两道陆路关口:右玉县的杀虎口和偏关县的红门口,在这两个长城关口上,朝廷设有专门的管理机构,设立收税的部门。另外还有两道水路关口,即偏关县的关河口和河曲县的水西门口,老百姓叫西门河畔。

国家规定的走西口的关口如杀虎口和红门口。这些关口一般是能够管理住大型的移民队伍，如驼队、马帮、车辆人流等。拥有车马的走西口部队规模庞大，对道路要求高，别的地方道路不畅通，被逼得只能从这"国道"上行走，这种道路上车多人多比较安全，正如传统民歌《走西口》中所唱："大路上人儿多，能为哥哥解忧愁。"过关口时收的一些关税似乎类似于现在走高速交的"过路费"。

但是，走西口的庞大队伍中农民毕竟是主体，这些没有车马靠徒步出走西口的小部分逃亡流民，不会乖乖地绕远道从国家规定的关口出关，而是采取就近的方式，哪儿方便从哪儿出。于是长城上未被规定为走西口必由之路关口的口子，也成为实际上走西口的关口，如偏关的滑石涧口、老牛湾口、驴皮窑口，河曲的石梯隘口、石城口，府谷的黄甫口、古城口等。这中间以偏关县滑石涧口最为重要。滑石涧是明长城上的一个古堡，处于老牛湾与水泉堡红门口之间，位于黄河长城"握手"处，即黄河入晋第一湾老牛湾附近，在黄河支流杨家川河的深险峡谷尽头。在明朝战乱的年代，俺答等部落想入山西抢掠，过黄河时峡谷幽深河水湍急，只能顺杨家川河往上绕7.5公里，从滑石涧入境。因而明王朝在滑石涧的一个高阜处设了军堡，城堡规模庞大，驻军较多，现在堡内还有13眼明代水窖，保存完好。在堡西1公里处的杨家川河谷上有一个大水潭，当地叫蓝岩圪洞，明军在修筑军堡的同时在大水潭附近的北部山梁上，专门围筑了一段护水长城，保卫那个水潭和河谷水源。从高大坚固的护水长城和13眼水窖上就可看出此地的驻军之多。滑石涧堡东侧有一条幽窄的深谷，那是当年走西口的通道，是中路走西口的最佳路线，一是大路人多，二是距离最近。就在幽谷西半坡的一个洼地上，建有十数间石窑洞，那是明清时期管理通道收关税的地方。通过滑石涧口即可窥视到当年走西口的"口子"之重要和管理之严密。

在明朝中期和末期，山西北部的长城防务最为严密。在边防如此吃紧的情况下，零星农民走西口必定要冲出长城防线，长城上的驻兵是不会让农民轻易出走长城的。蒙汉之间为了货物交易，朝廷专门规定了固定的集贸市场，因蒙古草原的商人多是拉上马匹来换内地的粮食和布匹、铁器等，因而当时把这种集贸市场叫作"互马市"。偏关有红门口、柏杨岭等互马市，右玉县有杀虎口互马市，大同在德胜口设有互马市。互马市在规定的时间开放，类似今天的固定集日，届时农民们也有乘交易混乱之机"偷渡"走出西口的。到了清朝前期，草原上的蒙古部落成为合法的国民，但是清王朝不想让蒙汉接触，怕蒙汉两族友好接触形成联盟，联合起来对抗满族，于是这道长城历史地成为国内两族之间的一道界墙。在清政府的高压之下，农民们走西口是不容易、不顺利的，为了能达到走西口逃荒活命之目的，不仅要按照国家规定的出行关口出口，而且要自己想方设法寻找和创造一些长城上防御薄弱的豁口。

从乾隆八年（1743）开始，长城外的"禁留地"全部放开，彻底允许汉人开垦耕种，这样走西口的农民更多了，于是突破长城防务的"口子"也需要得多了。于是从偏关到保德，共有30多个口子，有红门口、滑石涧口、驴皮窑口、关河口、升沟口、石城口、牛角口、吴峪口、马莲口、沙塄口、饮马口、赵家口、娘娘口、鲁家口、秦家口、水濠口、侯家口、水西门口、西楼口、许家口、水门口、斩战口、二郎口、镇河口、司河口、曲峪口、阳河口、石梯隘口，等等。从保德过了黄河，府谷县出长城还有黄甫、古城口、正口等，农民们随时可以或渡河或翻山出走口外。保德县没有长城，也就没有关口。保德人走西口的路线有三条：一是东北路，步行到河曲，或西门外坐船或楼子营坐船进入蒙地;二是中路,从保德东关坐船过府谷,经古城口进入蒙地;三是西路,从东关坐船到府谷,向西北方向行至正口村进入蒙地。如果以水路说,东关渡口是保德人的唯一出口点。

就关口说的理论而言,走西口的农民一出长城的口子就是出了口外,这种长城上的口子就是"西口"。但是也有许多口子没有直观的长城墙体,是一些与长城相连的山险和河险,加上走西口的人群极为庞大而繁杂,对于不同地域的人群而言,各自心目中"西口"的确切所指并不相同,概而言之,"西口"实际上也泛指秦晋各地至内蒙古的各个通道隘口。

四、走西口人的艰辛创业

大批忻州人出走西口,到内蒙古草原或创业或活命,目的是想比在口里活得更富裕一些。那么他们在西口外是从事什么艰苦的劳动,做什么工作,选择什么职业呢? 据调查,在康熙、雍正、乾隆三朝, 走西口的人群基本都从事农业劳动, 开荒种地, 发展农业生产。嘉庆二十年(1815)后,出现了开煤矿、开云母矿、办碾坊、挖碱、挖甘草、卖酒、开商铺店铺等行业,出口者的就业门路逐渐多样化,可谓是八面寻风,各施长技,另辟蹊径。

走西口是相当艰苦的,创业是十分艰难的,不是人们想象中的走出去就能经商淘金,一部电视剧《走西口》使许多观众以为走西口就是单纯经商做买卖,其实是对走西口这个伟大壮举的误解。

艺术是生活的反映,有一部西口民谣,道尽了走西口的艰难:

在家中无生计西口外行,扔妻子抛父母实在惨心。出长城过黄河离脱家门,一路上数不尽艰难种种。小川河耍一水拔断儿根,翻坝梁刮旋风两眼难睁。东三天西三天无处安身,饥一顿饱一顿饮食不均。住沙滩睡冷地脱鞋当枕,铺竹笈盖星宿难耐天明。遇"传人"遭瘟疫九死一生,收倒秋回口里两眼圆睁。沙蒿塔碰土匪几乎送命,卖铺盖讨吃回家哭死双亲。

还有一些民歌唱出了走西口以后的从业之难,歌词艺术地形容了走西口人群在死亡线上的拼命挣扎,听后简直催人泪下:

上杭盖掏根子自打墓坑,下石河拉大船二鬼抽筋。进后套挖大渠自带囚墩,上后山拔麦子两手流脓。走后营拉骆驼自问充军,大青山背大炭压断板筋。在沙梁锄糜子腰酸腿疼,蒿塔梁放冬羊冷寒受冻。乌梁素打芦苇卧雪爬冰……

艺术源于生活,这些民歌艺术地再现了走西口人群顽强拼搏、艰苦创业的场景。

忻州人走西口主要从事的行业有如下几种。

一是开荒种地。在忻州的走西口人群中,在种地人的行列中,偏关人最有代表性。种地主要是进后套,当时神秘的五原、临河、陕坝,是最理想的开荒种地的好地方,因为能浇上黄河水,土地肥沃,产粮多,效益好,于是产生了自己租地开荒的口里农民,也有在已经租上土地的农民手下打工的口里农民,这是一支庞大的开边队伍,相当于一个庞大的"建设兵团"。走不出后套的在晋蒙接壤地区的鄂尔多斯、清水河、托克托县等地进行开荒,这就是当时那些开垦禁留地的农民。以走西口人员的从业比例来算,开荒种地所占的比例最大,因为接纳口里人出去开荒种地的范围最为普遍，幅员最为宽广，其主要原因是蒙古王爷等地主手里拥有广阔的划拨的草原，或者是其靠权力和武力随便圈住一大片草地，自己放牧用不了，想租给汉人开垦，收点租金。河曲县麻地沟村的丁氏一脉就是乾隆年间出去戍边开荒的，河曲丁氏现有人口约1.3万人，其中1万余人走西口居住在内蒙古，河曲境内只有3000多人，也就是说，近80%的丁家人到了口外，具体分布在内蒙古东起呼市沙托二县西至巴盟的前中两旗的农村，除了散居各地者外，当地清一色的丁姓村子竟有6个：丁家营子、丁家窑子、丁大圐圙、丁家圪钵、丁家圪旦、丁家河头。

走西口的人毕竟多是种惯庄禾的农民，给人打上几年工便想自己经营土地，买不下土地便承包蒙古王爷的。偏关县小石洼村有个张姓人氏，在四子王旗桃林一带承包经营土地，当地叫埯庄禾，最后发了大财，光马车就养着40多辆，总商号叫"泰和成"。家业大，儿子们分管经营，人们称之为五柜、六柜，很有名气。

在走西口的农民大军中，不乏有成大气候的农民和农业项目。同治年间走西口的河曲农民杨谦三代人，历经13年，在现在的杭锦后旗一带修出一条灌溉大渠，干渠总长约64公里，渠宽约26米，水深约30米，沿渠建大桥5座，可行大船，支渠又有4条，总长100余公里，可灌溉耕地130余顷。当地人为了歌颂杨家改善民生的浩大功业和前仆后继的愚公移山精神，遂将该渠称作"杨家河"。其中杨家第二代传人杨米仓功劳更大，当时老百姓将这块地面命名米仓县，1953年落实民族政策县改旗时更名为杭锦后旗。

二是放牧养畜。茫茫的内蒙古大草原到处都是羊群，最初是蒙古王爷的羊群，也有普通蒙古族牧民的羊群，汉人是没有草原的。养羊需要放羊工，蒙古族的牧民们看见汉人们逐步来到草原，有了众多的牧工资源，于是纷纷扩大再生产，多养羊，多雇汉人放羊。但是蒙汉之间的语言交流问题是最大的障碍，不过最初走西口者为了糊口，在手指比划之间承揽下为蒙人放羊的营生。放羊的活儿不太费力，蒙古族主人慷慨大方，给的待遇高，这样放羊者大多能达到养家糊口之目的。因放羊的技术含量相对低，主要是夏天寻水草，冬天抗白毛风，走西口者多数由给别人放羊升格为给自己放羊。在口外开荒的在种地之余也要养羊，汉人到草原养的羊群的数量与日俱增，对放羊汉的需求也与日俱增，这样走西口者一到口外，首先能落脚谋生的就是放羊。偏关人赫玉扣在大青山一个叫宽甸的地方站稳脚跟后，首先养了1000多只羊，雇偏关走西口的人放牧，偏关县磁窑沟村黄姓弟兄们走西口，都曾在赫玉扣手下放羊谋生。

放羊也有点技术含量和讲究，脑筋太愚笨者是不让放羊的。草原上的羊群很大，平日里种公羊（俗称骚胡圪顶）与母羊隔离放牧，且距离较远，只有每年秋天有10天左右的时间合群走羔交配。那些被骟割的羊叫羯羊可以混在母羊群内，要挑选一只高大健壮的公羊做羊圈里的圈神。凡被挑选为圈神的羊被牵到院里，主人设香斗，上香，响炮，磕头，告知天地神灵此羊为新圈神。举行过这个仪式，这只羊就成了圈神羊，不可随意屠宰。圈神羊衰老后，重新挑选一只小公羊做了新的圈神，这只老公羊方可屠宰。

草原上的羊每年只产一次羔。产羔期到了，白天羊群出坡，有的母羊会把羊羔产在草原上。放羊的把羊羔捡到一块，由牧羊犬看护。有时一个放羊汉一天得往家里背好几十只羊羔。产下羊羔后还得精心饲喂,保证小羊成活。

草原上还有许多马群,一般是草原的牧民自己放,因汉人不会骑马,更不会套马,但也有少数走西口的青年人给蒙古人放马放牛。

三是掏根子,即挖甘草。其中保德人最有代表性。不过原平等地也有出去掏根子的。民歌中的"上杭盖掏根子自打墓坑"说的就是这种职业之苦。这种掏根子并不是漫漫草原由你掏,而是走西口者给草原上的蒙古老爷做工,因为草原是蒙古老爷的,甘草的经营权也是蒙古老爷的,走西口的汉人只能从蒙古老爷手中获取掏根子的受苦权。每年春天,甘草经过一冬的休眠蓄积,营养成分积累好了,冻土一解冻,正是挖甘草的好季节,走西口的人们住在草原上临时搭起的工棚内,白天挖甘草,晚上看星星。每天将挖好的甘草送到蒙古老爷的收草点上,称好重量,记在账上。掏草结束的时候或者是离开的时候,算清账目,带上可怜的银两走人。

挖甘草一般是在鄂尔多斯市西北部的杭锦旗一带,蒙古语称为杭盖,杭盖是一个古老的蒙古语单词。它的意思是一个有着蓝天、白云、草原、河流、山和树林的世界。杭锦旗按自然地理划分为北部沿河区和南部梁外区。梁外区以草原和天然林保护区为主,草原辽阔,草质优良,并盛产甘草,是有名的甘草之乡。

那里的草场广阔,草地下面是黄沙土,挖甘草的坑挖得过深而塌方埋人的现象经常出现。草场上常有1000多人,但出去了却谁也见不到谁,都在深坑里。刚开始人们认不得好赖草,总是掏人家掏过的地方,拣长得旺盛的苗子。后来才发现硬圪梁上、苗子长得不好的才是好根子;长在沙湾里的甘草蔓子长得好,根子却不好。一个劳力每天可挖60斤到80斤,会掏的好劳力一天能掏百十斤。当时一斤草相当于现在的两三毛钱,一天的工钱也就相当于当小工的价钱,工钱不算多但是稳定。原平苏龙口村有个走西口掏根子的贾某,苦大掏得多,加之省吃俭用,攒得回村买了院落,娶了媳妇。后来还在原平买了土地和牲畜,又在口外开了店铺,拉炭、卖炭、倒腾粮食,买卖越做越大。保德人王蕊更是掏根子发家,最后在包头开了经营甘草的大商铺,名震一方。

四是扳大船。以河曲人为主,也有少数偏关人。因河曲县附近的黄河河道宽展,水势平缓,便于河运,因而河曲本地的河运工较多,扳船开船似乎成了河曲人的独门手艺。河曲人走西口之后,首先想到凭扳船的手艺吃饭,于是走西口的地点选择在黄河两岸和河套地区。他们一去时是自己买不起船,给蒙古老爷受苦力,顺着黄河河道,从内蒙古的磴口开始,经包头、喇嘛湾,从偏关老牛湾入山西境,过河曲、保德、兴县,拉到山西临县的碛口,这是一条固定的航运线。碛口之下,又是一帮航运的队伍,一般不是走西口人的服务范围。他们把草原上的特产拉到碛口,由碛口的商人再中转到中原,他们再将中原的布匹、丝绸、粮食、工业制品等拉回碛口,再流通到草原的各个部落。有时也有扳船扳到黄河上游陕甘宁的。

扳大船的又称河路汉,不但是一个手艺活,而且是一个苦力活,还是一个危险活。从磴口到碛口,沿黄河顺流而下,不用费劲拉船,但是要把好方向,耍好橹和桨,掌握好河道,不能撞在礁石上,也不能搁浅在沙滩上。碰上礁石是船毁人亡,搁在沙滩上得下河拉船。但是从碛口回磴口,这是逆流而上,多数得靠人拉,于是晋蒙大峡谷的石崖上留下深深的纤夫之路,那是走西口扳大船的血泪之路。偏关县境内的黄河大峡谷,在关河口到天翅湾一段和老牛湾,那条纤夫之路最为明显,最为险要,现在当地欲将其开辟为旅游景点。

扳大船是与河水打交道,虽说冬季河水封冻不用扳船,但是春秋两季河水是异常的冰冷,下河拉船扶船是常事,因而让冰水浸得"二鬼抽筋"的现象太多太多。更为严重的是走在中途,遇上大风,或者碰上礁石,或者船久失修中途破损漏水,都会遇上船毁货失的事故,甚至人亡。不过扳船汉大多会游泳,在冰冷的河水里不顾船只逃命还是可能的,但是也会从此失去了再被人雇上扳船的机会。扳船扳得好的逐步积累了资金自己买船开航运公司,但这毕竟是少数。偏关县黑豆埝村的李留命、李三阳保,磁窑沟村的刘三拴,都是有名的河路汉,他们在码头上等货特别是等风的时候,还给当地人传播二人台艺术,顺便混口饭吃。

五是经商做买卖,这以忻州、定襄、原平、代县人为主。因为这几个县人多地少,又靠近省城,种地糊不了口,只好经商学生意,大多数人有经商的理念和头脑。他们出走西口之后,只要有点能力,就会考虑经商。数十年上百年的摸爬滚打,也造就了一批商界精英。忻府区的双堡郜家就是最为典型的代表,明末清初时他们就出走西口,靠经商挣了钱,回到村里修筑了两个城堡,村名也改为"双堡"。到清朝末年,包头商界由十大晋商把控,其中忻州人的商号就有七家,分别是:定襄梁如月的杂货行"如月号"、忻州智家的旅蒙行"永合成"、忻州张保恒的皮毛行"广恒西"、代县李威的河路店"复兴和"、代县梁大汉父子的旅蒙行"复义兴"、保德王蕊的甘草行"西碾坊"、河曲田开生田开成的粮油行"田油坊"。当时在包头城里,最重要的是有一大批忻州籍的中等规模的商家,支撑着包头商界的大片天空,如从崞县走出去的蔡银和,在包头城开着一座瓷器店,买卖规模不算很大但也很有名。

在经商做买卖的队伍中,艰苦创业、开拓创新的当数代县人。代县人走西口一出去多是给商界当学徒,当时叫"住地方"。清朝咸丰年间,代县东章村有一个走西口的小伙子,叫王廷相,他16岁的时候到归化城(现在的呼和浩特)山西最大的旅蒙商——大盛魁商号当小伙计,凭自己的老实肯干、心灵手巧,博得掌柜的欣赏。他工余时间悄悄地把骆驼身上掉的毛搜集起来,做了一批鞍垫子,使商铺挣了一笔大钱,大掌柜奖励了他三厘的股份,后来被派到外地当小掌柜。他是走一处成功一处,逐步成为道光、咸丰年间大盛魁的大掌柜,任职30余年间,使大盛魁得到了更大的发展。

在走西口经商的忻州人中,不得不说的是忻府区人,当时就叫忻州人。忻州人敢远行,自乾隆时到新疆伊犁、迪化、喀什喀尔、阿克苏、叶尔羌等处,随后,忻州商人设立的商号和分店延伸到俄罗斯以及西亚的土耳其、伊拉克等国。在走西口方面,忻州人喊着"有奈无奈,赤脚板走到口外"的口号出走,但一出山西就看到一块宝地,它是内蒙古丰镇,这里是山西、内蒙古、河北的交界处。在忻州商人到来之前,丰镇不过是茫茫草原中的一个驿站。清朝初年,忻州人谢光祖在这里开创了加工米面油的"万合隆"商号,随后大批忻州商人云集于此,成为张家口与呼和浩特之间最大的贸易城市。直到现在,当地依旧流传着"先有万合隆,后有丰镇城"的说法。当年,丰镇的忻州商人业务范围涵盖了粮、布、油、面、当铺、钱庄等行业,鼎盛时期,这里的商户达到1400多家,其中忻州商人占到70%。因为这个缘故,丰镇被称为"小忻州"。自清乾隆年间到民国时期,忻州人在内蒙古经商者达3万余人,其中丰镇的忻州商人竟达6000多人。由于语言、文化、生活习惯和经商理念相同,加之为了方便照应,相互发展,丰镇城内逐渐形成了一条"忻州巷"。较早建造商铺作坊的时间为清光绪九年(1883),历经几十年,形成了一条长达200多米的商街,云集了20多家商号,主要经营布匹、杂货、皮毛等,另有两家钱庄、一家印刷坊、一家金银元宝铸造坊。货物主要销往绥东、绥西和蒙古草原。巷内最大的布庄是公益长,从业人员30多人,年营业额白银20多万两。

清乾隆二年(1737),忻州商人智成文来到包头,创办"永合成"商号,主营对蒙贸易及农业、粮油、当铺业务,很快便富甲一方。据说,同治年间包头城修建城墙时,永合成的买卖就占了一半。虽然"永合成独占半个包头城"的说法略显夸张,但从中可见永合成红极一时的风光。到清道光年间时,忻州商人的杂货行已经在包头达到独霸的地步。

在如今的内蒙古海拉尔区内,有一条"宁武街"。这条街名的背后,隐藏着一段宁武人经商的历史。清朝光绪年间,宁武的李二文与兄弟来到海拉尔,靠着棉花、布匹与油盐酱醋等日用百货生意逐渐致富,消息传回宁武,同乡们纷至沓来。不久,同气连枝的商铺便成为海拉尔的一道街景。

六是采矿。采矿的人数量不多,但是人员的分布较为普遍,以忻州有煤的县下过小煤窑的人居多,如河曲、保德、原平等地。该工种虽冒有生命危险,但来钱快,一般是初出西口没有生活着落的农民首选的工种,先干上几天有点积累再说。采矿主要分三个工种:一是采煤,二是采云母矿,三是挖碱。

采煤在大青山、包头的石拐等地。当时的煤矿没有安全保障,从巷道里往外运煤全是靠人的脊背往外背,塌方事故和瓦斯中毒时有发生,采矿背炭是最没有生命保障、最受苦的活,故民歌中有"大青山背大炭压断板筋"的唱词。不过走西口者也有靠采矿挣大钱的,他们先是承包一段作业面,给矿主交了承包费后,再雇上走西口的老乡下窑背炭,再发展到自己开小型煤矿,也当矿主,如偏关县赫玉扣就在大青山上开了两座小煤矿,做成了大产业。

采云母矿在乌拉特前旗一带,没有采煤受苦危险,但是在石窟里寻找,慢慢掏出,需要耐心,工钱也不多。当地把采云母矿叫作"掏毛",故忻州多地传回"掏毛石窟"的成语。

采碱在锡林郭勒盟和二连浩特一带。内蒙古是世界上最著名的天然碱产地之一,有许多碱湖,每年的10月至来年的4月为天然碱的开采期,这时,人们砸开湖面上的冰层,深入湖底捞取"碱块",称之为"破冰取碱"。跳进湖里掏挖碱块也是一个非常受苦受罪的活儿,又在冬春二季,天气高寒,没有坚强的意志是难以坚持下去的。

七是拉骆驼。骆驼是草原上的主要运输工具之一,在车辆不发达的时代,更是最主要的运输工具。骆驼以其非凡的耐久力,可以走长途,走沙漠,草原上居民们的货物流通主要靠骆驼。拉骆驼需要大量的苦力,这给走西口的人们提供了就业糊口的机会。拉骆驼的苦力主要分布在长城内外,即朔州的山阴和相比邻的原平、代县、繁峙的少数农民。这些拉骆驼的苦力风里来雨里去,和风沙搏斗,和野兽搏斗,较为辛苦。除装货卸货,总体上劳动强度不算很大,但需要很好的脚力和耐力,因为要陪骆驼长途行走。这类人士主要是中年的强壮劳力,收入中等,但不会形成原始积累,多是拉上几年再改其他行业。

八是传播艺术或叫耍手艺。传播艺术分两大类:一是工匠美术类,二是戏曲民歌类。工匠美术以木匠和画匠为主,如代县人出去为寺庙里画壁画、画佛像,原平、代县的木匠到那里打家具盖房子等。在走西口的偏关人行列中,亦有不少手工艺人,如铁匠、木匠、窑匠、皮匠、毡匠、油房大师傅等,这些手工艺人定居下来后仍然以要手艺为生,产业扩大形成特色后再把定居点按所从事的行业命名。如好多地方都有的铁匠铺,清水河县的木匠窑子、箩头窑子、皮匠窑子,和林格尔县的毡匠营,固阳县的毡匠窑、油坊壕等。

戏曲传播主要是民歌和二人台,以河曲、偏关人为主。他们把山西的民歌和二人台剧种传播到草原上,特别是山西民歌和草原上的蒙古短调相融合,形成了植入草原风味的"漫瀚调",成为内蒙古境内的主要剧种之一。这些传播艺术的群体虽不是多数,但是凭着艺术,首先保证了养家糊口,另外将汉民族的农耕文化和蒙古族的草原文化融合起来,成为边疆地区的文化使者,皆为靠文化走西口的成功人士。

五、走西口的精神财富

走西口是一场长达500多年的移民运动和创业行为,它创造的物质财富是不容置疑的,开发了边疆,繁荣了长城内外的经济,使口里的贫困农民保障了必要的生存状态,有的走向富裕,人们得以正常繁衍,意义是非常重大的。同时走西口还创造了丰富的精神财富,也可称为走西口文化,主要体现在:

(一)开放开拓——思想解放,不甘贫穷。不甘被地域和传统观念束缚,敢于走出家门,敢于冒险,敢于置生死于度外,敢于到陌生的地方拓荒创业。

(二)选择果决——与时俱进,雷厉风行。走西口是时代的产物,最起初是国家开放边境,号召戍边垦荒,口内的人们积极响应,说走就走,说干就干,在走出去以后漫长的生存打拼过程中,对形势的应对,对市场的选择,对产业的选择更是与时俱进,雷厉风行,否则难以保证生存,更不能发展壮大。

(三)艰苦创业——勇于吃苦,不怕苦,不怕死,用血汗去创业。就在走的过程中,有罹患疾病而死的,有遇上狼群罹难的,有遇上土匪受害的,但是他们不被困难所吓倒,继续前行。最有名的是忻府区人在走西口的路上为了节省吃的,吞上一肚干生莜面,再喝上凉水,肚里结成个死疙瘩,一路上不消化,更不饥饿,尽管到达目的地要大病一场,但是为了行程中能省几天饭钱也感到值得。在走出去后的打拼创业中,他们有的下煤窑被打死,扳大船被淹死,放羊被冻死,掏根子被活埋,等等,面对如此的危险和艰苦,皆能前仆后继。

(四)团结包容——民族团结,文化的包容与融合。它表现在生活方式上的相互吸收与包容,生产方式上的互补与改进,文化艺术上的融合与创新。

一是语言上的交融。走西口的人们在草原上与蒙古部落的人交流,首先接受着语言,并把这些语言引回中原,形成固定的词语,甚至俗语、成语、歇后语。

二是艺术上的交融。当年走西口的人摆脱了家乡的贫穷,同时也带走了农业技术和文化。黄河隔开两岸,而又互相同化,内蒙古西部民歌有异于东部的长调,而西部鄂尔多斯歌曲节奏明快,与走西口带出去的山西民歌腔调相通相融,形成了内蒙古西部特色的两句头"爬山调"和"漫瀚调"。

三是生产生活上的交融。在山西农村,冬季做饭取暖的炉子大部分是子母炉,即锅台与火炕相连,前面是生火的小炉,后面是大炉,火生着后,大炉、小炉能同时做饭。而草原上烧的大多是牛羊粪,用子母炉生火做饭既费燃料又费时间,于是走西口的人发明了"蛤蟆炉",即取消子炉,只留一个肚大口小的母炉,火生着后,一手拉风箱,一手往"蛤蟆口"里添燃料,这样可以节省燃料。

在生产过程中,蒙古族牧民大都以放牧为生,既无须收割打场,也没有打场的工具。偶有收打,生产方式也很原始,或是把收割回来的庄稼在石块上抽打,或是驱赶着牛、马在场面转圈儿踩庄稼,粮食损失严重,还费时费力。走西口的人定居后,首先把口里连枷打场的方法带到口外,接着又根据口里碾场的碌碡进行改造仿制,雇石匠打成长约五尺、直径一尺五的由两匹马拉的碌碡,既加快了碾场的速度,又减少了粮食的损失。

(五)以和为贵——相互尊重,相互帮助。忻州商人在口外创造商业辉煌的同时,也留下了丰富的精神遗产。这精神遗产的核心是一个"和"字,一是忻州商人之间的"和",大家相友、相扶、相帮,形成一个团结战斗的集体,这样便可应对各种困难和复杂局面;二是山西商人之间的"和"与整个行业的"和";三是与蒙古民族之间的"和",双方求大同,存小异,互谅互让,避免了许多无谓的麻烦和不必要的冲突。

(六)诚实守信——以道德信誉为根本。大凡走西口者,不论是出卖苦力还是经商,大都能以诚实守信为本。尤其是经商者,都把"重信义,除虚伪,贵忠诚,鄙利己"作为立店、立铺的总则,将"黜华崇实,不为习俗所移"作为行规、号规、店规、铺规。在商贸活动中,他们采取稳妥笨拙、许赊允欠、有借勤还、有贷不延、人弃我取、人取我予等诚实而宽容的态度,因而取得"以诚相待、肝胆相照、口惠实至、敦淳品行"的信誉,保证了整个商贸市场的不断繁荣。

六、走西口文化与长城文化

忻州大地上的走西口行为,不论是明朝时的偷渡闯出,还是清朝时的响应号召堂皇出走,都要从长城的关口上经过。这样长城的关口好过也罢,难过也罢,总要在走西口的人士中留下深深的烙印。应当说,长城文化对每一个走西口者来说,必定是有所触动,有所感染的。

长城的最初功能是防御侵略,其次有划界的作用。它承载的使命是自卫、封闭,蕴藏的文化甚至有保守、安宁。因为它企望的是和平,只有一个不想打仗的民族才会修筑长城。由于长城的封闭保守,那一道坚固的围墙在一些时期阻碍了长城内外经济文化上的相互交融,后来国家开放的开边政策,鼓励长城内的人出关垦荒,导致后来大规模的走西口。但是走西口却是一种开放的行为,它是要冲破地域的樊篱,冲破长城的封锁,要到省外去,要到长城外去,它的向往和需求是摆脱贫困,更是追求和平、稳定和幸福,要求政治上的开明、经济上的开放和行为上的自由。

可是,在走西口时代的客观现实是,长城上的重要关口是走西口的必由之路,管理监督走西口行为成为和平时期长城关口上的一项重要任务。

忻州的长城不仅有外长城,还有内长城,更有黄河边坐落在内长城上的偏头、宁武、雁门三座雄关,通称外三关,它们是明王朝长城防御的战略要地和重要节点,也是国家打开国门进行开放活动的重要门户。

——雁门关,不论修筑历史之长,还是战事之多、文化之深厚,加上商贸之繁荣、民族之交融,皆可称为长城关口之最。它不仅是走西口的重要通道,更是万里茶马古道的重要节点。现在我们在雁门关古道旁的明清残碑上,可以清晰地查到数百晋商为了雁门古道的正常畅通慷慨捐款的记载。

——杀虎口,山西和内蒙古的边界,尽管长城上的关口不算险要,但是国家重视,管理严密,是古代的军事要塞和边贸重镇,是明清时期国家的重要通商关卡,是中原与蒙古、俄国贸易的必由之路。关口上雄伟壮观的古长城、保存完整的杀虎堡、鳞次栉比的烽火台、苍凉古朴的古战场,承载着晋商晋帮的光荣与梦想、成长与艰辛,更铭写了山西人民走西口移民的血泪悲情,是明清山西历史的缩影,是中国近代金融贸易的实证。

——偏头关,有陆路关口红门口,水路关口关河口,这是偏头关双关口的标志。明代设有规模甚大的互马市,地势较缓,商贸繁荣,是山西通向内蒙古的重要通道。关河口是偏关县城通过水路直达黄河的通道,既是大码头,又是商贸关口,居民密集,商贾云集,走西口者多在此候船,中转休息。小的关口还有滑石涧口、驴皮窑口、老牛湾口等。总之,偏头关长城战线之长,关口之密集,防守之严密,使得走西口的人对偏头关关注较大,依赖较大,同样,偏头关对走西口者的影响也较大。

——河保营口,即河曲县西门河畔,这是长城黄河边的重要关口。因水势平缓,又是一个庞大的河运码头,更是走西口的重要水上通道。河曲人走西口多数是通过这个水关乘船过陕西入内蒙古。

到清朝后期,走西口的关口很多很杂,但是再多,人们也必须经过长城的关口,如偏头关的滑石涧口、驴皮窑口,都是非常重要的走西口通道。长城上的军事、文化、商贸等元素必然要影响着走西口的人群。走西口同样成为长城关口商贸内涵的主要元素,比如雁门关不仅是一座军事关、文化关,更是一座商贸关,这商贸的大旗主要靠走西口的商家撑起,这样走西口文化自然地丰富着长城文化的内涵,成为长城文化的一个重要组成部分。

（此文在第三届中国长城论坛上荣获一等奖。作者系忻州日报社原编委、高级编辑,中国长城学会常务理事,中国长城研究院研究员,山西省长城保护研究会常务理事,忻州市长城学会会长,忻州市长城文化研究所名誉所长,山西省"十大最美长城卫士"之一,山西省长城研究保护"十大杰出人物"之一。）

民俗传统的家国认同建构及其影响因素分析

—— 以河保偏地区黄河灯会为中心

王宇翔

美国学者班纳迪克·安德森（Benedict Anderson）在《想象的共同体：民族主义的起源与散布》一书中提出，民族国家的成立并非依赖于血缘或地缘关系，而是在共同的民族国民文学的基础上建构起来的"想象的共同体"。这说明了民族语言文字、风俗习惯在建构民族性方面具有重要作用，这也是一个国家重视语言、风俗习惯的原因，因此，民俗传统也成为一个民族国家独特的认同标志之一。

"九曲黄河灯会"是流行于黄河流域的元宵节等节庆期间游转"九曲黄河阵"为主要内容的民俗事象，以祈年禳灾为目的。游阵路线盘旋蜿蜒，一路三回九转，寓意天下黄河九十九道弯，因此得名"九曲黄河灯会"。这项民俗活动与历史上的长城戍边、军事屯田、走西口等事件密切相关，具有特殊的历史和文化背景。它是当地人民对传统文化、历史传承的珍视和传承，同时也是家国情怀和家国认同的重要体现。这种认同深深烙印在当地人的心中，无论是人口迁徙、水患、长城戍边，还是军事屯田，都留下了难以磨灭的记忆。因此，黄河灯会成为当地人思念家乡、怀念故土、凝聚家国认同的重要文化记忆。研究黄河灯会传衍的影响因素，有助于探究民俗传统与家国认同的联系，对铸牢中华民族共同体意识具有积极的意义。

一、家国认同的概念阐释

习近平总书记《在二〇一九年春节团拜会上的讲话》指出："在家尽孝、为国尽忠是中华民族的优良传统。没有国家繁荣发展，就没有家庭幸福美满。同样，没有千千万万家庭幸福美满，就没有国家繁荣发展。我们要在全社会大力弘扬家国情怀，培育和践行社会主义核心价值观，弘扬爱国主义、集体主义、社会主义精神，提倡爱家爱国相统一，让每个人、每个家庭都为中华民族大家庭作出贡献。"家国情怀代表着中国人民对国家和民族共同体的归属感、责任感、相互帮助、共创共荣的集体意识和价值观念。

"家国认同"是人们在社会化过程中形成的一种情感和认知，是对自己所处的社会和文化背景的一种理解和接纳。家国认同是人们对自己所处的社会和文化环境的感知和认同，是人们对文化、传统、历史和价值观念的共同认同。家国认同的内涵包括以下几个方面。

首先,家国认同是对自己家庭和国家的归属感和认同感。家庭是一个人成长的最初场所,也是一个人最亲近的社会组织,人们在家庭中形成的价值观念和行为习惯对个人的成长和发展有着深远的影响。国家是一个人所属的社会组织,是一个人所处的社会环境和文化背景的重要组成部分。个人对自己所处的家庭和国家的认同感和归属感,是人们对自己生命意义的认知和感受。

其次,家国认同是对文化和传统的认同。文化和传统是一个民族和国家的精神财富,是一个国家和民族的灵魂和精髓所在。人们对自己所处的文化和传统的认同,是对自己身份认同的表现,也是对自己所处的文化环境和历史背景的理解和接纳。

再次,家国认同是对历史和价值观念的认同。历史和价值观念是一个国家和民族的精神遗产,是一个国家和民族的文化基因。人们对自己所处的历史和价值观念的认同,是对自己文化和民族的认同,也是对自己所处的文化环境和历史背景的理解和接纳。

最后,家国认同是对国家和民族的责任和担当。人们对自己所处的国家和民族的认同,是对自己所处社会环境和文化背景的责任和担当。个人的行为和言论对国家和民族的形象和利益有着重要的影响,个人对自己所处的国家和民族的认同,是对自己行为和言论的责任和担当。

综上所述,家国认同是人们对自己所处的社会和文化环境的认知和感受,是个人身份认同和社会认同的重要表现,是社会和文化稳定的重要因素,是民族团结和国家统一的重要基础,也是促进社会和谐稳定的重要力量。因此,我们应该加强家国教育,培养和弘扬家国情怀,增强国家和民族的文化自信和民族自豪感,促进社会和谐稳定和国家繁荣发展。

二、河保偏地区的黄河灯会

"黄河灯会"是盛行于黄河流域元宵节等节庆期间的民俗事象,民众在节庆期间以游转九曲黄河阵来祈年禳灾,因其路线三回九转,喻义天下黄河九十九道弯而得名。黄河灯会最早记载于明代《帝京景物略》,并于明代中期形成了较为完整的形式。它在华北地区流传了数百年,成为一个内涵丰富的民俗事象。从文化内涵、信仰、活动仪式和地域分布等方面来看,它包含了天人合一、观象授时、法天象地的人文观念。它受到区域化信仰影响,呈现多元发展倾向,充满神圣与世俗、功用性与群体性特征,并明显受到黄河流域地理和人文环境的影响。为了达到娱乐、祈福、庆祝年节的目的,各地按照流传阵图进行布阵,在空旷避风的场所设置了361个木杆或铁杆,组成9个方形的迷宫,供游人在其中游走。在各地流传的阵图中,存在较大差异,主要的阵图由9个回环的迷宫组成,其阵图亦包含宗教、军事等多方面的文化意涵。

九曲黄河灯会是现今黄河流域普遍流传的节庆民俗活动,主要位于黄河流域的北方地域,涵盖青海、甘肃、宁夏、内蒙古、陕西、山西、河南、山东、河北等9个省区。根据掌握的资料,它已被列入国家级非遗项目5项,省级项目15项,市、县级项目50多项,主要分布于黄河沿岸的50多个地区。在不同的地区,九曲黄河灯会与庙会、花会和民间社火等民间节庆活动融合在一起。虽然演艺形式各不相同,但普遍存在联系性和共通性。

本文所界定的"黄河灯会",包含庙会、花会、灯会等各类民俗节庆活动与游转九曲黄河灯阵的融合形式,例如河保偏地区的偏关万人会、保德古会,在形式内容方面都有游转九曲黄河阵的内容,因此,都可以称为"黄河灯会"。

本文选取山西忻州河、保、偏三个地区所举办的黄河灯会为案例,虽然这三个地区的黄河灯会各有不同的名称、举办时间和历史内涵,但无一例外地把转九曲的形式融入灯会仪式之中。在这个过程中,发生了很多变异,通过探究不同地区黄河灯会传衍的影响因素,寻找其家国认同的脉络及建构过程。

(一)河曲九曲黄河灯会

同治十一年(1872)《河曲县志》载:"插灯数百枝,排列宛如阵图,观灯人曲折行其中者,'转灯游会'也。"可见,河曲县在清同治年间就有黄河灯会的传衍。黄河灯会或许源自道教燃灯科仪,在历史上,佛教也对灯会进行了接纳和改造,这种改造是在道教改造之后发生的,时间大约是清朝末年到民国时期。如《河曲县志》所载:"圆通庵坐落于县城西楼口。正月初八和二月十九日过'灯游会'。民国十五年于此举办过'龙华会',本县僧道齐集,偶像亦多移至,还设'金银桥'等。庙已毁。"农历二月十九日是观音菩萨的诞辰日,这一天被视为佛教的节日。圆通庵通过举办龙华会等活动来庆祝这个特殊的日子,这充分证明了其佛教身份。然而,在佛教节日期间,圆通庵还举行转灯游会。很明显,佛寺旨在通过这种集体参与的仪式活动来吸引更多的佛教信徒。此外,"乡村无过,有'灯游会''西瓜会''祈雨会''善会''人口会''磨刀会'等,具有定日。其中以'人口会'最多,以人口数做糕灯盏,至晚点燃摆会场中高桌上,吹鼓手绕行其中,众人尾随如长蛇,燃放鞭炮,尽欢而散。全县248个村庄有古会,以月份排列村庄数:正月166个村,二月17个村,三月8个村,四月15个村,五月26个村,六月7个村,七月5个村,八月1个村,十月3个村"。

从上述文献可看出,从清同治年间,河曲县境内的古会多而繁盛,全县248个村都有古会,其中最多的"人口会",也就是九曲黄河灯会,以祈子为主题。

"正月十五前后共三日,街巷堆火龙门前,祀天官、地官、水官,谓之'三元盛会'。锣鼓喧闹,歌舞于市者,唱凤阳歌也插灯数百枝,排列宛如阵图,观灯人曲折行其中者,谓之'转灯游会'也。街上花灯、高跷、拾阁、旱船、车头、秧歌、二人台、武术、龙灯、狮子、二女拉轱辘、大头和尚戏柳翠等令人目不暇接。晚上放焰火。街上人如潮涌,热闹异常。"从上文看出,河曲九曲黄河阵起源于三官祭祀。

当代灯游会以文笔镇规模最盛,沿黄河边的北元、巡镇、曲峪、沙畔、楼子营、河南村等地都设有组织。2023年2月19日,河曲九曲黄河阵在元宵节由县委、县政府主办,县委宣传部、县文旅局承办,举办地点在河曲县文笔镇河曲县临隩公园。

九曲阵路线三回九转,喻义天下黄河九十九道弯。灯游会场从上面鸟瞰就是一个方阵图,阵内有72杆旗、365盏明亮的灯笼,象征着在新的一年里天天亮亮堂堂,全年红红火火。随着悠扬的唢呐、箫管之声,踩着阵阵锣鼓的节拍,人们脸上洋溢着幸福和快乐游行于九曲灯阵中,在说说笑笑中经过九道彩门,分别是红运门、丰收门、吉祥门、月老门、子孙门、状元门、平安门、财源门、得胜门,人们每经过一个门,都要摸一摸,图个喜气和吉利。九曲黄河灯游会是河曲元宵习俗中最重要的活动之一,它反映了民众避邪祈福的心理。

(二)偏关"万人会"

偏关县的九曲灯会至今仍在传承,其中历史最悠久的地区为老营堡。《偏关县志》载:"尤其是老营堡正月十五的灯游会沿袭至今。在灯游会上要用灯摆九曲黄河图,供人们观赏。"如今,偏关万人会被列入山西省省级非遗名录。转九曲活动,则是其重要组成部分。

偏关"万人会",又名"龙华盛会",是明万历皇帝敕准举办,一直延续至今的祭奠祖先、超度亡灵、祈求平安、追求幸福、弘扬民族精神的祭奠节庆民俗活动。它产生于明万历二十九年(1601),每隔十年举办一次,现已举办了42届。

"转九曲"是黄河灯会的一项传统布置,在忻州偏关地区的万人会上,转九曲更是被视为龙华盛会的重要祭祀仪式之一。每逢古会时节,当地村民会自制灯杆和油灯,由传承人负责布置,呈现出一个由正方形的"九曲黄河阵"图组成的大型布置。该阵营内以金、木、水、火、土、太阴、太阳、罗睺和计都等9个部分组成,形成了一个错落有致、壁垒森严的布局。游阵主要由参与万人会的善男信女组成,他们蜿蜒曲折地走过九曲,展示出国泰民安和吉祥如意的氛围,为游人带来平安、幸福的感觉。人们把美好的祈盼寄托在九曲之上,体验游阵的过程让人既锻炼身体,又从精神上获得了愉悦和满足。九曲也具有祈福上天、超度亡灵的意义。其代表九曜、九州和九幽地狱,同时还涵盖了佛教盂兰盆节和道教中元节的元素。在万人会当天正值十月十五这一特殊日子,万世德当年筹办这个盛会也初衷于此,借着"转九曲"的形式打开了天门、地门和人门,祭奠逝者、超度亡灵。

2021年10月15日(农历九月初十),偏关县第42届"龙华盛会"九曲黄河阵灯游会在偏关县文化广场举办,此会由偏关县委、县政府主办,县委宣传部、县文旅局承办,主题为"黄河寻梦·长城铸魂"。在广场设置365个路灯灯杆,上挂大红灯笼。阵前设置灯牌坊,牌坊前写对联,上联:龙华望龙翔欣看虎跃凤来鹏举,下联:盛会逢盛世喜得天时地利人和。在灯阵中设九个门,分别是健康门、幸福门、富贵门、发财门、吉祥门、欢乐门、通顺门、长寿门、平安门。龙华盛会中九宫的内涵发生了变化,从原来的九曜的意涵,转变成吉祥如意的寓意。

(三)保德古会

关于保德古会的起源,存在两种观点。在明朝成化年间,地方政府将各村的社火会首聚集在一起,研讨村社闹新春的日期,最终确定为正月初六,从前滩张家圪坨开始,依次为王家滩、马家滩、郭家滩、康家滩、东沟,直至大黄坡,整个活动于"二月二"结束,东沟被定为填仓节。另一种观点认为,每年正月廿五为填仓节,这是中国民间象征丰收的节日,同时也是祭祀仓神的日子。这一天将确定新一任会首,负责当年戏曲表演、庙会活动以及公共祭祀事宜。考虑到城内的元宵节庙会通常在农历正月十五举行,并且这里是政治和文化的中心。为了避免与此活动产生冲突,古会选择了在娘娘庙庙会期间举办,该活动安排在正月廿三这一天,社火为了祈福会在寺庙点火点卯之后开始。活动的第二天和第四天被称为偏日,第三天是正日,第五天上午庙会结束,会旗归还给寺庙。整个古会的会期为五天。在这段时间里,东关举办了转九曲、独龙杠、文武秧歌、杂耍、唱戏、火笼、游灯会等各种活动。从清朝到民国时期,保德古会一直没有间断过。

新中国成立后,尤其是改革开放以来,古会得到了逐渐复兴,规模也逐渐扩大,同时文娱活动也变得更加丰富多样。1997年,县政府开始参与并指导古会的举办,特别是将正月廿五的古会打造成了一场名为"黄河文化艺术节"的盛会。该活动邀请了邻近县、区的政府官员、文艺界知名人士和社会名流前来参观。

2023年,保德县政府在康家滩村舟山广场举办了"黄河文化艺术节"保德新春广场文化活动。设置360盏灯柱,中宫用大屏幕展示三霄娘娘画像,设置9个门,分别是兴旺门、兴盛门、和谐门、顺亨门、德胜门、益寿门、厚德门、平安门、祥福门,在9个门旁边分别竖立了旗杆,每个旗杆还写有金、木、水、火、土、太阴、太阳、罗睺、计都的字样,这表明,保德九曲黄河灯还保留有原始的阵图意涵,在新时代虽然有所变异,但是设置者是明白阵图的意涵的。中宫的三霄娘娘画像,虽然用大屏幕展示,但是依然保留了传统,在中宫树立了一个神圣中心。

三、黄河灯会传衍的影响因素分析

本节从历时性角度分析从明清至民国期间,军事屯田、长城戍边、"走西口"等历史事件对黄河灯会的影响。黄河灯会的历史变迁,离不开民众对国的深厚情感和对家的深情眷恋。为抵御外侵,国家需要民众修筑长城、军事屯田,民众饱经风霜;生态恶化无法生存,民众"走西口"谋生路,为求家族延续、繁衍子嗣。黄河灯会的历史变迁,体现出黄河流域民众"家国同构"的民族情怀,也是黄河流域民众凝聚家国认同的有力实证。

一种民俗事象在动态的发展进程中传播,是一个很复杂的过程。首先是其广泛传播的核心价值,被所传播地乐于接受和习得。当然,也受历史、政治、经济、文化等各种因素影响,传播的层级也是重要的影响因素,比如从甲地传到乙地,又从乙地传到丙地,存在二次传播和三次传播,其原本的物质、精神本质也会根据相应的环境变化而变化。黄河灯会亦是如此,一方面,随着时间的推移,其基本形式愈加丰富,另一方面,所传播地区也根据当地喜好、风俗习惯进行在地化改造,但其母体和基本形式是保持不变的。

(一)军户移民与黄河灯会

关于九曲黄河灯会在山西、河北及陕北地区的主要分布,前人已经进行了一定的研究。清代人吴庆坻根据吴南硝所修的《宣化府志》认为"盖此俗起于宣府,明武宗在宣府盘游无度,俗极奢靡,其时宣大毗连,浸淫及于太原,数百年后遂成故事也"。明武宗巡幸的地区与九曲黄河灯会的主要分布地区相一致,但以此作为解释灯会起源及其分布的根据仍存在一定的牵强之处。皇帝在宣大地区游历,并不能成为这一地区九曲黄河灯会起源的充分动力。此外,九曲黄河灯会的分布还受到社会历史环境的影响。灯会的地域分布主要集中在陕北、山西、河北北部及北京地区一线,这与明代的"九边"分布基本上处于同一地带。

显然,明代的军事边防战略对黄河灯会的产生具有显著影响。从战略地位的角度看,宣大地区在明代中期是对抗蒙古的主要阵地,也是蒙古军队对北京的主攻方向,成为明蒙军事冲突的中心地带。特别是在正统年间，河套地区已弃防，这使得防御任务变得尤其棘手，而宣大地区的重要性也因此更加凸显。于是，九曲黄河灯会在这样一个充满军事紧张与防卫压力的明朝北方边疆大背景下应运而生。

黄河灯会的地理传播深受军户移民的影响。在现今的北京地区，有一些关于移民以及黄河灯会历史传播的传说。在明洪武和永乐年间，山西成为北京地区移民的重要来源之一。例如，在明洪武四年（1371）和五年（1372），有一批移民从山西迁移到了密云地区。随着他们的搬迁，古老的黄河阵灯会也逐渐传播开来。东田各庄村的刘继有老人曾回忆："据老辈所说，黄河阵灯会源自山西。"从山西地区到北京，曾有多次移民迁徙，例如："建文四年九月，一大批来自山西太原、平阳、泽州、潞州、辽州、汾州和山东的移民。永乐二年和三年的九月，分两次迁山西民到北京州县，每次一万户，约合十万人口。永乐五年，又一次规模较大地迁移了山西及山东的民众至北京州县，迁往的地方是北京上林苑。"

本研究认为，正是那些来自山西的移民将他们独特、地域性的岁时习俗带入了明代北京及其周边地区，并成为京城民俗文化的重要组成部分。九曲黄河灯会在地理空间上的分布，可能与明代山西移民迁徙至北京的历史事实相契合。这些民间风俗正是体现了移民踪迹的最佳历史画卷。

从雍正和乾隆时期开始，直至清末民国初，各地方志逐步记录了九曲黄河灯会的相关信息，尤以华北地区的方志记载最为丰富。通过阅读这些方志记录，我们得知九曲黄河灯会主要盛行于乡村与军堡地带。虽然城市和乡村均有黄河灯会的存在，但灯会活动在乡村地区更为广泛。此外，沿长城九边的军事要塞"堡"也常可以看到九曲黄河灯会的身影。例如在河北怀安县，"其城外大屯堡立竹木，设九曲黄河图，制灯三百六十一盏，名'九曲灯'"。在北京延庆地区，九曲黄河灯会主要集中在长城附近的白河堡村。而在晋西北地区的偏关县，九曲黄河灯会历史最悠久的地方则是长城附近的老营堡。这些乡村的分布反映了九曲黄河灯会的地理特性。另外，一些地方也采用了特殊的方式来展示九曲黄河灯会。例如，"村中多立社，点九曲灯。凡村庄，作九曲黄河。关城外以高粱秆栽周围作灯市，回环、弯曲俗谓此即当年之黄河阵，游观者如云名'转九曲'"。

堡城，作为城池防线中最基本的一环，其规模相对较小，通常由数百人驻守，由守备负责领导。其主要作为屯兵系统的核心单元，极端注重其军事功能，因此，驻城的主要居民就是驻军，城内基本没有经济活动。堡城的形状主要为规则的方形或长方形，也有一些不规则的形状，周长从一里至四里不等，设计有一到三个城门，主要城门设有瓮城。在明朝时期的这种军事城堡中，九曲黄河灯会最初应该就产生了。然而，随着城堡的军事功能逐渐削弱，九曲黄河灯会的娱乐性越来越强，成为重要的民俗活动。我们认为，其中，明朝的"集团式"移民运动起到了关键作用，尤其是明代的军户移民。如河湟地区，明清时期的军事移民不仅承继了汉人社会民间岁时节庆文化精华，还与青海本地汉、藏、蒙古、土、回、撒拉等多民族聚居而成为独具特色的地方性民俗文化。这也能在黄河灯会在内蒙古、宁夏、甘肃、青海的流传中得到反映。青海乐都七里店九曲黄河灯会正是明代移民将这种代表原住地的岁时习俗带到了河湟地区，并成为河湟戍边民俗文化的一部分。九曲黄河灯会的流传和发展，不仅是河湟地区民俗文化的一部分，也是明清时期军事移民对当地文化的影响的体现。九曲黄河灯会的传承和发展,得益于当地人民的努力和传统文化的弘扬。同时,也得到了政府和社会各界的关注和支持,成为当地民俗文化的重要组成部分,吸引着越来越多的游客前来观赏和体验。

总之,九曲黄河灯会作为一种古老的民俗文化,源远流长,承载着丰富的历史文化内涵和民族精神。它的传承和发展,不仅是当地人民对传统文化的弘扬和传承,也是中华优秀传统文化的重要组成部分。北京地区的黄河灯会主要是明清山西移民带入。怀柔沙峪村老艺人赵文清回忆,本村黄河灯由"放河灯"演变,河灯沿黄河顺流而下,逐步影响较远地方,可能是从黄河畔传到北京。河北南部邯郸市丛中村黄河阵,村民认为来自山西沁县,形成于明太祖年间。

上文探讨了九曲黄河灯会在山西、河北、陕北地区的分布及其影响。通过研究发现,黄河灯会的起源和分布受到多种因素的影响,其中包括明代的军事边防战略和社会历史环境。明代的军事边防战略对黄河灯会的产生具有显著影响,因为宣大地区是明代中期防御蒙古的主要地段,也是蒙古威胁明都北京的主要方向。此外,黄河灯会的地理传播深受军户移民的影响。来自山西的移民将他们独特、地域性的岁时习俗带入了明代北京及其周边地区,并成为京城民俗文化的重要组成部分。

研究表明,黄河灯会在地理空间上的分布与明代军户有密切关联,这一现象凸显了家国认同的传承和演变。在明代的军事边防战略背景下,黄河灯会在北方边境地区兴起,成为当地民众表达家国情感的象征。这些移民们通过举办黄河灯会,将故乡的传统文化带到新的生活环境中,并将其作为家国认同的重要表达方式。随着军户移民的迁徙,黄河灯会逐渐传播至北京等地,成为京城民俗文化的重要组成部分。这一传播过程既体现了移民们对家乡传统文化的珍视和传承,也展示了他们对国家繁荣稳定的渴望和认同。因此,黄河灯会作为家国认同的象征,丰富了中华民族的文化遗产,同时也成为人们传承和弘扬家国情感的重要方式。

(二)长城戍边与黄河灯会

黄河灯会的分布和传播,与明代长城戍边和九边重镇息息相关。研究发现,黄河灯会的分布与明长城和九边重镇的区域分布高度重合,似乎与明清长城有着某种联系。长城屯兵主要依靠长城沿线大大小小的城池和堡寨。以明长城为例,明朝为加强长城防御,将长城沿线划分为"九边重镇",分别驻有重兵,自东向西依次为辽东、宣抚、蓟州、大同、太原、延绥、宁夏、固原、甘肃;明嘉靖年间,又在北京西北增设了昌镇、在北京西南增设了真保二镇,合称"九边十一镇",恰与黄河灯会分布区域高度重合。如:宁夏镇(宁夏盐池县九曲黄河灯会)、甘肃镇(今甘肃张掖九曲黄河城)、宣府镇(今河北张家口、怀安县地区九曲黄河灯)、大同镇(今山西大同转九曲)、太原镇(今山西偏关县、河曲县转九曲)、延绥镇(今陕西绥德县、陕西榆林转九曲)。有研究指出,北京延庆白河堡村、山西偏关县老营堡村、青海乐都七里店村都是由明朝长城戍边、军事屯田的军事性质的屯堡建成,因此,黄河灯会的区域分布与明清长城和军事屯堡有着密切关联。

元代蒙古族统治者由于游牧民族的特质,定居中原以后,仍然无法改变其族群特质,对农耕区域疏于管理,致使很多农耕土地荒废,元明交接之时,连年征战,国力衰弱,明代政权建立后,百姓几乎无地可耕种。这种情况下,明太祖朱元璋提出屯田养兵的政策,既不费财政经费,也能养活百万军队。军户半农半军,操练之时为军,闲时为农,在当时对国家建设有一定改善。在《明史·食货志》中载:"屯田之制,曰军屯,曰民屯。太祖初,立民兵万户府,寓兵于农,其法最善……天下卫所、州、县皆事垦辟矣。其制,移民就宽乡,或招募或罪徙者为民屯,皆领之有司,而军屯则领之卫所。"

明朝初期疆土辽阔,虽然不会再轻易对外发动战争,但是周边的鞑靼、瓦剌等都虎视眈眈,因此边疆的戍守仍然非常重要。于是明朝开启了历时239年的修筑长城之路。明长城修建从洪武十四年(1381)直到万历四十八年(1620),是明朝在北部地区修筑的军事防御工程,亦称"边墙",区别于由秦始皇所修的万里长城。明朝在"外边"长城之外,修筑了"内边"长城和"内三关"长城。除此以外,还修筑了大量的"重城",雁门关一带的"重城"就有24道之多。长城的建造主要是戍守边疆的士兵负责。这就带来了大体量的军士和家眷。明代修建长城的人员构成比较复杂,卫所士兵和民夫是长城修建的主要力量。在明朝时期,政府实施了"卫所"体系,这使得初期的卫所士兵常驻驻地。从永乐时期起,政府为了加强京城及北部边境地区的防御,逐批调遣内地卫所的官军在这些地方驻扎,其中的士兵被称为"班军"。随着边境地区形势日渐紧张,政府开始调集其他卫所的官军提供援助防御。这些来自各地的援军被称为"客兵",而原本地卫所的官军则被称为"主兵"。"田一顷出丁夫一人,不及顷者以他田足之,名曰均工夫。每岁农隙赴京,供役三十日遣归。田多丁少者,以佃人充夫,而田主出米一石资其用"。明朝的军事屯田制度,卫所士兵都由军户承担,所谓军户就是被朝廷签发后,世代当兵的家族,他们不能从事其他职业,是世袭的职业军人。

由于政治和军事的需要,军事戍边人口大幅增加,并且流动频繁,军户世代沿袭,每家一代出一个人,导致一个人口体量分布在九边重镇和军事屯堡附近。这样的人口分布也带来了家乡的风俗习惯,比如黄河灯会活动。因此,黄河灯会被军户带到屯兵的军事屯堡和长城关隘周围,形成了新的军事集镇。在大型节庆活动中,这些集镇自然将黄河灯会传播到周边地区。因此,黄河灯会的分布与其说与长城、军事屯堡有关,不如说与长城戍边、军事屯田的军士有关。京冀地区有民间传说指出,黄河阵是由戚继光创造。实际上,戚继光在长城驻守16年,主持长城防御工作,建造了今天河北、北京一带长城空心敌台,假如戚继光倡导戍边军民举办黄河灯会,那黄河阵与军事阵法有密切联系的说法,便也能说得通了。

黄河灯会的分布和传播与明代长城戍边和九边重镇紧密相关,这与家国认同有着重要的联系。长城戍边和九边重镇在明代起到了加强国防和维护边疆稳定的关键作用。黄河灯会分布区域与九边重镇区域高度重合,这表明黄河灯会的传播与军事屯田政策和戍边士兵的生活密切相关。在戍边和九边重镇的环境下,黄河灯会成为了士兵们在异乡表达家国情怀的一种方式。这些灯会不仅是庆祝活动,更是对家园的思念和对国家的忠诚的象征。士兵们通过黄河灯会的举办和参与,表达了对家国的认同和对边疆稳定的支持。此外,黄河灯会的传播和演变也受到军事屯田政策的影响。通过在边疆地区建立军事屯堡,士兵们在屯田过程中不仅维持军事实力,同时也与当地人民进行交流和融合。这种交流和融合促进了黄河灯会的传播和演变,使其成为家国认同的重要表达方式之一。

综上所述,黄河灯会的分布和传播与明代长城戍边和九边重镇密切相关,这与家国认同有着紧密的联系。黄河灯会成为士兵们表达家国情怀的一种方式,同时也受到军事屯田政策的影响。这一现象反映了人们对家园的深深依恋和对国家的忠诚,展示了家国认同在历史中的重要地位和作用。

(三)"走西口"移民对黄河灯会的影响

黄河灯会与"走西口"移民历史息息相关。明清以来的自然灾害频发,除了直接造成人口死亡,还容易引发人口流移。如明清以来的"闯关东""走西口""湖广填四川""移台湾"等现象。清代山西自然灾害的文献资料中,有关"民多逃亡""饿殍遍野""颠沛流离""皆迁徙"等记录俯拾皆是。面对生存危机,面对灾后的一片狼藉,灾民无以为食,无以为居,不得温饱,只能走上背井离乡之路。而清代影响最大的人口流移是自明代开始的"走西口"。

历史上河保偏及晋西北"走西口"大约经历了三个阶段,出现三次高潮。从清朝嘉庆年间到咸丰年间为第一个高潮。是由于经过"康乾盛世",社会稳定,清朝政府在其统治时期放宽了对蒙古民族的限制,给予部分汉族居民进入河套地区并获得耕作租赁的权利。从光绪末年直至民国二十三年(1934)期间,这种现象达到了第二次高潮。这主要归功于清末实行的"贻谷放垦"政策,以及民国时期推行的"移民适边"措施,极大鼓励了口里人出口外农耕定居。解放初期为第三次高潮,是因为大旱。清代山西"走西口"现象是多种因素造成的,如人口问题、土地问题、政策问题。但自然灾害频发仍是极为重要的诱因。而入清以后,受地丁银的实施及"盛世滋丁、永不加赋"政策影响,隐丁匿口情况减少和新增人口出现,使山西人口大增,人均耕地减少,人地关系紧张,土地价格大涨,以致造成无处不开垦,无田不耕种的结果。位于山西北部的黄土高原地区,由于地势陡峭、土壤肥力匮乏,其对于支持人口的承载力显得相当有限。然而,人口的增长却使得原本较为突出的人地矛盾变得更加严峻。人地矛盾当然不仅出现在山西北部,山西中部南部的人地问题也开始突显,晋中平遥、太谷、榆次、祁县一带即是如此。而正是在这样的背景下,才出现对土地的过度开发,造成生态环境的破坏和生态系统的失衡,使本来自然灾害(尤其是水旱灾害)频发的山西雪上加霜。

在这样的背景下,晋陕饥民每遇荒年则向北流移,造成大量晋民外流。据统计,从光绪元年(1875)直至1945年,仅在河曲县,就有将近10万居民通过西口向内蒙古移居。同时,山西的右玉、左云、平城等地区的人口流动现象也非常普遍,且通常涉及较大规模的跨区域人口迁移。在山西的平鲁、山阴、朔县等地,亦有大量民众通过西口迁徙至他处。在清末民初时期,右玉县经过西口迁出的贫困人口甚至达到了四五万之多。学者安介生估计,光绪末年西口外的人数可能达到数百万之多。整个清朝时期,山西省前往西口外地区的累积移民人数相当巨大,达到1300万人之多。据《准格尔旗(县)志》载:"草原农耕的发展,是从河民垦务开始的……旗王府曾多次亲自到河曲招收农垦民众。到清乾隆四十八年(1783),仅在准旗的河民垦荒者,即达万余人,开垦牛犋733犋,耕种蒙地累计达536顷之多。"于是几乎家家、辈辈有人"走西口",形成范围之广,人数众多,历时久远的"群众运动"。

河保偏所在的晋西北沿黄河及吕梁山脉地区,为京津屏障,三晋屏藩,西北锁钥。河曲取

"河千里一曲"为名,保德为晋陕蒙三省区交汇处,偏关古称"林胡",是晋西北边陲,北依长城,黄河于晋蒙交汇处流入。偏关与宁武关、雁门关合称"中华三关",为明长城外三关之首。这一带沟壑纵横,流水切割,地表破裂,植被稀少,气候干旱少雨,无霜期短,风雨剥蚀,表土流失,多地几成荒漠。沿黄河和县城周围人口稠密,土地相对偏少。《偏关志》记载,"晋西北土质干燥,气候较寒,山田高耸,无川流灌溉,所凭藉者雨泽耳。故晴雨稍有失时,便成灾歉,不独偏关然也"。《河曲县志》记载,"河邑地瘠民贫,力农终岁拮据,若遇旱年,则枵腹而叹","又西北严凝之气郁于大冬,至盛夏而发,疾雪暴雨,恒多雹灾","且地高气肃,田禾晚成,白露秋分往往阴霜害稼,则减收成,然三年两遇之"。说明晋西北农田全靠雨水滋润,遇干旱少雨成灾,收成大幅度减产,立刻人心慌乱,不知所从。

有关研究资料显示,在公元前230年之后的2200多年间,晋陕蒙及毗邻的晋西北地区,先后发生600多次旱灾,平均不到四年一次。其特点是旱灾发生频率高而有增加趋势;旱灾呈阶段性、间歇性和集中性。而明清时期到近现代为发生频率最高期。例如,山西、陕西分别发生70多次;内蒙古发生60多次。而春、夏季最多。晋西北又是重灾区。

天灾人为(破坏生态)导致饥荒发生。明清时代加剧,周期缩短,持续数年。"河曲保德州,十年九不收,男人走口外,女人挖苦菜"。这则山西历史上传诵久远的民谣,便是生动写照。人们以野菜树皮草根充饥,时有人食人的现象。从社会原因看,少数地主资本家占据大部分土地财产,而多数普通民众拥有数量有限。西口外的地产财富、沃土肥田、宽松开放等成为最大的动因,冒险也值得去闯荡一番。于是成群结伙的民众"出口外"去往内蒙古地区。

河曲、保德、偏关是农民"走西口"的源起地,比条件稍好的五寨、神池、宁武、岢岚等地出口外的人多得多。这里习惯称呼的"出口外""走口外",就是越过黄河渡口和长城上的关口到河套、包头、归绥、乌兰察布等地开、租种地,打工经商,贩运物品等。河曲保德人还经营甘草等中药材生意。起初,这些口外垦种活动大多数带有季节性,"春夏出口,岁暮而归……"即开春从晋西北前往内蒙古租地垦殖,又称"跑口外",等秋收后将粮食兑换成银钱,再返回"口里",是候鸟迁徙式的生活。

在明清民国数百年历史中,一批批晋西北人,尤其以河保偏为代表,成群结队出口外,徒步走向西北,进入内蒙古中西部地区。三县出口外情况:偏关以城关镇、尧头乡、天坪峰为多,涉及上百个村庄;河曲县多集中于地处平川半平川的旧县、巡镇、城关、楼子营、沙坪乡、鹿固乡、五花城、刘家塔等;保德县主要是东关镇、义门镇、桥头镇、腰庄乡、贾家峁、杨家湾、韩家川等,涉及100多个村庄。据《山西大观》(1935年版)载,当时忻县总人口约20万,经商者就有4万,而一半在"口外"。据统计,河保偏每年有上万人离家"走西口"。保德县出"口"的人数,每年有3000至4000人,偏关县稍少一点,有2000至3000人,河曲县保持在4000人左右,若遇大灾年,三个县出口人都逾万数。据忻州作家田昌安主编的《实录走西口》一书统计,河曲人多之地有临河、陕坝、萨拉齐、土左旗、乌拉特中后旗高塔梁一带、双圣美、石哈河、此老图、固阳后山一带等。保德人定居多的有老包头、固阳县、东胜、五原、临河、乌拉特前旗、达旗、杭锦旗等地。偏关人散居于内蒙古中东部几个旗、达茂旗、土左右旗、巴盟、鄂尔多斯、石拐等地。萨县流传"嶂县衙门忻州街"之说。当年包头的"十大晋商"中,河曲、保德、定襄、代县、忻县的就占七家。

新中国成立前包头的十多万人口中,一半是河曲人。如张家营子、赵家营子、曹家营子、甲尔坝等地,基本是河曲人的定居地。包头十大晋商之一的"田油坊"是河曲出口外买卖带庄户的典型。农民杨谦三同治年间到杭锦后旗,三代人用13年开百余公里大灌渠"人工小运河",造福一方,被誉为"杨家河米仓县"。作家贺政民是河曲北元人,男扮女装二人台旦角著名演员樊六也是河曲人,后山大榆树滩有名的"大老虎店"主也是河曲人。老包头吕祖庙的兴建,与河曲海潮庵有密切关系。

黄河灯会是中国传统文化中的重要活动之一,具有悠久的历史和深厚的文化内涵。它在家国认同中扮演着重要的角色。明代时期,山西地区由于自然灾害频发,人口流动成为一种常见现象。其中,"走西口"移民是清代最为显著的人口流动之一。这一移民现象涉及人口、土地和政策等多重因素,但自然灾害频发仍然是其中最重要的推动力。走西口移民对土地进行过度开发,破坏了生态环境,导致生态系统失衡。尤其是在本来就自然灾害频发的山西地区,水旱灾害进一步加剧。为了寻求更好的生存条件,晋陕饥民在荒年时向北流移,导致大量晋民外流。黄河灯会在这一背景下成为当地民众表达家国情感的重要方式之一。灯会的举办不仅展示了当地人民的智慧和创造力,更体现了他们对家乡传统文化的珍视和传承。同时,黄河灯会也体现了移民们对国家繁荣稳定的渴望和认同。随着移民的迁徙,黄河灯会逐渐传播至北京等地,丰富了中华民族的文化遗产。

综上所述,黄河灯会在家国认同的建构中发挥了重要作用。它不仅是山西移民文化的传承和演变的象征,也是对家乡的深情表达和对国家的热爱追求的体现。黄河灯会丰富了中华民族的文化遗产,也成为中华民族凝聚力和自豪感的重要来源之一。家国认同在这一过程中扮演了重要角色。走西口移民对家园的离开和土地的破坏,使人们对家国的认同感受到挑战。然而,这种认同感的动摇崩塌,又凝结成了难以忘怀的历史记忆,从而更紧密的构建出家国认同。同时,走西口移民也带来了文化和价值观的传播,与当地文化的碰撞和融合,进一步塑造了人们对家国认同的观念。因此,走西口移民对黄河灯会的影响与家国认同密不可分。它不仅改变了人们对家园的感知和认同,也为文化交流和价值观的传承带来了新的机遇与挑战。

（四）人口迁徙对黄河灯会的影响

清到近代"走西口"使大量晋陕移民迁入内蒙古中西部,黄河灯会是清代至民国期间,从山西传入内蒙古,并与内蒙古崇拜火的习俗融合,形成蒙汉共享的民俗活动。内蒙古土默特地区的村落中,蒙汉民族信仰文化互相融合,在庙会活动中形成了一种既不完全等同于汉族移民文化,也不纯粹为蒙古族传统文化的多元文化。这种文化现象表明了蒙汉民间风俗的互动交流现状。黄河灯会,在黄河流域的区域范围内,在明清至民国人口迁徙的大背景下,其研究意义和内涵,具有更为广阔的张力。

辽宁地区九曲黄河阵来源指向山西、陕西。据隋永清介绍,早年从山西迁来一户汉族人家,逢年过节为了拢住伙计,就把从老家带来的黄河阵图交与伙计,即隋氏祖父,因此家族传承至今。又据阜新县太平乡太平村老艺人孙景海介绍,200多年前,周振鳌的祖父从陕西榆林挑担迁居到太平村落户,并把那里流行的唱九曲、跑黄河传给儿孙们。

在辽西地区盛行黄河灯会的几个村子,口传的历史都把灯阵起源归到晋陕一带,尤其是来自山西的说法居多。"关于黄河阵的由来,据二色村村民讲,300多年前山西一张姓人家,来本村开了一家烧锅,由他们把黄河阵传入本村,户主叫张大东;朱碌科村村民讲,他们的黄河阵是由山西河曲人在本村开了一个爆竹作坊而传入的。爆竹铺财东姓王,至今有200余年的历史了。"辽宁朝阳社火黄河灯阵,是清代至民国"闯关东"移民,将黄河灯阵与社火表演传入辽东,成为朝阳地区岁时民俗。吉林通榆黄河灯阵传自辽宁卡佐,"居住在卡佐县的农民李明德携家迁入瞻榆县乌兰花乡喇嘛白音屯。李年轻时曾多次随父摆过'黄河灯过阵',熟悉阵法,且藏有布阵图。至此,'黄河灯阵'便传入瞻榆"。山东临淄皇城乡大马岱村的黄河灯会相传是来自京冀一带,清初该村杨鲸、杨霞兄弟二人是文武两进士。辞官归乡时,从北方带来的仆从中,有人会扎九曲黄河灯,元宵节扎过一次,从此一代代流传下来。在现今的长江中下游地区,也同样可以看到九曲黄河灯的点状分布情况。比如,安徽省的利辛县和江西省南昌县的蒋巷镇,乃至更多的地方,都有着九曲黄河灯的传统习俗。这种情况表明,九曲黄河灯的传播已经超越了黄河流域的地理区域,拓宽了使用九曲黄河灯在现代社会民俗活动中的舞台。这不仅传播了这一古老且美丽的民俗文化,也让更多的地方和人们能共享这一民俗传统的喜庆氛围。

研究表明,黄河灯会的传播与移民有着密切的关系。从清代到民国期间,"军事屯田""长城戍边""走西口""闯关东"等人口迁徙事件,带来了民俗形式的传播。黄河灯会作为元宵节期间的狂欢活动,移民人口在割舍不断的同时,对黄河和家乡保持着深厚的情感。他们通过制作黄河灯来表达对故乡的思念和对故土的依恋,这成为黄河灯会广泛传播的一个重要原因。黄河灯会的传承和发展,不仅让人们了解到了黄河流域的历史和文化,也使得其他地区的人们能够感受到这一独特的民俗活动。通过参与黄河灯会,人们能够更好地理解中国传统文化中蕴含的情感和价值观,增强对传统文化的认同和自豪感。同时,黄河灯会也成为了不同地区之间的文化交流和互动的平台,促进了民族之间的凝聚力和团结。

综上所述,黄河灯会作为中国传统的民俗活动,通过移民和元宵节的传播,得到了广泛的发展和传承。通过对黄河灯会的研究和参与,人们可以更好地理解和传承中国传统文化,增强文化自信和民族凝聚力。黄河灯会的传播也促进了不同地区之间的文化交流和互动,展示了中国传统文化的独特魅力和多样性。

四、结　语

根据丹尼尔·贝尔(Daniel Bell)对社群(community)的三种划分,民族国家被视为一种以记忆为基础的共同体,其中的成员共享着同一的历史记忆以及道德继承。这种记忆形成了集体的、穿越历史的回忆,构建了家国认同与身份认同的基础。美国学者本尼迪克特·安德森(Benedict Anderson)所阐述的观点表示,民族国家的形成并非基于血缘或地缘的关联,而是依赖于公共的民族国民文学,塑造了一个被称为"想象的共同体"。这突显了民俗传统在塑造民族性中扮演的关键角色,同时也展现了它作为一个民族国家独特的认同标识的重要性。

家国认同是在历史演变过程中逐渐形成的。历史记忆记录在史册中,描绘在传说故事里,同时也体现在我们所亲身经历的历史事件中。例如黄河灯会的传衍,与明代的长城戍边、军事屯田、清至民国的"走西口"有关,这是历史记忆形成的家国认同,同时也是黄河灯会形成家国认同的影响因素。这些珍贵的历史记忆象征,既有有形的文物古迹、传统习俗,也有无形的精神传承、历史文化底蕴。它们记录了我们国家在过去岁月中取得的辉煌成就、展望未来的美好愿景,以及所经历的挫折、苦难和灾祸。这些历史记忆象征不仅激发了我们作为中国人的自豪感,更激励着我们民族不断追求进步,为实现国家的繁荣富强而努力拼搏。此外,这些历史记忆象征还是培养黄河流域民众家国认同感的重要资源。它们帮助人们了解国家的历史渊源、文化传承,使得民众对祖国的热爱之情更加深厚。通过传承这些历史记忆象征,黄河流域的民众能够更好地认同国家的价值观、文化观,进而增强民族凝聚力,为国家的发展贡献力量。总之,这些有形或无形的历史记忆象征在我国的文化传承、民族精神塑造以及国家发展中扮演着至关重要的角色。

在山西河保偏地区,长城戍边、军事屯田、人口迁徙对黄河灯会产生了重要影响,这些与中国历史上的大事件、大生态、大历史、大传统息息相关,又在这一区域社会史中透过黄河灯会,展现出小事件、小生态、小历史、小传统,鲜明地展现了当地传统文化的风貌,呈现出国家的集体记忆和历史变迁。黄河灯会是繁衍于黄河流域北方地区的民俗事象,凝聚起黄河沿岸民众广泛的文化认同。这种对民俗传统的认同,深深地埋在黄河流域民众的心里,并在移民、水患、修筑长城、军事屯田中,留下了难以忘怀的文化记忆,成为当地民众思恋家乡、怀念故土、凝聚家国认同的有力构件。

黄河灯会作为黄河流域北方地区的民俗传统,是当地民众广泛认同的文化元素。费孝通先生提出的中华民族"多元一体格局"理论也可以应用到黄河灯会的研究中。根据这一理论,民族间可以保持不同的特色,但又能和谐共存,形成多元一体的认同观。在黄河灯会的传承中,不同地区的灯会展示了各自的特色和风格,但又都融入了整个中华民族的文化传统。这种多元一体的认同观实际上是对中华民族多元一体观的认同,它的核心是对中华民族的认同。因此,黄河灯会作为中华民族文化的民俗元素,凝聚了人们对家乡和故土的思恋之情,同时也展示了中华民族的多元一体特色。

黄河灯会的传播受到历史事件的影响,其中军户移民成为其地理传播的重要因素。在历史上,由于各种原因,包括军事需要、屯田政策和边境防御等,大量的人口迁徙事件发生在黄河流域北方地区。其中,军事屯田政策将许多军户迁徙到黄河流域北方地区,而长城戍边和走西口等事件也导致了人口的迁移。这些迁徙事件不仅带来了人口的流动,也带来了民俗文化的传播。黄河灯会作为元宵节期间的民俗活动,成为移民人口表达对故乡的思念和对故土的依恋的重要方式。这些移民人口通过制作黄河灯的形式,将自己的家乡情感融入其中,将对故乡的思念和对故土的依恋深深地打上了地方文化的烙印。他们希望通过参与黄河灯会,重温故乡的传统习俗,感受家乡的温暖和亲切,同时也向外界展示自己的家乡文化。

在黄河灯会的传承中,民俗传统认同、中华民族认同和历史记忆认同等因素相互作用,共同促成了家国认同的建构。黄河灯会作为中华民族文化的民俗元素,通过传承和发展,不仅凝聚了当地民众的文化认同,也展示了中华民族多元一体的特色。同时,历史事件对于黄河灯会的传播起到了重要的推动作用,使其成为一个具有地方特色和历史记忆的民俗传统。

黄河灯会作为民俗传统在家国认同的构建中起到了重要的作用。黄河灯会通过移民人口的参与和历史事件的影响,表达了对故乡的思念和对故土的依恋。这一传统活动展示了中华民族的多元一体特色,凝聚了人们对家乡和故土的情感,丰富了中华民族的文化遗产。黄河灯会的广泛传播和深入人心,不仅展示了当地民众的文化认同,也促进了中华民族的团结和凝聚。

(此文在第五届中国长城论坛上荣获一等奖。作者系中国艺术研究院国家文化公园方向博士生、安阳市文化馆副研究馆员。)

长城精神与长城学科

杨峻峰

一、长城精神源远流长

长城(The Great Wall),又称万里长城,是中国古代的军事防御工事,堪称中国古代第一军事工程,是一道高大、坚固而且连绵不断的长垣,用以限隔敌骑的行动。长城不是一道单纯孤立的城墙,而是以城墙为主体,同大量的城、障、亭、标相结合的防御体系。

长城是人工修筑的伟大工程,在修筑使用保护过程中,都体现出一种伟大的精神力量,这种力量我们可以称作长城精神。

习近平总书记在2014年对长城保护作出重要批示:"长城是中华民族的精神象征,具有独特的历史文化价值,需本着对历史负责,对人民负责的态度,切实完善政策措施,加大工作力度,依法严格保护。更好地发挥长城在传承和弘扬中华优秀传统文化中的独特作用。"

2019年8月20日,习近平总书记视察嘉峪关时,对长城又作出重要的指示:"当今世界,人们提起中国,就会想起万里长城;提起中华文明,也会想起万里长城。长城、长江、黄河等都是中华民族的重要象征,是中华民族精神的重要标志。我们一定要重视历史文化保护传承,保护好中华民族精神生生不息的根脉。"习近平总书记提到的"中华民族精神象征"和"中华民族精神生生不息的根脉",就是把在长城上蕴含的那种精神升华到中华民族的高度。

精神在哲学上的定义,就内涵方面而言,是过去事和物的记录及此记录的重演,精神物是过去事和物在现实物中的记录。精神事是精神物在现实物中的重演。记录是以新叠旧式的暂态变化,重演是以旧启新式的暂态变化。记录和重演都是沿"宇宙之道"作定向前行,即都是按"宇宙三律"作"物忆现检,趋同离异"的局部循环,其区别只在于变化前后暂态的不同。

长城是一个庞大的建筑形体,也是一种精神,首先它是一种精神物,在现实物中记录着这种形体,它又蕴含了丰富的长城文化,这种长城文化是一个丰富复杂的文化体系,这种丰富复杂的文化体系,在现实物中重演着那种精神物,我们每一位关注长城、热爱长城的人都会经过抽象的意象加诠析,对长城这种概念的赋像进行解释,这就是体现出的丰富的长城精神。

(一)从修筑长城看民族精神

长城精神是丰富的,从古代来讲,修筑长城防御外族侵略,首先体现的是一种民族精神;从利用长城、保卫国土来看,它体现的是一种爱国精神;因为只有一个不想打仗的民族才会修筑长城,利用长城来保卫和平,这又体现着一种和平精神。在修筑长城中,建得是那样的雄伟壮观,那样的美丽精致,充分凝聚着古代劳动人民的聪明智慧,体现出中华民族的工匠精神;长城是在艰苦勤奋、坚韧刚毅中完成的,这又体现着奉献精神。长城是上下两千年,纵横五万里,锲而不舍地建设,不屈不挠地坚持,又体现出一种顽强的奋斗精神。受长城边塞文化的影响,在长城沿线形成的诸多文化现象,又可看出长城精神的影响和魅力。

(二)从长城工艺看工匠精神

当前全国各地对长城维修的质量问题评论得不少,笔者在考察长城中发现,就说简单的夯土墙,论厚薄,有十厘米厚的,有八厘米厚的,还有七厘米厚的。在夯筑中,有纯粹黄土筑的,也有一层黄土一层黑土的,有一层黄土一层红土的,有一层黄土一层细砂的,还有一层黄土一层荆棘或红柳的,那种认真精细,是我们今天修长城的工匠不可比拟的。偏关县丫角山有一处半拉子工程,它是青石砌筑的墩台,底部一个拐角,有一处约一米五高的地方石头面子未被打平,但垒了上去,边子还挺平,给人们留下不少疑问。这肯定是半拉子工程,因为赶施工进度,打锤錾面子的匠人供不上,但垒大墙的匠人又等不上,怎么办?在这种情况下,只好让打面子的匠人先走线,将棱角线走正打好,将上下面打平,然后凑合的先砌上,墩台垒好后再在墙上打面子,因为不高,拆了脚手架也能打。这个地方虽是半拉子工程,但从匠人能想到如此赶工或者讨巧的办法来看,不是聪明娴熟的好工匠是想不到这一点的。

(三)从长城战事看勇敢精神

我们从雄伟的长城形体中走出,再看忻州长城沿线所发生的战事,都体现着一种勇敢精神,远的不说,近的如平型关大捷、雁门关伏击战、火烧阳明堡、忻口战役等,都体现着一种大无畏的革命精神。我们在雁门山上发现,在北齐长城边上,或者是宋辽界壕内,在1937年,中国军队为了抵抗日寇,挖了那么多的掩体,这种依托长城抗击侵略的情怀和精神是多么可敬!

长城精神源远流长,影响着忻州几千年的发展进步。这长城精神与忻州的地域文化相融合,也就形成了独具特色的忻州精神、忻州的革命精神,我们今天提倡的开拓进取、忠勇坚贞、和谐包容、务实守信以及厚德、诚信、拼搏、奉献等,都可说明这一点。可以说,长城精神是忻州革命精神的灵魂。今天我们提倡弘扬革命精神,不要忘记有一个具象的承载——长城精神。

二、长城学科博大精深

长城既是物质的,它是中华民族的古建瑰宝,是世界文化遗产,是世界新七大奇迹。长城又是精神的,它是中华民族的脊梁和象征。长城的修筑本身是一种军事行为,一方面作为重要的军事防御工程,是预防战争、维护和平的屏障;另一方面,长城调整着农耕与游牧两种不同的经济秩序与生产生活方式,对促进经济发展、文化融通、民族融合起到重要作用。

因为长城经历的历史太久,承载的东西太多,因而在岁月的积淀中,受到种种文化的浸染,使这种伟大建筑成为一种文化的载体,其内涵丰富的文化,又是分解不尽、研究不完的学科宝库。

（一）长城学是多种学科的大汇集

忻州的长城文化非常深厚,由长城文化生发出的长城精神更是感人。长城文化实质上是边塞文化,它包含着中原农耕文化和草原游牧文化。其中又包含了诸多的学科,如当初修筑长城时的不同修筑风格和修筑形式的建筑学;有利用长城进行军事防御、军事攻击的军事学;有长城如何走向、如何分布、如何讲究建筑方位的风水学;有如何经过山川河流,利用山险、河险的地理学;有将传统儒教、道教、佛教和长城边塞防御有机结合到长城寺庙中的宗教学;有将中国传统绘画应用到长城敌楼门券、箭孔图案和寺庙壁画的美术学;有体现在长城敌楼门券砖雕、长城墙沿、箭孔造型和边塞寺观中佛像神像中的雕塑学;有体现在长城上的碑碣、诗文、疏奏中的文学;等等。这些学科,汇集成一个庞大的长城美学体系,值得我们去研究。

（二）民族交融是长城学中最大的学科

长城首先是民族文化交融的载体,数千年来,长城外的游牧文化与长城内的农耕文化在长城上发生碰撞,产生交融。以山西雁门关为例,它是一座军事关、文化关,更是一座民族文化的交融关。在春秋战国时期,是华夏民族和戎狄的交融。在汉朝,又成了汉民族和匈奴的交融,民族融合的典范昭君出塞就从雁门关走出,后来王昭君的坟墓还修筑在雁门关下,现在属朔州地界,坐落王昭君墓的村子叫青钟村,历史上其实叫青冢村。到了魏晋南北朝时期,又是和鲜卑族的交融,忻州的大诗人元好问就是鲜卑人,很长时间是在长城一线活动。到了隋唐时期,又是和突厥的交融,著名的义成公主和亲也是从雁门关走出的。到了宋朝,又是汉族和契丹的交融,雁门关一线既有杨家将镇守雁门关的悲壮,又有杨四郎的契丹招亲,这里发生过"四郎探母"等民族融合的故事。到了元朝,又是汉族和蒙古民族的融合。到了清朝,又是汉族和女真民族的交融,可以说,以雁门关为中心的山西长城中所产生的文化现象,其民族文化的交融和体现占据了整个文化体系中的大半,这种交融和融合,奠定了长城学科厚实的基础。

（三）长城文化是长城学科中的重要一支

修筑长城本身是一种军事行为,同时它在修筑、利用、保护过程中,又积淀了深厚的文化,使之成为博大精深的文化载体,由于这种文化载体的深厚,引得千百年来的军事、文化、史学等人士的深入研究,长城文化成为一门门深厚的长城学科。

1.表演文化

如山西外三关一线的农村保存下来的独具长城文化特色的文艺表演形式,神池有踢鼓子秧歌,五寨有八大角秧歌,原平有凤秧歌,代县有挠阁,忻州有摔跤等,都是打上战争、民族交融烙印的长城文化,再现了修筑长城和守卫长城的时代特征。

2.民俗文化

长城沿线的农村传承着不同的民俗,这与当年的长城文化密切相关。如宋长城外的山西省五寨县、神池县在宋朝时属辽国统治,其风俗与长城内的宁武县、岢岚县的属大宋王朝管辖的地界大不相同,其长城文化的烙印特别典型。

3.长城诗文

在数千年的修筑长城和守卫长城历史长河中,产生过歌颂修筑长城、鞭挞穷兵黩武、歌颂守关将士、赞美长城雄伟的不朽诗文,如唐朝形成了独特的边塞诗派。在雁门关、宁武关、偏头关这明长城外三关,流传着许多脍炙人口的诗文,汉代张衡的《我所思兮在雁门》、唐代李贺的《雁门太守行》等就是深厚的长城诗文中的上品佳作。

三、长城本体的学科热点

长城不论是在精神方面,还是文化方面,都能承载伟大的学科。但从长城本体来讲,每一种防务设计,每一种施工细节,每一种建筑工艺,都是挖掘不透、研究不尽的伟大学科,都是长城研究承载学科的突破点和研究热点。

(一)全国长城界的闪光之处

万里长城是全世界规模最大的文物,是修筑时间跨度最长、历史最悠久的军事工程,凝聚着深厚的文化内涵。长城不论从建筑上、功用上,还是艺术上、文化上,皆成为一个完整的体系、独立的单元。在这个庞大的长城家族中,亮点频频,从不同的角度,显现出不同的闪光之处。

1.长城之最

全国修筑最早的长城——河南始祖山一带发现的长城遗迹,相传是黄帝时期建筑,是我国存世长城中最为古老的。

全国修筑最晚的长城——清长城,位于山西,从偏头关修筑到风陵渡,为防捻军所筑,最晚是清同治十二年(1873)。

现存长城墙体中历史最悠久的段落——始建于公元前7世纪的河南楚长城,距今2700多年历史,是中国历史上最早的长城,因此,又被誉为"长城之母"。还有始建于春秋时期,完成于战国时期的山东齐长城,历时170多年筑成,迄今已有2600多年的历史,是目前中国现存有准确遗迹可考、保存状况较好、年代最早的古代长城之一,被誉为"长城之父"。

我国最西端的长城——丝绸之路上中塔边界内的江尕勒烽火台。

我国最东端的长城——辽宁鸭绿江边的虎山长城。

我国最南端的长城——湖南凤凰发现的苗疆长城,始建于明朝万历年间(1573—1620),全长190公里,北起湘西古丈县的喜鹊营,南到贵州铜仁境内的黄会营。

我国最北端的长城——黑龙江牡丹江边墙,由唐代渤海国王修建。

最险要的长城——北京箭扣长城、山西代县白草口长城等。

全国海拔最高的长城——青海省明长城,蜿蜒于世界屋脊东北缘的崇山川谷之中,位于青海省西宁市大通回族土族自治县的明长城海拔最高点接近4200米,是明长城中海拔最高、保存最为完整的一段,于明隆庆六年(1572)起开始修筑。

全国海拔最低的长城——新疆吐鲁番盆地的长城,海拔 –100 米左右。

2.长城上的第一

万里长城第一台——陕西榆林镇北台,是明代长城遗址中最为宏大、气势最为磅礴的建筑物之一,是全国长城界规模最大的烽火台。

万里长城第一墩——讨赖河墩,全称是明代万里长城第一墩,是嘉峪关西长城最南端的一座墩台,也是长城沿线建筑规模最壮观、保存最完整的一座古代军事关隘。讨赖河墩于公元1539年由肃州兵备李涵监筑,北距关城75公里,墩台矗立于讨赖河岸边60多米高的悬崖之上,可谓"天下第一险墩矣"。

万里长城第一楼——代县古城边靖楼。边靖楼是砖木结构,斗拱非常规整,梁架精致而奇巧,建造恢宏威严。边靖楼由砖券洞台基和三层四檐歇山顶楼身组成,基底平面东西长43.3米,南北宽33.3米,台高13.3米,楼身高26.7米,总高度达到40米,面阔7间,进深5间,四周围廊。以明台计,统面宽29.65米,统进深19.30米,是迄今发现的中国最大的木质鼓楼,比山海关边靖楼高15米,比嘉峪关城楼高17米,比天安门高5.3米,被长城专家考定为万里长城第一楼。

此外,还有许多奇观,如中国长城"三大奇观",东有山海关、中有镇北台、西有嘉峪关,都是能撑起长城学科研究的伟大载体。

(二)独特的防御设施

古代在修筑长城这项庞大而复杂的防御工程过程中,修筑长城的工匠们为了达到最佳的防御目的,充分利用建筑工艺的特性,扩大防御外延,丰富防御内涵,提高防御功能,传承了中国古代长城建筑、军事以及文化智慧,创造性地修筑了一些独特的防御设施。由于建设年代远近有别,现在特殊的防御设施多保存在明长城段落。

1.暗门

暗门也叫突门,是长城防御中的一种隐秘工事,一种由城墙内通往城墙外的最为秘密的出口。外面用一薄层砖或石砌上,从外面看和城墙一样,让敌人无法分辨,城墙里面是一个幽窄的洞口,洞底部即为长城外墙。洞口一般宽0.6至1.6米,高1.5至2.5米,其中最窄的仅容单人、最宽的可通马匹对行。从结构上,暗门可分为石或木质过梁式和砖或石质拱券式。

暗门在外墙没有被击破的时候,完全是隐蔽状态。打仗时一旦需要出兵制敌,里面的士兵可以迅速击碎表层墙,就跟鸡蛋破壳一样,士兵破墙而出,从侧面夹击敌人,甚至可以把火炮从暗门推出来击退敌人。

从暗门的修筑可以看出,长城除了作为防御入侵的"边墙",还有另外一个身份——封锁下的隐秘通道,体现了中国古代朴素辩证的思维方式和深厚博大的谋划思想。目前明长城上已发现确认了100余处暗门,以天津黄崖关长城上的暗门保存最为完好。

2.刁口

刁口是长城上的一种军事瞭望设施。从现存的长城遗址看,只有明长城上有。宁武县阳方口镇大水口堡附近的一个刁口,是全国长城沿线唯一保存下来的刁口。

刁口是在长城内侧,紧靠长城修筑了一个微型小堡,驻扎古时的"通信兵"。在长城墙体底部,挖一小洞,通往墙外。在长城墙外,是一个马面,与普通的长城马面无异,但这个马面是空心的,这个马面实际上成了一个袖珍的城堡。在这个袖珍城堡外墙上端中央,有一个小的豁口,宽高二尺左右。长城底部的穿墙小洞直通长城墙体外的空心马面内。

马面的功用为:长城墙体内侧微型小堡内驻扎的兵士在执行任务时,先穿过墙体底部的小洞,到了长城外侧的空心马面内,然后再通过垂直的绳梯,攀上袖珍小堡顶端,头顶大体与城墙墙体和马面等高,头部可以放到小豁口内,通过小豁口瞭望长城外的敌情。如果兵士站在城墙上瞭望,会被长城外的敌人发现,遭到敌人箭镞的攻击。如果待在这个空心敌楼内瞭望,敌人不会发现。如有敌情,马上回报,城墙内侧的通信兵及时报告给大水口堡的守军,大水口堡的守军再报告宁武关(即阳方口)的守军。

刁口是一种很科学的发明,充分体现了古代军事家的聪明智慧。1999年,忻州市长城学会会长杨峻峰陪同中国古建泰斗、长城专家罗哲文和古建泰斗郑孝燮到宁武县大水口长城考察,他把二位老人引到刁口前,询问设施的名称及作用。罗老一看,非常激动地说:"这叫刁口,是全国长城上唯一保存下来的刁口,它是一种军事瞭望设施。"

3.火路墩

火路墩是长城防御中的一种保护通讯设施的军事设施。在长城防御过程中,需要传递信息,汇报军情,沿长城修筑有成百上千座烽火台,也叫墩台、烽堠,按俗话说的五里一墩,十里一台摆布,编织成若干条"火路",即传烽线路。若有敌情,在距敌情最近的墩台点着狼烟,然后一个墩台传递到另一个墩台,直至传到省城,或者传到九镇总兵所在地。

在这一连串的单体火路墩台中,另有一种特殊的墩台,即火路墩。它是在普通的墩台外,加筑了一道围墙,形状多为圆形,形成一个袖珍的城堡。围墙上有门洞,围墙内的袖珍城堡内,盖有房屋,可住三五名守墩的军士。守墩人轮流值班,日夜守候。这种火路墩的位置多坐落于地势险要、敌房易犯处。全国火路墩保存不多,其中偏关县存有三处,河曲、神池各存有一处。

4.帮城

帮城是一种罕见的长城防御设施,是在普通的四边形城堡的上下两端又扩围出两道围墙,中间为"口"字形城堡,上下两边又各加出一道城堡,将城堡扩大为"目"字形,由外帮城"帮助"主城墙加强了防御,巩固了城堡的安全,即使有敌情,帮城可以缓冲敌人的进攻。这种形式并不多见,截至目前,只有山西省偏关县老营城有上下两道帮城,成为中国长城防御中的唯一。

5.悬楼

悬楼,即为战台,是建筑于城堡顶端的一种攻击设施,形状如同楼房宿舍中悬空突出的阳台,它是悬空突出于城墙顶端,守城兵士站在悬楼上,可以居高临下射击躲在墙根底爬墙攻城的敌人。全国长城沿线重要城堡中皆有悬楼,但以偏头关老营城为最,这里是山西镇总兵所在地,该城头上原有10座悬楼,是全国长城防御体系中有悬楼的城堡中最多的一处。

6.水门

水门是在长城过沟谷的时候筑有一个坚固的门洞,长城从洞顶经过,溪水从洞口流出。为了防止敌人穿过水门入侵,在洞内又安有铁制栅栏,水冲不垮,人不能过。这种水门较为普遍,其中规模最大者有辽宁省绥中县新台子村附近的九门口长城,还有山西省宁武县阳方口村的宁武水关,皆为九座水门洞,雄伟壮观。偏关县老营城外的黄河过关处亦十分壮观。偏关县境内黄河边上的水门较为密集,每道沟谷修有一道水门,其中天翅湾水门保存最为完好,只有一个门洞,夹在幽谷之间,两端有陡峭的绝崖,黄河边墙从洞上经过,惊险可怖。

(三)长城寺庙文化

长城沿线建有许多寺庙,有的在长城边上,有的在古城堡里,以关帝庙居多。它与普通寺庙不同,多是守城的卫所、关堡的将士们所修,体现了一种当年守关将士的精神寄托,也有许多守城军士利用寺观进行长城防务的故事。其功用一是朝廷方面对守关人孝忠和忠君的精神统治,二是守关将士的精神寄托,三是起着隐蔽的通信联络和特殊功用。这些寺庙规模不算大,从所存古碑上看,多为镇守边关的营所出资,守关的守备把总等将领亲题碑文。山西偏头关的古堡最多,堪称中国长城古堡第一县,堡中的庙宇和碑碣皆可证明。现在河曲县罗圈堡中最大的建筑还是关帝庙。明九镇之一山西镇所在地的偏关县老营城内曾有近百座寺庙,现存的石狮等仍是全偏头关沿线最大的石狮。

在山西神池县境内的圪老灌堡附近的长城边上,有一座寺庙叫羊崖寺,俗称羊奶寺,当地崖和奶同音。相传在明朝末年,李自成快攻破京城的时候,崇祯皇帝便把自己在襁褓中的四皇子送到此庙,让僧人用山羊奶养大。养到不吃奶的时候,又送到距此庙不远处的一座寺庙吃饭供大。后来此皇子在宁武关附近的山岔村的一座大庙出家,再后来到宁武县芦芽山下的一座山寺坐化。后来百姓将用羊奶喂婴儿的寺庙改名为羊奶寺,将吃饭养大的寺庙改名为饭养寺,几百年后村民嫌此名不好听,改为谐音的梵王寺。

寺庙文化体现在五个方面,一是佛教文化,二是建筑艺术,三是雕塑艺术,四是壁画艺术,五是佛乐艺术。这些文化艺术都有机地融入了边塞文化,成为长城上独特的一种寺庙文化。

长城上的寺庙文化和边塞文化融合得最好的还有雁门关的靖边祠,里面所有大殿的塑像多为历朝历代守卫雁门关的英雄壮士,是将守关英雄神化,守关的英雄烈士可以成神,让人供奉,用以鼓舞士气,这不仅是一种高超的统治艺术,而且是守关人的精神寄托。

(四)长城石刻艺术

长城是古代的一种防御工事或者军事设施,但是它在建造过程中,广泛地采用了石头,并且将艺术运用到石制当中,形成了别具特色的石刻艺术。长城上的石刻艺术有几种。

1.墙体上的石錾艺术

在采用石料筑墙的过程中,将石料打制成平面,再打制上精美的錾纹,长城墙体上有,古堡中的门洞上有。比较精致的是偏关县老营堡的城门石刻,一寸长的七至九錾,全国罕见。比较气派的是山西与河北交界处的龙泉关东门,雕有精致錾纹的巨型石条有 5 米长、0.6 米高。

2.空心敌楼上的石雕艺术

在山西、河北一带,有长城上的许多砖石砌筑的空心敌楼,敌楼的门券多用石料,皆刻有精致的花纹。

3.长城墙体上的滴水石雕

在长城墙体顶部,或者在长城敌楼顶部,留有许多流水孔,孔内装有石制滴水,长短不一,大多伸出墙体一米以外,这些伸出墙体石槽的滴水头,多刻为龙头,也有花草形,皆为粗犷的石雕。另外在流水孔的入水处,有的也装有石刻或砖刻花孔,其中以北京周边长城上的滴水最为精致。

4.长城上的石碑雕刻

在长城沿线,有许多长城或者古堡的修筑竣工纪念碑,除正文刻字外,碑首、赑屃,皆为精美的石雕。其中山西雁门关关口的天险门、地利门上的石雕和偏头关老营城、滑石涧堡城头上的石碑最为典型。长城寺庙中的石碑亦属于这一类。

5.城门堡门上的匾额石雕

长城沿线的所有关城堡寨,都有精致的匾额,皆为精美的石雕艺术。其中偏头关老营城、偏头关滑石涧堡的石制匾额比较典型。还有繁峙县竹帛口长城上的敌楼匾额,虽为数字匾额,但是石雕精美。

(五)长城的建筑工艺

长城是中国古代规模最大的人工建筑,作为建筑,就需要建筑工艺、建筑手法来支撑。长城上的建筑工艺和建筑手法有多种,主要有以下几种。

1.砖砌墙体

这种工艺较为普遍,是用黏土烧制成大砖,用白灰(石灰)粘缝。为了黏合的牢固,相传白灰中掺和有糯米、鸡蛋清等。砖砌长城多为明代长城,以北京、河北的明长城为代表,最美段落为北京八达岭、慕田峪,河北金山岭等。

2.土筑墙体

这种墙体也较普遍,在明以前修筑的早期长城多为土筑,明代长城也有许多土筑长城。土筑长城是要求有黏合度较高的土质资源。相传是一尺打三寸,即铺上一尺厚的虚土,夯筑成三寸厚的硬土层。从多处长城的遗址分析,明代的夯土层一般在10—12厘米,明以前的墙体夯土层在8—10厘米。我国甘肃、宁夏等地以及山西宁武关和偏头关的夯土长城,高大雄伟,堪称全国典型。在土筑墙体中,有时为了坚固,故意采用不同的土质,分层混打,如一层黄土一层红土,一层黄土一层黑土,从横断面上看,十分漂亮,成为一种工艺品。

3.石砌墙体

石砌长城也较普遍,早期长城和明长城皆有。早期石砌长城多为毛石片垒砌,以石片的天然厚度决定石砌层的厚度。战国、东魏、北齐长城皆为此种修筑。比较典型的是山西宁武县东寨附近的战国赵长城、山西岢岚县境内的宋代长城。到了明代,国力强大,石砌长城多为用人工锤錾过的条石垒筑,如山西偏关境内的黄河边,皆为加工精美的条石,现在明代采石场仍在,加工过未使用的石料犹存。偏头关好汉山、双碑焉附近的石长城亦属于这一类。

4.土石混筑墙体

修筑长城原始用料多为土石,为了墙体坚固,在修筑墙体中,在土筑长城中间夹杂一些条石,而且夹杂得很有规律,多为横铺,以山西忻州石岭关堡和偏头关好汉山长城为代表。

5.土木混筑墙体

在长城修筑的特殊地段,由于土质疏松,加之风大,普通的土筑长城不算牢固,于是采用土木混筑的方法,即用红柳条铺在夯土层内,一层夯土层一层柳条,这样坚韧的柳条起到连接和牢固黄土的作用,使得土筑墙体不易被风吹倒。这种土木混筑的长城多见于西部,甘肃境内的汉代长城至今保存完好。

6.木篱长城

这种长城墙体是采用篱笆形式,多为在边界上栽植木桩和篱笆,还有种植茂密的灌木,起着防御马队的作用,同时也起着秩序划界作用。这种木篱长城以辽宁虎山长城附近的柳条边为代表,为清代所植,是拆除了土石的虎山长城植的柳条边。还有山西偏关与内蒙古清水河交界处的明代大边长城,也是采取篱笆形式。

7.壕堑长城

壕堑长城是在较开阔的草原或高地下挖壕沟,用以防止骑兵的侵入,同时也起着一种划界作用。壕沟一般宽5至10米,深3米左右,在刚挖成的时候,足可以起到一定的防御作用。不过是随着时代的变迁,风雨的冲蚀,许多壕堑淤上了浮土,显得不再险要。现存的壕堑长城最为代表的是内蒙古锡林郭勒盟的金界壕和山西五寨、神池、宁武、原平一线的宋辽界壕等。

8.山险墙

山险墙是长城的重要组成部分,在长城经过高山深沟的时候,利用山崖险峰起着防御作用,长城只是山崖险峰中的连接段落。在河北太行山倒马关、紫荆关的长城山险墙最为代表。青海明长城中利用了许多山险墙,最高山险达到4000多米,是中国长城山险中最高处。

9.河险墙

河险墙是在长城经过河流的时候,利用河流的险要,河岸的陡峭,起着防御作用。长城经过河险的段落,一般不再修筑,长城墙体起着险要山崖的连接作用。中国长城河险段落最为代表的是山西偏关、河曲境内的利用黄河峡谷的陡峭,代替长城进行防御,长城间接地在低矮处进行衔接。

(六)长城黄河并行的防御体系

长城是中华民族的脊梁与象征,黄河是中华民族的母亲河。在保卫国家安全方面,二者是牵手同防,双龙共舞,资源互享,优势互补。

在长城黄河并行防御方面,全国最典型的一处在山西和内蒙古、陕西隔河相望的黄河线上。即从偏关与内蒙古清水河相望的老牛湾开始,到河曲县与陕西府谷相望的石梯隘口,全长100多公里。

长城和黄河并行的防御体系有四大特点。

1.河岸长城与河险墙共存

河险墙是在长城经过河流的时候,利用河流的险要,河岸的陡峭,起着防御作用。长城经过河险的段落,一般不再修筑,长城墙体起着险要山崖的连接作用。长城河险段落最为代表的是山西偏关、河曲境内的利用黄河峡谷的陡峭,代替长城进行防御,长城间接地在低矮处进行衔接。河岸上的长城最雄伟处为偏关县万家寨附近的崖壁长城和河曲县石城村附近的石城堡。

2.河滩平缓处修筑长城

黄河与长城并行过程中,有许多段落是河滩平缓处,无险可据,这就需要修筑长城,依靠长城来"防河",这种长城统称为"黄河边",最具代表性的是河曲县城周围的黄河边,墙体笔直高大,中间敌楼密布,形成黄河畔上牢固的防御体系。

3.沿河修筑城堡驻兵守河

在黄河长城并行的这百余公里范围内,筑有若干个驻兵的城堡,如老牛湾堡、桦林堡、石城堡、楼子营堡、罗圈堡、河保营堡、焦尾城堡、五花城堡、夏营堡、石梯堡等。

4.沿河修筑密集墩台防敌

伴着长城,沿着黄河,筑有一连串烽火台和敌楼,而且十分密集,河底有台,河岸有台,隔沟筑台,上山筑台,三连台、五连台比比皆是。如有敌情,沿河道狼烟四起,便于调兵防御,震慑敌人。敌楼中最大者为河曲县护城楼,为砖石结构。南北长27米,东西宽21米,高12米,占地面积567平方米。楼内结构为九窑十八洞。楼顶长18米,宽17米,南面中间有门,左右各一个箭窗,东、西、北三面各有五个箭窗,为山西长城墩台中规模最大者。

四、结 语

长城是伟大的,它是一个庞大的建筑形体,一种能够持续数千年历史的军事防务工程,历经千百年的历史风云,已经在伟大的中华民族心中转化成一种伟大的精神。我们从这伟大的精神中体会出中华民族伟大的文化自信。长城又是一座挖掘不尽、研究不完的知识宝库,从任重道远的长城研究中升华出的庞大的学科体系——长城学,更能体现出中华民族的文化自信。有了这种文化自信,我们看到了实现人类命运共同体的希望,也看到实现中国式现代化和伟大的中国梦的希望!

(此文在第四届中国长城论坛上荣获三等奖。作者系忻州日报社原编委、高级编辑,中国长城学会常务理事,中国长城研究院研究员,山西省长城保护研究会常务理事,忻州市长城学会会长,忻州市长城文化研究所名誉所长,山西省"十大最美长城卫士"之一,山西省长城研究保护"十大杰出人物"之一。)

探寻宁武长城价值 重塑紫塞文化自信

杜 鹃

"国家之魂,文以化之,文以铸之。"大而言之,文化是一个国家的灵魂,一个民族的灵魂,事关国运,甚至决定民族走向;小而言之,提升民众对文化遗产历史和文化价值的认知,增进民众对文化遗产的理解、欣赏,也是一个市县、一个地区凝聚爱国精神、培养民族情怀的重要途径,是发展地域文化、坚定文化自信的时代要求。在文化氛围相对薄弱、精神生活相对欠缺的宁武关下,发自内心的文化自信也同样应该成为根植于紫塞边民心中的"新长城",进而引领民众奋进"十四五",砥砺新征程。那么,这种文化自信如何才能植入民众心中?很明显,探寻宁武长城的文化价值,让古老长城开口说话,是筑造"新长城"最直观、最便捷的方式。为此,笔者试图从美学的角度,审视宁武长城所蕴含的种种文化价值,提炼出边塞人民的精神特质,为长期生活在这里的民众重塑文化自信,使他们作为守关后人肩负起中华民族伟大复兴的使命。

一、长城雄风,塑造了晋西北人粗犷豪放的坚强性格

作为长城防御体系的重要组成部分,宁武一带自古就有着强烈的军事色彩。早在战国中期,赵肃侯就在此修筑长城,用来抵御林胡、楼烦的进攻。《宁武府志》卷十记载:"战国赵肃侯筑长城,尽赵北界。"《大清一统志》卷一百四十七载:"在宁武县东南楼子山上,有古长城遗迹",史称赵北长城。之后,赵武灵王在此续筑长城,并被秦始皇统一六国后在北方修筑长城时加以修缮利用,以防御匈奴,是以存续下来。至今,这段赵长城仍然雄踞于宁武县东寨镇汾河西岸的楼子山上,"养在深山人未识",连很多当地人都不知道它的存在。而历史可以证实,这里曾经是赵武灵王驱逐楼烦的重要战场之一。南北朝时,北魏、东魏和北齐三朝在宁武数次修筑的长城,也都承载过无数次民族纷争与融合。北魏"畿上塞围"、东魏"肆州长城"、北齐长城遗址,横亘于这里的崇山峻岭之巅。长城雄风,边塞鼓角,塑造了晋西北人民粗犷豪放的坚强性格。历史推进到公元936年,后晋与辽以分水岭为界,将宁武区域一分为二,一地两国,北归契丹,南归后晋。之后,宋辽纷争几度,时战时和,开壕沟、垒界墙、修边堡,虽历经千年,宁武分水岭上仍残留着北宋界墙遗迹,黄花岭上仍然能清晰地看到宋辽界壕。

在宁武境内,长城如同一条条巨龙,腾越于苍莽群山、沟河涧谷,以其雄浑气势与坚固形态深深地影响了民众情愫,形成一种耿直、率真的阳刚之气。长久以来的战争冲突与民族融合交替轮回,这片土地上的边民或胡服或汉化,或耕种或放牧,已经分不清自己从何处来,属哪一支

血脉,只是都具备了与长城相似的奔放个性。直到明朝修建宁武关,明王朝和蒙古族在这里几起几落地对抗与战争,宁武人再次成为戍边、戎事和屯田的御敌先锋。除了当地人外,大量军士与移民在明朝政府组织下,背井离乡,从福建、浙江、河南等地迁到这里来戍边,他们浴火重生,共同缔造了"山西镇",创造了宁武关文明。现如今,百分之八十以上的宁武人对自己的宗族来源模糊不清,管涔山与汾河水养育了这些紫塞军民,一代又一代宁武人前赴后继地保卫了这里的关山文明与长城文化。长城雄风万古存,我们有责任通过回望历史,重新唤醒自己对这片土地的热爱,对自己祖先的敬仰,以及对长城精神的坚定传承。

二、依险制塞,淬炼了边塞文明天人合一的思想

宁武多山,长城的修筑多是利用地形,依险制塞。城堡通常建于两山峡谷之间、河流转折之处和交通往来要道,墙体则筑于山岭脊背,墙内缓坡平常,墙外奇险高峻,易守难攻,许多地方甚至巧妙地利用山险、河险作为长城的替代,既省人工与材料,又缩短了工期。智慧的人民,很早就学会了在复杂的地形环境中求生存,求自保,与山河同处,与草木共生,天人合一,安于现状。

动荡不安的生存环境,长期备战御敌的生死未知,养成了当地人民忠厚朴实但却疏懒保守、名利淡薄的思想意识,缺乏凝聚力,较少进取心,过着今朝有酒今朝醉的庸常日子。关防重地,移民混杂,一次次历史的融合,又成全了夷夏之间、军民之间、农商之间的共处意识。在2000多年的历史长河里,匈奴、鲜卑、突厥、契丹、女真、蒙古等北方游牧民族与中原农耕民族碰撞融合,形成了夷夏杂糅的边疆地带,农耕与游牧民族的交错地带。在这里,长城既是界墙,又是纽带,影响着错综复杂的民族关系与感情,形成了具有边塞特色的尚武文化与敬畏命运的天人合一思想。

另外,佛教的传入,寺庙的出现,形成了融山水、军事、民俗为一体的边塞佛教文化。北魏时有北屯村摩崖石刻造像,禅房山石洞寺有石雕佛像,元代有二马营村广庆寺,明万历年间有宁化万佛洞石窟造像,宁武关城内还有敕建延庆寺等。佛、道、儒三教合一,九流同归,成为关内关外人民的共同信仰,架起了沟通心灵、民族认同的情感桥梁。

清朝因与蒙古关系和睦,宁武关要塞功能废弃,变为祥和的聚居地,长城内外皆兄弟,阅墙南北同古今,更滋长了宁武人顺天认命、追求安逸的心理,是一种知足,也是一种看淡。

三、精雕细琢,培育了宁武人民匠心独运的工匠精神

长城是一项伟大的军事防御工程,也是一门精美的建筑艺术。远眺宁武县阳方口境内的明长城,墙体完整,线条流畅;近观其状,大水口长城暗门暗道隐蔽其中,石油公司院内敌楼巍峨耸峙,雕花垂幔饰门洞,一洞一孔望山河,构思精巧,匠心独运。

宁武鼓楼的设计与建造更是威震三关,气吞山河,楼底的十字穿心洞体现了能工巧匠的建筑智慧。正德九年(1514),宁武关守臣"随山筑城,因涧为地,名之曰宁文堡。"宁文堡建成后,"东望旧城,巍然对之于二山之上,如左右手"。"隆庆和议"之后,又营建东西关城墙,加筑北关

护城墩——"屹然金汤之险,观形势者咸称'凤城'"。

这些精雕细琢的美学建筑,是冷兵器时代遗存下来的艺术奇葩,也是长城文化中的瑰宝,培育了世世代代宁武人民的工匠精神和审美情趣。在长城国家文化公园的建设中,这种精神与情趣必将重放异彩。

四、关城史话,传扬了戍边军民舍生取义的忠勇美名

历史上战事频仍的宁武关,成就了一代又一代英雄美名。公元986年,宋太宗二次征辽,在与辽激战中,北宋名将杨业受困陈家谷,身负重伤却誓死不降,绝食而亡。在历史的长河中,杨家将的故事始终振奋着民族精神,鼓舞着民族自信心,成为长城精神的一个部分。

崇祯十七年(1644)二月,山西总兵周遇吉代州失利退守宁武,李自成绕道阳方口,倒取宁武关,明军与闯军在宁武东门展开明朝覆灭前最后一场大战,宁武关作为军镇的历史从此告毕,而周遇吉在这场血战中的英勇表现,已经永远成为一段英雄末路的忠烈佳话广为流传。

以上两个典型事例,只是宁武关历史长河中沧海一粟。从古至今的长城战事,早已形成了戍边军民无私无畏、正义忠勇的长城精神,并成为关城后代子孙流进血脉里的文化基因,这种文化基因、英雄情结等待着被一种呼唤重新激活,在内心筑造新的"长城"。

五、宁边息武,提炼出民族融合盛世气象的历史个性

独特的地理环境,富甲的生存条件,不仅给历史上的宁武带来烽火不断、民族争斗和区划频易,很难有稳定的常住居民,却也出现过一些碎片化的文化记忆和曾经繁荣过的边塞贸易。晋蒙地区流传一首民间小调"漫瀚调"《宁武关》,其中有唱词:"塞上宁武关,天下早知名。昔日杨家将,在此扎大营。这里是个好地方,老百姓多安宁。哎嗨哎嗨哟,老百姓多安宁。"虽然,宋时的宁武并未设关,但从民歌中我们不难了解到这里人民热爱和平、宁边息武的美好愿望。

至清代,长城不再是防房天堑、民族鸿沟,宁武人开始"晏然于休养生息",真正实现了安宁。雍正三年(1725)年,清政府以宁武之地设府,下辖宁武(附郭)、偏关、神池、五寨四县,终结了它的卫所时代,充分利用"近边"优势和丰富的林木资源,成为晋蒙边贸的主要中转站,商业逐渐繁荣起来。直至民国初年,宁化古城仍然店铺林立,商贩云集,农、商、林多业并举,灵活机动。

在以长城为中心的边区变迁历史中,宁武作为华夏农耕文明和北方游牧文明南下北上的关口要塞、交通要道,使宁武人渐渐养成了开放包容、多元认同的善良性格,丰富了中华民族多元化一体发展的璀璨文明。他们不排外,不欺生,擅与外来人和睦相处。直到近现代,受这里林木、煤炭资源的吸引,这座关城仍然是外地人聚集经商之处,开矿的、挖煤的、经营酒店或超市的,林林总总,从南方各省市举家迁来,一住就是十年、二十年,俨然形成又一场自发式历史性移民。

《宁武府志》卷四记载:"宁文书院,明正德十年兵备张凤疋建宁文堡,即立书院于中,以教军余之俊秀者。后改建于北城之阳,火神庙东,久废无址。""数百年不教之民"的文化荒芜从此

被打破。到1913年8月,省政府颁令在宁武成立"山西省立第五中学",又为这座宁边息武的关城注入了文化活力。民族融合,盛世气象,一次又一次铸造了宁武人勤劳、厚道、热情、好客的历史个性和豪爽、磊落、正义、豁达的精神品质。这些具有地域特色的个性和品质,也为宁武关今日之文旅繁荣带来了生机。

六、互市商贸,抒写了开拓进取辗转谋生的筑梦情怀

在明代,宁武城作为山西镇镇城,是边饷分发的重要枢纽,"饷用既饶"带来"市易繁盛"的商贸活动。在卫所时代,凭借中央财政拨付的边饷体系和城内庞大的驻军,使得宁武城商业呈现了一片繁荣景象。俺答封贡后,蒙汉互市交易盛行,除了小商小贩、木材和粮食交易外,又新增了茶马、丝绸等贸易。淳朴民风受到边境贸易冲击的同时,逐渐演变为一种开拓进取精神。尤其到了清代,宁武商人随军出征,在康乾西北战事中获得了巨额商业利润。这些商人荣归故里,兴建豪宅,恢复街区,带动更多民众加入商业大军中,向着长城口外进发以谋取生计,成为特殊的"旅蒙商人"。他们进出长城隘口,穿梭蒙汉两地,取得"近边之利"。前人的谋生勇气与筑梦情怀,将宁武这座军堡改造为商业新城,长城放下它千年重任沉睡在山河之上,似乎早已被人忘却。但我们不能忘却的是,宁武人开拓进取、辗转谋生的筑梦情怀是因长城而起,宁武城作为商业繁荣之所是因长城而生,未来长城国家文化公园建设更离不开长城精神、筑梦情怀。

七、景史一体,坚定了以文塑旅、以旅彰文的文化自信

文旅产业的发展必须依靠文化底蕴来支撑。很显然,宁武奇山秀水具备这个底蕴。这里有举世罕见的芦芽山自然风景:郁郁葱葱的林海草原和浩浩茫茫的黄土高原,常年吞烟吐雾的千年火山和四季冰肌雪骨的万年冰洞,一望无垠的空中草原和万木峥嵘的原始林海,犬牙交错的芦芽山和一平如砥的荷叶坪,荒旱贫瘠的分水岭高原和碧波荡漾的天池湖泊群,黄河与汾河两条母亲河的千里相汇,黄河水系与海河水系的分道扬镳……这些带有强烈反差的自然景观,无一不是宁武人民的骄傲;这里的旅游资源又是中国古代天人合一思想的现实体现:沧桑古老的赵长城、东魏肆州长城、北齐长城和明长城,汾河源头台骀治水的水文化,天池之滨古代皇家马政文化,芦芽山的古代祈雨文化及佛教华严文化,清真山上古代悬空建筑文化……都体现了自然与人文的高度融合,形成了景史一体、自然和文化不可分割的山水人文资源。宁武人依托长城文化丰富了文旅融合的内涵,以文塑旅、以旅彰文,坚定了自己的文化自信。研究宁武长城文化,弘扬其内蕴的民族精神,便于提升宁武人民对自己家乡历史文化遗产价值的认知,推动本地文化产业和旅游产业的融合发展。

(此文在第四届中国长城论坛上荣获三等奖。作者系中国长城学会会员,山西省长城保护研究会理事,忻州市长城学会理事兼副秘书长,忻州市长城保护研究"十大杰出人物"之一,宁武县作家协会主席,宁武县第十七届人大常委会委员。)

金庸小说中的长城名关及文化意蕴

李丹宇

金庸的武侠小说从 1955 年第一部《书剑恩仇录》问世,到 1972 年《鹿鼎记》后宣布封笔,在其笔下建构起一个瑰丽无比的武侠世界。引人注目的是金庸小说为故事和人物活动设置的地理空间极为广阔而丰富。陈墨就曾说过"差不多每个省都写到了","随金庸笔下人物而游览中国地理风光名胜,是一份额外的收获,不失为人生的一大乐事"。而在这些地理风光名胜中关于长城名关的书写也是值得重视的部分。金庸小说多写具有重要战略地位的关口,河北的山海关、北京的居庸关、甘肃的嘉峪关,山西的雁门关、娘子关、龙泉关以及与长城有关联的恒山等,都曾出现在其笔下。显然,长城关隘这一自然地理空间已经转化为金庸笔下的一种文学地理空间。

然而,目前关于金庸小说的研究仅见个别论及雁门关意象的文章,而且也只是从人性表达等方面的浅议,对金庸小说长城地理描写进行全面深入研究的成果还极为罕见。从文学地理学视角探究金庸小说中的长城名关及其审美取向和文化意蕴具有较大的开拓空间。

一、金庸小说的长城关隘地图

1. 嘉峪关

《书剑恩仇录》第四回的主场景是肃州(酒泉)。明代万里长城的最西端嘉峪关正在肃州境内,不过今天的嘉峪关已单独设市。小说第十三回,陈家洛得知"关东三魔"要去找霍青桐报仇,于是骑白马远赴回疆向霍青桐报信让她提防,再次路过嘉峪关。金庸有以下一段描写:

> 不一日已到肃州,登上嘉峪关头,倚楼纵目,只见长城环抱,控扼大荒,蜿蜒如线,俯视城方如斗,心中颇为感慨,出得关来,也照例取石向城投掷。关外风沙险恶,旅途艰危,相传出关时取石投掷城墙,便可生还关内。行不数里,但见烟尘滚滚,日色昏黄,只听得骆驼背上有人唱道:"一过嘉峪关,两眼泪不干,前边是戈壁,后面是沙滩。"歌声苍凉,远播四野。

2. 居庸关

《书剑恩仇录》第十九回写到陈家洛与香香公主告别,许诺事成之后一起到北京城外的万里长城去玩。后来为乾隆劝导香香公主顺从时便是带她到长城上去,小说这样描写:

> 陈家洛心中伤痛,半晌不语,两人上马又行。一路上山,不多时到了居庸关,只见两崖峻绝,层峦叠嶂,城墙绵亘无尽,如长蛇般蜿蜒于丛山之间。香香公主道:"花这许多功夫造

这条大东西干什么？"陈家洛道："那是为了防北边的敌人打进来。在这长城南北，不知有多少人送了性命。"

两人携手在长城内外看了一遍，"见城墙外建雉堞，内筑石栏，中有甬道，每三十余丈有一墩台"。小说还写了陈家洛和香香公主到达八达岭长城之下的"弹琴峡"。

居庸关是京北长城沿线上的著名古关城，是古代北京的门户，地势高峻，山势雄奇。弹琴峡是居庸关沟七十二景之一。

3. 玉门关

在前述《书剑恩仇录》第十三回中，陈家洛出了嘉峪关，再过玉门关，在戈壁中纵马奔驰，一路晓行夜宿，过玉门、安西后，……不久远处出现了一抹岗峦。"转眼之间，石壁越来越近。一字排开，直伸出去。山石间云雾弥漫，似乎其中别有天地。再奔近时，忽觉峭壁中间露出一条缝来，白马沿山道直奔了进去，那便是甘肃和回疆之间的交通孔道星星峡。"星星峡即玉门西北的赤金峡，并非峡谷，而是雄踞于古丝绸之路上的险关要隘。

《鹿鼎记》第四十八回的回目为"都护玉门关不设，将军铜柱界重标"。原著中这样注释："都护"是汉朝统治西域诸国的军政总督，"玉门关"是汉时通西域的要道，"玉门关不设"意谓疆域扩大，原来的关门已不成为边防要地。

《射雕英雄传》第七回则既写到嘉峪关也写到玉门关。小说中朱聪讲述汉武帝取汗血宝马的故事。李广利奉汉武帝之命到大宛国贰师城取马，为了志在必得，把李广利封为贰师将军。但"从长安到大宛国，西出嘉峪关后一路都是沙漠，无粮无水，途中士兵死亡枕藉，未到大宛，军队已只剩下了三成"。李广利军队兵困马乏，出战不利，无奈退回敦煌，向皇帝请援。汉武帝大怒，命使者带剑守在玉门关，下旨若有远征兵将敢进关者一概斩首。李广利进退不得，只得留在敦煌。

4. 山海关

金庸笔下写到山海关的地方都与吴三桂、李自成山海关之战的历史事件相关。

《碧血剑》第十九回写牛金星和李岩都曾提到吴三桂镇守山海关：

> 牛金星道："刘将军，这陈圆圆是镇守山海关总兵吴三桂的爱妾，号称天下第一美人。大王特地召来的，怎能给你？"……
>
> ……李岩走上几步，说道："大王，吴三桂拥兵山海关，有精兵四万，又有辽民八万，都是精悍善战。大王已派人招降，他也已归顺，他的小妾，还是放还他府中，以安其心为是。"刘宗敏冷笑道："吴三桂四万兵马，有个屁用……"。李自成点头道："吴三桂小事一桩……吴三桂难道比孙传庭、周遇吉还厉害吗？"

《碧血剑》第二十回描写红娘子陈述吴三桂引清兵攻进山海关时，众人异常惊愕：

> 红娘子道："闯王带兵跟吴三桂吴贼在山海关外一片石大战，未分胜败，不料吴贼暗中勾结满清鞑子，辫子兵突然从旁杀出我军出乎不意，就此溃败，闯王此后接战不利，带兵退出北京，现今是在西安……"
>
> 众人听说清兵进关，北京失陷，都如突然间晴天打了个霹雳。

此外,《鹿鼎记》第四十二回写天地会的陈近南诵读吴三桂起兵檄文:"原镇守山海关总兵。今奉旨总统天下水陆大元帅、兴明讨虏大将军吴,檄天下文武官吏军民人等知悉:本镇流叨大明世爵,统镇山海关……"

5. 雁门关

雁门关是《天龙八部》中主要描绘的景观。据统计,在《天龙八部》的文字中雁门关出现84次,而且雁门关为整部小说故事情节的核心。

金庸在具体描绘时,围绕雁门关高耸险峻的特征交代了雁门关的名称由来、自然地形地势和军事战略地位。

"雁门关在代州之北三十里的雁门险道……(乔峰)上得山来,但见东西山岩峭拔,中路盘旋崎岖,果然是个绝险的所在","雁儿南游北归,难以飞越高峰,皆从两峰之间穿过,是以称为雁门"。第五十回中作者又写道:"雁门关两侧双峰夹峙,高耸入云,这关所以名为'雁门',意思是说鸿雁南飞之时,也须从双峰之间通过,以喻地势之险。"

乔峰从雁门关关西的高岭绕道来到绝顶,放眼四顾。"但见繁峙、五台东耸,宁武诸山西带,正阳、石鼓挺于其南,其北则为朔州、马邑,长坡峻阪,茫然无际,寒林漠漠,景象萧索。"小说中描述的雁门关不仅山势峭拔而且谷壑幽深,智光大师在回顾雁门关血战时说道:"山谷左侧是个乱石嶙峋的深谷,一眼望将下去,黑黝黝的深不见底。"

小说第二十回,金庸先从正面写雁门关的战略重要性:"雁门关是大宋北边重镇,山西四十余关,以雁门最为雄固,一出关外数十里,便是辽国之地,是以关下有重兵驻守。"再通过乔峰提到赵国大将李牧和汉朝大将郅都曾在雁门关抵御匈奴入侵,间接地说明雁门关所处地理位置的险要。小说第五十回中则借宋军守关军官的口直接说明:"雁门关乃大宋北门锁钥,是何等要紧的所在!"

6. 娘子关

娘子关景观在《鹿鼎记》中有所提及。小说第三十八回,康熙与建宁公主对话时,这样说过:"前朝女子做元帅,倒真是有的。唐太宗李世民的妹子平阳公主,帮助唐太宗打平天下。她做元帅,统率的一支军队,叫做娘子军,她驻兵的关口,叫做娘子关,那就厉害得很了。"

相对而言,金庸对娘子关的描写用墨较少,只是简洁勾勒,由小说人物口中的一句话引出,然而,虽未对娘子关进行具体描绘,却在短短几句话中交代出平阳公主与娘子关的联系。据《平定州志》记载:"娘子关即古苇泽关,唐初因高祖李渊的三女子平阳公主曾率娘子军驻此设防,创建城关,故名娘子关。"

7. 宁武关

《碧血剑》第十八回写到山西总兵周遇吉与李闯王在宁武关的鏖战:

……罗立如从外面匆匆奔进,叫道:"袁相公,大喜大喜!"青青笑道:"你才大喜呀!"罗立如道:"闯王大军打下了宁武关。"众人欢呼。

袁承志问道:"消息是否确实?"罗立如道:"帮里的张兄弟本来奉命去追寻……寻这位闵二爷的,恰好遇上闯军攻关,见到攻守双方打得甚是惨烈,走不过去。后来他眼见明军大败,守城的总兵周遇吉也给杀了。"袁承志道:"那好极啦,义军不日就来京师,咱们给他来个里应外合。"

8. 龙泉关

《鹿鼎记》常将五台山作为故事情节展开的重要场景,对五台山的地形地貌、五座台顶、著名寺庙等进行了清晰描述。第十七回,韦小宝和双儿"不一日来到直晋两省交界。自直隶省阜平县向西,过长城岭,便到龙家关。那龙家关是五台山的东门,石径崎岖,峰峦峻峭,入五台山后第一座寺院是涌泉寺"。通过对五台山东门龙家关的描述,侧面揭示出五台山的地势特点。这里所述龙家关、长城岭就是位于山西五台和河北阜平交界处的龙泉关长城,因长城蜿蜒其上而得名长城岭,它始建于北魏、北齐时期,明代曾派重兵把守,素为战略要地。《四镇三关志校注》"形胜考"考证龙泉关的具体位置为:"东至阜平县七十里,西至涌泉寺二十五里,南至白草驼三十里,北至银河村四十里。"

金庸小说还有许多关于长城守关名将事迹的内容,其中也涉及长城关隘,比如《笑傲江湖》第三十回写到山西的奇妙景观悬空寺,言及这里原是兵家必争的要塞,北宋年间杨老令公扼守三关,镇兵于此。《碧血剑》第一回写戚继光镇守蓟州,强敌不敢犯边,威震四海。曾守固关的抗清大将孙祖寿,在边关多立功勋,于清兵入侵时随袁崇焕捍卫京师。袁崇焕下狱后,孙祖寿愤而出战,在北京永定门外和大将满桂同时战死,名扬天下。《碧血剑》还写了袁崇焕及其帐下谋士、大将在宁远筑城抵抗清兵。金庸小说中类似的例子甚多,这种构建文学地理的写法,既为人物活动提供了地理空间,也为小说的内容和主题提供了历史依据或基础,同时其中还包含了丰富的民族文化意蕴。

二、金庸小说的长城文化意蕴

金庸小说具有极为浓郁的文化气息,这是迄今为止比较一致的评价,陈墨就曾提到:"金庸小说既是中国文化的产物,同时又是中国传统文化的传播者、塑造者、思考者、批判者。"金庸小说中的长城关隘书写也不仅仅是展示实体景观,而是作为人物活动的背景、情节发展的纽带或主题意蕴的象征,成为金庸小说文化内涵的重要构成内容。正如学者所言:"文学作品中的地理空间建构,往往体现了作家的审美倾向与审美个性,以及他的创作理想与创作目标。"我们从文化角度透视金庸作品关于长城关隘的描写,往往可以分析出这样的结论,其中的描写,总是渗透中国传统文化的特质和作者的审美倾向。

金庸将小说的故事背景和主要人物的爱情之殇设计在长城关隘下,应该不是随意而为,而是金庸在充分考虑了长城关隘的自然特征与文化内涵以后做出的自觉选择。

1. 江山易代之际的民族矛盾

金庸小说的背景,大都选择历史上的改朝换代时期,如宋辽之际、元明之际、明清之际,而小说中写的这些"易代之际"大都是发生民族纷争之地,往往纠合着激烈的民族矛盾,长城关隘则位于中原与漠北、内地与塞外、农耕文化和游牧文化的分界线,所以自古为兵家必争之地。既然以民族对峙为背景，就不能不写处于民族分界线上的长城关隘。由此看来，小说背景和故事场景的选择不仅是为了便于作者驰骋文学才情，而且反映了作者关注家国兴亡、民族融合的思想。金庸在《笑傲江湖》后记中坦言："这部小说通过书中一些人物，企图刻画中国三千多年来政治生活中的若干普遍现象。……不顾一切地夺取权力，是古今中外政治生活的基本情况，过去几千年是这样，今后几千年恐怕仍会是这样。"可见，金庸小说表面上写的是纯粹而精彩的武侠传奇故事，实则是对中国三千年政治生活的深刻揭示。如金庸将《天龙八部》的历史背景设定在宋辽对峙的乱世时期，既表现民族间的严重对立，更表达出民族融合与和平相处的希冀。

金庸小说中塑造了形形色色的武林人物，描写了人物之间错综复杂的矛盾纠葛，而每一个故事的实质就是一种权势的争夺，无论是江湖各派还是日月神教，无论是帝位之争还是正邪之争，无论是国族之争还是内部之争，都离不开权力斗争的漩涡，或为称霸江湖而处心积虑，或为现实利益而不择手段，或为谋取地位而疯狂掠夺，或为报仇雪恨而扭曲变态，激烈而残酷的权力争斗酿出的是一杯杯苦酒。历史上的许多战争讨伐发生在改朝换代之时，长城见证了太多的生灵涂炭，历史的结果却只是江山易主而已。金庸的作品中有明显的反战思想，从小在蒙古长大的郭靖坚决反对元朝侵犯大宋的战争，自小在中原长大的契丹人乔峰以死谏停宋辽之战，可以说，历代的穷兵黩武，民族间的战伐不断，皆是将平民推入水深火热之中。

细究之下，金庸塑造人物陈家洛、郭靖、杨过、乔峰、令狐冲等，都有个较为固定的写作套路，即先展示人物的无穷魅力，然后又写他们在武功或声望达到顶峰时从权力角逐场败下阵来：陈家洛轻信乾隆赔上骨肉亲情与生死恋人后远走回疆；郭靖守卫襄阳粉身碎骨难挡宋亡大势；乔峰难以忠义两全自我了结；袁承志归隐海外；杨过、张无忌隐退江湖；令狐冲全身而退……《碧血剑》中盲人吟唱的"今日的一缕英魂，昨日的万里长城"，这正是作者对乱世之中的中国自毁长城悲剧的慨叹，也是金庸"和平主义"思想的曲折表露。

2. 江湖儿女之间的爱情悲歌

金庸笔下展示出长城关隘下的民族对峙与融合，也唱出一曲曲江湖儿女们的爱情悲歌。其小说里爱情描写占了很多笔墨，奇特的是金庸笔下所描写的爱情双方一般有复杂的身世背景甚至是不同的民族身份，似乎有意借助小说人物抒写自己对民族问题的深刻领悟和反思。当我们用长城文学地理来观照审视金庸小说的创作时，可以发现，金庸小说很少以圆满结局来安排人物的爱情结局，同时，后期的小说与前期的小说相比民族历史观发生较大改变。

在金庸涉及长城名关的小说里，除了与历史事件和历史人物相关的篇章外，《书剑恩仇录》，尤其是《天龙八部》最能彰显作者创作意图和长城文化意蕴的紧密结合。

《书剑恩仇录》中对于爱情的处理既纠结又奇幻。陈家洛同时被翠羽黄衫霍青桐及香香公主喀丝丽两姊妹爱慕，他的所爱是香香公主，但他并未把握最后的圆满和幸福，他轻信乾隆，意图牺牲个人爱情来换取乾隆归顺汉民族，结果计划失败，反害死香香公主，霍青桐也终身未嫁。陈家洛决定在送出心爱的香香公主前带她去长城居庸关进行劝导，陈家洛在英雄事业与儿女私情之间的抉择只是想通过个人奋斗达成社会理想的幻想。相比之下，作者既赋予香香公主以美貌,更赋予她超越陈家洛的果敢和成熟的品质。

《天龙八部》写阿朱感激乔峰聚贤庄的拼死相救,赶赴雁门关与乔峰相见而相爱。乔峰(萧峰)得知自己的契丹人身世,便赶往雁门关外寻求当年父母被害的真相。此时,萧远山对乔氏夫妇、玄慈大师等人的血腥报仇,使乔峰背上了杀父母拭恩师、残害武林同道的骂名。他为天下人所唾弃,那来自四面八方的怀疑和敌对,那父母恩师的血仇,一切的一切都让他喘不过气来,孤苦无依的痛苦让他几乎要追寻父母而去。阿朱伴随乔峰追查真相,成为他生命的救赎者。"汉人里有好人也有坏人,契丹人里有好人也有坏人,不管你是汉人还是契丹人,对我来说都一样的……阿朱这辈子,永远都不会离开乔大哥的,乔大哥,我生生世世都要跟着你。"阿朱的这段誓言犹如一缕阳光温暖着迷茫中的乔峰。雁门关外,乔峰把名字改回本名萧峰,两人约好一旦事情结束,就来塞外牧马放羊,远离江湖恩怨,过悠闲自在的生活。阿朱意外知道了段正淳是自己的亲爹,阿紫是其亲妹妹,遂决定由自己易容成段正淳去赴萧峰的生死之约来终结一场仇怨。最后阿朱被不知情的萧峰一掌误伤身死,弥留之际把妹妹阿紫托付于萧峰。"塞上牛羊空许约",雁门关外的誓约终究成了一场空。而阿紫由恨而爱,爱而不得,在雁门关上,自剜双眼,抱着萧峰尸身跳落悬崖,只为和萧峰永远在一起。

这两部小说中的爱情悲剧都在长城关隘下上演,男女主人公分属不同民族,香香公主和乔峰还都表现出舍生取义的精神,可以说,作者以爱情叙事消弭民族对立、反衬民族和睦重要性的创作意图是鲜明的。金庸在《"金庸作品集"新序》中就明确说:"我希望传达的主旨,是:爱护尊重自己的国家民族,也尊重别人的国家民族;和平友好,互相帮助……"。到了其压卷之作《鹿鼎记》中则虚构了一个可能有满、汉、回、蒙、藏多民族血统的韦小宝,奇特的是看似无厘头的韦小宝却有了飞黄腾达、好运亨通的喜剧性人生结局。

同样是在《"金庸作品集"新序》中,金庸如此自述:"我初期所写的小说,汉人皇朝的正统观念很强。到了后期,中华民族各族一视同仁的观念成为基调,那是我的历史观比较有了些进步之故。"或许是金庸已意识到中华民族是一个多民族的大家庭,民族纷争是暂时的,而和平则是恒久的。金庸这一思想立场的转变,使其小说的创作主旨更加显而易见。

三、结 语

"文学景观是一个客观的物质存在,又是一个具有多义性的象征系统。"长城虽是军事防御工程,却是和平的象征。长城的修建主要以防御为目的,意味着长城修建者构建和平秩序的心愿,长城见证着民族文化交融、碰撞和互渗的历史。以长城为纽带,游牧民族和农耕民族共同创造了辉煌灿烂的中华文明。2015 年 10 月 12 日,习近平在访问东盟国家前回答记者时说:"中华民族几千年来形成了兼爱非攻、亲仁善邻、以和为贵、和而不同的理念。"长城文化中所体现的讲信修睦、崇尚和平的民族品格,正是中华儿女的血脉中"和合"文化基因最充分的展示。

金庸小说的历史背景往往选择历史上民族关系十分紧张的时期,共计 15 部小说,除《侠客行》《笑傲江湖》《越女剑》不曾涉及民族问题外，其余的小说都涉及了民族问题或民族矛盾，再通过对真实的历史人物和历史事件或者民间传说进行文学演绎，构建起虚实相映的文学空间，而这一时空的交汇点巧妙地聚焦在长城关隘上，表达了作者向往民族平等、民族融合的愿望，也折射出中国文化中的和谐因子，从而产生神秘的文学魅力，使读者在心理上获得一种审美的满足。显然，长城地理空间的变换同时也是文化心理空间中的精神之旅，有学者曾言："金庸小说之所以能够在文学史上取得相当的地位，从内容上来看，最根本的原因在于它能在充沛的现代意识的融通中对传统文化进行苦心孤诣的梳理和显扬，暗合了我们民族重塑文化本体的百年祈盼。"

（此文在第四届中国长城论坛上荣获三等奖。作者系忻州师范学院副教授，文学硕士，忻州市长城学会会员，主要研究方向为中国现当代文学与地域文化。）

长城,构建中华民族共同体的伟大纽带

苏栓斌

一道长城,从西周萌芽,到明清雄踞,穿越三千年,纵横四万里。长城有温度,它不是一道冰冷的墙,而是推动和见证中华民族交织交融一家亲的温馨纽带;长城有高度,它凝聚着古代劳动人民的智慧和汗水,创造了中国传统精神文化的巅峰之作;长城有力度,和平时它是兄弟民族之间的边墙,纷争时它是民族融合的熔炉;长城有灵性,它强大的向心力、凝聚力、包容力、穿透力,不仅成为民族认同、四海一家的精神纽带,而且成就了中华民族交流融合、构建中华民族共同体的丰功伟业。长城文明与黄河文明、长江文明一样,为中华民族融合发展作出了巨大贡献,引领着中华文明生生不息,成为中华民族独特的精神标识。

在中华民族融合史上,万里长城及其产生的边塞佛教文化、发生的民族和亲、经济文化交流等都发挥了黏合剂、催化剂、熔合剂的巨大作用,使汉民族和各少数民族的交流融合更彻底、更稳定、更加水乳交融,从而创造和丰富了中华民族多元一体发展的璀璨文明。发生在以内三关中路宁武关和北方长城带上的史实,充分印证了民族融合发展的历史潮流。

一、长城,民族融合的纽带

早在西周时,长城的雏形便开始搭建了。《竹书纪年·殷纪》载:"文丁二年,周人伐燕京戎。"太丁即为文丁,是商王武乙之子。当时周是商王朝的一个封地,位于今陕西,殷商都城之西,亦称西伯。这是关于华夏族和北方少数民族燕京戎发生战争的最早记载。燕京戎因据燕京山(今山西宁武县)而得名。《淮南子》《水经注》记载,管涔山,"汾水出焉,而西流于河。""武州之燕京山,亦管涔山之异名也"。周代商后,燕京山始称管涔山,史书随之改称燕京戎为猃狁。当华夏民族和草原民族不同群体之间发生军事冲突时,防御就出现了。于是就有了《诗经·小雅·出车》中"天子命我,城彼朔方。赫赫南仲,猃狁于襄"的筑城和战争。在西周的打击下,燕京戎随后迁徙到燕山、蒙古一带,最终消融在匈奴、突厥民族之中。

历史上的长城是农耕文明和游牧文明的分界线、秩序线、融合线。以宁武关为例,宁武境内先后筑有战国赵长城、北魏"畿上塞围"、东魏肆州长城、北齐长城、隋长城、明长城等六个朝代的长城。早期长城遗迹长近200公里,明长城长约42公里。战国赵长城的修建,是防御楼烦、林胡入侵的刚需,也是开土拓疆的必然。胡服骑射,是农耕文明的首次胡化。北魏修筑长城防御游牧的吐京胡和柔然人,是其汉化的开端。这说明即使是游牧民族,只要定居下来,就有必要修城筑堡，防御仍在游牧入侵的民族。长城与民族自身没有对应关系，而与定居的农耕文化相关。因为有了长城这个庞大的军事防御体系，阻断和延缓了北方游牧民族南侵的节奏和步伐，军事力量对比产生了平衡和制约，战争成了短暂和间歇性的对抗方式，从而有效地保护了中原地区先进的农耕文明和生产力，保护了长城内外民众长时期安定有序的生产生活。长城使中原王朝免遭游牧民族铁蹄下的人种灭绝，五千年汉文化避免了断代，得以延续发展，生生不息。鲜卑、突厥、契胡、契丹、女真、蒙古等北方游牧民族，以强悍的武力入主汉地，甚至囊括全中国。然而，游牧民族可以成为军事征服者，一旦深入汉地，则不可避免地被先进的农耕文明所同化，从而演出一幕接一幕你化我、我化你、征服者被同化的话剧。契丹人建立的辽、党项人建立的西夏、女真人建立的金，及至蒙古人建立的元都是如此。南北六朝时期是春秋战国以后又一次更大规模的民族迁移和民族融合高潮。胡人下马，进入中原的礼制之中，军事征服者摇身变成文化上的被征服者。同时，蛮野且充满生气的草原民族精神，也给博大精深但受礼教束缚的汉文化注入新鲜血液。隋唐之后汉文明的活力开始充盈起来。

数千年来，长城沿线消失了40多个民族，他们融入了以汉民族为主体的各民族之中，体现了中华民族巨大的包容力和汉文化强大的力量。长城、黄河、长江共同构成中华文化三大经纬。

二、宗教，民族认同的光辉

两千多年来，长城的修筑，农耕与游牧民族的纷争和融合，促使多民族共同催生了和长城相生相伴的边塞佛教文化。早在东晋十六国时期，由于帝王提倡，加上社会动荡不安，民间疾苦无以复加，部分社会民众需要从佛教世界中取得安慰，为佛法广结善缘敞开了大门。佛教因其众生平等、去恶修善、安心立命等理念对民众具有相当的吸引力，符合各阶层部分人民追求幸福、脱离苦难的愿望。特别是对苦难现实的超脱和对梦想世界的精神寄托，无疑成为长期处于战乱、颠沛流离、生活在水深火热中的社会民众的温暖和慰藉，为他们黑暗的生活点燃了明灯。同时佛教文化也适应了北方少数民族政权统治者维护政权建设的需要，从而成为南北朝时期达到尊佛高潮的民众信仰。东晋时，宁武就孕育了一代佛教领袖——净土宗初祖慧远。据《高僧传·卷六》载，慧远（334—416），雁门楼烦（今山西宁武）人。慧远在雁门郡建白仁岩寺，弘扬佛法，留下八圣迹。拓跋鲜卑族拓跋珪于386年灭后燕建立北魏，天兴元年（398）迁都平城（今大同市东部）后，又修长城又造佛像。为了防止北方游牧民族柔然犯塞，于泰常八年（423），沿阴山走向，"筑长城于长川之南"（《魏书》），史称北魏阴山长城。

宁武关坝门口北魏五佛造像和吐京胡（吐京即今山西石楼县）北上侵犯平城，又修筑了"畿上塞围"，东起延庆居庸关，经昌平西、门头沟黄草梁、东灵山出北京市，进入河北涿鹿南，经小五台山入蔚县，进入山西灵丘县、繁峙县后入代县，经宁武县盘道梁、管涔山进入五寨县、岢岚县，止于保德县黄河岸，总长度约530公里（这条长城和后来的明内长城走向基本一致）。在修筑南北两条长城的同时，鲜卑族政权以云冈石窟为代表的崇佛造像在中国北方迅速发展。北魏太祖道武帝拓跋珪平并州、中山后，"见诸沙门、道士皆致精敬，禁军旅无有所犯"。明元帝拓跋嗣"遵太祖之业,亦好黄老,又崇佛法,京邑四方,建立图像,仍令沙门敷导民俗"(《魏书·卷一一四·释老志》)。云冈石窟、浑源悬空寺就是北魏创造的千古绝唱。其时,宁武为肆州秀容郡地,加之管涔山的灵山异水,石刻造像也有相当规模,确切的遗迹至少有三处。分别是坝门口石龛五佛造像、北屯石佛寺石窟造像群、禅房山石洞寺石佛造像。在神池太平庄乡大磨沟村存有北魏时的石佛舍利塔,五寨南禅寺、繁峙公主寺、灵丘觉山寺(创建于孝文帝太和七年),均为北魏时的著名佛寺。至东魏、北齐,皇帝是鲜卑化的汉人,造像依旧盛行。在宁武存有"武定六年七月九日敬造"的石刻佛像。北齐天保年间开凿的46米高的太原蒙山大佛更是驰名中外。隋唐时期,隋文帝生在尼姑般若院,出身北周柱国将军,深受佛教文化熏陶,在管涔山天池建皇家寺院海瀛寺和圣寿寺。唐朝皇帝一半血统为鲜卑族,对佛教尊崇有加,建寺之风炽盛。仅在芦芽山就建起太子殿、华严寺等72座寺庙,更是把佛祖的法身毗卢遮那佛的道场请到芦芽山,在贞元年间形成21公里栈道相连的毗卢佛道场寺庙群,树起了"覆慈云于中国,性法雨于边方"的佛教文化旗帜。辽金时期,契丹尊佛风气益盛,大同华严寺、应县木塔(佛宫寺)、朔州崇福寺的兴建,把佛教寺院的文化境界推上了巅峰,佛教文化发展成为中华民族多元一体文化的一朵奇葩。辽时在宁武天池创建了朝元阁,金末元初文学家元好问《登朝元阁》诗曰:"天池一雨洗氛埃,全晋堂堂四望开,不上朝元峰北顶,真成不到此山来。"辽代的尊佛之风,还改变了北方地区的传统社会风俗,如正月不食荤茹,妇女祭祀佛祖时素服,以每年四月初八为佛诞日。"凡水之滨,山之下,不远百里,仅有万家,予馈供食,号为义食。"(《全辽文·卷四》)。辽时的从佛葬俗也影响至今,"建圆寂道场三昼夜(或七昼夜),以草为骨,纸为肉,彩为肤,造释迦涅槃像一躯,具仪荼毗"。这是后世扎纸人、纸羊马之始。金代金熙宗(完颜亶,1135—1148)在位时,佛教迅速兴盛起来,其子出生时大赦天下,"诏其境内童行有籍于官者,悉度为僧,道士亦如之"。女真人"多舍男女为僧尼"。僧人地位很高,"在京曰国师,帅府曰僧录、僧正,列郡曰都纲,县曰维那"(《大金国志·卷三十六·浮图》)辽代女真族崇佛是其走向汉化与封建化的必然结果。正如其大臣耶律楚材(契丹人,金与元两朝大臣)所说:"以儒治国,以佛治心。"金代,宁武遗存有宁化隋汾阳宫旧址重建的圣寿寺,泰和年间在芦芽山建崇正(千佛)寺,正隆三年在繁峙建岩山寺,天会十二年在河曲县建岱岳殿。元朝是一个不修长城的朝代,但是在长城沿线依然尊崇佛教,在外三关区域,保宁王在芦芽山脚下创建清居禅寺,作为王府的香火寺。在河曲县社梁乡建文殊寺,重修了建于唐时的偏关县护宁寺,延祐四年(1317)在代州建报恩寺,大德二年(1298)在宁武蒯屯关有摩崖石刻造像。"明修长城清修庙",其实,明代在大修边墙的同时,也是边塞佛教发展的鼎盛时期。"土木之变"后,北方形势严峻,三关的地位不断提升。随着"隆庆和议""红门口互市"等边贸往来增多、商品经济萌芽,也为边塞佛教的繁荣提供了稳定的经济基础、持久的官方支持和普遍的民众信仰。明王朝"敕封天下,明山洞府,庙宇起立",在三关地区,于成化七年(1471)建偏关白衣殿,并于万历二十九年(1601)"敕旨钦命龙华盛会"。山西镇从偏头关移驻宁武关后,明王朝于万历初年敕建延庆寺,敕传龙华会,万历二十九年在宁化汾河之滨凿建明代以来石窟造像的绝唱——万佛洞。在雁门关建天宁寺、极乐寺、浮屠塔、镇边寺。明清时期,三关区域的佛教寺院达1000多座,其中约五分之二为新建。佛教文化在边塞地区的传播发展,形成了独特的融山水、军事、民族融合、民俗文化等一体的边塞佛教文化，宛如盛开在长城上的"金莲花"。

三、和亲，民族融合的玫瑰

长城规范秩序，和亲促进融合。在中原王朝和北方少数民族关系史上，和亲可谓经常发生，不失为一种维持民族友好关系的重要法宝。通过和亲，导致民族和解、缓和矛盾、稳定边疆、加强交流和了解、促进国家统一和民族团结，从而使民族之间走向融合发展。历史记载，早在周襄王（前651—前619）时期，就有过和亲。襄王欲伐郑，故娶狄女为王后，与戎狄兵共伐郑。此后，和亲之举不绝于书。汉高帝六年（前201）"白登之围"后，迫于匈奴势力强大，次年，高祖嫁宗室女与匈奴冒顿单于为阏氏，史称"汉匈和亲"。知名的还有"昭君出塞"。公元前51年，呼韩邪单于附汉，公元前33年入朝觐见汉元帝请婚，上演了昭君出塞的和亲大戏，促进了汉匈关系的全方位互动和交流，保持了长达半个世纪的边疆稳定。历史上发生在宁武的"兰陵和亲"也很著名。《北史·蠕蠕》《宁武府志》载："东魏天平二年，以兰陵公主许蠕蠕阿那环。三年四月，阿那环遣使迎公主于新城之南。六月，齐神武（即东魏丞相高欢，神武是其谥号）亲送公主于楼烦之北，厚接其使，阿那环大喜。自此东魏边境无事。"这是说东魏兰陵公主嫁柔然可汗郁久闾阿那环的和亲之事。此外，东魏时还有邻和公主、蠕蠕公主两次和亲。兴和四年（542），阿那环请求以他的孙女邻和公主嫁与高欢的九子长广王高湛，孝静帝诏令可以婚媾。阿那环派使送其孙女经楼烦到晋阳。蠕蠕公主和亲发生在东魏武定三年（545）。其时西魏欲与柔然可汗阿那环合兵伐东魏，武定元年高欢在肆州北山修筑的长80公里肆州长城是无法抵御这场战争的。为了阻止这场战争，高欢派遣行台郎中杜弼出使柔然，为世子高澄求婚，阿那环曰："高王自娶则可。"高欢左右为难，其嫡妻娄氏（娄昭君，鲜卑人）明智而果断地劝高欢为了国家大计许之，孝静帝亦诏令高欢纳娶。武定四年八月，高欢北上迎亲于楼烦之北。阿那环派其弟秃突佳护送其女（号称蠕蠕公主），并告诫曰："待见到外孙，方返。"由于这桩和亲，东魏和柔然的矛盾得以化解，双方化干戈为玉帛。与宁武关历史有关的和亲，还有隋朝义成公主和亲。隋文帝时将宗室女义成公主嫁于突厥启民可汗，启民可汗死，再嫁始毕可汗。隋大业十一年（615）五月，隋炀帝在天池汾阳宫避暑，"八月巡北塞，突厥十万骑袭，帝驰幸雁门，突厥攻雁门急，帝求救义成公主，乃解去"（《宁武府志·事考》）。

和亲是民族之间的血缘融合，有利于消除民族之间的隔阂，增强汉族同北方少数民族之间的凝聚力。特别是皇族之间的联姻，必然影响和造成平民之间的联姻通婚。在北朝和辽金时期，杂居的平民之间民族通婚相对普遍，促进了民族间更大范围的血缘融合，促使各民族体征的逐渐消失和民族自我意识的逐步丧失，创造了混血优势，提高了人口素质。《全辽文·卷一二·寄夫诗》曰："垂杨寄语山丹，你到江南艰难。你那里讨个南婆，我这里嫁个契丹。"辽代，契丹、渤海、奚族、汉人四族在长城沿线杂居，通婚较为普遍。可以说，和亲是刀光剑影中的一朵玫瑰，传递着民族之间的温馨和包容。在民族融合过程中，起决定作用的是强大的文明，而不是血统。在文明的熔炉里，血缘融合有其必然性。民族融合的历史一再表明，不少显赫的少数民族，如鲜卑、匈奴、羌、羯族等,都最终解体,与汉或其他民族融为一体。

四、交流,民族融合的精髓

民族之间通过密切联系和互动的经济文化交流,形成你中有我、我中有你、谁也离不开谁的共同经济文化生活,这是民族融合的最高境界,也是民族识别的第二个重要民族特征,是民族融合的重要动力和精髓所在。边境贸易是民族之间经济交流的主要特征,尤以唐、宋辽、金、明、清为盛。唐代,宁武关是一处水草丰盛的天然优良牧场。《新唐书·卷五十·兵志》载:"岚州附近设置楼烦、玄池、天池三监牧养马。"岑仲勉著《隋唐史》载:"天宝元年,河东节度军马数为14000匹。"当时,山西马监以楼烦监最盛,马匹数量亦最多。全国八处牧监,宁武一带有其三。马匹的来源,主要靠边贸互市易胡马得之。如大和四年(830),回纥将军李畅"以马万匹来市"(《旧唐书·卷一六五》)。这些塞外胡马,"既杂胡种,马乃益壮。""市收得胡马后,旋送楼烦监收管。""楼烦、天池皆出名马。"唐玄宗时,楼烦牧监马匹由20万匹增至70万匹,遂有"楼烦牧政甲天下"之誉。牧政和马市的繁荣,使畜产品成为唐朝和北方少数民族边贸的中介和龙头,带动了民族之间的经济和文化交流,成为大唐"华戎同轨"的桥梁。宋辽时,双方在分水岭北马邑所(今阳方口镇马邑所)设置榷场交流贸易。马邑所东依雁门关,西通黄河,南接分水岭,北连朔州、塞外,货贸往来十分便利,在汉代即为与匈奴市马之地。宋大中祥符三年(1010),辽设置转运使,置榷场都监,在马邑所、涿州等榷场与北宋贸易,宋的出口物品包括茶、粮食、药材、丝麻织品、漆器、瓷器、硫黄、象牙、铜钱、印本书籍等,辽对宋的出口物品有银钱、羊马、马具、皮革、毛毡、骆驼等。当时,马邑所"宝货山积,势无由止"。同时,榷场也带动了民间的走私贸易。北宋严禁出境铜铁,铜铁也由于走私大量流入辽境。辽国也严打走私,"每擒获鬻马出界人,杀戮之,远配其家"(《续资治通鉴长编·卷82》)。至金时,沿用宋辽之榷场,以取得榷贸收入。"自大定初,以国用不足,设官榷之,以助经用。"明隆庆四年(1570),以"红门互市"为转折点,蒙汉双方开启了边贸交流。《宁武府志》载:"水泉营市场,岢岚道所隶。有宴敌所,互市于此设宴,边外有闸三,曰'中、左、右',马从三闸入市场。临边有闸,一日内闸,马从此登数入境。红门有台,周长一十三丈,台上有纳款厅,敌来,于此抚赏。节年议准,以客兵贮积银一万两为宴馈之费银。马每年以六千为率,价每匹以十二两为率。互市之日,岢岚道提调,雁门、宁武两道协理之,总兵、副将统兵弹压其境,西路参将听理市事。……互市毕,军门会题,给赏有差。"明代互市,使宁武关成为边贸城,蒙汉民族经济文化的交流融合上升到一个新阶段。"边人大半可胡话,胡人年来亦汉装。"至清代,"满汉一家",宁武不再是边塞,得蒙汉两地"近边之利",凭借府治优势,宁武人走西口、走东口,官方和民间的经贸往来十分活跃。早在雍正年间,宁武商人就远走中俄边境城市呼伦贝尔、海拉尔、满洲里等地,以盐、米、茶、瓷等为大宗商品,全方位开展边贸。直至清末,宁武仍是晋商的中转站和晋西北商业中心。同时,民俗文化的交流,在宁武烙上深深的印记。《宁武府志》载:"郡中多羊,甲于他处。居民无分贫富,皆衣裘,而最贫者,虽暑月也著之,几如蒙古之俗矣。或取其毛,制为袋囊,以运米粟,久而难敝。"

经济文化交流是民族融合过程中流动的血液。历史上，少数民族政权实行一国两制、胡汉分治等改革手段，其出发点是为了巩固本民族政权和促进经济发展，而结果却导致了其汉化和封建化，而且是先进经济基础的一方决定和加速了这一过程。先进的一方影响、同化后进的一方；少数的一方习染、融入多数的一方。通过经济贸易、语言文化、思想信仰等领域的交流，取长补短，潜移默化，相互渗透，由表及里，最终趋向一致，是民族融合的内在规律。民族融合无法避免冲突和战争，但武力同化从来不是历史上民族关系的主流，社会、经济和文化的交流所产生的影响才是最终促成民族融合的决定性因素。

　　斯大林说："民族是人们在历史上形成的一个有共同语言、共同地域、共同经济生活以及表现在共同文化上的共同心理素质的稳定的共同体。"（《斯大林全集·第二卷》）今天的中华民族，是一个历史上多民族融合、多元一体发展、中华民族一家亲的伟大民族。合金钢坚韧于铁，优秀的物种一定具有杂交优势。各民族的融合为中华民族大家庭源源不断地注入新鲜血液。正如美国学者、普利策奖获得者威尔·杜兰特在《历史的教训》一书中指出的："文明是合作的产物。几乎所有的民族都对此有所贡献，这是我们共同的遗产和债务；……因为每个人，都对所属种族的文明做出过创造性的贡献。"在中华民族融合发展史上，经历了血与火的漫长岁月的雄伟长城，有理由骄傲！

　　（此文在第四届中国长城论坛上荣获优秀奖。作者系中国长城学会理事，山西省长城保护研究会理事，忻州市长城学会副会长，宁武关长城学会名誉会长，宁武县人大常委会副主任，山西省"最美长城卫士"之一。）

晋北长城的美学价值

杨　怡

一、晋北长城现状

　　山西是全国的长城大省,战国、秦、汉、北魏、东魏、北齐、北周、隋、宋、明、清诸代都修筑过长城。长城遗址主要分布于9个市40余个县(区),总长度3500多公里,现存较完整的城墙和遗迹有1500多公里。忻州长城在中国长城史上有很重要的地位,历史跨度久远,内容丰富,是山西长城分布最大的区域,14个县市中均分布有长城。忻州长城的修筑历史有战国、秦、汉、北魏、东魏、北齐、北周、隋、宋、明等时期,总长度2000多公里。忻州市文物部门之前的考察数据,忻州境内现存较完好的明长城有近250公里,分布在8县市19乡镇。其中,有古堡93个、烽堠480个。早期长城共有约230公里,分布在7县市16乡镇。

(一)山西历代长城概述

　　从战国到明、清2000多年的时间里,在山西共修筑了约3500公里的长城。现在有遗迹可辨的还尚存约1500公里。

　　战国时期,位于山西省域内的长城,主要是赵肃侯时期所建的"赵北城"。其东起河北省涞源县,北接蔚县,南至三飞狐上以东地区,向西延伸直至代县西北的雁门关。长城从此处转向西南,进入宁武县东南部,至阳方口附近,再向西南,经过五寨、岢岚与岚县交界处,直至兴县,然后向西北方向,抵达保德县黄河岸边,全长约七百余里。目前,山西省域内尚存的战国赵长城遗迹约有一百余里。

　　汉代长城:汉武帝元光五年(前130年),在当时的平舒县(现今广灵县)地区修筑长城。至今,尚存的遗迹绵延40余公里。主要位于广灵县直峪口附近的长城,蜿蜒起伏,石筑而成。东汉光武帝刘秀于建武十二年、十三年(36—37)派遣杜茂、王霸二人,在现今阳高、大同、左云一带修建了"亭障"三百余里。这些防御工事的位置与明代长城相近,至今烽火台密集,遗迹犹存,大部分地段在明代长城中被沿用。

　　南北朝长城:北魏在修筑北部长城之外,又于太平真君七年(446)修筑了畿上塞围,自河北省的延庆县至黄河边上的山西偏关一带。这段长城在山西省东西长八百多里,南北长八百多里。当时征集民工10余万人,筑了将近两年,工程规模较大。

　　东魏孝静帝元善见武定元年(543),丞相高欢征集民夫5万人于肆州北山(今忻州市西北)筑长城约75公里。由于自然风化和水土流失,现存遗迹仅约5公里。

北齐所筑长城主要是在天保年间完成的。在河清二年(563)又曾诏斛律光筑河北、山西交界处长城100多公里。从黄栌岭开始,跨离石小盆地到临县乌突戍往北,又到兴县的长城坪折东北经岢岚到五寨、宁武交界处,再折而向东到居庸关、山海关,纵横1500多公里,山西域内900多公里。

北魏和北齐所筑长城,和现在的万里长城有密切关系。现在的明代长城的走向,黄河以东,外边长城和北魏所筑长城相近,内边长城则和北齐长城相近。大部分的地段,后者用了前者的基础。

隋唐长城:隋文帝开皇年间(581—600)曾三次修筑长城。在山西域内的主要是石州长城和岚州长城,有500多公里。其中最完整的长城地段在岢岚县,最高处4米,顶宽3米,很有气势。隋长城不少地段沿用了北齐长城的基础。

唐代长城在太谷县东南约40公里的马岭关(分属榆社县)上。根据《唐书·地理志》的记载,此城是唐高祖武德二年(619)修筑的,现在马岭关附近的山上,长城的遗迹还隐约可辨,大部分地方已风化,被破坏殆尽。

明清长城:明王朝为了防止瓦剌的入侵,不得不大规模地修筑长城。在东起鸭绿江,西至嘉峪关大体沿长城一级,逐次建立了9个边际重镇,九镇中有两镇是在山西,即大同镇和太原镇。

(二)晋北长城的特点

山西省的长城主要分布于北部地区,分为土质和砖质两种类型。部分长城段落至今仍保存完好,并展现出其独特性。与其他地区长城多沿山脊蜿蜒、给人以连绵不绝之感不同,从偏关县老牛湾至河曲县楼子营的长城段,是建立在黄河岸边悬崖之上的。特别是偏关县桦林堡一带约30余公里的长城,至今保存状况良好,全部采用砖石包砌,高耸于河岸之上,景象颇为壮观。河曲县内的长城大部分位于黄河谷地,施工条件较为恶劣,必须依赖多种辅助工程才能筑成。部分长城段落至今仍像一条黄色巨龙蜿蜒于黄河岸边。在代县境内,雁门关以西白草口附近的长城保存较为完好,敌楼大体保持完整,其形势极为壮观。内外长城的衔接处,位于偏关县红门口附近的长城也保存较为完整,城堡、烽火台、敌楼等设施至今仍保存如初。

晋北长城中又以雁门关、偏头关、宁武关这外三关长城最具特色,是中国明长城的代表,也是山西边塞旅游的代表。雁门关长城风景区在重新修建开发后,具有多元化的旅游元素,全方位地展示出边塞风情的美。

雁门关历史悠久,文化积淀浓厚,地理位置险要,关楼建筑雄伟,号称"九塞之首""万里长城第一关",是中国长城旅游最具代表性的人文景观之一。

偏头关烽墩林立、古堡众多,九边纵横,堡城交错,特别是长城、黄河在此相会,是黄河与长城握手的地方,是资源最好的边塞旅游区之一。现存古堡数量之多、规模之大、保存之好均为全国罕见,它是作为长城防线的重要组成部分,肩负着防御北方游牧民族进攻,保卫中原王朝安全的重任,因此大多建筑坚固,规模宏大,夯土筑墙,包以青砖,形如小型城市。偏关全域现有长城500公里,占山西全省长城约五分之一,居全国各县之首。从年代说,偏关长城纵跨战国赵、秦、北魏、明四个历史时期;从密度说,偏关长城有六道,有的地方墙垣竟达十重,一层外又一层。

宁武关是三关镇守总兵驻所所在地。关城始建于明景泰元年(1450),在明成化、正德、隆庆年间均有修缮。万历末年,增高城墙,加以砖包,关城更为坚固雄壮。宁武关是外三关中历代战争最为频繁的关口。当时北方诸民族只要南下,必经三关。偏关由于有黄河作为天险,只有冬季匈奴的骑兵才可以踏冰而过,而雁门以山为天险,骑兵难以突破。宁武关所靠的恢河是季节性河流,在恢河断流的季节,匈奴骑兵就沿河谷挥师南进,直抵关下,当时恢河河谷可容“十骑并进”,所以宁武关成为了游牧民族和农耕民族交战的主要战场。历史上因鲜卑、突厥、契丹、蒙古等游牧民族南下掠掳,经常选择宁武关为突破口,所以在很多历史时期,这里的战争几乎连年不断。

二、形之美

长城在古代主要承担着防御职能,其建造并未特别强调审美价值,而是基于安全防护的需要。然而,对于现代人而言,长城的军事功能已不复存在,长城的价值主要应体现在精神价值上,体现在作为历史遗迹的观赏和学术研究上。长城集中展现了多种美学价值,其建筑艺术堪称宏伟,形式多样,结构丰富。从不同等级的城池到地方性的镇城,长城的建筑结构包含了广泛而复杂的元素。可以说,长城不仅是一项伟大的工程,更是建筑艺术的集大成者。

(一)刚与柔

中国传统宇宙观认为:“一阴一阳之谓道”。这种中国传统宇宙观在中国传统美学方面体现为优美和壮美,如果说阴柔之美的感受过程具有“润物细无声”的特点,那么阳刚之美的作品是以雄伟、刚健、宏大、粗犷为特征,以气势取胜,会在刹那间震慑人的心灵。

1.阳刚之美

在长达两千余年的中华历史中,一道雄伟的长墙始终贯穿在中国的北方。长城堪称人类历史上的伟大奇迹,没有任何其他民族曾完成过如此规模宏大的工程,亦无任何国家能如此长久地进行此类工程。长城的这种阳刚之美,或称为壮美、崇高美,来源于它外部的巨大的体积所形成的磅礴气势。长城以它奇伟、雄险和绵延万里的雄姿,征服了无数的瞻仰者。现代著名考古学希里曼在第一次看到中国长城时,惊赞“长城壮丽奇伟超过我想象中的一百倍”。每个人在初次看到长城的一刹那,都会被它那种气吞山河的形势所震撼。这就是长城建筑艺术的主要审美特征。阳刚之美则对于鼓舞一个民族的自信心,振奋一个民族的精神,具有不可估量的价值和意义。

清光绪十四年(1888),康有为赴京乡试时,游览了居庸关长城,写下《登万里长城》:“秦时楼堞汉家营,匹马高秋抚旧城。鞭石千峰上云汉,连天万里压幽并。东穷碧海群山立,西带黄河落日明。且勿却胡论功绩,英雄造事令人惊。”在描述长城壮观气势的同时,康有为以前人少有的角度,称赞秦始皇修筑长城的功绩,长城的文化内涵由此开始转向近代化。

孙中山视长城为中国最伟大的工程,他在《建国方略》中说:“始皇虽无道,而长城有功于后世,实与大禹治水等。”“中国最有名之工程者,万里长城也。……工程之大,古无其匹,为世界独一之奇观。"

宁武域内的赵长城,至今尚有明正德年间刚劲的石刻题字:"紫塞长城"。长城好像一条巨龙,翻越巍巍群山,跨过涧谷河沟,起于与宁武接壤的神池县,到阳方口跨过恢河后,依禅房山绵延起伏,向着东南方向,直达十八隘口之一的古堡盘道梁,而后奔向原平县境,并与雁门关遥相递接。阳方口镇大水口村外的长城尽为土筑,腾跃于山岭之脊,颇具塞上雄风。登上宁武长城,居高临下,极目眺望,只见群山苍莽,气势雄伟。长城蜿蜒在高高低低的山脊上,矫健地向东西两边延伸开去,真像一条伏卧在千山万岭上的长龙,一直伸向远方,显得磅礴无比。长城的这种阳刚之美,给人一种气吞山河的新气象。

2.阴柔之美

长城不但是阳刚的,更有柔美这一审美特征在其中。这柔美从天空中俯瞰时可以领略到;站在巨幅的长城油画前可以感受到;任你走在万里长城的哪一段,哪一道关城,都可以感知的到它柔美的魅力。

在乘坐飞机穿越万米高空时,透过洁白的云层,俯瞰大地,长城宛如一条蜿蜒曲折、连绵不绝的丝带,缠绕于群山峻岭之间。从高处望去,长城展现出一种柔美的姿态,其起伏的身姿、曲折的步履、抑扬的节奏,以及潇洒自如的神态,无不令人联想到一位轻盈而优雅的舞者。她挥动着如绸缎般柔滑的水袖,在山川河流构成的宏伟舞台上自由地舞动。而天际的日月星辰,仿佛是她最忠诚的观众,见证了她经历四季更迭的壮丽篇章,欣赏着她春华秋实的容颜。

当你伫立于击石燕鸣的关城,目睹前人精心构筑的古戏台与城墙敌楼等军事防御设施和谐共存时;当你来到有着天下第九关之称的娘子关,看到烽火台与热闹的商贾集市相映成趣时;当你凝视塞北要塞雁门关与云冈石窟中普度众生的大佛相邻而居时,这些不正是刚与柔的交融吗。更有趣的是,在雄壮阳刚的长城中还有很多的"女性长城"元素。在燕山山脉那险峻陡峭的长城墙体上,能清晰地看到"祥云彩带""连理枝""狮子滚绣球""木马兰花"等石雕的图案。这些自古以来就被视为表达爱情与祥和特质的极具柔美、温馨的图案镶嵌在长城之上更进一步表明柔美是长城的重要内涵之一。据长城专家考证,这段"女性长城"是明代抗倭名将戚继光组织所建。由于建造长城工程浩大,守卫长城任务艰巨,戚继光允许士兵携家眷随军驻守敌楼,于是就有了这段"女性长城"。由此可见,世间万物皆是刚与柔的结合,刚中有柔,柔中有刚,长城亦不例外。

每每身临其境面对长城,见其形态总是百转千回,曲曲弯弯。或许这就是大自然给长城赋予了它本该有的柔性。让我领悟到的就是刚中带柔的力量与柔中带刚的精神,其中蕴含的自然法则确实值得每一代渴望成为好汉的人去探究和领悟。

(二)结构之美

宁武域内的长城,气势雄浑,坚固异常,经过多年的风雨侵蚀,至今保存比较完整。宁武城墙的结构是根据当地的气候条件而定的,长城的构筑方法较多,用版筑夯土墙,砖砌、石砌、砖石混合砌的方法砌筑城墙,在地势坡度较小时,砌筑的砖块或条石与地势平行,而当地势坡度较大时,则用水平跌落的方法来砌筑。最为奇特的则是阳方口的水陆长城。该长城东延于阳方口与大水口两隘口间的恢河之上,跨越河道,长约 300 米。古代恢河水势汹涌,长流不息。此段长城筑石基于河床底部,出水有九孔过水桥洞,每个洞口卧一铁牛为镇物,人称"九牛口";桥洞平顶上以砖石砌筑的墙体下部亦有过水孔道。当恢河水位较低时,水从下部石桥洞穿过,桥面可通人车;当恢河水位暴涨时,水从上部孔道穿过。桥洞和孔道都以铁栅门锁闭,来敌难以通过。这一构思精巧的长城建筑奇观,既适应地理环境,又有防御功能,还可交通往来,可谓内长城建筑结构的精典作品之一。

大水口长城是明长城中目前保存较完好的土筑长城,筑于明嘉靖年间,历经近 600 年风雨,夯土墙仍高六七米,城头上的女墙保存完好。大水口长城保存着一座刁口,据中国长城专家、古建泰斗罗哲文讲,这是整个明长城上唯一的刁口,学术研究价值和旅游欣赏价值巨大。位于阳方口镇阳方口村外半山坡上石油公司院内有一处保存完好的碟楼,该碟楼基座石砌,青砖砌表,内实夯土,长、宽均约 20 米,高约 13 米。在城墙顶部平面上,突起一座约 1 米厚砖砌外壁的内部空心碟楼,巍峨耸峙,雄宏刚劲。碟楼内部中心有大厅,厅周围的过道四通八达,与了望孔和门洞连通。东、西、北三侧面均有了望孔,视野开阔,周围山河沟壑及长城沿线尽收眼底。除了观察敌情,这些了望孔还可供守军以弓箭御敌。令人瞩目的是碟楼门洞的构筑工艺。门洞开在长城内侧的南壁,以砖砌筑,环绕门洞外观,通顶极底是花饰的砖雕。这些部分残损的仿木风格花饰砖雕采栾出檐、斗拱托瓦、团花饰表、垂幔拂然、毕肖生动、美仑美奂。

宁武鼓楼,是宁武现存的唯一保存完好的明代砖木结构建筑,位于关城中心七百户街中段。底部为砖石砌十字穿心洞,七百户大街从东西通道穿过,九百户街从南北通道穿过。在砖石底座上建三层檐九脊顶砖木结构门楼,底座上四周砌有 1.5 米高的砖砌围墙,形成第一层的回廊。东西洞门额各嵌长方形石匾一块,西刻"凤仪"二字,东刻"含阳"二字。第一、二层东西两侧面阔三间。进深两间,四周为回廊。第二层东西各悬黑底金字木匾,东刻书"楼烦重镇",西匾书"毓秀钟灵"。鼓楼整体通高 20 多米,始建于明成化三年(1467)。宁武关鼓楼最为特别的地方在于底部的十字穿心洞,此种建法,在全国鼓楼古建筑中也不多见。

(三)布局之美

"因地形,用险制塞"是修筑长城的一条重要经验,修筑关城隘口或是选择在两山峡谷之间,或是河流转折之处,或是平川往来必经之地,这样既能控制险要,又可节约人力和材料,以达"一夫当关,万夫莫开"的效果。修筑城堡或烽火台也是选择在险要之处。至于修筑城墙,更是充分地利用地形,晋北的长城多是沿着山岭的脊背修筑,有的地段从城墙外侧看去非常险峻,内侧则甚是平缓,有"易守难攻"的效果,真可谓巧夺天工。

晋北内长城的修筑,使宁武关北控云朔,南障晋阳,东接雁门,西应偏头,旁援冀陕,朝廷北疆防务为此一振。因此,宁武关及其附近内长城,历来被称作"晋北锁钥""三晋第一锁钥""军事要塞""楼烦重镇""晋北第一要地"等,战略地位极为险要。历朝历代在这一带发生的烽烟不绝的战事,便是其战略地位重要性的明证。宁武长城在它的实用性功能消退以后,却积淀了一种巨大的审美功能。大水口、阳方口长城的墙体线条整齐流畅,敌楼形态各异,都具有很高的审美价值。宁武内长城城顶沿边筑有女墙,墙体每隔 50 米筑一道垛口,向内向外两面突出,突出部分内筑月台,外筑翻口,并有暗门和暗道。依托城墙内侧间隔一二里有瓮城,内侧城头每隔三五里起建一座碟楼,碟楼附近置村落一座,村落附近均有土筑围墙的堡塞。距城墙外侧百余米处,多见作为前哨阵地或观察哨的土筑护墩或小型堡塞。而在制高处的山脊峰巅,每隔5公里左右,更有传递军情信息的烽火台雄踞虎视。至于上述之瓮城、碟楼、堡塞、护墩等,其功用当为官军驻守之所,而村落则是随军眷属居址。从如此完备的长城守备设施,可见我国古代军事统帅及建筑者的匠心独运和精思严构。

偏关县域内的长城,一边二边连三边,处处设关,步步设防,长城沿线三里一墩、五里一台、二十里一堡,墩台多达千余座,城堡多达49座,城堡相望,营寨相接,形成一个非常庞大的军事防御体系,长城遗迹密度居全国各县之最。偏关长城有石砌长城、砖包长城、土夯长城、崖壁长城四种基本类型,长城建筑涵盖了关、隘、烽、堠、墩、台、营、寨、城、堡、望台等多种形式,类型之多全国罕见。

三、魂之美

审美活动乃是一种社会文化活动,审美活动不能脱离特定的社会文化环境。因此,不同的社会文化环境会发育出不同的审美文化。不同的审美文化由于社会、文化传统、价值取向,最终关切的不同而形成自己的独特审美形态。

长城既是建筑,也是一个意义深远的象征,祖先用一个最具体的建筑物介入历史,在我们民族的心灵和集体记忆中完成了一次超越物理意义的精神建构。如今这个已完全丧失了实用价值的庞大建筑,告诉我们的是民族历史发展的艰辛和崎岖,是超越个体、超越时空的民族精神。长城已成为华夏民族心中的脊梁。时光的流逝会让有形的长城湮没在岁月的尘烟中,但构筑在华夏儿女心中的长城,已经化作中华民族生生不息的精神支柱。

(一)精神支柱

长城作为中华民族团结与凝聚力的象征,是爱国主义精神的具象化。在历史的长河中,每当中华民族面临严峻挑战和生死存亡的紧要关头,长城精神便成为我们民族的坚强支柱,激励着我们以血肉之躯筑起新的长城。

在晋北的长城关隘因其地势险要,发生过多起壮烈的战役。宁武内长城自古以来战事频发。在较长的历史时期,鲜卑、突厥、契丹等游牧民族经常率兵由此南下;战国时赵武灵王多次与楼烦征战于此;隋代刘武周在塞北起兵,自阳方口南下,抄了隋炀帝的后路;明代北方鞑靼、瓦剌屡屡南进,正德八年(1513)鞑靼小王子从阳方口攻入宁武关,南掠宁化、忻州等地。长城沿线烽烟不断,这道历代修筑的长城,在防御侵略保卫和平方面起到非常重要的作用,写下了可歌可泣的长城故事。

大水口长城,背靠管涔山,面对朔州大漠,东控禅房山,西接马头山,是万里长城外三关中路——宁武关长城段上最重要的关口,是兵家必争之地。据统计此地历经大小战事数千次,历史上著名的宋辽大战杨继业兵败陈家谷遇难捐躯就在附近。

明崇祯十七年(1644),李自成为东进北京,在宁武关与明军进行了一场争夺战,史称"宁武关之战"。三关总兵周遇吉,誓不投降,与明军血战到底。

长城体现了"富贵不能淫,威武不能屈"的民族气节,是爱国主义和英雄主义的象征。在抗日战争期间,毛泽东曾写下"不到长城非好汉,屈指行程二万"的诗句,正是这种精神激发了全民族的英勇抗争,中国军队在长城内外展开了艰苦卓绝的抗战,最终战胜了日本侵略者,为世界反法西斯战争在东方战场的胜利作出了不可磨灭的贡献。

2019年7月24日,中央全面深化改革委员会第九次会议审议通过了《长城、大运河、长征国家文化公园建设方案》,将长城纳入国家文化公园建设项目之中。长城的文化意义深远,它体现了边疆与中心的互动关系,其精神实质是中华民族的团结与凝聚力。长城国家文化公园的建设,旨在超越单纯的公园实体,注重文化内涵的构建。通过实体公园的展示,结合长城故事,来叙述中国在地理、政治、经济、军事等多方面的历史,以此阐释并巩固中华民族的国家认同。只有这样,这个横跨东西、绵延万里的宏大公园,才能与"国家文化"的概念相得益彰。

(二)民族精神

美国前总统尼克松在登临长城时说:"只有一个伟大的民族,才能造得出这样一座伟大的长城。"1987年联合国教科文组织把长城列入世界文化遗产的名录则是一个最好的说明。

鲁迅先生在民族危亡的年代说过:"我们从古以来就有埋头苦干的人,有拼命硬干的人,有为民请命的人,有舍命求法的人,……这就是中国脊梁。"中国脊梁就是指伟大的民族精神。1935年《义勇军进行曲》唱出了"把我们的血肉,筑成我们新的长城",明确了长城作为中华民族的精神象征。

1984年,邓小平、习仲勋同志为长城保护题词"爱我中华,修我长城"。为弘扬中华民族传统文化、保护长城遗产、发扬长城精神指明了方向。全国人大常委会原副委员长许嘉璐曾在题词发表30周年的纪念会上表示,邓小平、习仲勋的题词不仅是为长城修缮而题写,题词的前提是"爱我中华",因为"爱我中华"所以才"修我长城",用对长城的保护来体现对中华的热爱。他认为,在我国五千年的文明历史中,劳动人民创造着极其丰富、绚烂的文化,而在这浩瀚如海的传统文化中,只有长城可以完整地代表中华民族的文明。

长城作为军事防御体系出现,充分体现着中华民族不屈不挠、英勇顽强的抗争精神;长城的存在,进一步推动了中华文明与世界文明的交往,保障了丝路贸易的安全,有力地促进了中华民族与世界其他民族在政治、经济、文化和思想等方面的交流和发展;长城是中华各民族之间不断碰撞、交流和融合的地带;长城体现出家国一体的精神理念。经过两千多年岁月的风吹雨打,长城已经成为一个历史悠久、内涵丰富的文化意象。体现出历久弥坚的家国情怀,升华到国家民族的向心力与凝聚力——把我们的血肉筑成我们新的长城!

(三)悲壮与豪迈

由于长城的本质与特征具有相对的稳定性和一致性,就使长城文化有了稳定与统一的核心主题与风格。这一核心主题即为崇高的爱国主义精神,而核心风格则体现为悲壮与豪迈。

自长城兴建之初,其在文化层面所体现的气质便显得格外悲壮。《汉书》记载了一首秦代的歌谣:"生男慎勿举,生女哺用脯。不见长城下,尸骸相支拄",这反映了当时社会对修筑长城工程付出的沉重代价和牺牲。此歌谣在 300 年后,于东汉末年建安时期的诗人陈琳所作的《饮马长城窟行》中得到了回响。孟姜女的故事,也以诗歌、曲艺、戏剧、传说、民间艺术以及近现代的电影、歌曲等多种形式流传至今,展现了同样的悲壮情怀。孟姜女的故事虽有多个版本,但其中"千里送寒衣""哭长城"的情节始终是其核心内容。

正是这种悲壮,深刻地揭示和反映了 2000 多年来中华民族在修筑长城时所付出的牺牲。《史记》记载:"遣蒙恬筑长城,东西数千里,暴兵露师常数十万,死者不可胜数,僵尸千里,流血顷亩"。《淮南子·人间训》记叙:"秦发卒五十万,使蒙公、杨翁子将,筑修城……道路死者以沟量"《隋书》也记载,隋炀帝"发丁男百余万筑长城,……一旬而罢,死者十五六"。唐末诗人贯休和尚讲"筑人筑土一万里",并非夸大之词。至于耗费的钱财物资,更是难以统计。明代戚继光修筑从山海关到居庸关以东这段长城共花费了 1100 万两白银,当时全国年度财政总收入仅 400 万两左右白银,可见耗费钱财之巨。

长城及其周边地区承载了深厚的历史文化底蕴。长城的形象在中华民族的集体记忆中得以提升,它宛如一条巨龙,成为了中华民族精神的象征。李白、王之涣、岑参、王维等诗人的边塞诗篇,以及历代以来的诗词、歌赋、民间文学、戏曲等多种文艺形式,极大地丰富了长城的文化内涵。正因如此,长城的建造者及其后裔对长城始终怀有一种源自心灵深处、蕴含着遥远记忆的尊崇情感。这种情感构成了长城文化的核心,它在国家民族面临生死存亡的关键时刻,便化作燎原之火,呼唤每位有热血的中华儿女,使其以血肉之躯筑起新的长城,激发最强烈的爱国主义情感。长城文化的豪迈,同样蕴含着对先辈们在建造长城时所展现的智慧、坚韧和艰苦奋斗的敬仰,这种文化精神在长城的军事防御功能逐渐淡出后愈发凸显,作用日益增强,更让人深刻感受到自身力量的伟大。

(四)长城精神的艺术传递

长城并非象征着封闭与保守,它在历史上不仅是防御设施、交通要道,也是文化流通、交流之地,它见证了不同民族间的和睦交往与文化交流。1793 年,英国画家亚历山大绘制了"长城"版画。随着这些关于长城的记述和图画的传播,到 19 世纪时,Great Wall(长城)已经被西方人普遍熟悉,从山海关到嘉峪关的长城标志也出现在他们出版的地图上了。从那时起,长城以其逶迤万里的庞大身影吸引着世人的目光,被称为人类奇迹。20 世纪初,Great Wall 一词辗转回国,"伟大的墙"似乎成了西方人发现并且命名的事物了。

艺术有宣传鼓动的价值,不仅仅是音乐、歌曲,就连无声的建筑也有宣传作用;艺术还有教育价值,能对人的心灵施以综合的影响;艺术还有交际价值,可以传递信息、表达意义、交流感情。艺术语言比普通语言更具有人类的共通性。发生在长城沿线的许多历史故事,如飞将军李广百发百中的箭矢,霍去病大军的滚滚马蹄声,张骞满载的驼队,苏武坚贞不屈的节杖,王昭君和亲的团队等,都为各种的艺术形式提供的极其丰富的题材。宁武东山地区内长城脚下,流传着一种极富原始风韵的傩戏表演程序,称为"赛赛""赛戏",是一种古老的民间艺术。其剧目多与军事题材有关。如《天水关》《四郎探母》《五郎出家》《七郎托梦》《八郎归宋》等,大多选自杨家将镇守边关的故事。长城的故事激励着无数仁人志士为国捐躯,鼓舞一个民族的自信心,振奋一个民族的精神,有不可估量的价值和意义。长城所代表的忠烈之美,正是具有这种影响历史的深层内涵,应广泛使用各种艺术手法,将其传递到人们的心中。

长城绵延万里,既是中国古代重要的集体工程,又是集体力量的最佳展示,同时串联东西和南北,是中国重要的国家象征,将其作为国家文化公园,最能揭示国民性格和文化传统形成的原因。长城国家文化公园必将是以弘扬爱国主义精神、勤劳勇敢精神、民族团结精神和开放创新精神为主的长城精神的最佳载体。

结　语

绵亘万里的长城沿线上,建有不计其数的形制多样的关隘、城堡、要塞、楼台,遗存着极其丰富的珍贵文物,这不仅是了解中国古代军事科学、交通往来、建筑艺术的重要实物,而且也是探索中国北方经济文化发展不可缺少的论据。长城翻高山,越峡谷,跨江河,走大漠,成为中国农牧区的界墙和天然防护"墙带",是研究中国古代农业、牧业、气象、水文、地震等学科的重要依据;长城是一座丰富的艺术宝库,千百年来,作为千古绝唱的主题,孕育了无数壮丽优美的诗篇,产生了无数动人心弦的故事;长城凝结着中国历代各族劳动人民的智慧和血汗,是联结中华各民族的神圣纽带,雄辩地展现了中国多民族形成发展的历史进展。可以说,长城像一部中国的百科全书,包蕴着众多的已知和未知的科学内容。在2000多年的历史风云变幻中,巍然屹立在中国北方大地上的长城已成为中华民族的象征,华夏儿女的骄傲,成为世人向往的游览观光胜地。而作为构筑、使用长城所展现的物质产品和精神产品的复合体的长城文化,也以其源远流长、博大精深、灿烂辉煌的特色与魅力吸引着越来越多的人传承与弘扬。

（此文在第四届中国长城论坛上荣获优秀奖。作者系忻州市长城学会理事。）

河曲长城的历史文化内涵

岳占东

一、河曲长城的历史背景和基本情况

河曲长城现存部分为明长城,属于明长城山西镇管辖的一部分。山西镇是"九边重镇"之一,又称太原镇或三关镇。与其他边镇相比,山西镇靠近内地,凭借大同镇为藩篱,内恃三关为屏障,素少边患。宣德四年(1429),蒙古部落在西北活动日益频繁,又常有小股骑兵往来边境骚扰,山西镇开始加强防御,改副总兵官为总兵官镇守。治所初设于偏关,嘉靖时移于宁武。所辖长城西起山西河曲黄河岸边,经偏关、雁门关、平型关、固关而达黄榆岭(山西和顺东),全长约800公里。其中由偏关丫角山向东南延伸的长城,在大同、宣府两镇长城之内,历史上称其为"内长城";由丫角山向西延伸,到黄河东岸的老牛湾,再由老牛湾沿黄河东岸到河曲的石梯子,这段长城连接黄河西岸延绥镇,故为"外长城"。其中从老牛湾到石梯子沿河长城,历史上称其为"黄河边墙"或"河边",全长约70公里。

隆庆二年(1568),明朝专门设立山西岢岚道辖河保路路守参将驻守河保营(现河曲县城),统辖桦林堡护宁寺(寺前墩)以南的河曲长城。从寺前墩到石梯子,河曲长城沿河而筑,境内黄河长76公里,长城约60公里,先后设营堡楼寨12处(楼子营、罗圈堡、焦尾城、河保营、唐家会营、杨家寨、五花城营、河会营、巡检司、五门楼寨、阳沔堡、旧县营),到清朝末年仍有楼子营、焦尾城营、河保营、唐家会营、河会营、旧县营及桦林堡营7个营城驻兵。据2007年山西省文物局调查,河曲境内现存长城墙体共有25处约27公里,关堡17处,烽火台等单体建筑58处。

河曲长城从历史发展阶段看,经历了烽燧、营堡、墙体三个重要阶段。根据《明实录》记载,宣德年间之前沿黄河岸边只有烽燧,到正统二年(1437),山西镇总兵修筑偏关的水泉堡和滑石堡,连同桦林堡、楼子营、灰沟营、唐家会、阳沔共计7个营堡,形成"黄河七堡"。成化初年王玺擢升为都指挥佥事,专门守御黄河七堡,到成化二年(1466),修筑边墙,第一次形成了从阳沔堡到老牛湾沿河长城完整的防御体系。正统二年(1437),山西镇左都督李谦向朝廷上表说:太原府河曲县西傍黄河,多少年来一直没有城垣,百姓都散居荒野,每到寒冬河冻,虏寇数次入侵,都难以防御。河曲长城几经修缮,贯穿整个明朝,直至清朝,除长城墙体外,其烽台、关口、营城均有修缮和守御的记载。

所以说河曲长城由于其地处黄河晋蒙分界线的特殊地理位置,在明清两代500多年的历史长河中,一直与当地的经济文化息息相关,深远地影响了黄河文化的形成,像走西口、河曲民

歌二人台,其渊源与长城密切关联。

二、长城东西兵源流动,促进了长城沿线民歌的产生和流传

长城防御体系横跨我国东西两端,从西部的甘肃镇、宁夏镇、固原镇,延绥镇,到中部的山西镇、大同镇、宣府镇,再到东部的蓟州镇、辽东镇。根据《明实录》记载,中西部重镇之间兵源相互调遣频繁。如《明宪宗纯皇帝实录卷之二十四》记载:"明成化六年八月,命延绥征进诸将,分兵就粮,游击将军范瑾,统大同兵三千五百,驻东路神木等堡;许宁统宣府兵三千五百,驻西路龙州等堡;余兵三千,驻中路,往来策应山西;宁夏副总兵林盛等所统兵,各还黄河七堡、花马池等处操守;甘凉、庄浪马队兵,留环庆操守,都督白玉所统兵,还陕西原处操守。升大同前卫指挥同知蔡瑄署都指挥金事及山西都指挥王玺,宁夏都指挥张翊,俱充游击将军。瑄统兵于延绥,往来截杀;玺统兵于黄河七堡备御;翊统兵于花马池备御。延绥总兵官房能有疾,选将代之。从参赞军务都御史王铖等议也。"

兵源的流动促进了长城沿线军民的文化习俗的交流,也造就了一个独特的现象,在长城中西地区产生了大量民歌,如甘肃民歌、宁夏花儿、陕北信天游、山西民歌爬山调(河曲山曲)等。以河曲长城为例,据《明实录》记载,当年明朝戍守黄河边境的时候,这里最早生活的大量士兵,都是从至少千里之外的南方征调而来,因为明朝实行屯兵政策,一个兵户人家的壮男去服兵役,必须到千里之外(防止逃跑),然后派驻戍边或打仗的地方距离兵营又至少是五百里之远。士兵来河曲的主要任务是巡河戍边。每年冬天黄河结冰封冻,朝廷为了防止蒙古军从河面上踏冰渡河,都要派驻大量官军巡河把守。因此这里平素,仅仅住一小部分士兵和百姓,明朝当时称为"主兵",而每年农历十月以后,就从潞泽两府调来大量士兵来守边,到第二年三月河面消融后,士兵再返回兵营,这一部分士兵称为"客兵"。

这样一来,在明朝 267 年的历史中,河曲这块土地上,"客兵"每年都要往返于黄河岸畔,他们像一群过客,刚刚在这里生活半年,第二年开春就必须返回潞泽两地的兵营。可以说,当年整个河曲的百姓和士兵每年都会处在这种"生离死别"的情绪之中,也正是有了这种情绪,这里的人们,渐渐有了唱民歌的心境。古人云:"发乎于情,止乎于礼。"内心想表达的东西,最早都是从口中发出的,明朝时黄河岸畔那"生离死别"的情绪,让这种民歌如火种一般,保存下来。

三、长城的割裂促进了"走西口"大移民

长城在明清两朝是军事对峙和民族割裂的边界。当年长城(边墙)南北两侧的土地由于两军常年对峙,形成了延绵千里的带状军事禁地。清朝入关后对蒙古和中原实行分而治之的策略,所以对长城沿线的军事管辖仍旧沿用明朝的制度,甚至人为地对当年自然形成的边界实行军事封锁,规定任何人擅自闯入禁地沿边士卒皆可射杀。

明朝灭亡时,正是北方自然气候十分干旱的时候,这也是促进明朝快速灭亡的自然原因之

一。到康熙年间,北方的气候渐渐趋于正常,内蒙古河套地区(当时称绥远),过去无法耕作的地方由于雨水逐渐增多,基本满足了农业生产的条件。康熙后期,全国人口已经逼近3亿,而耕地却仅有9亿亩,人均土地仅3亩,按照当时的生产水平,一人一岁约需4亩之食才不至于挨饿。对于山多地少土地贫瘠的北方地区来说,人地矛盾更加突出。出于蒙古王爷的要求,清廷允许开放禁边,允许沿河一代的边民到内蒙古河套一带开垦种地。但为了继续实行"分而治之"的民族政策,朝廷要求开垦的民众必须春去秋回,这样从清朝康熙年间,沿河一带的山西、陕西、河北的边民逐渐形成了"走西口"的"雁行客"。每年农历的二月二以后,他们就像回归的大雁一样,纷纷穿越长城边口,进入河套地区,每到秋收以后,背起粮食又像南去的"雁阵"一样结伴返回"口里"。可以说,当年明朝时的那种"主兵"和"客兵"生离死别的场面再一次在黄河岸畔上出现。男人"走西口"抛妻别子,女人独守空房,男女相思之苦自然而然地成为河畔上的一种固有的情绪。伴随着"走西口",河曲产生了数不清的民歌,也逐渐产生发展二人台的土壤。在"走西口"300年的历史中,河曲民歌二人台真正步入了艺术历史舞台。

长城的文化价值和所有的实体文物一样,都超越了文物原有的实用价值。其包含了政治、经济、文化等人文学科,也包含了气象、地理等自然学科,其文化内涵价值已大于其本身,是人类体现自我存在价值的文化元素之一。

（此文在第四届中国长城论坛上荣获优秀奖。作者系中国作家协会会员,山西省长城保护研究会理事,河曲县文联主席。）

长城文化助推忻州挠羊跤的传承与发展

邢剑宾

《国家"十三五"时期文化发展改革规划纲要》在序言中开宗明义提出："文化是民族的血脉,是人民的精神家园,是国家强盛的重要支撑。"忻州挠羊跤,以其独特的表现形式和文化魅力自成一体,流传于世,历经千年,经久不衰,这种长期形成和保持下来的文化传统的延续与发展,与其地域内众多长城关口密切相关。

一、忻州在历史上的地理位置与环境

忻州市位于山西省中北部,西临黄河峡谷,东接太行山,北以恒山和吕梁山北段为障阻隔大同盆地及朔漠,南以石岭关、赤塘关毗邻省府太原以通中原。古称"秀容",新石器时代即有人类活动。春秋时多属晋地,战国时归赵,因其南拒中原、北控大漠,素有"晋北锁钥"之称。自秦汉以来一直为兵家必争之地,中原农耕文化与草原游牧文化碰撞融合、生生不息。

光绪六年(1880),忻州知府方戊昌对忻州的地理位置作出总结："忻郡为晋阳北路门户,地近边塞,征调之繁,供顿之苦,几无宁岁。明季边寇告警,阑入雁门,蹂躏四野,流离迁徙,民不聊生,于前为烈。"

二、忻州地域内历代建造的长城

从春秋时的戎狄,到晚清时的瓦剌,都是中原王朝的重大威胁。由于他们擅长骑射,活动地域广阔,作战灵活多变,来无影去无踪,不断袭扰和掳掠中原边境,给以农业为主要生活手段的汉族人民带来了无穷的困扰。如何彻底地一劳永逸地解决这个问题,是古代中原统治者一直头疼的事情,因此,修筑长城边墙就成为十分自然的事情。

首先,忻州市拥有位于今代县的勾注山和雁门关,位于原平的云中山,位于宁武、五寨、岢岚的管涔山,以及河曲、保德、偏关边沿的黄河峡谷,为对北方、西方进行有效的军事防御系统构造提供了天然的屏障。其次,历史上以勾注山及管涔山为界线,其北为草原游牧部落混居之地,其南为农耕文化民族定居之地。在不同历史时期,境内先后出现商代鬼方、西周俨狁、东周戎狄、汉代匈奴、魏晋鲜卑、北魏柔然、隋唐突厥、宋代契丹、金代蒙古、明鞑靼等少数民族,与汉民族混杂居住、碰撞融合。忻州市不仅是少数民族进入中原地区之主要通道,也是各民族政治、军事、经贸、文化相互融合之重要地界。因此,忻州境内修筑长城与全国其他地方有所不同,具有修筑时间长、修筑时代多、修筑范围广、墙体长度长、修筑特点多等特色。

忻州市是长城大市,境内战国赵长城、秦长城、汉长城、北魏长城、东魏长城、北齐长城、北周长城、隋长城、宋长城、辽长城和明长城都有遗存,山河关环互,内外边重叠。现存各个朝代修筑长城总长度达470余公里,而且各时期长城纵横交错,14个县市中有13个修筑过长城。特别在明代,山西镇和外三关雁门关、宁武关、偏头关设置于此,不仅在全国九镇长城中位置显赫,而且在军事防御和边贸通商上非常重要。

三、历史上摔跤是一项军事训练科目

从夏代开始,我国正式进入了奴隶社会,奴隶主贵族之间为了争夺财富不断进行战争,由于青铜兵器比较落后,在短兵相接的战斗中肉搏占有重要地位,因此摔跤颇受重视。《礼记·月令》载:"孟冬之月……,天子乃命将帅讲武,习射、御、角力。"这就是说,每年十月开始,周天子命令将帅们进行军事演练,其主要内容为训练射箭、驾车和摔跤。

春秋战国时期,在长期征战的间隙中,诸侯大夫经常用角力(即摔跤)来检测将士的武功和能力,摔跤活动一直是军队中一项重要的军事训练科目。可见,是战争让习武练兵活动在军队中广为流传。据《公羊传》记载,宋闵公手下有一员大将叫长万,是当时闻名于世的大力士,由于宋闵公揭露长万曾被鲁师所俘的历史,长万一怒之下竟将宋闵公摔死。

四、忻州挠羊跤的形成

忻定原(即忻州、定襄、原平)盆地地处晋北中心地带,北有雁门关,南有石岭关,西有宁武关、偏头关,东有平型关、龙泉关,北控朔漠,南屏太原,百里沃野,水土肥美,有"晋北锁钥,三关冲要"之称,历来为兵家必争之地。

秦汉以前,此地胡汉民族长期杂居,不乏擅长骑射的林胡、楼烦等部族。东汉末年,由于军阀混战,匈奴入侵,在雁门关之内,可谓是赤地千里、十室九空。权相曹操万不得已从河套三郡内迁边民,九原郡迁到今天的忻府区,定襄郡迁到定襄地界,云中郡迁到原平地界。此三郡民均为秦始皇、汉武帝为防御匈奴从内地迁往长城的边民后人,在战争年代他们往往亦兵亦民,负有护边屯戍之责。到东晋时期,由于五胡入华战争频繁,忻州、定襄和原平一带首当其冲,再一次赤地千里、十室九空;并州刺史刘琨到任后,在这里几乎见不到人影,又一次从雁门关外内迁五县,如今的原平市本名崞县,就是从关北恒山脚下的浑源县迁回安置的。辽金时期,这里仍然是胡汉交战的首冲,北宋靖康之难后,更是置于女真人金国的统治之下。元朝蒙古人在这里烧杀抢掠、打马圈地,将诸多良田变为他们的牧场。

综上所述,忻州地处战争要冲,胡汉杂居杂交的历史,使这里的民众始终保有一种尚武的精神和气质,即使为了逃难和自保也得练几招防身之术。所以,在当地就连小孩的游戏也无不与战争有关。孩子们在外面玩摔跤,用土坷垃打仗,即使弄得灰头土脸,回到家中大人也不会责怪。

《三晋文化传统论文集》中有这样一段话:"久而久之的边关生活,风云多变的嚆矢飞鸣,民族矛盾的激烈冲突,南北之间的权益争端。"它描述得非常贴切,道出了形成忻州摔跤风俗的重要历史背景。事实上忻州摔跤就是在这种多重影响下诞生的,而挠羊跤又是其中一种主要的摔跤形式。

忻州挠羊跤的特点:其一,常规摔跤运动跤手需穿跤衣,而忻州挠羊跤选手可赤背上阵,俗称"捉泥鳅"。其二,忻州挠羊跤规则是一跤定胜负,参赛选手除双脚站在场地上外,其他肢体部位只要触地就算输,输者即淘汰出局。其三,挠羊跤运动在技术上自成一体,以捯胳膊、抓腕、锁肘、挟颈、抱腿等技术为主,抱腿摔为其特长,即主攻下三路。其四,比赛限制较少,不论年龄,不分男女,不限体重,田间地头、房前屋后都可进行,但参赛选手必须为偶数。其五,奖品更是别出心裁,选手连续摔倒六位对手便称其为"挠羊汉",领到的不是奖杯、奖牌或奖金,而是一头又大又肥的公羊,且需挠羊汉胸戴红花、把羊举过头顶并绕跤场四周步行一圈,以感谢主办方及跤迷的观看。后期的奖品有所变化,不再是大肥羊,而是自行车、彩电、冰箱等物品。

五、长城文化助推忻州挠羊跤的传承与发展

长城,自古以来就是中原农耕民族与北方游牧民族重要的分界线,也是不同民族战争冲突的多发之地。公元980年到986年间,宋太宗令杨业统兵镇守雁门关,抵御辽国犯境。杨业在囤边时,推行军民联防的斗争策略,不仅强化对部队官兵的军事技能训练,而且重视对边关居民的习武教化。他在训练边民徒手习武的过程中,研究出一种既不伤人又能强身健骨的摔跤招式。相传,南宋抗金名将岳飞于1142年被以"莫须有"的罪名加害后,其部将陈效婴对朝廷大失所望,愤然离职返回家乡秀容(今忻州),不仅继续组织敌后斗争,还将摔跤技艺传授给乡邻志士,以便拥有抗击金人的能力。此举受到父老乡亲的普遍响应,以至蔚然成风,终成习俗,世代相传,忻州《体育志》中有"南宋时有著名跤手陈效婴"的记载。上述资料和传说,足以证明在忻州民间世代相传的摔跤运动,与长城边关频繁的战事息息相关。

修筑长城的艰难困苦、守护长城的坚韧不拔、保卫长城的英勇无畏等,这些有关长城防御的实践活动,孕育了精忠报国、保家卫民、英勇顽强、不怕牺牲的长城精神。这种浓郁的长城文化氛围培育了忻州人胸怀宽广、吃苦耐劳的秉性,也是忻州挠羊跤得以千年传承与持续发展的根本所在!

(此文在第四届中国长城论坛上荣获优秀奖。作者系忻州市长城学会会员,工程师,忻州市民营企业家,中国摄影家协会会员。)

弘扬长城精神　坚定文化自信

郝国玮

习近平总书记指出："文化自信是一个国家、一个民族发展中最基本、最深沉、最持久的力量。向上向善的文化是一个国家、一个民族休戚与共、血脉相连的重要纽带"。长城是中国现存规模最大的文化遗产，是中华民族的精神象征，在中华文明史和中华传统文化史上具有不可替代的重要价值和地位。长城文化依托长城产生，长城遗产资源丰富，历史文化底蕴深厚，承载了中国上下几千年的历史，对中华民族历史、现在以及未来有着连接作用，弘扬长城精神对于坚定文化自信具有重要意义。

一、长城文化是文化自信的重要动力

忻州长城作为中国万里长城的重要组成部分，一是历史跨度久远，内容丰富；二是有许多全国"第一"、"唯一"和"之最"。在历史演进中，形成了忻州独特的历史文化和精神。

（一）忻州长城文化是中国长城文化的重要内容

首先，忻州长城修筑历史悠久，上自战国，下至宋、明，纵横两千里，历史沉积两千年。它建在 400 毫米等降水量线上，是传统的农牧分界线。在极其恶劣的环境和当时落后的条件下，古老的忻州人民筑起了堪称奇迹的忻州长城。忻州长城不仅仅是古老建筑的存在，更是忻州人民勤劳智慧、不畏艰苦的象征。它体现了忻州人民吃苦耐劳、不畏艰险、勤劳智慧的文化品质。其次，忻州长城是中国古代最伟大的军事防御工程；明代外三关长城，即雁门关、宁武关、偏头关长城在全国九镇长城中不仅占据了重要位置，而且在军事防御上有非常重要的战略位置。忻州长城是中原内外的交界处，长城创造的和平文化，有效减少了两个民族之间的矛盾。同时，忻州长城也是农耕民族与游牧民族互通有无的窗口，即使在战争年代，也要定期"互市"，没有停歇商贸往来。"互市"以交易牲畜、农产品及生活用品为主，并进行传统文化、饮食文化、戏曲文化等方面的相互交流、学习，满足人民的生产和生活需求，促进经济发展和民族交流。如忻府区九原岗北朝壁画墓狩猎图、商贸图、升关图，生动呈现了当时农耕民族和游牧民族的思想文化融合。

（二）忻州长城文化与我国革命文化密不可分

近代以来，列强入侵，为了实现中华民族的安定与统一，无数中华儿女奋起抗争，积极探索，最终摆脱了饱受外敌入侵的困境。忻州长城在这一关键时期扮演了重要角色。1937 年 9 月 25 日八路军 115 师在山西省灵丘县西南的平型关首次集中较大兵力对日军进行的一次成功伏击战。八路军首战告捷，有力地打击了日军的嚣张气焰，打破了日军不可战胜的神话，极大地

振奋了全国的民心、士气,使全国人民看到了中华民族的希望所在。同时提高了中国共产党和八路军的威望,为八路军在华北创建抗日根据地、开展敌后抗日游击战争提供了有利的条件,奠定了广泛的群众基础。1937年10月,八路军第120师师长贺龙命令358旅716团主力,于山西代县雁门关以南公路两侧高地设伏,打击往返于大同至代县间的日军运输部队,切断进攻忻口之敌的后方补给线。雁门关伏击战,作为抗战之初有代表性的一仗被载入了八路军英勇抗战的光荣史册。火烧阳明堡机场,也发生在忻州长城沿线。忻州长城的抗战,留下了忻州儿女抗击强敌、永不言败的身影,极大地鼓舞了忻州人民不畏强敌、积极向上的爱国精神,激发了忻州人民保家卫国、团结一致的斗志。忻州长城形成的长城文化是团结爱国、保卫家园、勇于斗争的文化,与革命文化密不可分。

(三)忻州城文化与社会主义先进文化共承一脉

在社会主义先进文化的激励下,忻州大地孕育出了一代又一代的优秀中华儿女,他们以身作则,用实际行动发扬着中华民族的优良品质,展现着时代特色。忻州长城文化也在时代的渲染中被赋予新的特色,与中华大地紧密联系在一起,是中华文明的代表之一。忻州长城文化与社会主义核心价值观高度契合,二者都是发扬勤劳勇敢、鼓励自强不息的文化,是筑牢民族团结、弘扬爱国主义的文化,是加强民族交融、深化开放创新的文化,是凝聚社会动力、增强民族力量的文化。忻州长城文化为中国社会主义先进文化提供了资源,二者都经受住了时间和实践的考验,在新时代熠熠生辉,有着共同发展方向,向着现代化、世界和未来共同发展。

二、长城文化是文化自信的重要内涵

1987年12月,中国长城被列入《世界文化遗产名录》。中国长城是人类文明史上最伟大的建筑工程。山西是全国的长城大省,山河关环互,内外边重叠。忻州又是山西省长城分布最大的区域,纵横交错,堪称长城的迷宫。在全国长城研究中,忻州长城有"四项第一""七项唯一""八项之最"。在中华民族的文化发展史上具有重要地位。因此,作为中华民族文化之一的忻州长城文化受到了越来越多的人关注,传承忻州长城文化,必将会彰显忻州市的历史文化厚重感,增加忻州市人民的文化认同和归宿感,提升忻州市的软实力,以忻州长城文化为切入点推进文化自信的构建,将会进一步充实文化自信的内涵,完善文化自信的体系,推动忻州市良好社会氛围和社会关系的形成。

(一)弘扬忻州长城文化,进一步增强文化自信的底气

文化自信的底气来源于其丰富的文化内涵,这种内涵是受到人民群众认同的。随着社会发展,忻州长城文化在文化自信中占据重要地位,全市人民加强自身文化的学习和宣传,如今已不是"酒香不怕巷子深"的时代,要善于利用媒体传播忻州长城文化,善于从教育层面做好普及工作,从根本上确保文化自信的根基。

忻州长城蕴含着坚忍不屈、自强不息的中华民族精神,如:杨家将的历史遗迹和传说故事,代县有六郎城、七郎陵、杨家祠堂;被奉为忠孝节义的周遇吉故事;佘族的传说;雁门关口雁池的故事;蒙恬和扶苏在忻州筑城戍边的故事……体现了忻州人民追求和平安宁的美好愿望。忻州长城文化是民族文化。民族的文化更能对民族本身产生根本性的影响。传承长城文化,不仅是对文化的认同,更是对历史的认同。历史是思想和精神的写照,认同历史就是对过往的承认。忻州长城在中华民族成长的各个阶段都扮演着重要角色,它所蕴含的文化内涵和所弘扬的民族精神对丰富中国特色社会主义文化有着积极作用。在和平发展的时代,忻州长城的传承和发展是对民族精神的发扬,是对中华文明的展现,会让忻州党员干部时刻警醒,为民做事;会让人民群众时刻牢记爱中国、爱忻州,它增强了忻州人民文化自信的底气。

(二)弘扬忻州长城文化,进一步夯实文化自信的根基

随着历史的发展,忻州长城为中国和平发展作出了巨大的贡献。在忻州共产党人的理想信念中,忻州长城巍然挺立,是高大的象征。忻州长城文化蕴含了忻州共产党人勇于革命、甘于献身的精神。他们把"吃苦是传家宝,奉献是家常饭"作为自己的座右铭,在忻州长城文化的传承中,汲取奋进力量,将战争年代的中国共产党大无畏的牺牲精神转化为和平年代的兢兢业业、俯首甘为孺子牛的精神,更好地引导忻州人民坚信中国共产党的领导,推进经济社会发展。

(三)弘扬忻州长城文化,进一步坚定文化自信的方向

文化自信以中华优秀传统文化为精神源泉,是符合我国人民群众需求和利益的特色文化,解释了中国特色社会主义文化的实质,是马克思主义文化思想的实践选择。

忻州长城文化蕴含着自强不息的奋斗精神和众志成城的爱国情怀,是凝心聚力的文化,展现了忻州人民不屈不挠、奋发向上的精神魅力。在思想文化多元化的今天,忻州长城文化所承载的吃苦耐劳,勤劳智慧、自立自强的优秀品质蕴含在忻州民众的生活中,促进了广大忻州人民爱国情怀,优良品德的传承,增强凝聚力。忻州长城为游牧民族和农耕民族建立了止战的屏障,开启了两个民族团结合作、互通有无的新的交往模式。使团结友爱、和平共处的核心内涵得到进一步充实,弘扬忻州长城文化有利于维护民族统一、社会安定,可以坚定文化自信的方向。

三、强化挖掘研究,促进融合发展

忻州长城文化作为中华文化的重要组成部分,要在新时代继续传承发展下去,必须坚持马克思主义文化观,利用丰厚的长城资源,加强文化挖掘研究,传承长城精神推动文化自信。

(一)融入文化自信研究体系,强化长城文化深入研究

教育是一个民族和国家根本力量的来源,将忻州长城文化纳入文化自信研究体系,将会大大增加社会各界学者对忻州长城文化的研究,从而提升文化自信。加强忻州长城文化的研究学习要利用好两个主场地:一是高校,二是社会。高校应该充分利用研究学习的条件,强化文化自信建设工作,培养学生的文化自信意识,强化忻州长城文化的研究。第一,完善文化自信研究体系。充分利用学校的环境优势,将文化自信合理地安排在课程和实践中,把研究学习内容与学生特点及爱好相结合,最大程度地提高研究学习的实效性。第二,提高教师的思想素养。要提高教师的思想素养,做到为人师表。忻州长城文化作为中华优秀传统文化的重要内容,要鼓励高校的老师及学生们加入忻州长城文化建设工作中,鼓励不同学科的专业知识分子共同研究,从不同学科不同领域的视角综合分析和论证长城文化,完善对忻州长城文化的界定、研究。同时,也要鼓励社会各界的其他学者、企业单位、社会组织等投身忻州长城文化的研究,通过成立专门的教育协会、举办相关的研讨交流会等,推进对忻州长城文化的传承和发展。

（二）坚持马克思主义文化观，推动长城文化创新发展

坚持马克思主义文化观是弘扬长城文化、深化文化自信的关键。马克思主义文化观所倡导的文化的基本观点和基本原则是我们研究和建设社会主义文化必须坚持的理论，同时，其丰富的人文内涵为当今社会"人民至上"的提出提供了理论支撑。人民群众的意愿是我们文化建设的前提，实现了人的精神文明和物质文明的统一，才能真正实现人的自由全面发展。我们党提出的革命文化、新民主主义文化、社会主义文化等概念，这是历史和人民在时间的洗涤中做出的共同选择。坚持马克思主义文化观，是弘扬长城文化、夯实文化自信的重要遵循。

（三）深入挖掘长城文化资源，实现长城文化融合发展

习近平总书记指出，"价值观必须融入社会生活才能真正发挥作用"。因此，要根据现实打造忻州长城文化的新形式，实现忻州长城文化与忻州人民生活的深度融合。

随着科技的进步和人们精神需求的发展，对文化有了更高的要求，无论是在内容上，还是形式上，人们的需求都有了新的转变，深入挖掘文化的内涵，创新文化的表现形式是满足人们文化需求，促进文化发展的重要手段。忻州长城文化的资源包括长城墙体、烽火台、城堡、关城等组成部分，也包括发生在长城上的种种事迹，它的内容非常丰富，但同时也需要为其打造更喜闻乐见的文化形式。过去对于文化的展现和传播主要借助纸质的刊物和大众之间的叙述，这种文化形式表现比较单一，传播渠道比较受限，也容易产生对文化的曲解，不适应我们现代社会的发展需要。当前，应借助现代科技的手段进一步挖掘长城文化资源，将忻州长城文化资源统一起来，创新文化的表现形式，使历史鲜活起来、生动起来，能吸引更多人的目光。大力推进以忻州长城文化为主题的公园、廊道等建设，既为人民群众提供了休息场所，也是对长城文化的弘扬。同时，利用城市地标建筑、公交地铁等对长城文化进行展示，增强对忻州长城文化的弘扬力度，使忻州长城文化融入人民群众的生活当中，继而渗透到人们的思想中。

（此文在第四届中国长城论坛上荣获优秀奖。作者系忻州市长城学会理事，忻州市政协文化文史和学习委员会原主任。）

弘扬长城精神　传承爱国情怀

——探索神池长城遗址与地域文化的形成

张　溱

神池历史悠久,战略地位显著,东依长城俯朔州,南屏管涔望宁武,西连平川接五寨,北据洪涛接偏关,地处雁门关、芦芽山、老牛湾风景区"三区中心",是通往陕西、内蒙古的必经之地,是芦芽山、万年冰洞、管涔山的北大门,更是明朝为九边重镇(山西镇)和"外三关"——偏头关、宁武关和雁门关的边关要地,地势险要,易守难攻。

一、神池县长城遗址

万里长城是中华民族的脊梁和象征,代表了中华民族古老的灿烂文明。为了加强防御,神池在北齐、宋、辽、明诸朝修筑了大量长城,现存的长城都是山西省重点文物保护单位。

神池明长城:明朝北据鞑靼筑长城而设神池堡及驿所营等。神池县明代长城属内长城,于嘉靖十八年(1539)修筑,海拔在1500—1800米,长城走向是:"三进三出"——由宁武县大水口村北上进神池县龙泉镇龙元村、项家沟村、丁庄窝村,向北出朔州市朔城区;再由朔州市利民镇西北进神池县大井沟村,向北出朔州市勒马沟村;最后由朔州进神池县烈堡乡南寨村、大沟村,向西北出偏关县南场村。共有龙元村段、项家沟段、丁庄窝段、鹞子沟段、南寨段、野猪口段6大段14小段组成,长20746米,多数长城墙体底宽5—6米,顶宽2—3米,残高4—5米。女墙宽1.2—2米,内侧为人行通道,宽约1米。神池县明长城遗址有100个保护点(长城墙体14段,烽火台70座,关4座,堡10座,壕沟2处)。神池明长城历经五百年的风霜雪雨、朝代变迁和抵御入侵的烽火硝烟,依然风骨犹存,屹立不倒,见证了少数民族和汉民族的融合,诠释着古人智慧和典型的长城精神,诉说着历史沧桑和边塞文化,彰显着中华民族的顽强精神。

神池野猪口长城:野猪口长城有一关一堡一城墙。野猪口长城顶宽1米多,底宽2米,高4米,全长6000余米,其中保存较好2000余米,墙体为土墙,敌台和马面位于墙体之上,呈东南—西北走向,墙体高大,保存完好,是山西省保存最完整的土长城。野猪口关(野猪沟关)依墙而建,位于东坡山凹处,东临野猪沟口,地势西高东低,落差较大。由东墙、西墙、南墙和关门组成。关门坐西向东,东墙随山势片石垒砌,宽3米,高4米,顶部阶梯进深3米,墙顶呈阶梯状,是现今保存最完整的台阶式石长城。野猪沟堡位于河谷东侧阶地,平面呈正方形,坐北朝南,四角设有角楼,西墙正中设一马面,堡门开于南墙正中。堡南北100米,东西95米,城墙顶宽2米,底宽7米,高6米。野猪口堡保存完整。野猪口长城是古人用黄土筑成的边塞内长城之一,是偏头关和宁武关之间的主要关口之一,是通往八角堡、利民堡、神池堡、老营堡等城池的交通要道。它的军事防御工程体系非常完整,有城墙、关堡、壕沟、烽火台等,依山就势,起伏曲折,纵横交错,雄伟壮观,亲临其境,完全可以想象到当年守卫边防的驻兵,或与外族金戈铁马的战事,或商贸往来的景象。

神池北齐长城:天保六年(555)北齐文宣帝高洋北巡至黄花岭,亲览山川险要,命筑长城;利用高大雄伟的山险作为防御体系,北齐长城墙体为石砌,现已坍塌,可见石基、石堆等,呈石脊状,遗迹十分明显,存有保存较好的遗址山险3段,全长8030米,顺山势从西南向东北连接明长城,经青泉岭村东、小狗儿洞村南,沿马头山至龙元村东南侧相接明长城,其中坝堰梁上的黄花岭堡及点将台遗址保存较好;龙元村也成了北齐长城(横向)与明长城(纵向)的交汇点,为罕见的长城"结"。

神池宋辽界壕:遗址2段,全长3733米,壕沟宽3—4.5米,深1—3米,顺山势从南向北,经大泉宨村南侧、东南侧、东侧至青泉岭村的摩天岭,也是神池和宁武的县界,是目前山西省唯一发现的宋辽界壕遗址。

二、地域文化形成

神池因自然环境、地理位置、交通运输、移民、政治权力与行政区划等各种因素,地处草原游牧文化和中原农耕文化的接壤交融区,成为史上北方游牧民族(匈奴、鲜卑、羯、氐、羌胡、契丹、女真、蒙古等民族)与中原王朝汉民族旷日逐鹿的边关地域与拉锯争战之地,胡汉交融孕育滋生了多元的特色文化,铸就了神池人柔而不懦、刚而有为的秉性。

一是神池自然地理环境的地形、地貌差异,山川秀美、生态宜居、风光无限,使得长城沿线拥有不同的生活习惯和历史文化。二是神池区位独特,四通八达。在中国古代交通运输能力差,东西南北的物资运输困难,人际交往也受到了约束,长城沿线地区形成了特有的边塞文化。三是中国历史上的人口流动相当频繁,为了加强边防,有不少长江流域、黄河流域的人们移民到长城沿线守家卫国。由于居住需要接纳并适应当地的地域文化,有些移民则改变了当地的地域文化,对长城沿线的文化产生很大影响。四是中国古代北方历来是政治权力的中心所在,人多势众,拥有先进的生产力和文化。政治因素对长城地域文化的影响作用非常大,有时候甚至是决定性的。作为一个国家,它的政治因素主要的是通过行政机构、行政区域来起作用的。对地方来讲,地方的行政区划对其地域文化的形成和发展的作用很大。五是长城内外是一家,中国历来是个多民族的国家,民族之间的感情是不能割断的,一个民族无论是整个民族迁移,还是部分民族人口迁移,都会把民族文化带到迁入地,都会尽可能地保存发扬本民族的文化,但是受到自然环境的影响,它有些特色是没有办法完全保存的,所以要发生变化,形成新的民族文化。

由于以上因素,神池形成了特殊的十种地方文化:神、池、风、光、山、水、戏、路、美食、长城。

神池县十有:有神——神文化,神话传说故事多,百姓信仰,算命先生居多;有池——西海子,著名旅游景点,国家级湿地公园;有风——一年一场风,从春刮到冬,是山西省风资源最佳县之一,是三晋闻名的"生态氧吧"。县域最高海拔 2500 米,平均海拔 1509 米,盛夏平均气温 19℃,暑伏时节绿树成荫、凉爽怡人,是理想的"避暑胜地";有光,神池生态宜居,风光无限,光照时间长,借助富集的风光资源,大力发展新能源,目前风力发电、光伏发电总装机容量 75 万千瓦,位居全省第一,风、光、电已成为一道亮丽的风景线;有山——三山夹两川,洪涛山宛若游龙,贯穿东北,管涔山犹如屏障,雄峙西南,朱家山连绵起伏,横亘中部,县川、朱家川夹于其中间,南山风光独美,距万年冰洞最近;有水——地下水资源丰富,是汾河的源头,也是黄河、恢河的支流之一;有戏——神池道情是国家级非物质文化遗产,神池有"道情之乡"之称,约于金代大定年间随丘处机(长春子,著名的"北七真"之一)北上传道而来,始于明,盛于清,其曲调优美动听,唱腔悠扬婉转,独僻于其他剧种,为全国地方戏曲中一朵古老而瑰丽的艺术奇葩,传统剧目有《湘子传》《张良传》《庄周传》《翠莲传》《小桃研磨》《烙碗记》《三贤》《四劝》《打灶君》等,现代剧目有《醉陈桥》《斩黄袍》《金沙滩》等 100 余部,还有踢鼓子秧歌,粗犷奔放,铿锵有力;有路——"八路过境",地处晋陕蒙交通咽喉,宁岢铁路、神朔铁路、朔黄铁路、准池铁路,纵横交错,形成神池南站铁路大枢纽,拥有亚洲最大的二级铁路货运编组站,灵河高速、呼北高速、马五省道、神保省道贯穿东西,成为国家西气东输、西电东送、西煤东运的必经之地;有美食——羊肉、月饼、面食等食品美味可口,有国家地理标志保护认证产品神池胡油、神池胡麻、神池羊肉、神池莜麦、神池黑豆、神池黍子,知名美誉有"中国亚麻油籽之乡""中国北方月饼之乡""三晋南瓜第一县";有长城——得神池者得天下太平,可见神池的军事战略价值及地位的重要性,神池为雁门、宁武、偏头三关要地,其"东则朝拱京华,西驿直通上郡",故为"边关要冲""宁偏肩臂""列塞严疆",自古兵事频繁,历来兵家必争。

近年来,神池县认真贯彻落实党中央、省委、省政府有关长城保护利用、长城国家文化公园、长城旅游等各项工作任务,为进一步保护传承弘扬好长城文化,以长城＋传播文旅,以文旅带动长城保护,通过长城一号公路、长城国家文化公园、长城人家、长城驿站及乡村文旅产业的建设等措施,助推神池文旅事业高质量发展,力争把神池现存最完整、景观价值最高的长城打造成为边塞军事体验、文化怀古研学、塞上风情观光、康养休闲娱乐的长城国家文化公园和乡村旅游产业区,全面实现乡村振兴。

(此文在第四届中国长城论坛上荣获优秀奖。作者系忻州市长城学会神池分会会长、神池县文旅局副局长,忻州市长城研究保护"十大杰出人物"之一。)

襟带山河扼关隘　纵横百里写沧桑

秦文理

长城,承载着 2000 多年的历史与文化,经历了太多的沧桑和荣辱,它既是卓越的军事防御工程,又是华夏传统人文精神的具体体现,并且已经成为中华民族的伟大象征。

河曲地临黄河中上游,处于北方农耕文明和游牧文明冲突与融合的前沿,自古号称"陕东重镇""晋右严疆",在历史上战略地位尤为重要。河曲长城更是作为捍卫山西、屏藩京师的重要防线。黄河呈"几"字弯,如同一弓形绕河套高原而过,长城犹如一根穿"几"字弯而过的弓弦,河曲长城正是处于弓与弦交叉的重要节点。历史上这根"弦"的一张一弛牵动了数代王朝的神经,我们透过那些铁马金戈、疆场逐鹿的岁月,依然可以感悟到黄河儿女赴汤蹈火、慷慨赴难的铮铮铁骨,顽强不屈的精神、克服困难的毅力。今天,河曲长城宛如一条巨龙,依然以巍巍的雄姿、坚挺的脊梁横亘在黄河沿岸、崖头峰巅,闪耀着不朽的光芒,带给我们油然而生的精神脉动!这种精神激励我们永远向前进!

一、河曲长城的历史脉络

(一)赵长城

《史记·匈奴传》:武灵王北破林胡、楼烦筑长城,自代并阴山,至高阙为塞。《正义》引虞氏说:赵武侯自五原(在河套北今乌拉特旗地)、河曲(河套北流向东曲处与山西河曲县地)筑长城,东至阴山是也。

(二)北魏北齐及隋代之长城

汉武而后,长城工事之勤无如北朝北魏高齐,其时群雄割据各相界域,故其所筑皆在内地,无边远略,明代所修内外两边悉基于是。《魏书·世祖纪》:太平真君七年,发司、幽、定、冀、肆州十万人筑"畿上塞围"(在平城周围千里地面上,以环保京城及辖区安全),起上谷,西至于河,广袤皆千里。北魏时上谷郡辖居庸(今北京昌平区)、平舒(今山西广灵县)二县。此长城盖起居庸,南线经过平刑北楼雁门宁武再北上偏头一带乃至河曲。

(三)明长城

明代长城利用了历史上各朝代的旧址,遂使长城之名震于中外。明兴驱元胡出塞,蒙古时思报复,故北方常有边患,永乐以后,复东弃大宁(今热河东部地),西弃东胜(今绥远西部及河套地),中弃开平(今热河承德等县地)。至以北魏长城与柔然契丹接壤,于是长城复居国防重要地位乃不得不大肆修筑。

《天下郡国利病书》:"正统中,都督王桢守榆林,始筑榆林城及延边塞堡墩台,成化七年(1471)延绥巡抚余子俊大筑边城,自黄甫川在偏关西北,西至定边营紫城岩,西迄宁夏花马池。河曲长城此时都是在原基上修筑加固。"

《山西通志》载:"黄河边,在老牛湾至峙沟的黄河沿岸。民国四年《偏关县志》:(黄河边)明成化二年建,北至老牛湾与外长城相连,南经寺沟渡口迤至河曲石梯隘口。此段黄河河道狭窄,多有悬崖天险屏障,故多数地段未筑墙体,只在沟口崖头筑塞据守,沿岸多建望台设防。"

清道光《河曲县志》载:"戊辰冬十月匪由草地窜出沙梁十一月扰及河西哈拉寨麻地沟、古城等处,遂至县属兼辖之十里长滩,边马游弈河干意图抢越,幸被苍眷顾不敢履冰,我邑得以保全,实斯民之福也,因吟十二绝以纪其事。"县令金福增有诗曰:

> 陬州自昔号严疆,一带沿边屡筑墙,
> 莫道河流多阻隔,从来游牧也须防。
> 百里黄河几曲湾,东西对峙万重山,
> 朔风吹到冰桥结,车马行人去复还。
> 往来警报又纷纷,逼近沙梁满寇氛,
> 西岸居民都避难,此时还有女如云。
> 终日筹防事正多,凿冰踊跃赖人和,
> 于今幸得难飞越,勠力同心共守河。
> 各营列队纵军骄,万古精忠魄尽销,
> 击柝悬旌民气壮,满城灯火照通宵。
> 忽闻边马到河干,征鼓齐鸣众胆寒,
> 同泽同仇诗载咏,急应调集我民团。
> 镞碫装成正欲使,贼踪远遁早无知,
> 如何胜仗重重报,主将邀功羽檄驰。

一个"屡"字道出了自古以来河曲长城屡经修筑,并生动地再现了当时贼寇掠来的紧张气氛及兵民共同抗击的英雄壮举。

二、黄河七堡

(一)黄河七堡的由来

明代,黄河是阻隔蒙古人铁骑的天然屏障。但是,到了冬春之间,黄河有长达近3月的封冻期,冰层厚达50厘米。蒙古人常常在黄河结冰时,踏冰而来。因此,针对游牧民族的冬防,就变得非常重要。鄂尔多斯由于气候干燥,植被稀少,一到雨季,水土流失非常严重。而流经其中的黄甫川、清水河、孤山川、窟野河等黄河支流,便成为交通的天然孔道,是游牧民族南下的重要路线。《保德州志》载:"河外俱陕西府谷地界,上下六堡(孤山、木瓜园、清水营、黄甫川、镇羌、永兴)皆兵戈之区,昔日多被侵掠。"到了明代时,明廷在黄甫川、清水河、窟野河等河谷中的要害处设有孤山、木瓜园、清水营、黄甫川、镇羌、永兴等堡垒以防御蒙古人。此六堡一旦被突破,则蒙古人就可以渡过黄河,进入河曲地区,河曲是黄河争脱晋蒙大峡谷后进入龙口而下的开阔河滩平缓地带。由其西北则经东关河口隘口,北上偏关,沿偏关河谷进入五寨盆地、朔州、太原、吕梁一带;或者沿黄河东岸南下,经石梯隘口沿大涧河孔道溯源而上入三岔;或由保德花园寨口,溯朱家川到三岔城,从而进入五寨盆地。因此,河曲沿黄河一带,便成为防御游牧民族的重要防线,也是游牧民族入侵的重灾区。明军针对鄂尔多斯高原蒙古部的冬防非常艰险,当黄河结冰时,驻守的明军不得不沿岸敲裂冰面,以防蒙古人偷渡,然而天气寒冷,冰面随打随结,劳而无济。于是,明廷被迫在黄河沿岸修筑著名的"黄河七堡",自北而南依次为楼子营堡、集义营堡(今焦尾城)、灰沟营堡(今河曲县城)、唐家会堡、五花城堡、得马水堡(今巡镇河北村)、杨沔堡(今巡镇阳面村),并以长城相连,形成一个巨大的弧形堡垒群,并形成了今天河曲沿河长城线上最多的边口:楼子营之赵家口和马连口、焦义营之鲁家口和秦家口、灰沟营之侯家口和许家口、唐家会之李家口、五花城之邬家口等。

(二)黄河七堡的军事意义

1.七堡均位于偏头关西南部黄河沿岸的河谷滩地,土地平坦,灌溉方便,适宜农作,人口集中,容易成为蒙古人抢掠的目标。黄河七堡正是为防止敌人从这些渡口处登陆,沿黄河谷地南下而修筑的。

2.黄河七堡属山西镇长城的重要一段,是500年以来,河曲乃至忻州境内保存至今的黄河沿岸明长城重要遗址。

三、明代河曲长城的形势及管理

《皇明九边考》载:黄河东北旧有东胜城与大同大边、兴和、开平相连通为一边,外狭内宽,复设偏头、宁武、雁门三关十八隘口于内,以为重险,往年东胜开平能守,三关未为要害。正统以来,东胜、开平俱失。弘治十四年(1501)后,虏住套中,地势平漫,偏头关逼近黄河,焦家坪(今府谷段家寨)、娘娘滩、羊圈子地方皆虏渡口,往来蹂践,岁无虚日,保障为难,今三关要害虽同,偏头尤急,十八隘口虽同,胡峪口、阳方口、石峡口尤急,河岸渡口虽同,娘娘滩、太子滩尤急。

四、明代河曲长城属山西镇岢岚道辖河保路管理

明朝长城的军事管理:明朝边防分为九镇,相当于九大军区,镇下设路,相当于军分区,路下设堡,堡也有大小之分,通常一个大堡子分管数个小堡子,堡子再分防守,统领处于军事基层的火路墩,从而形成了逐级的军事单位,也相应地形成了一套军级制。《皇明九边考》载:"总镇一方者曰镇守,独守一路者曰分守,独守一城一堡者曰守备,有主将同处一城者曰协守,又有备倭、提督、提调、巡视等。名其官,挂其印者曰总兵,次曰副总兵,次曰能将,曰游击将军。"

《宣大山西镇图说》载:"本路逼近黄河,乃北虏、套虏交侵之地,最为冲险,边外榆树滩、泉子沟、大灰口等处,尊首长盖、剪哑气、买的、过瘾铁兔等部落驻牧,河西又袄儿都司庄秃赖等驻牧地也,隔河一望,毳幕盈眸,无论冬春冰结虏可长驱,即夏水涨亦能涉渡,嘉隆间沿河……,掠迄无宁岁,故守冻有兵,打冰有例,他镇虽在防秋,此地又兼防冬及春矣。往议调别营堡军丁防守,后将不相识,徒糜钱粮,无裨实用,议者欲募敢战之士三千,专任防河,省客兵之行粮,移御冬月饷以充募军之资,似为万全之策也。"

有明一代,河曲长城一带始终处于战争的前沿。长城防御体系看上去固若金汤,高大宽厚的城墙耸立于高山、峡谷和各要冲之间,上面墩台林立,旌旗招展,城内城堡密布,但却犯了兵家大忌:消极防御,兵力分散。若敌人集中优势兵力从某一处突破则会使得防线如同虚设。故火路墩在长城防御体系中占据极其重要的地位。

关于火路墩物资配备,《皇明经济文录》载:"各墩应有锅瓮器皿,旗帜号带,弓箭盔甲,枪刀火器,其墩上除候卒自持口粮外,常蓄一月水米。"

火路墩传烽信号,明成化五年(1469)规定:"领边候举放烽炮,若见贼一二百余人,举放一烽一炮,五百人二烽二炮,千人以上三烽三炮,五千人以上四烽四炮,万人以上五烽五炮。"另外在特殊情况下另有规定:"昼则燔燧,夜则举烽,偶逢风劲则烟斜,而不能示远,值霖雨则火郁而不能大明,宜于墩台上立为长杆,分为三等,上悬红灯,以灯数多寡,为缓急从寡之候。"

河曲长城所辖烽火墩传烽线路:自阳沔墩至虎头墩止,传接西黄河(今陕西府谷清水营)并桦林一带烽火。

明代后期,悬灯、举旗、放炮。白天放炮举旗口诀:一炮青旗贼在东,南方连炮旗色红,白旗三炮贼西至;四炮玄旗北路逢。夜晚放炮悬灯口诀:一灯一炮贼从东,双灯双炮看南风,三灯三炮防西面,四灯四炮北方攻。

烽为夜间举火,燧为白天放烟。

五、河曲长城概要

河曲长城,从偏关县岱沟沿黄河至石梯隘口止,全长 72 公里。另从河曲水西门口隔河与府谷海拔 1500 米高的梁龙头村逐鹿台相接,又向陕西麻镇延伸,最后抵达宁夏的花马池,与整个延绥长城共同构成明代军事防御体系。这些长城沿线不仅筑有烽燧、望楼等军事设施,而且还筑有驻军防守的小城,构成完整的军事防御体系。河曲长城计城二堡七边口二十五渡口九,五里一墩,十里一台。

《山西通志》载,明长城之制:河曲县河口铺东北接常胜墩为界首,长城胥延黄河,墩胥列垣内,南有五铺。又南,为虎儿战墩,东直桦林子堡。又南,为拒虎墩,东直罗圈堡。又南,为万斛峪墩,黄河势迤西。又南,为镇河一墩、二墩、四墩、五堡。又南,为靖狐一墩、二墩。又南,为守河一墩,东直灰沟营。又南,为守河三墩、五墩,黄河势迤东。又南,为堑河堡,西直垣上守河八墩。又南,为平泉墩,西直垣上守河九墩。又南,为杨家寨墩,西直垣上守河十墩,东直唐家会堡。又南,为白沟营墩。又南,为显寨墩,西直垣上横墙墩。以长城势将尽,有横墙入黄河漘,故名之。又南,为却狐墩,山西长城界止,共为垣一百五十五里。黄河又南直五花城堡。又南直得马水堡。又南直阳沔堡。又南直石梯隘口,口东枕高岗,西临黄河。全晋长城盖终于此,越河则陕西延绥清水营。

河曲长城沿线边口:水西门外口、西楼口、水西门内口、侯家口、水濠口、秦家口、鲁家口、娘娘口、赵家口、饮马口、沙楞口、马连口、吴峪口、牛角口、石城口、升沟口、关河口、许家口、水门口、斩贼口、二郎口、镇河口、司河口、曲峪口、阳沔口。

同治《河曲县志》黄宅中《边墙考》载:"入清以来,汉人蒙古翕然交欢,农夫耕其地,商贾易其物,目睹姻缘之好,耳闻颂读之音,此诚千古所未见也,区区一边,何足挂齿,在昔称为长城,万里之险者,今视为荒壁土墙而已,自此,河曲长城渐废。"

(一)城二

河曲营城(今河曲县城,古称灰沟营、河保营),宣德四年(1429)建设土城,万历二年(1574)展修,据明《宣大山西三镇图说》载:"七年砖包,周二里零七十步,高三丈五尺,二十六年创筑东关土堡一座,二十七年砖包,周二里零九步,高亦三丈五尺,嘉靖三十八年原设守备,隆庆二年裁革,改设参将,三年添设防守一员,除援兵外,所领见在旗军一百八十八名,马骡一十一匹头,分边一十五里,边墩砖楼二十一座,市口一处,边口四处,内鲁家口等五处极冲,通大举。边外榆树滩、白泉子沟、大灰口等处系酉首长盖等部落驻牧,隔河即陕西黄甫川、清水营,正对套房祆儿都司庄秃赖等驻牧之地。本城相隔套房止盈盈一水,夏秋恃河为险。虏人最易崩溃……水,零窃已属难防,冬春水结,胡越一家,无险可恃。未款前无岁不被虏,无时不戒严,诚为保河门户。连年套房构衅延绥,时常出没孤山、黄甫川之间,引马稍东,则河、保先及之矣。复额兵以资战守,诚今日之急务也。"河曲县城(旧县城)"洪武二年建设土城,万历十三年砖包,周四里零二百四步,高三丈五尺。设操守一员,与知县、典史、教谕、训导等官同城,所领见在旗军一百九十名,马骡四十九匹头。分管边墙三十里,边墩六座,火路墩六座。内巡检司,曲峪等四处俱极冲。边外正对陕西焦家坪等处,直接虏地。青草湾酉首剪哑气等驻牧。本城三面皆深沟陡峻,唯北面受敌。县西依洪河为险,嘉靖四十五年河冻石梯口,大举达贼由黄甫川过河,抢掠至本县城下,攻围七日,会大雪始解。连年曲峪等处截冻,冰桥随打随冻,防御甚艰。侦探戒备所当朝夕严慎焉"。

(二)堡九

楼子营堡,宣德四年(1429)建设土堡,万历五年(1577)展拓砖包,据明《宣大山西三镇图说》载:"周一里零三百二十八步,高三丈五尺。原设操守,二十二年裁革,改设守备一员,所领见在官军六百三员名,马骡一百四十一匹头。边墙墩楼除议派河曲营防守外,止管边墙沿长五十六里,边墩砖楼二十八座,火路墩三座,边口六处,内牛角口、吴峪口等十一处俱极冲。嘉隆年间大举曾经入犯董家庄、辛家坪等处,边外出羊会,小水口等一带,皆酉首麦得气、买得、赤铁兔等部落各驻牧。河西即陕西黄甫川、清水营,正对套房祆儿都司秃赖等巢穴。本堡紧逼黄河,当北房地、套房之交,河外房帐星列棋布,历历在目。而沿河大峪村等处居民繁富,虏素垂涎,向徒以一操守率三百疲痪座守之,真可寒心。自改官添兵以来,地方居民始不恃以无恐,顾新军斗系乌合,休养生息,扶绥精练,是在守备之得人耳。明武宗曾驻跸于此。《边防考》:堡东南至偏头关六十里,逼近黄河,当北寇套寇之交,沿河在大峪等处,居民向称繁庶。"

《宣大山西三镇图说》还对河曲县如下堡寨进行了详细记载:

河会堡,即潞泽营。总督萧大亨议每年冰合,由潞泽营始调客兵二千驻守,十一月集、二月罢。本堡万历二十五年创筑土堡,周二里零八十一步,高三丈五尺,设守备一员,所领见在官军五百三员名,马骡一百三十匹头,原分边墙议派二操守管理,止管火路墩七座,内巡检司,曲峪等四处俱极冲。边外正对陕西焦家坪、弥罗胡同、冯家会等处,直接虏巢。东北泉子沟系酋首剪哑气,西北柴关儿岔系酋首袄儿都司,霸王庙系庄秃赖等各驻牧。本堡地势平坦,四面通衢,河水一结,华夷一家,无论附近如五花营数十村落,皆虏垂涎。先年虏自此入,即分掠河曲、保德、五寨、岢岚等处,故建此堡以遏虏冲。今议砖包,庶保障无虏焉。

唐家会堡,宣德二年建设土堡,万历十年砖包,周一里零二百七十八步,高三丈五尺,设操守一员,所领见在旗军二百六十四名,马骡二十六匹头。分管边墙三十里,边墩砖楼六座,边口一处,渡口一处,内渡口、河会二处俱极冲。边外正对陕西弥罗胡同等处,直接虏巢。泉子沟等处酋首剪哑气、袄儿都司等驻牧。本堡当黄河渡口、三时倚长河之险,虽足自完,冬深冰结,即官军目不交睫,寝不帖席矣。隆庆四年议各营司卫堡守冻官军画地分守,庶可无虞。乃奸军越渡潜逸,为盗两地,莫可究诘。防河防虏,而又当严奸盗之,禁焉。有唐家会渡,为官军往来津要。

焦尾城堡,位于县城北十里,明正统年间(1436—1449)曾建集义城堡,后废已毁。入清以来又创建焦尾城堡。设把总一员、外委一员、士兵七十四名、军马四匹。

罗圈堡,位于县城北十二里黄河南岸的山顶,于明弘治年间(1488—1505)创建。

五花城堡,位于县城东南二十里,土城周围五百步,万历十九年(1591)重修。

夏营堡,位于县治东南二十五里,万历之后为河会营驻兵防守调遣。

得马水堡,位于县城东南三十里,洪武九年(1376)设巡检司,隶保德州。在尉迟恭失马,追此得之。适逢汲水者慰其渴。思故名。有歌云:"大唐圣帝生姓李,殿头元帅无可比。胡汉敬德尉迟恭,铁骑到处烟尘起。龙池捕马至河曲,方得回头心一喜。妪嫂担水送琼浆,地名唤作得马水。"

阳沔堡,位于县城东南五十二里,已废。

六、河曲长城历史上的重要兵警

景泰元年(1450)瓦剌部也先犯河曲及义井堡,杀二指挥。

成化元年(1465)火筛犯阳沔堡。

弘治十四年(1501)瓦剌部入侵唐家会。

在河曲长城防线上曾发生过两件牵动两位皇帝神经的兵事,令人遗憾的是,两次大的事件都没有在正史里留下翔实的记载,因它本身就是明王朝历史上的污点。一静(正德皇帝武宗朱厚照悄悄而来,外扰鞑靼,为与小王子会面,最终结果是带来大幅度增筑边堡)一动(崇祯末,轰轰烈烈的农民起义此起彼伏,而由府谷王嘉胤发起的农民起义,入河曲旧县城设宫称王,正是明王朝溃败的导火索,最终促成了农民起义领袖李自成的崛起,结果导致明亡),正史虽就此没有过多涉猎,但也记载:正德十年(1515),小王子入偏头关,总兵周绅败绩于柞子墕,守备周镛皆殁。正德十一年(1516)复入,十四年,内朔州入至龙湾,十五年正月,由朔州入至汉沟。正德十三年(1518)十月初五日,武宗朱厚照巡防驻跸楼子营。正德十三年,江彬导帝微行由大同渡黄河至榆林又由西安历偏关抵太原,据此武宗幸唐家会当在此时。后留下正德十三年十月初六日《御祭黄河文》。又载:唐家会举人李文翰,正德丁卯科举人,除仪真令。政尚平易,尝梓农书,教民树穑,尤崇土类。己卯冬,明武宗以南巡,驻跸数日,供億浩繁,尽瘁经理,不以疲民……。正是这位李文翰在当时接待了大明天子,为使皇帝的巡幸不以扰民,李举人可谓费尽心机。而崇祯末年由府谷王嘉胤发动的民变,屠城旧县,晓庵上人相救苗敏荣的轶事,民众不忍屠城的惨烈、纵身五眼梅花井,更有四义士救民的惊心故事在民众中口口相传。无数的史实证明,当年的官民一起共同抗击外辱、同仇敌忾,日月可鉴!

七、现存河曲长城及其特色

黄河边·七堡残存:楼了营堡、罗圈堡、灰沟营堡、唐家会堡、五花城堡、夏营堡、石梯子堡。

粮道四堡残存:土沟堡、沙泉堡、潘家山堡、新尧堡。

砖楼三:护城楼、威远楼、四旦坪砖楼。

黄河边:龙口—梁家碛段、饮马口—赵家口段、罗圈堡段、焦尾城至北元段、南元—圆头湾段、唐家会—船湾段、五花城—铺路段。

二道边:形迹仅存的二道边,位于河曲县西口镇焦尾城村。

河会砖墩:西北地区形制最高的烽墩(高峁墩与之相类)。

石城隘口:绝壁悬崖上的石头城堡。

石梯隘口:旧名阴岭关,全晋长城的始点。

八、河曲长城的工艺水准

麒麟作为一种祥瑞之物,在当时的社会中,被人们赋予具有五项品格:仁义、降福、赐丁、荣誉、威猛。

位于河曲旧县城东门瓮城门洞上方的这幅麒麟砖雕,寄托了守城将士的情怀,也彰显了河曲旧县古城当年修筑时的工艺水准。

砖雕上麒麟是奔跃的形象,四蹄生风,收臀耸腰,尾巴上翘,鬃毛飘拂,目嗔口张,回首长啸,刚烈壮美,八面威风。麒麟回望的方向正好是整个旧县城池,麒麟身下的江崖海水纹饰隐喻的正好是城下大涧河,而"日"字正好表明太阳从东边升起,旧县城的西门有麒麟望"月"之影壁相呼应,寓意麒麟对旧县城池日夜守护,以保城池固若金汤、万世升平。

九、书法中飞扬的长城精神

晋火山苗敏荣书法：双旌汉飞将，万里独横戈。春色临关尽，黄云出塞多。鼓鼙悲绝漠，烽戍隔长河。莫断阴山路，天骄已请和。

河曲明人苗敏荣借用唐人郎士元的诗表达了崇祯末旧县城遭兵燹后厌恶连年征战，盼望和平、安定的强烈愿望，同时也是普天之下黎庶共同的长远愿景。

河曲长城，从山巅到谷底，从河滩到险隘，跌宕起伏，集长城之险、之平于一身，可谓窥一斑而见全豹，见证了历代王朝波澜壮阔的兴衰，又仿佛诠释着人生惊、险、奇、淡的历程。

河曲长城，魂映黄河、魄系九州，顽强地支撑起一个民族曾经有过的力量、智慧、毅力、信念。

（此文在第四届中国长城论坛上荣获优秀奖。作者系中国长城学会会员，忻州市长城学会理事，山西奥达电力发展有限公司行政秘书。）

静乐长城文化遗产研究

杨秀川

《钦定大清一统志》卷一百十三记载："静乐县在州(忻州)西一百八十里,东西宽一百二十里,南北长一百九十里。东至本州界九十里,西至太原岚县界三十里,南至太原府交城县界一百三十里,北至宁武府宁武县界六十里,东南至太原府阳曲县界九十里,西南至岚县界三十里,东北至本州界六十里,西北至太原府岢岚州界一百二十里。"

"汉汾阳县地,后汉末为新兴郡地,三国魏及晋因之,后魏为永安郡地,北齐于今岚县地,置岢岚县,隋开皇十八年移县治此,改曰:'汾源'。大业四年又改'静乐'县於县,置楼烦郡,唐武德四年罢郡,置管州。五年曰北管州,六年州省以县属岚州,五代因之宋咸平二年置静乐军。五年废军,自楼烦县移宪州来治。熙宁三年州废,县仍属岚州。十年复置'宪州'治,此政和五年赐州名'汾阳'郡,属河东道。金天德三年改曰'管州'属河东北路,元废县,入管州,属冀宁路。明洪武三年州废,后置静乐县,属太原府,本朝雍正二年改属忻州。"这是清朝编订《四库全书·钦定大清一统志》对静乐县所辖范围及历史沿革最权威的表述。

静乐县在忻州地区 14 个县市区中是距离省城太原直线距离最近的县份,境内古长城遗址散见山脊岭端,或夯土筑或片石垒砌或墙体两侧用片石整齐垒砌,或片石、土、木头一层一层垒砌。由于年代久远,没有一定专业知识是很难断定是什么时候所修筑的,疑是长城的断断续续的残垣断壁,我们只能从卷帙浩繁的历史典籍中寻找静乐长城的蛛丝马迹。

长城是古代史上最伟大的军事防御工程,它并非简单孤立的一线城墙,而是由点到线、由线到面,把长城沿线的隘口、军堡、关城和军事重镇连接成一张严密的网,形成一个完整的防御体系。军堡、关城和军事重镇这个体系具有战斗、指挥、观察、通讯、隐蔽等多种功能,并配置有长驻军队的点线结合的防御工程整体。

在长城出现的 2000 多年来,以长城为中心,南北文化的交流始终没有停止过。战国时期,赵武灵王修建赵长城,号召国人"胡服骑射",进行南北文化交流。在静乐县城西南三里,天柱山左、东、南、北俱跨山上,西临汾水城垒犹存。相传赵武灵王练兵于此,即如今的赵(武灵)王城村所在地。近年来有关专家在静乐城周边进行实地勘测后对静乐城东北岑山顶上的土城墙做了详细的考证。依据夯土层及墙体内包含夹砂绳纹陶片及砖瓦片等物判断,这是一处战国时期始建、明清时期延续使用的城墙遗址。

依据静乐城南的赵王城村东南即相传为赵武灵王所建城址垣墙采集有绳纹瓦残块等物及夯土层判断,这是一处战国时期至汉代延续使用的城址。

《隋书·地理志》载："静乐县东有长城,三堆故城,今静乐县治。晋永嘉后尝为县,《魏书·地形志》平寇县太平真君七年并三堆属焉,《北齐书·文宣帝纪》天保四年山胡围离石帝讨之,因巡三堆戍大狩而归。"这是史书对静乐有长城的最早记载。

据《北齐书·斛律金附于羡传》载:后主高纬天统元年(565)"羡以北虏屡犯边,须备不虞,自库堆戍东拒于海,随山屈曲二千余里,其间二百里中凡有险要,或斩山筑城,或断谷起障,并置立戍逻五十余所"。有学者认为库堆戍就是三堆戍,即今天山西静乐县内长城的东面。据有关文献中所载,它们的建筑方式是"斩山为城(墙)""断谷起障"。这也生动形象地描绘出静乐古人能够巧妙地利用地形的特点在修城、筑寨、建堡、置屯等方面所发挥的聪明才智。

在静乐地域的关、城、戍、堡、寨、屯等的地名无不与军事防御有关。静乐县自古就是省城太原的屏藩要塞。县北宁武县位晋西北管涔山麓,全县境内山峦重叠,沟壑纵横,地形十分复杂。县西北的管涔山山势险峻,县东北是海拔2200多米的禅房山。这两座山是宁武的天然屏障。长城则在宁武县北部由西至东将神池、代县与宁武连在一起。

宁武县,汉为楼烦县地,置有楼烦关,即后来的宁武关。今县南的宁化村即为楼烦关南口,县北阳方口即为楼烦关北口。北魏时广宁、神武二郡先后治此,隋为崞县、静乐县地。唐治宁武郡,始用宁武之称,取广宁、神武二郡尾字而得。《资治通鉴》载:梁大同九年即东魏武定元年(543),东魏"丞相欢筑长城于肆州北山,西自马陵,东至土墱,四十日罢"。高欢筑这道长城是防西魏与柔然联兵以进攻东魏的。东魏肆州长城起于今山西省静乐县,止于今山西省原平市马家庄。在今山西静乐县东南七十里。《读史方舆纪要》卷四十载,静乐县:两岭关在"县东南六十五里,路出阳曲。明初调太原左卫官军戍守,洪武八年改置故镇巡司,缭以土城,周一里有奇"。天门关在阳曲县西北六十里,路通旧岚、管州(今静乐),宋设戍兵,金置酒官,其东北崖隋炀帝为晋王时所开,名杨广道,置巡检司。因山势峻险,阴森狭窄,曾经扼太原通往静乐、宁武等晋西北各县古道之咽喉,历为兵家设防和夺据之地。光绪《山西通志》载:"天门关,在(太原)府西北六十里。古乾烛谷也,旧设巡检司,其西为凌井口,有凌井驿。岚、保、兴、静诸州县南出之冲途也。"唐中和元年(881),李克用兵出天门、凌井,攻陷忻、代二州,威名远扬塞北。宋靖康初年,折可求统麟府之师三万,自府州过黄河,由岢岚、静乐一带直叩天门关,当时金人已占领山西全境,坚守天门关,两军在关前激战,终因关城牢固,金人坚守而不得前进,空留遗恨。明隆庆元年(1567),蒙古俺答举部进攻山西,兵至兴县,太原总兵申维岳、田世威率部北出天门关,截击东路胡兵,大获全胜,凯旋天门关。楼烦镇,在静乐县南七十里,东临汾水,西抵周洪山,通交城县。本宋、金县治,元改置巡检司,明因之,洪武二年(1369)建。

因此,宋《太平寰宇记》记载,古长城在宪州(今静乐)东七十里。如今静乐东七十里南北周边岑峰山、寨峁山、杨将堡、玉华寨、高市寨等山巅垣墙依稀可见。

据《重修岢岚州志》记载:明朝嘉靖年间,有人在县城附近牛圈掘得一石碑,碑文云:"开皇元年赞皇丁夫筑。"长期以来,学术界都认为宋朝没有修筑长城。但宋、清一些文献都称宋朝在太平兴国五年于岢岚设岢岚军并修筑了长城。近年来经考古勘察,专家称自岢岚城以东至王家岔乡的长城是宋朝在北齐和隋朝长城的基础上修筑的。公元960年,赵匡胤发动兵变,推翻周政权建立宋朝后，北方面临契丹、党项族的严重威胁。据光绪《山西通志》和《续修岢岚周志》记载，公元979年，杨业之妻佘太君（折氏）的从弟宋朝名将折御卿攻占了太原西北的军事要地岢岚县，于公元980年在岢岚调协了岢岚军，并在县城北的天洞堡向东修筑了长城；宋朝大学士曾公亮在他所著的军事专著《武经总要·前集》中也说曾在岢岚修筑长城。而今这一发现填补了中国长城史上的空白，对宋朝历史的研究有重要的价值。鹿径岭关在静乐县西六十里，路通岢岚州界，旧置巡检司。

静乐县西与岢岚山水相接的东马坊、西马坊山脊岭隘之上或夯土壁立或石垒垣墙隐现，我想这也可能是岢岚宋长城的延续。

康基田著《晋乘蒐略》卷二十七，第2026—2027页有这样一段记载："洪武七年，置巡检司于忻州之牛尾庄寨。寨在州西南九十里白马山，西南路通静乐。州西七里沙沟寨，寨西隘口乃云乃镇，均于洪武间置巡检司。复设置巡检司于娑婆岭隘，岭在静乐东八十里。土城，如两岭。其西五十里有马家会隘口，东北十里有石神岭隘口，通忻州界。西北三里有桥门岭隘口，东南十里有杨家寨沟隘口，南十里有悬钟岭，通忻州牛尾寨。明初，均调太原左卫兵防守。又置故镇巡检司于两岭关口，关在静乐县东六十里，南通阳曲县要险，缭以土城，周围三百五十步，高一丈一尺。县西六十里可通鹿径岭关，路通岢岚州界置巡检司。县南七十里娄烦镇，东临汾水，西抵周洪山，通交城县，本宋金县治，元改置巡检司，洪武二年重建。"如今在静乐境内山脊蜿蜒处，土堡、烽火台、敌楼遗址不在少数。静乐在古代的军事战略意义非常重要，虽然没有宁武、神池、代县、崞县等地有连续绵延的长城，但是境内关、城、堡、隘连绵不断、点线相连，从赵武灵王"跨马林胡百战开"到北魏孝文帝下马城驻足；从汉唐时期"楼烦骏马甲天下"到隋晋王开凿的"杨广道"、唐高祖李渊、唐太宗李世民主政楼烦郡；从汾阳城、代城、宪城、侯莫干城、三堆城、任家村宋城遗址到天门关、两岭关、鹿径岭关、三堆戍、宁武关、守御所等。在静乐大地有史记载的两千多年的烽火岁月中，抵御北方外族的侵略、拱卫省城太原安宁所留在山巅沟壑中的墙垣遗迹尽管星星点点，也足以说明静乐长城所起的作用和万里长城所起的作用是一样的，也是中国长城及长城文化的重要组成部分，有待人们在探索中予以保护。

（此文在第四届中国长城论坛上荣获优秀奖。作者系忻州市长城学会会员，静乐县政协文史委委员。）

长城东西走向对北方文化的影响

岳占东

长城作为我国古代军事建筑,从春秋战国时期最早修筑,到清朝结束,其时间跨度之长,建筑范围之广,对中华文明的影响不言自明,其中最为深远的莫过于对我国北方文化的影响。国家文物局于2012年公布,中国历代长城遗址遗存总长度为21196.18公里,分布于北京、天津、河北、山西、内蒙古、辽宁、吉林、黑龙江、山东、河南、陕西、甘肃、青海、宁夏、新疆等15个省区市。这15个省区市不仅横跨中国东西全境,而且几乎跨越东亚版图、东西纬度。可以说,一条万里长城由古代中国地缘政治分割而产生,也由此成了连接东亚北方地区东西的通道,对中国北方乃至东亚地区文化的形成,有着极其深远的影响。

一、形成东西走向军事区划,促进北方军镇发展

长城的演变史与东亚政权版图格局演变史几乎同步, 长城作为冷兵器时代最为普遍的军事建筑,被广泛用于历朝历代的军事战争中。

据《魏书·高闾传》记载:北魏时期,拓跋氏入主中原,为了对付柔然的侵扰,中书监高闾上书皇帝,分析了北方游牧民族的特点及其中原政权应该采纳的防御之策。他在策论里秉笔直书道:"北狄悍愚,同于禽兽,所长者野战,所短者攻城。若以狄之所短,夺其所长,则虽众不能成患,虽来不能内逼。又狄散居野泽,随逐水草,战者与家产并至,奔则与畜牧俱逃,不赍资粮而饮食足。是以古人伐北方,攘其侵扰而已。历为边患者,良以倏忽无常之故也。昔周命南仲,城彼朔方;赵灵、秦始,长城是筑;汉之孝武,踵其前事。此四代之君,皆帝王之雄杰,所以同此役者,非智术之不长,兵众之不足,乃防狄之要事,其理宜然故也。《易》称天险不可升,地险山川丘陵,王公设险守其国,长城之谓欤! 今宜依故于六镇之北筑长城,以御北虏,虽有暂劳之动,乃有永逸之益,如其一成,惠及百世。即于要害,往往开门,造小城于侧。因地却敌,多有弓弩。狄来有城可守,其兵可捍。既不攻城,野掠无获,草尽则走,终必惩艾。"由此可见,长城作为军事建筑核心在于"城",城不仅是军队集结的地方,也是后勤供给的保障基础。正如《墨子》云:"敌以十万之众攻城,若调度得当,四千人足以防御。"

城作为长城的核心元素,最早出现在军事对峙带上,如《史记》记载秦最早在河套地区筑云朔方城。随着军事战争规模扩大和持久,城被墙体所连接,于是所谓"长城"才作为一国的"边墙"而出现。据《中国军事史》记载:朱元璋修筑明长城,最早是从修筑关隘开始的。洪武二年

（1369）朱元璋派大将徐达修筑居庸关，垒石为关。洪武五年（1372）命大将军冯胜下河西，修筑嘉峪关。洪武十四年（1381）命徐达修建山海关。洪武二十年（1387）设大宁都司，次年改称北平行都司，治所在大宁卫，辖境北至今西辽河、西拉木伦河、内蒙古克什克腾旗、查干诺尔一线。到永乐年间，朱棣将宁王朱权从江西迁至大宁，开始修筑边墙和烽墩，并在烽墩上贮存 5 个月的粮食和各种兵器。永乐十年（1412）又命令边将修筑河北北部的边墙。经过逐年修筑，到永乐年间，明朝已逐步建起了东起辽东，经大宁、开平、东胜较为平直的边墙，其位置基本确定在北纬 42 度至 43 度线上，其西境的大边则在阴山山脉和贺兰山一带。这一边境虽然较秦长城南移了一点，但也基本达到了"不教胡马度阴山"的效果。

可以说目前保留长城遗迹的 15 个省（自治区、直辖市），其中长城周边的城镇均是在古代长城最早修筑的"城"的基础上演变发展而来的。这种东西走向的军事区划，直接促进了我国古代军镇的发展，进而促进了民族的交融。

二、形成东西走向人文走廊，促进北方文化交流

长城作为古代军事建筑横跨东西，因而对长城军事管理也以东西走向为主。如明朝的宣大总督一职，专门总督宣府镇和大同镇的军务。当长城沿线遭受敌方攻击，东西两镇的兵马均要驰援。嘉靖四十年（1561），蒙古鞑靼部首领俺答部将吉能率兵踏冰过河，攻掠黄河边墙五花城营。长城沿线烽火台狼烟四起，由黄河岸畔，一直烧到宣府。宣府副总兵马芳引兵南下，前来驰援，原以为是大同求援，到了大同又以为是山西镇（今山西省偏关县）求救，直到昼夜驰行 500 多里，才得知是黄河东岸五花城被鞑靼军攻克，于是率部抗击，七战七捷击退鞑靼军。

其实历朝历代北方军事重镇大多实行军政合一制度，其长官选调也是沿着长城轮换。据宋火山军（今山西河曲旧县）附近古墓出土的北宋墓志铭记载。北宋武略郎孙永一生沿长城东西建功立业。元祐七年（1092）夏，随统制折侯在黄河西岸墕水川青黄河奋力杀敌，身负重伤，获得敌寇头颅二颗。绍圣四年（1097）春，被任用为火山军（山西省河曲县）指使，随同统制张构、王舜臣收复葭芦寨（陕西省佳县），杀敌 36 人。其亲冒矢石，把守拦截西贼马队来路，依托烽台防守，并修缮加固烽台。绍圣五年（1098）春，带领骑兵深入河西胜泽龙横川敌境，杀敌 43 人。元符元年（1098）秋，率领骑兵深入河西敌境，讨伐扫荡游工川，杀敌 30 余人。元符二年（1099）秋，随张统制进军修筑弥川大和寨及弥川大和堡。元符五年（1102）秋，进军修筑褫泉寨和戴王井。大观元年（1107）春，转任内殿承制。政和元年（1111），转任供借军副使，仍加武骑尉。大观二年（1108）冬，由于更改官制，改任武翼郎。大观四年（1110）秋，为麟州（今陕西神木市）驻泊兵马都监。大观五年（1111）秋，转任武略郎。

无论是从长城战事驰援，还是从孙永一生为将为官均可以看出，长城沿线在古代已经形成了东西走向的军政管理格局。北方的人员流动、物资运送，均是沿着长城进行。频繁的交流让长城事实上已经成为东西走向的人文长廊。据《明实录》记载，每年长城沿线各营堡按照战事实情都要频繁调集兵卒，操练、巡河、把守关隘、巡检各式各样的军务让长城沿线的兵卒来

往于东西各地,当然也有逃亡的士卒及家属均会被发配到宁夏甘肃更为苦寒的地方戍边。大量的人员流动带走的不仅仅是人本身,而且更为重要的是由人而产生的人文习俗等文化。如长城沿线的民歌、婚丧嫁娶的习俗礼仪等,均因这条人文长廊而互相交流,形成独特的中国北方文化。

三、形成东西走向血脉交融,促进北方民族相互认同

我国北方地区根据人文地理表述,一般均为"胡汉杂居、五方杂处"。其中"胡汉"指的是北方少数民族与汉民族相互交融;"五方"指的是全国范围内的人流因各种原因迁徙到北方生活。作为军事建筑,长城在人类学上最大的意义莫过于促进了人类的交流与进化。就我国北方地区而言,它直接促进了各民族之间的血脉交融,使"胡汉杂居"和"五方杂处"成为中华民族的"熔炉",从而形成大一统民族认同感。

如中国近代史上的"走西口"和"闯关东"两大移民潮,均是沿着长城割裂区域形成的又一次民族大融合。明朝时存在的大片荒地,当年长城南北两侧的土地由于两军常年对峙,形成了两条宽25公里延绵千里的带状军事禁地。清朝入关时对蒙古和中原实行分而治之的策略,所以对长城沿线的军事管辖仍旧沿用明朝的制度,甚至人为地对当年自然形成的禁地实行军事封锁,规定任何人擅自闯入禁地沿边士卒皆可射杀。根据黄河边墙之上的河保营《移驻县治碑记》记载:"自康熙三十六年,圣祖仁皇帝特允鄂尔多斯之请,以故河保营得与蒙古交易,又准河民垦蒙古地,岁与租籽。"从康熙三十六年起,"走西口"移民大潮正式开始,直至20世纪六七十年代才结束。"走西口"最直接的意义是让长城东西沿线居民迁入河套地区,从而形成新的血脉交融,促进了北方地区民族认同感。"闯关东"同样由长城关口进入东北地区,其产生的年代与背景几乎与"走西口"同步,皆因长城的存在而相互交融。当前居住在河套和东北地区的居民,其祖先均来自宁夏、陕西、山西、河北、山东、河南等地,其血脉交融血浓于水,民族认同感不言自明。

综上所述,东亚板块因自然气候的不同,形成游牧与农耕两大文明,这两大文明又因地缘政治的原因,在中华五千年的文明史中一直处于对峙与交融的状态。长城作为人文地理的产物在民族文化交融中有着无可替代的作用。在当下中华民族复兴时期,长城与"丝绸之路""茶马古道"一道成为中华民族交融发展的重要标志。

(此文在第五届中国长城论坛上荣获优秀奖。作者系中国作家协会会员,山西省长城保护研究会理事,河曲县文联主席。)

雁门长城文化体系之研究

解世亭

万里长城,是中华文明的重要象征,见证了中华民族众志成城、坚韧不屈的爱国情怀,为实现中华民族伟大复兴的中国梦凝聚起磅礴力量。雁门长城文化体系,是中国长城文化体系中不可或缺的重要组成部分,主要包括雁门关、代州古城、新广武城、旧广武城、三十九堡、十二联城及历代雁门长城、堡塞、隘口等遗址和遗迹,其沿革变化多,建造年代久,地域跨度大,防御工事精,文化内涵深,值得社会各界人士深入研究。

一、勾注塞、雁门塞与雁门关

(一)勾注塞

勾注塞在战国中期已为知名度很高的要塞,其所在的山脉为勾注山(古代“勾”亦写作“句”)。据《河东记》载,因其“山形勾转、水势流注”而得名。笔者曾实地查看代县北部的多座山脉与隘口,认为水峪口段山势曲折、水流湍急,最能体现勾注山的地理特点。勾注山东西绵延100多公里,共有18道隘口,其中以勾注陉最为险峻,秦汉以后的长城关城就设在勾注陉左右。古人曾形容勾注陉为“天造神为”,古曰西隃,亦曰西陉,又曰陉岭,后改称雁门山。《穆天子传·卷一》载,周穆王十二年(前965),“天子(姬满)西征,乃绝隃之关隥”。这是勾注山被称作“西隃”首次出现在古籍之中。《周礼·职方》载,周安王二十六年(前376),“三卿分晋,属赵,赵以李牧守雁门,兼有勾注之地”。《吕氏春秋·有始》:“何谓九塞?大汾、冥厄、荆阮、方城、崤、井、令疵、勾注、居庸。”西晋咸宁元年(275)勾注碑曰:“盖北方之险,有卢龙、飞狐,勾注为之首。天下之阻,所以分别内外也。”

据《幸氏族谱》载,姬幸为周武王之弟,周灭商后被封为镇守沧州的首位将领,其时勾注塞亦属其辖。壬戌年(前1018),姬幸因驻守有功,被其侄周成王赐名为姓,改名为幸偃,故为幸氏一世祖。此后,幸偃共有六代子孙承袭父职镇守勾注塞。《战国策·燕策一》载:“昔赵王以其姊为代王妻,欲并代,约与代王遇于勾注之塞。”《史记·赵世家第十三》载,周元王元年(前475),“简子既葬,(襄子)未除服,北登夏屋,请代王。使厨人操铜枓以食代王及从者,行斟,阴令宰人各以枓击杀代王及从官,遂兴兵平代地”。《元和郡县图志·卷第十四》载,汉高帝七年(前200),刘邦“欲伐匈奴,不从娄敬(刘邦赐名为刘敬)之说”,“遂逾勾注(塞),困于平城”。《史记·匈奴列传》又载,汉文帝后元四年(前160),“汉使三将军军屯北地,代屯勾注,赵屯飞狐口”“胡骑入代勾注边,烽火通于甘泉、长安"。可见,汉代时即有大将驻防勾注塞以备匈奴。

（二）雁门塞

《汉书·武帝纪》载,汉武帝元光五年(前130),刘彻"发卒万人,治雁门阻险"。这里所称的雁门险阻,应为雁门郡与太原郡交界的勾注塞,即今代县西北部太和岭上的铁裹门,因石峡呈黑褐色而得名。经人工开凿后,形成顶宽20米、底宽3米、谷长120米的壑口古道。

雁门塞之名,最早见于《三国志·魏书》。《魏书·卷三十》载,熹平六年(177),汉灵帝"遣护乌丸校尉夏育,破鲜卑中郎将田晏、匈奴中郎将臧旻与南单于出雁门塞,三道并进,径二千余里征之"。其时雁门郡治在阴馆县,广武县已为雁门郡属县,两县交界的勾注塞自然被称作雁门塞。曹魏初期,雁门郡治南度勾注移置广武县,"自陉岭以北并弃之",将归顺的鲜卑大人步度根部安置在雁门塞以南守边,并称其为"保塞鲜卑"。雁门郡太守牵招曾率魏军和鲜卑骑兵出雁门塞,在云中故郡大破轲比能,返回时修缮了下馆城(今朔州市夏关城村),并"置屯戍兵以镇内外"。

（三）雁门关

雁门关之名,最早见于《北史·魏书》。《魏书·卷十》载,泰常四年(419)八月辛未,北魏明元帝拓跋嗣"幸代,至雁门关,望祀恒岳"。太和十七年(493),孝文帝拓跋宏以"南伐"为名经雁门关过晋阳,再经上党郡南下太行山,最终抵达洛阳行"考察"迁都之实。次年,拓跋宏从平城正式迁都洛阳,取道灵丘一带穿越太行山,留下了太子拓跋恂驻守平城。待太子准备南下之机,部分皇室成员竟然"举兵断(雁门)关,规据陉北",企图将太子留在平城割据塞北。可见,那时的雁门关已成为南北的重要巨防。

东魏、北齐时,不以雁门关记载,而以陉岭相称。东魏时期,权臣高欢认为晋阳城地处"四塞之地",既能北上陉岭抑制北方军事势力的崛起,又可东出井陉或南下上党控制河洛地区,遂在晋阳建立大丞相府,坐镇晋阳城遥控朝政。北齐河清二年(563)十二月,北周元帅杨忠(隋文帝杨坚之父)统兵拔齐20余城,克陉岭要隘,逼近重镇晋阳。

隋大业十一年(615),炀帝杨广北巡雁门郡一带,被始毕可汗率十万大军围困于雁门城(今代县),四方郡守纷纷率兵勤王,后经李渊父子激烈战斗,突厥兵方撤离北去。唐武德二年(619)三月,刘武周联合突厥南下占领晋阳,对刚刚立国的唐王朝构成了严重威胁。武德三年(620),秦王李世民在柏壁之战中大败刘武周、宋金刚,收复了河东、晋阳等城,但雁门关一带仍处在突厥的控制之下。武德七年(624)八月,突厥从雁门关南下,进攻忻州、太原,大唐都城长安为之戒严。贞观元年(627),李世民即位后,派名将镇守太原,突厥才不敢越过雁门关南下。随后,大唐开始北出雁门关远征突厥。贞观三年(629),唐太宗派三路大军北伐突厥,其中从雁门关北部马邑出发的三千精锐骑兵,一直追击到阴山一带,自此,突厥势力才暂时退出塞北地区。

二、古广武城、古上馆城与代州古城

代县西周时属并州,春秋为晋地,战国归赵国,先有赵襄子会盟夏屋,中有赵肃侯始筑长城,后有武灵王修建城防。秦始建县,名广武县,时属太原郡。先后多次与雁门郡发生联系,共建有三座城池,即古广武城、古上馆城与代州古城,与雁门长城共同构成纵深防御体系,休戚相关,荣辱与共,最终成为雁门大地的专属代名词。

(一)古广武城

古广武城位于今代县阳明堡镇古城村西,东距代县城7.5公里。秦始皇帝二十七年(前220),于此设置广武县。城垣广袤,壮阔恢宏,东西广2公里,南北袤2.5公里;南临滹沱之水,东、南城外各有护城河一条;北靠勾注之险,西北、东北各有角楼一处,与勾注塞遥相呼应,互为犄角。建筑规模为州、郡、县所罕见,建造初期即为地域性政治、军事、经济中心。其时,匈奴屡犯中原,派大将蒙恬与太子扶苏督修边墙,以固三关。楚汉相争中,赵王歇因功封李左车(李牧之孙)为广武君,广武遂为其封邑。西汉为并州太原郡广武县。《史记·刘敬列传》载:"(汉高祖七年),械系敬于广武。遂往,至平城,匈奴果出奇兵围高帝白登,七日然后得解。"因广武为中国北部军事重镇,西汉为抵御匈奴侵扰,于广武县设置郡都尉治所。

王莽篡汉期间,匈奴掳掠尤甚。东汉建武七年(31),苦陉侯杜茂带兵屯田于广武,并筑亭堠、修烽火。建武二十七年(51),复置雁门郡,广武县由太原郡改属雁门郡。东汉末年,天下纷争,雁门郡因"汉末匈奴侵边,其地荒废"。曹魏黄初二年(221),雁门郡南度勾注,由阴馆县移至广武县,古广武城同为郡、县治所。《三国志·魏书·满田牵郭传》载,雁门郡太守牵招"乃简选有才识者诣太学受业,还相授教,数年中庠序大兴"。"郡所治广武,井水咸苦,民皆担辇远汲流水,往返七里。"牵招"准望地势,因山陵之宜,凿原开渠,注水城内,民赖其益"。其时,雁门郡共领八县,分别为广武、崞、汪陶、平城、繁峙、葰人、原平、马邑。

晋因之,仍属并州。广武县是名士周续之的故里,时周续之、陶渊明、刘遗民皆淡泊名利,隐居不仕,被史家称为东晋"三隐"。五胡十六国时期,汉赵刘聪、后赵石勒、前燕慕容儁、前秦苻坚、西燕慕容永、后燕慕容垂等迭有其地。晋太元二十一年(396),广武县归入北魏,雁门郡初属司州,后属肆州。古广武城不仅为当时中国北境的驻防要地,而在和平时期又为汉与匈奴、北魏与西域互市通商的重要商埠。明万历《代州志》序称:"雁门,秦汉以来称雄郡",是"紫塞南来第一州"。

据《魏书·世宗记》载,北魏延昌元年(512),"肆州之秀容、雁门,地震陷裂,山崩泉涌"。《太平寰宇记》载:"北魏熙平至武泰年间(516—528),因广武城垣残破,移郡治及县治于广武城东十五里之古上馆城。"此后,古广武城遂遭废弃。民国初年,古广武城墙尚比较完整。民国九年(1920),为修筑阳集(阳明堡—集宁)公路,将南、北城墙打开两个豁口,公路纵贯古广武城。此后,城墙开始逐步拆毁,现遗存四段城墙约2700米。2004年,包括古广武城遗址在内的"永和堡等三十九堡军事防御遗迹"被整体列为省级文物保护单位。2007年,古广武城遗址被单独列为市级文物保护单位;2021年8月,又晋升为省级文物保护单位。

(二)古上馆城

综合万历版、乾隆版、光绪版《代州志》资料,古上馆城即今代县城之西关,始建于东汉建武九年(33)。建武元年(25)六月,刘秀称帝后,陉北之雁门郡一直遭受匈奴侵扰。建武九年(33)正月,光武帝下诏"徙雁门吏人于太原",在广武县城东新建城址,作为雁门郡临时治地。因属侨置性质,原治地善无县城称上馆城,新筑之城亦称上馆城。建武二十六年(50),北境军事状况明显好转,雁门郡民均回归本土。次年(51)七月,重置雁门郡,将太原郡广武、原平等县及代郡崞城(今繁峙县)划入,郡治正式移置于阴馆县。

上馆城城廓呈不规则长方形,东西稍长,周长五里二百七十步,护城河深丈许。城墙先为土筑,后以砖包,设有四座城门,每座城门外均建有瓮城。在其西门外还建有小西关,设有两座门,堡级建制,周长二里一百八十步,护城河深亦丈许。全城由大西关、小西关、香圪坨、坛沟、书房院、三里河、河下七个自然村组成,设十字交叉的东西、南北大街各一条。建有玉皇阁、龙王庙、圆通观、极乐寺、观音阁等近十几座庙宇,尤以北斗山神庙规格最高,宋、金、元时期屡加封号,曰顺德侯、佑顺公、广佑灵应王。明代,雁门驿、纺织局、补助局、转输厂均置于此。明景泰五年(1454)参政王英重筑西关时,东、南、西、北四门阁楼尚在,其中北门阁楼悬"上馆城"古匾一块。

北魏郡、县治所东移后,肆州治所于北周大象元年(579)亦迁移至此,上馆城遂成为州、郡、县三级治所。隋开皇五年(585),改肆州为代州,并置总管府。开皇十八年(598),为避太子杨广讳,改广武为雁门县。大业元年(605),隋炀帝废太原府,改代州为雁门郡,隶属冀州。唐初,复改为代州,并置都督府。因其特殊的地理位置和重要的军事价值,故史书称:"太原以北,列郡数十,雁门为大。"

(三)代州古城

代州古城即今代县城,与古上馆城毗邻。随着州、郡、县三级军政机构的增加,城内住户不断增长,商业贸易持续发展,向东拓展扩建势在必行。古城应为长期陆续修建,规划和建设时间充裕,始建年代尚无确切考证,但自隋唐起已被称为代州城。清光绪《代州志》载,(古城内)圆果寺建于隋开皇年间(581—600),同期修建阿育王塔。明代洪选《建圆果寺塔记》载,经唐以前历代修葺后,"寺内时有舍利宝塔一座,清凉阁九间,大殿九间,配殿九间,殿山门五楹,大山门、大梵坊各一,两翼有十四院,东西禅室各一百八十间,僧侣五百众"。据此推断,代州古城之修筑或恰逢其时,且建制规模堪称宏大。

北宋时期,代州属河东路,代州及雁门县均治于此。宣和七年(1125)八月,金军分东、西两路南下攻打宋朝,徽宗赵佶禅位于太子赵桓,是为宋钦宗;十二月,西路军先后攻破朔州、代州。靖康元年(1126)闰十一月,金两路军会师攻克汴京(今开封市),俘徽宗、钦宗二帝。靖康二年(1127)二月,金太宗下诏废徽宗、钦宗二帝,至此北宋灭亡,黄河以北地区尽归金国。金天会六年(1128),代州辖四县(雁门、崞县、五台、繁峙);贞祐三年(1215)七月,原属朔州之广武县(今旧广武村)划归代州;兴定二年(1218),元兵南下,古城遭到毁灭性破坏。元中统四年(1263),雁门县并入代州,广武县改设为广武镇。

明洪武二年(1369),代州降为县。洪武六年(1373),吉安侯陆亨被贬于代县,与都指挥使王臻一道大兴土木,在州城原址基础加高加宽,采掘南、北两山之石作基,内为夯土打实,外用城砖包砌。城垣东西稍长,有二里半;南北略短,为一里九十三步,呈长方形。东北方为秃角,形如"丑"字,丑属牛,故称"缺角卧牛城"。据城内小关庙碑记载:"城周长八里一百八十五步,加四逻城周长计九里十三步。"城墙呈楔形,底宽顶窄,"底宽三丈五尺至四丈六尺,顶宽一丈五尺至二丈二尺,通高三丈五尺"。城设东、西、南、北四门,门额石匾分别镌刻:熙和门、康阜门、迎薰门、镇朔门;四门之外各筑瓮城,高与城齐;瓮城外又筑逻城,高及城之半;逻城外又筑护城河,河深两丈;设有四门吊桥,以通出入。四门、四瓮城及四城角各建敌楼(又名堞楼)1座,加上边靖楼、钟楼、奎星楼及南门外的南楼,全城共有楼16座。洪武八年(1375)二月,代县复升为州,五台县、繁峙县、崞县仍为其属县。

据乾隆版、光绪版《代州志》载,为加强和完善古城的防御体系,明参政王英于景泰元年(1450)复筑西关土城,周长三里一百九十六步,壕深丈许;都指挥同知张怀于成化二年(1466)新筑东关土城,周长三里有余,壕深两丈;嘉靖三十年(1551)新筑北关土城,周长二里许,南、西、北壕深一丈五尺,东堑沙河。东关、北关建制相仿,均开设城门两座,城头设悬山顶堞楼;南面因有天然屏障滹沱河,故未设关。至此,代州古城形成特有的"一城三关"建设格局。清雍正二年(1724),代州升为直隶州,仍辖五台县、崞县、繁峙县。直到民国元年(1912),废代州,称代县。自贞祐三年(1215)广武县为代州属县,元中统四年(1263)广武镇为代州四大集镇之一,近700年间在政治、经济和军事等各方面发挥重要的作用。

三、西陉关、雁门关和东陉关

《新唐书·地理志》载,"代州雁门县"条下"有东陉关、西陉关"。西陉关指太和岭道的铁裹门;而东陉关至少有三种说法,一为代县胡峪,二为代县峪口,三为今雁门关。《宋史·地理志》在"代州雁门县"条下列有"西陉、胡谷(胡峪)、雁门三砦"。笔者认为,雁门长城一线实际有三座关城,应分别对应西陉关、东陉关、雁门关。

(一)西陉关

西陉关即太和岭道的古雁门关,位于今代县城西北18公里处。古关道南起太和岭口,北上富拉沟、城上、石墙沟、吴家窑、黑石头沟,盘旋登上关城,再下赵庄,经白草口、柳林、油坊,出旧广武,全长约15公里。据史书记载,汉武帝元光五年(前130),刘彻"发卒万人,治雁门阻险",于勾注山绝顶制高处开凿铁裹门。北魏皇始三年(398),魏王拓跋珪将国都由盛乐(今内蒙古和林格尔县北)迁至平城(今山西大同市)后,宣布即位称帝,积极开疆拓土,并逐渐统一北方。不少专家学者认为,雁门关建设时间很有可能在皇始三年前后,而建设目的不同于后来的向北防御,而是向南防御以确保都城安全。

据载,雁门关之设始于唐初,于铁裹门南侧稍开阔处设立关城。笔者认为设关时间不会晚于贞观年间,应在贞观三年(629)唐军实际控制雁门关之后。西陉关倚山傍险,居高临下,戍卒防守,不同于其他在山谷要道置关守险的名关。城墙高10米,南北长约200米,东西宽50余米;墙体以石座为底,内填夯土,外包砖身。另设一陉两堡,陉口为白草口,南为太和堡,北为常胜堡,中隔连绵山脉。陉关跨河而建,设3道陉墙、6座陉门、6座堡台,东西与长城连为一体;现存"容民畜众"陉门1座,"猴岭"堡台1座。从唐代建关到元代,历时600余年。元在此处虽未设关,仍置千户所。

唐调露元年(679),突厥又开始南下骚扰,人数多达几十万之众;裴行俭统率30多万人马讨伐,大军北上雁门关,军旗连绵上千里,"唐世出师之盛,未之有也",唐军大获全胜。开耀元年(681),步入晚年的名将薛仁贵出任代州都督,镇守雁门关一带。据载,突厥进犯云州(今大同)时,薛仁贵率兵出击。两军阵前,突厥人问唐将是谁,唐兵回答说是薛仁贵。薛仁贵威名太大,曾多次打败突厥,亲手杀过无数突厥兵,但突厥人毫不相信,以为他早已故去。待老将军脱盔示面,突厥人惊惶失色,立即下马跪拜引兵而还。此为薛仁贵"脱帽退万敌"的典故。

(二)雁门关

雁门关即关沟河道的今雁门关,位于今代县城北20公里、西陉关东北5公里处。新关道由州城出北关,经接官厅、胡坪嘴、八里庄、南口、前腰铺、阜家坪,盘旋而至关前天险门,再经地利门、瓮城,由小北门出关,到后腰铺,达新广武,全长约25公里。有史书称,"西陉关与雁门关天造地设,均为南北交通要道,互为掎角各有侧重","太和岭道路险而多峻岭,关沟河道稍夷而多激湍,入冬则坚冰塞径,车马蹭蹬,不易度也"。因此,在宋代以前以西陉关为主,宋代特别是明代以后以雁门关为主。

北齐河清二年(563)十二月,北周杨忠率军突破陉岭(即古雁门关太和岭道)防线直驱晋阳,邀突厥十万兵马分三路从恒州南下。《北史·赵郡王琛列传·卷三十九》载,河清三年(564)正月,"周师及突厥至并州","突厥咎周人曰:'尔言齐乱,故来伐之。今齐人眼中亦有铁,何可当邪!'乃还。至陉岭,冻滑,乃铺毹(毛毡)以度。胡马寒瘦,膝已下皆无毛,比至长城,死且尽。乃截槊杖之以归。"据专家研究,突厥北逃经过陉岭时,改走了今雁门关关沟河道,此为关沟河道最早见于文献之记载。

唐会昌二年(842),回鹘经常侵掠太原、振武,刘沔被"拜河东节度兼招抚回鹘使,进屯雁门关。虏寇云州,沔击之,斩七褥将,败其众。以还太和公主功,加检校司空"。北宋初期,杨业长期驻守代州一带抗击契丹。《宋史·杨业传》载,太平兴国五年(980)三月,"会契丹入雁门,业领麾下数千骑自西陉而出,由小陉至雁门北口,南向背击之,契丹大败。以功迁云州观察使,仍判郑州、代州"。太平兴国七年(982),契丹又兵分三路进攻北宋,其中一路入侵雁门关。杨业率部歼灭契丹兵三千余人,追至朔州、应州等地,破敌营垒36座,俘获1万余人及5万牛马。此后,杨业被誉称"杨无敌",契丹兵远远望见"杨家将"旌旗就慌忙遁去。

明洪武七年(1374),吉安侯陆亨自监民工重筑雁门新关,新关城廓为石头边墙,周长约10公里。东城为大砖城,筑有关署、营房、马厩,为守关屯兵之所。西城为石城,内设营盘,为守关将士操练守御之所;城门外东侧设校场,校场设点将台。两城有城墙联结,南、北两角各建角楼1座;中有城门1座,上建威远楼。关城有洞门三座,东为天险门,上建雁楼,坐西朝东;西为地利门,上建杨六郎祠,坐北向南;北为瓮城门,城高及关城之半,门额石刻"雁门关"三字,左右镶嵌砖联"三关冲要无双地,九塞尊崇第一关"。天险门外建有李牧祠,为纪念战国良将李牧而建;祠东有九窟十八洞,为驻军营房。地利门外瓮城内,建有关帝庙、戏台,香火旺盛。围城城门坐南向北,上建明月楼,外接石拱关桥连关道。关外依次设有大石墙三道,小石墙二十五道,为守关御敌的第一道防线。

（三）东陉关

《资治通鉴·唐纪三十三》载，唐天宝十四年（755）十一月甲子（初九），"禄山发所部兵及同罗、奚、契丹、室韦凡十五万众，号二十万，反于范阳"。十二月，"安禄山大同军（今山西朔州）使高秀岩寇振武军（今内蒙古托克托），朔方节度使郭子仪击败之，子仪乘胜拔静边军（今山西右玉）。大同兵马使薛忠义寇静边军，子仪使左兵马使李光弼、右兵马使高浚、左武锋使仆固怀恩、右武锋使浑释之等逆击，大破之，坑其骑七千。进围云中（今山西大同），使别将公孙琼岩将二千骑击马邑（今山西朔州），拔之，开东陉关。甲辰（十九），加子仪御史大夫"。至德元年（756）正月乙卯朔（初一），"禄山自称大燕皇帝"。"上命郭子仪罢围云中，还朔方，益发兵进取东京（洛阳）；选良将一人分兵先出井陉，定河北。子仪荐李光弼。癸亥（初九），以光弼为河东节度使，分朔方兵万人与之。"二月丙戌（初二），"加李光弼魏郡太守、河北道采访史"，"己亥（十五），至常山"。三月，"郭子仪至朔方，益选精兵。戊午（初五），进军于代"，"李光弼与史思明相守四十余日，思明绝常山粮道"，"光弼遣使告急于郭子仪，子仪引兵自井陉出"。"四月壬辰（初九），（郭子仪）至常山，与光弼合，蕃、汉步骑共十余万。甲午（十一），子仪、光弼与史思明等战于九门城南，思明大败。"

郭子仪开东陉关事，《新唐书》《旧唐书》均有记载，但时间和内容稍有出入，笔者认为《资治通鉴》记载应更为翔实可信。当时叛军兵力强盛，所过之处无不摧枯拉朽，唐军在关北取得几场局部性胜利，但并未完全控制半叛形势。为防止叛军进一步南下，唐军在河东、太原及代州等地皆闭关设障，不敢贸然打开西陉关太和岭道放行，故另行开辟东陉关。具体的时间节点如下：公孙琼岩于腊月中旬开东陉关；李光弼于次年正月初九分兵赴太原，二月初二奔河北，十三天后经井陉至常山；郭子仪于三月初五抵代州，四月初九由井陉至常山与李光弼合兵，两天后打败史思明。清光绪版《代州志·地理志》载："胡峪山在州东北四十五里，有东津口，或以为即东陉关也。"加之，"陉"的错音与"津"接近，东津口应为东陉口之误传。因此，史学家史念海认为，东陉关应在此胡峪山，并在《河山集》一书中画出自水峪口沿河谷上溯至胡家滩再到胡峪的线路图。

首先，东陉关肯定不在代县峪口，原因有三：其一，峪口位于五台山之北、滹沱河之南，在此设关虽与西陉关为一东一西，但更属一南一北隔河相望，对于防御雁北的军事力量毫无价值；其二，比郭子仪稍晚出生的高官诗人武元衡在《度东陉岭》中曾写过诗句"又过雁门北，不胜南客悲"，意思是度过东陉关所在的山岭，就到达了雁门的北部，可见东陉关位于在代州北部的山岭；其三，如果从此通关只能沿着峪河河谷进入崇山峻岭的五台山区，事实上唐军过关后直达太原，并由井陉口进入河北常山，李光弼与郭子仪的行军线路大致相同。

其次，东陉关亦不在今雁门关，原因有四：其一，突厥兵曾于北齐年间正月从关沟河道北逃，因坚冰塞道难以通行，只好铺以毛毡狼狈通过且损失惨重，190余年后的唐军绝不会在寒冬季节涉险通关；其二，西陉关、雁门关均为南北交通要道，虽然平日过关以太和岭道为主，但关沟河道也绝非偏僻小径，二者应同时闭关设障；其三，太和岭道的北口为旧广武口，关沟河道的北口为新广武口，两者距离不足5公里，在叛军动向不明的情况下，唐军既然不敢打开太和岭通道，就不敢打开关沟河通道；其四，腊月中旬开辟东陉关，正月初九大军过关，前后有20天左右的时间，应该是新开辟鲜为人知的艰难通道，而不是对平时通行之路进行简单修补，更不会是轻易打开原有的关门,否则不会对"开"字大书特书。

为进一步确定东陉关的位置,笔者曾两次组队实地考察水峪河道和胡峪河道,仅徒步穿行水峪河峡谷及上游河道 25 公里以上,从早晨七点一直走到傍晚七点。水峪口距离新广武口约 7 公里,突然出现叛军的概率较大;水峪河谷沟深水大,且常年流水不断,封河时段会比关沟河道更为艰险;长达 8 公里的峡谷段仅有盘山小道,对大军人马行进及粮食辎重运输极为不利;如果叛军在山间设伏,很可能会导致唐军全军覆没。而胡峪口距离新广武口约 20 公里,附近出现叛军的概率很小;谷口较为开阔,不仅方便行军打仗,而且叛军不易设伏;河道水流不大,山路亦不算艰险,且中段长城村附近有北齐长城设施,有利于唐军驻防并控制隘口。因此,认定东陉关极有可能在胡峪山中段的分水岭村,南口为胡峪,北口为胡峪口,分水岭村中的孤山(或为关山之误)应为关城遗址,附近的巍严寺则为供奉守边名将而建。

四、历代长城设施遗址

雁门长城是中华万里长城的重要组成部分,从战国时期至明代末年,历代皆有修筑。现存遗址主要有赵长城、汉长城、北齐和隋长城、宋元长城、明长城,尤其是猴岭的锯齿长城声名远播。

(一)赵长城

《史记·赵世家》载:"肃侯十七年,筑长城。"《史记·正义》按:"赵长城从蔚州北,西至岚州北,尽赵界。"《长城》一书云:"赵肃侯所筑的北长城,大体位置在飞狐口(河北蔚县)、雁门关(山西代县)一带。"大致路线是东起代郡(蔚县)、广灵,西南而行经恒山、夏屋山、勾注山、阳方口、神池、五寨,由保德而入黄河,大约 300 公里。现存遗址有铁裹门处"V"形工程,壑口底部用石块平铺成路,有弧形砖,当系门洞遗物;南北两边山路下延,古道遗迹明显。

(二)汉长城

在雁门关外的后腰铺附近,完好保存着一段石砌汉长城。2002 年,有关专家在考察中发现石长城,基宽 2 米,高约 1 米,少部分地段为夯土筑砌,由于日晒雨淋和人为破坏,遗址时断时续,但脉络基本连贯。西与神池、宁武、原平的石长城相连,东由代县猴岭折向黄草岩,再转向山阴县的水峪口,跨过代县的金刚堖、馒头山、草垛山,直达原分水岭乡长城村附近。以代县猴岭为界,西段古长城与"赵北长城"似相吻合,东段与广灵县境汉长城几乎无异。

(三)北齐和隋长城

光绪《代州志》载:"古长城在州北,北齐及隋并尝兴筑以备突厥。"据《周书·于栗翼列传》载:"大象初,征拜大司徒。诏(于栗)翼巡长城,立亭鄣。西自雁门,东至碣石,创新改旧,咸得其要害云。仍除幽定七州六镇诸军事、幽州总管。先是,突厥屡为寇掠,居民失业。翼素有威武,兼明斥候,自是不敢犯塞,百姓安之。"《隋书》载:"大业四年,燕代沿边诸郡旱,发卒百余万筑长城。""大业十三年,天下又旱,时郡县乡邑,男女无少长皆就役筑长城。"

(四)宋元长城

《宋书》载:"宋太平兴国四年,命潘美、梁思迁太原城,并筑沿边堡障。""宋治平二年,唐介知太原府,夏人数扰代州边,多筑堡境上。"光绪《代州志》载:"雁门十八隘,自宋有之,明皆建立城堡。"西陉寨遗址位于麻布袋沟与陡沟交汇处以南高地,为宋初名将杨业所筑,现残存寨墙数百米,高低不等,夯土层及地基清晰可辨。代县境内的太和岭口有其遗存。《元史·文宗本纪》载:元天历元年(1328)九月,令冀宁路所辖代州之雁门关、崞州之阳武关,皆穿堑垒石为固,调丁壮守之。"

(五)明代长城

明长城东起山阴县水峪口村,西至代县、宁武交界,全长30余公里,均在旧址基础上加高砌砖,其中白草口至新广武一段保存基本完好,是国家重点文物保护单位,也是世界文化遗产的重要组成部分。《通志》载:"明景泰元年,刑部右侍郎江澜督修雁门关。"《宁武志》载:"明正德八年筑长城,东起浑源州,西至宁武,因山为险,凡四百里。"《舆图志》载:"明正德十一年,都御史李钺增筑之堡十有一于北口,在(雁门)关东者七,关西者四,又于通敌要路咸斩崖挑堑,间以石墙。"《通志》又载:"明嘉靖十九年,都御史刘臬筑雁门隘塞三百里,高阔一丈五尺,掣回大同守军,分成十八隘。"《明史·翁万达传》载:"嘉靖二十五年,宣大总督翁万达大修雁门长城,自老营堡丫角山至平型关东,凿堑添墩四百余里。"《山西通志》载:"明万历三十三年,巡抚李景重筑雁门关边墙,绵亘十五里,即今新广武到白草口之长城。"此段长城位于雁门关城北10公里处,广武至白草口的猴岭山脊上;全长约5公里,高8至10米,上阔4.6米;每120米外侧建有戍楼1座,面宽10米,进深8米,总高15米;下设暗门,内可屯兵,外可冲锋;门洞高2.3米,宽1.7米。现存完整的碟楼有"针扃""控扼""壮橹""天山"等数座。此外,还置有烽火台、凿壕堑。此段长城是中国明长城的代表作。

五、其他军事设施遗址

雁门长城沿线在北侧建有两座隘城,即旧广武城和新广武城。清光绪《代州志》载,广武"在州境者有三:一为州西古城,汉故县也;一为广武旧站,金故县也;一为广武营,今名新广武,即明所建守卫所也"。在古代州境内设置十八道隘口(其中代县周边有太和、白草、水峪、胡峪四堡),还在滹沱河两侧修建三十九堡和十二联城,共同构成各自为阵、遥相呼应的联城防御体系。

(一)旧广武城

位于山阴县境内,在今雁门关西北8公里处。始建于辽乾亨元年(979),城垣墙体为黄土夯筑,遗存建筑有辽代风格。金代曾设广武县治,故称广武城;贞祐三年(1215),广武县改隶代州。明洪武七年(1374)包砖重修后,成为雁门关军事防御体系中的一座隘城。城呈长方形,东西长488米,南北宽338米;墙高8.3米,底宽5米,顶宽3.4米;设有东、南、西3座城门,均建有门楼,现已毁损。东门到西门为东西大街,南门到北城墙下真武庙为南北大街,两边各有与大街平行的小巷相互交叉,形成三横三纵、四大街八小巷的棋盘式格局。曾设守备衙门、校场、仓库,建有文庙、火神庙、玄天庙、关帝庙等11座庙宇,仍存有旧时建筑遗迹。城北端有烽火台1座,城中建烽火台为国内罕见。城西南角有两株茂盛的古柏树,相传为宋真宗年间宋辽议和后所植。

现为全国重点文物保护单位。

(二)新广武城

位于山阴县境内，在今雁门关北 6 公里处，原称广武营，也称广武堡。明洪武十二年（1379），于雁门关北置广武营城。万历三年（1575），又予增修。城池跨河而建，周长约 1.5 公里，一半建于山坡上，形似簸箕状；一半建于沟谷中，形似量具中的斗，故称"金斗银簸箕"。置有南关、东关、北关、小北关 4 座关城，周长各有 500 余米，形如莲花的 4 个花瓣，或狗脚的 4 个脚爪，与较大的形成莲花状或狗爪状建筑群，故俗称"狗爪莲花城"。主城墙高 10 米，底宽 4 米；石条作基，内土外砖；左右堡寨相连，墩台敌楼林立；南北大街连接南、北二门，东西大街又分出若干小巷，构成全城的交通网络。边墙设有护城镇房墩 8 座，城内置官厅 1 所，建营房 570 间、仓 20 座、草场 1 个。现存少段城墙和部分墩台、敌楼等遗迹。

(三)白草口堡

位于西陉关北出口，又称常胜堡，东距新广武城 5 公里，西距八岔口堡 10 公里。堡城骑河筑有三道隘门，门额书"容民畜众"，上款为"万历甲寅都御史吴仁庆"，下款为"布政使阎士选立"。据调查，"甲寅"为明万历四十二年（1614）。隘门上东连敌楼，隘城东、西均与长城相接。东去之山名猴岭，山上长城蜿蜒曲折，随山起伏，甚为壮观，现保存完整。外侧山腰有六郎城遗址，东距旧广武城约 300 余米，隔河相望；南距白草口堡约 2 公里，西靠土山，是介于白草口堡与旧广武城之间的一处重要据点。另有太和岭堡，在西陉关南出口处有遗址残存。

(四)水峪口堡

位于山阴县水峪河出口，西距新广武城约 7.5 公里。清光绪《代州志》载："水峪口在广武东十五里，今设把总驻守。"在其"边关图"中注："内距州城六十里，外距山阴界四十里。"水峪口宽约 200 米，沟中有河，水势较大。沟西 300 米处有一浅沟，浅沟西方为水峪口堡，东、西、南三面土墙基本完好，底宽 5—6 米，高约 7 米，呈正方形，周长 54 米，离水峪口村 10 余米。

(五)胡峪口堡

位于山阴县胡峪河出口，西距水峪口堡约 15 公里。清光绪《代州志》载："胡峪口在州东三十里，今设把总驻守。"在其"边关图"中注："内距城三十里，外距山阴界四十里。"明代山西巡抚吴牲《抚晋疏》中云："历广武而东，寺儿沟、水峪皆有险可守，惟壶峪（又作胡谷、胡峪）口宽衍。"宋在此设砦，金设镇。距今沟口半里处有两处土墩遗址，东西相望。东土墩被沟中河水冲刷，已残。西墩基本完好，为正梯形，北侧有石筑道路残迹。东山顶上有土堡、烽火台，土堡为正方形，边长约 200 米。

(六)三十九堡

位于代县滹沱河岸两侧，星罗棋布构筑，东西绵延约 40 公里，与蜿蜒曲折的内长城平行相向，形成边塞要地的第二道防线。始建于汉代，兴盛于宋、元、明时期，衰落于清代，多由百姓自发筑堡，官方也大力倡导。据万历《代州志》载，明代时有三十九堡，其中城西五堡，城西北七堡，城西南七堡，城东六堡，城东北七堡，城东南七堡。各堡规模不一，但形制基本相似，有的黄土夯筑，有的城砖包砌，有的毛石干垒，有的时代叠加，主要依据其村庄大小、人口多少和战略需要

忻州长城研究成果汇集

而定。万历《代州志》又载:"官堡有警,间遣官兵守之","或五里一大堡,周围五里内遇有警,俱入大堡。大堡合三堡之兵,并二十里内之丁壮守之,则数千众未可以时日破也。且五里内,其移徙者亦易矣"。现存堡寨多为明代遗迹。

(七)十二联城

进入明代以后,代州开始大兴土木,不仅修复原三十九堡,而且在滹沱河北岸重修或扩建阳明堡、马站、七里铺、西关、北关、东关、平城、十里铺、上磨坊堡、二十里铺、段村堡(清熙堡)、枣林堡,此十二堡俗称十二联城。州城在东、西两翼连成一线的 12 座小城的拱卫下,防御力量得以增强,即使敌人攻破雁门防线进入境内,也难以在短时间内攻克各自为阵、相互呼应的联城防御工程体系。明末清初,此十二联城军事堡垒功能渐趋退化,主要发挥繁荣经济贸易的重要作用,成为雁门关驻军的后勤供应基地、代州衙署的官道驿所及官民联防的工事构筑。

六、雁门长城文化的定位、思考与建议

(一)定位

据《金史·地理志》载,金天会六年(1128),代州置震武军节度使。《明史·兵志》载,明洪武五年(1372),代州设振武卫;洪武十二年(1379),置雁门千户所,又于关北置广武营城。《明史·职官志》载,宣德五年(1430),以侍郎巡抚山西;正统十三年(1448),始命都御史专抚山西,镇守雁门。《宣大山西镇图说》载:"洪武初年,(山西雁平道东路)原设守备;嘉靖十九年,因大虏屡寇太原,守备移驻广武,改设参将驻扎代州,所辖广武一守备,振武、雁门二卫所,分管内边东起北楼界东津峪,西讫宁武界神树梁,延长一百里零三十八长,边墩六十五座,砖楼九座,火路墩四十五座,边之内外设有八岔、白草、水峪、胡峪四堡,以相掎角。"

正如《宣大山西镇图说》所述:"(山西雁平道东路),古雁门重地,四冲八达,三关之命脉,全晋之咽喉也。雁代失守,则太原震恐,全晋即骚动矣,所关系岂细故哉?路属一带,除雁关天险,余俱平原旷野。本古战场,选将选兵,善战善守,往昔之成法固在也。款后节经乘暇,修守高城深池,金汤相望矣。顾守阵不如增士气,筑堡不如坚众心,无事诘尔兵戎,有事人自为战,重地庶永保无虞云。"

雁门关素有"天下九塞,雁门为首"之说,更被长城专家罗哲文誉为"中华第一关",因其历史悠久、地理险要、战事频仍,人们常说"一座雁门关,半部华夏史"。关下古代州建有一城、三关及三十九堡、十二联城,可谓"势控中原""密迩京师"。明末清初顾祖禹曾评价代州及雁门关为"外壮大同之藩卫,内固太原之锁钥。根抵三关,咽喉全晋"。加之,长达 48 公里的历代雁门长城,雄踞古关隘口的新、旧广武城,共同构成以雁门关为核心的内长城外三关东部军事防御文化体系,简称雁门长城文化体系。其"三城"(代州古城、新广武城、旧广武城)"三关"(雁门关、西陉关、东陉关)格局独特,缺一不可,已经成为世界文化遗产史上最亮丽的风景线。

(二)思考

雁门关原有建筑大部分毁于日寇之手,曾于 20 世纪 80 年代重修雁楼等建筑。1987 年 12

·102·

月,长城雁门关段被列入世界文化遗产。2001 年 6 月,长城雁门关段(含白草口长城)被国务院公布为全国重点文物保护单位。自 2009 年以来,代县县委、县政府累计投资 5 亿多元,对雁门关实施景区修复、基础设施等 5 大类复修复建工程,历时数年之久,终于将破败荒凉的雁门关恢复到明清时期的全盛雄姿。2011 年,雁门关景区被国家旅游局评定为 4A 级旅游景区,并荣获中国节庆产业"金手指奖",跻身"美好印象·山西十大景区"。2017 年 2 月,雁门关景区新晋为国家 5A 级旅游景区。

从目前运营现状来看,雁门关景区开发深度还不够、要素支撑不足、新业态发展相对滞后的问题仍然较为突出,主要表现为游客来得了、留不住,吃住留在景区或者县内的很少,"二次消费"意愿不强,处于简单的门票经济状态。而作为重要组成部分的新、旧广武城及广武段长城,因隶属于朔州市山阴县,缺乏抱团开发的热情和机制,简单地切断了与主枝主脉的联系,意在另起炉灶独立经营,但势必事倍功半、效果不佳。

1994 年被命名为中国历史文化名城以来,代县古城区先后修复旧州署衙门,拓宽改造东门吊桥,开通鼓楼西环路,建成横跨滹沱河的雁靖大桥。2005 年以后,正式提出"旧城旧保、新城新建"的城市建设战略,在打造街道成网、环路通畅道路格局的同时,对边靖楼、文庙、阿育王塔等国保文物进行重点维修,对钟楼、武庙、城隍庙等大批文物进行修缮或复建,复建仿古牌楼 13 座,复建西城门楼和城西北角楼,复建西门瓮城及西城墙,建设滹沱河湿地公园,建设古城游客服务中心和非遗展示中心,建设钟楼广场、文昌祠广场,建设停车场 7 座。但城市基础设施建设仍然滞后,旅游服务接待能力明显不足,要以补齐接待短板为重点,以真正留下游客为目标,鼓励引导发展民宿,打造经典演艺节目,研发特色旅游产品,提升综合服务能力。

(三)建议

目前,文旅康养产业正当其时且大有作为,代县要紧紧抓住文旅市场全面复苏的发展期,特别是长城国家文化公园的机遇期,全面落实省委"两个转型、文旅先行"的决策部署,扎实推动长城国家文化公园(代县段)建设工程。要以雁门关景区为龙头,积极争取山阴县的新、旧广武城及广武段长城,围绕"名关""名城""名将"优势,聚集"吃、住、行、游、购、娱"要素,一体建设雁门长城文化体系,统筹打造包括文化体验、自然风光、遗址观光、度假娱乐、研学教育、红色旅游、生态休闲、乡村旅游等主要功能的旅游景区,全面推进现代旅游康养产业高质量发展。

(此文在第五届中国长城论坛上荣获优秀奖。作者系忻州市长城学会理事兼副秘书长,代县县委党史研究室主任。)

雁门长城文化的创造性转化
和创新性发展经典案例研析

朱亚云

从春秋末期修筑赵长城算起,雁门长城文化就随着雁门关长城的诞生而发展,并随着中华民族的崛起而繁荣进步并载入史册。雁门长城文化不仅是雁门传统文化中的精华,更是中华优秀传统文化中的精华。雁门长城拥有的历史文化价值、根脉价值和文物遗产价值,都是实现创造性转化、创新性发展的深厚底蕴和有力支撑,也是能够产生经典案例并供我们探讨研习的理论支撑和实践支撑。

历史经验告诉我们,中华优秀传统文化必须与中华民族命运紧密相连,必须与时代需要相结合,在它的传承和发展过程中才能释放出强大的影响力、号召力和凝聚力。本文重点研析近代平型关战役、雁门关伏击战和夜袭阳明堡飞机场经典战例,尝试提炼这些经典战例所蕴含的雁门长城精神,同时思考在中华民族关键时刻和重大活动中应如何实现创造性转化和创新性发展。

一、经典案例之一:土石长城—血肉长城—钢铁长城

从 1937 年 7 月 7 日爆发卢沟桥事变,到 2015 年 9 月 3 日纪念中国人民抗日战争暨世界反法西斯战争胜利 70 周年系列活动在北京隆重举行,雁门长城文化的创造性转化、创新性发展,至少实现了两次质的飞跃和发展,这是雁门儿女在中国共产党领导下所创造的伟大实践。雁门长城文化的第一次创造性转化、创新性发展是实现土石长城向血肉长城的飞跃式发展。这次雁门长城精神的飞跃和升华,集中体现在震惊中外的平型关大捷、雁门关伏击战和夜袭阳明堡飞机场等经典战例上。

七七事变爆发后,日本帝国主义发动对华全面战争,妄图变中国为其独占的殖民地,甚至叫嚣在三个月内灭亡中国。在这生死存亡的关头,中共中央向全国发出通电号召:"不让日本帝国主义占领中国寸土!为保卫国土流最后一滴血!全中国同胞、政府与军队团结起来,建筑民族统一战线的坚固长城,抵抗日寇的侵略!"1937 年 8 月 25 日,中共中央军委发出命令,将中国工农红军第一、第二、第四方面军及陕北工农红军等部改编为国民革命军第八路军,下辖 3 个师共计 4.6 万人。9 月,中共中央派周恩来、彭德怀等到第二战区司令长官行营太和岭口村与阎

锡山会晤,谈判关于"八路军入晋后活动地域、指挥关系、兵员补充、武器装备和动员群众"等问题,商定成立第二战区民族革命战争战地总动员委员会,尽快扭转山西抗日局势。

不久,八路军迅速开赴山西抗日前线,筑起了血肉长城,与日本侵略者展开敌后游击战。9月25日,八路军115师主力在雁门关东南的平型关伏击日军,首战告捷,一举歼灭日军1000余人,击毁日军汽车100余辆。10月18日和21日,八路军120师358旅716团在太同公路雁门关南侧两次设伏,伏击日军在忻口战役中的汽车运输线,毙伤日军500余人,毁伤汽车数十辆。10月19日,八路军129师769团3营夜袭阳明堡飞机场,毁伤全部敌机24架,毙伤日军100余人。

平型关大捷、雁门关伏击战和夜袭阳明堡飞机场就是雁门关土石长城转化成血肉长城的结果。正如《义勇军进行曲》中的歌词:"把我们的血肉,筑成我们新的长城,中华民族到了,最危险的时候""我们万众一心,冒着敌人的炮火,前进!前进!前进进!"面对极其野蛮、极其残暴的日本侵略者,中国共产党及其所领导的八路军、新四军和全国爱国同胞没有屈服,而是凝聚起了同日本侵略者血战到底的空前斗志,坚定了抗日救国的必胜信念。在长达14年的抗战过程中,传统的长城精神也升华为伟大的抗战精神,即天下兴亡、匹夫有责的爱国情怀,视死如归、宁死不屈的民族气节,不畏强暴、血战到底的英雄气概,百折不挠、坚韧不拔的必胜信念。

雁门长城文化的第二次创造性转化、创新性发展是实现血肉长城向钢铁长城的飞跃式发展。这次雁门长城精神的飞跃和升华,集中体现在2015年的9月3日的大阅兵仪式上。

2015年,党中央部署了纪念中国人民抗日战争暨世界反法西斯胜利70周年的重大系列活动,最为震撼世界的活动是在长安大街天安门广场举行的盛大阅兵活动。本次受阅队伍共编成50个方队,其中徒步方队11个,这11个方队由仪仗队和英模队组成,英模方队有前身为八路军、新四军、东北抗联、华南游击队等方队,还有现役英模部队方队。而在八路军方队中有排序第三的平型关大战突击连英模部队方队,排序第五的夜袭阳明堡战斗模范连英模部队方队,排序第六的雁门关伏击战英雄连英模部队方队。这三个方队同其他爱国方队一样,是一支威武之师、文明之师、英雄之师,向世界宣告了中国人民在世界反法西斯战争中作出过巨大的民族牺牲、作出过巨大的历史贡献,也向世界宣告了中国军队有现代化的强军目标,正在向现代化建设方向有力迈进。

重温历史,不蹈覆辙。雁门关南的三支八路军部队在中华民族最危险的时刻,在中国共产党的领导下,开赴山西,与雁门关内外的人民一道筑起了血肉长城,彰显了爱国情怀、民族气节、英雄气概和必胜信念,打出了震惊世界的辉煌战果。在近80年后的新时代,他们以钢铁长城的外形和内核出现在长安大街天安门广场,向世界宣示了中国军队坚定不移走和平发展道路,坚定不移维护世界和平,坚定不移捍卫国家主权、安全和发展!在党中央统筹中华民族伟大复兴的战略全局中,雁门关长城文化在血肉长城的基础上又实现了钢铁长城的升华和飞跃。自此,长城精神又有了新的内涵和时代特点,那就是听党指挥、能打胜仗、作风优良。

二、经典案例之二：土石长城—长城风沙带—绿色长城生态安全屏障

2023 年 6 月 5 日至 6 日,在内蒙古巴彦淖尔主持召开加强荒漠化综合防治和推进"三北"等重点生态工程建设座谈会时,习近平总书记明确提出"力争用 10 年左右时间,打一场'三北'工程攻坚战,把'三北'工程建设成为功能完备、牢不可破的北疆绿色长城、生态安全屏障"的重要任务,并从坚持系统观念、突出治理重点、坚持科学治沙、广泛开展国际交流合作、全面加强组织领导等方面作出部署。在强国建设、民族复兴的新征程上,凝心聚力打好"三北"工程攻坚战,意义重大、影响深远。"三北"工程建设,也包括雁门关在内的古长城沿线,体现了修复生态、解决好人与自然和谐共生问题的主观能动和积极作为,将为民族永续发展筑起牢不可破的"绿色长城"。

2021 年至 2030 年是"三北"工程六期工程建设期,同时也是巩固拓展防沙治沙成果的关键期,是推动"三北"工程高质量发展的攻坚期,"不能歇脚,不能松懈"。长城沿线的各级政府和绿色长城建筑人,要牢固树立"人与自然是生命共同体"的文化理念,深刻感悟和应用"长城与绿色"和谐共生的中国智慧,坚定"天人合一、万物并育"的文化自信,用建土石长城、血肉长城和钢铁长城的文化自觉,牢记领袖嘱托,建好绿色长城,筑牢生态安全屏障。雁门长城文化研究者和长城文物保护者,要不断深入学习贯彻习近平生态文明思想,率先将土石长城的长城精神转化为绿通长城的生态安全屏障,扎实推进美丽代县建设,从文化方面实现创造性转化、创新性发展。

保护长城和建设绿色长城,属于同一历史文化根脉,都是事关中华民族永续发展的事,也是中华文明突出特性的彰显和弘扬。保护长城和建设绿色长城均源于两个结合,同中国革命实践相结合,同中华优秀传统文化相结合。保护长城实体文物,是更有力推进中国特色社会主义文化建设,建设中华民族现代文明的大事和实事。而在长城沿线推进"荒漠化综化防治工程",是事关我国生态安全、事关强国建设、事关中华民族永续发展的大事和实事。习近平生态文明思想,是我们长城人建设绿色长城的指导思想,更是我们长城人实现长城文化创造性转化、创新性发展的指导思想。所以,我们长城人要想在长城文化方面做出创新,必须认真学习习近平生态文明思想,掌握好理论武器,点亮这盏理论明灯。

晋西北和晋北地区是全国荒漠化监测与防治的重点地区之一,国家重点工程有京津风沙源治理工程、新一轮退耕还林工程、天然林保护工程和"三北"防护林建设工程,省级工程有京津冀生态屏障建设工程、黄土高原综合治理工程。2022 年,山西省出台《山西省黄河流域生态保护和高质量发展林草专项规划》,确定了晋西北防风固沙生态修复区以忻州市的河曲、保德、偏关三个黄河干流县为核心,以防风固沙、水土保持为重点,大力实施国土空间规划和"三线一单"管控要求,有序推进长城沿线、桑干河流域(长城北)、洪涛山沿线、黄河沿线防沙治沙并沙区森林资源纳入永久性生态公益依法保护。

近年来,山西省累计治沙(建绿色长城、筑生态安全屏障)1131 万余亩,实现沙化面积、沙

化程度"双下降",沙化土地植被覆盖、沙区环境空气质量"双提升"的目标。目前,雁门长城的南北地区、东西沿线生态经济已形成大势,如阳高、浑源、广灵的仁用杏基地,右玉、岢岚的沙棘基地,河曲、保德的海红产业,偏关的柠条生物发电,这些地方的产业及产业链都可以托起当地长城文化的创造性转化、创新性发展。实体经济的发展需要文化软实力的匹配和支撑,这就为当地长城文化的发展升华提供了更为广阔的空间和平台。

习近平总书记在座谈会上提到的那些治沙英雄,都是我们雁门长城文化研究者和长城文物保护者学习的榜样。他们所创造的"三北"精神主要内容有科学求实、改革创新、不忘初心、牢记使命、造福人类、惠及子孙、不畏艰难、艰苦奋斗、依靠群众、兴林富民、锲而不舍、久久为功。"三北"人还经常这样讲:"献了青春献终身,献了终身献子孙。"因此,"三北"精神是丰富长城精神、增添长城精神活力的时代文化新基因。

"三北"精神与长城精神是一条文脉相承相担,一个价值观的两种别样诠述。我们要把长城精神和"三北"精神有机地结合起来,鼓足干劲,重塑形象,以新时代中国特色社会主义文化建设者的形象风范、秉赋特质投入绿色长城和北疆生态安全屏障的建设中,不断强化不忘初心、牢记使命的政治觉悟,增加科学求实、改革创新的时代特质,彰显艰苦奋斗、久久为功的精神风貌,开阔造福人类、惠及子孙的广阔胸怀。

（此文在第五届中国长城论坛上荣获优秀奖。作者系忻州市长城学会会员。）

从港台小说中的雁门关书写看长城的和平精神

李丹宇

雁门关,位于山西省代县县城以北约 20 公里处的雁门山中,依山傍险,扼守山西南北交通要冲,《读史方舆纪要》描述其"壮大同之藩卫,内固太原之锁钥,根抵三关,咽喉全晋,向以川扼塞,去边颇远,称为腹里"。雁门关作为长城上的重要关隘因其特殊的地理位置成为古今兵家必争之地。追溯历史,雁门关从秦汉时期,就成为行兵之道,在唐、五代十国、宋、辽、金、元时期为兵防重地,尤其是宋辽对峙,长达百年。作为古三关之一的雁门关,无疑见证了最多的血雨腥风。随着我国多民族统一国家的形成,雁门雄关早已失去往日的战略地位,但古往今来与雁门关相关联的文学作品却层出不穷,因文体特点的不同,诗歌、散文类作品多写自然意义上的雁门关,而在小说、戏剧等虚构性文体中呈现的多是雁门关的人文地理景观。

高阳,台湾当代著名历史小说作家,曾任台湾《中华日报》总主笔,其在历史小说创作方面成果卓著,主张"以考据入小说"。复旦大学马克思主义学院教授、博士生导师林青在《屠纸酒仙——高阳传》后记中评价:"高阳的出现,是 20 世纪中华民族对于人类文化进步的一个贡献"。

金庸和梁羽生,均为当代著名武侠小说作家,皆曾为香港《大公报》专栏作家。金庸、梁羽生、古龙与温瑞安并称为"中国武侠小说四大宗师"。

这几位闻名遐迩的港台作家不约而同地将雁门关作为构建小说故事的重要地理空间,显然,其笔下的雁门关绝不仅仅是提供一个演绎故事情节的地点,而是具有文化层面的地域指向,同时还是一种空间隐喻和精神建构。

一、雁门关下昭君大义出塞

高阳的历史小说《汉宫名媛王昭君》讲述的是中国古代四大美女之一王昭君的悲情故事。

关于王昭君的传说故事可谓家喻户晓,在民间书写尤其是民间传说中王昭君逐渐被神化,赋予其神奇的能力,宣扬其大义和亲对民众和平生活作出的贡献。但是史书对其记载却很少,较多地成为历代文人墨客笔下加工创造的典型人物。后世各种不同形式的文艺作品对王昭君的事迹反复演绎,从而使王昭君的形象逐渐丰满起来。高阳的这部小说集诸家创作之长,再现了西汉宫廷风云,塑造了大义出塞的王昭君形象。

小说中的王嫱,别号昭君,是荆襄秭归的大绅士王襄之女,天生丽质,号称"秭归第一美人"。小说开篇即写秭归选秀,民间女子林采、赵美、韩文先后入选,王昭君虽有父母庇护,但为了救父亲脱缧绁之灾,也被迫选入掖庭。四女子进宫后姐妹结义,同时不由自主地卷入纷繁复杂的宫廷斗争中。

故事情节的高潮集中于王昭君入宫后的危机和波澜。王昭君虽有落雁姿色但由于不肯贿赂宫廷画师毛延寿,遭其陷害,被画成庸脂俗粉的模样,还被在画中的眉头处点上凶痣,因此进宫后得不到皇帝临幸,备受冷落。想当年汉高祖曾领兵亲征匈奴却被困雁门关外,幸亏靠从陈平使计策才安然脱险,从此汉朝对匈奴采取和亲的政策。到汉武帝时对匈奴再度用兵,匈奴大以为患,倒过来与汉朝和亲修好。此时,匈奴首领呼韩邪来长安朝觐天子,以尽藩臣之礼,并自请要做汉家女婿,以期两国永息干戈。太后坚决不允亲孙女下嫁匈奴,元帝遂册封昭君为宁胡长公主欲嫁给呼韩邪单于。汉元帝得见王昭君的真容后懊悔不已,不顾大臣劝阻,决意撤销昭君的长公主封号转而封其为明妃,再以李代桃僵之计让韩文假冒长公主去匈奴和亲。谁料掖庭令史衡之马上将消息传递给呼韩邪单于,反而嫁祸于赵美。再说毛延寿自知奸计败露,随即逃往番邦,泄露汉宫机密,并怂恿番王起兵攻打中原,迫使汉元帝献上真的王昭君,随之,边关烽烟再起。太后为了斩断汉元帝对昭君的情思以实现和亲,于是下懿旨赐死昭君,性命攸关时刻皇帝赶到,昭君虽然得救却被打入冷宫。皇帝夜探冷宫,梦想着与明妃长相厮守,无奈慑于太后威严只是恢复了昭君的长公主名号。之后,韩文决心替二姐赴难,商议的办法是到雁门关后暗中换人,将昭君悄悄送回长安,然后智骗毛延寿,让其掩人耳目,部署的计划极其周密。然而,王昭君深思熟虑后认为成全他人、消弭兵祸、拯救国家的人应该是自己,最终毅然请行出塞和番。小说中不乏缜密的历史考证,但也可见想象虚构的成分,以王昭君出塞前的遭际为主线,辅以四姐妹起伏跌宕的命运,揭示了汉宫内尔虞我诈的内幕,生动演绎了既柔媚重情,又深明大义的昭君形象。

昭君出塞的本事最早见于班固《汉书》,昭君出塞故事的发展正是源于这一历史事实。《汉书·元帝纪》诏曰:"……其改元为竟宁,赐单于待诏掖庭王嫱为阏氏。"这一事件在《元帝纪》《匈奴传》《王莽传》《后汉书·南匈奴传》中均有记载。

关于昭君出塞所走路线,学界有两种观点,即秦直道和通塞中路,持秦直道之说的理由是这条路线直而近捷,而通塞中路是经山西代县勾注塞(雁门关)、杀虎口北上出塞,很多学者倾向于此说。靳生禾的《昭君出塞路线考辨》便是持通塞中路说,理由主要有三,其一,史书有关于汉匈间礼聘、和亲往还走通塞中路有间接的具体记载;其二,此线虽曲缓,却易行又安全,汉遣七郡迎护呼韩邪单于的"七郡"实为通塞中路的河东、太原、代、雁门、定襄、云中、五原;其三,通塞中路一线的遗址遗迹、口耳相传的民间传说乃至地方史志记载、文学作品提及等可作为信史的补充印证。

高阳常"以考证入小说,以小说成考证"的写法开创了中国历史小说的新类型。那么,他在这部小说中写昭君从雁门关出塞,显然与通塞中路说相吻合,从而以文学作品印证了历史事实。

王昭君出塞后,结束了汉匈之间长期的武力对抗,开启了汉匈之间长达半个多世纪的和平友好关系。雁门关曾经是民族间交往、冲突、融合的见证,是北方游牧民族的草原文化和中原汉民族的农耕文化沟通融合的桥梁和纽带。经过漫长历史的淘炼和沉淀,其中贮藏着中华民族融合过程的历史信息和轨迹。在高阳笔下,雁门关这一文学景观也具有了和平交融的象征意蕴。正如学者所言:客观存在的文学景观是一个"具有多义性的象征系统"。

二、雁门关下消弭民族纷争

金庸的小说《天龙八部》被誉为其武侠巅峰之作,篇幅之长、人物之多、人物关系之错综、故事情节之曲折、想象之奇特,当属金庸作品之最。令人称奇的是,在金庸先生建构错综复杂的故事情节和人物关系时也将雁门关作为小说中的重要描述对象。《天龙八部》中多次提到雁门关,故事情节的开始从雁门关起,最后又以雁门关终,雁门关成了小说故事的主要发生地,而其中雁门关发生的故事又是整部小说故事的核心情节。

金庸在《天龙八部》中不仅对雁门关高耸陡峭的地形地貌有较为细致的描绘,而且详细交代了雁门关战略位置的重要性:"雁门关是大宋北边重镇,山西四十余关,以雁门最为雄固,一出关外数十里,便是辽国之地,是以关下有重兵驻守。""战国时赵国大将李牧、汉朝大将郅都,都曾在雁门驻守,抗御匈奴入侵。"被称为"九塞之首"的雁门关,自古便是兵家必争之地,发生过数以千计的战役,自战国始就有许多名将曾在此驻守。北宋时期,这里又是宋辽对峙的前沿,《天龙八部》中故事的时代背景正是宋辽战争。在小说中,雁门关并非只是客观存在的自然地理空间,而是已经转化为金庸笔下的一种文学地理空间。因为它既是推动故事情节发展的一条重要线索,又是表达作品题旨的故事内容之载体。萧峰一生跌宕起伏命运的三大转折点都发生在雁门关。或言之,雁门关是萧峰数次人生节点所在地。雁门关血战使得契丹婴儿萧峰成为汉人婴儿乔峰,乔峰(萧峰)得知自己的契丹人身世,便赶往雁门关外寻求当年父母被害的真相。雁门关是他遇到阿朱的地方,也是开始"千里茫茫若梦"的转折点,两人在雁门关外相约有朝一日来塞外牧马放羊,誓约终究成了一场空;雁门关还是他舍生取义、阻止辽帝耶律洪基进犯北宋而选择自我终结生命的地方。

金庸将小说的故事背景和主要人物的爱情之殇设计在雁门关下,男女主人公分属不同民族,萧峰还表现出为消弭民族对立而舍生取义的精神,可以说,作者以悲剧叙事反衬民族和睦重要性的创作意图是鲜明的。金庸在《"金庸作品集"新序》中就明确说其希望传达的主旨是:"爱护尊重自己的国家民族,也尊重别人的国家民族;和平友好,互相帮助……",其中表达了作者向往民族平等、民族融合的愿望,也折射出长城文化中所体现的讲信修睦、崇尚和平的民族品格以及中国文化中的"和合"文化基因,从而产生神秘的文学魅力。

梁羽生被誉为新派武侠小说的开山鼻祖,其创作摒弃了旧派武侠小说一味复仇与嗜杀的倾向。他虽生长于中国南方,却往往将小说笔触伸向遥远而神秘的西北部。《萍踪侠影录》是梁羽生武侠小说的扛鼎之作,亦是他自己最满意的作品。小说以明代"土木堡事变"和"北京保卫战"两个重大历史事件为背景,又以张、云两家的恩怨纠纷和名士侠客张丹枫的成长经历为线索,展现了明朝中期风云变幻的历史画卷。小说中所描写的明王朝与张士诚后代的矛盾、朝中奸宦与忠臣义士的斗争以及中原与蒙古之间的民族冲突,还有于谦尽忠报国,抵抗外族侵略,反遭皇室迫害的悲剧故事，都具有历史真实性。其中主要的历史人物如土木堡事件中被俘的明英宗朱祁镇、瓦剌首领也先、奸臣王振等也有所刻画，因而具有了鲜明的历史小说特征。可以说，《萍踪侠影录》就是一部兼有历史小说之长的新派武侠小说。

小说的主人公张丹枫可谓"亦狂亦侠"的文学形象。元代末年，张丹枫的先祖"大周皇帝"张士诚曾与明太祖朱元璋争夺天下，苏州一战后兵败自杀，张士诚的后人也被迫逃往北方边境避居瓦剌。为了报仇雪耻，借助外族势力推翻朱明王朝，张家在瓦剌谋得官职。张丹枫出生于塞外异域，自幼便在官拜瓦剌丞相的父亲张宗周熏陶教导下立下灭明复周、重夺天下的志向，但他又是玄机逸士门下弟子，恩师是侠肝义胆的中原武林高手谢天华，受其影响，成为一个极重民族大义、富有爱国爱民精神的热血青年。

云蕾是云靖的孙女，玄机逸士门下的另一位弟子叶盈盈的徒弟。云靖作为明朝使臣奉遣到蒙古瓦剌议和，不料竟被扣留异邦放牧二十年，历尽艰辛。其子云澄，是天下第一剑客玄机逸士的弟子，相邀同门兄弟谢天华、潮音和尚将父亲云靖和女儿云蕾救出，但在返回中原经雁门关时被奸宦王振所害，被皇帝赐死，死前将一封血书藏于只有七岁的云蕾衣中，嘱托将来要替自己报仇，而仇人就是在瓦剌为相的张宗周一家。云靖的好友、雁门关总兵周健一怒之下背叛朝廷，占山为王。十年后，云蕾学就玄机逸士的独门剑术，周健落草为寇后仍不忘大明江山，为破瓦军，劫了军饷，引出云蕾上山助战。后来，云蕾找到了相别多年的父母，父亲云澄当年为了救云靖，孤身抵抗瓦剌武士，跌入悬崖，摔至残疾，母亲在瓦剌作苦力，哭瞎了眼睛，这一切都因张宗周而起。

张丹枫和云蕾同闯江湖，相遇相识，并在一系列冒险经历中建立了深厚感情，然而，二人的相知相恋却一路坎坷，伴随着太多的恩怨情仇甚至家仇国恨。云蕾得知张丹枫是仇人张宗周之子，张丹枫也知道了云蕾是被父亲过失所害的云靖之孙女。这一切使张丹枫陷入无法自拔的矛盾漩涡，一方面国恨家仇与民族精神难以调和，若不借助于瓦剌军队，其灭明复周的使命无法实现，若借瓦剌军队进攻自己的父母之邦、屠杀自己的同胞，又与其从谢天华那里所接受的侠义教育格格不入。另一方面家仇与爱情纠结难解，舍弃爱情非己所愿，而要化解两家的数代深仇又是何等艰难。"土木堡之变"发生后，张丹枫目睹了争战给黎民百姓带来的苦难，在民族存亡的关头，他终于挺身而出，抛却家族世仇，主动将准备用于复周的宝藏和极富军事价值的天下地形图献给明军守关将领于谦，希冀明朝能强盛，以制衡瓦剌，缔约和平，消弭战乱。并且张丹枫在明朝军民抗击瓦剌入侵的战斗中大显身手。他身临"北京保卫战"的战场，和他的侠士朋友们奋力抗敌，尤其是他和云蕾的双剑合璧，让瓦剌溃不成军。后来明英宗能返回北京、也先与明朝议和，也是张丹枫在其中纵横斡旋的结果。云澄带着云蕾踏进张府寻仇，张宗周自了生命，以死谢罪。张丹枫最终与云蕾结为一对武林侠侣。

《萍踪侠影录》以长城关堡上的民族纷争为背景，其间穿插张丹枫与仇家后代云蕾的爱情波折，有机地将爱恨情仇与家国命运交织在一起，深沉蕴藉，凄婉动人，表达出作者"盈盈一笑，尽把恩仇了"的创作思想，演绎出一部历史风云与豪侠传奇双线交融的独特篇章。梁羽生虽然没有像金庸在《天龙八部》中那样将雁门关设置为情节发展的轴心空间，但也通过雁门关下的恩怨情仇构建起整部小说的情节起点和主题指向，雁门关故事场景的选择不是为了便于作者驰骋文学才情,而是反映了作者关注家国兴亡、民族融合的思路,其中的描写明显渗透着作者反战修睦的审美倾向。

三、民族融合故事隐喻长城的和平精神

长城虽然是军事防御工程,但在历史的长河中也是民族融合的见证者。长城沿线有匈奴、鲜卑、氐、羌、突厥、契丹、柔然、女真、蒙古等少数民族,分别于不同的历史时期,在长城内外与汉族或其他民族互相对立,但又互相交往、学习、内迁、杂处,还实现了商贸往来,从而产生了广泛的民族融合。在此意义上说,"长城促进了北方游牧民族与中原农耕民族的高度融合,起到了民族融合的纽带作用"。在长城内外数千年民族融合的历程中,逐渐形成今天和谐一致的中华民族共同体,凝聚起中华民族团结御侮的伟大精神。

关于民族融合的故事也成为小说家创作的重要题材之一。他们以广阔的历史视野建构其笔下的人物传奇和故事时空。

中国作为一个历史悠久的多民族国家,为了维护民族间的和平共处与共同发展,汉王朝曾多次选派公主远嫁异域,通过和亲的方式来实现睦邻友好的政治目的。在担当和亲使命的女性中,影响最大的莫过于西汉时期的王昭君。她的故事不仅记载在《汉书》《后汉书》等正史中,而且一直在民间演绎和流传,同时还不断地被不同时代的文人们所关注和书写。以至于历代以昭君为题材的文学创作已经形成了一种独特的文学现象。文学家与历史学家之不同在于其不注重叙述事件的始末,而是致力于理解事件的意义。因此,昭君远嫁在文人的笔下就与和平安邦、民族友好联系在了一起。著名历史学家翦伯赞在其《内蒙访古》一文中曾如此形容王昭君:"王昭君已经不是一个人物,而是一个象征,一个民族友好的象征。"

雁门关自古以来多战事,上演过许多王朝兴亡、民族重组的历史悲壮剧,却也是民族交流、民族融合的地方。在民族大融合的过程中,雁门关的作用不可抹杀。长城是中原地区与少数民族的货物流通、互市通商的地方。从地域文化的角度来讲,长城两边是从最初的文化冲突逐渐发展为文化认同,从而推进了民族融合的步伐。

《汉宫名媛王昭君》中的雁门关地理空间正是汉匈和平共处历史的见证,《天龙八部》《萍踪侠影录》中建构的雁门关文学地理空间则反映出江山易代之际民族交融的历史事实。其中的雁门关隐喻了丰富复杂的历史意蕴,是中华民族不断凝聚的象征。借此,我们也窥见了作者的创作意图与审美追求。作者将小说中的人物形象塑造和长城的历史主题及现实主题紧密地联系在一起,让读者直观地感受到长城这一中华民族的防战屏障和历史人物的血脉关系,同时也深刻地感悟到长城作为一种民族精神载体的文化意象所产生的现实意义。

一方面,长城作为防御工事,是预防战争、维护和平的屏障,"乃若筑垣固封,列兵扼险",修筑塞垣加固边墙,调集军兵扼险而守,中国人民筑长城的动机是"防人掠,守己国,求安宁",修筑长城不是为了打仗而是为了避免战争,而且随着长城构筑越来越坚固和完善,其防御性能也越来越好,才能实现长期守望和平。所以中国人民是爱好和平的民族,万里长城虽然是战争的

衍生物,但它每块砖石上都凝结着历朝历代人民爱好和平、祈求安宁的愿望。可以说,长城是"中华民族祈求和平安宁的标志",体现着中华民族的和平理念及对外开放、友好往来的和平精神。另一方面,长城调和了农耕与游牧这两种不同的经济秩序与生产生活方式,对促进经济繁荣、文化交流、民族融合起到重要作用。唐晓峰于1998年撰写了一篇较专业化的文化散文《长城内外是故乡》,文章认为长城不是割裂带,而是交融带,并坦言:"经过历史的曲折发展,长城时代终于结束,咒骂长城恨不能将其哭倒的历史故事已不再动人。在新的时代心态下,长城得到了道德重建,'修我长城'成为恢复民族自信的号召。"

四、结 语

历史演进、民族融合与人文精神的交织契合,使得长城在军事与政治意义之外,被赋予丰厚的文化与情感意蕴。长城内外是故乡,港台小说中书写雁门关下的民族融合,彰显各民族亲如一家的历史图景,表现了作者对中华民族统一、安宁社会秩序的渴望与祈盼,是根植于中国传统文化的和合思想的外显,其背后则是沉淀在精神深处的中华民族讲仁爱、重民本、守诚信、崇正义、尚和合、求大同的核心精神。"协和万邦"(《尚书·尧典》)是中华民族处理国内外一切争端的情感倾向和最高原则。中国政府从实际出发,提出"和平统一,一国两制"的构想,已经运用于解决香港、澳门的回归。今天,台湾的未来仍然牵动着海内外中华儿女的心,在港台作家笔下同样奔涌着期盼实现祖国统一之情思。

(此文在第五届中国长城论坛上荣获优秀奖。作者系忻州师范学院副教授,文学硕士,忻州市长城学会会员,主要研究方向为中国现当代文学与地域文化。)

太行山红色文化遗址的空间分异特征与要素关联分析

—— 以不可移动革命文保单位为例

赵鹏宇　司佳钰

1.引言

太行山脉是中国东部地区的重要山脉和地理分界线,跨北京、河北、山西和河南4省,总长约500公里。从春秋战国时期始,至明、清两代,两千多年间烽火不息。近代以来太行山区域内发生众多的重要历史事件和战役,区域内遗留有各种机构的旧址、历史战役旧址等,还有诸多的烈士陵园也诞生出不少红色故事以及英雄人物的历史事迹。狭义的太行山精神涵盖抗日战争时期所形成的以爱国主义为核心、以民族独立和人民解放为斗争目标的革命精神。太行山红色文化凝结于中华民族的危亡时刻,是中国共产党在革命年代艰难斗争的见证,也显现出了中国共产党的光辉历史,是红色文化遗产的重要物质载体,呈现出全国各地区人民积极投身革命、为救国家陷于水火仍顽强拼搏的伟大革命精神,也见证了全民团结一心、共同抗敌救国的风雨历程。党的十八大以来,革命文物进一步得到重视,习近平总书记就曾先后到一些革命老区进行考察,如陕西延安铜川、贵州遵义等,并在其传承和保护利用上作出了一系列的指示。2020年国家发展改革委、文化和旅游部联合印发了《太行山旅游业发展规划(2020—2035年)》推动太行山区旅游业转型升级和高质量发展,大力传承弘扬太行精神。牢记习近平总书记"一定要发扬好太行精神,一定要把《在太行山上》再唱响"的嘱托,高度重视对红色文化遗址的保护和合理利用。

目前,国外没有关于红色文化遗址的相关概念,国外有许多与革命旧址相类似的遗址遗迹,如法国凡尔登大战遗址、诺曼底登陆旧址等,国外研究集中于战争遗址遗迹的保护和利用、黑色旅游的行为动机等方面。国内研究侧重于对红色文化的价值研究,涉及历史价值、文化价值、育人价值、旅游价值等内容。总体而言,涉及太行山区域基于GIS空间分析对于红色文化遗址的空间分异特征与其相关的影响因素的研究较少,因此本文通过对太行山红色文化遗址的空间分异进行分析,并在此基础上探索太行山红色文化遗址与常住人口数、旅游基本情况、传统村落数、住宿和餐饮等因素的关联情况,以期为太行山旅游行政跨界综合开发利用等提供参考。

2.研究方法与数据来源

2.1 研究方法

2.1.1 最邻近指数

最邻近指数能很好地反应点状要素的空间分布特征,点状要素空间分布分为三种类型:聚集的、均匀的和随机的,计算方法是实际最邻近距离与理论最邻近距离(即随机分布时的理论值)的比值,公式如下:

$$R = \frac{\overline{r_1}}{\overline{r_E}} = 2\sqrt{D} \times \overline{r_1} \tag{2.1}$$

式(2.1)中:R为最邻近点指数,$\overline{r_1}$为最邻近点之间距离的平均值,$\overline{r_E}$为理论最邻近距离,D为点密度。当$R=1$时,即$\overline{r_1} = \overline{r_E}$,说明红色遗址空间随机分布;当$R>1$时,即$\overline{r_1} > \overline{r_E}$,说明红色遗址空间趋于均匀分布;当$R<1$时,即$\overline{r_1} < \overline{r_E}$,说明红色遗址呈聚集型分布。$\overline{r_E}$的计算方法如下:

$$\overline{r_E} = \frac{1}{2\sqrt{n/A}} = \frac{1}{2\sqrt{D}} \tag{2.2}$$

式(2.2)中:A为区域面积,n为研究对象的数目。

2.1.2 核密度估计

核密度估计,用以基于有限的样本推断总体数据的分布。因此,核密度估计的结果即为样本的概率密度函数估计,根据该估计的概率密度函数,可以得到数据分布的一些性质,如数据的聚集区域。公式如下:

$$f(x) = \frac{1}{nh^d} \sum_{i=1}^{n} k\left(\frac{x - x_i}{h}\right) \tag{2.3}$$

式(2.3)中,$k\left(\dfrac{x - x_i}{h}\right)$为核密度函数;$n$为研究区域红色文化遗址的数量;$h$为搜索阈值,且$h>0$;$x - x_i$为估计值点$x$与样本点$x_i$之间的距离;$d$为数据维数。

2.1.3 标准差椭圆

标准差椭圆常用来对地理要素的空间重心、分布范围、趋势和离散进行分析,文中运用标准差椭圆的方法来分析太行山红色文化遗址的空间方向与中心特征。

$$SD_x = \sqrt{\left[\sum_{j=1}^{n}(\Delta x_i \cos\theta - \Delta y_i \sin\theta)^2\right]/n} \tag{2.4}$$

$$SD_y = \sqrt{\left[\sum_{j=1}^{n}(\Delta y_i \cos\theta - \Delta x_i \sin\theta)^2\right]/n} \tag{2.5}$$

$$\tan\theta = \frac{\sum_{i=1}^{n}(\Delta x_i^2 - \sum_{i=1}^{n}\Delta y_i^2) + \sqrt{(\sum_{i=1}^{n}(\Delta x_i^2 - \sum_{i=1}^{n}\Delta y_i^2) + 4(\sum_{i=1}^{n}\Delta x_i \Delta y_i)^2}}{2\sum_{i=1}^{n}\Delta x_i \Delta y_i} \tag{2.6}$$

式(2.4—2.6)中：SD_x 和 SD_y 分别代表 x 轴和 y 轴标准差；Δx_i 和 Δy_i 分别代表太行山红色文化遗址的 x、y 坐标点与其平均中心的偏差；θ 为椭圆旋转角；n 为区域红色文化遗址的数量。

2.1.4 灰色关联分析

灰色关联分析是以各因素变化曲线几何形状的相似性为依据，对因素间的关联度进行判定的方法。公式如下：

x_0 与 x_i $(i=1,2,3,\cdots,n)$ 在 j 点的关联系数为

$$\xi_{i(j)} = \frac{\min_i \min_j \left|x_{0(j)} - x_{i(j)}\right| + \rho \max_i \max_j \left|x_{0(j)} - x_{i(j)}\right|}{\left|x_{0(j)} - x_{i(j)}\right| - \rho \max_i \max_j \left|x_{0(j)} - x_{i(j)}\right|} \tag{2.7}$$

式(2.7)中：$\xi_{i(j)}$ 为关联系数，关联度为关联系数 $\xi_{i(j)}$ 总和的平均数；ρ 为分辨系数，$\rho(0,1]$，一般取0.5。

$$r_i = \frac{1}{m}\sum_{i=1}^{m}\xi_{i(j)} \tag{2.8}$$

式(2.8)中：r_i 为比较序列对参考序列的关联度，r_i 越接近于 1 则表明该影响因素与评价对象的相关性越大。

2.2 数据来源

国家文物局根据《中华人民共和国文物保护法》《中华人民共和国文物保护法实施条例》《文物认定管理暂行办法》等制定不可移动文物认定导则。山西省和河北省根据该导则，确定了革命文物名录。山西省在 2021 年 4 月和 2023 年 2 月分别公布了第一批和第二批革命文

物名录,在第一批中有 687 处被认定为不可移动革命文保单位,其中太行山区域内的有 310 处;在第二批中包括不可移动革命文物 463 处,其中太行山区域内的有 119 处。河北省在 2021 年 2 月和 2023 年 1 月分别公布了河北省第一批和第二批革命文物名录,第一批包括各级文物保护单位 595 处,其中太行山区域内的有 235 处;第二批涉及不可移动革命文物 5 处,其中太行山区域内的有 2 处。首先获取所研究的不可移动革命文保单位的经纬度坐标,通过百度地理坐标拾取系统查询,运用地图坐标系转换 – 在线工具将查询到的经纬度坐标进行转换和纠错,进一步得到关于太行山红色文化遗址的空间地理数据库。关联要素中,涉及常住人口数、辖区面积、地区生产总值、国内旅游人数、住宿餐饮业、山西省公路通车里程等指标分别来自《山西统计年鉴(2022)》《河北统计年鉴(2021)》。传统村落数来自中华人民共和国住房和城乡建设部(https://www.mohurd.gov.cn)。非物质文化遗产数来自中国民族文化资源库(http://www.minwang.com.cn)。A 级景区数分别来自山西省文化和旅游厅(http://wlt.shanxi.gov.cn/)、河北省文化和旅游厅(https://whly.hebei.gov.cn/)。不可移动革命文保单位数量分别来自山西省文物局官网(www.shanxi.gov.cn)、河北省文物局官网(http://wenwu.hebei.gov.cn)。住宿、餐饮业的数据来源于《资源环境与数据中心》(https://www.resdc.cn/Default.aspx)的全国 POI 兴趣点查询。

3.太行山红色文化遗址空间分异特征

3.1 太行山红色文化遗址最近邻集散结果分析

参考邓伟、周成等对红色文化遗址的研究,结合太行山所留存文保单位的功能和性质,将太行山红色文化遗址细分为旧居路居、革命旧址、烈士陵墓、革命纪念、活动遗址等五种类别。革命纪念类主要包括为革命战争时期牺牲的烈士们所建立的纪念碑、纪念塔、纪念亭等,共有 53 处,占总数的 8.6%。革命旧址类有 320 处,主要包括抗战时期八路军总部、晋察冀边区、政府机关、工厂、煤矿、学校、印刷局、报社、医院等机构的原址所在地,占总数的 51.9%,表明该类别遗址中数量最多。活动遗址类包含战争遗址、工业遗址、历史事件、烈士牺牲地等,该类别共有 81 处,占总数的 13.1%。烈士陵墓类是为了纪念在革命战争中牺牲的以及为革命事业献出生命的烈士们而修建的陵园、陵墓等,有 124 处,占总数的 20.1%。旧居路居类主要包括领袖、名人的曾路过居住或者生活过的地方,总共 38 处,所占比例是总数的 6.3%。

从总体上看,太行山区域内的红色文化遗址,总体和细分上的最近邻比率 R 都低于 1,ρ 值均达到了显著性(表 1),表明山西、河北两省红色文化遗址群的空间分布具有明显的聚合性。从细分类别的角度来看,红色文化遗址在革命旧址类的平均最邻近指数为 0.43,说明这类遗址在空间上的聚集度最大,主要分布在长治以北和晋中以南的小部分区域,且在石家庄市北部和保定市南部也有部分区域呈现聚集型分布。革命纪念类的红色文化遗址的平均最近邻指数为 0.70,该类别与其他类别相比其空间广布性较大,主要分布在晋城市和石家庄市。

表1 太行山红色文化遗址最近邻指数

类别	平均观测距离/m	预期平均距离/m	最近邻比率	Z 得分	ρ 值
总体	4155.022645	8734.794254	0.475686	−24.895014	0.000000
革命纪念类	20980.778141	29778.656559	0.704558	−4.114733	0.000039
革命旧址类	5251.002102	12119.035193	0.433285	−19.394126	0.000000
活动遗址类	16004.809840	24087.988012	0.664431	−5.777700	0.000000
烈士陵墓类	10919.027019	19468.486629	0.560856	−9.355095	0.000000
旧居路居类	21568.056604	35168.288827	0.613281	−4.560556	0.000005

3.2 太行山红色文化遗址核密度结果分析

如图1(a)所示,总体上的太行山红色文化遗址具有"单中心聚集"的特点,主要以长治武乡县为中心,逐渐向周边扩展。长治市武乡县共有1768处各类红色革命旧址,其中223处是县保及以上机构遗址,曾是抗战时期中共中央北方局和三大主力师所在地,也是国内以八路军为核心的红色旧址数量最多的县,八路军太行纪念馆、八路军总部旧址、百团大战指挥部等遗址遗迹都保留在武乡县。此外,红色文化遗址在河北省石家庄市北部和保定市南部区域也有部分集中区域。

从细分类别来看,革命纪念类[图1(b)]的重心主要集中在晋城高平市、城区和石家庄市平山县、灵寿县等地,保留的遗址类型以革命英雄和烈士的纪念碑、纪念馆为主,包括王二小纪念碑亭、石梁纪念碑亭、白求恩柯棣华纪念馆、平头村抗战殉国革命烈士纪念馆等。革命旧址类[图1(c)]主要集中于长治武乡县,其特征表现为"单中心聚集",在抗战时期,八路军司令部旧址、鲁艺艺术团旧址、野战政治部旧址、妇训班旧址、太行三分区旧址等各主要机构均在其设驻地,因而具有明显的空间聚集特点。活动遗址类[图1(d)]和旧居路居类[图1(f)]有多个核心,表现为"多中心分散"。其中,活动遗址类的中心主要在长治武乡县、襄垣县、黎城县、潞城县,在阳泉市的盂县,石家庄市的鹿泉区、井陉矿区,邯郸市的涉县、峰峰矿区等地也存在核心区域,以上地区保留了较多的在革命战争时期的党代会会址、战斗遗址、英雄殉难就义处、地道、桥梁等遗址遗迹,如八路军129师先遣支队第一次党代会会址、四楞山战斗遗址、平型关战役遗址、左权将军殉难处、种子坡地道战遗址、乏驴岭铁桥等。旧居路居类分布核心主要有太原市娄烦县、阳泉市城区、忻州市五台县、石家庄市灵寿县和平山县、晋中市左权县和榆社县、长治市武乡县等地区,以上地区保留了数量众多的路居馆和旧居故居,包括五台山毛主席路居馆、朱德路居、刘少奇故居、蛟潭庄白求恩旧居、武军寺彭德怀旧居等。烈士陵墓类[图1(e)]呈现"单中心密集,若干次中心分散"的空间分布特征,以长治市平顺县、黎城县、潞城区及邯郸市涉县为单核中心,还有晋城市城区、晋城市高平市、长治市上党区、长治市壶关县、长治市潞州区、晋中

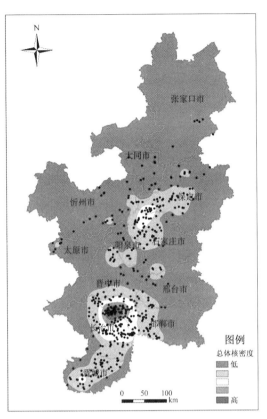

（a）红色文化遗址总体核密度分布

（b）革命纪念类核密度分布

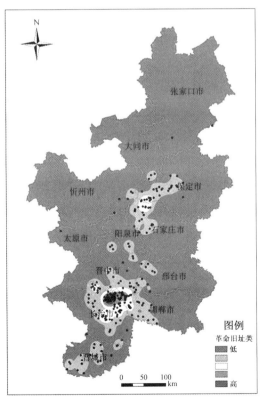

（c）革命旧址类核密度分布

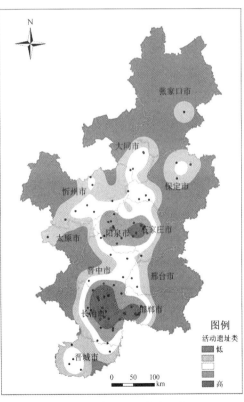

（d）活动遗址类核密度分布

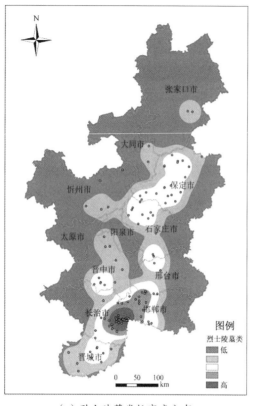
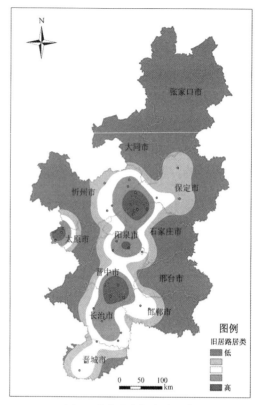

（e）烈士陵墓类核密度分布　　　　　　　　（f）旧居路居类核密度分布

图1　太行山红色文化遗址核密度分布

市榆社县、邯郸市武安市、邯郸市峰峰矿区、石家庄市赞皇县、石家庄市元氏县、保定市涞源县、保定市易县、保定市顺平县、保定市唐县、保定市曲阳县、保定市阜平县、石家庄市平山县、石家庄市灵寿县、石家庄市行唐县等多个次级中心，这些地区保留了众多的烈士陵园、烈士墓、烈士碑等，包括北娄山烈士陵园、晋察冀边区烈士陵园、岳云贵烈士墓、曹更修烈士墓、白杨坡烈士碑、韩家村烈士碑等，每一处都承载和记录着革命年代的所留存下来的精神和事迹，是历史最有力的见证。另外，革命旧址类[图1(c)]和旧居路居类[图1(f)]呈现出"两多一少，即中南部多，北部少"的空间分异特征，山西北部大同市、河北北部张家口市无核心聚集分布区域。

3.3 太行山红色文化遗址椭圆重心分析

太行山红色文化遗址的面积、空间重心与地理位置、旋转角和椭圆扁率等参数见表2。太行山红色文化遗址总体的空间重心与五大细分类别的空间重心处于113.30° E—113.86° E与37.10° N—37.63° N之间。红色文化遗址总体和五大类别均以山西省晋中市为空间重心。深入聚焦，红色文化遗址总体重心以晋中市和顺县为主，革命纪念类和活动遗址类的空间重心经度有些许差距，但是纬度相同，烈士陵墓类的空间重心与革命纪念类和活动遗址类的空间重心有点差距，但三者都位于晋中市昔阳县，旧居路居类的空间重心位于晋中市寿阳县，也有力佐证各个类别的红色文化遗址在太行山空间分布上具有区域聚集性。

基于椭圆参数，根据旋转角度可以对太行山红色文化遗址的空间分布形式及方位特点进

表 2　太行山红色文化遗址标准差椭圆参数

类别	面积/km²	空间重心与地理位置	x 轴标准差/km	y 轴标准差/km	旋转角 θ/°	椭圆扁率
总体	35168.73996	113.54° E，37.28° N 晋中市和顺县	60.23111	185.8965	20.22941731	0.675997
革命纪念类	39627.95811	113.72° E，37.50° N 晋中市昔阳县	51.04965	247.2058	22.99953795	0.793493
革命旧址类	20908.24615	113.42° E，37.10° N 晋中市左权县	42.06825	158.2473	21.583629	0.734161
活动遗址类	44456.01196	113.54° E，37.50° N 晋中市昔阳县	74.91343	188.9211	15.28175406	0.603467
烈士陵墓类	41584.34711	113.86° E，37.37° N 晋中市昔阳县	63.525	208.4158	19.08982173	0.695201
旧居路居类	48817.72134	113.30° E，37.63° N 晋中市寿阳县	88.542	175.5167	14.36613492	0.495535

行判断,红色文化遗址总体和五个大类的旋转角度都不到25°（表2）。从图2(a)可以看出红色文化遗址总体的标准差椭圆在太行山展现出"东北—西南"的方向分布,此外,红色文化遗址的分异形态可以通过椭圆扁率来显现。从图2(b)中可以看出,红色文化遗址的五种细分类别里,革命纪念类的椭圆扁率最大,高达0.79,表示该类别的椭圆形态左右最为狭窄,上下长度最长,说明革命纪念类的遗址在太行片区的南北分异性较大,椭圆扁率最小的类别是旧居路居类,为0.49,说明该类别的南北空间分异相对较小。通过在标准差椭圆计算中进行设定得出,红色文化遗址数在标准差椭圆的面积内占比为68%,从表2中可以看出,革命旧址类的红色文化遗址标准差椭圆面积为20908km²,其面积是五大细分类别中最小的,进一步说明了革命旧址类的红色文化遗址在空间上的分布最为集聚。

4.红色文化遗址与影响要素的关联分析

从文化遗产禀赋、地区宏观环境、微观旅游经济这3个维度,建立了太行山红色文化遗址与各因素之间的关系,3个维度内共有10个定量指标。应用灰色关联分析的方法对红色文化遗址与影响要素进行分析,借助Excel软件,以各地市红色文化遗址的点数量为母序列,以革命文保单位数、传统村落数、地区生产总值、A级景区数量等影响因素为子序列,首先对各指标（序列）进行均一化处理,最后得出各因素与红色文化遗址的关联系数。从10个影响要素来看（表3）,革命文保单位的关联系数最大,为0.865,各地市依据《不可移动文物认定导则（试行）》对区域内的文保单位进行统计筛选,其中具有红色文化性质和功能的文保单位不在少数,故而

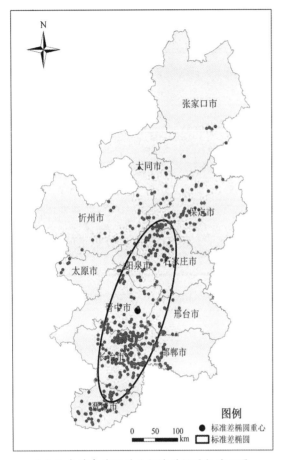

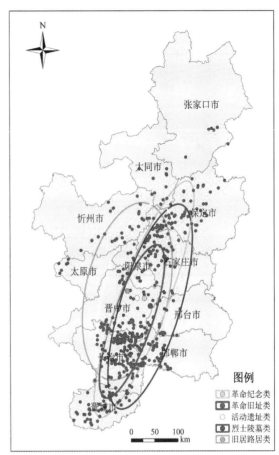

（a）红色革命遗址总体标准差椭圆与重心图　　　　（b）五大类别革命遗址标准差椭圆与重心图

图2　山西省红色文化遗址的标准差椭圆与空间重心分布

革命文保数和红色文化遗址的空间关联性最强。与红色文化遗址的关联度最小的是系数为 0.729 的住宿、餐饮业，红色文化遗址的空间分布受到当时形势的影响，大部分红色文化遗址地处偏僻的山村，且这些地区交通条件和进入性较差，住宿、餐饮业偏少，故而住宿餐饮与红色文化遗址的关联性较弱。从 3 个维度来看，文化遗产禀赋包括的 3 个影响因素，革命文保单位数、传统村落数、非物质文化遗产项目数均与太行山红色文化遗址在空间上有很大的联系；以公路通车里程、地区生产总值、辖区面积为表征的地区宏观环境，关联性次之；微观旅游经济除国内旅游人数外，A 级景区数量、住宿餐饮业等两个因素与红色文化遗址关联度较弱。

5.讨论

　　红色文化遗址是中国共产党领导下的革命战争中遗留下来的一项重要物质遗产，是一种特殊的建筑形式，是一种宝贵的红色文化素材，具有很强的纪念意义和历史价值。以太行山境内的不可移动革命文保单位为例，探索其空间分异特征与影响要素关联，以期对红色文化遗址的保护和开发利用、红色旅游行政跨界开发提供参考。对太行山地区红色文化遗址的保护和发展提出了几点建议：(1)关注红色文化遗址的空间分异，加强对红色旅游景区的开发建设，综合考虑太行山地理空间边界、山水文化生态单元完整性、旅游发展基础、破解各自为政统筹整合

表3　山西省红色文化遗址与影响因素的灰色关联分析

维度	影响要素	单位	灰色关联系数	排名
文化遗产禀赋	革命文保单位数	个	0.86592037	1
	非物质文化遗产数	个	0.801948607	2
	传统村落数	个	0.781805341	4
地区宏观环境	常住人口数	万人	0.737579068	9
	辖区面积	平方千米	0.766298201	7
	地区生产总值	亿元	0.772005718	6
	公路通车里程	公里	0.781339018	5
微观旅游经济	A级景区数量	个	0.763110382	8
	国内旅游人数	万人次	0.794620295	3
	住宿、餐饮业	个	0.729977395	10

建立太行山精神文化和红色文化旅游基地。（2）创新红色文化遗产旅游，围绕红色文化遗址核心地区，促进红色文化与乡村旅游融合，推动建设乡村旅游村落或特色旅游村镇，推进村镇村落结合各地风俗习惯开展具有当地特色的文化活动以及结合当地所遗存的红色文化遗产开发具有纪念价值的文创产品。（3）整合线路联合营销，以太行山国家A级及以上红色旅游景区为重点，进一步挖掘红色文化遗产的深刻内涵，加大对红色旅游资源开发，加强跨界政府间的交流合作，实现景区与周边地区的联动发展，共同制定经典太行山红色旅游线路，加强红色旅游线路联合营销。（4）跨界联合申报太行山国家文化公园，基于红色文化遗址跨界集聚的分布，以山西和河北为主体，打破行政界限系统谋划思考红色文化遗址整合利用，服务于太行山国家文化公园建设。

未来可在以下方面改进：（1）太行山涉及山西、河北、河南、北京四省（市），太行山内的红色文化遗址主要集中在中部，所以本文主要研究了山西和河北两省，根据《太行山旅游业发展规划（2020—2035）》，选取了规划内山西省和河北省的主体区域，未来继续扩大研究范围。（2）根据红色遗址功能和特性将红色文化遗址划分为五种细分类别，未来可以从遗址几何形态、文化遗址保护程度、A级红色景区数量等方面进行分类和对比研究。未来可从历史的角度探究红色文化遗址分布影响，如革命老区、根据地的建设等。

6.结论

以山西和河北第一批和第二批共计666处不可移动革命文保单位为例，运用最邻近指数、核密度估计、标准差椭圆等GIS空间分析方法和灰色关联分析，探究太行山红色文化遗址空间分异特征与要素关联。

（1）空间集聚特征。太行山地区的红色文化遗址在整体上表现为集聚式的空间分异，最近邻比率*R*低于1。从五大类别看,革命旧址类的红色文化遗址的平均最邻近指数为0.43,即表示这一类的空间聚集度是最高的。革命纪念类的红色文化遗址的平均最近邻指数为0.70,该类别的空间广布性与其他类别相比较大。

（2）类型分布特征。总体上的太行山红色文化遗址展现出"单中心聚集"的特征,主要以长治武乡县为中心,逐渐向周边扩展,此外,红色文化遗址在河北省石家庄市北部和保定市南部区域也有部分集中区域。在细分类别中,革命纪念类有两个重心,分别集中在晋城高平市、城区和石家庄市平山县、灵寿县等地, 革命旧址类特征呈现为以长治武乡县为中心的 "单中心聚集",活动遗址类和旧居路居类有多个核心,表现为"多中心分散",烈士陵墓类呈现"单中心密集,若干次中心分散"的空间分布特征,革命旧址类和旧居路居类在太行山呈现出"两多一少,即中南部多,北部少"的空间分异特征。

（3）空间重心分布。总体与五大类别的空间重心处于113.30° E—113.86° E 与 37.10° N—37.63° N 之间,并且都以山西省的晋中市为空间重心。另外,红色文化遗址总体在太行山呈现"东北—西南"的方向分布,在五大红色文化遗址细分类别中,革命纪念类遗址的椭圆扁率最大,为0.79,其在太行的南北分异性更大,旧居路居类的椭圆扁率最小,为0.49,其南北空间分异相对较小。

（4）关联要素方面。在太行山红色文化遗址的三个维度中,文化遗产禀赋的关联程度最大,所包含的革命文保单位数、非物质文化遗产数与红色文化遗址的关联系数皆超过0.800,其中革命文保单位的关联系数最大,为0.865,地区宏观环境所包含的影响要素关联程度次之,微观旅游经济所包含的影响因素对红色文化遗址的空间分布影响较小,其中住宿、餐饮业与红色文化遗址的关联系数最小,为0.729。以期对红色文化遗址的保护和开发利用、红色旅游行政跨界开发提供参考。

（此文在第五届中国长城论坛上荣获优秀奖。作者赵鹏宇系忻州师范学院五台山文化研究中心副教授;司佳钰系忻州师范学院旅游管理系本科生。）

传承长城文化　弘扬长城精神

—— 关于如何做好新时代长城保护利用传承工作的思考

张　溱

万里长城,作为中华民族的象征,雄踞在崇山峻岭之间,代表了古老中华的灿烂文明。近年来,我国大力实施长城国家文化公园建设项目,山西省明确提出要把文化旅游产业打造成战略性支柱产业,举全省之力打造"黄河、长城、太行"三大旅游板块,给长城发展利用带来新的历史机遇。目前,古长城的保护传承与开发利用越来越成为日益突出并广受关注的一个社会、文化问题,如何保护、研究、传承、利用好长城历史文化遗产,讲好长城故事,弘扬长城精神,增强长城保护传承的权威性、时代性、影响力,擦亮长城金字招牌,许多工作呈现在基层文物工作者的面前,需要深入研究解决。可见,做好新时代长城保护传承与利用工作非常重要,责任重大,使命光荣。下面我就神池县长城工作实践为例,作以下思考。

一、神池长城的现状

"三关地利以宁武为中路,莫要于神池"。神池是长城大县,神池长城分布广、线路长,是不可再生的、不可多得的宝贵文化遗产,是山西省重点文物保护单位。神池历史悠久,战略地位显著,东依长城俯朔州,南屏管涔望宁武,西连平川接五寨,北据洪涛靠偏关,是通往陕西、内蒙古的必经之地,是芦芽山、万年冰洞、管涔山的北大门,是明朝九边重镇之山西镇和"外三关"——偏头关、宁武关和雁门关的边关要地,地势险要,易守难攻,是"边关要冲""列塞严疆",神池的军事战略价值及地位十分重要,自古兵事频繁,历来兵家必争。可以说,守住神池长城,中原大地太平,京都安宁,得神池者得山西,得山西者得天下。

神池北齐长城,是天保六年(555)北齐文宣帝高洋北巡至黄花岭,亲览山川险要,命筑长城,利用高大雄伟的山险作为防御体系。现保存较好的遗址山险3段,全长约8公里(见表1)。总体走向是西南—东北向,经青泉岭村东,小狗儿涧村南、村西,沿马头山一直延伸至龙元村东南侧的明代长城(龙元1段长城)相接。壕沟——宋辽界壕,有遗址2段,全长约3.7公里(见表2),壕沟宽3—4.5米,深1—3米,从神池县城南5公里处霸业梁的摩天岭起至黄花岭沿山脊西侧,顺山势从北向南延伸至宁武,也是神池和宁武的县界,在黄花岭山巅,存有一座北齐城堡(黄花岭堡)和一座北齐点将台(烽火台),山半坡有一座规模庞大的空心敌楼——梦楼,砖砌遗迹尚存,另还有一座梦楼堡。现存宋辽界壕和黄花岭堡的高山,有美丽的亚高山草甸,春、夏、秋三季山坡百草丰茂,百花盛开,景色独特,蔚为壮观。

表1 神池县北齐长城(山险)一览表

(单位:米)

长城墙体段落名称	总长度	较好	一般	较差	差	消失	类型	县属
青泉岭村东侧长城	1340	1340	0	0	0	0	山险	神池县
小狗儿涧村南侧长城	1170	1170	0	0	0	0	山险	神池县
马头山长城	5520	5520	0	0	0	0	山险	神池县
合计	8030	8030	0	0	0	0	——	——

表2 神池县北齐相关遗存(壕沟)一览表

(单位:米)

长城墙体段落名称	总长度	较好	一般	较差	差	消失	县属
大泉窊村南侧壕沟	1983	0	0	0	1709	274	神池县
大泉窊村东侧壕沟	1750	0	0	186	1360	204	神池县
合计	3733	0	0	186	3069	478	——

神池段明长城亦称"内长城、边墙",三进三出,由宁武县进入龙元,经项家沟、丁庄窝出朔城区;经牛家岭、南西沟、利民寨进大井沟村,经鹞子沟,出朔州勒马沟;经蒋家峪,进南寨,经野猪口,出入偏关县南场村。此段长城于明嘉靖十八年(1539)修筑,海拔1500—1800米,有龙元段、项家沟段、丁庄窝段、鹞子沟段、南寨段、野猪口段6大段14小段,全长约20.5公里,沿线存关门4座,堡10座,敌台13座,烽火台70座(见表3)。

神池最美明长城点段,野猪口长城是迄今为止山西省保存最完整的明代长城,由一长城一关一堡组成,是明代很重要的军事防御体系建筑,在夯土长城中绝无仅有,野猪口关有一段雄伟高大的石砌阶梯长城,尤为险峻。也完全可以想象到当年守卫边防的驻兵,或与外族金戈铁马的战事,或商贸往来的景象。项家沟长城,西倚县城,东望朔漠,壕深墙高,依山就势,起伏曲折,在明长城与北齐长城交会的最美地段形成直角的"7"字形走向,甚为壮观。

神池长城功能类型齐全,建筑艺术精美,文化价值颇高。从修筑历史上看,有北魏、北齐、宋(辽)、明诸朝修筑而成,朝代繁多,跨度长久,沧桑古老,修筑长城复杂程度高、军事系统性强,需投入大量的人、财、物等资源,可见当时国家对北方边关的重视。从建筑手法上看,雄厚精致、纵横交错、雄伟壮观、手法多样,石砌、砖砌、土夯,风格独特。从建筑形制上看,军事防御工程体系完整,墙体、马面、敌台、关城、壕沟、墩堡、罗城、翁城、营城、卫所、镇城、烽火台等。仅城堡一

表3 神池县明长城墙体一览表

（单位：米）

长城墙体段落名称	总长度	保存较好	保存一般	保存较差	保存差	消失	类型	省/县属
龙元长城1段	1996	290	1137	130	320	119	土墙	神池县/朔城区
龙元长城2段	1546	765	445	0	0	336	土墙	神池县
项家沟长城1段	1959	670	1196	51	0	42	土墙	神池县
项家沟长城2段	100	100	0	0	0	0	河险	神池县
项家沟长城3段	1663	80	1495	50	0	38	土墙	神池县
丁庄窝长城	487	320	160	0	0	7	石墙	神池县
鹞子沟长城1段	1870	410	1455	0	0	5	石墙	神池县/朔城区
鹞子沟长城2段	1578	0	1568	0	0	10	石墙	神池县/朔城区
鹞子沟长城3段	1206	880	297	0	0	29	石墙	神池县/朔城区
南寨长城1段	1280	1280	0	0	0	0	石墙	神池县/平鲁区
南寨长城2段	1025	1000	10	0	0	15	土墙	神池县/平鲁区
野猪口长城1段	1920	440	1030	320	0	130	土墙	神池县
野猪口长城2段	2136	780	1338	0	0	18	土墙	神池县
野猪口长城3段	1980	510	873	580	0	17	土墙	神池县
合计	20746	7525	11004	1131	320	766	——	——
百分比	100	36.3	53	5.5	1.5	3.7	——	——

项，圆形、三角形、正方形、长方形皆备，形状各异、丰富多彩，乃全国少有，吸引了广大长城专家、艺术家、科研人员、摄影人的关注和厚爱，被大家公认为是"中国长城的博物馆"、长城研究的教科书、长城的文化研究基地、创作基地、摄影乐园。

二、扛起神池长城保护传承利用工作的职责使命

在全面推进中华民族伟大复兴之际,新时代长城事业更需要我们这一代人共同铸就,我们要牢记领袖嘱托,强化使命担当,全面掌握、分析、研究全县的长城资源,唤醒民众对长城的保护意识、保护行动、保护责任,促进人民群众生产、生活与长城可持续发展的和谐共处,构建适应经济社会发展的新常态,发挥长城板块在旅游中的辐射带动作用,实现长城＋文博＋文旅＋文创产业融合高质量发展。

（一）"保护"——就是以管理为主,以安全为重

核心就是抓管理保安全,干一行、爱一行、钻一行、精一行。敬畏文化,敬畏历史,扛牢主责,抓实主业,提高对长城保护意识,明确长城保护的重要性、必要性,加强监督管理,履行好属地责任,对管辖区域内实施的工程、建设项目严格履行文物行政审批手续,对长城的保护、管理、展示、利用、教育、传承等各项工作有序有力落实到位,做到事有人管、活有人干。我们重点抓了"11433"工作:一是严格执行一个方针——严格按照新时代文物工作方针做好长城保护管理工作,"保护第一、加强管理、挖掘价值、有效利用、让文物活起来"。二是严守一个底线——守住长城安全底线,安全是所有工作的基础,是红线、底线和生命线。我们高度重视,认真履行保护长城职责,明确长城保护工作具体目标任务和措施,做到领导到位、组织到位、措施到位,克服依赖思想和畏难情绪,坚决杜绝一切破坏长城的行为,切实把长城管理好、守护好。三是完善四有工作——成立长城保护机构,落实长城工作经费,划定长城保护范围和建设控制地带,安置长城保护标识牌,建立长城档案和长城巡查记录。四是建立三个机制——按照属地管理和谁主管谁负责、谁拥有谁负责、谁使用谁负责的原则,建立县、乡(镇)、村、长城保护员四级保护责任机制;及时关注舆论、舆情热点,接受新闻媒体和社会公众参与监督,建立长城保护管理监督机制;严格打击长城犯罪活动,建立依法惩处追责机制。五是加大三个力度——加大长城保护监管力度,做到每季、每月、每周都有安全检查、风险排查记录。加大长城保护抢险力度,凡发现有险情隐患之处,做到及时汇报、及时抢修,确保长城安全。加大长城养护利用力度,凡是国家产权的,要求产权单位、村委在确保长城安全的情况下开辟为公共服务活动场所,或让有热爱长城事业、有能力保护的公民实行认养保护。加大长城宣传传承力度,坚定文化自信,深化长城价值认识,提升长城保护意识,普及长城保护知识,讲好长城故事,传承传统文化,弘扬长城精神,形成全社会共同保护长城的良好氛围。

（二）"传承"——就是以史为魂,以文化人

更替继承,沿袭创新。伟大事业呼唤奋斗精神,奋斗精神需要共同铸就。长城能够增进文化认同、汇聚民族力量,形成各民族同呼吸、共命运、心连心的强大精神纽带。中华民族多元一体,长城南北的文化信仰相互认同,各民族之间的和合与共,是历朝历代国家的最大理想。神池因自然环境、地理位置、交通运输、移民、政治权力与行政区划等各种因素,又地处长城沿线,是草原游牧文化和中原农耕文化的接壤交融区,所以成为史上北方游牧民族(匈奴、鲜卑、羯、氐、羌

胡、契丹、女真、蒙古等民族)与中原王朝汉民族旷日逐鹿的边关地域与拉锯争战之地,胡汉交融,孕育滋生了多元的特色文化,铸就了神池人柔而不懦、刚而有为的秉性。由于以上这些因素的完美融合,神池就形成了一直沿传至今的边塞文化、美食文化、道情文化等,得到本地人民的很好传承沿袭。

(三)"利用"——就是以谋划为先,以实干为本

思路决定出路,理念引领行动。勤于思考,敢于行动,活化利用,让长城活起来、火起来。任何保护对于历史遗迹而言都是在尽量延长其寿命,避免不了其最终的破坏,神池长城的保护也是如此,只有长城永续发展利用,才是对长城的最好保护。我们如何抢抓机遇打造神池长城国家文化公园、文旅康养品牌呢?

一是谋——怎么谋?一要科学谋划,统筹整合,挖掘长城旅游资源文化内涵。发挥长城在旅游板块中的辐射带动作用,主抓重点、有所为有所不为,达到以点带面、多层次全面开花的效果。把长城文化融入到全县全域旅游和文旅产业开发项目建设中,促进乡村振兴,守住中华文明文化成果。二要合理布局,良性发展,创新推出符合新时代特征的长城旅游文化项目。以政府为主导,广泛吸纳社会民间资金,搭建长城文化旅游产品开发和利用平台,提高民间长城文化产品的开发和利用率,实现长城文化和旅游经济的良性互动,保障人民群众文化和物质的双增收。三要结合实际,发挥优势,优选打造神池长城最美点段景点景区。针对最优质长城遗存,如:野猪口长城是全国保存最为完好的明代土长城之一,黄花岭堡是全国保存最为完好的北齐城堡,大泉洼界壕是全国保存最为完好的北齐壕沟,把神池长城活化利用工程做得更实、更细、更好。

二是干——干什么? 一是建设好长城国家公园,打造"边塞文化"文化品牌。选址重点长城段落神池黄花岭北齐长城段和龙元段、野猪口段明长城,力争近年内把这些长城打造成文旅融合新亮点。二是创新好"长城 + 旅游"模式,建设标准化"长城人家"。选址神池县八角堡、达木河堡、长城寨、龙元村、大井沟村等和周边景点的建设以及房车营地建设,争取实现长城 + 文博、文旅、文创产业融合发展、高质量发展。三是修筑好长城一号旅游公路,提升文旅服务功能。连接八角古堡—悬空寺—野猪口长城的旅游环线,提升沿线周边村庄的乡村旅游服务功能,以生态康养、休闲度假旅游为主题,打造边塞军旅体验区、生态化郊野田园旅游区。四是讲好长城故事,全方位挖掘长城文化。广泛开展全媒体宣传报道等,营造参与开发、建设长城旅游资源的浓厚氛围,使长城国家文化公园的品牌形象和文化价值逐渐深入人心,推动长城国家文化公园建设与人民群众精神文化生活深度融合、开放共享。五是利用好外围资源,建设神池长城旅游观光避暑集散基地。打破行政区域界限,利用神池县交通枢纽的优势,和周边县区的宁武万年冰洞、芦芽山、宁武关,五寨荷叶坪、偏关老牛湾、岢岚宋长城、朔州崇福寺、广武古城、雁门关等旅游区接轨,整合长城沿线丰富的自然和人文资源,推进长城旅游整合化、特色化、品质化、规模化、集群化发展,构建吃住行游购娱的研学观光的旅游避暑集散基地。

三、长城保护利用与文旅融合发展的问题及建议

神池长城分布范围广,前后绵延30多公里,保护起来难度较大,部分地段如野猪口长城、丁庄窝长城保护较好,但整体上保护成果有限,保护现状不容乐观。长城沿线拥有独特的生活习惯和历史文化,区域文旅融合已经初具基础,但总体融合程度较低。

1.监管保护段落分布极不平衡。长城都建在崇山峻岭之间,因工作经费不足,工作条件不好,加之没有专车,有些地方很难到达,即使是能去的地方,也因路途遥远,有时鞭长莫及。不少长城城墙已经倒塌大半,有些地段已经破坏得找不到原貌了,丧失了保护的基础。

2.历史破坏较为严重。历史破坏主要由自然和人为两方面原因。从自然原因看,神池长城长期处在风口,加之神池本身就风大沙多,经过多年的风雨剥蚀,墙体破损严重。实质性保护在新中国成立后,但仍难以避免自然的破坏。另外,受农耕文化的影响,长城受到的破坏也比较严重,农民有的在长城上取石挖土,有的在长城本体和长城保护范围内存在随意放牧、野营、刻画、攀爬等行为,人为破坏遗痕明显;乡镇属地管理责任落实不够,在长城保护区内建设风力发电等设施。

3.保护资金缺乏和修复保护专业化水平低是对长城保护的最大障碍。因长城地处欠发达地区,政府财力有限,投资也很有限,没有将长城保护修缮经费列入本级财政预算。而长城的保护投资巨大,要实施全面的保护耗资更大,一些小规模的投资难以为继。同时修复保护工作规划布置科学化、专业化水平低,长城文化产业化步子没有迈开。

4.长城地域文化和旅游产业规模不大,长城文旅融合产品少,主要仍是以长城旅游观光景区为主。文化和旅游是谁也离不开谁的关系,具有天然的联系性和融合性,但是在旅游发展中长城文化却未能很好地以不同形式融入于旅游产品之中。长城沿线文化旅游产品融合度低,即便有一些融合也多属于自发性融合,缺乏文化内涵挖掘,创新性不足。

5.长城文旅融合发展过程中要重点解决土地的问题,长城沿线空间布局不平衡,需在长城国家文化公园建设过程中进一步细化文旅融合发展,推出文旅融合产业,包括主题公园、文化旅游、红色旅游、影视旅游等,构建长城文旅发展新格局,提高发展速度和质量,推动长城区域的整体发展,形成文化产业和旅游产业发展相互促进的新局面。

总之,长城内外是我家,走进最美神池长城,可以了解体会长城的历史、建筑、军事、人文、风俗、文化等,可以领略古长城的雄姿和魅力,大家会更爱长城。

(此文在第五届中国长城论坛上荣获优秀奖。作者系忻州市长城学会理事兼神池分会会长,神池县文旅局副局长,忻州市长城研究保护"十大杰出人物"之一。)

浅谈长城保护的法律研究

李宝林

长城是中华民族不屈脊梁的象征,凝聚着我们祖先的血汗和智慧。"万里长城永不倒",体现的是中华民族生生不息的民族精神。守护长城,就是守护民族精神的根脉;传承长城文化,就是传承中华文明的薪火。长城见证了历史长河中的民族交往与融合,其所代表的国家记忆和文化符号,历经千年沉淀而依然璀璨光辉。保护好、传承好长城文化资源,亦是中国对于世界文明存续的重要贡献。

山西是中国的长城大省,忻州是山西的长城大市,14 个县市区全部拥有长城资源。忻州长城的修筑历史有战国、秦、汉、北魏、东魏、北齐、北周、隋、宋、明等时期,总长度 2 000 多公里。著名的雁门关、宁武关、偏头关就在此地。1986 年,山西省公布各朝代的长城为省重点文物保护单位,忻州段长城包含在内。从明代起,忻州段长城作为外三关连接中心地带,所修筑的营、堡、烽火台都有辉煌的历史文化,讲不完的故事。长城不仅在军事上起到了阻挡异族入侵,保护了长城内各族人民正常生活秩序,而且保护了中原农耕文化的发展,也书写了各民族融合团结的美好史诗,有着军事、经济、建筑、边塞文化、人文地理、生活习俗等丰富内涵。所以,在力所能及保护长城重要地段的同时,还要加强对长城的军事防御体系学、长城军事营堡民堡的经济学、各个时期的建筑学、人文地理学等进一步探讨和研究,挖掘宝贵的长城历史文化,为后人留下有关长城的历史资料,包括历史传说故事和长城沿线蒙汉人民的风俗习惯、饮食文化、酒文化等精神财富。

传承与弘扬长城精神,首要是保护长城。我们要全面贯彻习近平总书记提出的"保护为主、抢救第一、合理利用、加强管理"的工作方针,切实加强长城保护力度,更好地继承她,发展她,完善她,为子孙后代留下珍贵的长城遗产,不断书写长城辉煌的历史,让雄伟的长城走向世界。《中华人民共和国文物保护法》和《长城保护条例》的颁发为保护长城提供了坚强的指导性意见和法律保障。各地结合实际具体化制定了地方性长城保护认定规划和规章制度,结合区域特点和资源禀赋,要求对各自行政区域内的墙体、关隘、城堡、烽火台以及相关遗存和环境风貌开展科学保护,并明确细化长城保护的主体责任,在规范宣传教育、社会参与、研究利用等方面作出具体规定。在保护的基础上,还在整合长城沿线的文物和文化资源、完善合理利用空间布局等方面进行了有益探索。但是各地颁布的地方性法规并未针对长城未认定或未被利用的部分作出规定,导致执法中出现一系列问题。为了加强长城保护,有必要对长城保护立法、执法、守法方面存在的问题进行归类整理,对具体落实中的法律问题进行研究、分析形成原因、提出整改建议,为进一步健全完善长城保护地方性法规提供法律参考。

一、保护长城对赓续民族精神的重要意义

长城,是中华民族古老灿烂文明的代表,是中华民族的古建瑰宝、世界新七大奇迹之一,凝结着我国古代劳动人民的智慧,具有极高的历史、军事、文化、建筑价值。我国各个时期修建的长城,是我国古代劳动人民智慧结晶,是我国历史上用于防御外敌入侵的防御体系,是反抗外来的侵略、保家卫国的一项伟大工程。要让古长城焕发新活力,首先要促进长城文化资源的研究与发掘。对于相关文物、古籍和文化遗存的深入研究,是科学保护长城的基础,也是活化传承、合理利用的前提。1984年,邓小平、习仲勋同志作出"爱我中华,修我长城"的题词,长城保护工作得到全面开展。2006年,《长城保护条例》颁布,标志着我国长城保护进入法制化轨道。党的十八大以来,习近平总书记对长城保护工作作出了重要批示指示,让长城文化、长城精神、长城保护进一步深入人心。为了加强忻州市长城保护工作,有必要对长城保护立法、执法、守法方面存在的问题进行归类整理,对具体落实中的法律问题进行研究、分析形成原因、提出整改建议,这对进一步健全完善长城保护地方性法规具有重要意义。

二、长城保护实践中面临的威胁

由于长城主体和相关遗存在时间上跨越两千多年,地域上绵延万里,并且在沿线各县市区的分布情况差异化明显,长城本体与周边环境生态的整体性保护艰难异常。随着我国城镇化发展,长城保护与社会经济发展矛盾日益突出,长城环境发生蜕变,大规模旅游设施建设、房地产开发使得长城地段不断被人拆毁和挤占。长城生态环境的破坏和恶化加速了长城自身的自然老化、退化和人为损害。虽然我国已经相继制定了以《长城保护条例》《文物保护法》为核心的多部有关长城保护的文物、世界文化遗产等方面的法律、法规及地方法规,为长城提供了体系化的法律保护。但目前对于长城保护的立法等主要集中在长城本体的文物保护,缺少将长城及周围环境作为整体环境要素给予环境保护理念和制度。历经两千多年中华儿女的持续修建营造,我市最终形成2000多公里的人工建筑,这些城墙、关隘、烽火台等建筑,与高山、河流、沙漠、峡谷等自然环境要素相结合,形成了规模宏大、历史悠久、举世闻名、价值极其特殊的伟大人文遗迹,而这正是我国《环境保护法》第二条明文保护的环境要素。长城保护面临的现实是自然因素造成长城生态脆弱,以及人为开发利用导致长城的原真性和完整性被破坏。长城的法律保护主要存在以下问题:一是立法体系性不足,主要表现在长城生态环境保护薄弱;二是保护理念偏差和原则冲突,没有将环境要素嵌入;三是缺乏环境保护制度;四是法律责任存在缺陷;五是公众参与不足。

三、长城保护面临的法律问题

首先是立法的问题,主要表现在地方性法规制度不够完善、长城保护范围较小、《长城保护条例》实际操作难度大、对自然因素破坏的保护规定较少、地方性法规出台不多。近年来,国内外掀起了关注长城、爱护长城的热潮,我们初步对长城军事、建筑边塞文化、长城保护进行了考察研究,认为研究长城应该从保护长城城堡进行,将保护长城纳入制度化法制化轨道。《长城保护条例》就长城保护的宗旨原则、文物保护部门和人民群众的义务、处罚性规定及相关法律责

任等问题作出了较为具体的规定,但面对复杂多变的长城保护形势存在许多不适应。其次是执法的问题,主要有主体责任落实不到位、执法者执法不严、执法人员短缺、监管责任落实不到位。在贯彻落实《长城保护条例》没有结合地方实际情况,有的地方未按照《长城保护条例》要求公布长城保护区划、建设控制地带、出台长城保护有关文件。长城保护经费太少,即使有中央财政的投入,但由于自身的财政状况窘迫,没有将长城保护经费纳入预算,在长城保护日常管护工作的开展中,尤其是长城保护员几乎没有工资,导致其对长城保护工作积极性不高。再次是守法的问题,存在的问题有法制宣传保护长城不够、调动社会力量保护长城不足、支持各级长城学会工作力度不够。长城是最大的文物,这么长的战线,这么大的战场,要调动社会的一切力量,包括新闻媒体的揭露和披露。长城学会是隶属于文物部门管理的一个社会团体,自费集资,在考察长城、研究长城、宣传长城、保护长城方面作的贡献很大,研究成果显著。

四、加强长城保护的法律建议

优化长城保护,在保护法规体系中嵌入人文遗迹保护基本法,使其与《长城保护条例》等相关立法和相互衔接;要重构保护原则,尤其突出整体性保护和原真性保护;完善长城环境保护相关制度,如确立长城环境影响评价制度、建立长城生态补偿制度、完善长城生态监测制度等。建设好长城国家文化公园,打造长城文化标志,对弘扬中华民族精神至关重要,要深入挖掘并展示与长城相关的历史文化,组织长城爱国主义教育活动,弘扬中华民族坚韧自强的民族精神和爱国主义精神,更好地展现新时期中华民族实现伟大复兴的精神风貌。历史上,长城的建造往往是就地取材,乘山岭而建,不同点段既有砖石垒砌,也有夯土建成。诸如烽燧预警机制、城障关隘的建造工艺及其功用等内容,无不承载了中华文明灿烂悠久的文化内涵。对这些跨广阔时空的文化元素进行整理、挖掘和保护,是丰富中华文化宝库的重要措施。借助科技与文化的深度融合,推动长城档案数字化和长城文化资源的数字再现工程建设,是加深系统化保护和利用的有效路径。在立法层面,要加快地方政府长城保护立法工作,要将“野长城”保护划入其中,要完善长城保护总体规划。新修改《立法法》后,对于文物保护的立法权已经延展到设区的地级市,长城沿线的省市要加快立法工作,已制定长城保护地方性法规的要尽快结合时代的发展加以完善,没有制定的要尽快制定。同时,地方政府要遵循《长城保护条例》的有关规定,制定长城保护的具体实施意见、实施方案,确保长城保护工作在制度层面上等到保障。在执法层面,要加大长城保护执法力度,依法打击破坏长城的违法行为,提高长城保护执法人员素质,落实长城保护经费保障,加强长城保护日常巡查管护,加强长城保护执法检查。严格执行《文物保护法》和《长城保护条例》的有关规定,明确在长城主体550米内为保护范围,550米内不得有建设。落实监管责任,做到高度负责,守土有责,尽职尽责,失职追责。所属乡镇政府负主体保护责任,文化局负监管责任。建立健全长城保护执法网络,落实巡查检查制度,加强巡查检查力度,并积极探索尝试新的长城保护巡查方式。加强长城保护联动,建立联合执法机制,文物部门要与公安、城管、建设、国土等部门联合执法,共同解决长城保护工作存在的问题。在守法层面,要提高长城保护的群众基础,要加大宣传长城保护力度,要充分调动长城保护员的积极性。深入群众、动员长城沿线群众广泛参与到长城保护工作中来,形成“爱我家乡,护我长城”“保护长城,人人有责"的良好社会氛围。近年来，为了保护长城生态，各级地方政府实施过较长一段时间的封山禁牧，避免其遭到人为的破坏。要发挥网络媒体的作用，与主流门户网站联合制作一些长城保护公益广告等，营造新时代保护长城的良好氛围。要切实加强长城保护与普法宣传，特别是对《文物保护法》和《长城保护条例》的贯彻宣传，有效提高全社会保护长城的法律意识。

总之，长城是中华民族不屈脊梁的象征，长城是意志、勇气和力量的标志，我们每个中华儿女心中几乎都有一份浓浓的长城情结，难以割舍，不容亵渎。党的十八大以来，以习近平同志为核心的党中央高度重视长城文化价值发掘和文物遗产传承保护工作。习近平总书记强调："当今世界，人们提起中国，就会想起万里长城；提起中华文明，也会想起万里长城。长城、长江、黄河等都是中华民族的重要象征，是中华民族精神的重要标志。我们一定要重视历史文化保护传承，保护好中华民族精神生生不息的根脉。"我们要全面贯彻习近平总书记提出的"保护为主、抢救第一、合理利用、加强管理"的工作方针，切实加强长城保护力度，更好地继承她，发展她，完善她。为加强长城保护工作，规范长城利用行为，2021年4月1日，山西省人民政府出台了《山西省长城保护办法》，随后忻州市出台了《忻州市长城保护条例》，为保护长城提供了坚强的指导性意见和法律保障，有利于更好地传承长城精神，弘扬长城文化。随着忻州市法治化进程不断推进，长城保护工作中的有关法律法规不断健全完善，有力地推动了忻州市长城保护事业不断前进，推动忻州市新时代文化繁荣发展。

长城承载着中华民族伟大的创造精神、奋斗精神、团结精神、梦想精神，我们要夯实长城保护工作，努力奋斗，克服困难，不断书写长城辉煌的历史，为子孙后代留下珍贵的遗产，在中国式现代化进程中融入伟大的长城精神，促进中华民族伟大复兴。

（此文在第五届中国长城论坛上荣获优秀奖。作者系忻州市长城学会神池分会副会长，神池县委办公室副主任。）

边塞历史文化——河曲发展的软实力

王　铭

位于晋陕蒙三省区交界的河曲县,地处黄河中上游山西西北部,同时也是北方农耕文明与游牧文明冲突与融合的前沿,黄河与长城在这里交汇,结伴而行百余里,有"双龙并行"之美誉。历史上战略地位尤为重要,有"陕东重镇""晋右严疆"的称谓。

《山西通志》载:河曲长城,从偏关县寺沟沿黄河至石梯隘口止,号称"黄河边"。这段长城与黄河不离不弃结伴并行,是山西黄河边上重要的文化景观之一,被视为人类文明之奇迹。

河曲长城在黄河沿线相继有起点石城隘、终点石梯隘。还有连续的龙口段、罗圈堡段、焦尾城段、铁裹门段,军堡楼子营堡、罗圈堡、河曲营城堡、唐家会堡、五花城堡、夏营堡、阳沔堡、旧县城堡,砖楼护城楼、北元砖楼、四旦坪砖楼等较为完整或部分完整的遗存,是河曲县不可再生的边塞历史文化遗存。

唐家会堡是黄河边墙上居中的营堡,是黄河两岸官军往来的要津。正德十三年(1518)十月明武宗朱厚照曾经在此祭祀黄河。

明武宗,即明朝第十位皇帝朱厚照,15岁登皇位,年号正德。他喜习武,登皇位后微行、戎装轻骑、展示武功,频繁出京巡视,不惜财物显耀朝廷武力。

据史料记载,明正德十三年十月武宗帝由兵部侍郎冯清带卫队护驾,自称威武大将军朱寿,戎装轻骑,西巡边关。十月初五,由骑士开路,旌旗夹道,抵楼子营城堡驻跸,初六经河保营抵唐家会。武宗在将弁护驾下观看了河保营兵备和沿河边墙设施。初六,武宗驾移驻距河保营东南七里的唐家会堡垒。上午先祭河神,由兵部侍郎冯清宣读《御祭黄河文》。其后,武宗诏善游泳者,浮游渡黄河,以观赏水性,堡民李应祥应诏,连浮过黄河对岸两次,武宗喜欢,赐其酒。午后,明武宗一行在卫队的保驾下,由唐家会关津登舟,抵西岸,沿陕经府谷清水营边墙西巡至延绥边镇。因深秋,雁南飞已尽,回驾北京。

河曲护城楼属明长城敌楼,位于县城北城墙外数十米处,建于明万历年间。楼门坐北向南,上有门额石匾,书"镇虏"榜书二字,四边悬浮砖雕花蔓,雕刻工艺精细。楼内俱为条砖窑洞,布局奇特,造型美观,此楼是长城上设置功能最全的军事堡垒,它既是戍边将士的住所和武器库,又是阻挡和打击敌人的军事设施。像这样完好的"九窑十八洞"在山西乃至全国也屈指可数。

天下黄河第一曲《走西口》的诞生地——西口古渡,位于晋、陕、内蒙古三省区交界处,为河曲长城河保营(明时称灰沟营)西门上的一个小渡口,自古便有"鸡鸣三省"之称。

由于特殊的地理位置,这里一直是边防前哨,一河之隔的对面曾经由蒙古鞑靼、瓦剌长期窥探着这边的富庶,曾几何时,烽火狼烟四起、战马长嘶、鞑靼、瓦剌踏冰而入,从这渡口闯入县境,杀戮边民,边民奋起反击。

康熙三十六年(1697),大规模的移民运动展开,此时的西口古渡成为晋北边民走西口出行的起始之地。当时连年大旱,苦于生计的边民纷纷背起行囊从渡口溯河而上,远走河套。成就了后来的天下黄河第一曲《走西口》。正是走西口边民的探索,由贫穷到富裕,西口古渡由河曲长城边上的一个小市口进而发展成清末至民国时期的水旱码头,成就了富甲天下的晋商,是河曲由内敛的农耕生产向外拓的商贸发展迈出的重要步伐,是河曲人的创业史、奋斗史、致富史。在今天尤有其不可估量的精神意义。

1991年,那位被授予"河曲荣誉公民"的中央美术学院教授许仁龙就把目光定格在中国北半部九曲黄河和蜿蜒的长城交汇处——山西河曲。他沿河畔独立行走,静坐在河曲楼子营罗圈堡烽燧遗迹旁,远眺天际,遥想当年在这里戍边的将士,千里迢迢从中原来,从湖广来,离别妻儿老母,在这边塞荒蛮之地昼不眨眼、寝不贴席固守着这方疆土。这些好男儿伴随长城成长、成熟、成才,铸就我们中华民族的刚强脊梁。从此先生对长城,由敬畏变挚爱,自此以后10多年间,他每年都到这里来写生、净化心灵……

2016年8月20日,为纪念《长城保护条例》颁布10周年,国家邮政局专门发行了全套9枚的《长城》特种邮票。该套邮票由著名画家许仁龙、张济平共同设计,采用胶雕套印工艺由北京邮票厂印制;其中第6枚"长河飞龙"展现了忻州5处长城的雄姿。河曲罗圈堡长城以近景的方式绘于方寸之间,这套《长城》特种邮票色彩丰富、设计精美,充分体现出长城气势之雄伟,历史之悠久。

河曲边塞文化内涵十分丰富,黄河畔上坪头村新旧石器遗址,是中华民族母亲河黄河文明发展的有力佐证;旧县城成村于宋代,发展于明清之际,沉淀了河曲发展历程的半部历史,为我们奠定了千年的光辉荣耀;火山军杨业抗击契丹,神射手何灌、贾胡瞳击退辽人的悲壮故事,都已融入中华文化和民族精神之中。

河曲县论地理条件是一个丘陵沟壑区,但有黄河母亲的滋养,河曲亦为黄河文明的发源地之一,河曲丰富的黄河文化、边塞文化、民族文化是河曲转型发展的软实力。习近平总书记在中央政治局集体学习时谈到"提高国家文化软实力,要努力展示中华独特魅力。在五千多年文明发展进程中,中华民族创造了博大精深的灿烂文化,要使中华民族最基本的文化基因与当代文化相适应、与现代社会相协调,以人们喜闻乐见、具有广泛参与性的方式推广开来,把跨越时空、超越国度、富有永恒魅力、具有当代价值的文化精神弘扬起来,把继承传统优秀文化又弘扬时代精神、立足本国又面向世界的当代中国文化创新成果传播出去。"河曲应将长城和黄河两大元素寄予旅游事业之中,启迪未来、发扬光大,应积极开发河曲黄河边。河曲境内的长城与黄河并行,通称黄河边,开发长城旅游应该和黄河风情融为一体,增加其内涵。可以修复石城隘口、罗圈堡、石梯隘口,恢复和维修以焦尾城段长城,黄河边上的火风楼、四坦坪敌楼、河中院内敌楼,形成"一滩一堡一边两隘三楼"的黄河边风情格局,将晋西北长城边塞游和黄河风情游有机融为一体。并以此带动后续边堡的修缮与开发,融入全省旅游开发三大板块中去。这些项目具有广阔的发展前景。因为做旅游一是要第一,二是要唯一,而河曲具备这第一或唯一的条件。河曲的长城旅游,完全可以做成、做大。这些工程可以将河曲古老的边塞文化遗存开发出来,利用起来,串联起来,古为今用。从物质层面,可以变成可供观赏的旅游景点并且带动相关产业的发展;从精神层面,可以凝聚广大人民爱国爱家乡的情感并激发大家开拓进取的价值取向,最终形成全县人民奋发向上的文化软实力,为河曲在新时代的发展注入活力。

本土的研究人士和外地热爱河曲、研究河曲的文化人士,都是河曲深厚历史文化的重要发掘者,都是河曲历史文化的软实力。今天,这些软实力增加了我们研究、开发、利用长城文化的底气。

根据河曲的县情,我感到在河曲利用边塞文化、历史文化的软实力,发展旅游事业,弘扬民族精神,启迪后人是功在当代的大事。这一系列文化开发工程,离不开河曲深厚的历史文化支撑。这条路是河曲县转型发展、跨越发展、持续发展的光明之路,必须锲而不舍地走下去。

党的十九大报告指出,文化是一个国家、一个民族的灵魂。文化兴国运兴、文化强民族强,要坚持中国特色社会主义文化发展道路,激发全民族文化创造力,建设社会主义文化强国。

2015年,习近平总书记对长城的保护利用作了重要批示,刘延东副总理贯彻习近平总书记的批示精神,在内蒙古主持召开了长城保护会议。2017年3月26日,忻州市委书记李俊明主持召开了长城(忻州段)保护开发座谈会,将长城保护和资源开发利用又提到一个新的高度。2017年9月21日,在山西省旅游发展大会上,山西省人民政府省长楼阳生深刻阐述了做好黄河、长城、太行山三大板块旅游大文章的思路与举措,提出充分挖掘长城边塞、军事、农牧、贸易等历史元素,凝练爱国主义、民族融合主题,建设古建长城、军事长城、民族长城、丝路长城、历史文化旅游公园。祖先留下的瑰宝,将在我省经济转型升级的重要时期焕发出新的生命活力。

2019年7月,中央全面深化改革委员会会议审议通过了《长城、大运河、长征国家文化公园建设方案》。同时指出坚持保护第一传承优先,对各类文物本体及环境实施严格保护和管控,合理保存传统文化生态,整合利用丰厚的长城文化资源实现乡村文化振兴,适度发展文化旅游、特色生态产业。

河曲县保护长城、开发利用长城责任重大,任重道远,但是我们保护和开发的前提是挖掘长城文化,弘扬长城精神,我们启动长城旅游项目,肯定会跟上国家大势,赶上好机遇,迎来新发展。

(此文在第五届中国长城论坛上荣获优秀奖。作者系中国长城学会会员,忻州市长城学会河曲分会副秘书长,河曲县二电厂职工。)

聆听静乐台骀式古琴音乐
感悟烽火岁月中的长城文化

杨秀川

　　古琴是中国传统的拨弦乐器,属于八音中的丝,有三千多年的历史,是精选良材加善斫而成的物化艺术品。因其清、和、淡、雅的音乐品格,寄寓文人风凌傲骨、超凡脱俗的处事心态,位"琴棋书画"之首。它是中华传统乐器的典范、人类文明的瑰宝。

　　杜威是山西省忻州市静乐县人,青年斫琴师,沈阳音乐学院毕业,忻州市非遗传承人、工艺美术大师,静乐县承弦堂古琴工作室创始人,山西省古琴文化研究会会员。他传承了传统纯手工古法制作大漆古琴技艺——精选百年琴材、纯手工斫琴、纯天然大漆技艺。制作出的传统大漆古琴——古色、古香、典雅古朴,其音色深沉,余音悠远。受到了众多行家和琴人的一致好评。他所制作的古琴被命名为"静乐台骀式古琴"是有原因的。

　　静乐县东南桃子山大郎庙有康熙四十九年(1710)一碑记云:"夫水神,玄冥也。少暤之裔,昧主之其子台骀,定河村有其墓焉。兹因重修潮润公祠而及之。意者《通志》谓静乐环山,惟东独苦焉,既无材木,终鲜煤炭,光洁寂寞,萧条无色。所在居民仅仅多莜麦以延生。昔台骀业官于此,毋亦遗憾乎?故山下有泉,亦理之常。而兹乃灵甚,不然,何以异世同揆、递相启祠而未艾也?由是推之,《礼》曰:法施于民则祀之。台骀其施溥矣,非荒诞惑民者可同年而语。乃若至诚感神,黍稷靡馨,明德惟馨,究非愚之所敢知,则在乎与祀之人,与祀之人!"

　　汾河水神的祭祀应不迟于昭公元年(前541),因台骀是做水官的,又能"业亓官",再加上他被封诸汾川,故人们认为台骀为汾河水神,并对其进行祭祀。晋天福中,台骀又封昌宁公,至唐代汾河神庙又改封为汾水川祠。汾河川河神庙一般是供奉台骀,因汾河为山西母亲河,在相当长的历史时期,汾河水不但滋养灌溉两岸的农田,也在洪涝之年会带来灾难。人们为了既能让汾河水灌溉农田也能抵御汾河水泛滥成灾,于是就把这种良好的愿望寄托于治理汾河有功的台骀,将其作为汾河河神雩祭之。而"祈雨多应"则是人们对汾河水神台骀赋予的另一种无所不能的神力。

　　滔滔汾河水由北向南缓缓地流淌在静乐这片古老的土地上,悠远的琴声伴随着汤汤而过的汾河水已经走过了3000多年的历史。唐代大诗人杜审言行经静乐,惊见眼前山环水绕,景色秀美,山清水秀,风光旖旎。写下了"水作琴中听,山疑画里看"的诗句。静乐县城旧衙门前曾有一副流传久远"四围青山人在画中;两湾绿水声入琴中"的楹联。于是,人们把传承静乐古老琴韵的青年斫琴师杜威制作的古琴与3000多年前的治水有功的被封为"汾神"的台骀联系起来。遂把杜威制作的古琴命名为"静乐台骀式古琴"。

汾流千古,琴声千古。当我聆听那高雅清幽的"静乐台骀式古琴"所弹奏出的美妙乐曲时,那宽广的音域、深沉的音色、悠远的余韵,就会把我的情思伴随着袅袅琴音回到那烽火连天、金戈铁马的战乱年代。

静乐县古属冀,春秋属晋、赵、秦隶太原,西汉(前206)置县为汾阳县,属太原郡。隋大业四年(608)始名静乐,属楼烦郡。历代县名曰九原、岢岚、汾源、管州、岚州、宪州不一而足,至明洪武复名为静乐县,清代延续,原属太原,雍正二年改属忻州至今。

静乐素有晋北锁钥之称,是拱卫省城太原的屏藩要塞。西周灭商建国后,周成王将自己的弟弟封在了山西,也就是后来的晋国,春秋时期晋国以山西为根据地,维持了春秋时间最长的霸权。到了战国时期三家分晋,山西成为赵国的地盘,而赵国也是在战国时期非常善战的国家。胡服骑射下的赵军,勇武不亚于秦军。被司马迁尊为战国四大将中的两位李牧和廉颇都来自赵国。秦始皇统一全国后,将匈奴人赶出河套地区,修筑起连接秦、赵、燕三国的万里长城,山地成为防御匈奴的主要防线之一。长城以内所谓"五里一燧,十里一墩,卅里一堡,百里一城"。烽燧有夯土板筑,芦苇、胡杨等夹砂土夯筑,夯土外包土坯构筑,土坯垒砌等多种形式……

静乐经常遭到北方列强的侵扰。从历史记载的赵武灵王胡服骑射到汉武帝时期,西汉决定对匈奴发动大规模反击,到东汉时期,与北匈奴交战,北魏、隋唐对抗突厥,宋金元明与契丹、女真、蒙古瓦剌等民族的交锋对峙等,静乐一直是胡汉交锋的前沿阵地和战场。

静乐是拱卫太原的屏障且距离最近,山水相连。《旧五代史张宪传》记载:"太原地雄边服,人多尚武,耻于学业。城旁少年,骁勇劲捷,驰射如飞。百姓至于妇人小童,皆闲习弓矢,以备无虞。"因此,静乐县自古武将云集:战国时的赵武灵王在静乐操练兵勇,战林胡、战楼烦开始筹划"胡服骑射"的强军伟略;北魏尔朱荣曾在静乐屯兵驻扎为隋唐盛世培植了众多的时代翘楚;隋唐单雄信、罗士信、宋代白重赞是静乐土生土长的武将;岳盛元帅、抗金名将胡肇基、抗元战将胡天祥、元代的阿只吉大王、明代的郭英等都曾在这里留下足迹和遗踪。

明朝近300年的历史中元蒙残余势力频繁南下,静乐始终是抗击元蒙列强的中心地带。静乐众多的长城遗迹,遍布山峁沟壑,其中,大部分是明朝遗迹。据《静乐县志》记载,静乐境内有烽火台33座、堡寨15座、关隘7座。具体分布为:

北路六:护城墩、风沟墩、虎石墩、武家庄墩、段家寨墩、凤凰山墩;

东路十一:巾字山墩、护城墩、新添墩、周家庙墩、吴池墩、新舍窠墩、刁儿崖墩、杓子堡墩、王亮墕墩、西北玲墩、板房梁墩;

西路十:西崖墩、店上墩、高庄墩、王端庄墩、社干墩、苏房墩、王村墩、闹泥墩、马房墩、山底墩;

南路六:天柱山墩、张巨村墩、六度村墩、分岭墩、娄烦墩、席岭墩;

堡寨十五:风沟堡、武家庄砖堡、下马城堡、高家堡、娄烦镇堡、桑园堡、巾字山堡、磨管峪堡、玉华寨、高金寨、凤凰山寨、北马房屯寨、西马房屯寨、龙和寨、任家村寨;

关隘七:两岑关、娑婆岭隘、楼烦镇、永安镇、窟谷镇、西街堡、下马营堡等。

明初,调太原左卫官军戍守,筑土城。娑婆岭隘,明洪武七年(1374)置巡检司,兼筑土城。弘治十年(1497),移巡检司于太原府阳曲县天门关。娄烦镇在静乐县旧社东顺水村,明洪武初置巡检司。静乐县历来有"北屏大同,南扼太原,西应偏关,东援雁门"兵家必争的战略地位。境内不同时期的遗迹如:羊肠仓、三堆戍、守御所、牧马监、卫所、静乐营、关隘、城堡等星罗棋布。墩墩相连,堡堡相接,见证了战争的烽火、民族的融合,也见证了历史的发展,成为一道独特的景观。这些"虽不见敌,常若临敌"的遗址中蕴含了太多的长城文化元素,唤起太多静乐长城文化的历史记忆。

静乐台骀式古琴是传承久远的古代乐器,它所演奏的曲目也是我国古代音乐的重要组成部分。音乐在古代战场上具有瓦解敌军的作用,所谓"一曲能当十万兵"。音乐还是力量的源泉。列国纷争的春秋时期,管仲随齐桓公出征。长途行军使士卒疲劳不堪,速度缓慢。管仲遂作《上山歌》《下山歌》,让他们歌唱。士卒们精神为之大振作,先前的疲劳一扫而空,行军速度因之加快。齐桓公问管仲这是什么原因,管仲回答:"人劳其形疲其神志,悦其心则忘其身"。桓公听后感叹地说:"原来力可歌取也。"

著名的《广陵散》旋律激昂、慷慨,它是我国现存古琴曲中唯一的具有戈矛杀伐战斗气氛的乐曲,直接表达了为父报仇的精神,具有很高的思想性及艺术性。或许嵇康也正是看到了《广陵散》的这种反抗精神与战斗意志,才如此酷爱《广陵散》并对之产生如此深厚的感情。

乐曲《关山月》原为《乐府诗集》"横吹曲辞"中的曲目,系守边战士在马上吹奏的军乐,乐曲表现了征人思乡报国的情感。"胡笳本自出胡中,缘琴翻出音律同。"可知原为笳曲,《胡笳十八拍》经董生之手翻成了琴曲。"十八拍",即十八段的意思。第一拍中所谓"笳一会兮琴一拍",当是指胡笳吹到一个段落响起合奏声时,正好是琴曲的一个乐章。此诗的形式,兼有骚体(句中用"兮"字)与柏梁体(用七字句且每句押韵)的特征,但并不纯粹,或可称之为准骚体与准柏梁体。全曲逐层倾诉蔡琰被虏、思乡、别子、归汉等一系列坎坷遭遇,曲调哀婉凄切、深刻感人,反映出战乱年代里一个女子的悲剧性遭遇。

古琴曲《捣衣》,又名《秋杵弄》《秋院捣衣》。传为唐代潘庭坚作。描写了因异族入侵,男人被征守边,秋凉时节,妇女一边在河边捣衣一边思念远在边塞的亲人,哀婉动人,感人至深。曲中有"捣衣捣衣复捣衣,捣到更深月落时"的意境。杨抡《太古遗音》分析其乐曲内容是:"始则感秋风而捣衣""继则伤鱼雁之杳然""终则飞梦魂于塞北"。李白更曾有同名诗《捣衣篇》,形容古来战时离别之意境。

聆听古老的琴音,还会使人想到晋人刘琨任并州(今太原)刺史时,曾被胡骑围困数重。夜晚,刘琨乘着月色登上城楼清啸,啸声凄恻忧郁,胡人闻之凄然长叹,心无斗志。夜半时,刘琨又吹起胡笳,胡人听到自己熟悉的乐曲,无不痛哭失声,人人都起故土之思。刘琨连连吹奏胡笳,其音越发清越悲凉,胡人终于无法忍受,撤围而去。

从古到今,长城内外的人民,不管是胡人还是汉人,他们都是中华民族大家庭中的重要成员。他们天性善良,爱好和平。自古胡汉交融,贸易往来,互相学习,促进了经济发展,社会进步。只是迫于强权政治,弱肉强食,穷兵黩武,大多数老百姓成为战争的牺牲品。渴望和平,远离战争,成为中华儿女的千古夙愿。那些世代修筑的长城、关堡、隘口、烽燧等阻挡与防御战争有关的设施,就是最好的实物佐证。

当我惊叹万里长城巍峨蜿蜒、雄伟壮观的时候,脑海中就会随着古老的琴音泛起层层涟漪。在那生产力不发达的时代,崇山峻岭之间无数的青壮劳力抛妻别子被驱使在人迹罕至的地方。他们无惧严寒,不惮酷暑,衣衫褴褛,饥肠辘辘,把磊磊巨石、层层砖土运送到山巅沟壑,并整齐地排列夯筑成一道道让人仰望的边墙、墩台、关楼、隘口、城堡等。这要用多少的人力、心血和智慧啊!这雄伟壮观的背后是一代一代中华儿女前赴后继用血肉之躯铸就而成的人间奇迹。他们付出无尽的汗水、巨大的牺牲,目的无非就是阻止列强入侵,减少战争对人民的伤害,还一方百姓一片安宁祥和的生产生活环境。因为战争的危害是比任何灾难都更为恐怖的。

战争能带来人民生命、财产的损失,包括己方和敌方、军人和平民;战争还会引起国家民族之间的仇恨;破坏人类文明,破坏经济,破坏环境;战后人们的心灵创伤难以愈合等。修筑万里长城体现了中华民族勤劳勇敢、吃苦耐劳、反侵略、爱和平、勇于创造的高贵品质,也反映着中华民族历代以防御为主,"人不犯我,我不犯人",向来安边戍守、不威胁侵犯邻邦的战略思想和文化主题。

顾城散文中有一句话:"在语言停止的地方,诗歌前进了;在生命停止的地方,灵魂前进了;在玫瑰停止的地方,芳香前进了。"万缕琴音成觉岸,千重苦海泛慈航。用修筑长城这一战略工程来御敌守国,阻止战争。在清雅的琴筝中享受和平的快乐,这本身就是中华民族的一种美德和精神力量。这种精神力量就是前进的诗歌、前进的灵魂、前进的芳香,就是我们中华民族的长城精神。

静乐及周边县市在婚丧喜庆时常常会演奏一曲《大得胜》。《大得胜》前段一声悠扬的长号拉开激昂的序幕,随着唢呐的步步走高,那是告慰牺牲的将士我们班师回朝了,我们凯旋了。中段是向皇帝和王公大臣围观的臣民,讲述在战场上与敌人如何相互角力博弈与厮杀,以致拼命。末段逐步走低,欢快的音乐是在讲述如何运用智慧取胜,随着唢呐再一次长号嘶鸣,是在向世人昭示,胜利多么的来之不易。

这些有声的非物质文化遗产不也是长城文化中的重要元素吗?刘基的《郁离子·德胜》中有,或问胜天下之道,曰:"在德。"有人问战胜天下的办法,回答说:"在于用德。"何从胜德?为什么说用德能取胜呢?回答说:"大德胜小德,小德胜无德;大德胜大力,小德敌大力。"也就是"大德能战胜小德,小德能战胜无德;大德能战胜大力,小德同大力相当。力生敌,德生力;力生于德,天下无敌。力能生敌,德能生力;力由德生,天下无敌。故力者胜,一时者也,德愈久而愈胜者也。所以凭力取胜,只是一时的,道德越持久,胜利也就越持久"。遍览中华历史就会发现,作为中华文明主体的华夏民族也经历过其他文明古国所遭遇过的劫难。无论是特大的自然灾害还是本民族自身的崩坏,或是数次被其他民族所统治,中华文明的火种都多次面临被彻底扑灭的重大危机。但中华文明始终没有中断过;我们中华民族数千年来在世界文明古国中是唯一没有发生过文化断层的国家,究其原因还是"德胜"!

中国是一个统一的多民族国家,中华民族呈现出多元一体的格局。这样一种辩证关系,耐人寻味。几千年来,我们的国家和民族,正是在这样的碰撞、融合中发展进步的。修筑长城,体现了对长城之外生活族群的承认,代表着一种共存共生、融合发展的关系。长城内外,是独立存在、相互依赖的一个整体。长城,是中华民族爱好和平这一文化情结的表达。长城的每一块砌砖、每一块垒石上,都凝结着中华民族的和平愿望。多元利益平衡基础上的一体利益最大化,是中华民族的智慧。从这个意义上说,长城是人类文明的标志。我们要以历史的眼光,去看待长城在不同阶段的作用,但它的核心思想和文化是一脉相承的;静乐古琴音乐所表达的历史内涵也是与长城文化一脉相承的。

静乐的本意是宁静和乐。《管子·势》:"其所处者,柔安静乐,行德而不争。"千百年来经过无数次战争洗礼的静乐人民都渴望过上"宁静和乐,行德而不争"的生活。在琴声和水声的唱和中男耕女织,优游田园。没有战火的硝烟,没有奴役的劳碌,没有妻离子散、家破人亡的痛苦;听不到"孟姜女哭长城"的哀歌,看不到战争中的血腥和战争所留在人们心中的阴影。盼宁静,思安乐,期望远离战争、安静祥和地生活在这一山川秀美的地方,重新回到人间烟火之中。这些都是我们静乐县人民千百年来的殷殷期盼,也是我们静乐县之所以叫"静乐"的原因所在。

聆听非遗传承人杜威制作的"静乐台骀式古琴"所演奏的古老乐曲,作为静乐人,在欣慰的同时更多的是感悟到3000多年来生活在静乐这片古老而美丽的土地上的人民经历了无数次战争磨难,在今天才真正回归到了"宁静和乐"的美好时代!在清雅的琴声中也更加懂得了和平的珍贵!我们今天挖掘长城文化,其目的就是:用长城文化的灵魂唤起人们心底的觉醒。重温苦难岁月,以史为鉴,安不忘危,兴不忘忧。激发人们的民族自尊心、自信心,增强民族凝聚力,共同传承血与火的历史记忆,用历史的火炬照亮民族复兴之路。在和谐优雅的琴声中奋发图强,继承长城精神,弘扬长城文化;在新时代、新征程上守卫和平,开创未来,把我们的祖国建设得更加繁荣强大,更加美丽富饶。

(此文在第五届中国长城论坛上荣获优秀奖。作者系忻州市长城学会会员,静乐县政协文史委委员。)

长城精神与民族团结

孙　静

　　长城,又称万里长城,是中国古代的军事防御工事,堪称中国古代第一军事工程,是一道高大、坚固而且连绵不断的长垣,用以阻隔敌骑的行动。长城不是一道单纯孤立的城墙,而是以城墙为主体,同大量的城、障、亭、标相结合的防御体系。

　　我国是一个统一的多民族国家,56个民族在中华发展史上各自发挥着不同的积极作用。民族团结是一种精神、一种思想整合力量、一种追求,它对凝聚人心、整合社会起着重要作用。在中华历史长河中,长城在各民族团结中起着非常重要的推动作用,长城作为守护一方和平发展的保障,在不同的历史阶段都发挥着重要作用,在民族团结、社会和谐稳定、国家长治久安中发挥了积极的推动作用

一、长城对促进民族团结起着非常重要的作用

　　长城一方面作为重要的军事防御工程,是预防战争、维护和平的屏障;另一方面,长城调整着农耕与游牧两种不同的经济秩序与生产生活方式,对促进经济发展、文化融通、民族融合起到重要作用。商贸古道及关口管理、茶马互市、黄河水运等促进民族间友谊增进、互通有无。不同民族的文化相互交融,促进文化繁荣。

　　民族融合是民族团结的前提和基础,没有融合,就不会出现各民族的团结,而作为保护一方土地和民众的长城,在融合中起着独特的作用。

　　长城从黄帝时就开始修筑,经历西周、春秋、战国(赵、楚、齐、魏、燕)、秦、汉、北魏、东魏、北齐、北周、隋、唐、宋、辽、金、明、清,不同历史时期都有长城修筑,现在留存的遗迹或文字或考古发现,都见证着长城的发展史。

　　"烽火戏诸侯"的著名典故,就是源于西周时期修筑长城,发生在都城镐京(今陕西西安)。春秋战国时期,列国争霸,互相防守,长城修筑进入第一个高潮,但此时修筑的长度都比较短。秦灭六国统一天下后,秦始皇将战国燕、赵、秦等国的长城修缮并连接起来,始有万里长城之称。明朝是一个大修长城的朝代,人们所看到的长城多是此时修筑。清朝统一后在山西等地亦有少量修筑。

　　中国历史长河里,有过四次大的民族融合。民族大融合是指汉族与其他少数民族的大规模融合,四次民族大融合分别在春秋战国、魏晋南北朝、宋辽金元、明清时期发生。第一次,春秋战

国时期中国腹心地区,形成中华民族的主体——汉族。第二次,魏晋南北朝时期,民族迁徙出现对流,一部分汉族往周边去,周边少数民族往内地来,到了唐朝时期,唐朝统治者采用了开放的政策,对少数民族采取和他们联姻的方式进行统治,少数民族通过婚姻嫁娶进入社会,与汉族一起组成了唐朝的统治阶层,这种方式在唐朝期间推动了中华民族的繁荣和发展。第三次,宋、辽、金、元时期,边疆地区,不仅少数民族融合于汉族,而且大量的汉族融合于少数民族,到了元朝时期,蒙古族的铁骑从北方征服了当时的中原地区,蒙古与中国少数民族、汉族之间进行了大规模的交流,促进了民族之间的融合。第四次,明清时期是中国历史上民族大融合的高峰期,明朝初期,朱元璋在采用中央集权的同时,也采用了一种区域自治的管理办法,使各个少数民族聚居区域相对独立,但也有相互的交流与融合。清朝时期,尤其在康熙时期,清朝推行"同治",取消汉族和少数民族的差别,把各个民族都纳入了中国的统一体系之中,通过贵族阶层的任用和授予主权地位的方式,使得各民族之间的融合更加深入。

长城不仅仅是一个物的载体,也不只是一个点线,而是以长城为界,形成长城带,长城带民族融合持续的时间长、范围广、规模大,包括了长城带上各阶级、各民族的融合。匈奴把长城带腹地民族掠到大漠南北,而匈奴大量部众被迁居关陇、河南、河北等地;羌人原居青海、甘肃、川西北等地,自商末起东迁,后遍布于陕西、甘肃、宁夏甚至东到山西、河北、山东地区;乌桓、鲜卑本是居住在内蒙古东北呼伦贝尔等地区的民族,后逐渐南迁分布于从山东到新疆、从大漠南北到淮河流域及四川西北的广大地域,同各民族进行不间断的民族融合,到隋唐之后逐渐融合于汉族或其他民族。

民族融合也由最初的边境向内地深入,也就是由最初的长城区域的小范围渐渐扩大,不同民族间的贸易随着民族的融合逐步做大做强,由仅在长城的边境贸易深入中心,在民族融合中,相互渗透,在社会、政治和文化等方面的相互作用,少数民族逐渐融合、吸收了中国汉族文化,汉族同样也接受了不同民族的文化与思想,最终形成了多元的中国文化和民族融合。

民族是一个历史性的民众概念。因此民族不能狭隘地理解为自然性的,民族必须宽广地理解为文化性的,这就是说一个民族在根本上是被思想和精神所铸造的。长城在各民族融合团结中,不再仅仅是一道防御工事,有了更多的精神实质,形成其独特的长城精神。

魏晋南北朝是古代民族融合的重要时期。"长城"这一边塞诗中所体现出的重要意象,与"大漠""汗马""疾风""秋草""旌旗""明月""胡乐"等意象相结合,呈现出边塞辽阔凄美的景象,也体现出民族间的交流融合。此后,曹丕、沈约等文人均以《饮马长城窟行》为母题,将建功立业、怀家思归、关切民生、渴望和平等丰富的情感融入诗歌中,从而使《饮马长城窟行》成为经典的乐府古题。

隋朝结束了东汉末年以来近 400 年的分裂局面。隋炀帝杨广加快推进民族融合的进程,他先后两次主持修筑长城,加强防御体系的建设,维护和巩固大一统局面。

长城从修筑的时候起,就已经深深植入爱国、自强、团结、和睦、创新、开拓等思想内涵。长城是中华民族聪明智慧、艰苦勤奋、坚韧刚毅、开拓进取充满向心凝聚力、维护统一、热爱祖国的民族精神的象征。长城精神是中华民族自尊、自信、自立、自强的精神与意志的体现。

长城内外是故乡。长城是历史的见证,是中华民族共同体不断凝聚的象征,而长城精神记录了长城内外不同的生产生活方式及多民族融合的进程,承载着中国人独特的情感世界与精神追求,彰显了中华民族众志成城、乐观豁达的开阔胸襟。

长城在促进民族团结中,发挥着积极作用,长城作为一方的自我保护体系,在做好防御的同时,在边境互市中形成民族间的融合,由点到线,再到面,由最初的只是民间交流上升到后来的官方行为。这样就更进一步促进了民族间的团结。长城从最一开始的防御开始,在发展中,成为促进民族团结的见证,民族文化也由单一趋向多样化,在民族融合团结中,各民族互通有无,相互学习彼此优秀的文化,共同促进民族文化的繁荣,从而由具体的物走向抽象的精神。

二、长城精神和民族团结相互渗透

在人类物质文化史上,中国的万里长城是与埃及金字塔相媲美的伟大建筑工程。长城在人类文明史和文化史上是物质奇观和精神财富。长城的宝贵价值和重要的意义首先体现在物质文明的层面上;其次体现在精神文明的层面上,但是,中华民族"长城精神"的内涵长期以来并未得到完整而全面的阐释。人们对其精神文化的外在层面谈论得较多,而对其精神文化的内在层面往往注意不够。正因为如此,人们侧重于赞颂它的雄伟壮观,外观上的巍峨、险峻和壮美,以及由此所体现的中国历代劳动人民的勤劳、勇敢、吃苦耐劳和无比的创造精神,也反映着中华民族历代以防御为主,"人不犯我,我不犯人",向来安边戍守、不威胁侵犯邻邦的战略思想和文化主题。因而用"万里长城永不倒"来象征、比喻中华民族的生生不息、数千年一直挺立于世界民族之林的伟大形象。

全面而完整地阐释中华民族的"长城文化"之"长城精神",既要把万里长城作为人类巨大物质文化遗产来看待,更要看到和挖掘出其精神文化方面的内涵。

长城精神是中华民族精神的载体,长城所蕴含的民族精神是中华民族自强不息的奋斗精神和众志成城、坚韧不屈的爱国情怀。长城不仅是中华民族精神的载体,还蕴含着文化的重要历史,体现着中华民族特有的价值理念。历代对长城的兴建使得团结努力、抵抗外敌的精神文化融入了兴建行为中。长城文化包括了不畏强敌、勇于反抗的爱国主义精神,民族团结、和平共处的关系准则。

长城体现出和谐守礼、爱好和平、勤劳勇敢、自强不息的伟大民族精神,从表演文化、建筑工程、寺庙文化、石刻艺术、民俗文化、农耕文化、游牧文化、长城诗文等中体现。

在哲学的意义上,精神是存在的本身。现实物事有存在和不存在之分,但精神物事却是永远存在的,因为精神是现实和记录的重演。所以精神是全过程地跨越"过去、现在、未来、不再"全部 4 个阶段的;而现实则仅仅是"即时的物事"。只处于"现在"时刻,每秒都在更新之中。记录是以新叠旧式的暂态变化,重演是以旧启新式的暂态变化。记录和重演都是沿"宇宙之道"做定向前行,即都是按"宇宙三律"作"物忆现检,趋同离异"的局部循环,其区别只在于变化前后暂态的不同。

长城精神与民族团结是紧密结合在一起的，是相互渗透在一起的，长城在民族团结中不再仅仅是一个雄伟的建筑，长城也不再是一个庞大的建筑形体，它成为一种精神，首先它是一种精神物，在现实物中记录着这种形体，它又蕴含了丰富的复杂的文化体系，这种丰富复杂的文化体系，在现实物中重演着那种精神物，我们每一位关注长城、热爱长城的人都会经过抽象的意象，对长城这种概念的赋像进行解释，这就是体现出的丰富的长城精神。

长城精神源远流长，影响着中华几千年的发展进步。长城精神与各地地域文化相融合，也就形成了独具特色的长城精神。今天我们提倡的开拓进取、忠勇坚贞、和谐包容、务实守信以及厚德、诚信、拼搏、奉献等提法，都可说明这一点。可以说，长城精神是革命精神的灵魂。今天我们提倡弘扬革命精神，不要忘记有一个具象的承载——长城精神。

《诗经·小雅·出车》有对长城雏形的相关描写："王命南仲，往城于方。出车彭彭，旂旐央央。天子命我，城彼朔方。赫赫南仲，猃狁于襄!"

西周末年，大原（今宁夏固原）一带有游牧民族猃狁势力渐强，周宣王派大将尹吉甫率军征伐，又命南仲在朔方筑城增兵，设立军事据点。南仲所筑之城，是互不联结的城堡，战时可遥相呼应，有人认为这就是长城的雏形。

"长城"之称始于春秋战国时期，《史记·楚世家》中记载："齐宣王乘山岭之上，筑长城，东至海，西至济州，千余里，以备楚。"战国古长城连绵不绝、巍峨雄伟，联结农耕和游牧两种文明，这也成为此后长城承载的重要使命。

民族文化的交融，华夏民族即后来的汉民族和戎狄的交融，和匈奴的交融（昭君出塞），和鲜卑的交融，和突厥的交融（义成公主和亲），和契丹的交融，和女真的交融，和蒙古族的交融，每一次的交融，都是长城内外的交融，交融在相互的政治、经济活动中促进民族间的大团结。与长城有关的不同人物在历史长河中被记录下来，有筑城英雄秦始皇、蒙恬、欧阳修、张贤、戚继光、杜茂；有守关将士李牧、霍去病、李广、杨家将、折家将、薛仁贵、麻家将、周遇吉；以及其他在长城守卫方面有过经历的名人范仲淹等。长城已成为一种精神象征，不再是一种物的存在。

习近平总书记指出："长城是中华民族的精神象征，具有特殊的历史文化价值。要本着对历史负责、对人民负责的态度，切实完善政策措施，加大工作力度，依法严格保护，更好发挥长城在传承和弘扬中华优秀传统文化中的独特作用。"这一指示充分说明长城作为中华民族精神象征的重要性，长城是与中华民族的团结有着不可分割的内在关系，长城精神与民族团结已凝聚成中华民族精神的象征，从一种具象到抽象，从一种物的形态到一种精神的形态。

长城是中华民族的脊梁和象征，是中华民族的古建瑰宝，是世界文化遗产，是世界新七大奇迹之一。作为传承长城文化的重要载体，古代长城主题诗歌记录了长城内外各民族交往交流交融的历史步伐，书写了中华民族自强不息的奋斗精神和众志成城、坚韧不屈的爱国情怀，同时也承载着守望和平的时代精神。

长城精神所体现出来的就是团结一致抵御外来侵略，和平发展自己的政治、经济、文化等，要是有来侵犯者，就坚决抵御，在抵御中有了英雄精神，守疆精神，这些又凝聚了本民族的团结，形成民族精神，团结起来，众志成城一起对外。而在一次次的民族大融合中，又形成多民族的团结。长城精神和民族团结在修筑成长的那一时刻起，就已相融在一起，彼此相互促进。长城也在历史的长河中，成为中华民族的象征，成为具有独特历史文化价值的载体。毛泽东的《清平乐·六盘山》中有："不到长城非好汉，屈指行程二万。"陈毅的《神池岢岚道中》中有："昨日过雁门，今日越管涔，冽风吹裘薄，积雪照夜明。神池今胜地，岢岚古坚城。民族欣交融，并肩创世新。"叶剑英的《寄续范亭司令并呈怀安诸老(二首)》中有："孙陵碧血长青苔，阿斗昏庸事可哀。剩有残躯效李牧，雁门关外杀敌回。"

长城在历史的长河里，不仅仅是一个物，而是随着历史的发展，有了丰富的实质内涵，形成了独特的长城文化，这一文化融入中华优秀文化传统中，由于其独特的作用，形成长城精神。这种精神起到了凝聚各民族的一股强大的合力，在各个时期发挥着不同的作用，长城也成为中华民族的象征。长城精神深入每一个中华儿女内心深处。

（此文在第五届中国长城论坛上荣获优秀奖。作者系忻州市长城学会会员，忻州市城市管理局党务干部。）

杀虎口金戈铁马气壮山河
西口古道沧桑悠远

王彦峰

黄土高原博大雄浑,在山西北部逶迤绵延,与蒙古高原携手一路走来,透露出威风凛凛的风骨,张扬着桀骜不驯的个性,给人一种伟岸高大、苍凉悠远的感觉。在山西省朔州市右玉县晋蒙交界处,一座雄关巍然屹立,它北倚古长城,西临苍头河,扼守要冲,俯视苍生,气吞山河。千百年来,它见证了胡汉和亲、金戈铁马的激情岁月,体恤了晋商艰苦创业、驰骋异域的激荡胸怀,记录下一代代背井离乡走西口人的心酸和忧伤。

一、雄关险隘

杀虎口位于距右玉县城西北 35 公里处,是外长城一个重要关口。据《朔平府志》载:"长城以外,蒙古诸蕃,部落数百,种分为四十九旗。而杀虎口乃县直北之要冲也,其地在云中之西,扼三关而控五原,自古称为险要。"杀虎口东依塘子山,西傍大堡山,北依雷公山、庙头山,两山之间是开阔的苍头河谷地,万里长城由东北向西南延伸而去,像个半圆形围墙将杀虎口围在里边,东西两侧山岭崖陡壁立,苍头河由南向北贯穿其中,构成一道宽 0.2 公里、长 3 公里的关隘。杀虎口作为一代雄关,闻名遐迩,距今已有两千多年历史。因其特殊的地理位置,自古便是南北重要通道,历代王朝都在此屯兵遣将,设置防守。

杀虎口古称参合口,也称西口,历代叫法不同。唐称白狼关,宋名牙狼关,明称杀胡口,清改杀虎口,民国叫杀虎关。杀虎口是雁北外长城最为重要的关隘之一。山西北部自古就是边地,早在《诗经》中,就有《出车》描述杀虎口一带抗击外敌的诗歌:"王命南仲,往城于方,出车彭彭,旐旟央央;天子命我,城彼朔方,赫赫南仲,猃狁于襄。"猃狁作为北方早期少数民族,经常袭扰边境,中原王朝派出边将奉命征讨。右玉在战国时期属赵,赵孝成王元年(前 265),赵国就派重兵驻守雁门一带,戍边大将李牧曾多次从这里出击,抵御匈奴的进犯。秦为"善无县",战略地位非常重要,大将蒙恬率军驻守防御匈奴。汉代大将李广、卫青、霍去病也曾从这里挺进大漠,驰骋疆场,最终封狼居胥,百代流芳。汉代苏武持节从杀虎口出使匈奴,自知一路凶险,前程未卜。作《别妻》,留下"握手一长叹,泪为生别滋。生当复来归,死当长相思"的悲怆之诗。王昭君出塞途卧羊山顿生悲痛之心,马蹄踌躇不前,留下"立马皆不发,盘石成蹄窟"的传说。隋大业三年

(607)，"发丁男百万筑长城，西距榆林，东至紫河(即今右玉境内的苍头河)，一旬而罢"。炀帝作《幸北塞》："鹿塞鸿旗驻，龙庭翠辇回。毡帐望风举，穹庐向日开。呼韩稽颡至，屠耆接踵来。索辫擎膻肉，韦鞴献酪杯。何如汉天子，空上单于台。"唐贞观四年(630)，李靖领兵从杀虎口出塞，消灭突厥20余万众。为了庆祝这一大捷，唐太宗李世民写下了《饮马长城窟行》："塞外悲风切，交河冰已结。瀚海百重波，阴山千里雪。迥戍危烽火，层峦引高节。悠悠卷旆旌，饮马出长城。寒沙连骑迹，朔吹断边声。胡尘清玉塞，羌笛韵金钲。绝漠干戈戢，车徒振原隰。都尉反龙堆，将军旋马邑。扬麾氛雾静，纪石功名立。荒裔一戎衣，云台凯歌入。"明王朝为了抵御北元的袭扰，遂设置九边，明长城穿杀虎口而过，一时间古堡、烽燧林立，气势壮观，特别是杀虎口段，砖石砌面，筑有城楼、望台等很是壮观，此时的杀虎口成为外长城的重要关隘。杀虎堡位于杀虎口东南1公里处，由杀虎堡(旧堡)、中关、平集堡(新堡)组成。杀虎堡建于明嘉靖二十三年(1544)，周二里，高三丈五尺。明万历四十三年(1615)在杀虎堡南百米外又兴建了一座同样规模大小的新堡，名为平集堡。后来由于边贸繁荣和人口繁盛，在两堡中间筑东西两墙，二堡之间被围起来形成一座封闭的关，名为中关，整个城堡平面呈"目"字形，从南到北形成三连环式的堡城，成掎角互援之势，大大提高了杀虎口的防御能力。杀虎堡地处繁华要道，随着商贾云集，一度人口骤增，极盛时住户达3600户，近5万人。各种衙署、庙宇、学堂、牌楼遍布堡内外，宫观寺庙共有50多座，其繁华远近闻名。

杀虎口和右玉城做为明王朝北部军事要塞，战火不断，特别是明正统至嘉靖年间，曾多次从杀虎口出兵征战，抵御蒙古瓦剌、鞑靼南侵。隆庆四年(1570)，双方才化干戈为玉帛，蒙汉互市自此开始，杀胡堡、得胜堡、新平堡(天镇)重新开放马市，每当互市期间，蒙古人"每日蜂聚堡城，任意流连，信宿不去"。清康熙三十五年(1696)，帝西征凯旋，在杀虎口设宴请西路军有功将士，杀虎口成为清廷后勤基地，一时间，商贾云集，南来北往，成为北方最大的商埠。达到了"谁跨明驼天半回，传呼布鲁特人来。牛羊十万鞭驱至，三日城西路不开"的盛况。康熙帝统一了蒙古诸部，南北一家亲，"杀胡口"的名字带有破坏民族团结的意思，康熙帝为杀胡堡题名，改"胡"为"虎"，真可谓"恩波洵不遗穷谷，帝力高深未易名"。此时的杀虎口战略地位虽然没有明朝时期重要，但仍具有十分重要的军事意义，亦有兵丁驻守。到了1925年，冯玉祥率领的国民军进驻"杀虎口"，任命其十三太保之一的韩多峰为杀虎关镇守使。韩为了缓和民族矛盾，促进中原地区与塞外的贸易，遂沿袭自清朝以来的俗称，改名为"杀虎关"。杀虎口见证了金戈铁马、烽火狼烟，沧桑玉帛，世道兴衰……如今，作为抵御外敌的雄关险隘，早已失去了往日的功效，掩映在一片绿洲之中，历经岁月洗礼，斑驳破旧，但仍可见其雄伟的气势、瑰丽之风采。

二、通商口岸

历史上杀虎口既是重要的军事要塞，也是重要的"边防口岸"。军事和商业这两个似乎不相关的事，在杀虎口却紧密相连，不可分割。由于山西十年九旱，百姓为了觅食求生，形成"走西口"的迁徙群体。他们涌入归化城、包头城、鄂尔多斯等地谋生的移民活动，逐渐从谋生提升到求富的阶段。走西口的山西人把西口的路走宽了,走熟了,走出了晋商的大小商团,走出了汇通天下的山西票号。

山西商业资本源远流长,山西商人的活跃,古代文献多有记载,其历史可远溯到春秋战国时期。山西的陶瓷、烧酒、食盐、潞麻、丝绸逐渐兴盛起来。左丘明在《国语·晋语》中说:"(晋文公)轻关易道,通商宽农。"又说:(晋都)"绛之富商,韦藩木楗,以过于朝,唯其功庸少也,而能金玉其车,文错其服,能行诸侯之贿。"晋国在春秋时期已经成为"工而成之,商而通之",出现了"千乘之国必有千金之贾"的商贾阶层。先秦时期山西的商贸:"日中为市,致天下之民,赞天下之货,交易而退,各得其所"。《汉书》用"赞拟王公,驰名天下"来形容晋商猗顿。隋唐五代又出现了晋州、潞州、泽州、太谷、平定、大同等新兴商业城镇。李渊父子从太原起兵时,武则天之父武士彟作为木材商人从财力上大力资助,李渊父子凭借当时天下最精锐的太原军队和武氏的财力夺取了全国政权。李唐起兵太原,定太原为北都,跨汾河两岸,商业繁荣。唐诗人韩愈有诗描绘:"朗朗闻街鼓,晨起似朝时"。到了宋代,由于山西地处边防要塞,宋王朝所需战马大都依靠北方的辽国来供应,而辽更需要宋的丝绸、铁器、食盐,以及各种生活必需品和手工业制品。"澶渊之盟"后,在山西"边州置榷场,与藩人互市,沿边商人深入戎界"进行贸易。后来赵宋王朝怕危及自己的政权,曾几度下令闭市,但是事实上无法办到。元结束了宋、辽、金的割据局面,驿站逐渐完备,商业活动的地域更加扩大。从《马可波罗行记》可以看到"从太原到平阳(临汾)这一带的商人遍及全国各地,获得巨额利润"。到明代(1368—1644)已在全国享有盛誉。明朝时期,蒙汉在长城一线进行民间贸易,互通有无,隆庆四年(1570)正式开关,关贸进一步扩大。明朝"开中制"政策的实施,为晋商的发展提供了契机。明代沈思孝在《晋录》里的描述,广为研究者所征引:"平阳、泽、潞,豪商大贾甲天下,非数十万不称富。"杀虎口成为内地商人覆盖外蒙,远达俄国商路上重要的商品运输枢纽,政府在此设税卡,在北上、西去的过程中,人们逐渐形成了一条固定的晋蒙大通道,人们习惯上称之为"西口古道",学术文献中谓之"晋商驼道"。"晋商驼道"起始于先秦,下至民国,历经2000多年的漫长岁月。晋商驼道分"南三线"和"北三线",其主要枢纽为"一关、一店、三口":即北有山西代州(今代县)雁门关,南有河南赊旗店(今社旗),以及山西右玉杀虎口(俗称西口)、河曲黄河渡口(亦称西口)和河北张家口(俗称东口)。"北三线"即晋商东北驼道、晋商华北驼道和晋商西北驼道。就是人所共知的"走西口",指的是晋商从雁门关或历经太原、静乐、宁武的汾河谷地北上走出内长城之后分为三路北上:一是至黄花岭棋道地经张家口远赴东北驼道,二是至黄花岭棋道地经右玉杀虎口远赴华北驼道,三是至广武经河曲黄河渡口远赴西北驼道。经杀虎口向西北而去的西口古道方便快捷,成为开创理想、走南闯北的大通道。

康熙征噶尔丹时(1696—1697),山西太谷的王相卿和祁县的张杰、史大学三个人随军搞军需供应。时抚远大将军费扬古部驻防杀虎口,他们随军至外蒙的乌里雅苏台(前营)和科布多(后营),之后以三人为主体,结合杀虎口的几个人组成集体小商伙吉盛堂(大盛魁)。当时专门走草原到蒙民中去贸易的山西商人因为会说蒙古语,称为"通事行"。最大的"通事行"就是山西人开办的"大盛魁"。曾经盛极一时的"大盛魁"商号的发祥地就在杀虎口,是当时北方最大的商号,资本近亿两白银。人们曾形容"大盛魁"的财产能用五十两重的银元宝从内蒙古库伦到北京铺一条路,大盛魁人员极盛时超万人,骆驼2万峰。其经营范围之广、贸易总额之大超乎人们的意料,获利之多、时间之久,在我国民族贸易史上是罕见的。

雍正十三年(1735),朝廷调集大军平定叛乱。清军进入草原深处之后,由于补给线过长,军粮供应发生困难。正当朝廷上下一筹莫展之际,一个叫范毓宾的山西商人担当重任,将征集来的十三万石军粮运往前线,但不幸被叛军劫走,他变卖家产凑足一百四十四万两白银,再一次买粮补运。范家以毁家纾难的做法,赢得了朝廷的信任和赏识,作为回报,朝廷慷慨地把与西北游牧民族贸易的特权交给了范家。"三盛公"和晋商有着很深的渊源,若要了解三盛公,就必须从"走西口"必经之路杀虎口说起。清王朝历经了康熙、雍正、乾隆三代的休养发展,到了乾隆时期,全国人口突破3亿大关,人口与土地矛盾尖锐,大量内地贫民迫于生活压力,无奈之下"走西口、闯关东、蹚古道、下南洋"。乔贵发作为晋商"走西口"的代表人物,于乾隆年间沿着山西的中部出发,一路向西,杀虎口到内蒙古,在包头一个当铺当了伙计。十余年后,乔贵发(华)和秦姓同乡开了一个小字号广盛公,后来改名为复盛公。因乔家经商最注重诚信,复盛公生意兴隆,及至乔致庸成为乔家第二代掌门人时,复盛公已经是包头第一大商号,几乎垄断了整个包头市场,当时乔家除在包头有11处生意外,在其他地方还有非常多的商号。

三、晋商雄风

明清时期,杀虎口成为晋商的发源地和主通道。从1690年开始,随着康熙皇帝西征,杀虎口已成为运送粮草的大本营,从康熙、雍正、乾隆先后出兵平定西北叛乱,杀虎口成了供应大军粮草的后勤基地。山西商人看准机会,随军贩送粮草,杀虎口作为华北进入西北地区的门户,是中原与内外蒙古、新疆、青海、西藏以及俄国贸易的必经之路,清政府不仅在此驻兵操练防守,也在此设税关,清极盛时期,关税日进"斗金斗银",政治、经济同时达到了最鼎盛的时期。军事和商业两大原因,让杀虎口繁荣至极。商贾云集,车水马龙,豪商巨富,坐拥荣华。在京包铁路尚未开通之时,杀虎口仍是中原和漠南的通衢要道,以众多的人口、兴隆的商业、发达的文化、星罗棋布的古迹而远近知晓。

清代形成大一统格局,加之清朝对外蒙采取怀柔政策,推行喇嘛教,大兴寺庙,大量招徕山西、陕西、河北工匠和破产农民外出谋生。出西口后的经营地域主要是三大营地:前营、后营、西北营地。据《绥远通志稿》说:"绥为山西辖境,故经商于此者多晋籍。其时投运货物,经过杀虎口交纳关税后,至归化城行销。"这里的山西商人,分行商与坐商,行商贸易于大青山后和西营一带,需向绥远将军署领取理蕃院颁发的"龙票",这种"龙票"不仅便于清政府管理,而且对旅蒙商也是一种特殊照顾,持此"龙票"贸易者,"蒙户如有拖欠,札萨克有代为催还之责,且旗长对于此等商户,纯以礼客遇之。"所以旅蒙商很少亏折,获利巨厚。行商驱赶着骆驼队,分赴前营、后营及西北营贸易。这种贸易途中没有旅店可宿,须结驼队行进,自携锅帐。驮运出去的商品,以绸缎、布匹、茶、糖、烟为大宗;运回的物资以皮毛和各种牲畜为主。从新疆方面回来的还有白银、金砂、鹿茸、葡萄干之类。运回的货物有一部分在丰镇、归化、包头出售。每年将大约 20 余万只羊卖给京羊庄。鹿茸开市之时，交易量日达 20 万两白银，甘草约 50 万银圆。

清政府在平定准噶尔期间，曾组织一部分汉族商人进行随军贸易。他们跟随清军，深入蒙古草原各地，贩运军粮、军马等军需品，同时与外蒙人做生意。这些"旅蒙商"绝大多数是清廷命名为"皇商"的山西商人，他们为清军的军事行动保证了后勤之需，清政府也给予了这些商人独占其利的经商特权，使他们大获其利。清代，山西商人的货币经营资本逐步形成，还开拓了国外市场。从陆路对俄、蒙贸易最早最多的是山西人，他们不仅垄断了中国北方贸易和资金调度，而且插足于整个亚洲地区，甚至把触角伸向欧洲市场。在朝鲜、日本，山西商人的贸易也很活跃，榆次常家从中国输出夏布，从朝鲜输入人参，被称作"人参财主"；介休范家，几乎垄断了对日本的生铜进口和百货输出。在清朝统治期间，能够兴旺发达 200 余年的商业世家，最有名的是：榆次的常家、聂家，太谷的曹家，祁县的乔家、渠家，平遥的李家，介休的侯家、冀家，临汾的亢家，万荣的潘家，阳城的杨家，等等。他们既是大商人、大高利贷者，又是大地主，都拥有极为雄厚的资本。在宁夏，著名的大商号多是万荣、平遥、榆次、临猗一带的山西商人开办，宁夏的名药材枸杞半数掌握在山西人开的"庆泰亨"手中。在青海，山西商人以西宁为根据地活动于各州县。在北京，粮食米面行多是祁县人经营；油盐酒店多是襄陵人经营；纸张商店多是临汾和襄陵人经营；布行多为翼城人经营，鲜鱼口以西有布巷，全为翼城人；北京至今留有招牌的大商号"都一处""六必居""乐仁堂"等都是浮山、临汾等山西商人首创和经营。此外，山西商人还到四川、云南、贵州、湖北、湖南、江西、安徽、广东等地贸易和经商。广州的濠畔街，多数房子是山西商人修建的。"广生远""广懋兴""广益义"等实际都是山西人在广州开设的企业。由海上出口的茶叶，比如运往印尼的茶，都是由山西人在产地收购，运往广州，由潮帮商人从山西商人手中购进再转运南洋的。

"凡是有麻雀的地方，就有山西商人。"晋商的足迹遍布大江南北，在商界以群体的形式活跃了五个多世纪，经营范围十分广泛，创建中国最早的银行"票号"，执中国金融界之牛耳。创造了亘古未有的世纪性繁荣，在亚洲大地上留下了灿烂的商业文化。

杀虎口见证了太多的金戈铁马，周征猃狁，汉伐匈奴，隋唐伐突厥，宋伐契丹，明讨瓦剌，清康熙玄烨帝亲自率兵出征蒙古噶尔丹，均经此地。杀虎口见证了商贸往来的繁荣，有"东有张家口，西有杀虎口"之称。历来山西商人"走西口"走的就是杀虎口，杀虎口成为晋商孕育地之一，走西口成就了晋商的辉煌。伴随着交通的飞速发展，这个繁荣了 500 余年的古税关也渐渐停止了运转。昌盛百年的杀虎堡和平集堡随之走向衰落，仅存的残垣破屋，古道土墙向后来者诉说着昔日的辉煌。所有的一切都消失了，杀虎堡的古老记忆也随着岁月渐渐消失。金戈碰击声没了，悠悠驼铃远去了。长城睡了、商号睡了、古堡也睡了，只有那首柔肠悲凉的绝唱《走西口》，还留在人们的耳畔。传唱数百年，越唱越红火。

（此文在第五届中国长城论坛上荣获优秀奖。作者系忻州市长城学会会员，长治市公安局警官，中国作家协会会员，中国散文学会会员，山西省作家协会会员。）

从忻州三处长城点段看长城精神

杨秀琴

雄伟壮观的万里长城,是人类建筑史上罕见的古代军事防御工程,是中华民族的骄傲与象征,它凝聚着我们祖先的高度智慧与惊人毅力,它以悠久的历史、浩大的工程、雄伟的气魄著称于世界。古今中外凡到过长城的人无不惊叹它的磅礴气势、宏伟规模和艰巨工程。长城是一座稀世珍宝,也是艺术非凡的文物古迹,它象征着中华民族坚不可摧、永存于世的意志和力量,也反映了我国古代建筑技术的伟大成就。在全民族弘扬长城精神的当今,笔者以忻州的三处长城点段谈谈长城精神。

一、忻州长城之雁门关

"九塞之首"的雁门关位于代县县城西北 20 公里处的雁门山中,是长城上的重要关隘,这个关口的地理位置非常特殊,坐落于海拔 1.7 公里的两峰之间的山口,形如马鞍中间的低洼处,风力非常大。就是这样一个关口,曾经见证了无数次金戈铁马的战乱,目睹了很多和亲公主的遥遥大漠之路,也见证了民族融合、文化融合给这里的一方百姓带来的巨大改变。

雁门关海拔接近 2000 米,地势高寒,山道盘旋,乱石纵横,是万里长城上的九大险关之一。雁门关得名于《山海经》,雁门,飞雁出其门,说的是南来北往的大雁飞到这里,飞不过崇山峻岭,只能从山峰之间的幽谷门豁穿行而过。于是,这一条恒山西段的余脉,就叫作雁门山,矗立在雁门山上的这个关隘也就取名雁门关。在山西朔州流传着这样的民谣:塞上广武三千年,长城两侧是故乡。这里的长城是内长城,墙体段落全部采用包砖,特别是雁门关白草口长城,距关口不到 10 公里车程,虽然没有八达岭长城的名气,但却是山西境内长城的精华,犹如一条巨龙,蜿蜒在陡峭的山脊之上。

巍巍的雁门山像一条巨龙横卧在山西北部的原野上,成为千里大漠与广袤中原的天然分界线,雁门关就在这条分界线上,所以自古就有"得雁门而得天下,失雁门就失中原"之说。雁门关自古就以"险"著称,被誉为"中华第一关",在冷兵器时代具有极其重要的战略位置。既然有"天下九塞,雁门为首"之说,那么雁门关自古就是中原王朝抵御北方游牧民族入侵的重要关隘。从春秋战国一直到民国期间,发生在雁门关一线的大小战争有上千次,其最早的历史可以追溯到战国赵武灵王时期,赵国军队在此与匈奴作战。汉朝名将李广、卫青、霍去病曾率兵在此守卫边疆。北宋时,雁门关成为宋辽对峙的主战场,广为流传的就是杨家四代英烈精忠报国的故事。当时雁门关是最前沿的国防阵地,雁门关以北即现在山西的朔州市、大同市,都是辽国占据的地方,是"燕云十六州"的范围。雁门关以南的代州是首当其冲的前沿阵地。杨业任知代州兼三交驻泊兵马部署,他首要的工作就是镇守北宋的国防前线雁门关一线。公元980年,辽军10万人马入侵雁门关,杨业采取声东击西、两面夹击的战术,一举将辽军的数万人马击溃于雁门关外。公元986年,辽朝兵势甚盛,宋太宗却决定再次收复"燕云十六州",于是兵分三路,北伐辽国,西路军副主将杨业向主将潘美、监军王侁提出一个可保万全的作战建议,遭到潘美和王侁等人的反对及诬蔑,杨业被迫兵出雁门,冒险迎敌,最终落得兵困陈家谷被俘,绝食身亡的悲壮结局。

我们现在去雁门关,看到的关门和城墙大多是明朝留下来的,关楼是1989年恢复的。关上自然条件非常艰苦,古人越关时,车轮散架、马腿折损的事情经常发生。雁门关自两千多年前成为要塞至今,除了经历过无数次战争外,还是闻名天下的商贸通道,现在的关门洞内,那些巨型青石地面上存有清晰的车辙印,这有古代战车碾压过的痕迹,也有商贸驼队走过的痕迹,还有历朝和亲队伍的脚印,最著名的就是昭君出塞。除了几十位和亲公主出关,还有二十多位帝王登过雁门关,更有李牧、李广、薛仁贵、郭子仪、杨业等百位名将在此守关。

二、忻州长城之偏头关

山西省的地图类似一个平行四边形,最西北的地方就是偏关县。别以为这个鲜为人知的偏远县城没啥了不起,千里黄河就是从这里入晋,并在这里与长城交会。

偏关县地处黄河南流入晋的交汇处,总面积1682平方公里,总人口11万人。偏头关与宁武关、雁门关合称明长城上的外三关,为"三晋之屏藩""晋北之锁钥"。顾炎武的《天下郡国利病书》载:"偏头关东连丫角山,西通黄河,与套房仅隔一水,其地东仰西伏,故名。"据《偏关县志》载:城临偏头关,以关取县名。

偏关历史悠久,文化深厚,相传战国时期赵武灵王曾征战于偏关一带。宋朝时,偏关作为北方军事最前沿,堪称抵御来犯辽兵的重要关口。到了明代,与宁武、雁门合称外三关,成为最重要的战略要塞。

悠久的历史给偏关留下丰富的文化遗产。目前全县有不可移动文物192处,有10道不同时期修筑的长城,总里程达到500多公里,烽火台1000多座。古堡历史上有49座,现在保存下来的有29座,是全国长城最复杂、古堡烽燧最多的县份之一,是名副其实的"中华长城古堡第一县",也是一个特色鲜明的旅游文化名城。

万里长城从鸭绿江畔绵延东来,翻越崇山峻岭,经山西朔州进入忻州偏关后,继续西行,直抵老牛湾。而九曲黄河从昆仑山下滚滚东流,在内蒙古喇嘛湾急转直下,也来到老牛湾,使老牛湾成为黄河入晋第一村。世界上没有一条河流是笔直的,但像黄河在偏关这一带形成如此的蛇曲回环还是罕见的。整个老牛湾景区由三湾山谷组成,黄河逶迤穿越,在这里转了一圈,转出个环绕成半岛的极圆湾。两岸悬崖峭壁,奇形怪状,鬼斧神工。更神奇的是,刚健雄伟的万里长城与奔腾不息的黄河水在这里首次相聚，中华文明的两大象征在此深情握手，形成了碧水依古堡缠绵将醉、长龙饮深涧蓄势腾飞的壮丽风景，因而被誉为"天下黄河九十九道弯"里最美的一弯。

偏关县与内蒙古自治区在地理上隔河相望，古代北方游牧民族觊觎中原丰饶的物产，每逢冬季黄河结冰，天堑变成通途，外族铁骑便能长驱直入。为抵御外敌入侵，朝廷便在此修筑一道长城，形成"夏守边而冬守河"的特殊防御体系。

近年来，偏关县委、县政府依托黄河、长城及古村、古堡等优势，深入挖掘和梳理境内旅游文化资源，精心开发旅游项目，努力加快全县旅游产业的发展步伐。先后修复了当年的"三关总传烽"的虎头墩护城楼，建起长城博物馆和长城碑林，维修了县域内部分长城段落。因万家寨水利枢纽和龙口水电站的修建，奔腾不息的黄河在偏关形成了一个长达40多公里的高峡平湖，形成了一道独特的旅游风景线。

如今，登上老牛湾村的制高点，远眺"黄河远上白云间，一片孤城万仞山"的壮丽景色，遥想"黄沙百战穿金甲，不破楼兰终不还"的千年历史，这一番感受令人终生难忘。

三、忻州长城之野猪口

一关、一堡、一城墙，组成黄土高原上的特色长城风景——野猪口长城。明代野猪口长城段是神池所有长城段落中保存最完整的一段，位于烈堡乡南寨村（今名为长城寨村）东北方约1公里处。明长城自龙泉镇龙元村入神池境，至烈堡乡野猪口出界，境内长约40公里。龙泉镇项家沟村一带为石城，烈堡乡南寨村至野猪口系土城，其余皆土石混筑。凡到过明长城遗址的人无不惊叹它的磅礴气势、宏伟规模和艰巨工程。

野猪口隘口为通往正北方的明山西镇之军事重镇老营堡的咽喉要道，长城边墙原为土筑石砌封顶式，今只存黄土夯筑部分，高约8米，长城内侧正对隘口的高坡地上筑有一座城堡，称野猪口堡，墙体存高6米左右，为黄土夯筑，保存较好。野猪口长城东连平虏卫，西接偏头关，地势险峻，扼守其中。沟底大路原为长城土石墙相连，后人掘平形成通过车马行人的大路，路西边朝阳陡坡上修筑有纯石块阶梯状长城，每阶高一米有余，共有十多级，纵览山西全境长城，如此雄伟高大的石砌阶梯形长城此处独一无二，神奇异常。

野猪口长城所在的神池，地处长城重要关隘偏头关、宁武关之间，是边关要冲，历来兵家必争，也是边塞文化、农耕文化、游牧文化相融合的农牧交错区。而今，当我们站在野猪口关隘山坡，极目远望气势恢宏、绵延曲折的长城边墙与烽火台，感到那么雄伟壮观、气势磅礴，感到长城真是中华民族团结的象征、智慧的结晶、永远的骄傲。

如今的神池野猪口长城段遗址被列为山西省重点文物保护单位，省政府于1986年立碑加以保护，长城一号旅游公路从关口附近通过，已于2023年夏天通车。野猪口长城也是摄影爱好者拍照、驴友探秘旅游之胜地。神池县文化和旅游局已经作出决策，将重点谋划项家沟村、龙元村、八角村、长城寨、大井沟村等重点村庄，建设长城人家、长城驿站，打造成为边塞军事体验、文化怀古研学、塞上风情观光、长城人家休闲的乡村旅游产业。

长城代表了中华民族坚不可摧、永存于世的精神意志与力量,也是人类骄傲的历史古迹、文化瑰宝。愿伟大的长城遗产世世代代保存下去,激励一代又一代的长城爱好者去维护,去修缮,去传播,更激励一代又一代的中国人为实现中华民族之伟大复兴奋勇拼搏,砥砺前行!

(此文在第五届中国长城论坛上荣获优秀奖。作者系山西省作家协会会员,山西省散文学会会员,忻州市长城学会会员。)

明长城与晋北奇女子养艳姬

王润生

神池民间有一种说法，在本县丁庄窝村附近的小水口段明长城旁边屹立着一座拥有500多年历史的古寺——阳崖寺，原名羊奶寺，该寺与晋北奇女子养艳姬、明朝皇室后裔朱慈炤有千丝万缕的联系。明长城与古寺庙诉说着凄婉悲壮的边塞故事，承载着博大精深的长城文化。

养艳姬乃宁武县阳方口镇山岔村人，她是春秋时楚国大夫养由基的后裔。养艳姬精通琴法与秦晋地方乐曲，并研读过兵书，善于舞剑，文武双全。朱由检即帝位后，她被选入宫中为妃。

崇祯十七年（1644）一月，李自成北征北京。二月初二渡过黄河，初五攻克太原，在太原休整八天。十六日克忻州，驻守代州的三关总兵周遇吉凭城固守，双方大战十余日，周遇吉因兵少食尽，退守宁武关。李自成追到宁武，周遇吉悉力拒守，最后火药用尽，开门力战而死。李自成三月初一攻克宁武关，然后一路势如破竹，挺进北京，三月十八日攻破了明王朝的最后一道堡垒——北京紫禁城。

就在紫禁城内大乱之时，御马太监边永清和太监蔺卿，带着妃子养艳姬及一岁大的四皇子朱慈炤，还有另一位妃子蔺婉玉和两名宫女逃出了皇城。他们化装为乞丐，携带了金银珠宝，一直逃到青岛崂山。

养艳姬一行从京城逃亡的风声很快传到清王朝，清王朝派人四处搜寻明朝皇室后裔。养艳姬清楚幼小的朱慈炤是崇祯帝的血脉，害怕被满族人加害，于是乔装打扮，暗中由边永清和蔺卿护送自己回山西老家。他们沿着长城前行，回到宁武关隶属的山岔村，一路平安。

养妃明白，嫁出去的女儿泼出去的水，老女长久留在娘家是凶兆，于是偷偷在娘家小住了些时日后，决定去宁武关凭吊总兵周遇吉，感激这位大明王朝最后捍卫者。之后要给四皇子选择一处安身立命的居所。

养妃打算去外面找一处僻静的处所，为了躲避风声，最好是远离聚居的村庄。一日，养妃女扮男装，信马由缰，从山岔村出来，看到村外的明长城，睹物思人，不禁暗暗伤神，想起崇祯帝以及明朝的先帝。身边的太监边永清看出养妃的心思，于是提议，沿长城散散心。这也正合养妃之意，一方面聊以自慰，另一方面顺便选一处风水宝地，让皇子可以颐养天年。

他们从山岔村出发，沿长城一路西行，经过阳方口、大水口，向西爬上灰泉堡，今神池龙元村，因当时有股清澈的泉水从村西流过而得名，不久就到达夏家沟（今神池项家沟村）。夏家沟有一座明长城堡寨圪姥灌堡，当时长城修完后，许多民工看到这里地广人稀，决定就在这里定居,娶妻生子繁衍后代。乡人对此处的地形颇为了解,谈话中无意告诉养妃,北边庄窝村西塔顶山阳坡有一处寺庙。养妃一行沿海子平西山半腰策马走来,北边是东西走向建在山脊上的巍峨长城,登上长城往北望去,长城一路蜿蜒北上,看到在塔顶山阳坡处有一处庙宇:上空云蒸霞蔚,好似拥有七彩光环,地表清泉石上流,阳光松间照,确是一奇妙之处所。旁边小溪岸边地势犬牙差互,不可知其源,水流浩浩荡荡注入山下峡谷,然后折向东方,穿庄窝村潺潺东去。

不多久,养妃从山岔娘家秘密搬迁到这里。乡民还说,这里极为神奇,寺内还有一座小庙叫娘娘庙,灶台上有一小水坑,这小坑水三个人喝都喝不完,五个人喝也喝不完,水喝完后很快就又溢满小坑,因水之神奇,有人叫此小庙为圣水庵。养妃看见这个有灵性的好去处,于是将孩子寄托给寺中的僧人。僧人没有办法喂养,只好通过香客找来一只奶山羊,给婴儿喂羊奶。养妃看见孩子性命可保,于是又在御马太监边永清和太监蔺卿的陪同下,快马加鞭返回崂山。

四皇子吃上羊奶之后,身体慢慢强壮起来,圣水庵从此名声渐大。不知是羊奶给四皇子带来健康,还是四皇子给寺庙带来了灵气,给长城古刹平添着一种神秘。

再说圣水庵附近的明长城,长城与寺庙相隔百十米,长城好像圣水庵的一道院墙。据史书记载,圣水庵一带小水口段长城是于1539年开始修建的,是与大水口、灰泉堡、圪姥灌堡同时修建的。圣水庵是那个时候由修长城的民夫所建,这也给四皇子朱慈炤出家修行提供了有利条件。后来僧人和附近的百姓知道寺内养的孩子是皇帝的儿子,在他们眼中,不管皇子能否继承帝位,统一把皇子叫成太子,把四皇子叫成太子就正常了。

四皇子五岁时,圣水庵的僧人便把他送到庄窝村东南十五里的一处寺内修行,随着身体渐强,不用再喂食羊奶,僧人们给他吃相对精细的素食饭菜调养身心。四皇子在年龄渐长的同时还跟着师父修行,由于他天资聪颖,学啥会啥,佛经很快就能熟读成诵。在长到十五六岁时,该寺僧人将他送回山岔村的大寺庙正式出家。后来他又到管涔山深处的清真庵出家,不到三年就在此寺坐化。

朱慈炤坐化成佛后,被人奉为芦芽佛祖。他母亲托孤时的吃羊奶的寺庙被后人改为"羊奶寺",他第二次落脚的寺庙被人改为"饭养寺"。后来僧人们为了避俗,将羊奶寺改为同音的阳崖寺,将饭养寺以谐音改作"梵王寺",寺庙所在的村庄也叫作梵王寺村。羊奶寺中另建一座窑洞式小庙,供有"芦芽佛祖"的神位。

现在的羊奶寺,经过丁庄窝村民集资修缮,已扩大了原来的寺庙规模。身旁的明长城已成为县文旅局大力打造的长城国家文化公园的一部分。寺庙加上长城,成为当地的一处旅游名胜,正悄悄地成为神池县的一张名片,成为网红打卡之地,带动村民走在脱贫致富奔小康的大道上,以其"一村一品"成为当地农村的标杆。

(此文在第五届中国长城论坛上荣获优秀奖。作者系忻州市长城学会神池分会理事,神池三中办公室主任,县政协委员。)

保护与开发

Protection and Development

晋北长城保护调查

杨峻峰

近年来,笔者作为一位中国长城学会的会员,一个如痴如狂地热爱长城的人,一个人自费对忻州市的代县、宁武、偏关、河曲、神池、五寨、岢岚、原平、繁峙、五台,朔州市的右玉、山阴、朔城区、平鲁、应县,大同市的浑源、天镇、阳高、左云等地的晋北长城进行了考察,围绕长城保护的现状进行了调查,调查报告如下。

一、晋北长城既是宝贵的历史文化遗产和财富,也是丰富的可资利用的旅游资源。山西长城主要分布在晋北,从建设的历史朝代上分,最早的有战国赵长城,还有秦、汉、北魏、东魏、北齐、北周、隋、辽、宋、明诸朝的长城,在全国来说是最为丰富的,堪称"中国长城的博物馆"。晋北长城中又以雁门关、偏头关、宁武关这外三关长城最具特色,是中国明长城的代表,是山西边塞旅游的代表。雁门关历史悠久,文化积淀深厚,地理位置险要,关楼建筑雄伟,号称"九塞之首""万里长城第一关",是中国长城旅游最具代表性的人文景观。偏头关烽堠林立,古堡众多,九边纵横,堡城交错,特别是长城、黄河在此相会,是中华民族的母亲河黄河和中华民族的象征长城握手的地方,是资源最好、最有前途的边塞旅游区。宁武关长城历史跨度久远,宁武关的关口阳方口是明长城中少见的水关,以罗哲文先生的话说是明长城上唯一的水关,大水口长城保存着明长城上唯一的刁口。宁武关长城的人文景观和芦芽山的自然风光有机结合,形成山西颇具特色、很有生气的旅游大区。

三关之外,晋北长城中还有许多地段成为新崛起的旅游区和很有发展潜力的旅游区。平型关因八路军首战日寇中外闻名,成为20世纪60年代初的国保文物,世界文化遗产和红色旅游区有机结合,古代战争与现代战争历史地对接,使这座古关成为颇具特色的旅游区。右玉杀虎口是山西人"走西口"的必经之路之一,随着小戏《走西口》和电视剧《走西口》在全国的唱红,山西人大做"走西口"文章,杀虎口成为新崛起的长城旅游区。偏关县的老牛湾堡,地处晋蒙黄河峡谷,陡峭崖壁、黄河平湖、古老城堡、原始村落有机结合,特别是长城和黄河握手相连,成为国人新看好的旅游区。岢岚县宋代长城是全国唯一的宋长城,全用薄片石垒成,建筑风格独特,加上岢岚地处太原卫星发射中心附近,前去看卫星发射的人很多,使得岢岚长城成为颇有开发潜力的旅游景点。山阴的广武长城和广武古城,借雁门关开发的契机,大做旅游文章,维修古城,建设广武汉墓广场,形成雁门关关城主景区的卫星景点。此外,还有大同市的镇边堡、守口堡,代县的白草口长城,右玉的右卫古城,偏关的万家寨、老营堡、寺沟长城,河曲的护城楼、黄河边、罗圈堡,神池的野猪口、黄花岭堡,都有接待旅游、推向市场的价值。

二、长城破坏严重，保护迫在眉睫。从目前长城的现状来看，人为的、自然的破坏特别严重，特别是人为破坏，十分严重，保护缺失。长城惨遭破坏的情况有以下几种。

1. 新中国成立以来农村学大寨或农民盖房拆毁。这种破坏占所有长城遭破坏的多数。如宁武关、雁门关、平型关以及所辖城堡多属于这一类。20世纪90年代以来发生最严重的要数偏头关老营古城的破坏，几位农民还在拆城砖，当时偏关文管所刘忠信所长等前去制止、开会批评，最后罚款，但罚款几年来仍然未交。河曲北元附近有一座建筑风格别致的空心敌楼，在"文化大革命"大拆城墙时幸免于难，可是在2000年以后，被村民们拆毁一半。

2. 农民种地搞建筑无意破坏。最具代表性的如河曲县罗圈堡古城、北元村附近的黄河边，都是附近农民在长城墙体下修了水渠，顺便刨上长城上的城砖垒渠堰，引黄河水浇地，使长城墙体多处坍塌。五寨县南山梁上的东魏早期长城，被农民开石场毁掉很多。神池县南山的北齐长城被农民私开滥挖煤矿、铝矿挖断很长一段。大同境内的长城近年来还在遭受着人为的破坏。

3. 部分地区大搞修路、治山、种树、建厂、开发房地产等工程，有意地人为破坏。最严重的是平型关，近年来省里修繁峙到灵丘县的公路，现代化的路面从平型关古堡当中穿过，将一座历史古城一分两半。路面距平型关的标志建筑关楼仅四五米。在偏关县的柏杨岭长城一带，前些年，该县用世行贷款搞植树治山，为了让人参观，沿山脊修公路，这公路多是利用的古长城的墙体，或将长城拆了多处豁口。偏关县寺沟长城坐落在壮观的黄河峡谷的石崖之上，附近有元代古刹，距黄河龙口和娘娘滩很近，是颇有开发价值的旅游景点，可是村民修公路紧靠长城挖沙取土，最近处距离长城仅有四五米。去年记者在现场又见还在破坏，及时将情况报告给偏关县委书记王源，王源马上责成有关部门制止。晋西北的沿黄河公路也靠着长城修路，破坏着长城的保护范围。神池县南山的北齐长城伴着全国唯一发现的宋辽界壕，也等于是辽长城的一种形式，前些年被县上修通往风力发电厂的公路毁坏了一段。

4. 开发长城景点无意中破坏着长城。最具代表性的是右玉县的杀虎口，近年来在古关口上修了一座现代化的关口城门，不古不新，不伦不类，破坏了古长城的结构，遭到了中国长城学会董耀会副会长的严厉批评。代县雁门关前十多年在关楼下修了一条现代化的水泥路，后来笔者写了一篇批评报道，发表在许多报纸上，该路在声讨声中被动拆除，重新铺成石板路。偏关县老牛湾也是在古长城下修了许多现代化的房子，古堡周围增添了许多现代化的元素，破坏了长城保护范围。还有一些长城景点，对长城进行了小规模的维修，施工十分粗糙，破坏着长城的风格。如繁峙县前几年对平型关城门进行了维修，施工粗糙，不堪入目。偏关古城西城墙有些修补亦属于这一类。2008年宁武古城也复修了一段古城墙，墙体太新，石雕太粗糙，和古关极不和谐，可以说是建筑垃圾，是对古城的严重破坏。

5. 因为私利故意破坏。最多的是老百姓在长城的墙体上和烽堠上挖洞居住，破坏长城。偏关老营城、神池八角城，城墙洞里现在仍住着一些居民。河曲县北元、偏关等地烽火台也被挖了洞，洞里也住有居民。偏头关的北城墙近年来被开发商开发房地产时破坏了不少。

6. 居民在长城附近胡乱修建，虽没有拆毁墙体，但破坏着长城的完整性和观瞻性。最具代表性的是河曲县的护城楼了，这是全国罕见的空心敌楼，有九窑十八洞之称，可是被人为地改为佛寺,楼内改变了结构。近年在楼顶建了钟鼓楼,加重了敌楼的承重,村民还围着楼体盖起了民房,将一座非常雄伟的建筑搞得乱七八糟、不堪入目。

7. 现代化的通信电力设施破坏长城。近年来电信、移动、联通、电力等部门在山顶上建铁塔,多数建在烽火台旁,有的建在长城上和烽火台上,破坏着长城的墙体和保护范围,破坏着长城的完整性。在神池县北齐城堡黄花岭堡附近,今年修风力发电的铁塔,将一座雄伟的北齐烽堠铲掉了一半,安装上了一座很高很大的风电铁塔,造成千古遗憾。偏关县的草垛山空心敌楼旁建了一座通信铁塔,大煞了这座砖砌敌楼的风景。

8. 开发了长城旅游后,游客登墙体破坏长城。最担心的是岢岚县的宋长城,墙体是用两厘米厚的薄石片垒成,很酥脆,人们走上长城,石片直往下掉,照这样没几年就倒掉了。偏关县寺沟长城近年来旅游的人很多,游人都要爬上土长城看看,这些行为严重损毁着长城墙体。

三、长城保护责任不明确。长城是世界文化遗产,是世界新七大奇迹之一,在国际的层面,在国家的层面,都显得十分重要,特别是对文物保护来说,更具有十分重要的意义,可是到了最基层的市县就显得不重要了。长城保护和处理案件谁家牵头?破坏了长城先追究谁的责任?《长城保护条例》谁来贯彻? 长城保护经费谁家落实? 都是一笔糊涂账。晋北各县许多地方没有文物局,如有些相关责任的事,都推向县文化局,许多县的文化局和体育、教育等部门合并,工作被教育淹没,工作中几乎轮不到保护长城这一项,甚至实质上没有保护文物的任务。县文化局曾配合国家的项目实施,牵头调查过长城现状,可是调查完以后,发现破坏现象,又束手无策。长城都分布在边远的大山上,到长城上巡查,需人需车,现阶段的文化部门论人论钱论职权根本没有办法,牵不起保护长城的头来。可是一旦有人破坏了长城却打文化局的板子,实是冤枉。如果说长城是国家的长城,国家把保护的责任落实在文化局,可是长城如有点旅游开发价值,文化局又没有资格开发,首先乡里、村里这一关就过不去。一些地方的长城发现有开发价值,县里马上就成立旅游公司,专门负责开发,保护长城的文化局无开发经营权,形成保护和开发的脱节,存在着长城保护和管理开发上的扯皮现象。

四、对长城的对外宣传力度不够,招商引资开发和旅游观光潜力太大。山西境内的长城,其雄伟,其特色在全国具有独特的地位,如雁门关在长城所有关隘中最为古老,是万里长城九塞之首;宁武关是长城所有大关隘中唯一的水关;偏头关是最壮美的长城黄河握手处;岢岚宋代长城是全国少有的宋长城;代县白草口长城其雄伟程度在全国称佳,据说当年维修八达岭长城就是参考的白草口长城的形状;广武古城是全国所有长城中保存最完好的城堡之一。总之,晋北的长城很有特点,全国称雄,世界称奇,可是对外宣传不够,一些价值和意义在山西本土来说也是鲜为人知的。如靠新闻部门宣传,只有点零敲碎打的报道,大规模的宣传还得有经费,如打广告,长城景点没有钱,导致宣传力度上不去。

五、长城开发是对长城保护的最佳保护措施。在现阶段国家在长城保护方面没有大的投资的情况下,长城的开发利用是最佳保护措施,势在必行。如将一些壮美的长城段开辟为旅游景点,长城有了利用价值,开发人自然会对开发利用的一段进行保护,游客也会重视,继续拆除性破坏的现象肯定会被制止,同时会推及公众对整个长城的重视。如近年来雁门关的开发就是一个最好的例证,忻州人凭着一股热爱长城的精神,花费了较少的钱,修旧如旧地开发,进行文化包装,还原了古关的雄姿,打造成山西旅游的品牌景点,实现了对古长城的最佳保护。近一二年偏关县对长城的开发性保护做得也很好,恢复了偏头关长城的总传烽虎头墩,建成了护城楼,辟为长城博物馆。同时还复修了寺沟长城,保护起了水泉堡用长城砖砌成的防空地道,当地称"地下长城",这些长城段在复修的过程中都开辟成旅游景点。宁武县前几年也复修了宁武关的标志——阳方口堡楼。说到此笔者建议,长城开发一定要有长城专家的同意,方案要让长城专家签字。中国长城学会牵头,和文物局等职权部门配合,行使执法权力,凡长城旅游区的开发须得到长城专家的同意,上至国家,下至省里,要成立这么一个专家组,没有专家组的签字不得开发,千万不能搞成边开发边破坏,珍贵文物变成建筑垃圾。在开发成长城旅游景点后,要加强管理,设置长城和游客的隔离带,不能让游客随便攀爬长城、破坏长城。

六、发现了一批热爱长城、保护长城、宣传长城、研究长城的志愿者和"发烧友",有的已经成为长城研究专家。 在晋北有长城的县,总有几个热爱长城的人,他们坚持数年,有的数十年,奔波在长城上,记录长城,宣传长城,为保护长城鼓与呼,为宣传长城奔走,有的发表文章,有的举办影展,有的著书立说,所有考察和研究全是自费,如偏关的刘忠信、宁武的苏栓斌、大同的刘媛、代县的刘润成等。

七、成立长城保护类的社会团体势在必行,利用民间力量进行保护是发展趋势。 2007 年 7 月,山西省成立了长城保护研究会,已开展工作,举办了不少活动。此后,大同、朔州、忻州也成立了长城保护研究会或长城学会,这些组织一旦成立,总要做些工作,在目前长城保护尚未形成全社会重视的情况下,研究会可以力所能及地为保护长城、宣传长城、开发长城做些事。社会各界如能大力支持这些组织,有钱的出点钱,有力的出点力,让其充分发挥保护研究组织的作用,把保护长城的事办好。因此,建议拥有长城资源县份的文物部门,要鼓励和引导一些热爱长城的人士,成立长城保护的社会团体,使他们既可成为保护长城的重要力量,又可成为文物保护部门的有力帮手。

（此文系第一届中国长城论坛上的大会发言稿。作者系忻州日报社原编委、高级编辑,中国长城学会常务理事,中国长城研究院研究员,山西省长城保护研究会常务理事,忻州市长城学会会长,忻州市长城文化研究所名誉所长,山西省"十大最美长城卫士"之一,山西省长城研究保护"十大杰出人物"之一。）

长城类旅游景区如何走出同质化困境

张俊亮

长城是中华民族的精神象征,是我国现存体量最大、分布最广的文化遗产,以其上下两千年、纵横数万里的时空跨度,成为人类历史上宏伟壮丽的建筑奇迹和无与伦比的历史文化景观。做好长城保护对于展示中华民族灿烂文明,坚定文化自信,弘扬社会主义核心价值观,促进经济社会发展,具有十分重要的意义。

长城修筑的历史可上溯到西周。春秋战国时期,列国争霸,互相防守,长城修筑进入第一个高潮,但此时长城修筑的长度都比较短。秦灭六国统一天下后,秦始皇连接和修缮燕、赵、秦等国长城,始有万里长城之称。明朝是最后一个大修长城的朝代,人们所看到的长城多是此时修筑。国家文物局确定明长城遗址遗存总长度为 8851.8 公里。

1961 年 3 月 4 日,长城被国务院公布为第一批全国重点文物保护单位。1987 年 12 月,长城被列为世界文化遗产。

十一届三中全会以后,我国对长城保护开始逐年重视,1982 年 11 月 19 日第五届全国人民代表大会常务委员会第二十五次会议通过了《中华人民共和国文物保护法》,2006 年 9 月 20日国务院第 150 次常务会议通过《长城保护条例》,进一步明确了各级政府和有关部门的法定职责。相关省、自治区、直辖市也相继出台了长城保护地方法规。

我国的旅游业也和其他行业一样,伴随着改革开放应运而生,并逐步成为国民经济新的增长点或战略性支柱产业。

随着旅游业的兴起,全国各地都在开发旅游景点,作为世界文化遗产的长城自然得到了各级党委、政府的高度重视。一些老的长城类旅游景区进行了升级改造,一些长城点段得到了修缮保护并开发为长城类景点景区。比如 2017 年晋升为国家 5A 级旅游景区的雁门关景区,就是近年来开发建设并取得成功的。

2019 年 7 月 24 日,中共中央总书记、国家主席、中央军委主席习近平主持召开中央全面深化改革委员会会议,审议通过了《长城、大运河、长征国家文化公园建设方案》。中共中央办公厅、国务院办公厅印发了《长城、大运河、长征国家文化公园建设方案》,并发出通知,要求各地区各部门结合实际认真贯彻落实。随着长城国家文化公园的建设,相信还会有一些长城重要点段以景点和形式陆续展示在人们面前。

在我国最早开发并接待游客的长城类旅游景区主要有居庸关、八达岭、山海关、嘉峪关、慕田峪、金山岭、黄崖关、九门口、虎山等。后来逐步又有雁门关、平型关、老牛湾等长城被开发保护和利用,这些都是明长城。

明长城由于其建筑年代较近,资源保存相对完整、形制类型丰富,主要分布区域包括北京、天津、河北、山西、内蒙古、辽宁、陕西、甘肃、青海、宁夏。其主线东起辽宁虎山,西至甘肃嘉峪关,在河北、山西、辽宁、陕西、甘肃、宁夏等地还出现多处分支。明长城大多修建于崇山峻岭之上,区别于其他早期长城,具有极高的观赏价值。

不管是前期开发或改造升级的景区,还是后来开发的景区,同质化问题越来越严重,已经严重影响到长城类旅游景区的健康发展。长城类旅游景区怎样克服越来越严重的同质化问题,尽快走出困境呢? 笔者认为应主要做好以下几方面的工作。

一、改变“有大同无小异”的现象

长城类旅游景区都是依托长城开发建设的,而且大多数都是明长城。北纬40度的人文辉煌凝聚了人类文明的脉络,从明长城的东起点辽宁虎山到西止点甘肃嘉峪关,万里长城蜿蜒盘亘在这条农牧交错带上。因此,长城沿线的气候、生物物种、生态环境、农业作物、树木植被等大致相同,差异性相对不大,也就是说各个长城类旅游景区不仅景观质量基本一致,自然环境也大致相同。长城是每个长城类景区所共有的,差异之处无非是城堡、城楼、敌楼和一些附属设施。也就是说:长城类旅游景区大的方面即主要景观是相同的,在主要景观之外即小的方面缺乏各自的特色,主要体现在餐饮、购物和娱乐等方面。

长城类旅游景区和其他旅游景区一样,都有二次消费场所,尽管名字叫法各不相同,但是内容却大体一致。各种小吃,里面不乏臭豆腐、烤肠、烤串等,总之是什么赚钱卖什么,什么省事卖什么,具有当地特色的风味小吃少之又少;还有民族服装店,每个景区、每个商店出售和出租拍照的戏剧服装,说不出来是什么朝代、哪个民族的哪种风情,但是感觉好像都是从同一个地方进的货。还有各种小商品、玩具,如同到了义乌小商品城一样。

长城类旅游景区出售的药材跟全国旅游景区一样,只出售长城所在北方的药材也就罢了,除了北方的药材以外,就连南方的药材也几乎都有且品种一样。在南方景区能看到的,在北方的长城类景区几乎同样都能看到。娱乐也是千篇一律,白天服装秀、晚上打铁花,使游客对长城类旅游景区失去了新鲜感。没有让游客在体验长城文化的基础上,对各个景区产生不一样的感受。

旅游产品的同质化,本质上是地方文化内涵缺失,表现为千街一面、千镇一面,既没有特色文化的展示,又没有地方风俗的呈现,举目皆是大同小异的外观设计,兜售的皆是缺乏吸引力的制式产品。在同质化之风的裹挟下,北方的长城类景区与南方的风情街区没有多大的差别,令人难以察觉有何不同之处。

要想改变这种现象就要在“大同”不变的情况下,在“小异”上做文章。要立足当地,在吃、住、行、游、购、娱等各要素上体现当地的特色,要避免追求大而全、小而全的经营理念,要在“特”和“精”上下功夫。要有鲜明的地域文化和民族特色。发展和培育特色业态来支撑产品吸引力、提升服务品质和文化内涵、丰富游客参与体验,这样,才能为景区提供更加灵动、可持续的发展空间。比如嘉峪关、阳关、玉门关景区出售的锁阳、苁蓉、冬虫夏草、藏红花等中药材就体现了地域特色和民族特色;山海关出售的海产品也具有鲜明的地域特色;地处河西走廊丝绸之路上的嘉峪关、阳关、玉门关要同时把丝路文化融入长城文化当中;位于万里茶道节点和晋商"走西口"唯一陆路通道的雁门关要把长城文化与晋商文化相结合,这样不仅丰富了长城文化,也体现了地域特色和民族文化。

二、转换"重资源轻文化"的思维

长城类旅游景区和全国其他旅游景区一样,在规划和开发中存在重视资源开发、轻视文化建设的现象,对文化主题、内涵和价值的挖掘不够,文旅融合内容供给不足。

习近平总书记指出:"文化产业和旅游产业密不可分,要坚持以文塑旅、以旅彰文,推动文化和旅游融合发展,让人们在领略自然之美中感悟文化之美、陶冶心灵之美。"

文化是民族的血脉,文化是旅游的灵魂。在文旅融合时代,没有文化,旅游将"魂不附体"。旅游是文化的载体,旅游发展到哪里,文化就跟进到哪里,依靠文化提升品质、树立形象。没有文化的旅游是没有灵魂的躯壳。在景区开发建设时,多数景区单纯追求资源的展示,从而忽视了文化的植入,出现了"重资源轻文化"的现象。

长城是中国的世界文化遗产,它不仅是一道伟大的防御工程,也是中华民族智慧和勤劳的象征。长城作为中国古代文明的重要载体,具有广泛的文化价值,主要包括以下几个方面。

1.历史价值。长城是中国古代历史的重要见证和遗存,它见证了中国古代的军事防御和文化交流,代表了中国古代文明的辉煌历史和丰富多彩的文化内涵。

2.艺术价值。长城作为中国古代建筑的杰出代表,具有独特的建筑艺术价值。其石墩、石拱、石雕等建筑构件,不仅形式美观,而且技术精湛,展示了中国古代建筑艺术的高度和水平。

3.美学价值。长城作为中国山水画的重要组成部分,融合了山水、建筑、文化等多种元素,形成了独具特色的山水建筑景观,具有极高的美学价值。

4.社会价值。长城是中华民族的象征和国家的象征,具有重要的社会意义,它鼓舞了中国人民的民族自豪感和爱国热情,成为中华民族凝聚力和民族精神的象征。

综上所述,长城作为中华文明的重要组成部分,具有广泛的文化价值,对于中华民族和整个人类文明都具有重要的历史、文化和社会意义。对于景区而言,文化特色是吸引游客出游的关键性因素,是旅游资源开发的灵魂,在长城类旅游景区,资源和景观质量大同小异,但独一无二且契合于当地自然与文化环境的文化主题是不可复制的。只有文化个性鲜明,才能拥有鲜明形象。因此,对于景区的文化渊源要追根溯源,寻找文化根脉,将景区拥有的文史、名人、传说、民俗等方面的亮点充分发掘出来,使每个景区有一样的长城、不一样的故事。

三、补齐"有历史缺现实"的短板

2019年8月20日,习近平总书记在嘉峪关考察时强调:"当今世界,人们提起中国,就会想起万里长城;提起中华文明,也会想起万里长城。长城、长江、黄河等都是中华民族的重要象征,是中华民族精神的重要标志。""要做好长城文化价值发掘和文物遗产传承保护工作,弘扬民族精神,为实现中华民族伟大复兴的中国梦凝聚起磅礴力量。"

长城是世界上体量最大、蔚为壮观的历史文化遗产,同时也是由多种遗存及其所处自然环境共同构成的具有独特审美价值的文化景观。

长城历经岁月洗礼,造就了独特的历史景观,凝结着中国古代劳动人民的心血和智慧,积淀着中华文明博大精深、灿烂辉煌的文化内涵,体现着中华民族的精神品质和价值追求,已经成为中华民族的精神象征。

长城有着悠久的历史和灿烂的文化,在每一个长城类景区所蕴含的内涵都丰富多彩,形式多样。传承与弘扬长城精神始终是长城类旅游景区的首要之举。但是,这些历史和文化没有得到有效的复原和再现,仍然停留在讲故事当中,有的景区连这样的故事都不讲。比如,在抗日战争和解放战争时期,中国军民在山海关、古北口、喜峰口、平型关、雁门关等长城沿线英勇抗敌,一曲《长城谣》,一首《义勇军进行曲》,唤起了无数中华儿女用血肉"筑成我们新的长城"的昂扬斗志,长城与中华民族的命运紧密联结在一起。长城蕴含着团结统一、众志成城的爱国精神,坚韧不屈、自强不息的民族精神,守望和平、开放包容的时代精神,历经岁月锤炼,已深深融入中华民族的血脉之中,成为实现中华民族伟大复兴的强大精神力量。

长城是中国历史的重要组成部分,但在许多景区缺乏详细的历史解说和展览展示。比如:长城建设过程中的传统工艺和技术被忽视,没有得到有效地展示和再现;以长城为主题的历史文化没有得到很好的重现或传承,使游客难以深入了解长城的历史和文化;传统手工艺制作、文化互动活动等深度的文化体验项目缺乏,使游客体验较为单一;长城的历史故事讲述与文化传播不足,未能有效地传达给游客,导致游客难以感受到长城的历史深度和文化魅力。

因此,长城类旅游景区要深入挖掘长城精神与文化内涵,加强现场展示,着力长城专题博物馆、陈列馆现有展览水平的提升。运用多种手段向游客传授长城的历史、文化和建筑技术。利用数字化手段和虚拟现实技术,使长城厚重的历史再现在游人面前,为游客提供沉浸式的历史体验,让游客了解长城的历史变迁和古代生活场景。

四、摒弃"有联系不合作"的观念

从1952年北京修复居庸关、八达岭等长城点段并对公众开放起,长城沿线各省、自治区、直辖市陆续开始了对长城的保护维修和旅游开放。截至目前,全国依托长城兴建的国家3A级以上(含3A级)旅游景区约30个,其中国家5A级旅游景区5个;长城类旅游景区,明长城占绝大多数。其中八达岭、慕田峪、金山岭、山海关、九门口、镇北台、嘉峪关、雁门关等长城重要点段已成为长城旅游代表性景区，"不到长城非好汉"为国内外游客所传诵。这些景区成为当地经济社会发展的支柱产业。长城旅游与丝路旅游、沙漠旅游、草原旅游有机结合，带动了红色旅游、研学旅游、乡村旅游等蓬勃发展。长城成为世界了解古代中国与现代中国的金色名片。

多年来，长城类旅游景区由于所处的地理位置不同，区位优势各异，规模大小不等，发展也极不平衡。由于受区域的限制，长城类的各个景区互相之间都有联系但鲜见合作，没有"筑成我们新的长城"，发展后劲明显不足。

为了使长城类旅游景区做大做强，建议由中国长城学会或中国长城研究院等机构牵头，5A级长城类旅游景区倡议，使全国的长城类旅游景区形成联盟。这样，可以加强联系，抱团取暖，做到资源互换、资源共享、联动营销、取长补短、相互学习、相互借鉴、互利互惠、共同发展。有三方面可以操作：一是持有一个长城类旅游景区的门票，到下一个长城类旅游景区后给予优惠，以此类推；二是设计一些有收藏价值的诸如通关文牒之类的产品，每到一个长城类景区加盖一个纪念印章，视印章加盖的数量给予一定的奖励或返还部分门票等；三是全盘考虑设计系列文创产品，使每个景区既有大同（长城），又有小异（特色）；四是在非常时期，通过景区联动营销来设计与规划旅游动线，从而减少单独景区的营销费用，也能弥补自身景区的产品不足问题；五是景区之间的户外广告资源互换共享，各长城景区只有形成既联系又合作的体制，才能加快长城类旅游景区的品牌化建设，避免资源浪费和恶性竞争，走出同质化困境。

（此文系第二届中国长城论坛上的大会发言稿。作者系中国长城学会会员，中国长城研究院研究员，忻州市长城学会副会长兼秘书长。）

长城精神助推当地乡村文化振兴的路径探究

—— 以山西雁门关长城文化为例

甄俊红

长城始建于春秋战国时代,是不同时期修筑的规模浩大军事防御工程的统称,纵观历史各个时期修筑的长城,因其东西绵延上万里,故被称作万里长城。长城是我国珍贵的文化遗产,是中华文明和人类文明的重要象征。雁门关作为长城上的重要关隘,位于山西省忻州市代县,被誉为"中华第一关",其历史之悠久、战事之频繁、文化之深厚、故事之众多、景观之雄伟,堪称为最。由于其特殊的地理位置,雁门关在不同的历史时期扮演着不同的身份。战争时"黑云压城城欲摧,甲光向日金鳞开",和平时"商埠经济多门路,财源如水流代州",民族交融时"汉月还从东海出,明妃西嫁无来日"。可以说,雁门关是一座军事关、文化关、商贸关、民族交融关。2019年,习近平总书记在甘肃考察时强调:"长城凝聚了中华民族自强不息的奋斗精神和众志成城、坚韧不屈的爱国情怀,已经成为中华民族的代表性符号和中华文明的重要象征。要做好长城文化价值发掘和文物遗产传承保护工作,弘扬民族精神,为实现中华民族伟大复兴的中国梦凝聚起磅礴力量。"由此可见,宝贵的长城文化遗产承载着中华民族历史的发展脉络,是民族凝聚力和创造力的重要源泉。通过研究长城精神带动当地乡村文化振兴的具体路径,对推动当地的长城事业和文化旅游事业的振兴发展具有重要意义。

一、长城精神的丰富内涵

长城是我国现存规模最大的文化遗产,在中国历史上有着保卫国家安全、促进民族融合的象征意义,通过两千多年的持续营造,长城精神已深深融入了中华民族的血脉,为实现中华民族伟大复兴的中国梦增添了强大的精神力量。长城代表着中华民族的共同观念和精神形态,浓缩、沉积和展示着中国人民热爱祖国的思想与和平发展的希望,长城精神也由此成为具有引领社会进步作用的文化内涵。

1.长城精神的文化内涵

长城以其"上下两千年,纵横十万里"漫长而宽阔的时空跨度,被赞誉为历史上最宏伟壮观的建筑奇迹之一,是古代劳动人民智慧的结晶。古人的智慧和时间的积淀赋予了长城丰富深刻的思想内涵,熔铸了中华民族的文化精神。长城所承载的伟大精神包含:第一,团结统一、众志成城的爱国精神。作为一个庞大的国防工程体系,防御列强侵犯是长城的主要功能之一,历史上的多数时期,长城作为军事防御体系存在并发挥作用,长城内外曾多次发生抵御外族侵略的军事战争。近现代以来,长城仍然是中华民族抵御外侮的重要战场,14年抗战期间,八路军晋察冀和晋绥根据地,就是依托长城而创建,并把长城内外作为主战场,与日本侵略者展开了激烈的敌后山地游击战,为实现民族独立、人民解放作出了巨大贡献。在长城内外,中华儿女同仇敌忾,筑起一道抗日的坚强堡垒,形成一道捍卫祖国河山的无形长城,让日本帝国主义看到了中华民族威武不屈的长城精神,也让爱国主义流淌在中华民族的血脉中,成为中华民族和中国人民生生不息的不竭动力。第二,坚韧不屈、自强不息的民族精神。在长城修建和后期维护的过程中,中国人民的无穷智慧和创造力以及不怕困难、自强不息的精神也被发挥得淋漓尽致。从长城材料的选取到位置和走向的确定,都巧妙根据当地的地形地势地物特点进行设计,其构思的巧妙合理令人叹为观止。在多次长城修筑的过程中,在极其艰苦的施工环境中体现出的不怕困难、坚韧不屈、自强不息的精神更令人赞叹。第三,爱护和平、开放包容的时代精神。中国一直以来是享誉世界的礼仪之邦,有着爱好和平的优良传统。历史充分显示,长城的修筑与使用同样是中国人民爱好和平、开放包容的体现。中华民族利用万里长城将周边地区的经济、政治、文化紧密地联系在一起,在自身发展的同时带动周边地区协同发展,共同进步,有效地促进了民族融合、边疆开发和国家统一,也以爱护和平、开放包容为原则处理国家与国家、民族与民族的关系。两千多年来长城在中国政治、经济、军事、文化等方面产生的深厚底蕴、丰富内涵与长城极为雄伟博大的景观所激发出的豪情壮志完美和谐结合在一起,最终积淀熔铸成爱护和平、开放包容的时代精神的象征。这三大精神深深融入中华民族血脉,通过中国人民的传承发扬,最终成为实现中华民族伟大复兴的强大精神力量。

2.长城精神的新时代内涵

"没有先进文化的积极引领,没有人民精神世界的极大丰富,没有民族精神力量的不断增强,一个国家、一个民族不可能屹立于世界民族之林。"数千年来,中华民族历经无数次磨难,但从来没有被压垮,而是愈挫愈勇,从磨难中奋起,在磨难中成长,并在磨难中走向胜利。今天,我们在建设中国特色社会主义的新时代,更接近中华民族伟大复兴的目标,更有信心、有能力实现这个目标。我们应大力弘扬长城精神,要筑起新时代中华民族新的长城。第一,继续发扬爱国主义精神。祖国是人民最坚实的依靠,爱国是每一个中国人的本分,也是每一个公民的职责,爱国与否,不仅在精神层面形成高尚与卑劣,也往往在意义层面代表人生价值,在中国特色社会主义建设新时代,爱国主义的本质就是坚持爱国和爱党、爱社会主义高度统一,要无私付出、竭诚报国,保有对党和国家深厚的爱和对人民的无限忠诚。第二,继续发扬拼搏奋斗精神。中国人民是具有拼搏奋斗精神的人民,伴随着生活条件变化,生活水平不断提高,但仍保持拼搏奋斗的精神状态,新时代的自强不息、拼搏奋斗体现在始终保持坚定的信心,锐意进取、乐观向上、奋发有为的人生态度,能够树立远大的理想和奋斗目标,不畏艰难险阻,不屈不挠,顽强拼搏,在身处逆境时能够充满力量,顽强奋斗,能够在新时代广阔赛道上奋力奔跑,不断打开事业发展新天地。第三,继续发扬改革创新精神。改革创新是新时代中国发展的迫切需求,创新始终是推动人类社会发展的第一动力,创新能力是当今国际竞争新优势的集中体现,改革创新是我国赢得未来的必然要求。因此,要保持敢于和甘于冒风险的无畏精神,破除思想观念上的束缚和阻力,树立必胜的信心,解放思想,迎难而上,勇于克服困难和阻力,不断自我革新、与时俱进、逢山开路、遇水架桥,将改革进行到底。

二、长城精神与乡村文化振兴的内在联系

习近平总书记指出:"没有中华文化繁荣兴盛,就没有中华民族伟大复兴。一个民族的复兴,需要强大的物质力量,也需要强大的精神力量。"精神在文化的土壤内成长,贯穿于文化始终,但反过来,又对文化的发展有很大的影响,长城精神与乡村文化振兴是一种相互促进、相互依存、水乳交融、客观联系的关系,长城精神助推乡村文化振兴,乡村文化振兴反作用于长城精神在当地发扬光大。

1.长城精神助推当地乡村文化振兴

实现乡村振兴是中国特色社会主义一以贯之的乡村发展目标,乡村文化振兴立足于当地的优秀传统文化、革命文化,高质量推进传统文化,将革命精神发扬光大,进而推动乡村文化繁荣,坚定文化自信。山西雁门关不论是军事要塞、商贸通道还是国家5A级景区,其所承载的长城精神文化底蕴很大程度地影响到雁门关下的村落,当地乡村的村民在适应雁门山自然环境和雁门关社会环境的过程中,充分发挥其智慧与能动性,形成了具有地域特色的文化。这些乡村传统文化依从雁门关及其所蕴含的长城精神而产生,与雁门关核心文化直接相关,对于当地乡村文化的振兴起到一定程度的推动作用。依托雁门关长城打造的一批展现时代价值和长城特色的艺术精品、文艺活动等各类展示空间和文化艺术活动,使得长城文化的影响力得以升华,让更多的群众了解认识长城文化,不断增强其对于地域文化的认同感,坚定文化自信,进而助推乡村文化的复兴与发展,满足当地农民的文化需要,推动城乡精神生活共同富裕。

2.乡村文化振兴是发扬长城精神的引领目标

文化振兴是乡村振兴的重要基石,是传承和发扬中华优秀传统文化、革命文化的有效举措,是保留精神故土的有效方法。在党的支持和领导下,通过多年的努力,乡村社会文明程度提高,逐渐形成文明乡风、良好家风以及淳朴民风,乡村得以安放"乡愁",乡村文明新气象得以焕发,乡村振兴的文化之魂逐渐铸牢。同时,依靠乡村文化振兴的引领,山西雁门关长城沿线经济、文化的全面发展被有效地带动,包括积极发展当地的旅游产业、休闲农业、文创产业、康养产业以及黄酒文化、摔跤文化等特色,加强了对当地文化的宣扬,拓宽了当地农民增收致富的渠道,进而使得长城精神不断焕发出灿烂的光辉,进一步高质量推进乡村文化繁荣,坚定文化自信。因此,乡村文化振兴是发扬长城精神的引领目标,长城精神与乡村文化振兴相互促进、协同发展、共臻繁荣,具有良好的协同效应。

三、长城精神助推当地乡村文化振兴的具体路径

一部雁门关的历史就是半部腥风血雨的中国古代军事史，深厚的历史文化底蕴是山西长城旅游资源的重要组成部分。发挥长城精神对当地乡村文化振兴的助推作用需要相关政策的引领和支持，从制度层面加强对长城的保护和合理开发，可以利用长城文化的影响力发挥其对当地经济的带动作用，也可以通过加强网络媒体、直播平台宣传长城的特色景观，增强当地民众对于地域文化的认同感以及传承长城精神的使命感，进而推动乡村文化的振兴与发展。

1.政策引领：确保制度落地生根

在乡村文化振兴实践探索中，政府宏观规划是科学引领，因此应以制度效力增强治理效能，建立长城保护开发利用的制度文化体系，通过制度建立长城文化建设的常态化运行机制。近年来，山西省委、省政府十分重视长城的保护与开发利用，2016年制定公布了山西省历代长城保护范围及建设控制地带；2017年《山西省"十三五"文化改革发展规划》中分别将长城保护工程和"雁门关长城文化"展示园区列为文化遗产保护重点工程和文化遗产开发利用工程；2017年9月，山西确定了重点打造以"黄河、长城、太行"为支撑的三大旅游板块，推动文化旅游融合发展，把文化旅游业培育成战略性支柱产业的思路；2019年《山西省长城保护办法》列入山西省政府规章立法计划项目，同年，山西长城文旅联盟成立。山西境内的长城从战国延续至明代，几乎涵盖了中国历史上修筑长城的所有时代，是进行长城保护和发展长城文化旅游的重要区域，从制度层面加强对长城的保护和合理开发，对于发挥长城精神推动长城沿线乡村地区产业结构转型升级，带动长城沿线群众增收致富，实现乡村振兴的发展目标具有重要意义。

2.经济带动：文化旅游融合发展

长城沿线乡村地区应抓住当地长城文化建设的机遇，因地制宜，在长城文化遗产保护的基础上，大力发展生态农业、休闲农业、文旅产业、康养产业，促进农村各个产业融合发展，健全乡村产业链条，鼓励发展分享农场、共享农庄、创意农业、乡土文创、精品民宿、研学旅行、数字经济等新兴业态，不断为乡村振兴发展赋能。以文化旅游产业为例，可以将长城作为纽带，整合山西长城沿线文化资源和旅游资源，深入挖掘地域特色，积极发展登山观光、休闲度假、乡村旅游、研学旅行、康体养生等旅游产业，打造集"吃、住、行、游、购"等综合功能为一体的有影响力的长城文化旅游带。随着网络时代的繁荣发展，可以加强与各大网络平台的合作，如东方甄选等直播平台，形成"互联网+"营运模式，增加雁门关长城的曝光度和知名度。同时，明确产业定位，协商共同开发晋北的长城旅游线路，构建"吃、住、行、游、娱"一体的特色长城小镇，将特色体现出来，实现规模经济，增强竞争力，以点带面，逐步打造成宽带状的文化产业带，利用优惠政策吸引优质企业入驻投资，探索乡村帮扶新模式。

3.精神激励：培育文明乡风民风

结合长城文化传承和培育良好的家风，要将长城文化的丰富内涵与农村精神文明建设紧密结合，以长城精神引领农村思想道德建设，在具体实践中，开展家风家训教育、星级文明户、文明村镇创建等活动，大力培育"文明、友善、和谐、互助"的中国特色家庭文明新风尚。乡风民

俗是一个乡村的社会治理水平的象征，培养具有当地特色的民俗民风应当与长城文化的价值内核接轨，形成文明和谐、向上向善、睦邻友好的淳朴民风。注重积极培育新型农民，营造优良家风，树立文明乡风和新乡贤文化，培养文明乡风依赖于政府、村民等多方力量的良性互动，得益于长城文化与村民日常生活的有机结合。要有效保护与合理利用长城文化资源，要将好的作风理念有效转化为日常生活中的美好精神需求。要以农村各级综合性文化服务中心为主阵地，充分发挥志愿者力量，积极构建"党委领导、队伍落实、群众参与"的动力体系，利用雁门关长城文化资源推动基层思想政治工作和精神文明建设，不断提升人民思想觉悟、道德水准、文明素养和全社会文明程度，引导发挥好党员在农村公共文化服务建设中的积极作用，不断挖掘利用长城文化资源，用通俗易懂的语言为村民传递长城声音，最终形成文明向上的乡风民风。

（此文在第五届中国长城论坛上荣获二等奖。作者系忻州市长城学会会员、山西医科大学第二医院检验科主管检验师，2018年民盟山西省委会"发展旅游产业"山西长城遗址调研组顾问。）

传承长城文化　弘扬长城精神

王　源

　　2019 年，习近平总书记在甘肃考察时强调："长城凝聚了中华民族自强不息的奋斗精神和众志成城、坚韧不屈的爱国情怀，已经成为中华民族的代表性符号和中华文明的重要象征。要做好长城文化价值发掘和文物遗产传承保护工作，弘扬民族精神，为实现中华民族伟大复兴的中国梦凝聚起磅礴力量。"我国历史文化悠久，文化底蕴深厚，祖辈们为我们留下了丰富的物质、精神和文化遗产。我国标志性的建筑——长城，是世界七大建筑奇迹之一，属于世界文化遗产，备受世人关注。

一、传承长城文化必须保护长城资源

　　中国长城学会会长许嘉璐说："长城的发展历史体现了我们这个民族对于生存与发展、现实与未来、自己与'他者'的深刻认知和体验，这一文化基因历数千年磨砺愈益完美而坚实。研究好、保护好长城，让长城文化走向世界、传诸后世，是每位长城学人为民族、为人类而承担的光荣使命。"近年来，偏关文化、文物部门先后组织了较大规模有关长城资源的调查，部署有关部门落实长城保护之重大措施，在长城保护方面偏关县委做了大量工作，并以国务院颁布的《长城保护条例》为标准，将偏关长城作为重要的文化遗址，列入了依法保护的重点文物系列。在偏关县委、县政府统筹和社会各界长城爱好者的共同保护下，偏关境内长城得到了有效保护。偏关县是长城大县，域内长城从长度上说，现有长城 126 公里，居山西全省之首。从年代上说，偏关长城纵跨战国赵、秦、北魏、明 4 个时期。从密度上说，偏关长城包括大边、二边、三边、四边、内边、黄河边 6 道长城。一边二边连三边，处处设关，步步设防，长城沿线三里一墩、五里一台、二十里一堡，墩台多达千余座，城堡多达 49 座，城堡相望，营寨相接，形成一个非常庞大的军事防御体系，长城遗迹密度居全国之最。从类型上说，偏关长城包括石砌长城、砖包长城、土夯长城、崖壁长城 4 种基本类型，涵盖了关、隘、营、寨、城、堡等形式，类型之多。经统计，现有关堡 36 座、烽火台 247 座、敌台 100 座，不仅在山西居首，在全国也名列前茅，是名副其实的"中华长城古堡第一县"，保存相对完整，是不可多得的"游山西·读历史"的活教材。偏关县境内的长城墙高 7 米左右，宽 6 米左右。偏关关城占据着有利的防守位置，具有重要的战略地位，明代偏关有"晋北锁钥""永镇边陲"之美誉。

二、当前存在的问题

偏关长城是我国重要的文化遗产,又是中国万里长城的精华地段。因岁月历久,风侵雨蚀,土陷石崩,清代无修,至后成坍塌状。20世纪70年代,初大兴农业水利,将其残存的护城楼拆毁,用砖石建了水库。长城普遍存在不同程度的残损。随着时代的进步,管护工作的提升,保护利用长城的理念越来越深入人心。在传承利用方面,偏关人对长城有着特殊的感情,都十分重视对长城的保护,因为他们大多是当年守卫边关将士的后代,或是修筑长城工匠的后代。如何保护? 如何修复? 如何传承? 这些问题受到社会各界的关注。

三、保护长城的思考建议

保护长城就要配套生态建设。近年来,偏关坚持长城与黄河高质量保护配套生态建设的战略思路,秉承习近平总书记提出的"绿水青山,就是金山银山"的理念,以"绿化山西西大门、全力保护母亲河、树立山西新形象"为目标,依托国家林业重点工程建设,在县境内长城沿线、黄河沿岸、关河两侧着力打造林业精品亮点工程项目,完成了县城至老牛湾景区、贾堡村至县城公路两侧通道绿化补植抚育提档工程,新拓展连片12万亩生态景观林,构筑成了保护长城的生态屏障。保护长城必须配套资金支持。以偏关为例,在财政拮据的情况下,在长城保护、修缮方面投入的资金,累计1亿多元。加强我县境内历史文物保护的力度,设立文物保护专项资金50万元,并列入财政预算,用于境内长城等文物资源的保护修缮。先后恢复了三关总传烽护城楼,建起了长城博物馆和长城碑林,维修了寺沟长城0.15公里,对水泉堡的城门和城墙进行了维修,对老营堡的历史建筑进行了复修,使长城保护工作稳步推进。保护长城必须配套人员监管。偏关长城体系完备、体量大、地区分布广,保护难度很大。通过培植本地志愿者,成立长城学会,发展了会员50多名,成为保护偏关长城的重要力量。同时大力宣讲长城保护,提高社会认同,在长城沿线分段分配了长城保护监管员,负责长城的保护监管工作,在全社会形成热爱长城、保护长城的浓厚氛围。近年来再没有出现过长城遭破坏的现象。保护长城就要弘扬长城文化。要积极鼓励培养长城保护骨干队伍和文化宣传队伍,有了领头羊,长城宣传和保护才能有高度、见实效。只有广泛宣传,讲好长城故事,举办长城活动,才能扩大影响力,提高偏关长城在全国的知名度和美誉度;扶持资助本地长城研究工作者在理论层面讲述偏关长城,作为宣传和保护、开发的依据。保护长城必须配套基础建设。山西省委、省政府提出要打造"长城、黄河、太行"三大旅游新板块,这对偏关来说无疑是千载难逢的好机会。通过基础设施配套,才能让大家近距离领略长城的雄伟,从而进一步了解长城,亲近长城,才能引起全社会保护长城的主动性。2020年,我们积极争取,建成了黄河1号和长城1号两条旅游公路,这两条旅游公路为偏关旅游发展起到至关重要的作用,为走进长城领略雄伟,亲近黄河感受自然提供了保障。2021年,全长36.89公里的长城1号旅游公路偏关县境内老营至南场段工程项目也已开工建设,投资

4.3亿元,为推动偏关全域旅游和高质量发展提供了有力支撑。

四、弘扬长城精神必须展现长城价值

中国长城学会副会长董耀会说:"保护长城的目的不外乎有两个,第一是把祖先创造的伟大文化遗产留给子孙后代;第二是让长城造福今天的社会,为今天的经济和文化生活提供服务。长城保护和利用不仅仅局限于长城建筑实体、长城沿线关口和城堡的利用,也需要注重于长城精神和文化上的利用。"偏关长城在全国的地位,无论从哪个角度讲,都是少有的,可以说偏关是中国长城古堡第一县。现如今,这古老的长城由武的功能转变成文的符号,由历史建筑变成国家的最大的文物,由古代耗费银两修筑的长城,变成现代开发挖掘的文化源泉,当年利用长城预防战争保卫和平,现在我们要靠长城来传承文化发展旅游,振兴经济社会发展,这是一种轮回,更是一种机遇。

要积极研究长城文化。研究长城文化,更重要的是要弘扬其内蕴的民族精神,为实现中华民族伟大复兴的中国梦凝聚起磅礴的精神力量。长城不再是农耕民族与游牧民族的分界线,长城从民族冲突线发展到友好会聚线。鲁迅先生说过:"唯有民魂是值得宝贵的,唯有它发扬起来,中国才有真进步。"我们要进一步弘扬自强不息的奋斗精神。"不到长城非好汉""胜人者有力,自胜者强",自强不息、厚德载物的思想,支撑着中华民族生生不息、薪火相传。长城文化在今天依然是我们推进改革开放和社会主义现代化建设的强大精神力量。我们要进一步弘扬众志成城、坚韧不屈的长城精神。长城是凝聚中华民族力量的精神纽带,也是坚韧不屈的精神核心,蕴含了中华民族最为深厚的历史情感。在新时代的历史方位中,我们要进行具有许多新的历史特点的伟大斗争,要发展中国特色社会主义伟大事业,需要进一步研究长城文化,不断弘扬长城精神内涵,才能引导我们更好地弘扬爱国主义精神。

要深入挖掘文化内涵。长城的珍贵价值不仅体现在物质文化层面上,而且体现在精神内涵、精神文化层面上。就精神文化层面而言,它还表现为外在部分和内在部分两个层面。外在部分是它的雄伟壮观,外观上的巍峨、险峻和壮美,内在部分是由此体现的中国历代劳动人民的勤劳、勇敢、不畏艰辛和勇于创造的精神,同时,还有它在抵御侵略、反抗外敌、保卫和平生活方面的伟大意义。因而用"万里长城永不倒"来象征民族精神。近年来,偏关县围绕大力弘扬中国传统文化和边塞文化,挖掘古代军事防御体系的社会价值,依托黄河、长城两大背景,制定了"生态旅游活县,蹚出黄河长城旅游新路"的战略。

要持续讲好长城故事。长城在中国文化交流和对外交往的舞台上,也演绎着华美的乐章。从1954年由周恩来总理陪同时任印度总理尼赫鲁参观八达岭长城开始,长城先后接待了尼克松、伊丽莎白二世、普京等500多位政府首脑、各国风云人物。中国长城博物馆副馆长黄丽敬表示,长城文化是中华优秀传统文化的重要组成部分,长城文化涉及中国的历史、政治、经济、文化、艺术等各个方面,因此在对外交往中讲好长城故事,特别是讲好我们老祖宗的那种追求和平的治国理念尤为重要,让外宾通过听长城故事来了解真实、立体、全面的中国。为了集中展示偏关的悠久历史和传统文化,讲好偏关长城的故事,偏关在护城楼内专门实施了历史文化展示工程,通过文明星火、美稷遗韵、博物撷珍、辉煌雄关、远声近音、古塞风流等9个板块的丰富内容对偏关历史进行集中展示;同时,为了丰富"爱我中华、修我长城"30周年纪念活动,专门把老一辈革命家、全国著名书法家、中国长城学会的部分专家和画家以及省市领导对"爱我中华、修我长城"的心得墨宝以84通石碑的形式进行集中展示,进一步传承"爱我中华、修我长城"的美德。这一展示工程的顺利建成,不仅为全县人民提供了休息娱乐的重要活动场所,而且对于提高县城品位具有重要意义,特别是偏关城东有文笔塔、城西有护城楼,文治与武略相对应的文武之城,使偏关古城寓意内涵更为深远。

要不断推进文旅融合。旅游产业是推动文化产业发展的重要动力,发展全域旅游,要重视相关附加值产业的衍生、文旅产品的创造和打造,这些是解决文化产业发展瓶颈的重要手段。近年来,偏关县一直把长城的保护与利用作为重中之重的工作,把建设长城文化公园为新的起点,在依法保护传承的基础上,牢牢把握创造性转化和创新性发展的时代要求,让长城真正活起来,让老百姓通过古城的保护利用得到实惠,得到更多的幸福感和获得感。偏关是长城和黄河深情握手的地方,也是长城和黄河结伴同行的地方,偏关县把全域旅游作为激发转型的活力,充分发挥黄河、长城的潜在优势和文化内涵,主动推进"全域旅游"发展战略。偏关以"长城、黄河"为主的旅游产业融入了全省"长城、黄河、太行"三大旅游板块,积极持续打造黄河文化、长城文化、历史文化、边塞文化和民俗文化"五位一体"的全域旅游。充分挖掘长城资源,把偏头关、宁武关、雁门关长城串联起来,打好长城旅游牌,为其他产业注入文化内涵和文化精神,提升产业附加值,全力助推旅游业的转型升级,逐步实现"景点旅游"向"全域旅游"的新跨越。

长城既是中华民族的重要象征,也是其精神标志,保护好长城,功在当代、利在千秋。将长城物质文化遗产保护与非物质文化遗产开发有机结合,弘扬长城文化,发扬长城精神,全方位生动展示长城精神,讲好长城文化故事,推动区域经济社会高质量发展。同时,加大对长城的开发利用,高度重视长城沿线的生态建设,精心打造绿色长城旅游带,为沿线群众打造旅游增收产业,让文化自信成为前进的动力,为实现长城沿线的高质量发展凝聚磅礴力量。

(此文在第三届中国长城论坛上荣获三等奖。作者系山西省忻州市人大常委会副主任,中共偏关县委原书记,忻州市长城学会名誉会长,山西省"十大最美长城卫士"之一,山西省长城研究保护"十大杰出人物"之一。)

长城一号旅游公路开辟了长城旅游新境界

王　源

　　偏关县位于山西省西北部,北靠长城与内蒙古自治区清水河县接壤,西临黄河与内蒙古准格尔旗相望,南与河曲、五寨两县相连,东与神池、平鲁两地毗邻。全县国土总面积1685.4平方公里,辖6镇2乡150个行政村,户籍总人口11.5万人。偏关县是黄河入晋第一县、中华长城古堡第一县;是黄河与长城双龙交汇地,也是国家重点工程万家寨水利枢纽龙头县;是山西省生态建设红旗县、省级双拥模范县、省级平安县、忻州市杂粮基地重点县、清洁能源第一县。下面,笔者从三个方面作一简要汇报。

一、了解长城,以"防"为重

　　偏关古称"林胡",汉为美稷县地,唐为唐隆镇,五代北汉天会元年,始名偏头寨,明朝宣德四年(1429)设立山西镇,清雍正三年(1725)置县。因地形"东仰西伏,似人首之偏隆",故名偏头关,与宁武关、雁门关合称长城外三关,为"三晋之屏藩"。自春秋战国时期开始,农耕文明与游牧文明就在这片土地上兴替融合,偏关数百里的古老长城和石头砌起的古村古堡诉说着发生在这片土地上金戈铁马的传奇。

　　古今中外,凡到过长城的人无不惊叹它的磅礴气势、宏伟规模和艰巨工程。长城是一座稀世珍宝,也是艺术非凡的文物古迹,它象征着中华民族坚不可摧、永存于世的伟大意志和力量,是中华民族的骄傲,也是整个世界的骄傲。偏关县是全国的长城大县。据中国长城学会专家评价,其规模和长度在全国排前列。有北魏、北齐、明三个朝代的长城,仅明长城就有大边、二边、三边、四边、内边、黄河边,且有并行,有交错,曲折蜿蜒,堪称长城博览馆。偏关县还有长城、黄河并肩同行段,有水路关口和陆路关口两个类型,有长城、黄河握手处,有西口中路最近商道,有全国保存最完整的地下长城,还有内外长城交会点,被称为壮美的中华长城"山西结"。境内有古堡50余座、烽燧墩台近千座。

　　偏关县长城分布复杂、古堡烽燧林立,堪称中华长城古堡第一县。偏关县境内的黄河边是长城离开大海之后第一次与黄河结伴并行之处,还是长城与黄河握手地;偏关县老营堡是内长城重要的军事古堡;偏关县是拥有明代军事两镇长城的县即大同镇和山西镇交界地;偏关县境内的丫角山是内外长城交会点,纵横交错,环互分布,堪称中华长城"山西结";偏关县水泉红门口地道为全国现存最完整的战备地道,上下三层,出口众多,指挥部、医疗室、水井等设施齐全,长度 8900 米,被称为"地下长城"。

面对偏关丰富的长城资源,对于我这个出生在平型关,参加工作初期在宁武关,后又来到偏头关任职,且考察过全国许多长城的人来说,真是看着舒心,听着开心,做起长城工作来宽心顺心,不得不萌生做好长城工作的决心和恒心。

二、亲近长城,以"路"为基

偏关县处于毛乌素沙漠边缘地带,是典型的黄土高原丘陵山区,境内沟壑纵横。偏关县还曾是国家级深度贫困县。虽然长城资源丰富,但养在深闺人未知,交通不便成为制约长城旅游的最大瓶颈。如何破解交通难题成为发展长城旅游的首要任务。偏关县主动作为,确立了西线黄河风情游、东线长城边塞游重大战略。提前谋划布局,完成了前期设计、土地预审等工作,抓住了山西省委、省政府兴建"黄河、长城、太行一号旅游公路"的机遇,转变思路、凝聚共识、突出重点,长城一号旅游公路率先在偏关开工建设,融资模式被称为"偏关模式",使偏关县长城旅游发展如虎添翼。

为了开发长城旅游,我们早在 2010 年就提出修长城旅游公路的思路。后来因资金问题没有实施。2018 年,山西省提出修长城一号旅游公路和黄河一号旅游公路的宏伟战略,偏关县抓住机遇,快速推进。从争取项目至项目建设开工仅仅用了 5 个月的时间,两年内总长 170 公里的两条旅游公路如期通车,创造了"偏关速度"。其中长城旅游公路 117 公里,黄河旅游公路 53 公里。特别是在建设中,我们突出了特色路、景观路、风景道的理念,沿路共修筑了 35 个观景台和停车场,观景台向周边辐射,串联了 134 个旅游景点,被称为"两路百景"。

在打造长城一号旅游公路百景上,聘请了省、市专家、学者,考察研究,展现历史文化内涵、彰显长城特色。目前 35 处观景台及旅游公路沿线文化景观提升工程正在加速推进,打造"路景一体"的旅游新模式。2020 年 5 月 17 日,我们又开工建设了长城旅游公路二期工程,从偏关老营至神池,总里程 36.89 公里总投资 4.3 亿元。170.5 公里的两期旅游公路全部建成后,约占忻州市新建旅游公路总里程 636 公里的四分之一,属全市里程最长的县。

旅游公路还同时配套建设了 3.5 米宽、12 公里长的骑行道,采用红色沥青铺筑,既增加了功能又增强了美感。

沿着两条旅游公路,偏关县修建了长城一号 0km 文化驿站、关河口驿站和丫角山驿站,三处驿站为游客提供停车、食宿等功能。同时设置了房车营地功能,满足游客的不同需求。长城一号 0km 驿站已投入使用,关河口驿站和丫角山驿站正在精装修之中,今年投入运营。

我们的主要做法是:

偏关县境内长城一号旅游公路项目是山西省首个通过 PPP 方式解决资金难题的旅游公路,采用 2+20 建设和还贷方式,并被财政部备案。这种融资模式受到财政部的高度认可,被称为当前最好的融资模式。资金筹措采取社会资本方出资 42%(其中,山西路桥集团偏关县旅游公路有限公司投入资本金 20%,公司向银行贷款 22%),政府补助资金 58%(其中,省交通厅补助 8%,省财政厅补助 10%,省财政代发专项债券 40%)的方式解决。该模式被称为"偏关模式",被山西省全省借鉴学习,大力推进"黄河、长城、太行"三大板块旅游公路建设,山西省忻州市已在偏关召开了全市旅游公路现场会。2021 年 9 月山西省全省旅游公路现场会在偏关召开,学习借鉴偏关的先进经验和做法。

在整体定位布局上,长城一号旅游公路突显了风景独特的旅游路、乡村振兴的致富路、环境优美的生态路、改善民生的幸福路。在功能上突显了打通交通瓶颈、实现文旅互融、促进乡村振兴、全面建成小康的"生命线"。

长城一号旅游公路被称为"行走的美丽""自驾与骑行的胜地",行走其间,以一座座烽火台为里程碑,穿越游牧、农耕文明两极,如在黄土高原上弄潮、冲浪,惊险不断、惊喜不断、精彩不断。

在规划设计理念上,长城一号旅游公路摒弃建设一般交通道路的标准,凸显旅游交通理念,把旅游交通与智慧旅游结合起来,把生态绿化与康养旅游结合起来,把环保节能与绿色出行结合起来,把文化旅游与历史典故结合起来,体现"旅游 + 交通 + 绿道 + 人文"的多元交通旅游功能。

在工程建设标准上,处理好与长城保护的关系,坚持依法建设;处理好与旅游的关系,形成"快进"和"慢游"格局;处理好与巩固拓展脱贫攻坚成果的关系,促进以路脱贫、以路致富,带动乡村振兴。路宽 7.5 米,为旅游公路标准,景观和绿化配套。

在发挥功能作用上,偏关借助长城旅游公路建设,按照东西融通、弧度推进、扇形发展的旅游规划,以老牛湾景区为龙头,辐射西线黄河风情游和东线长城边塞游旅游品牌,将从景点小格局迈入旅游大舞台。旅游公路与全县境内的高速公路、国道、省道、县乡公路相连接,基本形成四通八达、外通内连的旅游循环线,为促进偏关黄河风情游和长城边塞游融入全省旅游大格局提供了强有力的交通支撑。

沿途还建设了特色民宿,提升了旅游食宿环境。

连续几年,偏关县大力实施"旅游活县战略",破解了贫困县建设资金难题,突出了特色路、景观路理念,把建好旅游路、推动旅游大发展作为推进"黄河长城旅游新型发展县",带动全域旅游大发展的主抓手并取得了明显成效。黄河国家文化公园批准建设,并首批支持 8000 万元。

长城国家文化公园已列入老牛湾——平型关风景道国家重点项目。

三、筑梦长城,以"文"为魂

从偏关县旅游发展态势看,经过连续不断无中生有、久久为功的努力,随着黄河一号、长城一号旅游公路的贯通,大旅游格局已经形成,并且越来越受到社会各界的看好和期待,也必将成为带动偏关区域发展的朝阳产业。

坚持以文化为魂、旅游为体,按照"宜融则融、能融尽融,以文塑旅、以旅彰文"的工作思路,高标准打造黄河国家文化公园和长城国家文化公园,有力提升了偏关文化旅游内涵。

2020年,国家文物局公布第一批国家级长城重要点段,明长城有54处,偏关县的老牛湾段和小元峁段荣列其中;2020年,文化和旅游部在长城国家文化公园建设推进会上,确定老牛湾至平型关长城风景道为全国45个省级重点项目之一。老牛湾黄河国家文化公园项目于2021年成功列入国家"十四五"时期文化保护传承利用工程项目建设储备库,并获批国家项目专项建设资金8000万元。

由于偏关推动了长城、黄河旅游,在偏关举办的全国性和国际性的体育盛事越来越多。先后举办了长城黄河国际徒步大赛并登上了央视5套,是山西省首次举办的国际体育赛事;举办了"全国大众速度滑冰马拉松系列赛""长城黄河极致越野徒步赛""看黄河、走长城、穿越太行"汽车越野拉力赛、"老牛湾徒步越野挑战赛""长城最野在偏关长城徒步活动"等一系列大型赛事。值得一提的是,2020年承办了山西省第六次旅发大会、"山西省世界自然遗产日主场活动"等,极大地推动了偏关旅游业的迅猛发展。

老牛湾村2013年入选第二批中国传统村落名录,获得了传统建筑、选址格局、传统文化3A评价。2014年,老牛湾景区成功获批省级风景名胜区。2015年荣获"中国最美村镇"称号。2020年,老牛湾风景名胜区总体规划获得省政府批复。2020年9月,山西省第六次旅发大会在忻州古城启幕,老牛湾和雁门关作为分会场亮相全国。2020年老牛湾景区被山西省文化和旅游厅评定为国家4A级旅游景区,还成为全国乡村旅游重点村。

2022年5月山西省政府批准设立省级生态文化旅游示范区。

秉承"创新、协调、绿色、开放、共享"的发展理念,高标准推进落实工作。以"挖掘亮点、彰显特色,文旅融合、辐射全域"为原则,把长城国家文化公园定位为"中华文化保护弘扬传承的核心区,民族文化自信展示区,全方位高质量发展的承载区,对外形象展示的样板区,休闲康养的示范区,文旅深度融合的先行区"。

(此文在第四届中国长城论坛上荣获优秀奖。作者系山西省忻州市人大常委会副主任,中共偏关县委原书记,忻州市长城学会名誉会长,山西省"十大最美长城卫士"之一,山西省长城研究保护"十大杰出人物"之一。)

长城破坏——长城研究的崭新课题

杨峻峰

一、问题的提出

"长城是中华民族精神象征,具有独特的历史文化价值,需本着对历史负责、对人民负责的态度,切实完善政策措施,加大工作力度,依法严格保护。更好地发挥长城在传承和弘扬中华优秀传统文化中的独特作用。"这是 2014 年习近平总书记对长城保护作出的重要批示。"当今世界,人们提起中国,就会想起万里长城;提起中华文明,也会想起万里长城。长城、长江、黄河等都是中华民族的重要象征,是中华民族精神的重要标志。我们一定要重视历史文化保护传承,保护好中华民族精神生生不息的根脉。""一提起中国,就会想起万里长城;一提起中华文明,也会想起万里长城。这是中华民族的象征,这是我们的宝贝,我们一定要保护好它们,还有一些要抢救性保护。"这是 2019 年 8 月 20 日习近平总书记在嘉峪关考察时的指示。2019 年 7 月,习近平总书记主持召开中央全面深化改革委员会第九次会议,正式审议通过了《长城、大运河、长征国家文化公园建设方案》,长城成为国家文化公园建设的重要依托。

近年来,全国长城界、文物界的人士认真贯彻落实习近平总书记的重要指示批示精神,长城事业方兴未艾、蒸蒸日上。具体表现在国家机关对长城事业日益重视,长城研究的队伍日益壮大,长城研究课题逐步宽泛,走长城、看长城的团队与日俱增,长城保护进入法制化轨道,可以说,长城保护的春天真正来临。

但是,分析当下长城研究的诸多课题,翻阅长城研究的相关文章,发现它们大多是在翻阅故纸堆考证长城修筑的时间、地点、建筑形态、功用等,最多涉及长城资源的开发利用,上马长城旅游项目,没有发现一件是研究长城破坏的。可残酷的现实是近几十年长城破坏得相当严重,长城消失的速度日益加快,最迫切需要有人关注、记录这消失的进程,最需要考证、研究长城的保护问题,最迫切需要将长城研究成果引入社会实际的是长城保护问题。长城被破坏了,长城没有了,研究它的修筑历史、坐落地点又有何用? 真是皮之不存,毛将焉附?

二、长城破坏的十大现象

从目前山西省长城保护的现状来看,人为破坏最为严重,长城保护严重缺失,综合起来有以下十种现象。

1. **采矿破坏**。这是目前发现最严重的破坏,也是对长城造成的毁灭性的破坏。比如 2017 年神池县项家沟、龙元村一带的采铝矾土矿破坏长城,将一公里墙体和数个墩台夷为平地。2018 年原平市段家堡乡采煤对北齐长城造成毁灭性破坏。2017—2019 年繁峙县大沟村开砖瓦场对明长城烽火台的破坏。采矿破坏都是用大型机械,一夜之间几十米几百米的长城就被挖掉了。宁武县薛家洼乡长城破坏十分严重,有近 10 公里的长城墙体被一个大煤矿挖煤挖掉了。近年来,该乡还在破坏,一是在洞儿上村后挖矿修路破坏了明长城;二是在大石湾和西地两村境内开矿毁长城,紧挨着明长城墙体挖矿,采矿坑距长城墙体最近的仅有 17 米,造成墙体下的地面裂缝,影响甚至可能导致长城的倒塌,矿点距一个地下军事防御设施仅四五十米,废渣将这个设施掩埋;三是采矿破坏了附近的烽火台。五寨县南山梁上的北齐早期长城,被农民开石场毁掉很多。

2. **现代化的通讯设施破坏长城**。近年来,电信、移动、联通、电力等部门在山顶上建铁塔,多数建在烽火台旁,有的建在烽火台上和长城上,破坏着长城的保护范围,破坏着长城的完整性。如偏关县的草垛山空心敌楼旁建了一座铁塔,大煞了这座砖砌敌楼的风景。偏关县双碑墕明代纪念壮烈牺牲的 700 名守关将士的保护工程 2021 年才修好,2022 年被电讯部门紧挨广场建铁塔,破坏了景观。

3. **项目工程对长城的破坏**。如近年来西八县上马的风力发电,都是建在高山顶上,大多在长城边上,对长城起着严重的破坏。如神池县黄花岭上的北齐点将台,被风力发电的铁塔挖了一大半。宁武县薛家洼乡洞儿上村附近一座明代城堡被建设的风力发电架一劈两半。岢岚县、静乐县的长城多处于吕梁山脊,部分风电项目和输电线路大多沿山脊而建,许多建在长城上,严重破坏着长城。岢岚县阳坪乡一带在山顶推山造地,将许多长城段落推成平地。

4. **修路造成的破坏**。最具代表性的是偏关县柏杨岭一带。前些年,偏关县用世行贷款搞植树治山,为了让人参观,沿山脊修公路,路基多是利用古长城的墙体,或将长城拆了多处豁口。偏关县寺沟长城坐落在壮观的黄河峡谷的石崖之上,附近有元代古刹,距黄河龙口和娘娘滩很近,是颇有开发价值的旅游景点,2008 年,村民修公路紧靠长城挖沙取土,距离最近处距长城仅有四五米。晋西北的长城一号旅游公路和沿黄公路许多是穿长城而过或靠长城修路,严重破坏着长城。神池县南山的北齐长城与宋辽界壕,被修通往风力发电厂的公路毁坏了一段。最受社会关注的是平型关,修公路将关城一劈两半,受到报刊批评,几百位老兵立上破坏惨状的图版在八达岭展示,影响极大。宁武县修运煤铁路,将东魏长城割断,将苗庄古城切掉一个拐角。

5. **农民种地造成破坏**。最具代表性的如河曲县罗圈堡古城、北元村附近的黄河边,都是附近农民在长城墙体下修了水渠,顺便刨上长城砖石砌垒渠堰,引黄河水浇地,使长城墙体多处坍塌。内蒙古清水河县的川峁村,农民在长城墙体上种地,将长城墙体挖低好几米。偏关县老营城的城墙顶上也被农民开垦种地,破坏长城。

6. **居民在长城附近胡乱修建**。有些建筑虽没有拆毁墙体,但破坏着长城的保护范围,破坏长城的完整性和观瞻性。现在长城保护的红线是 50 米和 500 米,我们许多地方做不到。最具代表性的是河曲县城的护城楼,这是山西省规模最大、保存最好的空心敌楼,有九窑十八洞之称,可是人为改为佛寺,楼内改变了结构。近年在楼顶建了钟鼓楼,加重了敌楼的承重,村民还围着楼体盖起了民房,将一座非常雄伟的建筑搞得乱七八糟、不堪入目。在宁武县大水口堡,近几年农民紧靠长城搞建筑,被媒体发现,在报纸上批评。

7. 城市建设破坏长城。比如河曲县建设长城大街,却拆毁了一座当街的空心敌楼,被市民大骂,这是全国城市建设中最典型的一例。宁武县开发房地产,将数百米长的古城墙拆毁。

8. 农民盖房用砖拆城。这种破坏在前几年占所有破坏长城案例的多数,因为前些年国家太穷,农村更甚,长城沿线的农民盖不起房,只好拆城砖,宁武关、雁门关、平型关以及所辖城堡多属于这一类。河曲县北元村有一座风格别致的空心敌楼,在"文化大革命"大拆城墙时幸免于难,可是在近些年却被村民们拆毁一半。

9. 开发旅游景点破坏长城。晋北最具代表的长城之一是右玉县杀虎口,在古关口上修了一座现代化的关口门,不古不新,不伦不类,破坏了古长城的结构。近年来在岢岚县,一个乡村在未经相关文物部门批准的情况下想开发长城旅游,擅自下挖了一段北齐长城的墙脚,想使长城墙体显得高大,破坏了长城的牢固性,使近两公里的长城遭到破坏。2008年宁武县城维修了一段城墙,太新太假,和古关极不和谐,其实也是极大的破坏。前些年,代县政府在雁门关关楼下修了现代化的水泥路,后在媒体的呼吁下被动拆除,重铺成石板路。还有一些长城景点对长城进行小规模维修,施工十分粗糙,破坏着长城的风格。如神池县的八角堡南门、偏关县水泉堡城门,都不是修旧如旧,都是粗糙施工不堪入目。繁峙县对平型关的关门进行了维修,也较粗糙。

10. 游客登墙体破坏古城。最典型的是岢岚县的宋长城,墙体是用两三厘米厚的薄石片垒成,十分酥脆,近几年名气加大,游客与日俱增,可是当地没有修筑观长城便道,游人都要登上长城,一踩踏,石片直往下掉,照这样没几年长城就倒掉了。偏头关寺沟长城等亦属于这一类,游客增多,上长城的游客在无意破坏长城。

面对如此种种的破坏长城现象,我们感到保护真是迫在眉睫、刻不容缓。如不再保护,长城会日益减少,用不了多少年就不存在了。比如神池县的长城破坏,一公里长城被夷为平地,坐落长城的山梁变成百十米深的大坑,曾被全国大小媒体披露,受到中央领导批示,山西省委、省政府领导也做过批示,全国政协专门到实地调研。再比如原平市的破坏长城现象,采矿的不法分子视文物部门立的保护石碑而不顾,对长城文物大肆推倒,大挖狂挖,真是令人胆战心惊。

三、对一座古堡的破坏案例剖析

目前长城破坏现象极为普遍,且触目惊心,破坏现象有大有小,各式各样,明九镇长城防御体系之山西镇所在地、全国府州县之外最大的城堡、偏关县重要的长城旅游景点老营城的破坏现象较为典型,表现有八。

1. 在城墙上大肆毁城种地。村民们在城墙顶端挖开墙体,或者挖低干硬的城墙,浇水"开荒"种庄稼,土豆、玉米、谷子、黍子、大葱、高粱,应有尽有。这样刨低了墙体,浇水灌溉,严重损害了古城墙。

2. **在城墙上栽植电杆**。有高压照明电杆,有网络通信木杆,一行又一行,电杆纵横交错,线路密如蛛网,栽杆挖洞,严重破坏着城墙。

3. **在城墙上挖洞探"宝"**。现在城墙上有许多人为的钻洞,深不见底,雨水沿洞灌进城墙,威胁着墙体的安全。

4. **占用长城保护范围紧贴墙体建设现代建筑,破坏长城**。最典型的是城中心的四声阁,这是老营城的形象和最标志性的建筑,可是近年来强势的村民紧靠阁墙修建房子,房后墙紧挨阁楼墙,建筑高大,掩占了古阁的一半墙体,不仅破坏了楼阁的观瞻,侵犯了古建的保护范围,而且便于有人登上房子、攀上楼阁进行破坏。

5. **在城墙上的涂鸦行为**。在新修的城墙上胡乱涂鸦,破坏着新城墙的美观和形象。

6. **在城墙上打洞建窑居住**。这虽是历史现象,但是在老营城创建国家卫生镇、开发长城旅游的今天,这种现象非但没有被制止,而且给城墙窑洞更换了新门窗,改造了居住环境,让其继续居住。

7. **在城墙上的修建行为**。如村民在城墙上挖砖,修房子,垒院墙。

8. **竖立标语牌破坏长城**。前几年,老营镇在长城墙体上钉了巨大的标语牌,宣传老营的光辉形象,其中钉标语牌的过程就是破坏长城的过程。

老营城的破坏历来已久,但是作为一座长城古堡,这是笔者所见的所有长城古堡中破坏最严重的地方之一,四周的古城墙在,东、南、西三座城门都在,三座瓮城保存了两座。整体上看,不但保存了古堡的框架,而且还对东西瓮城等部分墙体进行了维修,是保护好的典型。就在这个保护好的典型上,还存在那么多的破坏现象,保存不好的地方其状况更是惨不忍睹。现在山西许多地方的长城段落虽配备了长城保护员,但也有一些是不负责任的长城保护员,有些地方配备长城保护员的时候,是为了解决文化文物部门的一些人事方面的遗留问题,工资补助没有办法处理,只好走长城保护员的渠道,让其担上长城保护员的名,挣上长城保护员的工资,不担保护员的责。不知这些挣国家补助的人员是否对城墙进行过安全检查?是否看见过这种破坏行为?是否进行过制止?是否向县文物部门汇报过?这种失职行为导致古堡墙体在继续被破坏,令每一个热爱长城的人非常痛心!

四、研究长城破坏从何切入

长城破坏是触目惊心的,长城研究是迫在眉睫的,我们研究长城破坏该从何处切入,我归纳了八个方面。

1. **研究破坏的时间**。这个问题看上去是个小问题,但实际上是非常重要的问题,也是长城研究的难题。当年修筑长城是国家行为,是大事好事,国家有记载,长城上还要立石铭文,虽历数百年历史,仍较好研究。破坏长城是非法行为,是偷偷摸摸的事情,全部没有记载,身边那些破坏长城的现象虽说没过多年,但县里的文物部门等管理机构都不知道,只有个别分过脏的村干部有点印象,但都是闭口不谈,难以记载。

2. **研究破坏的地点和范围**。长城遭到破坏了,许多人只知道个大概地点,究竟是在哪个村、哪个段落、有多大具体面积、地理座标是什么,没有人能说清楚。只有个别大案,在文物部门立案介入调查后才可能有所记载。因此,我们长城研究者一旦介入,必须搞清楚破坏的准确地点,用现代化的测量工具认真测量,认真记载。

3. **研究破坏长城的主体**。长城被破坏了,谁是破坏的责任人、哪个单位、哪个人应当记录清楚。接下来法律部门和文物部门是否处理,这是另一回事,我们研究者在研究过程中应当考证准确。

4. **研究破坏长城的动因**。破坏长城的现象五花八门,是因为什么破坏的? 有生活性的,如拆上城砖盖房子、垒院墙,在长城上挖窑打洞居住;有生产性的,如拆了长城建工厂、破坏长城建风电;有城建性的,拆掉长城建大街,等等,要研究清楚。

5. **研究破坏长城的时间段**。长城破坏历史悠久,该从什么时间入手? 首期研究应当切入两个时间段,一是新中国成立以后到改革开放,即 1949—1978 年;二是改革开放以后,即 1979 年以后。再远的不好追究,也没有多大意义。

6. **研究破坏长城的结果**。即那些破坏长城的单位和个人,破坏长城是发财致富了,还是遭到法律追究了,也应记录。

7. **研究破坏长城的科技手段**。如破坏现象是人力所为,还是机械作业,是什么大型机械,用没用炸药,都应记载清楚。

8. **研究制止破坏长城的国家手段**。如针对破坏长城现象出台了哪些相关的法律法规,有哪些具体案例。

五、对长城保护主体责任部门的建议

面对相当严重的长城破坏现象,国家有《文物保护法》,国务院有《长城保护条例》,许多省有长城保护的相关法规条例,如山西省人民政府出台了《山西省长城保护办法》,甘肃省、宁夏回族自治区出台了长城保护条例,山西忻州、河北秦皇岛、内蒙古包头都出台了长城保护条例。面对这些法律法规,谁是执法的主体? 是文物部门。因此文物部门要真正发挥好执法主体的责任,起到保护长城牵头人的作用。

1. **文物部门要勇担责任**。文物部门是长城保护的主体责任单位,是《文物保护法》执法的主体,应当理直气壮地去工作、去监管、去担责。如果不敢担责,不敢管事,更不敢汇报,最后造成严重后果追究起来也是推不掉责任的。这两年来,神池、原平、繁峙、岢岚的破坏长城行为都是新闻媒体首先报道出来的,文物部门是没有发现没报,还是知道情况没有上报,不得而知。比如神池长城惨遭破坏,县文物部门也去调查过,屡受阻拦难以进场,但是没有勇气及时向省市文物部门去汇报,导致破坏得很严重了才汇报。另外,长城所在哪个地方,哪个地方的文物部门就应当勇敢地担责,不能碰到破坏长城的行为不敢担责。一是不敢汇报,发现有破坏长城的现象,不敢发布,更不敢汇报,发现有人知情,更是千方百计压住、按住,怕担责。有的是破坏长城的组织和个人都是当地的强势群体,怕惹下强人不敢汇报。不想长城这么大的形体,被社会知道是迟早的事。捂按不说,达到的效果是暂时让社会不知道,实际上是间接的包庇。神池、原平、繁峙三县大肆破坏长城的行为,虽然文物部门没有报告,可是拦不住新闻媒体要报道,最终只能将小事拖大,内部能及早解决的事,拖得全社会都知道。二是不敢要长城,发现在县界、市界上有破坏长城行为,尽量把长城的权属推到外市、外县,不想揽在本县。如果将来国家一旦给长城拨款,你要不要? 将来能搞长城旅游了,你要不要? 文物部门不能为了一时不敢担责,将长城的权属推给外地。

2. **文物部门要有敬业精神**。近年来国家安排搞长城普查,得出一串数字,可是实际上的长城资源要比普查数据多得多。后来各县都在搞不可移动文物普查,又发现了许多长城数据,光神池县就多出十座城堡和十几座烽火台,还有一个规模很大的空心敌楼。形体庞大的城堡和敌楼还能漏查,烽火台和长城段落的漏查数可想而知。神池和宁武交界处的北齐城堡黄花岭堡,文物部门没有普查上,过后有人打电话问带队人士,对方的回答是:"到中午了, 累得没有上去。"还有,近年来一些县份配备了长城保护员,发着一点工资,但是许多县的长城保护员都是领导照顾的关系户,居住在县城,根本不去乡下看管长城。

3. **调动社会力量来保护长城**。长城是最大的文物,这么长的战线,这么大的战场,光靠文物部门的力量是远远不够的,要调动社会的一切力量,包括新闻媒体的揭露和披露。2009 年,忻州市人民政府表彰过一批义务保护文物模范,今后应将这种表彰延续下去。有义务保护的团队,我们的保护才能落到实处。比如新闻媒体,是保护长城的重要社会力量,我们要尊重他们,好好调动他们的积极性,为保护长城出力。再想想那些业余热爱长城的人士,不挣研究长城、保护长城的一分钱,但能够慷慨解囊,勇于付出,为长城的研究和保护出力流汗,精神可嘉。2018 年,山西省文物局和山西广播电视台联合搞的《文明守望》大型文化节目,出镜采访的长城卫士都是业余的,忻州有九次十人出镜,是全省各地市中最多的,这些业余保护长城者的付出要比专业人士多得多,其奉献精神值得称赞。文物部门应当大力支持业余保护人员的工作,组建志愿者保护团队,协助文物部门搞好长城保护。

4. **要重视各级长城学会的工作**。长城学会是隶属于文物部门管理的一个社会团体,不花政府一分钱,自费集资,在考察长城、研究长城、宣传长城、保护长城方面作的贡献很大,研究成果可嘉。如忻州市长城学会的研究保护团队为忻州市在长城的保护和开发利用方面提供了重要的决策依据,得到了市委、市政府的重视,也是市文物部门的好助手,因此文物部门的专业人士应当学习长城学会业余人士的精神,同时要重视、支持他们的工作,不要嘲讽他们,打击他们。

5. **要强化文物保护队伍的管理监督**。现在国家在有长城的县都配备了长城管理人员,都为其发着工资,但是,我们的长城保护人员是否称职,有没有考核,应当回头看。如说长城保护人员是称职的,那么原平、繁峙、神池为何发生了猖狂的破坏长城行为?长城保护员发现了为什么不报告? 发生了这么严重的事件,我们那些挣保护长城工资的管理员是否受到处分,或者承担了什么责任? 我们要追责,要处理,要检查,要反思。

六、结　语

　　长城惨遭破坏是相当严重的，非常痛心的。研究破坏长城，长城主体只是一小部分、一个侧面，大部分是在研究社会。研究社会是一个相当复杂相当艰苦的工作，因为破坏长城的主体责任人有的还掌握着一定权力，势必对研究的机构和个人进行阻挠。有些文物部门及长城保护责任部门等有担心追责问责之危，可能不进行配合。更有甚者，有些破坏长城的单位和个人会对调查研究的人士进行打骂恐吓，甚至危及生命。因而长城研究者要时刻作好"脱皮掉肉"的准备。但是，每一个热爱长城、潜心研究长城的人，都应有越是艰险越向前的胆识，用我们的情怀和爱心，用我们的责任和担当，捍卫长城的主体尊严，让长城在传承和弘扬中华优秀传统文化中真正起到独特作用。

　　（此文在第四届中国长城论坛上荣获三等奖。作者系忻州日报社原编委、高级编辑，中国长城学会常务理事，中国长城研究院研究员，山西省长城保护研究会常务理事，忻州市长城学会会长，忻州市长城文化研究所名誉所长，山西省"十大最美长城卫士"之一，山西省长城研究保护"十大杰出人物"之一。）

长城国家文化公园建设背景下的忻州长城

杨峻峰

　　这两年,中国的长城火了:习近平总书记对长城和文物保护利用频频作出重要指示和批示;党中央绘制出建设长城国家文化公园的宏伟蓝图,全国长城沿线正如火如荼地建设;山西省委、省政府又提出修筑长城一号旅游公路的伟大决策,忻州大地率先行动,从偏关老牛湾到繁峙平型关一线年内全线通车;2023年,中国长城学会的第五届中国长城论坛在忻州举办;忻州市政府部署了全市范围的主题为"长城两边是故乡"的文化旅游活动。

　　2023年,似乎是忻州的一个"长城年",在这个长城年里,为助力国家长城文化公园的建设,把忻州的长城资源放在国家长城文化公园建设大背景下审视,纵观整个忻州长城的点段面,挖掘忻州长城文化的热点亮点,回顾反思忻州长城资源的保护、开发和活化利用状况,尽管雁门关被打造成国家5A级景区,老牛湾、红门口地下长城等长城旅游景点被打造成国家4A级景区,但是忻州的长城旅游只算刚刚起步,长城资源还是一块处女地,是一座尚待开发的宝库,忻州长城故事还未好好开讲。

一、万里长城,世界奇迹

　　长城是中华民族精神的象征,是中华民族的古建瑰宝,是世界文化遗产,是世界新七大奇迹之一。中国的长城从春秋开始,先筑一些烽火台,并用一些墙体连接起来,成为长城的雏形。从战国开始,齐、楚、燕、秦、赵、魏、韩七雄以及中山等小国都筑长城。此后,秦始皇统一六国,进行了大规模的筑修,将一些诸侯国的长城连接起来,西起临洮(今甘肃岷县)、东至鸭绿江(今辽宁省的东部和南部及吉林省的东南部地区),共筑万余里,史称"万里长城"。到了汉代,汉武帝刘彻为了防御和出击匈奴,在太初年间大规模修筑长城,西起甘肃敦煌西,东至朝鲜平壤南,长达1万多公里。到北朝时期,北魏、东魏、北齐、北周等又进行小规模的修筑。此后到了隋朝、宋朝,在山西北部有所筑修。金朝统一中国北方后,在内蒙古一带挖了金界壕,也是长城的一种,长达5500公里。到了明朝,中国修筑长城的数量和质量达到顶峰,东起辽东鸭绿江畔,西到嘉峪关,从东向西行经辽宁、河北、天津、北京、山西、内蒙古、陕西、宁夏、甘肃、青海10个省(自治区、直辖市)的156个县域,修筑的长度之长、质量之高为历史之最,总长度超过一万公里。近年来,国家文物局对现存的明长城进行调查,遗址遗存总长度为8851.8公里,其中人工墙体的长度6259.6公里,壕堑长度359.7公里,天然险长度2232.5千米。到了清代,清廷为防捻军,在山西晋南一带也修过长城。清同治九年(1870),从偏关到风陵渡一线沿黄河补筑了长城。纵观中国历朝的长城资源,分布在北京、天津、河北、山西、内蒙古、陕西、宁夏、甘肃、青海、新疆、山东、河南、辽宁、吉林、黑龙江15个省(自治区、直辖市),遗址遗存总长度有21196.18公里。加上未统计的,加上不同朝代修筑时叠压的,总长度约5万公里,著名长城专家罗哲文的提法是"上下两千年,纵横十万里"。

二、表里山河,长城大省

山西省被称作表里山河,又是全国的长城大省,山河关环互,内外边重叠。在历史上,战国、秦、汉、北魏、东魏、北齐、北周、隋、宋、明、清诸代都有修筑。主要分布于9个市40余个县(市、区),总长度累计3500多公里,现存较完整的城墙和遗迹有1500多公里。近年来国家对山西境内的长城资源进行田野调查,确认山西分布着不同历史时期的长城遗迹4266处,总长度1401公里。其中明长城涉及6个市33个县(市、区),墙体总长度910.55公里,关堡322座、敌台959座、马面570座、烽火台1886座、采石场12处、马市3座、挡马墙2处、碑碣15通、戍卒墓地1处、水关(门)1座、壕沟20条、居住址4处、居住址群3组、其他设施10座。这些数字只是当时长城普查的登记数字,有许多遗漏,实际存量要比这些数字大得多。

山西省紧临京畿,东仗太行,西依黄河,山河天险,是拱卫京畿的重要屏障,失山西即失京畿。1644年李自成攻破了宁武关,三关总兵周遇吉悲壮捐躯,大明王朝顷刻灭亡。因而明朝历代为了严防京都,在山西境内修筑了承接黄河边的外长城、内长城和沿太行山的真保镇长城,特别是于嘉靖年间修筑了内长城,摆布了偏头关、宁武关、雁门关、平型关、龙泉关、固关、娘子关、黄泽关等,形成"三道防线防卫、八大雄关死守"的坚固屏障,说明山西长城表里山河之重要。

三、三关防线,长城迷宫

山西是我国的长城大省,忻州是山西的长城大市,是山西省长城分布最大的区域,特别是拥有的明长城上的外三关,在中国长城界拥有十分重要的战略位置,其主要特点有四。

(一)点多线长,体量巨大。忻州长城从地域分布上看,是点多、线长、面广,据史料记载和田野调查,14个县(市、区)全部拥有长城资源。忻州长城的修筑历史有战国、秦、汉、北魏、东魏、北齐、北周、隋、宋、辽、明、清等时期,总长度1000多公里。据前几年忻州市文物部门的长城考察数据,忻州境内现在保存较完好的明长城有248.731公里,另有古堡93个、烽墩480个,分布在8个县(市)19个乡(镇)。早期长城共有229.857公里,分布在7个县(市)16个乡(镇)。明长城和早期长城两项合计478.588公里。忻州境内现存的长城遗址实际分布要比这个数据大得多,一是在田野调查时条件有限时间紧张,许多点段被遗漏未有统计。二是在20世纪中期,忻州所辖神池、繁峙、原平的许多农村划到现属朔州和大同市境内,这样将历史上属于忻州境内的长城,从军事建置上更是属于忻州外三关管辖的长城划到了朔州大同。三是在近年的长城普查时,国家文物部门将偏关与内蒙古交界处的长城，历史上更是属于山西镇管辖的一段二边长城委托让内蒙古自治区调查，这样山西就没有这段长城的详细数据，忻州境内长城的数字就小了许多。

（二）纵横交错，长城迷宫。忻州长城由于修筑历史久远，涉及朝代众多，边境防务复杂，形成的长城现状是纵横交错，如若蛛网。比如偏头关辖区，地处晋蒙交界，边防紧急，历朝历代对长城防务特别重视，仅明长城就有大边、二边、三边、四边、黄河边、内边、差修边七道，加上秦长城、北魏长城、北齐长城、十道长城，纵五横五，织成长城大网。原平在许多人心目中是个长城小市，但是境内有战国赵、东魏、北齐、宋、明的长城遗址，有纵有横，堡寨林立。雁门关从西周开始设关镇守，延续到清代，形成严密的军事防御体系。从宋代就设了十八隘口，涉及原平、代县、繁峙、应县、浑源五县，即从原平楼板寨一直延续到繁峙平型关，排布了300多里的防线。明代在宋的基础上略有修改变更，仍是十八隘口的大防区。就关口本身，呈"双关四口"的形制，一道关是现在的雁门关东陉关，关南有南口，北有广武口；另一道关是西边的西陉关，关南有太和岭口，北有白草口，这种严密的防务，是其他地方的关口不能比拟的。

（三）战事频仍，烽火漫天。忻州长城是一道血染的长城，从西周设关开始，就一直承担着保卫家园的神圣使命。内长城上的外三关处于整个国土的中部，保家卫国的使命尤为沉重。一座雁门关，从建关到民国经历了大小战役2000多次，其中改变历史进程的有10多次。特别是宋辽对峙时期，宋朝开国名将潘美挂帅，杨家将带兵镇守，经历多少次血雨腥风的战役，杨家将多半为国捐躯，被称作半部宋代历史写在雁门关。宁武关同样是血沃古关，宋朝时杨业在关口附近的陈家谷遇难，明朝末年李自成进攻宁武关，三关总兵周遇吉阵亡，周家上下200多口人自焚于周家大宅。偏头关更是紧临瓦剌、鞑靼，与俺答小王子的战争此起彼伏。明嘉靖四十三年（1564）俺答进犯老营，守城官兵700余人悉数殉难。抗日战争时期，忻州长城一线成为抵御日寇的钢铁长城，八路军利用长城关口之险实现了三大战捷——平型关大捷、雁门关伏击战、火烧阳明堡，打破了日寇不可战胜的神话，鼓舞了中国人民的志气。在2015年我国纪念抗日战争暨世界反法西斯战争胜利70周年大阅兵时，三大战事的"英雄连"威武地走过天安门广场接受检阅，这不仅是八路军的荣耀，也是忻州长城的荣耀。

（四）民族交融，文化深厚。忻州地处中原农耕文化与草原游牧文化的接壤地带，民族交融，文化渗透，形成独特的长城文化。可以说，一道长城的修筑保卫史，也是一部深厚浩繁的民族交融史。汉代的"昭君出塞"就是通过雁门关北出大漠和亲的，现在关南有落雁池，关北有昭君墓青冢。隋代还有义成公主出雁门关和亲。特别是在宋辽时候，拉锯征战，来来往往，通过雁门关等长城关口进行着伟大的民族交融，完成着汉民族吸收少数民族先进文化、少数民族吸收汉民族先进文化的神圣使命，实现了民族大融合。比如宋辽通婚，像戏剧中的《四郎探母》，就是一则民族融合的美好故事。最后大辽契丹民族逐步被汉民族同化形成大一统，雁门关在这方面是有过重大贡献的。再如，从岢岚到五寨，过神池，到宁武阳方口，这吕梁山的支脉管涔山，跳过恢河起宁武，过原平、代县，抵达繁峙，这恒山系的支脉勾注山，这道几百公里长的大分水岭，有史以来就是农耕文明和游牧文明的分野，从战国赵，到北齐、隋，都修筑了长城，长城内外显然属于两个民族。特别是到了宋代，从五寨、神池境内的管涔山到宁武，再到原平，一直蜿蜒到代县，这里有一段壕沟形式的长城,经专家认定是宋辽界壕,史书上记载宋朝和辽国曾经定了"澶渊之盟",划了边界,以壕堑形的长城为界,壕北面是辽国,如五寨、神池、朔州,南面是宋朝,像岢岚、宁武、原平、代县。这道长城虽然以地域划界,但未隔开民族之间的交往,现在界壕内外的居民在生活上略有区别,但基本上融合为一种生活状态。

四、忻州长城,地位崇高

忻州长城在中国长城史上拥有很重要的地位。前十多年,前任忻州市委书记李俊明组织国内的长城专家进行考证研究,寻找忻州长城的地位和价值。经过考察当地长城遗存,查阅大量历史资料,横向考察国内其他地方的长城资源,拜访全国研究长城的专家学者,最后论证出忻州长城在全国长城界有四项全国第一、十项全国唯一、八项全国之最。这几年,市长城学会继续寻找发现,继续研究论证,发现这些价值地位的项目还有增加。截止本论文发表之日起,忻州长城在全国长城界的地位有如下三类:四项第一、十项唯一、十项之最。可以肯定,全国各地也在不断研究当地长城的地位和价值,定有新的发现。

(一)四项全国第一

1.雁门关是万里长城第一关,西周设关,汉代出名,又是万里长城中经历战事最多的关口。无论历史之古老,还是战事之频繁、文化之深厚,皆为九塞之首。

2.河曲、偏关境内的黄河边是长城离开大海之后第一次与黄河拥抱并行之处。

3.偏关境内有秦、北魏、北齐、明、清诸朝修筑的十道长城,修筑总长度约500公里,还有50多座堡寨、1000多座烽火台,是全国长城分布最复杂、古堡烽堠最多的县域,堪称"中华长城古堡第一县"。

4.偏关县老营城从城池规模到军事建置,是全国府州县之外最大的古堡,堪称"中华长城第一堡"。

(二)十项全国唯一

1.经静乐、宁武到原平的东魏长城,是全国唯一修筑的东魏长城。

2.岢岚县境内的宋长城是当时全国唯一发现的宋代长城。

3.宁武关是中国明长城段唯一的水关,全国境内长城过河的地方还有几处,但将大关口建在河上的这是唯一,关口堡台林立,蔚为壮观。

4.宁武关大水口长城上的刁口是全国所有长城上唯一保存下来的刁口,刁口从外形看是一座空心马面,从里看是一种很"刁"的军事瞭望设施。

5.从五寨、神池、宁武、原平到代县有一段壕堑式长城,这是全国唯一发现的宋辽界壕。

6.偏关、神池、原平境内的北齐长城与明长城的平行交汇是全国唯一。

7.原平市轩岗镇四十亩地村的火烧长城是我国唯一发现的火烧长城。墙体先用铝矾土和木料混筑,后用大火烧结为一体,坚固壮观,十分罕见。

8.偏关县是全国唯一拥有两镇长城的县,即山西镇和大同镇长城。两镇长城在老营镇柏杨岭村北交互,山顶的长城或交叉或并行,连环神秘,雄伟壮观。

9.偏头关老营堡拥有十座悬楼(即战台),为全国古堡中唯一。

10.忻州是全国唯一拥有三镇长城(山西镇、大同镇、蓟镇或真保镇)的地级市。

(三)十项全国之最

1.宁武县东寨镇的赵长城,为战国赵肃侯于公元前333年所筑,是我国修筑最早的长城之一。

2.偏关县老牛湾是全国最雄壮的长城与黄河握手处。

3.平型关是中国现代战争中最著名的关口之一。1937年9月25日,八路军在此首战日寇,取得大捷,震惊中外。

4.从宁武经神池到偏关的土长城是全国保存最好、形体最高大的土长城之一。

5.神池境内的黄花岭堡是全国保存最为完整的北齐城堡。

6.代县雁门关的复修开发,被中国长城学会专家评价为全国长城保护维修中的范例,也是中国当代长城复修最好之一。

7.偏关境内的丫角山是内长城与外长城的交汇点,长城纵横交错、环互分布,形成三处缩结,堪称全国之最,是一处壮美的"山西结"。

8.偏关县水泉堡的长城地道为全国现存最完整的"地下长城"。

9.岢岚县发现一通隋代修筑长城的古碑,是全国迄今最早记录长城修筑历史的古碑,全国其他地方修筑长城的记载比这早的只有文字,没有古碑。

10. 偏头关老营堡是全国修筑形制最为复杂的城堡。在长方形的城堡南北又各筑有一圈"帮城",帮城和长城古堡组成"目"字形的结构。帮城和东城外的内长城并行800米,两道墙体相隔不到10米,形成一道幽窄的长城走廊,形成全国最为雄壮的"双龙并行"景观。

另外,忻州长城有几处重要段落被公布为"国家级长城重要点段",它是在2020年11月24日,国家文物局公布了第一批国家级长城重要点段名单,其中忻州四段长城榜上有名,分别为:繁峙县明长城茨沟营段、代县和山阴县明长城新广武—白草口段、偏关县明长城小元峁段、偏关县明长城老牛湾段。

忻州长城还被列入长城国家文化公园的建设范围,是在2020年12月11日,国家文化和旅游部公布了预计总投资额287.4亿元的长城国家文化公园省级项目库,偏关老牛湾—繁峙平型关长城风景道成为全国45个省级重点项目之一。

五、长城文化,丰富深厚

忻州的长城古老,长城文化更为古老。长城修筑了两千多年,但是史书和碑碣完整记载修筑过程和屡次战事的主要是在明代,在外三关——雁门关、宁武关、偏头关,这山西镇防线在全国九镇长城中占据非常重要的战略位置,外三关经历的古今战事是全国其他关口所不能比拟的。无论是各种志书史书碑碣上记载,还是民间传说,有关修长城、御外侵的内容非常丰富,是长城文化的重要组成部分。由战事、商贸、民族交融积淀下的长城文化,也是其他长城关隘所不能比拟的。

(一)杨家将的历史遗迹和传说故事。宋朝初期,以杨业、杨延昭、杨文广祖孙三代为代表的杨家将镇守以雁门关为中心,东起繁峙西到岢岚一线的大宋边防,战功赫赫,为国捐躯,不仅功载史册,而且留下许多历史遗迹和传说故事,忻州 14 个县市区,13 个有杨家将的遗迹和故事。

1.忻府。云中山深处的窑宽村附近有一段长城,当地叫孟良城。

2.原平。在阳武河上游有杨家将孟良焦赞镇守的阳武峪,阳武峪口有六郎寨,石匣口有孟良城,轩岗堡南十里有焦赞寨、焦赞洞,现在焦赞寨改村名为焦家寨,马家庄有一段古长城,也传说叫六郎城。三泉村是杨家将后裔的居住点。

3.五台。杨六郎在龙泉关与辽国交战,关上有一株唐松,传为杨六郎的"挂甲树",附近还有杨六郎马刨泉,关西沟五里处有六郎校场塔、孟良焦赞塔等。五台山还有一座令公塔,潭上等大村传说为杨家将后裔居住点。

4.代县。雁门北口有杨令公祠,雁门关北口东山上有杨六郎寨,雁门关上的镇边祠有纪念供奉杨家将的大殿,雁门关入口处有杨家将男女英雄花岗岩群雕。白草口堡西南亦有六郎寨,胡峪盆窑村亦有六郎城。东留属、西留属两个村庄传为杨家将家属居住的地方,东留属村还有杨七郎陵,附近的峨口沟传说有穆桂英洞。试刀石村巨石上的刀痕传说是杨六郎试刀砍下的。鹿蹄涧村古老的杨家祠堂是杨业后代为祭祀杨业夫妇暨杨氏后代英烈而建造的祠堂,为山西省第三批重点文物保护单位。鹿蹄涧村居民全部姓杨,传为最正宗的杨家将后裔。

5.繁峙。繁峙距雁门关最近,是杨家将的主要活动地。大营、下茹越、平型关有三处六郎城,每座城附近都有马跑泉。木阁村传说是穆桂英的出生地穆柯寨,现在建有穆桂英纪念馆。高升寨有孟良寨,义兴寨有焦赞寨。有许多大村寨是杨家将后裔的居住点,最大的是代堡村,有古老的杨家祠堂,村内流传的杨家枪还参加全国比赛。

6.静乐。县城东南十里杨寨沟村有一个杨寨沟隘口,村内多为杨姓。娑婆乡有一座杨将堡,还有一个地名叫六郎寨,传为杨家将镇守地。

7.宁武。有杨家将守关的阳方口,在古代阳是姓杨的杨,方是防御的防,为杨防口。宁武关有杨业修筑的托逻台,潘仁美和王侁曾在此望杨业,萧太后和辽国天祚帝曾驻跸托莲台堡。大水口村有杨业被擒的"歼杨坡",现在改名为前阳坡。

8.神池。黄花岭有穆桂英的驯马场,达沐河有杨业的牧马场,陈家谷口即陈家沟村是杨业遇难处。杨家坡村有杨家将的后裔,流传下来的文化有杨家武术梅花枪法。

9.五寨。荷叶坪山顶有杨六郎的兵寨,有马栅、点将台。

10.岢岚。县城东的草城川是杨家将镇守的地方。县城附近有个村子叫折家寺湾,传说是佘太君的出生地或者佘氏家族的定居地。

11.河曲。有杨业和佘太君阵前招亲的七星村,有杨信在火山军驻扎的火山村,还有杨信驻过的旧县古城,附近还有一座杨家寨。

12.保德。境内折窝村有佘太君墓。

13.偏关。有佘太君的父亲佘王和杨业的父亲杨信的征战之处,有穆桂英抗辽的红门口。

14.忻州周边。神木市西北六十里有杨家城,平鲁县井坪城西南十五里二连山顶有六郎寨。

这许许多多与杨家将故事相关的长城遗迹,有些是垒筑在宋朝以前,但出于杨家将的英名和对杨家将的崇拜,老百姓不知道古迹的真实情况,顺便演绎在杨家将名下。这遍布全市的有关杨家将的历史遗迹,又演绎出丰富的文化艺术,仅留传下的杨家将戏剧就有数十种,戏文中的地点都在三关长城一线。还有许多小说、评书、挂图、年画等,都与这段长城这串故事有关。

(二)潘仁美的传说故事。潘仁美亦称潘美,和杨业是同时代人,本是北宋的开国名将,雍熙三年(986),宋王朝下令北伐,想拿回燕云十六州,潘美任西路军主将,杨业为副将,率军连下寰、朔(朔州)、云(大同)、应(应县)四州。东路军曹彬兵败岐沟关,辽军主力反击宋西路军。陈家谷口(今宁武县阳方口附近,神池有一村庄称陈家沟)一战,潘美指挥失当致使杨业被俘,绝食而死。之后潘美成为传统侠义小说中的大奸臣。由杨家将故事演绎出的潘美故事,将潘塑造成反面典型。在戏剧小说杨家将中描写,潘仁美公报私仇,未予接应北出金沙滩征战的杨家将,致使杨继业兵败被俘,后撞死在李陵碑前,潘还暗中杀害了杨七郎等。在潘美的故事之外,还有一些传说遗迹,据说代县文庙原为潘府,代县还有潘仁美的后代所住的村庄,代县潘杨两家不结婚。神池五连山上有潘仁美墓,雁门关上还给潘仁美建了一个"武惠堂"的小庙。各地有关潘仁美的传说和故事还有许多,比如忻州多地传有一则民间歇后语:潘仁美的脚拐子——里勾外连。

(三)周遇吉的历史故事。周遇吉为明末的三关总兵,在李自成攻打宁武关时战死,周家上下200余人自焚于周家大院,周遇吉一家被奉为忠孝节义的典型。宁武城南原有一座周遇吉墓,后迁往城北。全国多地演唱戏剧《宁武关》,就是颂扬周遇吉的。清朝以来,有关歌颂周遇吉的诗歌就有许多。

(四)美稷国的传说。在偏关境内有一个吴城古堡,据说为汉代的美稷古国,出土的文物很多,这美稷国的兴盛、迁徙和衰亡,有一段悲壮的历史故事。

(五)佘族的传说。传说佘民族是古代边塞地区的一个少数民族,以信奉蛇为图腾,现在偏关出土的文物上有许多蛇形图案,一些古碑上也有蛇形图腾。佘族的首领就是佘赛花的父亲佘王。佘族后来被汉族吞并,分为三支:一支南下,成为畲族的祖先;一支向西南,成为佘姓汉族;有的留在本地,改姓为与佘同音的库。这个传说也是大有演绎价值的边塞文化。

(六)王昭君的传说。王昭君当年和亲北出匈奴时,路经雁门关,大雁观其美貌而停飞跌落,雁门关有落雁池。后传说王昭君死后,将灵柩运回汉地,现在雁门关外的朔州青钟村,有一座高大的封土堆,传为王昭君墓,这个村庄根据王昭君墓的"青冢"的谐音改名为青钟。

(七)蒙恬和扶苏的传说。传说秦始皇时期,派大将蒙恬来长城一线修边驻防保边疆,代县有蒙王村,有扶苏庙、扶苏陵、杀子河、赤土沟村,都与这段历史有关。原平西神头村也有扶苏庙,崞山上有蒙恬庙。

(八)隋炀帝的传说。隋朝的文化与忻州大地有很大关系,隋炀帝的爷爷杨忠在神池一带镇守打仗,隋朝开国皇帝杨坚曾经在宁武境内的娄烦关驻跸,岢岚、五寨一带有隋朝修筑的长城,更有一块隋代修筑长城的石碑。传说宁武县马营海一带有隋炀帝的行宫,有三千宫女,后行宫被刘武周占领,绑上宫女向突厥换成了战马。现存一片庞大的行宫遗迹,被列为全国重点文物保护单位,有关传说很多。

(九)养艳姬的传说。明代末期,在宁武县阳方口堡附近的山岔村出了一个美女叫养艳姬,后来被崇祯皇帝选为妃子,养下一个四皇子叫朱慈炤。在李自成攻打宁武关时,崇祯皇帝看见京城难以安定,国家灭亡是迟早的事,于是欲将四皇子送回宁武姥娘家避难。当宫人抱上孩子辗转回来的时候,宁武关已被攻破,养艳姬的家人亲戚不知去向。宫人只好将此皇子送到距山岔村十数里的神池县丁庄窝村长城旁边的一座寺庙里,委托僧人用羊奶养大,后寺名被后人改为羊奶寺。由于当地"奶"和"崖"同音,后改为羊崖寺。当朱慈炤长大些不用喂羊奶的时候,又被送到朔县与宁武交界处的一个山村小庙吃农家饭长大,此寺后被改名为饭养寺,后来寺名和村名皆演变成与饭养寺发音大致相同的梵王寺。朱慈炤再大些时,又被饭养寺僧人送回其姥娘村——山岔村的大寺庙正式出家。后来辗转到管涔山深处悬崖栈道旁的山寺里,那里的僧人多为原明代兵士。朱慈炤在此修行几年,年纪轻轻的成功坐化。坐化时的传说至今传播,说他在春天种莜麦时,师傅说他种上也吃不上。后来在收打、磨面、蒸熟等几个环节时都说过他吃不上。果然在他端起碗准备开吃的时候坐化圆寂,后传为神人,演变为芦芽山上的佛祖,当地称晓安爷爷。早在清初,僧人就在他坐化的地方建起一座石塔,名晓祖宝塔,现在屹立如初。当初吃羊奶的寺庙羊崖寺也专门为芦芽佛祖修建了一座石殿,石牌位上镂刻着"芦芽佛祖神位"。

(十)娘娘滩的传说。娘娘滩位于河曲县城北 10 公里处的黄河河道中,滩对面就是长城古堡罗圈堡。滩的面积近 13 公顷,是个"凸"形小岛,为有名的塞上小绿洲。人在岛上可以听到晋、陕、内蒙古三省、区的鸡鸣。传说西汉初年吕后专权,将薄太后及其子刘恒贬谪于此。其后刘恒称帝(汉文帝),在滩上建了一座娘娘庙以怀念生母,故名娘娘滩。滩上风光秀美,景色诱人,夏秋之时四周水波浩荡,滩上农舍在葱绿中忽隐忽现,别有韵味,在 2018 中国黄河旅游大会上被评为"中国黄河 50 景"。

(十一)红色旅游文化。忻州的红色旅游多与长城有关,如抗日战争时期的平型关大捷驰名中外,使平型关成为中国近代战争史上名气最响亮的长城雄关,平型关大捷自然成为长城文化中重要的一章。加上雁门关伏击战、火烧阳明堡机场,都在长城沿线。雁门关是长城雄关不必多说,还有周恩来与阎锡山谈判的太和岭口,是长城上的雁门十八隘口之一。晋西北更有许多八路军 120 师征战的地方,有晋绥抗日根据地的遗迹多处,如神池义井堡的 120 师师部、偏关陈家营的绥南司令部旧址等。特别是 1948 年,毛泽东从忻州走过,从兴县起,过岢岚、五寨、神池,经阳方口到雁门关,再到代县、繁峙,上了五台山,经龙泉关到河北。这一线都是沿着长城走的,沿线的毛泽东路居纪念馆是长城旅游的重要组成部分。

六、长城项目前程似锦

忻州的长城资源特别丰富,每个重要点段保护开发后完全可以成为很好的旅游景点,特别是伴随着长城国家文化公园的建设,忻州的长城资源大多在长城国家文化公园的建设范围内,可资开发的重点项目如下。

(一)明长城外三关一线的可行性开发项目

1.建宁武关。地点在宁武县阳方口镇,这是宁武关的关口所在地,是忻州的北大门。旅游大县宁武自然风光堪称一绝,可是人文景观还是短腿。宁武关是宁武旅游业中人文景观的龙头,它是全国明长城段唯一的水关,又有杨家将征战、周遇吉守关的传说故事,长城资源和文化资源都很深厚,复建宁武关开发旅游业很有必要。这里可以恢复恢河两岸几公里长城及密集的18座空心敌楼,建设长城过水关的桥涵,恢复望河楼,复铸恢河上的镇河铁牛,恢复托莲台,雕塑杨业、潘仁美、王侁、周遇吉等人物雕像。维修萧太后和辽国皇帝住过的河西山上的托莲台堡及三座军营小堡,复修阳方口堡的内外双堡城墙和古街等。

2.打造丫角山内外长城交会点。内外长城交会点位于偏关县老营镇北的柏杨岭上,是一个不可多得的品牌,这里内长城和外长城在一条大山岭上完成了三处绾结,是一个神秘的"山西结"。开发景点可以复修山顶残破的三处九窑十八洞,即砖砌空心敌楼;复修柏杨岭堡;在三处绾结处竖立高大的内外长城交会点东路长城结、中路长城结、西路长城结纪念碑;复修"几"字形弯的长城段;建设一座瞭望台,可居高临下俯瞰纵横交错的长城交会处;维修柏杨岭村的长城民居古村落,打造历史文化名村;恢复山顶互马市的简单建筑;在长城两侧设立标志牌,标明马市、教场、烽堠、空心敌楼等的介绍。

3.扩建偏头关长城博物馆。偏头关长城博物馆位于偏关县城附近,是利用复修后的护城楼建成的,是长城沿线少有的长城博物馆。馆址护城楼本身建筑雄伟,是亮丽的景点,加之偏关县的馆藏文物为忻州市最多,馆外还有气势恢宏的长城碑林。要在此基础之上进行扩大完善,建成全国最好的长城博物馆。应广泛征集文物,充实内容,继续完善馆内的装饰和陈设,辟为长城文物展览馆。在护城楼西面,再建一座规模更大的博物馆,专门展出三关长城的内容。以外三关长城历史沿革、长城修筑、长城沿线的战事、守关人物故事等内容为主,陈列长城文物。再扩大长城碑林的规模,打造成全国一流的长城碑林。

4.复修老营堡。偏关县老营堡规模宏大,是明九镇长城山西镇所在地,有中国长城史上若干项第一、唯一、之最,开发出来意义重大。应当复修城墙残破处,重新包砌砖石;复修城门,城门上方复建楼阁;复修城内的古庙和古阁牌楼;复修军营建筑和古街道;复修城头上的几个悬楼;复修长城跃过关河处的石桥和桥上的长城墙体,重现明代的水关美景;复修堡城北面山梁上罕见的帮城与长城"双龙护城"的平行长城和空心敌楼;在帮城和长城并行的起点建设一座望长城的木制高台,引导游人不要攀爬长城,登台俯视更有效果。

5.打造偏头关寺沟长城旅游区。偏关寺沟村一带的长城紧靠黄河,是长城与黄河并行处,长城蜿蜒、烽堠密集和惊险的黄河大峡谷交相辉映,同入画面。区域内还有宋代古庙护宁寺,是山西省重点文物保护单位。附近还有明代兵士取水的壮士泉,有黄河水运码头,可乘船观赏黄河峡谷,欣赏崖壁上的黄河边,总体来看是一处很有潜力的旅游景点。目前复修了一小段砖包长城,塑了守河群雕,辟为旅游区,但开发力度较小,应当加大长城的维修力度,将此处长城复修好,使之成为规模较大的旅游景点。

6.复修老牛湾堡。老牛湾是黄河入晋第一村、长城与黄河握手处,已经成为长城线上的热门景点,但游人多是冲八卦形的"乾坤湾"黄河峡谷而来,长城元素开发得欠缺,只有一座标志性建筑望河楼,近年虽经过维修,但相伴的古堡、古民居、古街道都很残破,让人感到极不协调,有破败之感。应当对古堡墙、堡门、古街、古庙、古民居统一进行维修和复修,堡内住上居民,增加烟火气,使之锦上添花,将这个景点打得更响。

7.开发偏关水泉堡。水泉堡又称水泉营,是山西的北大门、偏头关的陆路关口。古堡与内蒙古清水河县接壤,临堡有长城关口红门口,相传穆桂英在此守关征战。明代曾建过互马市,相当于边贸口岸,还在堡内修筑小规模地道。1968年,偏关县响应毛泽东主席"备战备荒为人民""深挖洞,广积粮,不称霸"的号召,水泉堡成为北京军区"长城沿线备战村"建设工程之一,拆上长城砖在明代地道的基础上修筑城堡地道,将明代的地上长城搬到地下,成为全国现存规模最大的战备地道,长达3000多米,基本保存完好。近年维修地洞1000米,建了一座长城博物馆,建设了生态停车场、游客服务中心等旅游服务设施,开发成国家的4A级旅游景区。以后应以"地下长城"为龙头,继续增强开发力度,复修古堡、古街、古庙,恢复九窑十八洞之海子楼。可联合内蒙古自治区清水河县,共同恢复红门口长城和互马市。由于古堡与内蒙古接壤,客源丰富,完全可打造成长城旅游中颇有特色的旅游景点。

8.建设双碑塌碑林公园。明嘉靖四十三年(1564),俺答进犯偏头关,老营守城官兵在山西镇三关游击将军梁平、偏头关老营城守御千户所守备指挥佥事祁谋的指挥下,浴血抗敌,最后寡不敌众,七百将士悉数殉难。事后嘉靖皇帝下令立双碑纪念,其中一通为钦差总督雁门等关兼巡抚山西地方兵部右侍郎兼右佥都御史万恭撰文,碑文载入明清古志书。偏关人还将立碑的山顶改名为双碑塌,将梁平叫儿子搬兵接应的山梁改名为教(叫)儿塌,作为偏头关的一个文化纪念。20世纪中期,双碑被毁,近年偏关县委、县政府恢复双碑,辟出双碑广场,文化奠基已经打好,下一步需要继续完善,围绕双碑建设碑林公园。山顶松林茂密,植被良好,公园外有明代采石场,有雄伟的明代石长城,是一个颇有文化特色的旅游景点。

9.雁门关复修二期工程。雁门关修复的一期工程已经告竣,随即成为忻州长城旅游的龙头,成为国家5A级旅游景区。但是关城的墙体在历史上是蜿蜒5公里,现在只维修了3公里,可以延续复修未修筑的2公里墙体,使雁门关城重见古代错综复杂、蜿蜒曲折、纵横交错的防御体系。同时延长关城东西两段的长城,东边延长2公里,延长到山顶最高处,西边延长3公里,从威远门修筑到山顶,恢复山顶几处空心敌楼,使雁门关成为雄浑壮、观望不断的旅游大区。

10.复修白草口长城。白草口长城坐落于雁门十八隘口之一白草口堡附近的高山顶上,属雁门山长城。墙体雄伟险要,呈锯齿状,是忻州三大锯齿长城之一。加之几座空心敌楼相伴,敌楼上的雕花门券十分精美,还有一处残破的敌楼被人称作"凤回头",成雁门长城旅游的打卡地。整体长城景观雄姿壮美,堪与金山岭、八达岭长城媲美。景点又居于旧广武城和广武汉墓群附近,有相当大的旅游价值。应当加强保护,维修山顶长城的墙体和敌楼,整修爬山步道,山下维修白草口堡和敌楼,建设一条登山步道,上下连通呼应,使之成为忻州市最惊险的长城旅游景点。

11.全面修复平型关。平型关在古代是雁门关的十八隘口之一,一场平型关大捷提高了古关在国内外的地位,1961年这里就被国务院列为全国重点文物保护单位。可是前几年平型关遭到严重破坏,长城旅游更无从谈起。近年来繁峙县复修了古关口堡楼和堡楼附近的一段长城墙体,长城雄关逐步恢复。还将横穿平型关关口的公路改线,从关口底部半山打隧道穿过,但未打通利用。现在需要全面复修,恢复关口古堡的军事设施,协调隧道的通车。同时复修平型关城,恢复关城南门,维修残破的墙体,恢复城内的古街道和古建筑。根据八路军1937年平型关大捷时挺进平型关北门的照片位置,增设一个纪念标志,打造红色旅游。

12.开发茨沟营堡和韩庄长城。繁峙神堂堡乡的茨沟营堡又叫应关城,是典型的长城民俗村,古朴的堡城保存尚好,为山西省重点文物保护单位。附近的韩庄村有一段明长城也叫竹帛口长城,保存得非常完整,其空心敌楼和墙体仍为明代风采,跳跃在连绵起伏的山丘上,呈曲线蛇形状,外观相当漂亮,是忻州境内最美的长城段落。韩庄长城在2021年被评为国家3A级旅游景区,2019年公布为第八批全国重点文物保护单位,景区所在的韩庄村被评为中国第四批历史传统村落。这个景点应当加强保护开发步伐,维修残损的墙体和敌楼,建设登山步道和游客中心,加大宣传力度,和平型关串联整合,成为忻州东大门上的重要旅游景区。

13.开发河曲黄河边。河曲境内的长城与黄河并行,通称黄河边,开发长城旅游,可和黄河风情游融为一体,增加黄河风情游的内涵。从石城隘口到石梯隘口,打造伴随黄河河道的长城黄河旅游风景线。复修石城、石梯两大隘口的堡墙堡门;维修罗圈堡、五花城堡、楼子营堡的部分墙体;抢修夏营堡的城门;维修黄河畔上的几座空心敌楼,如四旦坪敌楼、中学敌楼;维修和重新打造黄河寺庙弥佛洞;复修一段长城墙体及几个标志性的烽燧,这样可延长偏头关边塞旅游区的战线,将晋西北长城边塞游和黄河风情游有机地融为一体。

14.开发河保营古城景区。河曲县城古称河保营,明宣德四年(1429)建设土城,万历二年(1574)展修,七年包砖。古时城内有县署、典史署、参府署、守备署、千总宅、把总宅、常平仓、小教场等公署建筑。城内外庙宇、寺院较大建筑达30余处。登上挹青楼俯瞰全城,楼台亭阁,历历在目,黄河如镜,长城透迤;北有护城楼,东有魁星楼,南有五奎楼,中有鼓楼;东西南三座城楼,高耸城头。现在北城墙大部保存完好,尤其是五眼空心敌楼护城楼保存完好,规模宏伟高大,在全国长城界享有崇高地位,为山西省规模最大者。以护城楼为中心,加上北城墙以及附近的长城残段,辟建古城公园,与西口古渡连为一体,可成为河曲县的最佳景点。

15.开发项家沟长城古村落,项家沟距神池县城仅10余公里,附近的长城资源相当丰富,项家沟长城是神池长城最美的点段之一。西倚县城,东望朔漠,南北高山雄峙,中间形成较缓的洼地。比之长城外的朔州,又呈居高临下俯视塞外之感,有史以来就是战略要地。此地的长城修筑历史悠久,有保存完好的北齐长城,遗址上的早期陶片、瓷片、瓦当比比皆是。特别是有雄伟壮观的明长城,墙体为土筑,雄伟高大。北齐长城与明长城在此平行延伸,北齐长城为壕堑型,明长城为墙体型,又形成一阳一阴的鲜明对比,构成独特壮丽的"双龙共舞"景观。在明长城与北齐长城平行延伸的最美地段,壕深、墙高,又形成直角的"7"形走向,甚为神奇壮观。此地的明代城堡——圪佬灌堡保存完好,墙体高大,城门的残迹犹在。在项家沟长城北1.5公里就是丁庄窝村,长城内侧坐落着明代古刹羊崖寺,即崇祯皇帝朱由检的四皇子朱慈焢的避难寄生处,现在成为长城文化与佛教文化之神奇融合处,其传奇故事成为神池长城文化的精华。项家沟村完全可以打造成长城文化景点,改造民居,改造边塞风情的吃住环境,在观"7"字形长城的最佳位置建设观景台,打造打卡地。在圪佬灌堡内还原古兵营风情,建设观长城步道,维修羊崖寺,打造一个长城旅游大区。

16.开发野猪口和八角堡。野猪口是明代内长城上的重要关口,是北齐长城和明长城并行处,有古堡、石砌长城、土长城,特别是阶梯式的石砌长城是忻州三大阶梯长城(或称锯齿长城)之一。野猪口的土长城保存完好,高大雄伟,蜿蜒于山峦顶部,宛若游龙。野猪口在明代为宁武偏关两关联系的中间枢纽,现在随着长城一号旅游公路的建成通车,成为宁武偏关两县长城旅游线上的最美点段,开发出来意义重大。可以维修雄伟的石砌长城,建设登山步道,复修野猪口堡,建设野猪口的游客中心。附近的八角堡是长城上的重要城堡,石砌城墙高大雄伟,历史文化非常深厚,规模和建置仅次于老营城,护城河和校场仍为原状。复修八角堡的古城墙、城门、古街等,打造长城旅游景点,和野猪口可以连成一个长城旅游大区。

(二)早期长城开发项目

1.开发东寨战国赵长城。战国赵长城位于宁武县东寨镇小西沟行政村谢岗地自然村附近,距离东寨汾河源头直线距离仅一公里,站在东寨村即可看到长城墙体。此地自然植被很好,山上既有长城,又有森林,还有草甸、奇松、怪石,旅游资源丰富,站在山脊可眺望芦芽山、荷叶坪、马仑草原,鸟瞰汾河川和情人谷等管涔山谷,是登山望远的极好去处。且游客资源可观,能引来汾河源头三分之一的游客就是很好的效益。开发时可先修东寨到谢岗地的道路,再修停车场。从山脚下到正西的山坳修一条石台阶道路,再从停车场修一条索道,直通山南端最高处。从停车场经过打虎石修一条木头栈道,或叫登山步道。山顶的石砌长城可复修一公里。游人先坐索道上山巅,看草原,望汾河川,眺芦芽山荷叶坪。再沿着长城向北,过复修好的长城墙体。如身体不好,可沿着石台阶路下山。如身体尚好,可再沿长城向北,攀上北部至高点油梁岩,再过高山草甸,顺山洼下山,顺绝崖红崖脚的山脚下山,看打虎石,观绝崖奇松。最后顺着木质步道下山。谢岗地村附近可开辟农家乐等,提供土特产品,供游人下山休息吃饭。

2.开发楼烦关。楼烦关在宁武城西七八公里之苗庄,俗称苗庄古城,现存古堡为北朝时期的古城,是战国时期楼烦古国和楼烦县、隋唐楼烦牧监的遗存,隋文帝杨坚曾在此驻跸。城堡与东魏长城相连,规模宏大,历史深厚,应保护和维修古堡和古长城,在堡内复建一些北朝古建。开发出来形成东有宁武关、西有楼烦关、中有古关城的大宁武关的旅游格局。

3.开发宁化古城。宁化城位于宁武县境内的汾河畔上,是一座隋代始建、宋代复建的古城,宋太平兴国四年(979)置宁化县,后来建为宁化军,是宋辽拉锯征战的前沿阵地,金大定二十二年(1182)升为宁化州。早在1996年就被列入山西省第三批重点文物保护单位名录。近年来宁武县复修了宁化古城的古街、古庙和军署,下一步应在古城墙上做文章,将隋代古堡和宋代宁化军古城的墙体和城门复修好,再复修附近的万佛洞,维修通往拥有古刹奇石的幽谷——回春谷的道路,打造成一个大的旅游景点。

4.开发岢岚宋长城。岢岚县宋长城是我国唯一发现的宋代长城,现在岢岚县开始打造景区,但没有成型。应当在保护的基础上开发利用,修旧如旧地维修长城,仍用薄石片,将残破的长城补修起来。在长城两侧建设隔离网,建步道,将长城保护起来,不能让游客踩踏长城。在长城南侧建木制登山步道,建登山缆车,游客可上到山顶,居高临下观看长城雄姿。在长城下面的文化广场,雕塑宋代到过岢岚的名人范仲淹、黄庭坚、折德扆像,还可建设小型的长城博物馆。

5.保护开发宋辽界壕和北齐城堡。宋辽界壕在神池境内最为明显,和北齐城堡、北齐长城、风力发电同在一处,整合起来统一开发意义重大。目前是无人保护,被风电项目的建设者屡屡破坏,北齐城堡也遭严重破坏。以后应加强保护利用,对界壕进行清淤维修;整齐壕壁,在界壕两边设立护栏;在景区内设立大的标志建筑;修复北齐城堡;恢复北齐点将台;在古堡和长城沿线设立标志碑;恢复摩天岭山顶的空心敌楼;在岭下山洼里即坝堰梁的山口平地打造一个长城广场;建设宋辽不同文化的相关建筑,建设一座小型长城展览馆等。

6.开发原平火烧长城。针对原平长城旅游资源薄弱的状况,开发轩岗四十亩村东魏肆州火烧长城的旅游资源是首选。首先对长城墙体进行保护、维修;修建观长城的登山步道;修筑国道到景点的公路;建设停车场;然后进行包装宣传,即可进行旅游。因和宁武县三张庄一带的东魏肆州长城古堡和马营海距离很近,可归入宁武关长城旅游区。

7.开发东魏长城东起点。东魏长城是全国范围内唯一坐落在忻州大地上的长城,堪称绝无仅有,现存墙体分布在原平和宁武二县。在原平市段家堡乡马家庄附近,有一段高大的土长城,疑为东魏长城的东起点。据史书记载,东魏长城西起马陵戍东至土磴,在马家庄附近的长城尽头是一座山险墙,山险下面1.5公里就是古兵寨土屯寨,疑为土屯寨就是史书上讲的土磴,这段长城就是东魏长城的东起点。此处长城高大雄伟,呈弧线型,山险绝壁自然风光壮美,坐落长城的山坡是茂密的草甸,交通条件良好,是一处颇有魅力的长城景点。

结　语

忻州的长城资源是相当丰富的,的确是一座尚未开发的宝库,是忻州人的骄傲。在弘扬长城精神实现中国式现代化的过程中,伴随着长城国家文化公园的建设步伐,忻州长城的文化价值和开发价值会逐步被全社会所认识,定会打开宝库,造福人民!

（此文在第五届中国长城论坛上荣获三等奖。作者系忻州日报社原编委、高级编辑,中国长城学会常务理事,中国长城研究院研究员,山西省长城保护研究会常务理事,忻州市长城学会会长,忻州市长城文化研究所名誉所长,山西省"十大最美长城卫士"之一,山西省长城研究保护"十大杰出人物"之一。）

发挥关隘文化优势　奔赴中国式现代化

—— 以宁武关为例，探索长城文旅融合新路径

杜　鹃

习近平总书记强调："长城是中华民族的精神象征，具有特殊的历史文化价值。要本着对历史负责、对人民负责的态度，切实完善政策措施，加大工作力度，依法严格保护，更好发挥长城在传承和弘扬中华优秀传统文化中的独特作用。"何其幸运，我们生活在山西这个长城大省，忻州这个长城大市，宁武这个三关中路、关口要隘之地，特殊的地理位置与丰富的边塞文化无不提醒我们，探索长城文旅融合、建设长城国家文化公园，应该成为发展宁武文化旅游的第一优势和宁武人民奔赴中国式现代化的重要路径。

一、回望宁武历史，解析关隘文化，是宁武旅游启动中国式现代化的唯一密钥

众所周知，在忻州境内有著名的"外三关"，即雁门关、宁武关和偏头关，无论从地理形势还是战略地位上看，都是要塞中的要塞。而位于雁门关和偏头关中段的宁武关，是"外三关"中最为年轻但却不容忽视的中路要隘，宁武关城始建于明成化二十四年（1488），发生在明崇祯十七年（1644）的那场敲响明王朝丧钟的"李自成倒取宁武关"的血战——宁武关大战，让宁武关为世人所熟知。其实，这仅仅是宁武在历史风云中的一个小小插曲而已，作为农耕文明与游牧文明的交接地带，宁武地域的长城文化远可追溯到战国时期——"战国赵肃侯筑长城，尽赵北界。"（乾隆版《宁武府志》）

历史上的宁武，因芦芽山奇峰、怪石、云海、森林等罕见的自然风光，和汾河、恢河"一山分二水"的两河源头文明，吸引了无数帝王、游僧来此游历甚至驻留。芦芽山顶上的太子殿是全国唯一的毗卢佛道场，以佛道合一为形式的边塞宗教文化在宁武县境内延续 1000 多年，在唐宋时期曾经形成 300 多座寺庙的毗卢佛道场寺庙群落。懂历史的人都知道，帝王游猎不会只因为一个"玩"字，其眼光一定在军事地理上的战略意义，更在是否利于强化胡汉交界地带的对敌防御；宗教文化的兴起也不会只因为秘境云深，来由一定是取决于边塞特殊的地理意义，更取决于是否有利于民族文化的融合和宗教的传播。于是，宁武县的历史人文资源才是实现县内全域旅游的根本，宁武县所有的人文旅游资源都能够归结到关隘文化、长城文化上来。努力发挥其长城文化的优势，将长城文旅优势与乡村振兴课题有机结合起来，才能实现向中国式现代化的

成功奔赴。

二、传承长城文化,满足大众需求,是长城村落奔赴中国式现代化的必然趋势

中国式现代化是人口规模巨大的现代化,中国式现代化文旅也必须满足广大人民群众的物质生活需求和文化旅游需求。尽管早在 1995 年宁武县旅游事业管理局成立后,宁武就确立了政府主导型开发全县旅游业战略,并在 1999 年 9 月成立了宁武县旅游有限责任公司,全方位开拓旅游市场,旅游业成为全县新型产业,但宁武旅游基本停留在自然景观的开发和利用上,对边塞文化、关隘文化、佛教文化等挖掘不够,公共文化服务相对缺乏,大部分居民并未参与到宁武文化旅游发展中,成为宁武文旅产业红利的受益者。如何避免坐吃山水景观的老本儿,传承本土长城文化,全民参与文旅开发,满足大众文旅需求,奔赴中国式现代化,是一个值得我们深思的问题。

宁武县地处晋西北管涔山北麓的忻州市中心腹地,东连云中山,西接管涔山,南归黄河流域,北入海河流域,南北长 105 公里,东西宽 45 公里,面积 1987.7 平方公里,辖 5 镇 7 乡 13.6 万常住人口。他们既是宁武长城文化的传承者,也是宁武实现中国式现代化的建设者,如何能够在宁武建好用好长城国家文化公园,让这里的人民既"望得见山、看得见水、记得住乡愁",又"敬畏历史、敬畏文化、敬畏生态",笔者认为,应该从长城文化入手,唤醒关塞情结,在长城遗址上大做文章,既寻到了全民参与地方文旅宣传发展的直接载体,又能积极加强对地方文化遗产的利用和保护。长城沿线的许多村民,一直在自发地保护长城,并在积极探索如何将保护长城文物与开发本村文旅产业结合起来的合理化途径。

宁武县阳方口镇有个大水口村,附近的大水口长城筑于明嘉靖年间,是全国明长城中保存最为完好的土筑长城之一,从山梁上依山势而下,经过隘口低地又依势而上,宛若游龙,十分壮美。虽经历几百年的时事变革、风雨剥蚀,其残古遗存仍然显现"铜墙铁壁"般的宏伟高大。如今,隘口低地长城缺口处,晋西北主要干线 305 省道通行,运煤大车从此间穿过。村民蔡培元是县文旅局聘请的长城保护员,经常为长城墙体上的一处处斑驳裂痕忧心忡忡,也在积极协助村委会多方请教长城专家,试图为大水口长城找到一种既能振兴乡村经济又能进一步加以利用和保护的长城文旅新模式。始建于明崇祯十三年(1640)的大水口堡是隘口处的一个驻兵古堡,现在仍归一户村民居住,堡内种果树、养鸡鸭,完全没有了古堡文化应有的尊严,当然也因为有这户村民的居住而减少了其他村民在堡墙外的掘土毁墙,从一定程度上保护了堡墙的完整。

烽烟不绝于史的边关要塞,铸就了宁武地名、村名中的屯、营、坊、寨、口、堡、司、关等长城历史印记,既隐含着军旅、屯垦、农耕兼放牧的胡汉风情,又潜藏着民俗与民族融合的文化遗存。像大水口村这样的长城村落,在宁武、在忻州还有很多,他们守着祖辈留下来的文化资源和长城情结,却贫穷依旧,在奔赴中国式现代化的进程中慢了半拍。

显然,单靠一个村落,拿不起这样大的一个发展命题。需要当地政府的通盘考虑、文旅部门的合理规划,将这些长城古村落纳入到长城国家文化公园建设的蓝图中,调动长城沿线村民全

民参与长城文旅建设,才是宁武文旅未来发展的核心主题,也是宁武这样的长城大县顺应时代要求、解决人口脱贫致富问题、奔赴中国式现代化的必然趋势。

三、讲好长城故事,坚定文化自信,是长城文旅实现中国式现代化的有力抓手

中国式现代化是物质文明和精神文明相协调的现代化,在物质基础发达的同时,更要丰富人们的精神文化需求。长城文化是中国人的精神家园,是千百年来中华民族心理构建的主要支撑,是民族凝聚力的源泉,更是现今文化兴国、文化强县的根本动力。很显然,对于长城大县宁武,长城文化的讲述就是该县推进长城文旅事业、实现中国式现代化的特殊优势。

中国式现代化文旅要求以文旅行业为抓手,利用其便捷性、亲民性特点,大力弘扬中国传统文化底蕴。因此,宁武文旅要通过讲好长城故事来讲好中国故事,邀请全国知名长城专家走进宁武关,考察、讲述宁武长城故事,为宁武长城文旅问诊、把脉,将侧重于自然景观宣传的"大美芦芽,神奇宁武"主题,延伸到"关山问道,对话长城"的人文旅游主题,深挖当地长城文化,坚定民族文化自信,占据文化发展的制高点,赋予宁武文旅以强大的文化软实力,助力宁武物质文明和精神文明相协调的现代化发展。

宋辽之战中,杨业忠勇抗敌,兵败陈家谷,不幸罹难,就在今天的宁武县境内陈家沟一带;明朝末年,镇守三关的总兵周遇吉率全军及家人全部殉难于宁武关守卫大战,总兵府遗址就在今天的宁武县城内。两位英雄的故事就是宁武关文化的核心精神,也是打造宁武长城文化旅游的根本价值。

历史上的宁武,名人辈出,西汉著名的宫廷才女、女诗人班婕妤为楼烦人,才貌双全,以辞赋见长,一首《团扇歌》打动了千百年来无数人;明末崇祯妃子、才女养艳姬,今宁武县阳方口镇三岔村人,擅长吟诗抚琴,精通琴法与秦晋地方乐曲,并研读过兵书,善于舞剑,文武双全,三岔村有众多的庙宇与戏台皆与之有关。佛教高僧慧远法师、建造宁化万佛洞的妙峰法师、避难宁武清真山出家坐化的崇祯四皇子晓安和尚等,都为宁武古老关山蒙上了传奇色彩,他们遗留下来的任何一项文化精髓都足以让世人震撼。

发展宁武现代化文旅,有必要挖掘这些边塞文化名人的故事,讲好长城故事,以旅为媒,以文化人,丰富人民精神世界,增强人民对中华民族的认同感和获得感。利用旅游景区、涉旅场所、文化场馆等空间,广泛传播文化正能量,让人民坚定文化自信,自觉当好景区形象代言人,服务于本地文化旅游建设。

四、保护长城资源,重视和谐共生,是长城大县走向中国式现代化的必守红线

中国式现代化是人与自然和谐共生的现代化,"绿水青山就是金山银山",芦芽山自然风景区以"云山之家""华北落叶松的故乡"著称,但不能完全依赖于不可再生资源吃"旅游饭",应该有长远的文旅发展眼光,走可持续发展之路,提升文旅产业效率,建设高效、节能、环保的新型

文旅产业,在提升旅游经济密度上下功夫。

人与自然和谐共生的现代化,是特色社会主义现代化的国家要求。宁武县地处山西省西北部内长城沿线的兵家要冲、军事重地,境内山峦绵延起伏,沟谷跌宕纵横,无霜期短,降雨量少,光照时间长,昼夜温差大,平均海拔2000米左右,属于典型的高寒土石区和寒冷干燥区。特殊的地理环境、冷凉的气候条件下,形成了历史上农、牧业生产方式的频繁更替和长城的修筑,正确处理人和自然的关系在这里显得更为重要,文旅融合发展项目的建设,既要注重对长城资源的科学保护,又要坚持人与自然和谐共生的发展理念,坚持践行"绿水青山就是金山银山"的环保理念。

长城沿线有许多特有的自然资源可以开发利用,要在保护自然环境不受破坏的前提下,做足文旅、文创文章,带动地方文旅经济的发展。以宁武为例,近年来一直致力于由煤炭大县向旅游大县的转型发展。阳方口明长城上的雕花敌楼已经在县文旅部门的争取下,提上了重新修护复原的日程,长城国家文化公园的建设也正在酝酿中,如果能够将明长城周边废弃的油库遗址加以改建,建设一座明长城博物馆,将会成为沿长城一号旅游公路上的一张亮丽名片。在长城产业发展方面,已经开发了"紫塞红"等茶叶品牌,"金莲花"药茶等,这些都是对长城脚下不同海拔天然生长或人工种植的植物的利用,是体现长城沿线人与自然和谐共生并提升产业效率的成功范例。宁武人民正在寻找一条人与自然、人与长城和谐共处的科学路径,这也是一个长城大县在推动文旅发展、走向中国式现代化过程中必然要遵守的一道红线。

五、挖掘长城文化,助力乡村振兴,是宁武经济步入中国式现代化的具体作为

中国式现代化是全体人民共同富裕的现代化,而文旅行业又极具有广泛的带动效应,具备丰富的自然资源与人文资源的旅游大县宁武,在这方面无疑是占据了有利条件。"靠山吃山,靠水吃水",靠长城就应该吃碗"长城饭"。宁武县耕地面积少,传统产业严重制约了经济实力的提升。如果利用丰富的长城文化资源做强文旅,将文旅作为全县的支柱性产业,在未来的日子里,将为区域经济发展带来举足轻重的影响,同时又能够减少煤炭产业带来的环境受破坏代价。

宁武县许多旅游点处于芦芽山自然保护区,旅游设施建设受到国家自然保护区政策条文的限制。开发文化旅游,发展全县经济,最好的选择就是建好用好长城国家文化公园,助力乡村振兴,走一条共同富裕的发展之路。由于地理因素与气候环境的原因,宁武县山区经济发展相对落后,虽然通过精准扶贫使贫困人口的生活得到了很大改善,但仅靠社会的资助、帮扶,不能从根本上解决农民长久贫困的问题。推动长城沿线乡村经济发展,还是要从长城文化建设入手。

宁武文旅融合发展,应该联动长城周边可看可览的历史文化、自然生态等优质资源,在发展观光旅游的基础上,开发边塞风情旅游、长城研学旅行、红色故事寻迹、非物质文化考察、节日风俗体验等多项旅游产品,将长城文化元素融入文旅产品的体系中,打造具有深刻历史文化内涵的长城文旅融合区,借助宁武特有的长城文化资源,做好芦芽山风景区体系的提档升级,发展特色乡村型文旅融合区,通过长城文旅融合发展,带动长城沿线的乡村走上振兴之路。

例如宁武县宁化村，是我国现存唯一的较为完整的小型宋城遗址。原先的宁化村，留守老人们坐在荒草破败的古街内无人问津，在县文旅部门"活化古城"的举措下，一座古老而又年轻的"宁化古城"重新回到大众的视野中。古城内，恢复了宁化军、关帝庙、瓮城等原有的古建筑，设置了历史展厅讲述古城烽烟，修旧如旧展示着一座边镇的历史文化内涵。仿古街上，开设了各种具有民间特色的作坊、店铺，极力打造着一座历史文旅小镇的文化看点。至于这座古城真正给村民带来多大收益，尚不得而知，但长城文化的注入必定是守住这座小镇文脉的正确选择。有了坚定的文化自信，何愁乡村不能振兴？

再有像王化沟村的古村落文化、张家崖村西翔凤山上的栈道文化、涔山乡的民宿文化等，都是在长城文旅上做文章，为当地村民带来实际性收入的文旅产业。这些挖掘长城文化、助力乡村振兴的文旅融合现象，是宁武经济步入中国式现代化的具体作为。

六、开发长城项目，领悟和平精神，是长城文旅走向中国式现代化的思想精髓

中国式现代化是走和平发展道路的现代化，中国式现代化的长城文旅也要抓住"和平"这一精神内核。中国文化崇尚和合共生，和平、发展、合作、共赢永远是中国社会发展的核心理念。长城是中华民族热爱和平的象征，是中国人民守望中华文明之精神载体。我们的祖先持续两千多年修建长城，就是为了以守代攻，守望和平。我们今天建好用好长城国家文化公园，就是要讲好长城故事，讲好中华民族热爱和平的故事。

历史上修建长城，是一项耗时、耗力、耗人、耗资的巨大工程，没有绝对的政治实力、经济实力和军事实力，是难以完成的。换言之，守望和平不能仅靠愿望，守望和平是需要综合实力的。当前的国际局势瞬息万变，守望和平更需要综合国力的强大、人民的万众一心。这就需要我们一方面注重民生建设和基础设施建设，发展经济实力；另一方面还要加强思想道德建设，培根铸魂，树立民族自信。长城国家文化公园的建设就是坚定文化自信、增强民族凝聚力的最好实践，而在长城沿线经济欠发达地区提出长城文旅发展思路，更有利于地方物质文明与精神文明的协调发展，传承和守望民族精神，在和平精神的鼓舞下重新构建社会价值体系，助推当地文旅尽快融入中国式现代化的发展进程中去。

作为长城大县的宁武，可以以长城文旅为媒，推动构建人类命运共同体。经省内外专家的多次实地考察论证得出结论，宁武是黄土高原原始景致至今保存极为完美的绿洲，是以北方高原型山水生态景观为主要特征、历史文化内涵相当丰厚的风景名胜区，是全国少有的旅游资源密集县之一。景区之内，分布着战国赵长城、东魏肆州长城、北齐长城、隋长城和明长城等遗迹，人文旅游资源丰富且独具边塞特色，历史文化悠久深邃，谜秘共存。巍巍古关，绵延长城，人们所熟知的宁武似乎只是一个作为楼烦重镇、三关总兵所在的名关塞垣、军事符号。殊不知，当它褪去战争的血衣归于平常后，其重要的交通枢纽位置、得天独厚的"近边"优势，总要将它带入经济贸易的中心角色。长城，战时为塞，和平时期则是互市贸易的集中地、民族融合的"友情带"，人们用最淳朴的交易方式表达对美好和平生活的共同守望。现如今，开发含有长城元素的

文创产品、农特产品、风情民俗项目等,展示长城沿线北方民族文化特色,不仅可以丰富宁武长城文旅内容,也便于人们领悟和平精神,抓住了长城文旅走向中国式现代化的思想精髓。

七、结　语

"长城凝聚了中华民族自强不息的奋斗精神和众志成城、坚韧不屈的爱国情怀,已经成为中华民族的代表性符号和中华文明的重要象征。要做好长城文化价值发掘和文物遗产传承保护工作,弘扬民族精神,为实现中华民族伟大复兴的中国梦凝聚起磅礴力量。"习近平总书记的讲话,为我们探索中国式现代化视域下的长城文旅融合提供了方向。我们在长城沿线发展文旅事业,应该紧紧依托和发挥关隘文化的优势,以带动地方百姓全民参与、满足大众旅游需求为核心,讲好长城故事,传播中华传统文化,保护长城资源,坚持人与自然和谐共生,助力乡村振兴,发展地方经济,树立以"和平精神"为内核的长城文旅新品牌,在中国式现代化理论的指引下,奋力书写中国式现代化的长城文旅壮美答卷,完成一场中国式现代化的坚定奔赴。

（此文在第五届中国长城论坛上荣获三等奖。作者系中国长城学会会员,山西省长城保护研究会理事,忻州市长城学会理事兼副秘书长,忻州市长城保护研究十大杰出人物,宁武县作家协会主席,宁武县第十七届人大常委会委员。）

弘扬长城三大精神
助推中国式现代化建设宏伟大业

王书光

长城为什么成为中华文明的重要象征?它又如何见证了中华民族的爱国情怀?长城作为中华民族的脊梁、英勇不屈的精神象征,历史上在反击外来侵略者的斗争中,极大地鼓舞了中国人民的斗志,一次次从胜利走向更大的胜利;新中国成立以来,长城的精神力量继续激励我们继往开来,不断勇攀现代科学高峰,通过辛勤劳动,把伟大祖国的社会主义事业建设得日新月异。长城不但是中华民族高度发达的物质文化载体,而且凝聚着我国多民族的丰富精神文化内涵。中国各民族千百年来的许多英雄豪杰、文化名人都与长城结下了不解之缘;各族人民在长城和关口内外,上演了许多威武雄壮、可歌可泣、催人泪下的历史剧,留下了许多优美动人的典故、诗词、戏曲和传说;更加可贵的是许多忠良将士的思想和功勋同长城一样,都成为中华民族精神不朽的丰碑,有形的长城墙体、关门和烽燧等蕴藏着无穷的长城精神,集中体现着中华民族的伟大精神。从古到今,尽管人们对长城一直存在不同层面的认识和评价,但是当我们把长城作为民族血性的代表、民族精神的象征来诠释时,就应该把握其最本质的特征,最能促进民族团结、最能激励全民族奋发振兴的内涵来加以阐释和弘扬。2019 年 8 月 20 日上午,习近平总书记登上嘉峪关的关城,察看雄关布局,领略山川形胜时触景生情地说:"当今世界,人们提起中国,就会想起万里长城;提起中华文明,也会想起万里长城。长城、长江、黄河等都是中华民族的重要象征,是中华民族精神的重要标志。我们一定要重视历史文化保护传承,保护好中华民族精神生生不息的根脉。"近年来,国新办《长城保护总体规划》相关情况发布会上,国家文物局局长刘玉珠在回答记者提问时介绍,长城是我国古代劳动人民创造的伟大建筑奇迹,是维护我们统一多民族国家的重要保障,是中华民族重要文化遗产。孙中山先生在《建国方略》中指出,"长城之有功于后世,实与大禹治水等"。近现代由于两个历史事件而使长城价值发生根本性改变。一是抗日战争期间,我国军民在山海关至八达岭明长城一线战略要地英勇抗击侵华日军。"长城抗战"极大地激发了全民族的爱国主义精神和民族精神,为最终取得全民族抗战伟大胜利打下了坚实的思想基础。二是红军长征在陕甘长城沿线留下了无数战斗足迹和英勇事迹,毛泽东主席的不朽诗篇《清平乐·六盘山》,使长城成为反映中国共产党人坚定革命信仰的重要文物载体。鉴于此,在编制《长城保护总体规划》过程中,对长城内涵及其价值进行了重新提炼,总结出长城最突出、最核心的价值在于它所承载着三个伟大精神,即团结统一、众志成城的爱国精神;坚韧不屈、自强不息的民族精神;守望和平、开放包容的时代精神。这三大精神历经岁月锤炼,已深深融入中华民族继往开来的血脉之中,成为今天实现中国式现代化和中华民族伟大复兴的强大精神力量。现在长城虽然失去了防御作用,但它成为中国、甚至世界上无比壮观的历史文物,纵横十万里、跨越几千年的"巨龙"展示着生生不息的长城精神,在建设中国式现代化当中有着重要的现实意义。习近平总书记在党的二十大报告提出"以中国式现代化全面推进中华民族伟大复兴","全面建设社会主义现代化国家,是一项伟大而艰巨的事业,前途光明,任重道远,我们必须增强忧患意识,坚持底线思维,做到居安思危、未雨绸缪,准备经受风高浪急甚至惊涛骇浪的重大考验"。中国式现代化是物质文明和精神文明相协调的现代化,是人们精神世界日益丰富、精神风貌不断提升的现代化。这一宏伟目标的实现离不开强大精神力量的支撑,需要全体人民在党的领导下发挥强大无比的长城精神,增强中国式现代化建设事业的志气、骨气和底气。

一、用长城团结统一、众志成城的爱国精神,激励人民勇毅前行

中国是历史悠久的多民族国家,中国人民的生存空间是四周多山水天然屏障,内部由多种地形、多种气候、多种经济区域和多种民族分布所构成的完整的地理和人文格局。这种天然形成秦岭淮河以南的水田农耕区、以北至秦长城以东以南(包括辽东辽西)的旱地农耕区和秦长城以北以西的游牧区(包括渔猎民族地区)。最初长城内外有过农、牧民族对立的阶段,但从根本上来说,农、牧(渔)民族及其政治、经济、文化在中华民族漫长的发展史上是共生互补的,因而随着统一的多民族国家的形成,长城的性质和作用必然发生质的变化。农、牧(渔)民族的统一过程也是经济和文化相互结合、交融的过程,既互相矛盾又不可分割,既相互撞击又相互融合,而长城与关门便成为一个互相依赖、互相补充的纽带,如长城内外内蒙古与山西交界地带的乌兰察布、包头、朔州、大同、忻州等。随着万里长城的修筑,大片农田被开垦,村镇聚落星罗棋布,茶马互市的关口成为南北贸易的中心,如河西走廊的长城变成沟通欧亚的商旅大道。万里长城把隔离于大漠的南北各民族更加密切地联结在一起。这种南北民族经济、文化的交流不仅丰富了各个民族的自身的物质文化生活,而且丰富了中华民族整体的内涵,更重要的是促进了整个中国的经济发展、社会进步与国家统一。

在中国历史上,活动于长城一带的民族,除汉族之外,还有东胡、山戎、林胡、楼烦、白羊、北狄、匈奴、乌桓、鲜卑、柔然、突厥、回纥、女真、党项、蒙古、回等20多个民族,他们都对传承中华民族的历史、创造中华文明作出过各自的贡献。这些少数民族有的在与汉族或其他民族融合过程中消失,有的仍然生活在祖国大家庭中,为共同建设中国式的现代化作贡献。长城沿线的"胡人汉化"和"汉人胡化"在历代都是引人注目的现象。这种民族间的团结和融合对中国历史和文化的演变产生了重大的影响和积极的作用,丰富了中华民族文化的内容,激发了民族的生命活力。在以长城东西纵横数万公里、南北延伸几千公里的广阔地带中,始终进行着各民族的交流和融合,这种交流和融合规模之大、范围之广、历史之长久、内容之丰富生动,在人类历史上是

绝无仅有的。长城地带成为一个民族大交流、大融合的纽带。在这个纽带上，中华民族不断获得新生和活力，不断创造和发展着中华文化和东方文明。

长城是中华各民族共同构筑的，从历史上修筑过长城的 20 多个王朝来看，以各少数民族入住中原者居多，如北魏、东魏、北齐、北周、辽、金等。有些朝代修筑的长城规模巨大，如金朝长城长达一万余里。而修筑长城的汉族统治的王朝，从数目上讲反而较少。可见，长城是各民族人民智慧和血汗的结晶，铭刻着中华民族大融汇大团结的历史事实。同时也说明，长城并不是中国的国界，在长城策划修筑者看来，长城以南是以农耕为主、实行郡县制管理的"内地"；长城以北则是以游牧为主、实行藩封制管理的"边裔"。两者经济形态、管辖制度不同，却同在统一的国家疆域之中。

毋庸讳言，在长城地带历史上曾经发生过多次战争，但长城的修筑往往以军事抗争为目的，又以民族团结友好为终结。历代修筑长城的统治者的主观愿望是将长城用于战争与阻隔，然而历史真实情况却并不以统治者的愿望而转移，其结果往往与统治者的愿望相反。总的来看，长城更多的作用是和平、交流与融合，长城的各个关隘几乎都是官方"互市""封贡"和各民族民间经济、社会、文化往来的通道。可以说，万里长城把短时间的干戈，化为长时期的玉帛。自黄帝以来，我国各民族就形成了互相依存、互相渗透、互相联结的整体，短时间内的战争，不过是"兄弟阋墙，家里打仗"。据史学家不完全统计，在修筑长城 2000 多年的历史上，北方各民族和睦相处共约 1700 多年，军事对立总共不过六七百年。而且越到后来，统一的凝聚力越大，元代以后基本上没有出现全国性的长期分裂局面。综观长城在中国多民族国家形成过程中的地位，应该承认：长城地带是古代经济交流的中心、文化交流的中心、国家稳定和统一势力的中心，也是中华民族实体形成的中心。

习近平总书记在敦煌、嘉峪关、云冈石窟长城视察时指出："长城凝聚了中华民族自强不息的奋斗精神和众志成城、坚韧不屈的爱国情怀，已经成为中华民族的代表性符号和中华文明的重要象征。要做好长城文化价值发掘和文物遗产传承保护工作，弘扬民族精神，为实现中华民族伟大复兴的中国梦凝聚起磅礴力量。"今天中国走向社会主义新时代，新一代领导人带领全国人民实现中华民族伟大复兴，在社会主义祖国的大家庭中，各民族人民都在进行着大规模的现代化建设，在共同繁荣、共同发展的道路上凝神聚气、勇毅前行。现在，中国的民族关系发生了根本性的变化，传统的农牧业经济模式和民族分布格局也发生了根本性的变化。长城以北不但和长城以南一样建立了现代工业体系，而且农业生产也占有很大比重，畜牧业发展日新月异，文旅服务业更是异彩纷呈，塞北地区已经成为祖国最重要的钢铁、煤炭、石油、粮食、肉食、乳畜产品基地。长城的民族、经济、文化区域分界线的已逐渐淡化、消失。但是中国式的现代化，首先必须从中国的特点出发，我们要清醒地认识到，中国仍然处在社会主义初级阶段的基本国情，主要是人口多、底子薄，发展不平衡，在这样基础上要建设社会主义现代化，代表人类文明进步的发展方向，是人类社会发展史上前所未有的新课题；同时也要看到中国特色社会主义进入新时代，我国社会的主要矛盾是人民日益增长的美好生活需要和不平衡不充分的发展之间的矛盾，决定了中国式现代化只能是社会主义性质的现代化、以人民为中心的现代化，逐步缩小贫富差距、实现全体人民共同富裕的现代化。其次还要认清当前的国际形势，即和平与发展的时代主题仍未改变，安全威胁更加复杂多变，国际战略格局多极化。随着中国的繁荣发展和在国际上影响力的不断上升，一些国外敌对势力不断在我国周边挑起事端，给国际环境和我国和平发展制造麻烦，广大人民群众以极大的长城爱国热情，坚定地站在国家安全、全民族利益的立场上团结统一、众志成城，反对这些外来挑战，这是新时代爱国主义精神的重要体现。

鉴于中国的国情和国际形势，我们要实现中国式现代化，必须把长城爱国主义精神中的团结统一、众志成城作为强大精神动力，迎难而上，抢抓发展机遇，凝神聚气，自觉肩负起推进和拓展中国式现代化的责任，以强大的精神力量开创中国式现代化发展的新局面。

二、用长城坚韧不拔、自强不息的民族精神，鼓舞人民不断进取

长城是中华民族伟大力量的象征，气吞山河的"万里长城"因它长达万里而得名，它体现着中华民族在改造和利用自然的过程中的坚韧不拔、自强不息。我国早在4300年前的原始社会就有称之为"障塞"的长城雏形，现在考察到的长城遗址始建于春秋战国时期，历史达2000多年，今天所指的万里长城多指明代修建的长城。春秋战国时期，燕、赵等诸侯国为了防御别国入侵，修筑烽火台，并用城墙连接起来，形成了长城。以后历代君王几乎都加固增修长城。有史料记载，秦始皇使用了近百万劳动力修筑长城，占当时全国总人口的二十分之一。明朝在修筑了"外边"长城之外，还修筑了"内边"长城和"内三关"长城。除此以外，还修筑了大量的"重城"。雁门关一带的"重城"就有24道之多。据国家文物局调查认定，长城分布覆盖于15个省（自治区、直辖市）、404个县（市、区），遗址遗存总长21196.18公里，包括墙体、壕堑、关堡和相关设施的遗产43721处。当时没有任何机械，全部劳动都由人力完成，工作环境又是崇山峻岭、峭壁深壑，十分艰难。古今中外，凡到过长城的人无不惊叹它的磅礴气势、宏伟规模、艰巨工程与防患意义。它融汇了古人的智慧、意志、毅力以及难以想象的承受力。因此，长城是稀世珍宝，也是艺术非凡的文物古迹，它凝结着千百年来中国各民族人民坚韧不拔、自强不息的精神，它象征着中华民族坚不可摧而永存于世的伟大意志和力量，是中华民族的骄傲，也是整个世界的骄傲。

万里长城集中体现了千百年中华民族排除万难、战胜艰险、利用自然的勇气和聪明才智，显示了顽强不屈的意志。一个伟大的民族能够筑起伟大的有型长城，同时也铸就了"自尊、自信、自主、自强"的民族精神长城，展示出一种纪念碑式的历史永恒感和令人震撼的崇高感，长城体现着坚韧不拔的牺牲精神，永远成为鼓舞中国人民团结奋进、振兴中华的伟大动力。长城也体现着一种"天行健，君子以自强不息"的气势和不怕牺牲的精神，永远能够唤起民族自尊心和自豪感，鼓舞着中国人的斗志，号召中国人不断进取向上、开拓创新。长城还蕴含着我国各族劳动人民勤劳、智慧、勇敢、善良、爱好和平等美好品质。长城是中华民族伟大力量的体现，人民解放军被称为保卫国家安全和人民生活安定的"钢铁长城"，在建设中国特色社会主义现代化的进程中，长城精神仍是激励中华儿女攻克艰难险阻、奋勇前进的巨大精神力量。面对复杂多变的国际环境，广大人民群众要弘扬长城精神，以伟大的民族精神、爱国热情，坚定地站在维护

国家安全稳定的立场上反对外来挑战,这是新时代爱国主义精神的重要体现。

习近平总书记在参观《复兴之路》展览时发表《实干兴邦》讲话时强调,回首过去,全党同志必须牢记落后就要挨打,发展才能自强,全党同志必须牢记,道路决定命运,找到一条正确的道路多么不容易,我们必须坚定不移走下去;展望未来,全党同志必须牢记,要把蓝图变为现实还有很长的路要走,需要我们付出长期艰苦努力。现在中华民族正在走向复兴之际,这个曾经走过的五千年漫漫岁月的民族,更深切地感受到中华精神的伟大力量,坚韧不拔是推动我们民族发展和复兴的强大驱动力,自强不息是中华民族的灵魂和脊骨,是中华民族传统精神与时代精神的融汇,是推进中国的现代化建设和中华民族复兴大业的需要。

一个民族,没有共同的理想信念、没有催人振奋的精神、没有高尚的品格、没有坚定的志向、没有形成共识的核心价值观,就不可能自立于世界先进民族之林。核心价值观体现的是文化自觉,体现的是一个经济崛起后的大国在文化上的追求和信仰。从古至今,坚韧不拔、自强不息的精神深深熔铸于中华民族的灵魂之中,是流淌在中华民族文明血脉中的生生不息的血液。在实现中国式现代化的新时代,更好地传承和发扬中华民族精神,并将中华民族传统精神与时代精神融汇。我们中华民族从远古至今的发展史证明了坚韧不拔的强大生命力,自强精神是一种具有强势张力的进取精神和斗争精神。中国古代哲人提出"天行健,君子以自强不息"的思想。自强,包含民族的自强和个人的自强两个层面。不畏艰难困苦、坚韧不拔、不屈服于任何压迫者,是中华民族的本色精神。一部中华民族的发展史,就是一部中华民族自强不息、百折不挠地与生存环境抗争,与内外自然的、人为的邪恶势力抗争的历史。坚韧不拔、自强不息,不仅是指在常境和顺境中的奋斗,更是指在困境和逆境中的奋斗。古代英雄豪杰和仁人志士追寻生当为人杰、死亦为鬼雄的壮怀激情,力行穷且益坚、不堕青云之志和穷则独善其身、富则兼济天下的坚韧精神。提起与长城相关的历史人物,人民就会想起汉武帝时期镇守长城的名将的飞将军李广,出长城打击匈奴的名将卫青、霍去病;隋朝时期李渊家族镇守山西长城防突厥,罗义、罗成家族镇守河北长城防突厥;唐朝时期,唐太宗派开国功臣英国公李绩、卫国公李靖镇定北方河套和山西长城;宋朝时期,山西雁门成为宋辽激烈争夺的主战场,著名的杨家保家卫国、镇守雁门,为国前仆后继的故事流传至今。在中国近代历史上,中国工农红军、八路军、解放军,在陕甘宁、晋陕蒙、山海关和八达岭等长城沿线用生命和鲜血留下许多动人的故事,如长城保卫战中的卢沟桥大刀队拼杀日寇、怀柔战斗、罗文峪战斗、牛栏山战斗和太原会战的平型关大捷、雁门关伏击战、忻口战役、娘子关战役、太原保卫战,等等,都显示中华民族军民不畏列强、不屈不挠、誓与长城共存亡的英雄气概。

在新时代,发展中国特色社会主义伟大事业,建设中国式的现代化,实现中华民族复兴的伟大梦想,必须更好地用长城坚韧不拔、自强不息的民族精神不断进取、开拓创新。当代中华儿女要更加热爱祖国的壮丽河山、悠久历史和灿烂文化,更加关心和捍卫祖国的前途命运、发展战略和核心利益,更加热爱中国特色社会主义制度、中国共产党,各族人民团结统一,以高度的历史责任感和祖国利益高于一切的思想境界,全身心地自觉投入建设富强民主文明和谐美丽的社会主义现代化强国当中,以更加宽阔的胸怀和更加开放的心态,实现中华民族伟大复兴的中国梦。成功的经验告诉我们：只有以积极进取、奋力拼搏的精神去面对困难和挫折，成功才会向你迎来。面对新形势下的社会主义建设，我们更要勇于面对困境，甘愿吃苦，不惧挫折，发愤向上，奋力抒写新时代中国特色社会主义建设的新篇章。

新时代的爱国主义是社会主义核心价值观的重要内容，是实现中华民族伟大复兴中国梦的精神力量。全民族爱国主义始终是凝心聚力的兴国强国之魂，弘扬爱国主义就是要把中华民族坚强地团结在一起，形成万众一心的精神纽带和坚韧不拔、自强不息的精神动力。"爱国、敬业、诚信、友善"是社会主义核心价值观的重要内容，是新时代条件下全体公民基本的道德遵循和行为准则，从公民个人行为规范的层面上凝练了社会主义核心价值观的基本理念。在这里，爱国是个人道德价值观的第一要义，就是要求人们以振兴中华为己任，促进民族的大团结，维护国家的统一，自觉奉献国家和社会，这是爱国主义精神在社会主义核心价值观中的集中体现。实现中华民族伟大复兴，是中国人民为之长期奋斗的伟大梦想，凝聚着中华儿女的共同夙愿，实现这个伟大梦想，就必须弘扬以爱国主义为核心的民族精神和以改革创新为核心的时代精神。

三、用长城坚守和平、开放包容的精神，激发广大人民开拓创新

长城见证了中国各民族交流融合和民族多元化发展的伟大历史进程。中国长城在《左传》中有这样记载："僖公四年，楚国方城以为城，汉水以为池。"秦统一六国，修筑万里长城，后有北魏长城、北齐长城、明长城、清代长城等，其本质意义都是为了消除战争，保护百姓。因此，历史上所有的长城，最重要的作用就是捍卫一方疆土，坚守和平，确保国泰民安。如秦国在统一之后，陆续颁布了多条律法，以稳固国家的统治，实行"书同文""车同轨""度同制""改币制"等。其中车同轨是指，秦皇下令拆除了阻碍交通的关塞、堡垒的同时，还修筑了以首都咸阳为中心的驰道，以及由咸阳直向北延伸全长约900公里的直道，以此来防御北方匈奴的侵扰，解决了大规模快速调动兵力和保障粮秣输送的问题。现在太行山晋冀交界的井陉和固关古驿道尚能见证两千多年前"车同轨"留下的车辙；中原与塞外晋蒙交界长城地带的大同白登之战、马邑之战等，体现的就是通过战争，坚守长城求和平。长城在历史上具有军事防御工程的性质，对内却起着加强民族的向心力和凝聚力的作用，从而成为中华民族坚守和平、民族团结统一的象征，反映着中华民族的爱家爱国意识。中华民族在修筑有型长城的同时，也在思想上筑起了坚强而牢固的领土意识和国防观念。中华民族自古就有"国家兴亡，匹夫有责"的保家卫国思想。从先秦到抗日战争，两千多年来的长城烽火传递，续写着中华民族为争取祖国的独立、富强而英勇斗争的历史，浓缩了无数志士仁人可歌可泣的爱国壮举。山西大同长城学会会长顾晓在《中国长城之我见》用事例说中国长城在民族融合上的独特作用："大同马市，堪称中国历史之最，不仅消除了200多年的战祸，更为民族团结、联合，建立了很好的纽带，所以有很多学者教授把长城称之为兄弟之墙、和合之墙、友谊之墙、美好之墙、交流之墙。"

从古代到现代，爱国守边都被视为高尚的事业，子女替父从军、全家出征、妻子送郎参战、

父母送儿打东洋的动人事迹数不胜数,爱国歌曲"我们生长在这里,每一寸土地都是我们自己的,无论谁要强占去,我们就和他拼到底"到处传唱。中华民族用爱国主义意志筑起来的思想上"万里长城"是任何力量也打不垮的。万里长城已经化入了人们爱祖国、爱民族、维护民族尊严不受损害的国土意识,切入了保卫领土不受侵犯的主权观念。

近代以来,当中华民族不断受到列强侵略的时候,长城又成为中华民族不屈不挠的象征。抗日战争中,长城沿线的各民族人民奋起参战,谱写了一曲曲爱国主义的壮歌。从吉鸿昌、傅作义到共产党领导下华北、东北、西北包括汉族、蒙古族、回族等各民族的抗日英雄,团结一起、浴血奋战、同仇敌忾、保卫祖国,并终于取得了彻底的胜利;还有五台山僧人组成的抗日自卫队,先后有100多名和尚、喇嘛脱下袈裟,穿上军装,扛起枪,参加八路军,坚守长城岭(晋冀交界处,山岭有长城、关门,距五台山30公里),保护祖国不受侵犯。其中,五台山"和尚连"被周恩来赞誉"上马杀敌,下马念佛"!"起来,不愿做奴隶的人们,把我们的血肉筑成我们新的长城",《义勇军进行曲》雄伟庄严的嘹亮歌声曾经在反击外来入侵、保卫中华民族生存的抗敌战争中响彻中华大地。今天,它已经被作为中华人民共和国国歌在世界各地传唱。1984年邓小平同志题词"爱我中华,修我长城",实质便是一种爱国主义的号召。习近平总书记揭示出长城是一座永久性的爱国主义教育基地,中华民族的后代子孙永远能够通过长城感受到爱国热情的激荡。

万里长城是中华民族文明的瑰宝,是中国面向全世界开放包容的重要名片。长城在坚守和平的前提下,又开放包容,最典型的有越过长城、关门的国内外贸易往来和大规模移民潮。

(一)秦汉军事性移民。以秦王朝为例,为了控制和抵御北方匈奴人,秦始皇派兵30余万攻取"河南地"(今内蒙古自治区阴山以南地区),并西起临洮、东至辽东修建起万里长城;为了开拓岭南,秦始皇帝二十六年(前221)又派兵50万攻打五岭以南地区,使得秦王朝版图扩展到今越南中部;为了更好地控制这些区域,又向这些地区派驻了大量的政治(七科谪)与军事性移民。再看西汉武帝以后继承秦王朝对外用兵政策,一旦开拓了新疆土,立刻派出大量军事性移民,从而开始了中国历史上最早的军事屯田。实际上,汉代的军屯,有许多经验值得总结:如汉武帝时期采取招募制,将征调单一士兵的军事戍边制度,改为从内地经济文化比较发达、人口密度大的地区招募无地和少地的农民屯边,同时,国家颁行免税、全家供应粮食、免费提供医药和安顿户口等一系列政策以安抚被招募农民。在这些优惠政策的引领下,汉王朝曾七次成功地完成了向西北边郡大规模移民实边,其中公元前119年一次性将中原地区的70多万平民迁往陇西、北地、河西、上郡等,且这种人口迁徙政策一直延续到东汉时期匈奴南北分裂以前。西汉时期募民屯田的政策,其实质就是在某些重要区域改变定居移民与边民比例的做法。后来的隋唐、两宋及明清时期都继承了这一做法,使得各朝在中央政权安定的情况下,同时也保持了边疆的安定与发展。此外,移民也确保了边疆地区汉文化的发展,秦汉王朝把商人、犯罪官吏等发配到今广东、广西、四川、内蒙古等边远地区,不仅传播了中原文化,发展了地方经济,强化了国家政权在边地的稳固,而且也通过中原移民的迁入,促进了当地的民族融合;中原人特有的姓氏在边疆留下来,有些成为当地的大姓,比如韦、黄、梁等姓在广西就长期大量存在。还有运河的开凿可以视为是水上"车同轨"的重要形式。而"京杭大运河"的开凿,不仅使得古代都城成功地实现了由东西迁移变为南北迁移的改变,更使得中原移民与南方人的融合途径从此打开。

(二)丝绸之路。自公元前138年张骞通西域开始,中国和中亚及欧洲的往来迅速增加;紧接着公元前119年张骞出使西域,开通了促成东西方经济文化交流的交通线路——丝绸之路。几千年来长城对丝绸之路起着巨大的保护和促进作用,令中外友好使团频繁往来于这条古道,让中外经济文化在此融合、交汇。为此,长城文化对促进中国与世界文化交流发展,发挥了重要作用,也激励着我们更全面地做好长城文化带保护工作,挖掘长城文化、讲好长城故事,让更多外国友人通过长城了解中国、走进中国。长城是东西方政治、经济、文化的大通道,沟通欧亚大陆的商贸大通道。长城的城墙、关隘和堡寨以及守城、把关的将士对丝绸之路的畅通起到保驾护航作用。丝绸之路文化与长城精神可以概括为:丝路是开拓,长城是坚守。长城精神与丝路文化融汇成为和平、合作、开放、包容、互学互鉴、互利共赢的核心内容。

(三)茶马古道。狭义的茶马古道指的是起于今天的云南、四川等传统茶叶产区,在传统的茶叶贸易中用马帮等载体运输茶叶到蒙藏地区和其他传统茶叶市场,以换取当地的皮毛等产品的交通运输线。茶马古道作为历史上重要的文化和贸易廊道,并非只有一条道路,除了云南、四川、西藏三省区之外,它的范围还可进一步延伸到长城外的青海、甘肃等省区。广义的茶马古道是以云南、四川为中心的中国长城内外的西南云南、四川、西藏、湖南、贵州、广西等省区及其与毗邻的甘肃、陕西、宁夏等省区和缅甸、印度、老挝等东南亚、南亚国家之间的传统交通运输线路。茶马古道在唐朝开始,中唐时期开了茶马贸易的先河,宋朝时期,我国与别国茶马交流的地点主要集中在陕甘一带,政府为了扩大贸易,稳定秩序,特意在开展茶马贸易的地区设立了买马司。发展到明朝,茶马贸易更加成熟,专门在运输路途中设立驿站,以方便商人们的物资补给和保障他们行程上的安全。到清朝,茶马贸易逐渐衰落。茶马贸易在历史上起着不可忽视的作用,影响深远,从中国广袤的土地出发,运送到世界各地,展示的是中国的形象,传递的也是中国的民族精神。

(四)山西洪洞大槐树和马邑圪针沟大规模移民。从明洪武六年(1373)到永乐之后两个阶段前后累计半个世纪,迁移人口之多、涉及地区之广,令世人震撼。山西大移民除了调节各地区人口不均衡的现状,还促进了地区间经济文化交流,把以山西为主的先进生产工具和技术经验得以推广,同时巩固了边防。特别是大移民在漫漫路途中,不少人走出长城和关口,守望中华文明,传播中华文明,对稳定社会,增强民族凝聚力起到了不可取代作用。

(五)晋商货通天下。明清时期的晋商历史是以平遥、太谷、祁县"金三角"为代表,开创了中国金融业的新纪元,业务遍及长城内外全国各地,最远跨越长城,走出关门抵达俄罗斯,创造了"货通天下、汇通天下"的奇迹。另外还开辟了由福建武夷山起,过汉口、太原,再穿越长城,经内蒙古、俄罗斯到欧洲的"茶叶之路"。晋商打破了明清之前"丝绸之路"长城外游牧地区几千年来封闭式小农自然经济生活模式,将中原地区积淀的商品经济、黄河文化与科学文化推广到少数民族地区,晋商培育出以人为本、生生不息的包容精神,给国内外留下深厚而弥久的晋商文化和艰苦创业、积极进取、不屈不挠的精神。

(六)明朝中期至民国初年著名的"走西口"。"走西口"就是长城内外、口里口外人口流动,冲破长城及其关口重重阻隔,拉近地区间的距离,实现长城内汉族和长城外蒙藏民族的融合。

(七)清末民初"闯关东"。以山东籍汉族、回族为主的移民以及后来的朝鲜族移民到东北谋生,他们以包容的心志移民关东,给东北地域带来先进的种植生产技术和思想文化,孕育了长城内外各民族和谐相处的人文精神,成为中华民族精神文化不可或缺的宝贵财富。"闯关东"也体现长城内外各民族团结互助、和谐共处的高尚情怀,彰显了艰苦奋斗的民族大融合的人文精神。

习近平总书记提出构建人类命运共同体,建设一个"持久和平、普遍安全、共同繁荣、开放包容、清洁美丽的世界",基于中国特殊国情和优秀文化这个重要前提,我党坚持马克思主义与中国实际相结合,与中国优秀文化相结合。党的二十大在讲到把握好新时代中国特色社会主义思想的世界观和方法论,坚持运用好贯穿其中的立场观点方法时再次强调了"必须坚持胸怀天下"。中国共产党始终以世界眼光关注人类前途命运,从人类发展大潮流、世界变化大格局、中国发展大历史正确认识和处理同外部世界的关系,坚持改革开放、不搞封闭,坚持互利共赢、不搞零和博弈,坚持主持公道、伸张正义,站在历史正确的一边,站在世界进步的一边。与此同时,习近平在党的二十大报告中阐述了中国式现代化的特征:中国式现代化是人口规模巨大的现代化,是全体人民共同富裕的现代化,是物质文明和精神文明相协调的现代化,是人与自然和谐共生的现代化,是走和平发展道路的现代化。这充分说明,中国式现代化是基于中国国情、具有中国特色的现代化,又要面向世界、面向未来。中国式现代化理念具有深厚的中华文化根基。中华优秀传统文化是中华民族的根和魂,中国式现代化是植根于中华文化沃土、反映中国人民意愿、适应中国和时代发展进步要求的,有着深厚历史渊源和广泛群众基础。

众所周知,人类社会发展是多元的,世界上各种文明各有其源流,在数千年的历史长河中百花齐放,兼容并蓄。古代中华文明与古埃及、古巴比伦、古印度的源流不同,发展道路和发展方式也不同。不难看出,不同的文明之间往往选择了不同的发展道路,伟大的中国人民继承和发扬了先辈的创新与奋斗精神,在历史上不仅筑起有型的万里长城,而且在传承中华物质文明和精神文明的基础上,又在思想上筑起了全民族与时俱进的新长城,创造了中国式现代化新道路。通俗地来说,中国式现代化蕴藏着统一安定之道、多元一体之道、包容开放之道、责任伦理之道、和平之道。实践表明,中国式现代化既切合中国实际,体现了社会主义建设规律,也体现了人类社会发展规律。

当今世界正处于百年未有之大变局,国际局势波谲云诡。大国博弈日趋激烈,国际舆论斗争日益复杂。在新的历史时期,我们更需要通过研究借鉴诸如长城精神内涵中的开发、包容、多元的方式,去积极开拓我们的国际传播渠道,争取更大的国际话语权。在不同的平台将我们的发展理念、我们的发展思路告诉全世界,能够争取更多的朋友,实现发展利益的最大化。唯有坚持多元一体、开放包容的心态,我们才能更好地与世界对话,让西方国家能够更好地理解中国式现代化的独特之处,以及中国式现代化能给世界带来什么。中国式现代化蕴含着世界观、价值观、历史观、文明观、生态观,是对世界现代化理论和实践的伟大创新,打破"现代化 = 西方化"的迷思,将改变当代人类文明发展以西方文明为主导的世界格局。中国式现代化,塑造可信、可爱、可敬的中国形象,需要全体中国人的共同努力。同时"中国式现代化"为我们指明了未来的方向,也给我们带来了前进的动力。我们可以自豪地说,中国式现代化为人类实现现代化提供了一种新的选择。

总而言之,要把长城三大精神作为助推中国式现代化道路的强大动力,要紧紧围绕党和国家发展战略,致力于研究挖掘长城精神与文化在新时期的新内涵、新价值,并将长城的文化内涵、长城的伟大精神与实现中国式现代化有机结合起来。一要加强长城知识与文化的传播,把长城的保护、宣传、研究和文旅相融合,使知长城、爱长城、护长城的意识植入大众心中;二要深入学习贯彻习近平新时代中国特色社会主义思想,毫不动摇坚持党的领导,正确把握中国式现代化的根本方向,挺起中华民族精神脊梁,传承家国情怀;三要在国际上坚持平等互信、包容互鉴、合作共赢、共同发展的理念,通过实现中国式现代化,积极推动构建人类命运共同体,推动共建"一带一路"高质量发展,推动落实全球发展倡议、全球安全倡议,既通过维护世界和平发展自己,又通过自身发展维护世界和平,同世界上一切进步力量携手前进,努力为人类文明进步贡献智慧和力量。

(此文在第五届中国长城论坛上荣获三等奖。作者系忻州市长城学会理事,五台县教育局退休干部。)

保护利用长城　助力乡村振兴

—— 从雁门关长城开发利用的效果看保护长城和开发长城旅游的必要性

张俊亮

一、雁门关长城的原状

雁门关位于山西省代县县城以北约20公里处的句注山上,是长城上的重要关隘,它既是中国古代北方游牧民族和中原农耕民族相互往来的必经之路,又是万里茶道的重要节点,是晋商"走西口"的唯一陆路通道。雁门关以"险"著称,有"天下九塞,雁门为首"之说,与宁武关、偏头关合称为明代长城"外三关",被著名长城专家罗哲文先生誉为"中华第一关"。2001年,雁门关被国务院公布为第五批全国重点文物保护单位。

雁门关是世界文化遗产万里长城的重要组成部分,是古代完整的军事防御体系,其历史遗存、遗址部分可见,具有鲜明的边塞文化、长城文化、关隘文化的特点。长城、关城、关楼、隘城、兵堡、烽火台等不同等级、不同用途、不同形制的历史建筑遗存、遗址,构成了苍凉、凝重、雄浑、大气的边关特色风情,展现了这座历史名关的功能作用和兴衰历程,也讲述着3000多年来的沧桑历史和风云际会。其厚重的历史底蕴和丰富的文化内涵,在长城关隘中特色独具、无与伦比。

但是,2009年以前,凡是到过雁门关的人,无不对这里文物的损坏而感到惋惜!

残缺的城墙、破损的城台、颓废的敌楼、到处洒落的砖瓦和倒掉的石碑……,残垣断壁,满目疮痍,不堪入目,令人心痛!

雁门关周边的村庄和长城沿线的其他村庄一样,交通不便、人口稀少、土地贫瘠、干旱少雨,居住在这里的老百姓,靠剥长城上的城砖来修建房屋,靠耕种少许的薄田糊口度日,有青壮劳力的家庭靠喂牛养羊增加收入,多少年来过着贫穷的生活,挣扎在温饱线以下,长城沿线成了野蛮与愚昧的代名词,贫穷与落后也和长城雄关一样成了他们难以逾越的屏障,只是发生在这里的故事仍然保留在他们的记忆中。

二、雁门关长城的保护开发情况

从2009年开始,代县陆续投资5.6亿元对雁门关长城实施了文物修复、服务设施、基础设施、生态环境治理等工程,使雁门关景区成为集吃、住、行、游、购、娱综合功能为一体的旅游目的地,年可接待游客 200 万人次。

2013 年,根据景区建设、发展和经营的状况,景区又改善基础设施、提升服务功能、健全标识系统、开发智慧旅游、塑造员工形象、提高服务水平,开始启动创建国家 5A 级旅游景区并同时开展创建国家级服务业标准化工作。2014 年 12 月,服务业标准化试点工作通过国家标准委员会的评估验收;2017 年 2 月晋升为国家 5A 级旅游景区。目前,雁门关已经成为山西省的重点旅游景区和当地的一张亮丽名片。

三、雁门关长城景区的效益

雁门关长城景区开放以来,以其优质的长城资源、独特的边关风情和深厚的文化底蕴吸引了大量的国内外游客;近年来,景区通过举办国际徒步大赛、登山比赛、国际骑游大会、国际旅游节等活动,不断发挥长城在旅游方面和文化交流方面的重要作用,使雁门关长城景区的知名度不断提升,并得到了国内外游客的认可,旅游人数逐年大幅度增加。2020 年接待游客 100 多万人次,带动就业 5000 多人,旅游综合收入 50000 万元。

景区建设伊始,就坚持立足当地、辐射周边的原则,首先鼓励并扶持景区周边的村民按照景区的统一规划新建房屋或对现有的住房进行改造,开设商铺、农家乐、宾馆酒店等,参与景区的经营活动;在景区用工方面,坚持周边优先的原则,优先从周边村庄录用。目前景区用工 98% 以上是周边和当地村庄的村民,而且优先录用建档立卡的贫困户。景区的商铺、农家乐、宾馆酒店等从业人员都是当地的村民,所销售的旅游商品都是当地的特产和非遗产品。雁门关长城景区使沿线和周边一部分村民和村庄摘掉了贫困的帽子,使他们与景区共享发展成果。

雁门关长城景区在当地起到了龙头带动作用,有效地推动了区域的发展,使当地的全域旅游驶入了快车道。

四、长城的开发利用势在必行

长城作为中华民族精神的象征,其丰富的文化遗存有着极高的价值。2019 年 8 月 20 日,习近平总书记在考察嘉峪关时强调:"长城凝聚了中华民族自强不息的奋斗精神和众志成城、坚韧不屈的爱国情怀,已经成为中华民族的代表性符号和中华文明的重要象征。要做好长城文化价值发掘和文物遗产传承保护工作,弘扬民族精神,为实现中华民族伟大复兴的中国梦凝聚起磅礴力量。"

目前,长城的物质遗存和发展环境受到人类活动深刻的影响,一些地方没有认识到保护长城和开发长城旅游的重要性;有的地方对长城不到位的保护和不合理的开发给它造成了严重的破坏。长城沿线的各级政府要坚决贯彻落实习近平总书记的指示精神,按照国家长城文化公园建设规划,保护好长城,利用好长城,使长城能够造福沿线群众,助力乡村振兴。要综合考虑生态、经济和社会等方面效益,科学保护和合理开发利用长城,使长城沿线旅游开发提上日程。

旅游业作为一个长久性发展的绿色产业,近年来不断升温,长城资源在历史、文化、文学、艺术、教育、旅游等方面蕴含着巨大的价值,我们应该依托长城、保护长城、开发长城,利用长城大力发展旅游业,造福长城沿线的人民群众。

　　雁门关长城的开发利用,充分说明做好长城保护与旅游开发这篇大文章,可以助力长城沿线贫困地区脱贫攻坚和乡村振兴,有效地带动区域发展,增加就业,提高沿线村民的生活水平,反过来也可用收入来的资金更好地保护和修缮长城,其产生的社会效益和经济效益是不可估量的。

　　(此文在第四届中国长城论坛上荣获优秀奖。作者系中国长城学会会员,中国长城研究院研究员,忻州市长城学会副会长兼秘书长。)

从"月亮门"的维修谈长城保护的历史定位

杨峻峰

令众多关心长城的人热切关注的朔州山阴广武"月亮门"的复修复建工程终于公诸于众，这像一个戴了花红盖头的姑娘一样，终于揭开遮羞的面纱，露出真实的面容。那些时，人们早从未公诸于众时的盖盖头的"月亮门"的规模就作出断定：文物的保护翻修不是一件简单的事情，它涉及历史文化的记载，又涉及文物部门规定的"修旧如旧"的规定。今天亲睹"月亮门"的新容，笔者作为关注"月亮门"热心者团队中的一员，真感到这是一个值得研究探讨的课题，也是一个十分敏感的话题：新"月亮门"的落成在中国长城保护的进程中真是一个值得深思的案例，国家有《中华人民共和国文物保护法》，它不仅涉及国家的文物保护问题，而且涉及长城保护的历史定位问题，历史的、现实的、建筑的、审美的、法律的、民俗的、社会的，个中还折射出不同人群的欣赏角度、审美标准等问题。

"月亮门"者，充其量是雁门长城或叫广武长城段落中的一座空心敌楼的残体，在当初是雄伟敌楼的时候，它巍峨地坐落于新旧广武之间的一座高阜上，处于内长城从雁门山上俯冲下山后向东行走的拐弯处，或瞭望敌情，或驻守关口，地理位置绝佳。南和雁门雄关、白草口堡相连，北和新旧广武古城相接，组合成一个完整的长城防御体系，在明代雁门关的战略防御中起到过重要作用。后来在长城的战略防御功用失去之后，在长城旅游未被引起重视之前，在举国上下文物意识淡薄之时，整个长城墙体乃至所有的长城防御设施从不被重视到逐步被破坏，最后发展到被大肆破坏，广武"月亮门"就是一个很好的例证。一座高大的空心敌楼被逐步拆毁得只剩一下一座残破的、岌岌可危的门洞，似乎像一轮弯月。近年来，一些长城爱好者和摄影爱好者前去这座残破的敌楼前考察拍摄，调侃地、滑稽地把这个破门洞戏说成"月亮门"，久而久之说得多了，当地人也认可了这个"月亮门"的称谓，甚至把它当成广武长城的标志，将"月亮门"印成当地长城旅游的徽记。

"月亮门"成了朔州长城的标志，但由于它本身是一个残破的敌楼，在风雨飘摇、岌岌可危的时候，又因为它属于国保文物不敢随意打动，一时选择不下得力的措施抢救抢修，但是这座风雨中屹立的沧桑门洞，成了当地最出名的长城旅游景点，当地还曾花费巨资在"月亮门"下修建了规模巨大的长城墩台式的旅游厕所，破坏着雁门长城的整体景观，但没有研究出使这座"月亮门"不要尽快倒掉的措施。不想这座"月亮门"没有圆了当地人永久的长城旅游梦，经风雨剥蚀，受朔风劲吹，再加上游人登临影响，这座破门洞在 2016 年 10 月 3 日无声无息地倒塌了大半，只剩下一座门柱的残体，向游人诉说着无尽的悲痛。

"月亮门"倒了,社会舆论大哗,在希望长期打好长城旅游牌的山阴人心中更引起强烈的震动,这山阴长城旅游的标志怎么能倒?山阴人的长城魂怎么能倒?在社会舆论的压力之下,山阴人不得不尽快抢修或者重修这座"月亮门"。至于修建成什么样子?一下难以定夺。有让恢复成明代初建时的空心敌楼样子的,有说复修成原来旧"月亮门"的样子的,有说不要打动保存现状残址的,众说纷纭。但是,山阴人是的确想修,是想保护好长城,当年破坏了,现在重修也算一种心灵上的救赎。但是搭起架子准备维修的时候,很长时间没有打定主意,规划做了多少次,论证会开了多少次,但是谁也不敢拍板,谁也不敢拿事,拖了整整三年。最后终于动工了,有了方案和图纸,施工倒是不慢,终于参考着旧"月亮门"的样子,其实是照着破烂的空心敌楼的烂门洞复建了。复建好以后,本来是可以马上投入使用,让它成为广武长城旅游的标志重新屹立在山阴人民心中,但是不知何故,竣工之后迟迟不予揭开防护罩,又拖了近一年。2020 年 8 月 6 日,维修好的"月亮门"终于千呼万唤始出来,关心"月亮门"的人士赶去一睹风采,揭开面纱的新"月亮门"仍然是一座"月亮门",没有恢复成明代长城空心敌楼的风格,在长城界引起颇多议论。有人说,这就对了,符合国家文物部门的有关法规和条例,旧貌不好恢复,也不能恢复,不要恢复了。也有人说,"月亮门"的抢修维修或者复修,既然花巨资上工程,不如恢复成一座庞大的空心敌楼,再现明代雄姿,稳坐山巅,雄峙朔原。

笔者作为一位长城爱好者,对长城的保护维修较为关注,曾多次到"月亮门"的维修场地考察,也听到过正反两方面的声音,就以学术研究的观点,提几点不同的看法。

一、如此修建"月亮门",我们对得起古人吗?长城是历史文物,是世界上形体最大的文物,古人修筑的是什么样子,我们要想复建,超不过古人,起码得大体参照古人的样子吧。试问,滕王阁自唐代始建,历经宋、元、明、清历次兴废,先后修葺达 28 次之多,建筑规制多有变化,每次修筑只有最好,不能照搬破楼的形式。最后一次是 1942 年古建大师梁思成先生参照宋代李明仲的《营造法式》设计的仿宋式雄伟楼阁,1985—1989 年又重新建造,这难道不是传承文化?黄鹤楼始建于三国东吴黄武二年(223),从唐到明不知修复了多少次,仅明清两代就被毁 7 次,重建和维修了 10 次。最后这次 1983 年竣工,虽不是原始构件,但不能不说是成功的。咱可以不说木构就说长城,北京的许多长城敌楼都曾倒塌过,但是都以旧制形式维修了,没有一座是依照破烂的形状复修的。如果明朝嘉靖年间修筑内边长城的山西巡抚曾铣等人地下有知,明万历年间巡抚都御史李景元和兵备副使李茂春、左参将陈天爵等修筑这座敌楼者地下有知,会惭愧得无地自容:我们的后代维修长城怎么会修筑成这个样子,是对长城功用的不理解?还是没有见过长城形体不会设计?是砌垒长城工匠的缺乏?还是白灰垒砖的工艺已经失传?对一个花大钱费大事修筑烂东西的行为,只能归结为无知和不解。或许是一种偷懒,但是再懒也不该懒到这种地步吧!

二、如此修建"月亮门",我们对得起后代吗?我们现在维修的是长城,维修的是文物,可是当我们竖立《维修广武月亮门碑记》时,该如何记载?怎么表述这种修烂如烂的行为和效果?我们的后代是想从每一件文化遗存上得到更多的历史信息、更多的建筑艺术、更多的文化符号,像黄鹤楼、滕王阁一样,证明古人是伟大的,楼阁是伟大的。可是我们的后人站在"月亮门"跟前能想到些什么,我们从这座"新烂门"上能告诉他们什么?后人面对用21世纪的新构材料垒砌成的这个不伦不类的东西,定会产生许多疑问,这就是长城吗?古人们为什么把长城修筑成这个样子?当初修这种形体的长城是有什么作用,是一种建筑上的行为艺术,还是现代风格雕塑的艺术造型?

三、如此修建"月亮门",是否有人质疑过效果和社会价值?或许有人会自豪地说,"月亮门"的修筑,创造了中国古建维修史上的一个孤例,也有人说是天才地创造性地拓宽了营造假古董的领域。我们在文物保护维修上最常见的是破旧寺院的修复,都是换掉朽柱,扶正大梁,瓦好屋顶,复修整齐,没有一例是照着濒临倒塌的歪歪扭扭的样子复建。可是"月亮门"的复修,为何不会从木结构古建维修上受到启发?木构建筑倒了,可以重修,长城倒了为什么不能重修?只要规模不变,位置不变,形状不变,用料的成分不变,工艺不变,为什么不能复修呢?如果是残存的那一座破门的砖柱太重要,如史前遗迹需要保护,那么我们应当加心保护的是那个破旧的遗存,没有必要复修成现代材质现代工艺的"月亮门",再修也不会成为珍贵的"月亮门"。应当说,在偌大的一个山阴县,不乏对此修烂如烂的方案持有不同意见者,但不知是否有人会说敢说?今天面对这座维修好的新烂门,或许有许多人会认为是一座滑稽的行为艺术。

四、如此修建"月亮门",究竟耗费了多少资金?这个问题许多人都会产生疑问。这座"月亮门"从倒塌之后,采取的残墙保护措施、准备维修的规划设计费、方案论证费、好几年不动工但是搭起脚手铁架的租用费、几年的场地看护费、门体的建设费,等等,也是一个不小的数字,如果复建一座明代风格的与雁门山上同等形制的雕花门券空心敌楼,是否有这些花费就足够了,甚至花不了这么多。但是,现实是残酷的,长城是文物,是形体最大的文物,长城维修是要审批的,维修的方案是要审批的,这种审批真是一个漫长的过程,是一个需要果断决策的过程,何其难啊!许多地方都有同感,长城濒临倒塌,修也不是不修也不是,濒危的长城经不起时间的拖延。

五、如此修建"月亮门",我们对得起伟大的长城吗?长城是中华民族的脊梁和象征,是中华民族的古建瑰宝,是世界文化遗产,是世界新七大奇迹之一。面对神圣的长城,面对长城的残损,我们的选择是什么?这如同面对生病的母亲一样,我们要尽量抚慰修复母亲身上的伤痕,让她尽快恢复健康,不能嘲笑疾病和保留疼痛。2019年8月20日,习近平总书记在嘉峪关考察时说,"当今世界,人们提起中国,就会想起万里长城;提起中华文明,也会想起万里长城。长城、长江、黄河等都是中华民族的重要象征,是中华民族精神的重要标志。我们一定要重视历史文化保护传承,保护好中华民族精神生生不息的根脉。""一提起中国,就会想起万里长城,一提起中华文明,也会想起万里长城,这是中华民族的象征,这是我们的宝贝,我们一定要保护好它们,还有一些要抢救性保护。"我们学习领会习近平总书记的重要讲话,面对这座似乎采取了保护措施的新修的烂门时,会再度产生疑问:这就是重视历史文化的保护传承吗?这就是抢救性保护我们的宝贝吗?我们伫立这座新修的所谓的"月亮门"前,面对新的材料元素和故意保存的破烂遗容,丝毫找不到一丁点儿历史文化的信息、一丁点儿生生不息的根脉,丝毫找不到一点抢救性保护的成果。只能说,这种"保护"只能对不起伟大的长城。

也许,雁门长城段的这座完整的空心敌楼是让岁月的风雨破坏成为一座残破的"月亮门"

的,我们把它留住,留成长城沿线人沉痛的记忆:长城保护任重道远,"月亮门"的形成与延续是长城保护历史长河中惨痛的一段,以后如果再不加强保护,许多完整的空心敌楼还会变成"月亮门"的,这不是假话,这是长城保护中的一种历史定位。

(此文在第四届中国长城论坛上荣获优秀奖。作者系忻州日报社原编委、高级编辑,中国长城学会常务理事,中国长城研究院研究员,山西省长城保护研究会常务理事,忻州市长城学会会长,忻州市长城文化研究所名誉所长,山西省"十大最美长城卫士"之一,山西省长城研究保护"十大杰出人物"之一。)

浅谈保护长城的重要性和研究长城的必要性

高政清

一、长城的悠久历史和地位

我国各个时期修建的长城,是用于防御外敌入侵的防御体系,是反抗外来侵略、保家卫国的一项伟大工程,它是我国古代劳动人民的智慧结晶,也是世界人民极其珍贵的长城文化遗产。

中国长城博物馆看山西,山西看忻州,忻州长城博物馆看偏关,在历史上著名的三关首御偏头关,是山西省通向内蒙古的北大门,历来就是兵家必争的战略要地。从长城与黄河握手处到丫角山内外长城的交界处,外长城全长 120 里零 68 步。从老牛湾到寺沟沿黄河长城长约 50 里,从内外长城交界处到偏关县南堡子乡内长城出口处全长约 50 里。从偏关境内长城的长度、城堡烽堠分布的密度和广度来看,偏关有着独特的魅力和资源优势。历朝历代在偏关境内修建有 56 个营堡,包括用于开荒种地、饲养牲畜、保障守关将士的生活用粮的后勤生产基地——民堡。长城沿线的烽堠,有敌情预警、指挥调配军队进行反击敌人的用途,分布地域不同,已发现七种类型、形态各异的烽火台,就有上千座,在偏关县境内沿长城一线,各个区域的长城外墙,每隔 200 多米就有一座敌楼,当地人俗称将台。这种长城墙与长城营、堡、烽火台构成的巨大的立体防御体系,在全国是首屈一指的。

近年来,在偏关县水泉乡南海子,有村民在长城沿线的农耕中,陆续捡到秦朝时期用过的布币和砂罐残片,发现了大量的灰烬堆,成片的火炕及炕板石等遗址。初步推断,偏关县从战国和秦朝时期,就开始了修建万里长城的巨大工程,从北宋和辽代的战争时期起,到杨家将镇守三关,偏头关首当其冲。从穆桂英大战红门口的悲壮故事,到杨家将在偏关县陈家营宿营,当地人为了纪念杨家将抵抗外敌侵略的丰功伟绩,后更名为杨家营村。在内蒙古清水河县北堡乡杨湾子村有一条长约 30 里的河川,是当年杨家将与辽兵浴血奋战的古战场,后更名为杨家川。一直到近代,八路军和国民党爱国将士,沿长城一线与日寇浴血奋战,体现了中华民族不屈的民族精神,铸就了千古不朽的民族精神和长城魂。

从明代起,偏头关作为全国九镇长城之一,山西镇所在地,三关总兵在此镇守 100 多年,所修筑的气势恢宏的长城,雄伟壮丽的营、堡,烽火台都有辉煌的历史、讲不完的故事,万里长城不仅在军事上起到了阻挡异族入侵的作用,而且保护了中原农耕文化的创新与发展,也书写了各民族交融、团结进步的美好史诗,还有着极高的军事、经济、建筑、边塞文化、人文地理、生活习俗等丰富内涵。

1.军事价值。偏关县现存的长城遗迹、营堡、烽火台,从防御角度来看,长城一般沿高山而筑或沿山峰跃起,或俯身下冲或沿山蛇行。沿长城外墙每隔一段修建的敌楼,像一排排威武的守关将士,一座座烽火台就像现代的信息网,把敌人从哪里进攻,大到规模,小到人数,快速传递到偏关护城楼虎头墩,由驻守偏头关的山西总兵根据敌情调动军队进行布防、增援、反击敌人。这是一个庞大而精细、原始而现代、兼防攻守的军事网,令后人赞叹敬佩不已的军事要塞系统。

2.稳定边防。在未修长城之前,历朝历代的混战,游牧民族入侵的铁蹄,经常对长城沿线进行烧杀掠夺,给中原的农耕文明带来了巨大的灾难。不仅使许多无辜的百姓惨遭杀害,家园被烧毁,财产被夺走,形成上百里的无人区,中原农业经济基础到了崩溃的边缘,还严重地威胁到统治阶级的地位。历代的统治阶级从春秋战国、秦汉开始在自己的国境线修长城,一直修到了明代。历代长城的建成,阻止了游牧民族大规模的入侵,稳定了国界线,有效地保护了中原农耕文化的延续,人民财产的安全,促进了经济文化社会的不断繁荣和创新。

3.边塞文化。近年来,偏关县委、县政府,各级文化部门,充分利用三关之首,境内独特的山沟丘陵、山峰纵横的自然条件,丰富的边塞文化软实力,将长城关隘、内外长城交界处、黄河长城握手处、水泉红门口地下长城,以及部分营堡等军事要塞紧密联系起来,开发利用,古为今用,成为既可观赏又能考察研究的旅游景点,逐步形成了系列长城旅游文化的品牌软实力。

4.建筑文化。在遗留的营堡中,营堡城墙和长城外墙的底部,砌有锤錾过平面的长石条,高度约1米。石条长的2米多,最短的有0.2米,厚度在0.2—0.5米,重量达100—250公斤。堡墙立面用重达12.5公斤的大城砖垒砌,石灰浆勾缝,直至垛口,非常坚固。里面的夯土层,均为一尺土夯成三寸的夯土,虽经几百年的风吹雨打,依然坚挺。有的敌楼面临绝壁,残存三分之一或者更少,残留部分尽管有条条裂缝,还是直立不倒。经历几百年的烽火台,用黏度很高的红土,里面还加了用长城工程余下的碎石块夯筑而成,虽经几百年的风雨冲毁,绝大部分没有倒塌。这绝对是古人创造的建筑中的奇迹,是古代人民勤劳智慧的结晶。

5.人文地理文化。到了清朝后长城逐渐退出了军事防御的舞台,但却留下了长城内外广泛性的人文地理文化。在长城沿线陆续开通了互马市,逐步形成了蒙汉人民互通有无、平等交易、平等互利的场所。沿长城一线的游牧民族引进了中原农耕文明的饮食文化、酿酒技术、服饰文化、小食品和生活用品等,改变了以畜牧业为主的粗放习俗,逐步学习汉话。内地的各族人民也引进和学习了蒙古族人民发展畜牧业的先进经验,皮衣制作法和饮食文化。从而形成了蒙汉人民互相信任、互相学习、互相融合,各民族互助团结的新局面,为巩固祖国北部边疆作出了不可磨灭的贡献。

二、长城被毁坏的主要原因

在清政府入关统一中国后,长城便失去了军事防御价值,成为文物。在漫长的几百年历史长河中,长城毁坏主要由以下几种原因造成的。

1.连年战争的破坏。长城作为一道由人工修筑的屏障,历经战争的洗礼,屡遭炮轰、人工挖掘,经历了建设、破坏、再建设的拉锯战,因此遭到破坏。

2.人为破坏。清朝末期到民国初年,长城毁坏的程度还不太严重。在山西省通往内蒙古咽喉地带偏关县水泉乡红门口两边的长城仍然雄风不减,长城内外敌楼较为完整。红门隘口仍有一大铁栅横在河床中央,过往行人必须持有通关手续才能放行。沿长城的敌楼,有三眼楼、五眼楼、没顶子楼等。位于水泉乡后南海子长城处,著名的九窑十八洞,虽经几百年的战火和地震等自然灾害的侵蚀,仍然坚固如初。1966年以后,村集体修仓库、建学校、办公室、牲口圈等,拆毁了敌楼的砖石,造成严重的破坏。农民群众也纷纷效仿,拆长城的砖石修窑洞,修牲口圈等,对长城进行了连续性的破坏。

3.自然因素的损毁。长城经历了几百年的风吹雨打、山洪冲毁、地震等无法抗衡的自然灾害的侵蚀,也对长城形成了一定的破坏。

4.修筑道路的破坏。新中国成立后,扩建和重修国道、民用的乡村道路,工程取土,同样给长城造成了几乎无法弥补的破坏。

由于以上原因,偏关县境内各个朝代的长城,有的已经基本消失,仅有隐约轮廓,有的断断续续,有的仅剩土墙,邻近人口密集、交通便利地段的外长城,大部分的墙体和敌楼的砖石都没有了,只剩下残留的土墙。这对长城的破坏程度是灾难性的,使闻名世界的瑰宝遍体鳞伤了。

近年来,国家颁布了《长城保护条例》,使长城保护有了法律依据,让那些打长城主意的人望而止步。有的重点旅游景区,由国家拨款或集体集资,修复了长城的部分段落,形成景点。但对于气势恢宏、雄风万里的长城来说是杯水车薪。因此,在修复长城重要地段的同时,要加强对长城的军事防御体系学、经济学、建筑学、人文地理学等进行进一步的探讨和研究,进行全面系统的调查研究,总结前人的宝贵经验,为后人留下珍贵的长城遗产。

三、进一步加强对长城保护的力度,形成长效化和制度化

近年来,国内外掀起了爱我长城、关注长城的热潮,国内的长城专家、长城保护者及长城爱好者都以不同的角度,对长城军事、长城建筑和边塞文化进行了深入的探讨研究,但仅仅依靠上级研究部门对长城的研究考察是远远不够的。研究长城与保护长城应该从有长城遗址的基础做起,摸清底细,唤醒全社会的关注,形成人人保护长城的良好氛围,将研究保护长城的工作长效化、制度化。

四、进一步加强对长城保护宣传的力度和人才队伍培养

1.各级政府和文物部门要层层签订责任状,提高对保护长城历史意义和现实意义的认识,做到年初有计划,年中有检查,年终有落实,奖惩分明,将政府部门主导的保护长城工作形成常态。

2.要加大对长城宣传的力度。宣传的形式要多种多样,如自编自演保护长城的各类文艺节

目,为长城沿线的老百姓演出,增强他们对保护长城的重大意义的认识和理解。长城人在考察长城时,要深入农村,深入田间地头、山庄窝铺向群众宣传长城保护法,争取群众的全力支持,利用墙报、板报、广播电视等宣传工具多方位地宣传,树立"爱我长城光荣,毁我长城可耻"的观念,做到对长城家喻户晓、人人皆知。

3.充分利用国家拨款、政府集资、爱心人士赞助的多种渠道,对长城进行维修或者恢复,做到逐步恢复、整体推进,为国内外旅游者搭建旅游平台,促进其进一步了解长城和关爱长城。

4.充分调动长城保护员的积极性,增强长城保护员的责任,增加长城保护员的报酬,及时了解对长城人为破坏的情况,有发现,有制止,有记载,有处理,有结果。充分发挥长城沿线牧羊人的优势,和他们交朋友,让他们深刻认识保护长城的伟大意义和每个人担负的神圣职责。激发他们热爱长城、保护长城的积极性,让其志愿加入义务保护长城的队伍中来,组成跨省、市、县、乡的长城联防网,发现人为的破坏长城情况,及时发现,及时上报,及时从重从快进行严肃处理,使不可破坏长城成为一条不可逾越的法律红线。

5.在研究和保护长城的工作中,要打破省、市、县、乡的界线,建设联防、联网、联办、联保等防护网络,定期或不定期召开省、市、县情况的联防会议,互相交流先进经验,探讨长城保护的方法措施,发现问题及时解决。举办业余长城爱护者的培训班,加强其对长城研究和保护的认识水平,培养一大批有研究能力和专业水平的长城人,壮大能担起运用法律武器保护长城重任的队伍,使研究长城和保护长城的工作迈上新台阶。

6.研究和保护长城的工作要上去,领导部门要深入下去。研究和保护长城是党和人民交给我们的一项重要历史使命,也是一项漫长艰巨的重要任务。省、市、县的各级领导部门不仅担负着领导基层业务部门的责任,还要对研究和保护长城工作作出具体指导,检查督促保护长城的工作落到实处。

长城专家学者对长城研究有很高的造诣,他们到长城一线进行考察,邀请其在当地举办专题讲座,并对基层的长城人进行辅导培训,增强基层长城人的专业能力,提升基层长城人的研究水平,促进基层长城人研究保护长城的业务能力和工作水平得到进一步提高。

上级领导部门到基层检查工作,发现地方政府在长城研究和保护工作中的不足,要制订协商解决的具体办法和措施,各级地方政府要为研究长城增加经费,解决基层人员必需器材不足的困难,逐步培养各个层面的长城研究人员,形成一支知识化、专业化的人才队伍。

保护长城是一项长期性、连续性的工作,研究课题是基础,各级部门重视是关键,经费保障是前提,让我们共同高举爱我中华、爱我长城的伟大旗帜,不断挖掘、搜集整理长城的博大精深内涵,让雄伟的长城走向世界,把古老的长城留给子孙。

(此文在第四届中国长城论坛上荣获优秀奖。作者系忻州市长城学会会员,偏关县水泉乡文化站长、长城保护员,山西省"最美长城卫士"之一,山西省长城保护研究"十大杰出人物"之一。)

长城国家文化公园(山西段)老牛湾村打造"长城村落"路径研究

侯雪鹤

引 言

建设国家文化公园,是党中央、国务院作出的重大决策部署,是国家推进实施的重大文化工程。2021年8月,为深入学习贯彻习近平总书记关于国家文化公园建设的重要指示精神,加快推进国家文化公园建设,国家文化公园建设工作领导小组印发《长城国家文化公园建设保护规划》,计划将其打造为弘扬中华民族精神、传承中华文明的重要载体。规划中指出推进长城国家文化公园(山西段)建设是贯彻落实新时代党中央、国务院决策部署的必然要求,是推动实现山西省文旅高质量融合的重要实践。长城国家文化公园(山西段)的建设保护是以习近平新时代中国特色社会主义思想为指导,全面贯彻党的精神,按照习近平总书记"以对历史和人民负责的态度,切实完善政策措施,加大工作力度,严格依法保护,更好地发挥长城文化在继承和弘扬中华优秀传统文化中的作用"的指示和讲话精神,对山西省长城进行科学的规划。使其得到有效保护管理,并充分挖掘和利用其多重价值,实现全面的合作共赢。随着山西省各地均在陆续实行乡村振兴计划,将计划中的"美丽乡村""特色乡镇"载体与长城文化相结合,打造"长城村落",两者相辅相成,对长城未来的保护利用有很大的影响。

2018年9月,中共中央、国务院印发的《乡村振兴战略规划(2018—2022年)》提出了乡村振兴战略的重要意义、总体要求、指导思想和发展目标。笔者发现与城镇相比,乡村发展速度远不及我国人民对美好生活的需要。2018年2月《中共中央、国务院关于实施乡村振兴战略的意见》指出,要把"重视乡村文化建设,焕发乡风文明生机"作为乡村振兴的重要内容。以乡村的文化繁荣推进乡村振兴,逐步填补乡村文化空白,既是乡村振兴的实质特征和重要组成,也是提高乡村文明水平的有效途径。因此,通过分析当前乡村文化建设所遇到的根本问题,可知提高乡村社会整体的文化水平,是推进乡村振兴的关键。

2020年12月11日,文化和旅游部在长城国家文化公园建设推进会上,初步形成预计总投资额287.4亿元的省级项目库,偏关老牛湾——平型关长城风景道成为全国45个省级重点项目之一。

文化和旅游部经过考察论证,初步梳理出一批国家及省级重点项目。其中,老牛湾——平型关长城旅游公路是《山西省黄河、长城、太行三大板块旅游公路规划纲要（2018-2027）》确定的长城一号旅游公路主线建设项目重要组成部分。沿路古堡、红色、生态旅游资源分布集中，是山西重点打造的风景道。建设内容要以边塞风光、跨越长城为主题，建设融合风景与历史文化、红色旅游于一体的精品旅游公路和屯堡型服务驿站，提升旅游服务质量和水平。

山西省偏关县老牛湾村拥有"九曲黄河十八弯，神牛开河到偏关。明灯一亮受惊吓，转身犁出个老牛湾……"的独特条件，以"美丽乡村""特色村镇"为载体，大力发展乡村旅游，打造旅游推动乡村振兴的典范。并计划推进长城村落建设、实现旅游对口扶贫、开展乡风文明建设、落实全县范围内的乡村基础设施提升工程，最终实现整个乡村振兴计划。

一、老牛湾村现状综述

（一）老牛湾村概况

万里长城自辽宁告别鸭绿江之后，翻千山、越万岭，终于在偏关和滔滔南流的黄河第一次见面了。长城和黄河相交的地方叫老牛湾，位于山西省的偏关县境内。这里在明朝时是一座屯兵的城堡，为成化三年（1467）所建。在老牛湾堡紧临黄河的山崖上，有一座至今仍保存很好的砖砌空心敌楼——望河楼。此楼雄踞崖上，俯视黄河，是偏关著名的风景地之一。长城到老牛湾之后，虽抵黄河岸边了，但并未跨黄河西去，而是顺黄河的东岸南下，经万家寨、关河口至河曲县，然后才越黄河进入保德县境内逶迤西去的。

（二）老牛湾村现状综述

自 2013 年来，当地政府开始大力开发老牛湾景区，建设了老牛湾码头和旅游专线，并对老牛湾现存的古村落进行修缮，同时打通交通线路，创建省级、国家级地质公园，推动老牛湾景区快速发展。2016 年，老牛湾村入选全国最美乡村，同年被评为国家 4A 级旅游景区。2018 年，老牛湾景区被定为长城板块旅游项目山河览胜主题片区的中心。老牛湾村民居没有经过同一时期的翻新改造，所以整个村内建筑风格混乱，个人主义严重，没有统一的建设标准。

二、问题分析

通过对忻州市老牛湾村地理位置、自然条件、文化活动、周边资源的实地调研和资料分析后，发现老牛湾村周边文旅资源丰富，旺季客流量大，居民人口结构明确，历史悠久，但乡村文化建设落后。尽管村内主路、濒危房屋有所改善，但仍未能发挥出自身优势，这主要有以下 3 个原因。

（一）文化传承缺失

1.文化特色不鲜明。当前不仅城市居民对现代文化着迷，乡村也正趋向快节奏文化，老牛湾村正面临特色文化缺失和对固有文化资源被忽视的情况。乡村之所以是很多外出的人精神寄托的地方，是因为它有与城市不同的安逸气息，和从小围绕在身边熟悉的乡土气息，而现在大多数乡村不是沦为脏乱差地块，就是随意建造的各色钢筋水泥彩钢房，所以房屋本身的传统文化气息越来越微弱，逐渐失去了乡村文化的价值。

2.文化振兴人才缺乏。老牛湾村文化传承缺失，很大程度上是由于村民对乡村文化建设工作的重视度不够，导致的农村基层文化力量逐渐削弱。各类人才占农村常住人口的比例很低，很多年轻人、中年人在外务工，主要是因为农村产业吸引力不够，创新能力不足，配套设施不完善。村内留下的居民文化水平较低，留守老人、儿童、妇女等人群成为农村家庭结构主体，这部分留守人群缺乏对乡村文化建设重要性的认识，而且力不从心，使得乡村文化振兴失去内生动力。"长城村落"的建设是小河龙村创新发展的新方向，能更好地开发小河龙村文化新产业、新业态，为村内年轻人提供发展机会。

3.文化设施建设落后。文化设施条件差是目前老牛湾村文化缺失的根本原因，没有文化活动交流场所，难以满足村民的使用和文化需求，连村内承载传统文化记忆的纪念亭、民俗创作亭也因缺乏监管被滥用、挤占，使乡村文化建设既不能满足丰富村民休闲活动的需求，又不能起到普及文化知识的功能，无法带动乡村文化复兴。长期以来，重经济建设、轻文化建设的现象愈演愈烈，把更多的精力和经济投入在快速翻新整修，取得短期效益的目标上，致使原有的文化资源流失，严重影响了农村文化建设工作的正常进行。文化建设跟不上时代发展，小河龙村原有的文化印记，也在逐渐被抹掉，所以即便周边资源充足，没有村落自身特色文化的带动，也没法融入发展队伍。乡村文化建设要将村民放在主体地位，村民是改造建设成果的实践者。因此以"长城村落"为主题的改造目标，是实现老牛湾村文化振兴的前提，在长城国家文化公园建设背景下能够加强对乡村风貌正确引导，体现乡村魅力，提高乡村知名度和影响力，促进乡村生态和自然、文化相得益彰。

(二)基本建设落后

民居建设落后随着乡村中教育、产业发展、公共服务等方面与城市之间的差距逐渐拉大，村里年轻劳动力进城寻求机会，房屋承载的生活活动变少，缺少日常维护。在传统乡村，每天洒扫庭院、日常补漏防虫、定期抹墙换瓦等，这些基本维修措施在留守家庭中难以实现。有的房屋因为经济原因尚未经过翻新；有的则因为缺少相应的建造知识，大多数自行整修的房屋预见性差采光不够、储存空间不足、缺少过渡空间、安全性差，使用的材料也跟不上时代的要求，破损处不影响正常生活也并未即使修补；部分民居还为了满足自身需要，多次拆建翻新，随意搭建用房占用公共土地。

(三)公共服务资源配置欠缺

乡村公共服务资源是提升乡村生活幸福感，加快乡村建设的重要保证。老牛湾村留守老人的娱乐方式就是看电视，少部分老人会到他人家里聚集打牌，大部分老人喜欢搬出一张椅子坐在门口过完一天，这些无趣的活动，对于村落的人文气氛有很大的影响。老牛湾村出现这种现象的原因，一方面是村落本身落后，无力承担更多设施的投资，浮于表面的资金投入方式导致农村人居环境整治设施数量不及、质量差劲，难以实现预期的整治成效。另一方面是村内缺少可靠的文化支撑，以至于许多村内没有统一的文化符号和文化活动，导致村民幸福指数大大下降。公共设施虽然是附属设施,但如果把握住老牛湾村的主体人群,这是带动乡村发展效果最明显的项目。

三、老牛湾村打造"长城村落"的改造意见

老牛湾村改造设计是以长城国家文化公园(山西段)建设为背景,以"长城村落"主题为方向,重塑老牛湾村文化背景为重点,推动老牛湾村持续发展为目的。首先,要保证老牛湾村长城文化特色明确,提升长城国家文化公园(山西段)的影响力和推动乡村自身建设的改造目的。其次,要从老牛湾村现状出发,既要避免过度设计,还要摆脱普通村落的改造趋势,体现"长城村落"主题。最后,要迎合居民渴望的生活方式,统筹建筑、文化、生态完整性等种因素,实现老牛湾村的可持续发展,避免"空心村现象"持续恶化。

(一)长城特色文化明显,文化内涵丰富的"长城村落"

丰厚的文化内涵能够提高乡村居民文化素养,催化乡村转型。老牛湾村的改造要充分体现长城文化,同时也不能丢失乡村自身传统文脉,要以推动持续乡风文明建设,实现文化振兴,繁荣乡村文化,焕发乡风文明新生机为改造目的,形成具有历史、民俗和鲜明在地特点的区域文化。

(二)生态文明、绿色宜居的可持续发展乡村

生态兴则经济兴,生态衰则经济衰。乡村生态环境是调整、优化、升级乡村发展方式和产业结构的前提,不能为了短期局部利益破坏自然生态系统,要坚持严守乡村生态红线。依托长城国家文化公园生态环境工程的保护与利用,适当开发,坚持"以自然为本",变乡村生态优势为乡村经济优势,使得老牛湾村持续发展。

(三)生活设施齐全、满足多样化需求的幸福乡村

随着乡村建设的进步,乡村居民多元需求量越来越大,基础设施齐全是实现乡村振兴的前提,公共设施是提升居民生活幸福感的保证,公共设施完善能够提升村民文化水平、提高村民活动频率、加快村落发展进程。依托长城国家文化公园配套建设工程为老牛湾村设施建设提供特色元素符号和改造资本,加强长城国家文化公园影响力,实现品牌一体化。多元产业并进、资源有效联动地发展乡村。乡村发展是靠产业、未来、生态吸引人才的。长城国家文化公园的建设为乡村产业提供开发基础,为老牛湾村内人才建设提供政策和便利,激发当地村民各施所能,各尽其才返乡振兴乡村的欲望。同时充分挖掘本地及周边可利用自然、文化旅游资源,实现资源联动共同发展。乡村改造应把握自身资源和特点,找准乡村人居环境设计的定位,作为设计研究的依据和指导。

四、小　结

通过对国内长城国家文化公园和乡村改造发展的研究获得改造经验。第一,长城文化历史悠久,是强大的乡村文化背景,长城国家文化公园为"长城村落"建设带来全方位的支持;第二,乡村改造要找准自身发展地位,充分挖掘乡村自身特色文化资源、自然资源、景观资源,延续乡村文化脉络的同时融入新文化和新生活;第三,要增强乡村文化气息,提高村民文化素养,加强乡村文化宣传;第四,要以生态保护为前提,考虑乡村的可持续发展。当下乡村建设的重点应转向提高人居生活环境品质上来,在长城国家文化公园建设这样一个重大的发展契机下,要使老牛湾村避免"空心化"现象的愈演愈烈,并在长城国家文化公园(山西段)建设背景下,结合老牛湾村现状进行改造和转型,寻找乡村发展新机遇。本次改造设计研究,以"长城村落"建设为主题,以长城文化作为带动小河龙村发展的重要文化载体,将乡村改造落实到唤醒老牛湾村长城文化记忆、打造满足人居生活需求的"长城村落"上来。

（此文在第五届中国长城论坛上荣获优秀奖。作者系山西工商学院教师。）

国家文化公园(山西段)黄河边长城边墙与景观开发浅析

贾亿宝

  近年新建设的长城一号旅游公路选定了山西长城遗迹的"起点"区域。交通"起点"是个现代概念,公路"0起点"标志选定在了偏关县老牛湾堡附近,为游客增加一处人文景观与打卡热点。但同时,"起点"又是个历史问题。史籍记载,明清时期人们所认同的山西明长城的起点并不在偏关县老牛湾,而位于现今河曲县的石梯隘口。雍正《山西通志》记载的黄河边长城:"南折黄河岸,抵河曲石梯隘口,口东枕高冈,西临黄河,全晋长城,势盖始于此。"旅游公路"0起点"为何没有选择石梯隘口?这一问题或许十分简单,却值得讨论思考。下面通过梳理"黄河边"基本情况导入景观开发问题,以求对现代长城文化资源科学保护与开发利用有所补益,为推动山西省乃至全国长城国家文化公园的局部建设提供思路与视角。

一、山西"黄河边"长城边墙

  "黄河边"是山西西北边地河曲、保德一带的重要防线。《偏关志》记载其分布情况:

    黄河边,在关西南,其北接老牛湾黄河岸,正南二十里为桦林堡河岸,南折楼子营,抵河曲县石梯隘口,延袤一百二十里。

  《偏关志》所载"黄河边"的起止点,北为"老牛湾",南为"河曲县石梯隘口"。查当代长城调查资料,这一段"黄河边"位于明代保德州下辖河曲县县境的河曲、偏头(今山西省忻州市河曲县、偏关县)一带西北边界,紧邻现晋蒙省界黄河中线东侧的河滩与台地的交界处,可分为北中南三段:北段,整体上为正南正北分布,由老牛湾至桦林堡河岸;中段自河曲县楼子营村北侧开始,围绕"半岛"河岸分布,整体呈"C"形包围布局,向西突出;南段起自"C"形边墙末端的唐家会边墙,继续向东南方向绵延数里后归为正南方向,直至延伸至石梯隘口,今河曲县巡镇石梯子村,羊(杨)勉堡所在位置。

  以现代政区划界来看,中、南两段均位于河曲县境内,北段大部分位于偏关县境内。据山西省长城资源调查资料显示,其中砖墙占绝大多数,山险部分次之,少数为石墙、土墙,现绝大部分外包砖石无存,夯土墙体消失或隐迹,山险部分尤其痕迹不显。偏关县境内黄河边多数为山险,仅在关河口附近现护宁寺旁的寺沟段保留有较长段的夯土长城,其中一部分已经采用现代工程技术包砖保护开发。

"黄河边"长城的走向布局是由地形地貌决定的。黄河自河套平原河口一带，自北向南进入大青山南麓山区，穿入晋蒙大峡谷，沿途接纳两侧汇入的季节性支流所冲刷形成的沟谷，河东偏关河（河口名为关河口）、河西黄甫川（东口十里长滩、南口黄甫川口）是这里流域面积最大的两处黄河支流河谷，其他还有数十处小河谷口。黄河自北向南流过偏关县之后，自河曲石城口开始转向西进，造成一处类半岛地形，其后以罗圈堡为界，河曲"半岛"上的地势开始走低，黄河也从东侧的高山河谷开始转入西侧遍布的河滩地带，娘娘滩、太子滩即分布此处。之后，黄河略微转南，在现今河曲县城西南侧逐渐转东，在唐家会渡口一带穿过一小段"N"型河谷后到达五花营一带，自此处开始，河谷整体自北向南，略偏西南方向，进入干流地带，经过保德、陕西府谷县境边缘后继续曲折南下，正式脱离了该处长城的分布区域。

《明实录》中，"保德州一带的边墙"就是"黄河边"。据《偏关志》记载，"成化二年，王玺筑边"。按《明宪宗实录》所载，成化二年（1466）七月开始，山西巡抚李侃主张在"黄河七堡"一带"斩砌边墙，修筑城堡"。而王玺这时才刚刚获得朝廷任命，署"都指挥佥事"，在偏头一带"统七堡兵"。二人在成化三年（1467）三月开春后，正式获得朝廷批准落实修边事宜，整修"黄河七堡"，兼修"保德州一带的边墙"，"酌量军民多寡、地方缓急，调拨民壮，支与口粮，相兼修筑"。自"成化二年"算起，王玺参与了这一工程的前期准备工作，但工程获得批准并开始兴工的年份，还是在"成化三年"更为准确。可以说，成化二年至三年，李侃与王玺的筑边活动即应为"黄河边"边墙的主要创修阶段。

明嘉靖二十一年（1542），时任山西巡抚刘臬奏疏中计划重修"老牛湾至杨勉堡沿河边墙"，明确指出了"老牛湾""杨勉堡"一北一南两大起止点。嘉靖二十六年（1547），主持宣大山西三镇军务，总督翁万达向朝廷上报三边长城防线基本情况，描述这一成就："山西镇起保德州黄河岸，山西偏头关以西百五十里，恃河为险。"嘉靖四十四年（1565），山西巡抚万恭在奏疏中提及此处"山西河边，东起老牛湾，西及河曲"。"保德州一带""保德州黄河岸""山西河边""西及河曲"均是对黄河边墙的多样化描述，尚未统一认知。

二、黄河边墙"节点"问题讨论

起点、止点，统一按"节点"讨论。"黄河边"最南端的"杨勉堡"与"石梯隘口"是什么关系呢？石梯隘口，古称阴岭关，高崖临河，凭借关门下方百余石阶通往黄河岸边，明代为杨勉堡所辖的防御前沿隘口，置兵巡守，《偏关志》记载"每岁防冬防河，设军把守，以遏套虏"。据实地调查探知，隘口旧址位于现在的河曲县石梯子村西北侧，关门遗迹无存，仅残余少量石梯。北边数里处有一座周长360米的不规则土堡遗存，存有少许墙体遗迹。《山西省明长城资源调查报告》依照"属地命名"原则将此处土堡定名为"石梯子堡"，而在阳面村却并未调查到"杨勉堡"这一史籍所载军堡的遗址资料。据此判断，此堡即应为史载"杨勉堡"，可知石梯隘口距离杨勉堡距离之近。

石梯隘口所在位置具有重要战略地位。其正面迎向位于河西岸,走"西北—东南"方向的黄甫川,其南口在《河曲县志》疆域图中标识为"杨家川口",是通往山西、陕西黄河两岸腹地的重要通道。石梯隘口往南十五里即明代河曲县城,再三十里则为与陕西府谷县隔河相望的保德州城,是山陕临河人口密集城镇的核心区域。明代,蒙古部落游骑、大军曾多次袭扰该处。其虽然身为长城边墙末端的一处小型关口,但重要性显而易见。

既然为山西长城最西处的起点,就不得不谈到"晋陕长城握手处"的位置。这一"握手处"并不在"石梯隘口"一带,而是在今河曲县城外田野河滩地最南端的黄河岸边,位置要比石梯隘口偏北。据明万历三十四年康丕扬著《三关图说》图示,山西与陕西延绥镇长城隔河相接,山西边墙接口段的具体位置位于"C"形边墙圈的最西南处,圈墙外专门留有小段短墙向黄河延伸,其终点名为守河墩。从此墩开始向西越过黄河,可联接"阻虏台"下的"陕西边界"边墙,同样为成化时期修成的"二边"长城。考察现代"阻虏台"与其边墙的具体位置,正是陕西延绥镇最东端边墙遗迹(现位于府谷县墙头村)所在处。北面还有一处"大边"长城遗迹,主要为现名"保河台"的墩台,内蒙古准格尔旗小占村以南,陕西府谷县大汕村附近,可能为永乐时期曾被山西代管的"大边"烽墩之一。

再看老牛湾。老牛湾堡城及边墙位于整个山西长城防御体系的最西北端,建设时间并无明载。《晋乘蒐略》认为始于成化三年王玺主持修建"二边"边墙时期,"筑老牛湾堡墙,东接滑石涧,西临黄河岸,首当西北之冲"。此论言之有理,主要指该地已经创筑边墙。现存黄河边墙以及老牛湾至丫角山的二边长城边墙,普遍创修于这一时期,其后仅为修补,少见新创。嘉靖时期,老牛湾才进入朝堂视野,成为山西长城的重要战略节点。嘉靖二十七年(1548)分守山西西路地方右参将郭瀛分管老牛湾起东西两路边界,依权责立碑,老牛湾界碑就此问世。但康丕扬《三关图说》所收沿边极冲中,仅在最北端绘有"水门极冲",始终未提及老牛湾相关信息。老牛湾堡创建最迟,崇祯九年(1636)才开始建堡,崇祯十年(1637)所修《九边图》中才首次绘制收录该堡。该地附近另有历史地名"水门极冲"。《宣大山西三镇图说》在"滑石涧堡"图示中,将老牛湾标识在滑石涧堡西十五里处。可以判断,老牛湾应是受滑石涧堡防守官监管的边地要冲,堡城则是利用旧有驻兵营地等基础设施扩建形成。

此外,"自石梯隘口"继续沿黄河南下,河曲县还管辖有三十里地界。据《宣大山西三镇图说》记载,一直至"兴县黑峪口"止,还有河防"二百一十里"长,这是深入腹地的一路防边传讯、塞口系统,史籍未记载其保有边墙遗迹,烽墩也寥寥无几。可以肯定的是,它们是腹地内防系统的组成部分,并不在"黄河边"范围内,也与起止点无关。《晋乘蒐略》提到老牛湾堡墙"东接滑石涧",说明该处还有一条向东方向延伸的边墙。就在老牛湾东侧的一处干流长约7.1公里,自东向西汇入黄河的杨家川河南岸处,至今有十余里边墙、墩台的遗迹留存。其虽然属于"河边",但其应属于成化年间王玺所筑的东至丫角山的二边长城的一部分,并不计入"黄河边"中。

三、国家文化公园建设背景下的长城遗迹景观群开发思考

如何开发黄河边景观？在现代人文类景观集群开发中，往往会发现，受限于近现代数十年来城乡建设过程的无序，绝大部分历史景观均遭受到严重的环境污染与背景扰乱。在缺乏系统化建设的现代建筑、杂乱无序的工厂干扰下，多数景观呈现"杂乱灰暗"的视觉感受，影响旅游观感与体验。可以肯定的是，在现代山西的古城、长城类景观建设实践中，已出现三种净化视觉的多元开发方式，可供吸取经验教训并采纳实践。

一是"旧城再造"模式。即以仿古建筑全面恢复历史街区、重点建筑集群，诸如大同古城、忻州古城、明太原县城皆为此类形式。通过仿古建筑聚落的大规模恢复，将现代无序建筑清除出视觉空间，使人们在身临其境时可以享受纯粹的传统建筑美学整体体验感。在山西长城地带，雁门关长城、老牛湾堡、老营城、偏关虎头墩等也是比较典型的全面复原模式。这一模式的缺陷是不重视考古工作，往往破坏了历史风貌，丢弃了历史元素，人为清除数百年历史风霜遗迹，失于"过新"。

二是"风霜依旧"模式。即在有限保护性改造基础上，保留当前历史风貌。在现代文化遗迹保护开发中最推崇这一模式，山西已有类似实践。如广武古城白草口长城的"月亮门"一般。其理念重在不追求重新建设，而是恢复其高光一瞬的经典景观，保留历史痕迹的残缺之美。尤其要重视考古工作的前期介入与规划研究，将旅游资源开发保护建立在文物遗迹科学保护之上。其缺陷是增加了开发利用成本，在谋求短期收效的决策者看来，失于"过缓"。

三是"绿色走廊"模式。长城地处山崖、河岸、山口，农田、荒丘、绿树相辉映，是山水"绿色走廊"的一部分，黄河边墙更是与黄河并行，增添了更多可观美感。但现在黄河边墙墙体残存无几，周边绿树灌木杂生，民居、农田、滩涂杂乱无序，景观效果不佳。长城大街、长城旅游公路的修筑，本身就应是"绿色走廊"的最佳实践场。然而，历史上为了修路而存在无规划下拆毁敌台现象，削弱了这一建设的意义与价值。诚然，旧城改造难度大。但是，农田规划、交通绿化、荒丘绿化治理作为地方社会城乡建设的日常投入，是可以配合长城景观展开走廊化建设规划的重要内容。比如在山西偏关县与内蒙古清水河县交界处的柏杨岭北坡，松树绿化存在遮掩长城景观的弊病，可知长城边墙周边的绿化工作需要合理规划。同样在柏杨岭，东侧的风电场十分醒目，虽然风电是绿色清洁能源，但有很大一部分在规划部门的漠视下肆意侵占长城保护区域土地，而风电场选址原本可以与长城景观相配合呼应。上述缺乏规划的结果，就会导致景观走廊视觉效果失于"杂乱"。

当然，无论哪种，均需要执行者尽最大努力清理长城内外的现当代建筑文化痕迹，净化近远景视觉空间，全面完善配套附属居住、卫生、交通保障等服务，均是保护性开发中的必要手段。对于包括老牛湾风景名胜区在内的黄河边来说，合理的规划是选择部分古堡"旧城再造"，在有限改造中"风霜依旧"，配合以"绿色走廊"景观，才能形成内容丰富、结构合理的长城国家文化公园。相关工程任重道远，所在县市需要常态化合理投入资金，落实长远规划。

四、结　语

　　黄河边墙,南起"河曲县石梯隘口",北终"老牛湾"。当然,现在的"0起点"标识侧重交通领域,以长城一号旅游公路"0起点"为公路本身的提法毫无问题。但从长城角度来看,黄河边墙的存在完全可以使围绕老牛湾展开的一些宣传手法更加丰富:首先,老牛湾并不是明代山西长城的起点,而是"黄河边"长城的终点,明代山西陆边长城的"0起点";其次,黄河与长城不止是"握手处",更是河、墙、烽、堡相映,山河环抱百余里的超级空间景观。黄河边墙遗迹拥有厚重的景观资源挖掘潜力,值得进行多元化、科学化保护开发,推动黄河与长城国家文化公园(山西段)的全面建设。山西省目前不仅在推动"长城、太行、黄河"三大旅游板块开发建设,也在进行黄河与长城国家文化公园山西段的建设实践。上述工作,在现代旅游宣传开发、交通保障、样板景观建设活动中尤为活跃,但内容挖掘依然尚显不足。要想丰富旅游资源内涵,真正增加旅游资源对游客的吸引力,学术研究、考古保护、绿化规划等基础工作应当受到重视,为黄河与长城历史文化开发保护实践置办家当,延长文化遗迹与旅游活动的生命力。

　　(此文在第五届中国长城论坛上荣获优秀奖。作者系吕梁学院历史文化系讲师。)

乡村振兴背景下长城国家文化公园
发展策略研究

—— 以山西省繁峙县长城为例

赵　娟

一、繁峙长城现状

1.历史上繁峙长城的分布

繁峙位于中国独特的地形地貌黄土高原的几大山系之间,恒山、泰戏山、五台山等以其高大险峻之势,构筑了长城的天然屏障,故而,在长城的构成中又增添了堑壕。光绪《代州志》载,"(明嘉靖)二十五年宣大总督翁万达大修雁门关长城,自老营堡丫角山至平型关东凿堑添墩八百余里(《明史·翁万达传》)"。

繁峙北部长城,有三分之二以上是复线,有两道主墙垣。一道为南线,从勾注山顶南沿,向东经雁门山、尖山背进入繁峙,在北楼口东侧与北线内长城相交后,通往广灵直峪关,进入河北。另一道为北线,在勾注山顶北边,自新广武向东,经水峪口、胡峪口、马岚口、茹越口、小石口、大石口,在北楼口东侧与南线内长城相交,折向东南至平型关。中华人民共和国成立后,山西省各县重新以山脊划界,北线长城随之从繁峙版图上消失。

2.繁峙长城现状

今繁峙县长城,其中一段为雁门关东段南线长城。现为应县与繁峙、浑源与繁峙的分界线。该段长城为战国、北齐、隋三个阶段长城并存,因年代久远、失修,大部分墙址已坍塌无存,只有在部分隘口处可见坍塌墙址痕迹。另一段长城北起团城口西北目泪坨峰沿山脊经西跑池、平型关、桥儿沟、镢柄尖山梁、边墙梁、马头山止。战国时赵国修筑,隋代重修。明代,在原长城外包砌砖石,加高加宽,筑成内长城。

现两段长城涉及繁峙县大营镇团城口村、平型关镇西跑池村、平型关镇贾家沟村、平型关镇桥儿沟、平型关镇东水沟村、平型关镇白坡头村、神堂堡乡茨老沟村、神堂堡乡神堂堡村、神堂堡乡茨沟营村、神堂堡乡韩庄村三个乡镇十个村。这些村有的是很长一段历史时期的边塞,有的多修筑于地势复杂的山地,历史上沿线地广人稀,交通可达性弱,造成产业结构以一产为主,二、三产业滞后,经济发展落后,亟须产业发展带动沿线经济发展、村民就业、人民生活改善。

二、长城国家文化公园与乡村振兴协同发展

2022年6月,《长城国家文化公园(山西段)建设保护规划》印发实施,明确以山西明长城为主线,串联沿线各类长城文物和文化、自然生态资源点,营造差异化的特色主题,全面展示长城的文化景观和文化生态价值,形成"一带、三段、六区、多点"的总体空间布局。鉴于繁峙长城沿线村落经济发展较为落后,而且村落空心化、空巢化、老龄化问题等比较突出,因此,将长城国家文化公园建设与乡村振兴有机结合,协同发展,对于推动繁峙县长城沿线乡村地区产业结构转型,带动群众增收致富,坚定文化自信,更好融入长城国家文化公园(山西段)具有重要意义。

一方面,长城国家文化公园建设为乡村振兴战略提供重要路径。通过长城国家文化公园的建设,在保护长城文化遗产的基础上,依托长城沿线传统村落及美丽乡村建设,打造长城生态民俗旅游、长城特色民宿、长城节庆赛事、写生摄影基地等特色品牌,积极发展旅游产业、休闲农业、文创产业、康养产业等特色产业,延长乡村产业链条,改善乡村基础设施,促进当地经济发展和农增收致富,为乡村振兴提供一条有效途径,打造乡村振兴的新样板、新模式。另一方面,乡村振兴是长城国家文化公园建设的重要保障。伴随着乡村振兴战略的实施,带动长城沿线经济社会的全面发展,为长城保护获得更大影响力,赢得更多资金保障,有助于高质量推进国家文化公园建设,推动乡村文化繁荣,弘扬长城文化,坚定文化自信。因此,两者是相互促进、协同发展、共臻繁荣的关系,具有良好的协同效应。

三、繁峙长城旅游发展存在的问题

1. 繁峙县长城沿线古村落大都处于自然状态,原状供给的观光产品比重较大,以原状展示为主。长城沿线传统村镇中长城文化、传统文化、民俗文化的集中展示、演绎传承、活态开发不足,旅游开发处于初级阶段。例如茨沟营长城,繁峙县茨沟营村,原名茨沟村,后改茨沟营村,是第一批中国传统村落,村中有应关古城,明万历年间初建,三道边墙作围,接于内长城。村中除有明长城外,还有应关城城楼、碧霞祠、张玉花古宅、老爷庙等古建筑,其中老爷庙距今已有440余年之久,村内道路逾400余年,路面铺设沥青,主要有苹果、核桃等干鲜果树和种植业、养殖业。

2. 繁峙长城沿线古村镇的建筑遗产本体、历史文化和独特景观特色明显,由于长城沿线经济发展较为落后,保护意识不够强,乡村区域的保护修缮不足问题较为突出。在一些长城沿线村镇还存在低档次建筑、裸露弃料场、破损山体等环境破坏现象,部分地区出现过度利用和人为因素破坏的现象。例如韩庄长城,韩庄长城北起大营镇团城口,沿山脊经西跑池、平型关、桥

儿沟、韩庄到茨沟营止,全长 35 公里。战国时赵国修筑,隋代重修,明代,在原长城外包砌砖石,加高加宽,筑成内长城。韩庄长城东连钟耳寺村接神堂堡至茨沟营,西过海拔 1831 米的镢柄山一路向东至灵丘县的牛帮口,一路朝北过大柳树村直奔平型关。韩庄长城长度约 1.5 公里,石砌,高度两米多,原保存完整,1970 年修筑京原铁路时,为取其石条使用,贸然将城墙炸毁。

3. 村民参与旅游决策、开发、规划、管理、监督等旅游发展过程少。长城沿线古村镇的居民既是长城文化遗产内容的重要组成部分,又是传播地方文化的使者,这个重要性没有被充分认识,由于沿线村大都是贫困地区,村民接受教育层次比较低,有知识、有文化的年轻人大都在外打工,村民在古村镇保护中的能动性和参与性低。

4. 缺乏更高层面的顶层设计,开发盲目无序,参与建设的专业人才不足,造成部分乡村风貌的后发缺失,部分基础设施与服务仍处于中低端,不能有效满足游客需求。在长城文化保护与开发过程中,政府决策性政策比较少,招商引资力度较小,导致在开发过程中没有资金注入。

5. 乡村旅游产品单一雷同,没有开拓思路,创新发展,缺乏特色,导致游客消费方式呈现快进快出的浅层次旅游状态,回头率低,直接影响了乡村旅游形象的树立和整体竞争力的提升。

6. 旅游设施设备不完善。由于长城周边村落缺乏开发,导致基础设施设备不完备,比如餐饮服务、住宿服务、公共厕所等建设较少,导致游客旅游体会较差。

四、长城国家文化公园与乡村振兴协同发展的实施路径

长城国家文化公园建设和乡村振兴两大战略有高度的耦合性。长城沿线乡村地区应从产业发展、文化传承、人才培养、生态保护、配套保障等方面,积极推动长城国家文化公园建设与乡村振兴协同发展。在高质量推进长城国家文化公园建设的同时,推动长城沿线乡村地区的全面振兴,增进人民生活福祉。

1. 加强长城文化遗产的保护,提升村民参与动力和意识。按照分级分类原则,增加长城沿线古村镇的文物和文化资源保护力度,对相关文化遗产进行分类分级保护,减少过度利用和人为因素破坏,协调长城保护与城乡发展关系。以古村镇旅游资源所依托的无形和有形事物为载体来制定社区参与的增权政策,重点事项和财务要定期公开透明,村委会、村支部、党员代表大会和村民代表大会都要参与进来进行表决和监督,激发村民在旅游过程中的话语表达和自身智慧发挥,增强村民集体和个人的尊严感、效能感和地方认同感。村民参与甚至村委会主导的旅游更有助于促进农民获益能力提升和获益机会增加,为实现旅游效益本地化提供保障,最终实现乡村振兴。

2. 开发特色项目,打造特色文旅品牌。繁峙长城周边村落不仅保存原始状态,更蕴藏着丰厚的历史文化资源。挠阁、高跷、渔翁斗海蚌、繁峙刺绣、剪纸等非物质文化遗产,彰显繁峙民俗文化魅力,繁峙黍米、繁峙杂粮、浆水豆腐、繁峙豆腐干、台磨等健康绿色农副产品闻名中外。依托现有的长城文化遗产资源,在观光产品的基础上,优化游览观光产品供给品质,增强文化赋

能,形成有长城文化特色餐饮、住宿、交通、文创产品和娱乐产品体系,实现旅游促进的乡村振兴发展。在长城文化遗产保护的基础上,大力发展生态农业、休闲农业、文旅农业、康养农业、促进农村一二三产业融合发展,健全乡村产业链条,鼓励发展分享农场、共享农庄、创意农业、乡土文创、精品民宿、研学旅行、数字经济等新兴业态,不断为乡村振兴发展赋能。例如,在神堂堡乡茨沟营村结合环境和资源,开展旅游+长城文化+旅游的新业态体系,如"长城画廊"乡村康养、"长城人家"的乡村休闲度假等特色产品和品牌展示体系,促进长城古村镇从分散的地理资源空间转变为具有文化符号意义的线性公共文化空间,增强其交通可达性。

3. 构建长城古城镇融"长城文化+乡土性"于一体的生态系统,做好乡村旅游的根与魂。在繁峙长城沿线的古村镇,以长城文化为底蕴,以农业生产为基础的产业生态;以乡村风貌、田园风光和农村民俗为乡村生态;以投资商、当地居民和其他组织等相关利益者共同参与开发形成"长城文化+乡土性"旅游产品和服务供给生态;以临近的中心城市为客源地,通过交通和信息通道进行人流、资金流和信息流的沟通和交流形成的市场需求生态;共同形成一个乡村旅游发展生态系统。产业生态和村镇生态构成旅游环境,依托的是"三农",其中农业是根,"乡土性"是魂,从交通、卫生硬件建设向风土人情、当地百姓的精神风貌等软件环境建设转向,处理好乡村传统与现代的"二元性"结构。

4. 强化能人主动性和村集体实力,构建社区主导的内生式开发模式和机制。能人群体的主动性和带动性是长城沿线乡村振兴下社区自我发展效能提升的重要因素,尤其是村两委乃至乡镇领导的眼界、知识和能力影响村集体的思想引领、智慧凝聚和利益协调诸多方面。同时,通过彰显村落本位特征内源式旅游发展路径实施。增加村集体在乡村旅游发展开发中的投资实力,增加村集体在政府投资开发旅游项目中的地位和收益比例,在能人的引领示范下,多数村民成为乡村发展主要参与者和获益者,保障古村镇旅游发展的核心组织力量;最终形成受社区从属感、责任感和旅游效益获取等动机驱动,结合社区整体建设发展、村民共同富裕的目标,利用自身的治理权利、社会威望和文化知识等优势,构建旅游发展与社区发展之间的互促共生关系和机制。

5. 强化地方特色,加大新媒体宣传力度。一三产结合,推动农副产品进入旅游市场。推进农副产品绿色认证,精细化、特色化地标产品开发,并使其转化为旅游商品进入市场;启动休闲观光农业旅游电商平台,利用当地网红流量通过直播、拍短视频的方式通过新媒体进行广泛宣传,扩大长城沿线特产产品的美誉度和影响力。依托长城一号旅游公路,通过发展乡村旅游带动自驾车游客购买贫困户农副土特产品,带动贫困户副土特产品就地就近销售,提升乡村旅游综合消费。注重长城品牌与乡村旅游的宣传营销,与旅行社联手,为乡村旅游重点村宣传推介旅游资源和产品。

6. 整合周边资源,创新辐射旅游模式。繁峙自古以来山多、寺多,尤其近几年来在五台山脚下打造的憨山旅游风景区,带动了繁峙经济的蓬勃发展。将长城文化自东向西与五台山文化相结合,打造繁峙生态旅游经济带,并结合沿途村落庙会推出一系列旅游资源,推动旅游服务均等化、全覆盖,实现繁峙旅游持续发展。

繁峙长城旅游品牌建设既存在机遇也面临挑战,繁峙当地政府要把握机会,克服困难,全方位开发整合旅游资源,统筹推进特色项目的开发,培养高质量人才,指引繁峙长城文化旅游品牌建设朝着合理化、高级方向发展。

(此文在第五届中国长城论坛上荣获优秀奖。作者系忻州市长城学会会员,中共繁峙县委党史研究室中级经济师。)

考证与研究

Textual Research and Research

岢岚宋长城的发现与认定

成大林

笔者原是新华社的编辑记者,从1978年开始从事文物、考古的新闻报道及长城专项考察研究。从1980年在文物出版社出版第一部《长城》著作算起,笔者先后在国内外出版长城著作十数种,其中多数是在1985年之前出版的。

在研究长城过程中,本人走遍全国所有省市的长城段落,研究中国历朝的长城,发现宋代长城还是个空白。在一次查阅历史资料时,发现《武经总要》记载山西岢岚在宋代修筑过长城,在前集卷十七中这样记载:"草城川,川口阔一里余,川中有古城,景德中筑长城,控扼贼路。"

《武经总要》是中国古代第一部官方编纂的军事科学百科全书,是非常重要的兵书。领衔著述人曾公亮(999—1078)是北宋政治家、文学家,官至宰相,曾举荐和支持过王安石,家族中一门四相。宋神宗赵顼对他的评价是"谨重周密,内外无间,受遗辅政,有始有卒",他死后皇帝亲题墓碑。另一位作者丁度(990—1053)是北宋文字训诂学家,官至参知政事,相当于副宰相。

由皇帝下诏,由一位宰相、一位副宰相编撰的著作,是可信的。于是我就到岢岚寻找长城,前后去了十次,老伴相跟上去过几次,儿子还去过一次。第一次是在1998年,我雇上毛驴上山,从驴身上掉下来,险把相机摔坏。

从《武经总要》记载的草城川开始寻找,顺着山坡向东山上爬去,在茂密的灌木丛中找到一道完整的长城墙体。墙体附近洒落着一些宋代瓷片,同时还找到南北朝时期的陶片。

后来到王家岔、宁家岔一带寻找,顺着长城墙体走到荷叶坪,这段墙体是相当完整的,许多地方存有残破的女墙。

还在岢岚城西的山上寻找,在松井村一带发现了相同建筑风格的长城墙体,跳过岚漪河就不易发现了。

找到长城墙体后,开始鉴定它是否就是《武经总要》记载的景德年间(1004—1007)修筑的长城。岢岚修筑长城的历史相当悠久,战国修过,北齐修过,隋朝更有修长城碑记,有的史书上还记载秦始皇修过。我分析诸多因素,最后断定岢岚在宋代修筑长城是可信的,原因有六。

一是《武经总要》的权威性。它是中国古代第一部官方编纂的军事科学著作,是皇帝下诏修篡的兵书,撰写者是一个宰相、一个副宰相,成书时间距所记载的修筑长城时间仅四五十年(以丁度的卒年推断),是不可能记载错的。

二是根据炮台决定。从草城川到山顶这一段,长城墙体保存较好,从半山开始,每隔十多米就有一个类似马面的石台子,石台子皆在墙体内侧,我认定是宋代的炮台,这是中国使用火器后的产物,更具有时代特征。因为我国开始使用火器是唐末,到了宋代迅速发展。岢岚在宋代是重要的边防要地,使用先进的火炮是正常,这在隋和北齐是没有的。

三是根据历史遗物推断。我在古长城的墙体周围找到大量宋朝瓷片,推断这段长城与宋代有关。

四是根据长城实地布局与走向断定。长城从草城川开始修筑,爬上山顶后,与从西而来的一道墙体交汇,草城川上山一段与山顶通到王家岔一段风格相同,从西而来的一段明显残破。从建筑风格上、保存完好程度上分析,明显是两个朝代修筑。从西而来的残破墙体年代较为久远,是隋和北齐时期的长城;从草城川上山一段,应为纯粹宋代修筑;从山顶交汇处到王家岔、荷叶坪一段,应为宋代在北齐和隋的基础上复修的。

五是根据地方文献推定。清代光绪版的《山西通志》《续修岢岚州志》都有宋代岢岚修筑长城的记载,比如最直接的《岢岚州志》对修筑长城有两处记载:一是"宋太宗五年筑长城于草城川口,历天涧堡而东。岢岚,赵地,楼烦故墟,是长城筑于赵,而隋,而宋修之无疑。"二是"天涧堡在城北五里,俗名暗门子,考宋史兴国五年筑长城于草城川口,沿天涧堡。"地方志记载的太平兴国五年(980)与《武经总要》记载的景德年间(1004—1007)虽然纪年不符,但宋代修筑过长城的观点是相同的。

六是根据墙体保护程度推断。宋代新修筑的城垣最高处达 3 米以上,顶宽 1.6 米,有些段落顶宽有 3 米多,墙顶上保留 0.6 米宽、0.3 米高的女墙遗迹,证明年代较短。目前在岢岚或其他地方发现的北齐等年代的早期长城,一是没有如此规模宏大的墙体,二是没有保存女墙的遗迹。

通过以上因素,我当时断定,岢岚山上真正坐落有宋代的长城,这是在宋辽订立"澶渊之盟"之后修筑的,不是之前的太平兴国五年修筑,因宋代的兵书还比清代的地方史志可信。这段长城的始发点是松井村,断断续续上山,接上从草城川过来的一段,然后延伸到王家岔,直通荷叶坪。这道宋代长城的遗迹不仅岢岚县有,代县白草口与西陉关一带也有。

岢岚发现的宋代长城,在当时是全国唯一发现的宋代长城。笔者的观点早在 1999 年就发表于《中国文物报》和《解放军报》,正式向社会公布。

(本文系第五届中国长城论坛之分论坛——忻州宋辽长城学术研讨会上的发言稿。作者系原新华社高级记者,中国文物学会常务理事,专家委员会委员,国家文物局长城研究委员会会长,中国长城学会荣誉常务理事,著名长城专家。)

有关忻州宋辽界壕的考察研究

杨峻峰

一、忻州大地有界壕

在忻州境内之岢岚、五寨、神池、宁武、原平、代县一线的山脊上,有两道神奇的壕沟,具体位置如下。

(一)神池县摩天岭到黄花岭的界壕

这道界壕位于管涔大山的山脊,是我当年放牛的地方,20世纪60年代青泉岭村张巨才曾在摩天岭的壕沟种着莜麦。这道界壕从摩天岭(俗名坝堰梁)山脊起,过头道洼、二道洼、三道洼,一直延伸到黄花岭的北侧,再延伸至宁武县孟家窑村一带,全长约8公里。

(二)五寨县麻子界村的界壕

在五寨县麻子界村、界碑村、海子界村与岢岚丈子村、古城村(安吉村)交界段有界沟,行于山丘。

(三)宁武盘道梁到原平张其沟山上的界壕

界壕从宁武县盘道梁起通到代县境,行于恒山支脉的山脊。最深的一段在原平境内的张其沟村一带,有一段在晋奉大战时被利用,壕堑中零星挖了单人掩体。

(四)宁武县分水岭村北的界壕

在宁武县余庄乡分水岭村北,南北向的分水岭之北端与东西走向的管涔大山的连接处,有一道界壕,延伸至三百户村,长约5公里。这道壕沟与管涔山脊的壕沟为平行状,是同一走向,相距约15公里。那道界壕在大山的山脊,这道在大山的南麓。

二、宋辽界壕的专家认定

(一)谜团形成

自幼就发现了这道界壕,据长辈们说是与打仗有关,说不清其他。20世纪80年代神池修县志时,我提供了黄花岭山上北齐修筑长城的史料,高洋曾来黄花岭,亦名达速岭,命筑长城,我一直以为这道壕沟是北齐长城的残迹。

提出疑问是在2003年。通过行走原平境内的壕沟后,回首神池的壕沟,乍看像一道防御工事,起初认为它是北齐长城,因为北齐长城有些也有壕堑,但那是在筑墙体时挖下的,为了墙体的高大,顺坡挖土形成壕沟,神池的北齐壕沟多属于这一类。而摩天岭至黄花岭这种壕沟是两面出土,看上去是为挖沟而挖沟,壕堑宽窄与深度均匀,不像筑墙体随意取土那种没规律的不规则的壕堑,这就形成一个谜团,这种工事是什么时候修筑,修筑有何功用?

(二)专家简介

在宋辽长城考证上,笔者有幸请到成大林先生深入神池、宁武考察考证,他从上世纪七十年代开始研究长城,在中国长城界大有声望。

1.社会头衔:

中国文物学会常务理事、专家委员会委员、长城研究委员会会长;中国长城学会荣誉常务理事;中国民族建筑研究会会员;中国摄影家协会会员;中国新闻摄影协会名誉理事。

2.出版著述:

1980 年 8 月,文物出版社,《长城》,1990 年 8 月第七次印刷;

1981 年,文物出版社,《万里长城》,与罗哲文合著;

1981 年,美国,《THE GREAT WALL》,国家文物局编,成大林供图;

1982 年,文物出版社,《万里长城——嘉峪关》,与高凤山合著;

1984 年,香港南华早报出版社,《THE GREAT WALL OF CHINA》《长城》(英文版、日文版)

1985 年,文物出版社,《金山岭长城》;

1987 年 9 月,香港商务印书馆,《长城万里行》(中文版、英文版);

1987 年,台湾远流出版事业股份有限公司,《长城万里行》(中文版、英文版),台湾首批出版大陆丛书一百种之一;

中国邮政的普 21、22 祖国风光 8 分邮票《长城》,是用成大林在八达岭拍摄的《长城初雪》照片印制,1981 年 9 月 1 日发行;

20 世纪 80 年代,国家许多出版社出版明信片、幻灯片十余种。

3.有所发现:

1998 年,在山西岢岚县发现了宋代长城,这是当时被认定的全国唯一发现的宋代长城。和岢岚一农民共同发现了一块隋代修筑长城的小石碑,它被认定是全国保存最早的长城修筑石碑。

(三)专家认定

2014 年,我将成大林先生请到神池县黄花岭、摩天岭一带考察认定这段壕堑式的工事或长城,成大林经过认真考察,当场表态:"好!太好了!好一个杨峻峰,你可找到了,我一直找没有找到,这是一段宋辽界壕,毫无疑问,有丰富的史证。应当是通向代县,这是全国唯一保存下来的一段宋辽界壕。"

三、界壕的历史文献与现场考证

文献一:

代州、岢岚、宁化、火山四军,缘边地,既不耕,荒无定主,而敌得以侵占,往时代州、阳武寨为苏直等争界,讼久不决,卒侵地二三十里,今宁化军天池之侧,杜思荣等人又争侵地二三十里。岢岚军亦争掘界壕……而代州宁化军去敌近,不可使民尽耕也,于是诏并代经略司听民请佃岢岚、火山军闲田在边壕十里外者。

——《续资治通鉴长编》卷一百五十四·仁宗

考察分析:从上述文献看出,界壕在岢岚军的辖区内,是岢岚军"争筑",火山军亦有修筑,不在宁化军的辖区内。

文献二:

宋仁宗时欧阳修举米光浚状曰……又状曰,右臣近曾同罪,奉举西头供奉官,阁门只候米光浚,再任岢岚军,使窃知朝廷为光浚病患,曾加体量,臣昨任岢岚,亲见光浚绝无病状,体问得去年偶因饮酒,暂曾不安,窃缘本人有心力,会弓马,谙熟边事,善抚军民,况岢岚当草城川一路,地形平坦,与北寇止隔界壕。

——《历代名臣奏议》卷一百三十三·欧阳修

考察分析:从上述文献看出,岢岚军有界壕,在草城川一路,这与五寨界牌村一带有界壕是相符的。

文献三:

上批付韩缜等,今月六日得卿等缴奏,北人来牒,岢岚军地分见,守把界壕,非元初分立界至处所,详料敌人之意,必以卿等累督其先,开立芦芽山以西壕堠。

——《续资治通鉴长编》卷二百六十八·神宗

考察分析:上述文献看出,岢岚军辖区有界壕,有人把守,而且芦芽山以西有界壕,与岢岚五寨之间有壕沟的现状相符。

文献四:

元丰四年十一月……丁亥……河东路提点刑狱黄廉言准朝旨,往代州定验有无人侵北界地,彩薪臣亲往瓶形等十二寨缘边界壕,按视一一详考。

——《续资治通鉴长编》卷三百十九·神宗

考察分析:从上述文献看出,代州以及平型十二寨也有界壕,宋代已有雁门十八隘口的说法,与平型十二寨没有多大差距,与现在宁武盘道梁到代县一线有界壕的现实是相符的。

文献五:《辽史·萧韩家传》

大康二年,迁知北院枢密副使。三年,经画西南边天池旧堑,立堡寨,正疆界,刻石而还,为汉人行宫都部署。

考察分析:辽大康二年即宋的熙宁九年,1076年,首先,记载天池地界有旧的堑壕。

四、宋辽界壕的分布

(一)宋辽界壕的分布

忻州境内的宋辽界壕有南北两道。

北道界壕是从吕梁山的支脉管涔山延续到恒山这条大分水岭一线，这条山脊上有许多朝代的古长城。我们经过不完全考察，发现在古长城一线保存的宋辽界壕即北界壕有四段：一是五寨与岢岚之间的界牌村一带，这是宋辽界壕的西起点，是岢岚军的管辖范围，界壕为岢岚军修筑；二是神池县摩天岭向西经黄花岭北侧，直通到宁武县孟家窑一带，这是保存最为完好的一段，也是岢岚军的管辖范围，界壕为岢岚军修筑；三是从宁武盘道梁经原平境，一直到代县境内，这是最长的一段，是代州军的管辖范围，为代州军修筑；四是天池旧堑为宁化军修筑。每段的具体长度没有认真测量，有待进一步测证。

南道界壕在宁武县余庄乡分水岭村北，分水岭村到三百户村一带。

（二）关于界壕所处的分水岭的说明

史书有载宋辽划界是以分水岭为界，但是分水岭的说法较为复杂，不只是宁武境内的分水岭，有神池宁武间的，有宁武间的，有原平境内的，有代县境内的。忻州境内的宋辽界壕就是从吕梁山的支脉管涔山延续到恒山支脉这条大分水岭一线。大分水岭即以神池摩天岭为界，摩天岭以西，大分水岭的北侧为黄河流域之朱家川河水系，岭南有一小段为黄河流域之汾河水系，有一大段为海河流域之恢河水系。摩天岭以东至阳方口，分水岭南为恢河，岭北为涧口河，同为恢河水系。从宁武盘道梁一直至平型关，分水岭南为滹沱河水系，分水岭北为恢河水系，同为海河流域。

在这从西到东长达数百公里的大分水岭的山脊上，许多朝代建有长城，也可称古长城一线。在历史上有战国赵、北齐、北周、隋、宋先后修筑过长城。宋代的雁门十八隘口和明代的雁门十八隘口基本上排列在恒山系的古长城一线。这一线的长城其具体分布是从兴县黄河畔上过来，沿着山脊，到岢岚，沿岚漪河东的山脊，到五寨荷叶坪，再到五寨与宁武交界处的黄草梁，现称马仑草原。再延续到宁武县管涔山的山脊，有山险的利用山险，从黄花岭，古称黄花堆、达速岭，进入神池境内。然后沿神池摩天岭、大石斜山到大水口，然后跳过恢河，恢河以西为吕梁山系，恢河以东进入恒山山系。长城从阳方口东边的长方山爬起，然后过薛家洼，到盘道梁，沿着山脊进入原平境内，然后顺着山脊，一直到代县境，到西陉关，过雁门关，然后顺着勾注山、草垛山等恒山支脉的山脊入繁峙县，到平型关，然后出山西省境入河北。

另外，在宁武县余庄乡有一个分水岭村，该村是一个自然村，村之东端有一道山梁，为南北走向，梁之西为汾河水系，即黄河水系；梁之东为恢河水系，为海河水系。这道岭不高，但水系是分明的，称作分水岭也是当之无愧的。

总之，分水岭有大的，有小的，有东西走向的，有南北走向的，不论哪道分水岭，都修筑有界壕，古籍载分水岭上有界壕是无疑的。在宋辽边境不确定的甚至游离的形势下，边界随时在重新划定，宋辽都在争地，因而随时就开掘了界壕，这是当时的历史因素所决定的。

五、为何筑界壕，不是墙体

为何宋辽对峙只挖一道壕堑，而不垒一道高墙，这隐藏着友好的元素，其目的和主题是和平:长城两边是故乡,弟兄之界常来往。

半部宋史写在忻州。忻州市境内一道长墙隔开宋辽,如同兄弟之间起了一堵隔墙。墙南面的原平、宁武、岢岚、河曲是宋,墙北的神池、五寨及偏关的一部分属辽。雁门关、宁武关、平型关,就是那道隔墙上的大门,大门的一关一合,发生着悲欢离合的故事,真正是"长城两边是故乡"。长城两边,有血雨腥风的悲壮,如杨家将守关;有联姻结亲的欢乐,如杨四郎招亲。

(一)从史料看宋辽对峙时多是友好为上,多为可忍可让

《宋会要辑稿》载:

元丰元年正月二十八日,主管河东沿边安抚司刘舜卿言:"北界西南面安抚司自去秋因移文索奸细人李福寿等,妄指占瓶形寨地,至今春,渐以人马并边,理会疆至。臣窃料虏人觊觎,不过以人马胁边,蹂践苗稼,或强占地里立铺屋。欲止作本处意度事势支梧。"从之。

元丰三年十一月八日,知代州刘昌祚言:"瓶形寨地有北人欲取直路趋围山铺往来。臣已谕本寨使臣回答不可更令希觎。"诏:"如北人来境上问语言,密谕使臣等,以理道婉顺开说,毋得先为形迹,致虏别起事端。"

(二)宋辽官员两面做官

《续资治通鉴长编·真宗》载:

宋真宗咸平三年庚辰日,契丹应州节度使萧锡剌肯头,侄招鹘、虫哥等归顺,赐肯头名怀忠,以为右领军卫将军、严州刺史。招鹘名从化,为右监门卫将军;虫哥名从顺,为右千牛卫将军,并赐袍带器币。

宋真宗咸平三年,甲子日,契丹税木监使黄隅,茶酒监使张文秀、关城使刘继隆、张显等,各挈其属归顺,赐冠带袍笏,各于归明班院,隅等皆敌帅于越之族也。

从以上文献可看出,大宋的文化发达、经济发达,还是挺诱惑人的,辽国的官司员经常归顺宋朝。宋朝一点也不小看,当即就给安排职务。

《续资治通鉴长编》是宋朝李焘修篡,编修时间是 1143—1183 年,是一部宋事的编年体北宋史,对辽国官员跑到宋朝,都是采用归顺之类的善语,不是投降之类的恶言,可以看到宋时的友好政策。辽方来宋,十分顺当,不用武力,只用感情。因而不用修筑高墙不再来往或者战争敌对,挖一条沟划开界线有了秩序即可。

六、宋辽界壕所掘时间

宋辽界壕应当是在"澶渊之盟"签订之后,在宋长城修筑之后开掘的,应为宋仁宗时期,据分析是在宋仁宗庆历二年(1042),辽国乘北宋同西夏交战的机会向北宋勒索土地,宋王朝不得不"争掘界壕",以定疆界。

北界壕的开掘时间是在嘉祐五年(1060)之前,当时是宋朝第四位皇帝宋仁宗赵祯在位期间(1023—1063),还有上奏章的欧阳修嘉祐五年官拜枢密副使期间,或者在嘉祐六年(1061)至英宗治平四年(1067)先任参知政事,后又相继任刑部尚书、兵部尚书期间,欧阳修发现了岢岚等军争筑的界壕，于是将此写入了奏章。

在北宋第六位皇帝神宗赵顼（1048—1085）执政期间，即 1067—1085 年，仍有岢岚军修筑界壕和利用界壕的记载，这道界壕应为南道界壕，在宁武县余庄乡分水岭村北。宋神宗熙宁七年（1074）十月，宋辽双方会盟于大黄平，商量宋辽划界的问题，宋朝想坚持以原来的管涔山脊的原掘过界壕的为边界，辽国想占领管涔山天池，最后宋朝做出了让步，不过辽朝还是没有满足，坚持以天池以北的分水岭为界。虽说有许多道分水岭，但是宁武天池以北的这道南北走向的分水岭，被史书上称为"横岭"，就在这道横岭与东西走向的管涔山脊的连接处，掘了这条界壕，界壕南数公里就是天池，掘这条界壕之目的就是将天池划在宋的疆域内，宋王朝不想让出天池这块水草丰盛的宝地。

七、宋辽界壕的历史功用

宋辽界壕的几次开掘，稳定了大宋王朝的边防秩序，促进了长城两边的经济社会发展，起到长城之军事作用之外的另一个作用——稳定边疆秩序的作用。此后一百多年，契丹铁骑再未南下，辽宋再未大战，促进了大宋王朝疆土内，特别是忻州境内的和平稳定、人民安居乐业。

（本文系第五届中国长城论坛之分论坛——忻州宋辽长城学术研讨会上的发言稿。作者系忻州日报社原编委、高级编辑，中国长城学会常务理事，中国长城研究院研究员，山西省长城保护研究会常务理事，忻州市长城学会会长，忻州市长城文化研究所名誉所长，山西省"十大最美长城卫士"之一，山西省长城研究保护"十大杰出人物"之一。）

雁门关历史意义浅探

—— 路与关的形成和作用

杨江斌　杨明丽

一、地理与人文

恒山山脉,位于山西省和河北省北部,朔州、大同和张家口一线以南,桑干河和滹沱河上游之间。东西长约300公里,南北宽约80公里,呈西南—东北走向。西南与山西省西部吕梁山脉之云中山相接,在山西省境内绵延约200公里,向东北延伸至河北省。险峻的山势和地理位置,使得恒山山脉成为古代中原与塞北之间的一道自然屏障。恒山主脉在代县境内称勾注山,也称雁门山,雁门关即坐落在此。晋《地道记》载,"北方之险,有卢龙、飞狐,勾注为之首,天下之阻,所以分别内外也"。

山西表里山河,东有太行山脉加持,西有黄河和吕梁山脉拱卫,北部则有恒山山脉依凭。恒山以南,为忻定盆地。继续往南,则为龙兴之府所在太原盆地,和中华文明早期发祥之地临汾盆地和长治盆地。从临汾盆地,可及关中地区;从长治盆地,则可至洛阳一带。

山西历史悠久。周武王姬发之子叔虞受封于汾水之畔唐地(今山西太原一带)。唐叔虞之子燮继位,迁居晋水之旁,改国号为晋。晋国逐渐发展壮大。在晋文公时期,晋国取得了由原来少数民族狄戎占据的晋中晋北,版图向北扩大至勾注山。三家分晋后,赵国占据晋南以北的原晋国地区。赵武灵王胡服骑射,击败恒山山脉之北的林胡、楼烦,建立了云中郡、雁门郡和代郡。由此,赵国疆域北越恒山山脉至阴山。

恒山以北,为大同盆地。再往北,则为阴山山脉区域和蒙古高原。"敕勒川,阴山下。天似穹庐,笼盖四野。天苍苍,野茫茫,风吹草低见牛羊"古代北方游牧民族,包括林胡、楼烦、匈奴、鲜卑、突厥、契丹、女真、蒙古,即在这里繁衍生息、游猎放牧。

二、"路"的形成

勾注山,也称陉岭。陉,指山脉中断的地方。鸟瞰陉岭,有两条纵贯南北的山谷,划过此处的恒山山脉,形成两条自然的南北通道。西陉,南起太和岭口,北至白草口和旧广武。东陉,南起南口,北至新广武。勾注山区域也是恒山山脉相对最窄的地方。

在勾注山区域的先民,应该是在他们的活动和探索中发现了这两条山谷通道。虽然仍是崎岖艰险,但毕竟可以由此南来北往。久而久之,走的人多了,便形成了西陉之路和东陉之路。《北史》描述西陉之路:"今关道,尽太和岭路干而多峻岭,稍夷而多激湍。入冬则坚冰塞途,车马蹭蹬不易度也。"明朝以前,此处的交通以西陉关道为主,明及明以后,则以东陉关道为主。

三、"关"的起始和形成

西陉和东陉两条通路,方便了勾注山南北两侧大同盆地和忻定盆地之间的交通。南侧民族可以就此北上,北侧民族可以就此南下。出于军事原因,则在此两陉设关。《雁门关志》载:"勾注山,古称陉岭,岭西为西陉关,岭东为东陉关,两关石头边墙联为一体,历代珠联璧合互为倚防。雁门关明代前址西陉关,东陉关倚防;明代后址东陉关,西陉关倚防。"

雁门关的称呼,在唐书中就有记载。当时为防北方突厥,唐驻军于勾注山,于西陉制高点铁裹门处设关城,戍卒防守。《唐书·地理志》描述此处"东西山岩峭拔,中有路,盘旋崎岖,绝顶置关,谓立西陉关,亦曰雁门关"。《唐书·地理志》又载:"雁门关有东陉关、西陉关。"唐宰相杜佑曾云:"东陉关甚险固,与西陉关并为勾注之险。"东陉关与西陉关同建并重。

雁门关整体布防为"两关四口十八隘"。两关即为西陉关与东陉关。四口为两关南北四口。西陉关北口为白草口,南口为太和岭口;东陉关北口为广武口,南口为南口。雁门关防线东西两翼分别延伸至繁峙和原平,沿途又设有十八隘口。明代顾炎武《天下郡国利病书》载:"雁门关隘口十八,东为水峪、为胡峪、为马兰、为茹越、为小石、为大石、为北楼、为太安、为团城、为平型;西为太和、为水芹、为吊桥、为庙岭、为石匣、为阳武峪、为玄岗(轩岗)、为芦板口,各有堡。"

在雁门关内、滹沱河两岸则修筑了三十九座堡寨,形成一个前后、左右、内外相互关联的宏大军事防御体系。至明代,又于要塞处,重修或新筑十二堡,在滹沱河北岸构筑起一道新的防线。这就是代县著名的"三十九堡十二联城"。它以代州古城为核心,城城相望,堡堡相掎,分则自成体系,合则一脉相连。其中有的堡在汉代已有,多数堡在宋代基本形成。

据《代县志》,"三十九堡"为:城西北有下田、上田、花家庄、宇文、长河、官院六堡;城西有七里铺、马站、古城、茹解四堡;城西南有堡子、土堡、赵村、徐村、沿村、泊水、下茹解七堡;城南有花园堡;城东南有高村、金盘、选仁、下庄、东章、黑山庄六堡;城东有平城、二十里铺、门王、下社四堡;城东北有磨坊、朴村、赤土沟、马村、三家村、望台、鹿蹄涧七堡;连同列入城镇的阳明堡、广武、峨口、聂营,合为三十九堡。"十二联城"为:阳明堡、马站、七里铺、西关、北关、东关、平城、磨坊、十里铺、二十里铺、段村、枣林。

笔者家乡西马村即为"三十九堡"之一的马村,又名"永和堡"。听老一辈人讲,堡上原来建有南楼、西楼、东楼几个门楼,可惜经历岁月风云,如今只剩下东楼了。东楼石砌的门洞,上面一块石匾上镌刻的三个字"永和堡"至今还清晰可辨。门洞上面近年复建了门楼,面西供奉着忠义之神关公,面东供奉着"药王"孙思邈。村中现在还有一株隋代古槐和一座古戏楼。一座古烽火台,坐落在村北方山顶,为西马村人心中的坐标。

四、路的作用

路的作用广义地讲,就是交通和流通。雁门关为历代交通要道。就雁门关之路而言,历代赋予的使命,是征战之路、和亲之路、商贸之路,也是融合之路。

周穆王西巡时经隃。晋人郭璞注云:"隃,雁门山也。"穆天子西巡发生在公元前1000多年前,正是周王朝的兴盛时期。这是一次当时的壮举,穆天子把强盛周王朝的影响力通过雁门关扩展到遥远的西域诸国。

西汉宣、元、成三期,是胡汉和亲的全盛期。历史上著名的昭君出塞就发生在这一时期。据《山西通史》载,昭君出塞所走的路线是,由蒲坂(今永济)渡河,东北行经今夏县禹王城,北行过闻喜,经平阳(今临汾)、阴地(今灵石县)南关镇、太原,北越勾注山铁裹门(西陉关),至平城(今大同),转而西行至右玉县,再北出杀虎口至内蒙古。

历史上,代县地处边陲,边贸活动伴随着其发展历程。雁门关古道是古代一条重要的商业贸易通道。秦、汉时期,商贸已成为国家及人民谋求富裕的重要途径。《史记》载:"夫用贫求富,农不如工,工不如商,刺绣纹不如倚市门,此言末业,贫者之资也。"中原与北方各族互市的主要产品,中原以茶为主,北方各族以马、牛、羊为主,因此这条古商道又被有些学者称为"茶马古道"。北方游牧民族由于物资原因和生活习俗,加上对中原文化的仰慕,互市要求强烈,有时甚至不惜一战。《中国商业史》载:"番人嗜乳酪,不得茶则困以病,故唐宋以来,行以茶易马法。"

商贸活动至明清时达到高峰。雁门关古道成为中国北方重要的商业通道。雁门关古道上车马驼铃不绝如缕,一派繁忙景象。清统一中国后,山西商人利用雁门关古道的便利条件,将商路一直延伸至莫斯科乃至欧洲腹地,商业交流盛况空前。雁门关古道也成为中国连接世界的一条重要商道。晋商从汉口、福州、长沙等地采购回茶叶、丝绸后,经雁门关古道,出杀虎口,到达呼市,然后将商品运往蒙古库伦、中俄边境的恰克图,或者经蒙古的科布多、新疆伊犁到达俄国莫斯科,与俄商交易,进入欧洲市场。

这条商道上的晋商,比较熟悉的有祁县乔家、灵石王家、清徐常家、太谷曹家等。代州商人也是晋商中重要的一支。战国时期的雁门人班壹,曾因畜牧业而富甲天下,曹魏时期的莫含也因通商而显赫一时。据代县志记载,清朝中叶时,代县境内有商号700余家,从业人员3000余人。商务涉及张家口、呼市、包头、多伦、蒙古库伦、海拉尔、北京、天津、上海等大中城市。素有"商埠经济多门路,财源如水流代州。东口至西口,喇嘛庙至包头。西宁库伦京津沪,走遍天下不发愁"的说法。18、19世纪清朝晋商旅蒙最大商号大盛魁,分支遍及长城内外,涉及大半个中国并远涉俄国。山西代县人王廷相,在道光、咸丰年间任大掌柜。在任30年期间,扩大了大盛魁的销售地区,增加了商品品种和数量,使大盛魁商务达到鼎盛。

"走西口",代县人也称"走口外",说的是一支行经雁门关古道上的群体。"走西口"和"闯关东""下南洋",是中国近代史上的三次人口大迁徙。"走西口"从明朝开始,贯穿清朝直到民国,持续达三百年之久。"走西口"的人们,或为生活所迫,或为找寻商机。民歌《走西口》唱道:"哥哥你走西口，小妹妹我实在难留。手拉着哥哥的手，送哥送到大门口……只盼哥哥你早回家门口。""走西口"的多是农民、手工业者，也有商人。"走西口"，虽然是背井离乡，虽然会饱经风霜，但"走西口"的人们也闯出了活路，找到了新的希望。

五、关的作用

"一座雁门关，半部华夏史。"雁门关素有三晋咽喉，中原锁钥之称。其在军事上的作用与中国历代疆域的变化以及当时的历史环境有密切关系。可以是进攻的依托，也可以是防御的屏障。在战争时期，或为处于一方腹地的战略要冲，或为双方争战的前线。

赵国、秦以及西汉，中原政权疆域在陉岭北包括云中郡、雁门郡、和代郡。此时北方主要受到匈奴的袭扰。陉岭是中原对抗匈奴的依托，也是调兵遣将的通路。据《史记》载，赵国名将李牧常驻雁门郡和代郡，以防备匈奴，并最终击破匈奴 10 万骑兵。秦始皇统一六国后，派遣大将蒙恬率兵三十万，从陉岭出塞，把匈奴赶到阴山以北。

西汉初期，发生了被史家称之为"白登之围"的汉匈之战。汉高祖刘邦三十余万大军与匈奴冒顿单于四十余万骑兵往来厮杀于陉岭内外。汉武帝时，名将卫青、霍去病，从陉岭出塞，多次大败匈奴，立下汗马功劳。"飞将军"李广在做云中、雁门、代郡太守时，也曾先后与匈奴交战数十次。

东汉、三国魏至西晋时期，北部疆域与西汉时接近，恒山山脉一线仍属中原屏障。此时北方崛起的游牧民族主要为鲜卑和羌胡。西晋时，鲜卑拓跋部在雁门关以北的平城（现大同）一带建立代国，后改国号为魏，为北朝第一个朝代，史称北魏。北魏后来逐步统一中国北方。魏孝文帝以南伐为名，率军从平城出发，过雁门关南下迁都洛阳。

北朝、隋和初唐时期，突厥在北方崛起。为防突厥内犯，唐驻军于雁门关。682 年，突厥阿史德元珍率军入侵云州。唐朝派名将薛仁贵，率军出雁门关，取得云州大捷。

北宋时，契丹在北方建立了辽国。雁门关一带处于宋辽边界，成为前沿阵地。杨家将的故事就在此发生。宋太平兴国四年（979），杨业任代州知州兼三交驻泊兵马都部署。太平兴国五年（980）三月，辽景宗发兵十万攻雁门。杨业领数千骑兵从西陉出发，绕到雁门关以北，往南突袭辽军，与潘美前后夹击，大败辽兵，是为雁门关之战。雍熙三年（986），宋军分三路攻辽，潘美和杨业率军出雁门关，连克寰、朔、应、云等州。后宋军失利，杨业带兵出征，被困陈家谷口，力战殉国。

明朝建立后，北伐中原，收复元大都。元帝北逃至漠北后，建立北元。后北元分裂为鞑靼和瓦剌。明朝与北元、鞑靼和瓦剌的边界大致沿着阴山、大青山向东北至西拉木伦河一线。为了防备北方鞑靼、瓦剌，以及后来在东北兴起的女真族的侵扰，明朝大修长城（亦称边墙）。在山西、河北境内，修筑了外长城和内长城。外长城大致和内蒙古的区界吻合。内长城西端起自偏头关，东行经宁武关、雁门关，至平型关，然后往东北经居庸关与外长城相接，往南延太行山，经娘子关、固关，至东阳关。明成祖朱棣迁都北京，雁门关作为明朝长城防线的一部分，与居庸关、山海关共同成为拱卫明朝京师的三大门户。

元、清两朝，北方民族以塞北为发祥地，入主中原。曾经的防御对象不再存在。雁门关一带，以往的边防重地，成为元清两朝辽阔疆域中的腹地。清朝在雁门关关城正北的山岗上仍有驻军，不过此时雁门关的军事作用淡化，主要是一个通商口岸。

六、路的发展

沿东陉关道而上，快到雁门关天险门时，映入眼帘的是深深的车辙印。进入门洞，脚下光滑的青石板路让人震撼。雁门关分道碑，是清朝乾隆三十六年(1771)代州知州为规范古道上的交通秩序而立，是中国现存不多的"古代交通规则碑"。碑文曰："雁门关北路紧靠山崖，往来车辆不能并行，屡起争端，为商民之累。本州相度形势，于东路另开车道，凡南来车辆于东路行走，北来车辆由西路径由，不得故违。"分道碑和深深的车辙，见证了雁门关道上当时商贸和行人车辆的繁忙景象。如今，青石板的古道已不复为现代车辆交通所用，取而代之的应该是现代化的交通道路。G208 国道由西陉南口太和岭口进入陉岭，中间向东北转向东陉关方向，然后由东陉北口新广武出陉岭。G208 国道在陉岭中依然盘桓曲折。G208 国道也称"二淅线"，起于中国对蒙古国开放的最大陆路口岸——内蒙古自治区二连浩特市，经山西大同、代县、忻州、太原、长治、晋城，至河南省淅川县。

2003 年 10 月 28 日全线通车运营的大运高速公路(大同—代县—太原—临汾—运城)，从雁门关古道旁通过，纵贯山西南北。大运高速所穿过的雁门关隧道之上，便是西陉的白草口关口。大运高速公路从大同至太原段也是 G55 二广高速(二连浩特—广州)。二广高速为国家高速公路网南北方向主干线之一。二广高速也南北贯通山西，从大同经代县、太原，达长治、晋城，与大运高速在山西境内构成人字形。二广高速公路于 2008 年 12 月 30 日在山西范围内全线通车，于 2016 年 12 月 31 日在全国范围全线通车。

正待全线建成的大西高铁(大同—西安)，建成后将以设计最高时速 250 公里，联通大同、代县、原平、太原、运城和西安，自北向南贯穿山西省中部。大西高铁原平至太原至西安已于 2018 年 9 月开通运营。大同至代县至原平段，将由正在建设中的集大原高铁完成。集大原高铁(内蒙古乌兰察布市集宁区—山西省大同市—原平市)是国家中长期"八纵八横"高速铁路网呼南通道(呼和浩特至南宁)的重要组成部分。集大原高铁已于 2021 年开工建设，将从雁门关旁穿越恒山，经停正在建设中的代县西站，至原平，并接入大西高铁预留的樊家庄线路所。建成后，集大原高铁将补充完成大西高铁的大同至原平段。期待经停代县的集大原高铁早日建成通车，期待大西高铁早日全线通车运营。届时，贯通雁门关南北之间的高铁，将充分发挥大西高铁路网的作用，进一步增强晋、内蒙古和京津冀三个区域之间的沟通交流，并提高沿线人民出行全国的便利度。

七、关的现代意义

经历了历史沧桑的雁门关，如今依然雄伟。现在国家统一，长城内外同为中华民族。雁门关需要体现更多的联通作用,以使全民族共同走上现代化道路。在全球化发展的当今,世界是你中有我、我中有你的地球村。在国家发展、国际合作和竞争中,精神和文化的力量非常重要。在今天这个和平时代,雁门关的现代意义可以体现在几个方面。

1.丰富的长城文化内涵。在雁门关下,人们可以体验边塞风情,了解长城文化。长城,在历史的发展中演变出了"保家卫国"的含义。雁门关曾经的金戈铁马,成为古人留给我们的珍贵文化遗产。在雁门关,人们可以感受历史的厚重、沧桑和先贤那些可歌可泣的故事,可以思考历史经验和教训。人们可以体验雁门关的独特魅力,研究雁门关在历史、文化、经济、社会、艺术方面的价值。

2.精神价值取向。长城是中华的脊梁,"自强不息、众志成城、坚韧不拔、守望和平"的长城精神是中国人民的精神标向。"杨家将"的勇敢、忠义、爱国为人们树立一座精神丰碑。杨业在抗辽战争中殉国,辽人却在辽国境内为他建庙祭祀,反映了长城内外都推崇忠勇之士的共同心理。作为长城的重要部分以及和"杨家将"紧密相连的雁门关,可以在现代社会传承这些优秀的精神。

3.文旅融合,关城联动。作为联合国教科文组织《世界文化遗产名录》中的长城的重要部分,雁门关现在是国家5A级风景旅游景区。修葺后的雁门关更加雄宏壮观,关、楼、垛、墙、烽火台等绵延相连,蜿蜒在崇山峻岭之上。丰富的边塞文化吸引着四面八方的游客前来观赏。除了在雁门关景区游览,游客还可以在代县境内做全域式的旅游。代州古城内有雄伟的边靖楼、安详的阿育王塔,还有钟楼、代州署衙、代州城西关城墙、"新面世"的文昌祠;有华北地区最大的文庙,也有位于西南街的武庙和酒仙庙。代县境内还有滹沱河湿地公园、赵杲观国家森林公园、净土祖庭白仁岩禅寺景区、杨家祠堂、九龙观等众多名胜古迹。游客可以品尝代县特色美食和"代州黄酒",还可以欣赏多种代县非遗项目。

现在的雁门关景区是在东陉关。与东陉关并重的西陉关,还没有得到很好的开发和利用,在保护好原生态的基础上,可以进一步开发其旅游资源。这样,人们对雁门关的认识将更加全面,对历史的记忆也将更加深刻。西陉古关道,西陉关和东陉关之间相连的石砌边墙,四口,三十九堡十二联城中的原堡寨,十八隘中的隘口,其中的旅游资源,也可以考虑进一步开发,以打造一个更具内涵、互相关联、带动全局、结合区域内自然生态和众多历史人文景点的文旅网络。

雁门关之于代县,是一张名片,是代县人的精神家园,更是代县人坚强不屈,百折不挠的精神体现;雁门关之于山西,是一面招牌,是雁门精神"崇文、明礼、包容、进取"的实践地;雁门关之于中国,是名胜古迹,是永远的历史文化记忆。季羡林先生说:"长城充分体现了中华民族爱好和平的本性。"雁门关见证了太多的兵燹烽火和血雨腥风。金戈铁马滚滚狼烟已经远去,我们要珍惜这来之不易的和平。我们祝愿人民福祉继续稳步提高,国家持续开放繁荣。我们相信,在新时代雁门关将发挥更多贯通南北的桥梁作用!

(此文在第五届中国长城论坛上荣获二等奖。作者杨江斌出生于山西省代县,现居加拿大。杨明丽系代县人民医院超声科医生,忻州市长城学会会员,山西省作家协会会员。)

明代军屯制对长城沿线村落的形成研究

—— 以雁门关长城繁峙段为例

冯占军

繁峙县的村落,因其所处地理位置的特殊性,也注定有着不同寻常的发展轨迹,特别是在繁峙北境长城一线南侧、滹沱河两岸的村庄,其形成更具有一定的时代色彩。明代,政府为了守卫长城而修建了大量的军屯,这些军屯通常设在地势平坦、土地肥沃的重要地点。繁峙境内的军屯众多,是长城文化不可或缺的重要组成部分。

一、明以前的村落或堡寨

明以前,繁峙大部分的村落无考。

历史上最早提及地名或城邑的记载是光绪《繁峙县志》历代疆域图,在春秋时期图说中提到:

> 案忻代二地,地名见于春秋传者,独有霍人,不能审其疆域所至……均有大卤之名故并书之。霍人故地在今城东三里圣水村。

这里首次提到霍人故地和卤城。战国时期属赵国,霍人称霍人。汉代,又称为葰人。继续查看历代疆域图,发现后魏时今繁峙境内又出现一个新的地名"崞城",图说中这样记载:

> 县中地名见于魏书及土地记者有崞城、枚回山。

唐代,出现"大堡戍"并标注为今之代堡。

宋代,繁峙地处边境,北边山岭是宋辽分界,常年战乱,民不聊生。为了抵御外族入侵,宋代朝廷在繁峙境内设立八砦,"繁畤砦不知所在",而能明确具体位置者有七:滹沱河北侧自东向西有瓶形砦、枚回砦、义兴砦、大石砦、茹越砦,滹沱河南侧有宝兴军、麻谷砦。

金代,宋时的各砦仍然存在,但称谓上有了变化,称之为:瓶形镇、梅回镇、义兴镇、大石镇、茹越镇、宝兴镇、麻谷镇。

二、明代军屯制度下繁峙境内军屯的形成

1. 明代初期繁峙人口状况

明初,朝廷沿用宋代堡寨或其前沿哨所,在恒山一带设置防御。但经历了长时间的战乱之

后,繁峙一带的人口锐减:

> 国初,户 2346,口 16545。
>
> 嘉靖初年,户 2432,口 24080。三十二年兵荒之后,户 450 有余。
>
> 万历十五年,户 469,口 7970。

从上述几个年份的户口看出,明嘉靖三十二年(1553)兵荒之后,户口锐减到 450 余户,比起嘉靖初期,减少了 1892 户。就拿万历十五年(1587)来说,人口数由嘉靖初期的 24080 人,锐减到 7970 人。

万历年间繁峙县的耕地面积,"管地 2788 顷 23 亩,新增额外山地 60 顷 70 亩 2 分 5 厘 8 毫",以上合计 2848 顷 93 亩 2 分 5 厘 8 毫。人均耕地近 37 亩,可谓地广人稀啊!这势必造成大量的耕地闲置或弃置。

2. 明代长城沿线屯田制度

为了更有效地抵御北方敌人的入侵,明朝在长城沿线修建卫所,开军屯,修边墙,立烽燧,营筑堡寨。

明太祖朱元璋吸取前代屯田经验,确定了"以军隶卫,以屯养军"为主导思想的屯戍结合的建军制度。明朝军事屯田制度与都司卫所制度紧密联系,卫所城堡形成了"耕战结合""住防合一"的特点。军事屯田制度成为卫所制度的基础。卫所的屯田和屯粮,由都司统领。各个军卫负责军屯生产的具体过程。屯田的组织管理结构可以总结为:都指挥佥事(管屯都指挥)—指挥佥事(屯指挥)—千户—百户—总旗—小旗。军屯的耕种者为屯军,是各卫所拨出来的一部分旗军。分拨的比例为边地的军士"三分守城,七分屯种";位于腹里的军士"二分守城,八分屯种"。由政府提供工具、耕牛等,耕种集体田地,税粮由卫所统一征收。

军屯的兴起,一方面有效利用了多余的戍边军士开垦闲田荒田,最大程度上利用了人力资源和土地资源;另一方面为官兵提供了俸粮,解决了边军军饷供应问题,同时减少了粮草从内地运往各军事聚落而产生的多余开销。由于屯田的诸多好处,明代洪武、永乐年间是军屯的鼎盛时期。此时期军屯制度较为完善,永乐年间还制定了严格的奖罚制度,管理极其严格。此时屯地完全由卫所正规屯军耕种。

除军屯外,明代屯田按屯种者身份不同还存在着民屯、商屯等主要形式。二者作为军屯的补充,为临边军事聚落提供了源源不断的粮草。至宣德以后,由于严苛的管理方式和军官的盘剥,沉重的经济负担导致军士逃逸,屯政逐渐衰败,军屯无法正常维持,屯田子粒逐年下降。屯地的民化趋势逐渐加强,不仅出现了民佃屯田以及军余顶种,屯地被侵占、被盗卖的现象也有发生。

嘉靖年间政府采取措施,振兴边塞农业,军屯、民屯、商屯有一定恢复,但最终军屯废弛,屯田经营的民化趋势逐渐加强。

3. 明代繁峙军屯的状况

明嘉靖二十四年(1545)纂修的《三关志》是一部专门的军事志,它以简洁的笔法记述了当时雁门关一带军屯的情况。

表 1　明嘉靖二十四年(1545 年)《三关志》所记述的雁门关振武卫军屯基本情况统计表

所　名	所辖屯	屯地面积	例定缴纳军粮(子粒)	屯田坐落境域
左千户所	北丰屯	6 顷 45 亩	22 石 9 斗 3 升 5 合	繁峙县
	三泉屯	15 顷 60 亩	26 石 7 斗 7 升 4 合	繁峙县
	三泉屯	30 顷 45 亩	60 石 4 斗 4 升 7 合	繁峙县
	砂村屯	5 顷 98 亩	14 石 7 斗 4 升 7 合 4 勺	繁峙县
	三泉屯	17 顷 50 亩	25 石 2 斗 3 升 3 合	繁峙县
	辛庄屯	25 顷 30 亩	17 石 2 斗 4 升 2 合 5 勺	繁峙县
	果园屯	18 顷 20 亩	45 石 6 斗	繁峙县
	高陵屯	3 顷 50 亩	8 石 7 斗 8 升 9 合 4 勺 2 抄	繁峙县
	长畛屯	1 顷 20 亩	4 石 8 斗	代　州
中左千户所	冶口屯	35 顷 20 亩 9 分 2 厘	1 百 11 石 2 斗 6 升 6 合 5 勺	繁峙县
	家家井屯	20 顷 13 亩	64 石 8 斗 1 升 2 合 3 勺	繁峙县
	山会屯	12 顷 7 亩 9 分 9 厘	41 石 4 斗 4 升 9 合 7 勺 8 抄	繁峙县
	都泉屯	40 顷 36 亩 2 分 4 厘	32 石 5 斗 4 升 6 合 7 勺	繁峙县
	大堡屯	2 顷 90 亩	3 石 9 斗 1 升	繁峙县
	横城屯	58 顷 80 亩	26 石 2 斗	崞　县
	班聂泉屯	12 顷	20 石 8 斗 3 升 1 合 6 勺	崞　县
	七里河屯	13 顷 75 亩 3 分 5 厘	49 石 9 斗 7 合 2 勺	崞　县
	堡子屯	35 顷 24 亩 4 分 3 厘	98 石 9 斗 8 升 7 合 9 勺 8 抄 5 撮	代　州
	秦家圪塔屯	4 顷 7 亩 4 分	13 石 8 斗 3 升 9 合 2 勺 6 撮	代　州
	冯家岭屯	18 顷 39 亩 8 分 5 厘	46 石 9 斗 3 升 1 合	代　州
中千户所	连种屯	32 顷 50 亩	62 石 5 斗 4 升 8 合 5 勺	繁峙县
	西义屯	7 顷 86 亩 7 分	15 石 7 斗 2 合	繁峙县
	连种屯	28 顷 93 亩	81 石 2 斗 8 升 6 合 8 勺	繁峙县

表 1（续表）

所 名	所辖屯	屯地面积	例定缴纳军粮（子粒）	屯田坐落境域
中千户所	王董屯	8 顷 24 亩	18 石 5 斗 3 升 2 合	崞 县
	王董屯	10 顷 86 亩	22 石 8 升 5 合 9 勺	崞 县
	小平屯	16 顷	16 石 7 斗 8 升 4 合	代 州
	瓦窑屯	21 顷	28 石 2 斗 1 升 2 合 4 勺 3 摄	代 州
前千户所	阎村屯	4 顷 11 亩	8 石 8 斗 6 合 6 升	代 州
	徐村屯	6 顷 95 亩 1 分	24 石 2 斗 6 升 8 合 4 勺 1 抄 7 摄	代 州
	羊角湾屯	21 顷 17 亩 3 分	71 石 5 斗 2 升 5 合 9 勺 4 抄	代 州
	兰家寨屯	9 顷 68 亩 7 分 4 厘	30 石 7 斗 3 升 6 合 4 勺	代 州
	帐子屯	16 顷 11 亩 3 分	21 石 5 斗 1 升 4 合	代 州
	张村屯	9 顷 52 亩 4 分	28 石 8 升 5 合 3 勺 5 抄 9 摄	代 州
	三泉屯	29 顷 94 亩 6 分 6 厘	60 石 6 斗 1 升 7 合 8 抄 6 摄	繁峙县
	三泉屯	33 顷 53 亩 6 分 4 厘	113 石 6 斗 8 升 2 勺	繁峙县
	三泉屯	48 顷 41 亩 7 分 2 厘	95 石 9 斗 6 升 3 和 2 勺 3 抄 4 摄	繁峙县
后千户所	作头屯	7 顷 7 亩 5 分	19 石 3 升 4 合 7 勺	繁峙县
	官庄屯	15 顷 83 亩 5 分	37 石 6 斗 3 升 8 合 6 勺	繁峙县
	高家庄屯	34 顷 60 亩 1 分 5 厘	76 石 8 斗 5 合 8 勺	繁峙县
	官庄屯	9 顷 25 亩	16 石 6 斗 3 升 4 合 3 勺	繁峙县
	伏连坊屯	27 顷 23 亩 4 分 3 厘	61 石 3 斗 7 升 1 合	繁峙县
	故伏屯	29 顷 21 亩	61 石 4 斗 5 升 7 勺	繁峙县
	双井屯	33 顷 68 亩 9 分	80 石 1 斗 8 升 5 合 4 抄	繁峙县
	中庄屯	47 顷 71 亩	88 石 6 斗 1 升 3 合 4 勺	繁峙县
	梁家庄屯	18 顷 27 亩 2 分	57 石 5 斗 8 升 3 合 2 勺 4 抄	繁峙县
	泊子屯	26 顷 89 亩	56 石 8 升 6 合	繁峙县
	孤山屯	18 顷 53 亩	27 石 8 斗 9 升 6 合 7 勺	繁峙县

表 1（续表）

所　名	所辖屯	屯地面积	例定缴纳军粮（子粒）	屯田坐落境域
中后千户所	三泉大营屯	29 顷 60 亩	36 石 1 斗 8 升 3 合 5 勺	繁峙县
	三泉屯	23 顷 86 亩	27 石 5 斗 4 升 5 合 3 勺	繁峙县
	三泉屯	27 顷 15 亩	56 石 9 斗 1 升	繁峙县
	何家会屯	34 顷 13 亩 7 分	3 石 1 斗 3 升 4 勺 7 抄	繁峙县
	泼寨屯	11 顷 78 亩	22 石 5 斗 6 合	繁峙县
	马峪屯	1 顷 24 亩	22 石 1 斗 5 合 2 勺	繁峙县
	辛庄屯	17 顷 79 亩	38 石 4 斗 2 合 3 勺	繁峙县
雁门守御千户所	河週疃	49 顷 16 亩 4 分	42 石 8 斗 4 升 5 合 5 勺 4 抄 5 摄	代　州
	龙泉屯	11 顷 1 亩 7 分	29 石 2 升 9 勺	代　州
	白房子屯	18 顷 15 亩 7 分	16 石 5 斗 2 升 3 合 4 勺 2 抄 5 摄	代　州
	瓦窑头屯	9 顷 68 亩 4 分	25 石 5 斗 2 升 8 勺	代　州
	胡疃屯	7 顷 74 亩	14 石 6 斗 6 升 2 合 4 勺 1 抄 2 摄	代　州
	白草沟屯	12 顷 97 亩	3 石 6 斗 6 升 4 合 1 勺	代　州
	白草沟屯	9 顷 8 亩 7 分 2 厘	23 石 3 斗 6 升 1 合 3 勺 9 抄	代　州
	辛寨黄丰台蒯儿三屯	53 顷 28 亩	62 石 5 斗 6 升 1 合 3 勺 3 抄 3 摄	代　州
	辛寨黄丰台蒯儿三屯	41 顷 73 亩 9 分	42 石 6 斗 7 升 7 合 5 勺 8 抄（纳代州仓）	代　州

振武卫下辖六千户所，分别为：左千户所、中左千户所、中千户所、前千户所、后千户所、中后千户所；同时，还有独立存在的雁门守御千户所。振武卫和雁门守御千户所所属屯田分布在繁峙、代县和崞县 3 县境内。

当时，共有军屯 63 屯，屯田面积 1315 顷 84 亩 8 厘，例定籽粒数 2542 石 7 升 6 合 6 勺 9 抄 3 摄。其中：

繁峙县有军屯 37 屯，占比 58.73%；屯田面积 836 顷 3 亩 5 厘，占比 63.54%；例定籽粒数

1721 石 4 斗 6 升 6 合 9 勺 4 抄 4 摄,占比 67.72%。

代县有军屯 21 屯,占比 33.33%;屯田面积 376 顷 16 亩 4 分 8 厘,占比 28.59%;例定籽粒数 682 石 2 斗 8 升 8 合 2 勺 4 抄 9 摄,占比 26.84%。

表 2　振武卫下辖六千户所及雁门守御千户所所属屯田统计表

[弘治十三年(1500)——嘉靖二十四年(1545)]

所名	繁峙县			代县			崞县		
	屯数	屯田面积	例定籽粒数	屯数	屯田面积	例定籽粒数	屯数	屯田面积	例定籽粒数
左千户所	8 屯	121 顷 98 亩	221 石 7 斗 6 升 8 合 3 勺 2 抄	1 屯	1 顷 20 亩	4 石 8 斗			
中左千户所	5 屯	110 顷 69 亩 5 厘	253 石 9 斗 8 升 8 合 5 合 2 勺 8 摄	3 屯	57 顷 71 亩 6 分 8 厘	159 石 7 斗 5 升 8 合 2 勺 4 抄 5 摄	3 屯	84 顷 55 亩 3 分 5 厘	97 石 3 合 6 勺
中千户所	3 屯	69 顷 29 亩 7 分	159 石 5 斗 3 升 7 合 3 勺	2 屯	37 顷	44 石 9 斗 9 升 6 合 4 勺 3 摄	2 屯	19 顷 10 亩	41 石 3 斗 1 升 7 合 9 勺
前千户所	3 屯	111 顷 20 亩 2 厘	270 石 2 斗 6 升 1 合 2 勺 9 抄 4 摄	6 屯	67 顷 55 亩 8 分 4 厘	184 石 9 斗 9 升 6 合 1 勺 1 抄 6 摄			
后千户所	11 屯	268 顷 29 亩 6 分 8 厘	584 石 1 斗 3 升 1 合 9 勺 8 抄						
中后千户所	7 屯	154 顷 55 亩 7 分	231 石 7 斗 8 升 2 合 7 勺 7 抄						
雁门守御千户所				9 屯	212 顷 65 亩 6 厘	287 石 7 斗 3 升 7 合 4 勺 8 抄 5 摄			
小计 数量	37 屯	836 顷 3 亩 5 厘	1721 石 4 斗 6 升 6 合 9 勺 4 抄 4 摄	21 屯	376 顷 16 亩 4 分 8 厘	682 石 2 斗 8 升 8 合 2 勺 4 抄 9 摄	5 屯	103 顷 65 亩 3 分 5 厘	138 石 3 斗 2 升 1 合 5 勺
小计 占比(%)	58.73	63.54	67.72	33.33	28.59	26.84	7.94	7.88	5.44
总计	63 屯,屯田面积 1315 顷 84 亩 8 厘,例定籽粒数 2542 石 7 升 6 合 6 勺 9 抄 3 摄								

崞县有军屯 5 屯,占比 7.94%;屯田面积 103 顷 65 亩 3 分 5 厘,占比 7.88%;例定籽粒数 138 石 3 斗 2 升 1 合 5 勺,占比 5.44%。

从数据的对比中不难看出,繁峙的军屯承担了振武卫近三分之二的屯田耕作,负担之重可想而知。

为了加强屯田管理,明朝政府规定每百户为一屯,每四到七屯就近建堡,屯设正、副屯长各一人,屯堡事实上是军屯的最基层组织。在此基础上,繁峙境内就出现了大量屯垦堡。到嘉靖年间,已经形成官堡、屯垦堡和民堡共存的现象。

三、明代军屯制下繁峙村落的演变

从弘治十三年(1500)至嘉靖二十四年(1545)振武卫下辖的六千户所及雁门守御千户所所属军屯统计表中可以看出,除了雁门守御千户所外,其他六千户所在繁峙均设立军屯。特别是后千户所和中后千户所整建制均在繁峙。

表3 明弘治十三年(1500)至嘉靖二十四年(1545)振武卫繁峙设立军屯统计表

名称	所辖 军屯数(个)	繁峙设立 军屯数量(个)	占比(%)
左千户所	9	8	88.89
中左千户所	11	5	45.45
中千户所	7	3	42.86
前千户所	9	3	33.33
后千户所	11	11	100
中后千户所	7	7	100
雁门守御千户所	9	0	0
小计	63	37	58.73

随着朝代的更替,到了清代,雁门关长城的防御地位逐渐降低。尽管清代也对长城进行了维修,但其作用也远远不及明代,其军屯的功能也在逐渐消退。军屯大部分转为民屯,形成村落。

表4 明代军屯在繁峙的演变统计表

卫所名称	军屯名称	清代村名	现村名
左千户所	北丰屯	笔峰	笔峰
	三泉屯	三泉	东三泉、西三泉
	三泉屯	三泉	东三泉、西三泉
	砂村屯	大砂村、小砂村	大砂村、小砂村
	三泉屯	三泉	东三泉、西三泉
	辛庄屯	辛庄子	辛庄
	辛庄屯	辛庄子	辛庄
	高陵屯	高陵	上高陵、下高陵
中左千户所	冶口屯	沿口	东沿口、西沿口
	家家井屯	家家井	贾家井
	山会屯	山会	山会
	都泉屯	失考	失考
	大堡屯	代堡	代堡
中千户所	连种屯	东西连仲	东连仲、西连仲
	西义屯	西义	西义
	连种屯	东西连仲	东连仲、西连仲
前千户所	三泉屯	三泉	东三泉、西三泉
	三泉屯	三泉	东三泉、西三泉
	三泉屯	三泉	东三泉、西三泉
后千户所	作头屯	作头	作头
	官庄屯	失考	失考
	高家庄屯	高家庄	高家庄
	官庄屯	失考	失考
	伏连坊屯	福连坊	福连坊

表4（续表）

卫所名称	军屯名称	清代村名	现村名
后千户所	故伏屯	固伏	固伏
	双井屯	上双井、下双井	上双井、下双井、常胜
	中庄屯	中庄寨	中庄寨
	梁家庄屯	梁家庄	梁家庄
	泊子屯	泊子（原在大沟村和瓦磁地村间，嘉庆年水毁移富家庄村）	富家庄
	孤山屯	孤山	孤山
中后千户所	三泉大营屯	大营	大营
	三泉屯	三泉	东三泉
	三泉屯	三泉	西三泉
	何家会屯	和家会	南河会、北河会
	泼寨屯	泼寨	朴寨
	马峪屯	魏家村	东魏、西魏
	辛庄屯	辛庄子	辛庄

从明代军屯在繁峙的演变统计表中可以看出，明代位于繁峙的37个军屯，除了都泉屯、官庄屯失考之外，其他34个军屯均演变成村落，而且这些村落一直保留到当代，并且在逐渐发展壮大。有的演变成1个村，有个演变成多个村。如三泉屯演变成东三泉村、西三泉村，连仲屯演变成东连仲村、西连仲村，双井屯演变成上双井村、下双井村、常胜村，何家会屯演变成南河会村、北河会村，冶口屯演变成东沿口村、西沿口村，高陵屯演变成上高陵村、下高陵村，砂村屯演变成大砂村、小砂村等。

此外，六千户所中的左千户所演变成左所村，中千户所原在东连仲村东北、铁路与公路交叉路口北侧，清代遭水毁并入东连仲，前千户所演变成前所村，后千户所也演变成后所村。

这些村庄均分布于滹沱河两岸，地势平坦、土地肥沃。千百年来，历经多次历史变迁，特别是经过"十三五"大移民，这些村庄大部分都保存了下来，它们在当今的社会主义现代化建设中，仍然是繁峙县的主要粮食产区和人口聚集地。

（此文在第五届中国长城论坛上荣获二等奖。作者系忻州市长城学会理事，中共繁峙县委党史研究室副主任，忻州市长城研究保护"十大杰出人物"之一。）

东魏肆州长城的东起点——土墱

尹　捷

土墱,是东魏肆州长城的东起点,因以少胜多的"土墱寨之战"而著名。

一、东魏肆州长城端点位置认定悬而未决

山西省原平市轩岗镇青见梁村对面的山梁上有一道东魏肆州长城,历史悠久,距今 1480 年。东魏肆州长城是唯一的,仅有一段,长约 150 余里,两个端点的具体位置,史书记载的只是个大概方位,长城学界有许多学者早就做过研究。大家众说纷纭,说法不一,至今也没有定论,成为长城学界长期以来一个悬而未决的问题。

东魏(534—550)是从北魏分裂出来的割据政权。东魏建立后,西面和南面以黄河及河南洛阳一线为界,东魏为了和西魏争夺土地与人口,战事不断;北面山胡、柔然等族也不断南下骚扰东魏。面对来自西魏与北面的军事威胁,为避免两线作战,对威胁较小的北面除运用和亲联姻外交手段外,采取筑墙防御措施也是东魏新政权的不二选择。于是,武定元年(543)秋八月,在战略地位十分重要的芦芽山与恒山两大山系的隘口处,东魏丞相高欢"召夫五万于肆州北山筑城,西自马陵戍,东至土墱,四十日罢"。"土墱"之名由此载入史册。肆州于北魏太平真君七年(446)置,领永安(新兴)、秀容和雁门三郡,治所在九原(山西忻州)。北周大象元年(579)移治于雁门郡。隋开皇五年(585)改为代州。从 446—585 年,肆州存在了 139 年。肆州北界就是恒山,山上有早期修筑的长城。高欢新修的长城在恒山以南 30 里的一条山梁上。

东魏肆州长城吸引了无数专家学者的关注。宁武县文物局最早做过考察,已载入《宁武县志》。2001 年山西省文物局长城调查组在实地调查后,撰写了《东魏肆州长城》的调查报告。文中指出:东魏肆州长城的遗迹起自宁武县榆树乡榆树坪村,止于原平市官地乡黑峪村北 300 米处,大体呈东西走向。长城调查组所做的调查,只是有长城遗迹的实体部分,其结论也是这段长城的走向、长度和实体长城的起止点,对于史书记载的西起点"马陵戍"和东止点"土墱",并未给出明确的答案。

二、土墱位置的三种说法

土墱作为肆州长城的东起点,是屯兵守境的置戍地。寻找土墱的位置,人们从未停止过探

索的脚步。纵观其探究过程,大致经历了以下三个阶段:

第一阶段为推测阶段。严耕望著有《唐代交通图考》(中华民国版),在第五卷"河东河北区"篇叁柒"太原北塞交通诸道"(1351页)中有这样的记载:"西陉之西七十里又有土墱,当东魏武定长城之东端,亦为唐宋时代州西北通朔州之一道口。"按照里数和道口推测,且有"旧志并以为盘道梁"的说法,姑将其谓为"盘道梁说"。

第二阶段为考证阶段。否定了"盘道梁说",树立了"庙岭梁说"。这一阶段的研究者为清朝的曾国荃、张煦、王轩和杨笃等,成果是光绪《山西通志》。该志主要是订讹补阙,考证精赅。精于考据是该志的一大特色。在卷三五《山川考五》载:"土墱,旧志并以为盘道梁,据北人之路而言,实则宋四砦皆在山前,以地形核之,当在县西北三十里之庙岭。"

从这段文字的表述中不难发现,土墱在盘道梁是旧志上说的,"并以为"也就是旧志这样说过,但不能确定。"据北人之路而言",即根据北人从朔州通往代州崞县(今原平市,下同)的要道路口(盘道梁)来说的。可见这一说法只是推测,并没有实际考证。方志尊重历史事实,指出"实则宋四砦皆在山前",即北宋的四砦(土墱寨、石跌寨、阳武寨、楼板寨)都是建在恒山的前面,不在山顶。一个"实"字对土墱在盘道梁的说法予以否定,这是光绪《山西通志》在澄清"土墱"问题上的一大贡献。

光绪版《山西通志》否定了"盘道梁说"后,树立了一个新观点:土墱寨在崞县西北三十里的庙岭梁。此说即"庙岭梁说"。

第三阶段为实地调查阶段。山西省文物局长城调查组的实地调查推动了土墱研究的第二次进步。在调查报告《东魏肆州长城》一文中,对"盘道梁说""庙岭说"均给予否定,提出另一个新观点"黑峪说"。在"余言"中发出"黑峪障城城址东距庙岭6公里,难道它就是土墱吗?"的疑问。此说属于推测,证据不足。

笔者对土墱的研究可以说误打误撞,始于想搞清边墙名称和"边"是不是国家边界的初衷。从2014年开始,在网上搜索了大量资料,发现东魏肆州长城的起止点的具体位置仍是悬疑。

网上搜索"土墱"这个地名,除了东魏肆州长城的东起点外,也查到了"土墱寨",说今原平市沿沟乡土屯寨也叫"土墱寨","屯"同"墱"。由此想到,土墱寨因地而名,找到土墱寨,也就找到了土墱。字典对墱的基本解释:古同"磴",台阶和楼梯的层级。小坎。可见土墱就是土坎,或者是小土山。

从2016年开始,笔者对学界的三种说法进行了实地考证,想证实三种说法的真伪。

三、忻定盆地的西屏障

恒山山脉是滹沱河和桑干河的分水岭,横亘于大同盆地与忻定盆地之间,险峻的山势和地理位置,使恒山山脉成为塞北与中原之间的一道天然屏障。但这道屏障并不是铁板一块,内部有众多横向断崖形成的幽深狭长的峡谷,虽然非常险峻,却也成为崇山峻岭中的通道。

恒山山脉的西南端,从白草口呈燕尾状分为两支:一支向西延伸至阳方口,与吕梁山脉之芦芽山相接;另一支向西南延伸至阳武口,与云中山相对。崞县以云中山为界分为两个地理单元:东部为忻定盆地,西部为高原山地。忻定盆地有滹沱河,两岸地势平坦,人口集中,经济繁荣,为塞外进入山西最便捷的通道。高原山地称为西山地区,平均海拔比忻定盆地高出近公里。台地是个群山环绕的狭长凹地,东西走向的长城梁横亘于盆地的中间稍南,南北纵深五六里,把狭长地形分为南北两半。

高原山地的东缘由向西南延伸的恒山余脉和云中山构成,大部分山脉海拔在1700米以上,是忻定盆地的西部屏障。其山脉为断裂上升形成的块状山体,几处山体相互衔接处形成天然隘口,成为进入西山地区的交通要道,古人称之为"官道"。从崞县境内的平川进入西山地区有四条官道:第一条官道沿北云中河由芦板口向西经燕岭可到长梁沟;第二条官道沿阳武河北上可到马圈村。另外两条是天然的山脊隘口通道:第三条官道由崞县城一带向西翻越庙岭梁抵达红池村,前三条官道只能进入盆地的南部。第四条官道经大营向西过吊桥口可到官地村,只能抵达盆地的北部。历朝历代要拱卫太原,必然要控制和扼守这些孔道,在隘口处设堡立寨派重兵把守就成为必然。

土墱寨建在哪里?史料记载给出了一个方位,《宋会要辑稿》方域一八之二四:"土墱寨,在代州,太平兴国六年置。"宋《元丰九域志》卷四:"代州崞县有土墱寨。"《大清一统志》五十三:"土墱寨在崞县西北。"这些史料记载了土墱寨建于北宋太平兴国六年(981),位于代州崞县西北的事实。

据《资治通鉴长编》记载,太平兴国四年(979)五月,宋太宗平北汉后,宋辽以恒山山脊为界,宋辽初期边境一带既无军寨也无工事,正如左拾遗、直史馆张齐贤上疏所说"河东初平,人心未固,岚、宪、忻、代未有军寨。"张齐贤直白地说出了北汉与契丹边境不设防的特殊关系。宋太宗未及修整战力,六月就转兵北向,开始了第一次北伐战争。宋太宗于十一月十三日启用北汉降将杨业,知代州兼三交驻泊兵马部署。《资治通鉴长编·卷二十》载:"上以郑州防御使杨业老于边事,洞晓敌情,癸巳,命业知代州兼三交驻泊兵马部署"。朝廷实行"坚壁清野"政策,在边境地带设立了20里宽的"禁地"作为缓冲带。《资治通鉴长编·卷一百七十八》载:"潘美帅河东,避寇钞为己累,令民内徙,空塞下不耕,号禁地,而忻代州、宁化火山军废田甚广"。杨业用了三年时间,在川谷之口修建了13座营寨。《武经总要》前卷十七中,"河东路"有"寨十三"记载:"凡沿边十三寨,起代州,至忻州东北故三边,每寨各当川谷之口,控胡骑走集。凡有谷路大小通契丹界四十四。"

十三寨分别是瓶形寨、梅回寨、麻谷寨、羡兴寨、大石寨、茹越寨、胡谷寨、雁门寨、西陉寨、土墱寨、石跌寨、阳武寨和楼板寨。十三寨起于代州繁峙的瓶形,沿恒山南麓缓冲带南缘由东往西依次排列直到西陉关,前9寨建在雁门以东的主要隘口。后4寨都在崞县境内,与通往西山地区的4条官道相对应,土墱寨与哪一条"官道"相对应?从位于崞县(县治在今崞阳镇)的方位判断,楼板口位于崞县西南建了楼板寨,阳武峪也位于崞县西南建了阳武寨,庙岭口位于崞县之西,庙岭口西25里的石匣口建了石跌寨,崞县西北只有吊桥口了,吊桥口建了土墱寨,与史籍记载的西北方位相吻合。4个军寨控制了由晋西高原进入忻定盆地的通道。

四、实地考证土墱寨

《武经总要》载:"土灯(墱)寨,距河五里,西至石跌寨三十里,北至契丹寰州界,有谷路三,皆通行人。"这是对土墱寨地理特征最详细的记载。2017年5月,笔者找到了石跌寨的准确位置,找到了土墱寨的突破口。根据土墱寨"西至石跌寨三十里"的线索,分别到3个地方进行了几次实地考证。

在盘道梁拜访了村支书李安明,查看了新旧两座堡城。盘道梁位于恒山山脊隘口,明长城从村北经过。杨时宁所著《宣大山西三镇图说》载:"本堡(盘道梁)新旧砖城二座,一土建于嘉靖三十二年(1553),万历十三年(1585)砖包,今在边外。二十三年(1595)因地势低洼,改移新城于边内,周一里一百零四步。"据李书记说,盘道梁原名大洼,明朝守备赴任时沿着山脊盘山而行,更名为盘道梁。盘道梁村就在新城内,居民大多为守关将士的后裔。从位置判断,"禁地"北缘的盘道梁,建土墱寨的可能为零。从方位与距离来看,盘道梁在石跌寨的正北,相距40里,方位不对,距离不符。

庙岭梁是雁门十八隘口之一,位于石跌寨以东,方位相符;西至石跌寨25里,距离不等;隘口仅一条道路可通,不符合"有谷路三"的地理特征。

黑峪障城位于黑峪北山300米处,上有长城遗迹,文物保护碑标注"北齐长城",在石跌寨以东8里,方位相符,距离太近,仅是一种推测。北宋河东失地南北三十里,"熙宁划界"后失去了恒山山脊,边境线南移,以这道古长城为界。

把3个地点列下表比较(见表1):

表1 盘道梁、庙岭梁、黑峪实地考证表

地 名	石跌寨以东	距离	是否有长城	地理特征	建筑时间
盘道梁	石跌寨正北	40里	有明长城	梁上(不符)	明
庙岭梁	石跌寨以东	25里	无	梁上	北宋
黑 峪	石跌寨以东	8里	有北齐长城	山上	东魏

综合前人考证的结论和实地考证数据比较分析,排除了盘道梁、庙岭梁、黑峪三个地方,土墱寨的方向指向了土屯寨。有些疑点还没有排除,需要进一步考证。

五、探寻土墱寨

笔者把石跌寨作为起点记录汽车所行里程去土屯寨考察,想看东行30里是什么地方。在官地村北路边访问了80岁的田芸老人,老人说本地没有土墱寨,好像马家庄东面有段边墙。马家庄的老人说东边山上有"六郎城"。汽车里程表接近 30 里的地方是"六郎城隧道"的入口处。

边墙就在"六郎城隧道"的土山上,这段土筑边墙呈南北走向,顶宽 1.5 米,最高处约 4 米。从塌陷剖面的夯土层看,确为人工所筑。站在山顶向四周远眺,视野开阔,能统观全局。西面是相对封闭的小盆地,南北两山夹峙,东西两端小山封堵,盆地南北宽 4 里,东西长 10 里,大西公路东西贯穿进入"六郎城隧道",几个村庄散落在公路两侧。俯瞰东面,山势陡降,山下是滹沱河两岸的平川,山脚下的土屯寨赫然在目。

边墙的东起点在小山北面的悬崖边,地理坐标为东经 112° 40′ 33″,北纬 39° 1′ 6″,海拔 1670 米。当地人叫作"六郎城"的"城",究竟是长城,还是堡城?

小盆地的东口是吊桥隘口,4 里宽的东崖边矗立着 3 个高达 90 米的土山,如珠成串,依次相连,形如南北两山之间架设的吊桥,故名吊桥口。长城就在北侧两座土山上,土山的结构非常特殊,东面是石质的悬崖峭壁,西侧是黄土缓坡,坡上层层耕地遍布其间,现已荒芜。从西面盆地看就是台阶式的土坎,所以叫土磴山,符合古代"以形取名"原则。

吊桥口的土山上有长城遗迹且是起点,汽车记载的里程也与"西至石跌寨三十里"的说法相符,应当才是真正的土磴。

笔者初次踏勘后又多次到周边考证,核实了如下事实:

第一,土屯寨疑似土磴寨,但距离不符。土屯寨是今原平市沿沟乡的一个自然村,位于虎头山下。村民原居土屯古寨,因水源缺乏,交通不便,整村向东搬迁 5 里到现址。村西的古寨遗址在独立的黄土岗顶部,高出公路 20 余米,四面环沟,地理坐标为东经 112° 41′ 56″,北纬 39° 0′ 42″,海拔 1320 米。古寨的寨墙呈不规则形,寨内有建筑遗迹,残砖断瓦遍地,寨门朝南。从地形判断,古寨位于土磴山下,疑似土磴寨,但西至石跌寨已是 34 里,距离不符。

第二,菜林的"海眼"符合"距河五里"的记载。据田芸老人说,土磴山西距菜林村 5 里,有水流量很大的"海眼",是官地河流的源头。忻州市长城学会组织团队实地考察证实:当年的"海眼"地理坐标为东经 112° 38′,北纬 39° 0′ 26″,现已断流干涸。

第三,吊桥口的三条道路符合"谷路三,皆通行人"的记载。一是红沙眼,在北山与土磴之间的山沟,翻越北山可通峪道沟和屯家岭。二是寨岭,在两个土磴间的豁口,通往土屯寨和大营。寨岭之名在山前小庙里大清咸丰八年的"碑记"上得到印证:"寨岭之路先进修之者多矣。"三是咸阳岭,在土磴与南山之间的洼地,是平川通往官地煤窑的驮炭道,由大道口经"直沟"峡谷直抵官地。清光绪《续修崞县志》有相关记载:"咸阳岭,在县治西北三十里,一名吊桥岭,明设巡检司,今裁,山上堡址犹存。"

第四,土磴寨"北至契丹寰州界"证明了土磴位置的正确。光绪《续修崞县志》中说的吊桥岭山上堡址应该就是土磴寨,位于北齐长城以南,北宋熙宁所划的宋辽边界就以这条古长城为界,长城以北属辽国寰州,长城以南属北宋代州。当时寰州在朔州东,即今朔州城区的西影寺古城为寰州治所。盘道梁属于朔州而不是寰州。

《武经总要》记载的土磴寨:"距河五里,西至石跌寨三十里,北至契丹寰州界,有谷路三,皆通行人"全都对上了茬。土墱山西侧山脚有处建筑遗址,是否为山上犹存的堡址暂不敢妄下定论。尽管残存一堵夯土高墙,遭人为大型施工挖掘损毁,寨址轮廓已不完整。至此,土墱寨是在山上还是四里外的山下已经不重要了,重要的是土墱找到了。

六、"土墱寨之战"是佐证

土墱寨地势险要,曾作为辽宋古战场名垂青史。北宋雍熙三年(986)冬辽国入侵代州,知州张齐贤率兵在土墱寨设伏大败辽军,史称"土墱寨之战"。

雍熙三年五月,辽宋金沙滩之战,代州知州杨业在陈家谷战死,张齐贤主动请缨,宋太宗便任命他为给事中、知代州。七月上任,十月十七日辽军兵分三路进攻北宋。西路大军由北院大王耶律蒲奴宁率领,兵锋直指河东代州,张齐贤闻讯后,急忙派使者到太原向潘美求援。

耶律蒲奴宁率领的西路辽军,主要意图是盯防河东宋军,防止其东出太行支援河北。十二月,耶律蒲奴宁率军通过胡峪口兵临代州城。此时,潘美大军才到柏井镇(今阳曲县东北)。耶律蒲奴宁按捺不住冲动,从被动盯防变为主动出击,与北宋神卫都指挥使马正所部鏖战在代州城下。城上的代州副都部署卢汉赟畏惧辽兵,不敢出城参战。张齐贤眼看马正寡不敌众,欲主动出击。北宋制度所限,知州无权调动朝廷禁军,出城打仗需要向卢汉赟请兵。卢汉赟及所部野战禁军却集体认怂,只愿守城,不敢城外野战。张齐贤只得率所部两千厢军慷慨誓师:"平时禁军看不起你们,大家敢不敢跟我出城打辽军?"厢军热血沸腾,跟张齐贤从马正的右方朝辽军扑去,一场突袭竟把辽军给击退了。

张齐贤回城后等待潘美大军,得知使者返程被辽军抓获,出兵日期泄露,潘美大军有被辽军伏击的危险。正着急上火时,潘美的使臣到了,说潘美军队开到柏井收到宋太宗密旨,东路大军在君子馆遭到失败,并州军队不许出战,潘美已率部返回并州了。

张齐贤对部下说:"贼兵只知潘美来会师,不知退兵,不如将计就计。"于是把使臣关在密室,令一将领率领二百士兵每人手拿旗帜,身背干草执行密令。他亲率两千厢兵消失在暗夜里。半夜时分,在州城西南30里处蜿蜒游动着一条火龙,火光中隐约旗帜飘扬,蒲奴宁大吃一惊,以为并州的援军杀来了。原来这条火龙是张齐贤派出的二百士兵所为,他们散开人马虚张声势,一手举旗一手举火把游动。蒲奴宁怕腹背受敌,心想西去庙岭口已不可能,唯有"吊桥口"可走,急忙下令从土墱寨撤兵!

张齐贤率领两千厢兵,前半夜趁着夜色掩护早已潜入土墱寨埋伏,此刻正以逸待劳埋伏在山坡上严阵以待。

契丹铁骑纵马追风,滹沱河西岸地势平坦,转瞬间一万多骑兵汇聚于土墱山小道上。风高月黑,道路难辨,坡陡路窄,辽军骑兵难以疾驰,下马举着火把前行,两条火龙穿行在山谷之间,想着只要翻过吊桥口,就可北出盘道梁回国。

就在这时,一支响箭炸响夜空,两千厢兵把一支支利箭射向辽兵,辽兵遭到突然袭击,人仰马翻摔下山涧。后队得知中了埋伏军心大乱,挥舞弯刀拼命往前冲。山坡上厢兵滚石齐发,辽兵被砸得血肉横飞,又一批辽兵涌上来,厢兵们用完箭镞用石头,石头用完用刀砍,经一顿混战,辽兵闯过山洼后向西逃去。

厢军属于地方兵种,主要从事搭建桥梁、开河开道、装卸、司牧等杂役,职责是守卫地方,维护治安,军事训练少,战斗力较弱。张齐贤虽是文官,但他临危不乱,料敌先机,巧布疑兵,乱敌军心,巧用天时,妙用地利,让厢军利用险要地形居高临下突袭敌人。辽军虽然人多势众,但山路狭窄崎岖削弱了骑兵的优势。此消彼长,创造了有利的战机。这一战俘获了北大王蒲奴宁的儿子、帐前舍利一人,斩首两千余级,获得战马两千匹、武器盔甲无数。

"土瞪寨之战"可佐证土瞪寨在山前,且位于晋西高原东缘隘口要道的事实。

七、肆州长城的山险段

土瞪山上的长城雄伟高大,虽为土筑,但保存尚好,且只有一段。长城东起点位于北面第一个小山的悬崖边,南端在寨岭沟口,长620米。在中间土瞪的北坡和山脊上有270米低矮的长城实体,是第一个土瞪长城向南的延续,两个土瞪长城总长890米。中间土瞪的北坡有南北长100米,东西宽50米的围墙遗址,围墙内有石头垒筑的条状地堰。当地老乡说,这是圈马的地方,至今当地人把它叫作"马圈圪塔"。

从第三个土瞪山开始没有了长城遗迹,过咸阳岭古道后,南部高耸的山脉转向西南。经反复考证,确定长城向西南的延伸段利用了天然山险。这段晋西高原的东部边缘长22里,呈狭窄带状地貌,面临忻定盆地的一侧均为断层结构,悬崖百丈,本身就是高峻的天险长城。忻州市长城学会组织会员对这段山险做过徒步考证,证实它与黑峪段的东魏肆州长城属同一山系。

咸阳岭以西连峰叠嶂,从东往西依次为红窑泊,主峰海拔1733米;官地村南的天门关,东西长达8里,两峰并峙,东峰海拔1860米,西峰海拔1816米,其状如门,故名天门关;庙岭梁村北的头峰山主峰海拔1955米。

在头峰山,山脉呈燕尾状分为两支:一支向西南延伸,经野马梁、照老山直抵阳武峪;另一支转折向西经石墙村北,在东桦崀洼地北折与黑峪西山相接。黑峪西山上有长城节,地理坐标为东经112°33′4″,北纬38°58′32″,海拔1467米。节点以西向为肆州长城,过石匣北口,经西庄头、下马铺、大立石、四十亩、长畛等村延伸宁武三张庄,抵达苗庄古城以西的榆树坪;节点以东的长城跨过黑峪沟与黑峪北山的北齐长城相接;由节点向东南延伸200余米的一段长城直至崖边与山险相连接。

由此可见,石匣北口的东魏肆州长城东行至黑峪西山后分为两道长城向东并行。肆州长城在节点处转东南利用山险长城东抵吊桥口,与土瞪山长城相接并截止。北齐长城则从黑峪北山向东延伸,过白鸠川沟口,走东北方向与白草口长城相接。

北齐长城是在东魏长城基础上增筑的。据史料记载,北齐武成帝河清二年(563),突厥发动二十万兵民来毁长城,并且准备入侵恒州(平城)。河清三年(564),突厥在塞北集结兵力,决定联合北周攻打北齐。北齐武成帝高湛闻讯,于河清四年(565)对东魏所筑一段旧长城增筑至雁门关,又对北齐557年所筑的内长城进行修葺。北齐增筑的长城就是黑峪至白草口段长城。

八、结　语

高欢修筑的东魏肆州长城,目的是封堵柔然南下的孔道而拱卫太原。西起管涔山马陵戍(至今仍未确定位置),东到恒山余脉土墱的长城,构筑起一道防线,在汾河川、吊桥口等多处重要的山川隘口屯兵戍守。东桦峁至咸阳岭这段山险长城尽管长达22里,但也是肆州长城的重要组成部分。位于原平市段家堡乡马家庄村东三里处的土墱属于肆州北山,山上有长城且是长城的起点,与史料的记载方位一致,距离相符,由此可见土墱就是东魏肆州长城的东起点。

(此文在第三届中国长城论坛上荣获三等奖。作者系忻州市长城学会理事兼副秘书长,山西省忻州市第六中学副校长。)

独一无二的长城建造工艺——火烧长城

陈金荣

在忻州市原平段家堡乡西边的山上，有一条大致为绵延东西向的长城，在 20 余公里的石头墙体上，呈现出火烧后的块状凝结，石头呈褐红色或淡绿色的玻璃状晶体。当地百姓不知其为何人何时修筑，只知世代有"火烧边墙"的传说。

"火烧边墙"分布区域属于古时候的句注山。句注山西起宁武县的分水岭，东到繁峙县的平型关，横亘二百余里，介于大同、忻定盆地之间，也称之为陉岭。西晋时立有句注碑，碑文中将陉岭称为："中国北方之险，天下之阻。北出通大漠，南下连忻代，所以别内外也"（光绪《山西通志·山川考五》）。北魏期间，拓跋焘于太平真君年间分并州，在今忻府区北河拱村设置了肆州城，在此期间，将句注山称之为肆州北山。东魏武定元年（543），为了防止柔然等草原民族铁骑的侵扰，于是在陉岭之上修筑了长城，史称东魏"肆州长城"。

东魏肆州长城《魏书·孝静帝第十二》载："武定元年秋八月，……齐献武王召夫五万于肆州北山筑城，西自马陵戍，东至土隥，四十日罢。"这条颇为独特的长城，不少史家都有过著述，却未能超越《魏书》所记。寥寥数语，难详其明。近来也有许多长城爱好者亦著文理论，但仍大多拘泥于文献，只是作出大概的推测。肆州长城究竟分布于什么地方，如何在 40 天内建成、现存情况如何仍然是个谜。

长期以来，人们讨论肆州长城大多属于纸上谈兵，直到 2000 年，文物部门的普查才揭开它的真实面容，这对我们认识北朝时期山西的历史又增加了一种视角，多了一种维度。

一、肆州长城的修建背景

北魏永熙三年（534），高欢兵逼洛阳，赶跑孝武帝元脩，另立元善为孝敬帝，是为东魏。东魏虽然定都邺城，但高欢却于晋阳建立大丞相府，遥控东魏政务，史称"军国政务，皆归相府"。晋阳成为事实上的东魏政治军事中心。

东魏建立后，西面与南面基本上以黄河及河南洛阳一线与西魏为界，东西魏为了争夺土地与人口，战事不断。北面山胡、柔然等草原民族铁骑也不断南下侵扰东魏。面对来自西魏与山胡、柔然等草原民族南北两个方面的军事威胁，就当时东魏的国力而言，东魏是绝对无法同时在两条战线取胜的，因此对威胁较小的北面，除在外交上采取和亲联姻手段外，采用修筑长城的办法进行军事防御，实属东魏新建政权的无奈选择。于是在武定元年（543），在战略地位十分重要的管涔山与恒山两大山系之间的陉岭山上，高欢召集了五万多民夫，历时 40 余天，修筑了一道长城，历史上称之为"肆州长城"。《元和郡县图志》记载："忻州，古并州之城……后魏宣武帝又于今州西北十八里故州城移肆州于此，因肆卢川为名也。隋开皇十八年置忻州，因州界忻川口为名也。"肆州治所在今忻州市北的河拱村北。肆州北山，是今汾河流域与桑干河流域的分水岭，古称"横岭"，又称之为"陉岭"，也叫勾注山。属管涔山分支，横贯于管涔山、云中山川谷间。担两山，分二水，通天池，达河海。岭东为恢河源，岭西为汾河源。分水岭之上有"天池"，实际为一高山淡水湖泊群，有公海、岭海、马营海、琵琶海等湖泊，为桑干河的发源地，其中最大的湖泊为"元池"，北魏开辟狩猎苑林，孝文帝、神武帝等都曾多次来过此地，后隋炀帝曾在此修筑著名的避暑胜地"汾阳宫"。这里是恒山和管涔山两山的交会之地，是今汾河流域与桑干河流域的分水岭，属管涔山分支。为晋阳西北的交通要道，地理位置十分重要。而修筑这条长城的目的，就是保障晋阳大丞相府的安全，防护晋阳西北隅的交通要道——直通晋阳的汾河谷地。

二、长城遗迹以及保存情况

（一）遗存分布与现状

东魏肆州长城分布于宁武县、原平市境内，大体呈东西走向，现存遗迹的实际长度约为 70 公里。

1. 宁武县段

①宁武县段：肆州长城遗迹西起宁武县城西 7.2 公里处的余庄乡榆树坪村，顺管涔山东坡下行到苗庄村与苗庄古城遗址北墙相接。然后顺苗庄古城遗址北墙东向，跨越恢河后，沿凤凰山西坡而上，经东坝沟村、三张庄后村，并于三张庄后村东 5 公里处进入原平市。境内大体呈东西向分布，全长约 20 公里，其中东坝沟村约有 60 米段落保存较为完好，墙体以砂岩质片石垒砌，现存残高 1.4 米，顶宽 3 米。当地人称"石碣边墙"。

②榆树坪至苗庄段，墙体以土夯为主，因风雨侵蚀与人为破坏，损毁严重，墙体多已不存，遗迹却很明显，部分残段高约 1 米。

③苗庄村至东坝沟村段，墙体以砂质岩片石垒砌而成，墙大部坍塌。

④东坝沟村经三张庄村至原平市段，东坝沟村经三张庄村至原平市段，墙体多以砂岩片石构筑而成。部分段落为土夯，大部分墙体两侧的砌石已剥落，但主体保存尚好。墙体内侧有三张庄后村、阎王壁、尖山峁三座障城遗址。

2. 原平段

东魏长城于宁武县东庄乡三张庄后村向东 5.5 公里处进入原平市区，经后口、龙宫、段家堡、官地等四个乡镇，于官地乡黑峪村北 300 米处的土磴山最高处止。境内长约 43 公里，大体呈东西走向。

①后口乡段

自北梁村西 1 公里处起，东经北梁村、白草洼村、糜子洼村、长畛村，于长畛村南越过无名

河与北同蒲铁路,又经四十亩村,进入龙宫乡界,大体呈东西走向。只有四十亩村附近局部南
向,长约150米,宽约80米,现仅存基址。

②龙宫乡大立石村至段家堡乡南妥村段

长城遗址由四十亩村南入龙宫乡大立石村,又东行经陡沟村、段家堡乡下马铺村,西庄头
村、南妥村。并于南妥村南500米过石匣北口东入官地乡。全长约17公里,大体为东西向。遗
存保存较好的地段是四十亩村至陡沟村,该段长城遗址均由砂质岩和铝矾土矿石垒砌而成,大
部分受到损毁,个别段落保存尚好。现存残高1—2.5米,顶宽2—2.5米。另外长城墙体剖面包
含有多层木炭灰及木炭,墙体表面大多凝结成块状,有的呈褐色或淡绿色玻璃质晶体,火烧痕
迹明显。该段长城有一个特别之处,墙体剖面包含有多层木炭和木炭灰,墙体表面大多凝结成
块状。有的块状上有褐色或淡绿色玻璃质晶体。火烧痕迹明显,当地百姓中流传有"火烧边墙"
的传说。

③官地乡黑峪村段长城遗址

始于村西南2公里处,局部北折,于黑峪村北的山梁上止。约长3.5公里,大体呈南北向。
墙体外部为片石垒砌,中间为土夯。损毁严重,现存残高0.7—1米。段家堡乡石墙村北的长城
内侧,有一处障城遗址,略呈长方形,东西长约120米,宽25米,墙体全部为黄土夯筑,现存南
墙残段长约10米,残高1.8米,顶宽1.4米,基宽2.5米,周围采集有素面板瓦等遗留物。

三、独一无二的长城建造工艺

东魏肆州长城所用的建造工艺,完全采用就地取材的方法,宜土则土、宜石则石,现存长城
遗迹的建造工艺大致采用了三种建造工艺。其中47%为片石垒砌,15%为土夯,最为特殊的是
约28%的长城为铝矾土烧制。

(一)土夯法

在长城遗迹经过土层较厚的地段时采用这种建筑方法。东魏长城土夯墙体的夯层厚度为
7—11厘米之间,环形圆底夯,夯窝直径为5—6厘米。

(二)箱式片石垒砌法

所谓箱式既是在长城墙体的两侧用片石整齐垒砌, 每隔几米或十几米不等中间打一隔墙,中
间填充碎石和杂土。如同火车的车厢一样。这也是早期长城中片石垒砌法中较为常见的一种方法,
其目的是增加墙体的强度,使之不易坍塌。该段长城凡是片石构筑段落均采用这种建筑方式。

(三)箱式火烧铝矾土垒砌法

从40亩村到原平下马铺村的20余公里长城,被当地百姓称为"火烧长城",是这段长城建
造中最为独特的方法。之所以采用这种独一无二的方法,是因为建造地段正好处于铝矾土矿带
上,建造时充分利用了当地铝矾土,得以又快又好地建造了这段长城。首先,利用了铝矾土埋在
土中的时候,比较软,可以利用普通金属工具一层一层、一块一块地剥落下来,然后垒在长城两
边的墙体上,每隔十几米不等中间打一隔墙,墙体中间用小块或碎铝矾土块填平,铝矾土块风

干后就成为坚硬如铁的石头墙体,但这些墙体石头之间没有使用石灰黏合剂,所以互相之间缺乏连接,因此墙体还不够坚固。为了让这些铝矾土石头能够相互连接黏合在一起,又充分利用了当地山上植被茂盛,松树遮天蔽日,不缺木材的特点,就地取材用木材来烧结铝矾土,使其高温熔化黏合后形成墙体,不仅有效地解决了当地缺水和石灰,无法采用灰浆来黏合墙体的缺陷,而且可以利用火来使墙体通过高温黏接在一起,使其墙体比用灰浆黏合在一起还要坚固。

四、方法步骤

采用了烧结法来解决墙体黏合的问题。第一步:沿着山体的山脊线开挖一层不深的墙基,并在墙基最底层先铺一层砂质岩构成长城墙体的基础,然后再利用山上就地生长的松树,在砂质岩墙基上铺上一层 30—50 厘米厚的松树木材,铺好后再在其上铺上一层铝矾土墙体(每层厚 50—70 厘米),如此铺一层木材再铺一层铝矾土石材,连续铺 3—4 层木材和铝矾土后,然后从最底下木材层点火烧墙,大火烧 3—5 日后,高温熔化了铝矾土,使其在冷凝后完全黏接在一起,形成了独一无二坚硬无比的"火烧长城"。第二步:再在烧结后的墙上继续加高城墙,一层木材加一层铝矾土墙体,达到一定高度后,继续点火烧墙,使墙体在冷却后落到下层墙上,加高了长城墙体。第三步:经过如此连续 3 次以上的火烧,墙体就达到了 6 米以上规定的高度,独一无二的"火烧长城"就成型了。如此独特的建造工艺完全可以保证在规定的工期 40 日内完工。

五、技术要点

火烧长城修筑需要注意的三点:

一是采用这种方法,墙体不能在完全搭好后,一次性地进行烧结,因为墙体太高了,烧结后墙体中的木材要向下塌落,墙体也随之向下产生位移,不好控制墙体的左右位移,所以不能采取一次性烧结的办法,只能采取多次烧结以减小位移的方法来保证墙体落在准确位置,而且还必须保证整个木材燃烧层燃烧进度要一致,不能这边已经烧完了,那边还在进行燃烧,结果使整个烧结墙体无法同时落地,连接在一起,结果易产生断裂。

二是木材的放置厚度,必须有精确的计算,放少了,烧结温度达不到 1000℃ 以上,铝矾土矿不能熔化,墙体矿石无法黏接在一起;放多了,温度过高,墙体矿石熔化过度,易使墙体塌落,所以这也是一门科学,需要有专业人员指导予以完成。

三是由于铝矾土中含有大量的铁元素,所以在烧结后就形成了块状的铁质"骨碌磁",另外,由于砂质岩中和铝矾土均含有大量的石英砂颗粒,所以烧结后石英砂在高温下形成了玻璃体。如此独特的长城建造方法,不仅在中国的长城建造史上独一无二,在世界长城建造史上也是首屈一指,前无古人,充分体现了古代中国劳动人民的聪明和智慧。以上也说明在南北朝时期,我国劳动人民就已经完全掌握了铝矾土的基本物理性能,因此创造了国内独一无二的"火烧长城"。

六、基础实施条件

(一)修筑长城的山上必须有足够的铝矾土矿

原平铝土矿主要分布在段家堡、官地、牛食尧、长梁沟、龙宫、神山堡等地,已探明储量1.25亿吨,矿体平均厚度3米,矿床面积100平方公里,出露良好,剥采比平均为1∶1。矿区面积正好完全覆盖了由四十亩村南入龙宫乡大立石村,又东行经陡沟村、段家堡乡下马铺村,西庄头村、南妥村。并于南妥村南500米过阳坡河东入官地乡。全长约20公里的火烧长城遗址段,都在100平方公里的矿床面积内,所以在这一段修建"铝矾土火烧长城"完全具备利用铝矾土就地取材的条件。

(二)修筑长城的山上必须有足够的木材

当时修筑长城的肆州北山即勾注山,也就是现在的原平轩岗地区的山区,至今仍然由于地形险要、山路崎岖,人烟稀少,荒山秃岭。但在南北朝时期,却非如此,据北魏郦道元在《水经注》中对雁门关勾注山的描绘是:"山大乔木,连跨数郡,万里林集,茂林阴翳。"换句话说,当时这里的气候温暖湿润,河水流量大,池沼湖泊星罗棋布、绿色遍野、森林茂密、树木高大、水草丰茂,是人类栖息的理想之地。所以在修筑肆州长城之时,因其靠近管涔山,所以在山上仍然如同我们现在看到的管涔山一样,森林茂密,满山松树,完全能够满足火烧长城所用之木材。

那么如此广布的森林,它们是如何消失的?

其实森林衰减与人类进化有密切关系,与自然因素也有关。但人为因素更大一些。现在,我们说一下山西森林的变迁情况。

根据《森林之殇,山西省古代森林变迁史》的记载:山西古代森林持续下降的趋势,从公元前2700年,时光流逝到战国后期(跨度为2500年左右),山西省森林覆盖率由63%下降到50%左右。晋南的汾涑河流域和太行山南的河内地区的森林部分减少,但比较缓慢。这是第一个时期。

秦汉至魏晋、唐宋时期(跨度为1300年),山西森林如同冰川一样进一步缩减至40%,其恶果是平原地区的森林彻底消失,山地森林受到很大程度的破坏,代之以土壤裸露的农田。这一段,森林破坏的速度相比于先秦时期,已经十分迅速。人类社会正在进入小农经济时代。

明清时期,森林资源遭到毁灭性破坏。有资料显示,到清初(1700),山西的森林覆盖率由宋代的40%下降为18.8%(《我国森林资源的变迁》)。其原因是土地开垦、建筑用材和马匹畜牧。连史地大家史念海先生也在文中惊呼:明清时代"是黄河中游森林受到摧毁性破坏的时代,这种摧毁性的破坏是从明代中叶开始的"。黄河中游说的有陕西、河南,当然包括山西。

1700—1949年,森林破坏程度进一步加剧,山西森林覆盖率仅余2.3%。森林已经少得可怜。以天然次生林为主,人工林极少。我不禁想,如果破坏森林行为不是在1976年结束,如果再持续几十年,那么仅余的森林可能就是遥远的记忆了。

总的来看,古代森林遭破坏经历的是先平原,后丘陵,再山地的过程。所以肆州长城沿线的森林,也就在其期间逐渐消失了,成为现在的荒山秃岭。

七、建 议

　　东魏肆州长城是中国长城史上不可或缺的一页,具有十分重要的地位。特别是其独特的长城建筑工艺——火烧长城,在中国的长城建造史上,值得进一步加强考察研究,这对于丰富我国的长城文化研究,提高长城文化的内涵,具有十分重要的意义。但在过去长城研究工作中,因为这一时期的长城,并非中国历史上的主流长城,因此其重要性与独特性一直没有引起国家有关部门的足够注意,所以无论是专家学者还是长城爱好者,对这一历史时期的长城研究得不够深入细致,而且缺乏新的进展,特别是表现在有关东魏肆州长城的建造工艺上,更是莫衷一是,众说纷纭。究其原因,就在于这一时期的历史文献资料缺乏以及缺乏足够的实地勘察。可喜的是,近年来除有学者专门探讨东魏肆州长城外,忻州长城学会的诸位同仁,在学会的组织下,专门考察了东魏肆州长城,全体参会同仁共赴原平四十亩村与马家庄村,共同考察了全国独一无二的长城建造工艺——火烧长城。

　　(此文在第四届中国长城论坛上荣获三等奖。作者系忻州市长城学会二、三届理事兼副秘书长,九三学社忻州支社原主委。)

浅谈山西长城在拱卫京师方面的历史意义

王书光

山西在有史以来就具有"天下之中"的地理区位,既是西北部高原游牧民族文明向华北平原汉族农耕文明衔接过渡的纽带,又近畿临池,居于京师左右(以古都城长安和北京地理位置定位),为"京室之夹辅"之地,被历史上诸多王朝视为腹里。为此在山西的西北部与内蒙古交界地段和东部与河北交界的太行山,有历时2000余年漫长修筑长城史,其中明代长城规模最为庞大。目前,山西区划内长城上起战国,下迄明、清,涵盖了中国修筑长城的整个历史时期。长城资源5029处,墙体835段,边墙总长度约1410062.33公里,关堡367座,单体建筑3800座,相关遗存27处。其中明朝以来共修筑长城154年,墙体470段,总长度896.53公里,单体建筑3081处,关堡344座,相关遗存27处。山西长城主要分布在晋西北恒山、芦芽山、黄河入晋地带与太行山北部晋冀交界的山脊,具有规模的长城集中在大同、忻州、朔州,其次少部分在晋中、长治、阳泉、吕梁、晋城等地。明朝在山西境内修了"外长城"与"内长城"两道工事,全长896.53公里,分布在6市25县,包括外长城、内长城和滨河长城三个部分:一是从河北怀安向西进入天镇,经阳高、新荣、左云、右玉到偏关,长约380公里的外边长城;二是从河北平山进入繁峙,经浑源、宁武、神池折向偏关,长约400公里的内边长城,自大同市灵丘县向南依次经忻州市五台县、阳泉市盂县、平定县和晋中市昔阳县、和顺县、左权县,至长治市黎城县东阳关沿太行山脊岭分布的长城也是内长城的一部分;三是最西部与陕西省交接处的偏关——河曲段,约70公里沿黄河而筑的河边长城。

一、晋西北内外两道长城拱卫京师

山西有史以来为防御内蒙古各部落入侵中原前沿、守护京师的主要屏障,明王朝的两代皇帝由于朝纲不振宦官专权边境军队战斗力下降国力趋于衰微,导致早期修筑的长城大多倒塌荒废,成为南下游牧部落的驻牧场,在正统年间又经土木堡之变,明代军事防区大面积收缩,再一次统一的蒙古诸部大举南下屡犯边境,西北城堡几乎尽失,大同北境门户洞开,蒙古铁骑南下取道紫荆关倒马关直逼北京城下。为巩固边境保卫京师的安全,开始不断修筑加固山西与内蒙古边境交汇地区的长城,逐步形成现在的内外两道长城。

明长城与此前朝代的长城有着截然不同的布局。以战国秦长城和赵长城为例,它们都修建在阴山山脉一线,但到了明代的时候,这道长城收缩至山西、河北一带,而且在这道长城与京师之间多了一道"内长城"。造成这种局势很大一部分原因在于朱棣迁都北京。朱元璋时期，明军数次北伐蒙古，大明基本把国境线维持在河套以北地区，明长城极有可能与前代长城重合，然而来自帝国内部的一场突如其来的变故，却改变了长城的轨迹。内外长城主要说的是分布在山西北部大同、朔州、忻州北以及河北西北地区。山西北部地区西北转角而来的黄河，北有吕梁山脉和阴山余脉东有燕山山脉和南下的太行山脉。这些山脉相当于山西一道天然屏障阻挡北敌南下，内外长城就是依托此地的山势地形修建在这些山脊上的。内外长城主要是分布在山西北部大同、朔州、忻州北以及河北西北地区的明代长城。

内长城西起山西偏关老营堡丫角墩，沿晋西北的朔州、忻州交界，向东南转过平鲁、神池、朔城区、宁武、原平、山阴、代县、应县、繁峙、浑源、灵丘，直到河北、北京、张家口怀来县，再连八达岭、居庸关，最后在北京和外长城交汇，这一条是修在大同盆地西南的吕梁山脉、太行余脉及东部的太行山脉和燕山山脉。外长城自东向西，从北京延庆居庸关西北赤城、万全，进入河北张家口市怀安，连接山西天镇、阳高、左云、右玉、清水河、朔州平鲁区、偏关老牛湾晋蒙交界线。基本是沿着北部山脉地形修建的。而长城沿途设置众多重要城堡，例如大同镇城以及北面的边墙五堡——镇边堡、镇川堡、弘赐堡、镇河堡、镇虏堡；在外长城的弘赐堡东长城在这里又分两道分别叫头道边和二道边。外长城（头道边）北上经镇羌堡村向西，（二道边经弘赐堡向西）与头道边在徐达窑村汇合一直向西。

明朝为何要在山西北边修建"外长城"和"内长城"两道长城？我国早期的长城，无论是战国赵长城，还是秦汉长城都在阴山山脉一带，然而到了明朝，明长城却退回到了山西、河北一带。一个很重要的原因是朱棣发动"靖难之役"，改变了明朝历史的发展轨迹。明朝初期，明太祖朱元璋曾多次北伐北元蒙古，明朝国境线一度推进到了河套地区以北，并在今内蒙古建立了诸多军事据点，作为军事缓冲区，同时朱元璋还封了十三个镇守边塞的藩王。如果历史这样发展下去，明长城很有可能会在秦汉长城的基础上修筑。然而，朱元璋的儿子燕王朱棣发动了"靖难之役"，他得到了皇位，又迁都北京，实行削藩政策，还撤销了内蒙古的军事据点，并将全国的精兵强将集中在了北京和山西河保偏、平朔、大同等与内蒙古交界线上。从而对外"天子守边关"，对内集中兵权巩固自己的皇位。这直接导致了山西、河北一带失去了战略缓冲带，成为抵御蒙古骑兵的最前线，因此，明长城中的"外长城"山西段基本锁定在了山西的北面。

明英宗正统十四年（1449）发生了历史上著名的"土木堡之变"，得到一个惨痛教训就是，仅凭一道长城是根本防不住北方的蒙古骑兵，在外长城和京城之间必须建立一个战略缓冲地带，进而拱卫京畿。于是在"外长城"与京师之间再修筑一条"内长城"就显得十分必要。这道备用防线在山西的雁北地区，其北部是内蒙古高原、南部是恒山山脉、西部是吕梁山脉、东部是太行山脉，可谓"表里山河"。这一战略缓冲地带最终选在了山西的雁北地区，这与雁北、忻州特殊的地理位置密不可分，为此在山西西北部拉开了明朝大规模修筑长城的序幕。

山西北部的雁北地区和河北的西北部，历史上一直是中原的门户，为幽云十六州的一部分，被宋朝魂牵梦绕了三百多年。其北为高原和燕山山脉，南面有大约呈东西走向的恒山山脉，西面为吕梁山脉，东面为太行山。形成外有高原、群山环绕，内有大同、涞源和灵丘等盆地，构成一个相对独立的地理单元。此外,恒山山脉有宁武关、雁门关、平型关等,有史以来就是"一夫当关万夫莫开"的兵家必争之地,"太行八陉"中的后三陉——飞狐陉、蒲阴陉和军都陉可直接沟通山西和河北平原,而倒马关、紫荆关和居庸关正是这三陉的关口。因此,这一封闭的地理环境,易守难攻的地势,正适合构建一个战略缓冲地带。于是,"土木堡之变"后蜿蜒的明朝"内长城"就在此依山而建,成为当时拱卫京都的屏障。这样内外两道长城又分布了数段长度不同边墙形成多道保护屏障构成的纵深防御,阻挡、减缓了骑兵南下。

二、太行山关口与长城是京畿屏障

太行山脉南北绵延400多公里,横跨北京、河北、山西、河南4省(市),是一条重要的地理分界线,中国地形的第二阶梯由此过渡到第三阶梯。太行山是山西省和河北省的天然分界线。从春秋战国一直到明清两千多年中,尽管朝代一再变换,但太行山的险要地位一直未变。山西地处太行之西,关山险固,易守难攻,历来就是兵家必争之地。

清代地理学家顾祖禹称太行山为"天下之脊",因群山环绕,道路狭窄,是从山西南下中原的必经之地,谁占据了它,进则可攻,退则可守,谁就掌握了主动权。谁控制了太行山谁就可以得天下。最早可以追溯到春秋战国时期定都于蓟的燕国,其后近千年只是作为北方防御的重点而存在,由于后晋割让燕云十六州给辽国,成为辽国的南京,金朝初年依旧以燕京为南京,后海陵王完颜亮1153年迁都于燕京,改称中都,开启了封建王朝建都北京的序幕。元朝统一天下后,定都北京,改称大都。明朝初年,北京改北平,是燕王朱棣的封地,永乐初年复称北京,永乐十九年,正式迁都北京,从而历经明、清不变。特别是元代以来北京建都,太行山北部与燕山交会地段的军事战略地位尤为重要,所以元明清三个朝代的皇帝对天人合一的太行山长城和关口从来没有懈怠,保障京师以及中原地区的安全。在北京的西部横跨太行山有三条古道与山西高原相接,北方游牧民族要从山西高原进入华北平原,必须经过此三条古道。明朝就在这三条古道最险峻的地方筑起了关隘、堡垒以御外敌。古道上有居庸关、紫荆关、倒马关合称内三关,都是北三陉古道上的重要关隘。加强了在晋冀交接的太行山自北向南蜿蜒延伸拱卫京师的长城防线,特别是对平型关、龙泉关、娘子关的长城及其关口进行加固,重兵把守。

娘子关位于山西省阳泉市平定县东北,由于处于山西、河北两省交界处,扼太行山井陉西口,为晋冀的咽喉要地,是长城的著名关隘,有"三晋门户"和"天下第九关"的称号。娘子关原名"苇泽关",因唐太宗李世民的姐姐——平阳公主曾率兵驻守于此,平阳公主的部队当时人称"娘子军",故得今名。娘子关的历史最早可以追溯到战国时期的中山国,当时为中山国所建长城的关口之一。此后多个朝代都曾在此屯驻重兵,到了明朝时期因边患频繁,嘉靖二十一年(1542)重修城堡,专设守备把守,现在的娘子关就是当时的原貌。娘子关同太行八陉之一的井陉关隔山相对,同为控扼井陉的锁匙,是沟通山西、河北两省的咽喉要地。在古代,占据此关退可扼守三晋,进则逐鹿中原。因其地理位置极为重要,自古以来便是兵家必争之地。娘子关是山西的东大门,娘子关的城楼是明代建筑,这是因为明清以来,娘子关是通往北京的咽喉,主要防御西部的蒙古骑兵,因之又被称为京畿藩屏。而唐代以前京城多在长安,那时娘子关的任务是防范东来之敌。不论京都何在,也不管娘子关是防东还是防西,它的战略地位一直都十分重要。娘子关的防御比较完备,它和南边的固关、旧关构成了一个三角形的防御阵地。虽然远离内长城上的重要关隘,倒也自成体系。曾经有位诗人留下这样的诗句盛赞娘子关的威名,"雄关百二谁为最,要路三千此并名。楼头古戍楼边寨,城外青山城下河。"娘子关的过去已成为历史遗风,作为交通要冲的娘子关而今已是四通八达,铁路、高速公路从这里穿过,昔日古战场,现已成为人们旅游怀古的地方。

龙泉关在五台县长城岭,位于两省(山西、河北)三县(五台、繁峙、阜平)交汇处,从地理和军事的角度上看,是冀晋咽喉要道,拱卫华北、京师;从历史文化和经济角度看,又是太行山北部地区东西多种文化元素交融极其重要的纽带。据《清凉山志》卷一载,五台山"雄踞雁代,磅礴数州,在四关之中,周五百余里。"四关,即指龙泉关、雁门关、平型关和牧护关。自五台山佛教的兴起与繁荣,长城岭东西两侧龙泉关镇、石咀镇便成为僧众信徒朝拜五台山香火古道上最为重要两个古镇。在敦煌莫高窟61窟《五台山图》中的壁画中得以体现。这幅壁画上河北道镇洲即今天正定到五台山的地名排列,其中龙泉之店,即为龙泉关;石咀之店即为石咀镇。五台山佛教受文殊宗的影响,皇帝、僧众和信徒等虔诚朝圣者,长城岭和河北省阜平县龙泉关,五台山石咀镇是必经之路。这条逶迤而漫长的信仰路上,让大唐信众穿越河北省阜平,过长城岭,到达自己心中的高度。据史书记载,自东晋初年佛教传入五台山之后,就有北魏的孝文帝,隋代的隋炀帝,宋代的太宗,元代的成宗、英宗,清代的康熙、雍正、乾隆、嘉庆等9帝18次长途跋涉不辞劳苦巡幸朝拜五台山,扶植佛教文化,遂使其发展成了世界级的佛教圣地。元代之后五台山接近三朝京师,长城岭便成为皇帝西巡朝台的御道上东大门,也称之为御道龙门、京畿大门。自元朝以来,长城岭和龙泉关作为驻兵守卫的京畿大门,对关口的建设上备受皇家重视,设置上关和下关两道军事防线,有"畿西屏障""晋冀咽喉"之称。

平型关古称瓶形寨,以周围地形如瓶而得名。在今山西省繁峙县东北与灵丘县交界的平型岭下,平型关北有恒山,南有五台山,这两座大山之间有一条不甚宽的地堑式低地,是河北平原北部与山西相通的最便捷孔道。一条东西向古道穿平型关城而过,东连北京西面的紫荆关,西接雁门关,彼此相连,结成一条牢固的防线,是北京西面的重要藩屏,明清时代,京畿恃此为安。抗日战争时,山西军民为抗战史写下了浓墨重彩的一笔。平型关战役极大地振奋、鼓舞了中国军民的抗战士气。

太行山脉中还有很多受河流切割而自然形成的横谷,称为"陉",著名的太行八陉,是太行山系中八条东西横贯的峡谷,作为古时交往与征战的咽喉要道,这八陉每一条都满载着历史。中国最古老的字典《尔雅》解释说,"山绝,陉"。太行八陉最初指的也许就是太行山脉中八个断开的山口。八陉就是以点带线、由线而发散辐射出的一个道路交通网络。因为山口的存在,就走出了道路,就设置出关隘。继而再生发出建筑、城池、名胜等众多古迹来。

太行八陉是:轵关陉,位于河南济源市西;太行陉,位于河南沁阳市西北;白陉,位于河南辉县以西;滏口陉,位于河北省武安县之南和磁县之间的滏山;井陉,位于河北井陉县的井陉山上;飞狐陉,位于河北涞源县北和蔚县之南;蒲阴陉,位于河北易县西紫荆岭上;军都陉,位于北京昌平区和延庆区。

400公里太行所对应的八条陉道各领风骚,都有其独特的历史文化意义,不过与钟灵秀美的南太行所不同的是,北太行沟壑蜿蜒、峰峦相接更显苍劲雄浑,尤其是太行北三陉以及内三关,巍峨奇骏、屏障京畿。近代中华民族为抵抗外来侵略、争取独立自由的民族战争中,太行八陉都厥功至伟,保卫一个民族,守护一片河山。闻名遐迩的居庸关、紫荆关、娘子关,京张铁路、正太铁路等,可以说太行山已经不是简单的一座山了,它更是中华民族精神的一种象征,使人一想起太行山就想起那份不屈不挠的坚韧与执着。古代的金戈铁马、战火硝烟早已远去,曾经喧嚣的太行八陉也归于平静,但他们留下的历史遗迹与弥足珍贵的太行精神永远镌刻在了中华民族的恢宏史册上。

三、长城是五台山文化的纽带

驰名中外的五台山雄踞雁代,坐北俯南,因地理位置的重要性,造就了它在宗教政治上的特殊性。五台山巍峨壮丽,气势磅礴,北陵紫塞(雁门关),南拥中原,盘踞四关(雁门关、平型关、龙泉关、牧护关)之中,遏万里之烟尘,为大国之屏蔽,历来为兵家必争之地。它在城脚下、关门之内,位于历史上农耕民族与游牧民族的交界地带,屏藩着北方边疆的内环,也维系着蒙藏人民的团结。因此,历史地形成了显密两宗共同修行的格局,五台山上青、黄二庙杂处,汉地佛教与藏传佛教共同发展,因而更显示出其神圣性。五台山其极盛时,成为汉、满、蒙、藏、土等各民族共同尊奉的佛教圣地。五台山佛教以其在中国思想史上的特殊地位与功效,在北方地区民族团结与融合问题上一直发挥着至关重要的作用。五台山是民族融合的象征,它得到历代封建王朝的重视。翻开五台山各大寺庙的史册,第一页上总是赫然写着"敕建"二字。从北魏孝文帝在山上建立避暑胜地开始,隋炀帝、宋太宗、元英宗、清圣祖、清高宗等都驾幸五台山。如唐太宗、武则天、明太祖等,虽没有莅临,仍有敕赐名额、御制诗文等。至于历朝历代皇帝、皇后遣使札礼五台山,更是从未间断过。达官显贵、高僧大德、名人雅士,纷纷效尤之状,更是不胜枚举。因此,礼赞五台山的碑文、诗歌、游记、文章、题刻等,如汗牛充栋,形成了雄厚的文化积淀,成为中华文化瑰宝。五台山珍藏梵、日、汉、藏、蒙、满六种文字的经书54500册、汉藏乐器3045件。"佛门常会龙门客,禅林时集翰林人",正是五台山历史的真实写照。这方面晋冀交界太行山北端长城与关门具有特别重要的意义。

清朝康熙皇帝曾五次穿越长城岭巡游五台山,留下了许多传说故事和遗迹。康熙二十二年(1683)二月十二日,康熙皇帝带皇太子允礽首次巡幸五台山,经琉璃河、涞水河、真定府、龙泉关,过长城岭于二十日到达五台山,驻跸于台怀镇菩萨顶。他于二十四日回銮,经过长城岭与石咀镇之间的红崖村,一只为害多年屡次伤人的大老虎欲袭击銮驾,被康熙皇帝一箭射杀,虎患为之绝灭。康熙在红崖村(距长城岭7公里)射虎并改赐村名"射虎川"之后,还命清代200多年间主持皇家建筑设计的雷氏世家设计"样式雷"手绘《五台山行宫坐落图》,在射虎川台麓寺增建行宫;康熙这次巡幸五台山可以说是去探路,是为了太皇太后九月幸五台山作准备。这年太皇太后已是六十九岁的高龄,且身体不太好。九月十一日康熙帝奉太皇太后诣五台山,九月十三日过琢州后,"以长城岭一路山径险峻,特先往亲视所修道路,命和硕裕亲王福全、恭亲王常宁随太皇太后行。"十九日康熙帝到达菩萨顶,二十二日"自菩萨顶出迎太皇太后圣驾,留内大臣国舅咚国维、公福善率侍卫等修治菩萨顶至长城岭一带道路。"由于山势陡峭,经康熙帝再三劝阻太皇太后谕曰"岭路实险不可度,吾及此而止,积诚已尽。五台诸寺应行虔礼者,皇帝代吾行之,犹吾亲诣诸佛前。"康熙帝重返菩萨顶,"承太皇太后慈旨,代礼诸寺"。

康熙皇帝同年九月十一日再次巡幸五台山,于27日返回京城。康熙三十七年(1698)三月二十八日,康熙皇帝携长子允祀、三子允祉第三次巡幸五台山,仍住菩萨顶行宫。四月十一日返回京城畅春园。康熙四十一年(1702)二月一日,康熙皇帝带皇太子允祀、四子允禛(即雍正皇帝)和第十三子允祥从畅春园起程第四次巡幸五台山,于二月初八宿于射虎川台麓寺,九日移住菩萨顶,游览后返回京师。康熙四十九年(1710)二月初二日,康熙皇帝带领皇太子允祀、三子允祉、八子允祀、十子允祇、十三子允祥及十四子允禵等第五次也是最后一次巡幸五台山。这次宿于罗睺寺。至今位于长城岭与山西五台交界的分水岭上有康熙灵迹多处。(一)距长城岭古关门西侧的龙宿庵(属于龙泉关镇),传说清康熙帝曾住过一宿。(二)马刨泉,相传为康熙朝台时,到此突感唇焦口燥,焦渴难忍,立即口念文殊。只见坐下宝马长嘶一声,一踢刨出一口泉眼,甘泉清澈甜润,救活了康熙帝的一大批人马。(三)王快(村名,属于河北省曲阳县),原叫王怀,是遵照康熙的圣旨改为王快的。事情是这样的:当年康熙皇帝取道阜平、长城岭到五台山,走到王怀镇时,忽然吟出一上联:"王到王怀王快乐",让手下的人对下联。手下的大臣苦思冥想,谁也对出不出下联,一直走到龙泉关后,一位和尚对出了"龙到龙泉龙泉清"才算了事。但这时发现上下联不对仗,只有把上联中的"怀"字改为"快"字,才好,于是康熙一句话,就把王怀镇改成了王快镇。(四)康熙皇帝五次上五台山作诗17首,其中有关长城岭和龙泉关的诗两首。《自长城岭至太怀》诗最为脍炙人口。

乾隆皇帝更是超过了他的先祖先宗,一生六次朝台不说,在五台山的作为更是令人刮目相看,真是前无古人,后无来者,留下了一代帝王的足迹、诗歌和人文故事。雍正皇帝是在康熙皇帝第四次上五台山时以皇子贝勒的身份随驾的。他当皇帝后年号雍正。他作长城岭、龙泉关和五台山的诗词200多首,其中长城岭和龙泉关的诗20首。当他随父过龙泉关时,写下一首有名的《恭谒五台过龙泉关偶题》律诗,其下阙为:兵象销时崇佛像,烽烟靖始炉烟。治平功效无生力,赢得村翁自在眠。

乾隆十一年(1746)九月下旬,他"奉太后"旨第一次沿着皇祖当年朝台的足迹瞻礼五台山。来到长城岭,踏入五台山佛国地界。沿途的雄关漫道美景,百姓的迎驾盛况,五台山佛教圣地的金碧辉煌,佛国普照,使才华横溢的乾隆皇帝由然地联想到当年皇祖朝台宏愿和自己治国的意图,情不自禁地写下了《自长城岭至台怀恭依皇祖元韵》的诗篇。这首诗很有典型意义,集中地反映了他朝台的心愿:

五台夙所企,结念礼文殊。行将至香界,先此蹑云衢。秋色驻枫岭,霜华霏椒途。来来就日民,杂沓声欢呼。峰蠹村前髻,泉鸣涧底竽。同井西成佳,对此颇自娱。抚众意弥钦,绳武念更纡。十年纵小康,岂足言区区!清凉信清凉,宜为佛所都。天花上下雨,梵云朝暮图。延禧祝慈宁,端资法润濡。时巡藉讲武,皇祖有鸿模。申命仆御臣,此行其可无!

他目睹险峻的关山长城,龙泉关、石咀古镇和佛国太平祥和,认为用佛教安抚百姓,安抚四邻民族,是能够轻而易举达到的。

嘉庆皇帝即位后,于嘉庆十六年(1811)春三月十八日恭谒西陵后,巡幸了五台山。嘉庆帝住在台怀镇菩萨顶行宫,用七天时间游览了五台山的主要景点,写下了《五台赞碑文》后回京。嘉庆皇帝受其先祖与乃父的影响,不仅视五台山为"神京之右臂",更称其"诚中华卫藏"。所以,他对五台山佛教宠遇隆厚。

由于历代皇帝,尤其是清帝大力扶持五台山文化,从而使五台山真正发展到了极盛时期,成为满、汉、蒙、藏等各民族共同尊奉的佛教圣地,大大巩固了五台山在中国乃至世界佛教中的地位。

新中国成立以来,山西和全国一样在长城的保护和研究方面做了大量卓有成效的工作,把长城、太行山、黄河作为三大板块进行高位谋划。充分利用长城主体辐射效应,高品位打造山西"万里长城"国家历史文化名片,同时与生态文化和红色文化融合于一体,集中体现明朝"双边"内长城、外长城和太行山长城三个重点区段,以及深厚的山西长城精神价值,打造长城主题旅游景区工程,优化提升雁门关、娘子关、平型关、龙泉关等关口文化,推动长城公园建设,同时在维修长城的墙体及其墩台、关门要与自然生态、山水文化相融合,与周边蒙、陕、冀等省区的长城文化相对接,共享资源,助力乡村振兴,加大对长城保护和宣传力度,传承长城文化,讲好长城故事,弘扬长城精神。

(此文在第四届中国长城论坛上荣获三等奖。作者系忻州市长城学会理事,五台县教育局退休干部。)

赵长城在中华民族共同体形成初期的积极作用

苏栓斌

泱泱华夏,巍巍长城。三千年长城文化精神,凝聚着中华民族共同体生生不息、百折不挠的国魂。在伟大的长城家族中,战国时期赵国长城的修筑和征战,在初期实现中华民族大一统、形成开放包容的民族传统文化、促进胡汉民族多元一体交流融合发展中,发挥了启蒙式的积极作用。

一、开疆拓土的赵长城

进入东周后,在管涔山(西周时别名燕京山,在今宁武县)一带繁衍生息的林胡、楼烦游牧部族(周师所伐之燕京戎即为林胡、楼烦族之先祖)逐渐强盛起来。楼烦族在春秋时立国。其疆域相当于今天北起内蒙古呼和浩特市,东迄河北平山县,南至云中山,西达阴山之南到陕北。公元前403年,韩、赵、魏三家分晋,楼烦国乘虚南下,势力发展到现在的太原市西北娄烦县、灵石县一带,介于赵、魏、东胡、秦国和韩国之间。此后100多年时间,楼烦国愈加强盛。《宁武府志》载:"宁武之地,在上古时无所考,至殷末而北楼烦居之,当周成王世,略通中国,后绝不闻。"又载:"周成王时,楼烦入朝与成周之会。"《史记·匈奴列传》载,晋文公时期,"晋北有林胡、楼烦之戎,燕北有东胡、山戎。各分散居溪谷,自有君长,往往而聚者百有余戎,然莫能相一"。《汉书·地理志》载:楼烦县,雁门郡属县,"楼烦胡也",即今宁武县地。《晋乘蒐略》卷二载:"周成王时楼烦子入朝于京师。顾宁人言:'楼烦子不可考,其受封之始,或曰夏。'侯国于今宁武,商以来,世为荒服,至周初入朝。战国时,楼烦与林胡诸部,杂处代北。考之古牒,楼烦已入王会,不与林胡为类。……楼烦独有国号,其源未可同也。"《晋乘蒐略》卷三十二又载:"周王绘图有楼烦国。"《山西通志》载:"宁武,古楼烦国。"清《一统志》曰:"古楼烦国,宁武府治其故址也。"战国时,列国间兼并战争频仍,楼烦国以其彪悍勇猛、善于骑射,"楼烦骏马甲天下",而对相邻的赵国构成极大威胁。

同时,周显王三十六年(前333),赵国对魏、齐两国联合互尊为王不满,围攻魏国北部(今河南省内黄县西),无功而返。赵成侯、肃侯两世之际,南攻魏,东伐齐,力图中原,围魏不克后,为了积蓄力量逐鹿中原,特别是为了加强对北方边境林胡、楼烦族的防御,时年,赵肃侯开始修筑长城,并历赵武灵王、赵惠文王时代,在其南北边境、漳水和滏水间修筑了三道长城。

(一)赵肃侯赵西北界长城

《史记·赵世家》载:赵肃侯"十七年,围魏黄,不克,筑长城"。《史记正义》云:"刘伯庄云:'盖从云中以北至代。'(按:赵长城从蔚州北,西至岚州,北尽赵界)。《盐铁论·险固第五十》载:"赵结飞狐、句注、孟门,以存邢、代。"飞狐在今河北蔚县,句注即雁门关,孟门在今柳林县西北孟门镇滨黄河处。此三地者,均为当时赵北边地之冲要关口。《宁武府志·卷九》载:"在楼子山上有古长城遗迹。明正德中,兵备张凤豇立石山下,曰紫塞长城,或疑为六国赵时所筑之旧。"《宁武府志·卷十》载:"战国赵肃侯筑长城,尽赵北界。"明尹耕《九宫私记》(《蔚州志》卷四古跋条引)云:"余尝至雁门,抵崞、石,见诸山多有断削之处,迤逦而来,隐见不常。大约自雁门抵应州,至蔚东山三涧口,诸处亦然。问之父老,则曰古长城迹也。夫长城始于燕昭、赵武灵,而极于秦始皇。燕昭所筑者,自造阳至襄平;武灵所筑者,自代并阴山至高阙;始皇所筑者,起临洮,历九原、云中,至辽东;皆非雁门、崞、石、应、蔚之迹也。及读史显王三十六年有赵肃侯筑长城事,乃悟,盖是时三胡(东胡、林胡、楼烦)并强,楼烦未斥,赵之守境,东为蔚、应,西则雁门,故肃侯特筑之。则父老所谓长城者,乃肃侯之城,非始皇之城也。"《大清一统志》卷一百四十七载:"古长城,在宁武县东南楼子山上,有古长城遗迹。"《中国长城建置考》述:"此城当东起今河北涞源北界蔚县南界之飞狐口以东地,西行,入今山西灵丘县北境,复西行,入山西繁峙之北界。复自今山西繁峙之北境,至今山西代县西北之雁门,即古之句注。又由此转向西南行,入今山西宁武县之东南境。至于自宁武至大河之一段,……"

长城走向从飞狐口起,沿恒山、经雁门关、越桑干河、横管涔山、穿吕梁山,到孟门镇黄河岸止。史称的赵肃侯西北界长城遗存,主要分布在宁武管涔山脉楼子山、花塔岭上,沿坝沟湾边墙岩、窑子湾、大洼高边墙、小西沟、谢岗地、坝门口村等山脊和河谷两坡分布。明显遗迹累长十余公里,部分段落保存尚好,墙体用砂岩、石灰岩、沉积岩片石垒砌,基宽4.5米,残高约3米,顶宽约2.5米,墙立面中部有规则的梅花点状孔隙,大洼村西有一座障城遗迹。

该段长城遗存和历史上在宁武修筑的北魏、东魏、隋长城地理分布及走向并无关联。北齐天保三年(552),为了抵御北方柔然等少数民族侵扰,"冬十月乙未,次黄栌岭(今山西汾阳市西北),仍起长城,北至社于戍(今吕梁山北端五寨县境内),四百余里,立三十六戍"(《北齐书》)。北齐筑城时利用了部分赵长城。

赵肃侯赵西北界长城的修筑,稳定西北界局势三十多年,有效地阻止了林胡、楼烦南下扩张。

(二)赵肃侯赵南界长城

《史记·赵世家》云:(赵武灵王)十九年春正月,大朝信宫,召肥义典议天下,五日而毕。王北略中山之地,至于房子,遂之代北,至于无穷。西至河,登黄华之上,召楼缓谋曰:"我先王因世之变,以长南藩之地,属阻漳、滏之险,立长城。又取蔺、郭狼,败林人于荏,而功未遂……"这里所说的长城,即为赵肃侯所筑之赵南界长城。肃侯十七年,围魏黄不克,退而筑长城以防魏自守。魏之内黄与赵为邻,是魏在漳南之要地,逾漳、滏而北,即为赵之邯郸。肃侯欲围而克之,以断其东侵之路。既不能克,则缘漳水、滏水筑长城以障之,充分利用河流天堑修筑长城,构成天险与长城相辅相成的军事防御体系,以防倾国之险。赵南界长城西起河北武安县南太行山下,在滏水之南缘河东南行,经磁县南,缘漳水北岸东北行,止于曲周县古黄河之滨,长度约100公里。赵南界长城遗存主要分布在河北涉县、磁县。

赵南界长城的修筑,有效地防御了魏、齐、秦的侵略,为赵武灵王北破中山、林胡、楼烦创造了重要条件。

(三)赵武灵王长城

赵肃侯在位24年,公元前326年,其子赵武灵王即位。此后,赵武灵王续筑长城,史称赵武灵王长城。《史记·赵世家》载:"赵武灵王二十六年,攘地北至燕、代,西至云中、九原。"《史记·匈奴列传》载:"而赵武灵王亦变俗胡服,习骑射,北破林胡、楼烦。筑长城,自代并阴山下,至高阙为塞。而置云中、雁门、代郡。"《绥远通志》(稿本)云:战国赵长城在今归绥县北,沿大青山自绥东起迤逦西行,至乌喇特旗之狼山口为止,遗迹颇有可寻者,惟甚少耳。

赵武灵王长城从公元前300年始筑,完成于赵惠文王时代。据文献记载和历代专家学者研究考证,赵武灵王长城遗址东起于阴山北麓张北县东南部黄花坪、狼窝沟附近,沿阴山向西南走向,经东营盘、台路沟,到大河乡南缘进入尚义县甲石河乡鱼儿山,再经张家口市万全区、怀安县,从怀安县桃沟出境向北,进入内蒙古兴和县二十七号村,向西进入察哈尔右翼前旗,沿灰腾梁山(阴山东段,蒙语称寒山)南麓向西进入卓资县境,从卓资县进入呼和浩特郊区榆林乡北部,经西铺窑子、喇嘛库伦村、古楼板村、哈拉沁沟村、坡根底村,再经保合少乡、乌素图水库南、西乌素图村、东栅子村、霍寨村,进入土默特左旗、土默特右旗,进入包头市后,从河东区大庙村到哈德门沟口,自五当沟入乌拉山(包头以北的阴山称乌拉山)中,在乌拉山南麓东西走向,由达拉盖沟出乌拉山,进入乌拉特前旗白彦花镇,沿阴山西行至高阙塞。

赵武灵王长城东起于代,西至高阙,绵亘近两千里,强力地开拓了华夏文化圈和中华文明的版图。赵武灵王长城因离秦始皇时代不远,长城墙体保存较好,被秦始皇统一六国后修筑长城时加以修缮利用,以防御匈奴。

二、胡服骑射建奇功

《史记·赵世家》载,赵武灵王十九年(前307),武灵王召大臣楼缓谋曰:"今中山在我腹心,北有燕,东有胡,西有林胡、楼烦、秦、韩之边,而无疆兵之救,是亡社稷,奈何?夫有高世之名,必有遗俗之累。吾欲胡服。"《史记·赵世家》又载:"十九年正月,大朝信宫,召肥义与议天下,五日而毕,遂下令易胡服,改兵制,习骑射。"《资治通鉴》载:"赧王八年(赵武灵王十九年,前307),赵武灵王北略中山之地,至房子,遂至代,北至无穷,西至河,登黄华之上,与肥义谋胡服骑射以教百姓,曰:'愚者所笑,贤者察也。虽驱世以笑我,胡地、中山,吾必有之!'遂胡服。国人皆不欲,公子成称疾不朝。王使人请之曰:'家听于亲,国听于君。今寡人作教易服而公叔不服,吾恐天下议己也。制国有常,利民为本;从政有经,令行为上。明德先论于贱,而从政先信于贵,故愿慕公叔之义,以成胡服之功也。'公子成再拜稽首曰:'臣闻中国者,贤圣之所教也,礼乐之所用也,远方之所观赴也,蛮夷之所义行也。今王舍此而袭远方之服,变古之道,逆人之心,臣愿王孰图之也。'使者以报。王自往请之,曰:'吾国东有齐、中山,北有燕、东胡,西有楼烦、秦、韩之边,今无骑射之备,则何以守之哉? 先时中山负齐之疆兵,侵暴吾地,系累吾民,引水围鄗;微社稷之神灵,则鄗几于不守也。先王丑之,而怨未能报也。今骑射之备,近可以便上党之形,而远可以报中山之怨。故寡人变服骑射,欲以备四境之难,报中山之怨。而叔顺中国之俗以逆简、襄之意,恶变服之名以忘鄗事之丑,非寡人之所望也。'公子成再拜稽首曰:'臣愚,不达于王之义,敢道世俗之闻,臣之罪也。今王将继简、襄之意以顺先王之志,臣敢不听命乎! '再拜稽首。乃赐胡服。明日,服而朝。于是始出胡服令也。"

赵武灵王颁布胡服令后,国人纷纷去宽袍长袖,着短衣窄裤,从军习武。胡服骑射,骑兵成为能征善战的重要军事力量,赵很快强盛起来。胡服骑射仅推行一年之后,赵国就可与秦国相抗衡。《史记·赵世家》载:"二十年,王略中山地,至宁葭,西略胡地,至榆中,林胡王献马。""二十一年,攻中山,取丹丘、华阳、鸱之塞。王军取鄗、石邑、封龙、东垣。中山献四邑和。"公元前305年始,先后越黄花岭(今宁武关西北)取楼烦、败林胡,北拓疆土上千里,疆域达到了今河套北部。并置云中、雁门、代郡,雁门郡并置楼烦县(县治位于今宁武县苗庄古城),为纪念取楼烦、置楼烦县治,赵武灵王铸楼烦布币在赵国流通。《晋乘搜略》载:"十五年(赵武灵王二十六年,前300),南攻中山,北破楼烦、林胡,攘地至代,为谋秦也。武灵驱林胡以空其地,置云中、九原,直达秦中,为谋非旦夕矣。……礼遇楼烦,藉其兵力,得处变之权宜,隐然操其胜势,则秦有腹背之虞,而外无连横之患矣。"公元前296年,赵国吞并中山国,除去心腹之患,版图连成一片。

如今,在管涔山赵长城遗迹处,还有赵武灵王当年征伐楼烦国的试剑石及其传说。林胡、楼烦大部臣服于赵,余部被逐出阴山之外,与匈奴杂居融合。到汉武帝元朔二年(前127),臣服于匈奴的楼烦余部为汉将卫青"略河南地"时所破。从此,大多数林胡、楼烦人融入汉族,其余融入以匈奴为主的少数民族之中。

赵武灵王作为伟大的政治家、军事家、改革家,是华夏三千年胡服骑射第一人,他推动了我国古代军事史上首次成功的伟大变革。通过以胡服骑射为代表的一系列强国之举,赵国的政治、军事、经济、文化领域全面兴盛,成为战国七雄中的北方霸主。《战国策》等史籍记载:"当今之时,山东之建国,莫如赵强。赵地方二千里,带甲数十万,车千乘,骑万匹,粟支十年。西有常山,南有河漳,东有清河,北在燕国。""赵收率天下以摈秦,秦兵不敢出函谷关十五年""抑强秦四十余年,而秦不能得所欲""秦所畏害天下者,莫如赵"。同时,一改华夏鄙夷、因循守旧的风气,主动学习少数民族的长处,吸收彪悍的胡风和新鲜血液,为胡汉民族的交流融合发展、形成中华民族四海一家共同体起到了巨大的推动作用。

三、秦扫六合的先锋队

在战国末期的二百多年间,各国忙于内卷和混战,赵国是一个独特的存在。特别是赵肃侯、武灵王、惠文王时期的一百年间,赵国筑长城、易胡服、习骑射、逐林胡、灭楼烦、攻中山、破义渠、备匈奴,为秦始皇统一六国扫除了障碍,铺平了道路。

（一）逐林胡、灭楼烦、攻中山、拓疆土、致其兵

《史记·赵世家》载，武灵王十九年定易服之议，"二十年，王略中山地，至宁葭。西略胡地，至榆中。林胡王献马。归，使楼缓之秦，仇液之韩，王贲之楚，富丁之魏，赵爵之齐。代相赵固主胡，致其兵。二十一年，攻中山。……牛翦将车骑，赵希并将胡、代。赵与之陉，合军曲阳，攻取丹丘、华阳、鸱之塞。王军取鄗、石邑、封龙、东垣。中山献四邑和，王许之，罢兵。二十三年，攻中山。二十五年，惠后卒。使周袑胡服傅王子何。二十六年，复攻中山。攘地北至燕、代，西至云中、九原。惠文王元年，武灵传国其子，自号主父，将士大夫西北略胡地，而欲从云中、九原，直南袭秦；二年，主父行新地，遂出代，西遇楼烦王于西河，而致其兵"。自武灵王十九年（前307）至惠文王二年（前297），前后十年间，赵国在灭亡中山国这个困扰近百年的心腹之患后，四面出击扩张，"攻韩，至鲁关下""击齐，齐王败走""攻魏几，取之""攻魏房子，拔之""击秦，大破秦军阏与下"，开地拓边，未有宁岁。极大地消耗了邻国的有生力量。

（二）破义渠，扫除秦北边之患

《史记·匈奴列传》载："其后义渠之戎筑城郭以自守，而秦稍蚕食，至于惠王，遂拔义渠二十五城……秦昭王时……宣太后诈而杀义渠王于甘泉，遂起兵伐残义渠。于是秦有陇西、北地、上郡，筑长城以拒胡。"《静乐县志》载："周赧王八年，赵武灵王破义渠，自代至阴山守楼烦。"秦昭王时沿固原、庆阳、靖边、绥德，止于无定河筑长城以拒义渠等西戎，以防御其卷土重来，赵武灵王十九年破之，消除了秦国的北边之患。

（三）李牧守边备匈奴

《史记·李牧列传》载："李牧者，赵之北边良将也。常居代雁门，备匈奴。"战国末期，匈奴部落不断发展壮大，兵强马壮，常到赵国边境上骚扰，肆意抢掠财物。赵孝成王时，任李牧为将，镇守北边，并把帅府设在代地雁门郡。匈奴一色轻骑，机动性强，打完就跑，赵军难以集中兵力灭其主力。李牧针对匈奴的特点，采取以弱示强的战术，撤退防守，坚壁清野，积极备战。并定下军规：匈奴犯边时，入堡垒自守，有捕捉匈奴骑兵者斩。匈奴连年入境未能得到好处，以为李牧怯之，计划倾巢出动，大肆掠夺一番。赵孝成王二十二年（前244），李牧率军反击匈奴，备置战车一千三百乘，马骑一万三千匹，挑选骁勇善战的将士五万，能攻善射的兵士十万，进行实战演练。同时，纵放牲畜、民众遍布旷野中。匈奴前来试探进攻时，军民舍弃人畜财物，佯装败逃。李牧布下奇阵，放出左、右翼军队迂回攻击匈奴军队，把匈奴人打得大败，破匈奴骑兵十余万人。匈奴单于狼狈逃走，十多年间不敢靠近赵国边境。《史记·李牧列传》载："单于闻之，大率众来入，李牧多为奇阵，张左右翼击之，大破匈奴十余万骑。灭襜褴，破东胡，降林胡，单于奔走，其后十余岁，匈奴不敢近赵边城。"

赵国从赵惠文王始到其被秦吞并70多年间，与其北方匈奴的军事斗争，有力地消耗和牵制了匈奴的有生力量，解除了秦国的后顾之忧，为秦国远交近攻、放手统一六国创造了极为宝贵的条件和机遇。

秦王政十三年（前234），秦大举攻赵，占雁门郡。十九年（前228），秦军入邯郸，赵王迁献图出降，赵国亡。秦尽享其成，极大地增强了其剪灭魏、楚、燕、齐的综合国力。

赵长城,经武灵王胡服骑射,开疆拓土,自信自强,是推动中华民族共同体初期形成的利器。功莫大也!今天,在与时俱进、全面改革开放、推进中华民族伟大复兴新征程中,仍值得我们重视。

(此文在第五届中国长城论坛上荣获三等奖。作者系中国长城学会理事,山西省长城保护研究会理事,忻州市长城学会副会长,宁武关长城学会名誉会长,宁武县人大常委会副主任,山西省"最美长城卫士"之一。)

四辩丫角山

秦在珍

2010年有北京专家发文,称丫角墩在清水河县口子上村北山梁上。清水河县紧接着进行了地名抢注、登记,并通过媒体、网络进行了大规模传播。

清水河县所称丫角墩实地在口子上村北山顶,为骑跨在长城上的一座敌台。东首山梁为油磨山。

图1　清水河县所称丫角墩实地照片

真相　丫角墩在山西省偏关县老营镇柏杨岭上。柏杨岭明代多称丫角山,丫角山的丫角墩是中国万里长城的内长城和外长城的交会处,是内长城西端点0公里处,具有十分重要的地理、历史、文化地位。

目的　本文将运用古今文献、地图,结合今天当地地形地貌。

证明　1.丫角山、丫角墩就在偏关县柏杨岭;2.清水河县的丫角墩真名叫二十六墩。

文献证据

1.老牛湾望河楼前立有一块黄河边和二边界址碑,碑文第一句:东至丫角山外边长一百四里又一百八十六步。

2.《晋乘蒐略》第三十卷2341页载:

《山西通志》:王崇古《免调援兵疏》山西自偏头关老牛湾黄河东岸起,东至老营丫角墩止,共一百零四里,是为外边。

3. 2007 年中国明长城资源调查,老牛湾黄河东岸至柏杨岭丫角墩长城长 51 713 米,合
103.42 里。人工丈量,误差难免。

4.《晋乘蒐略》第三十二卷 2553 页载:崇祯十年(1637),兵备卢友竹建老营属之五眼井堡,
周一百丈,高三丈五尺,堡接丫角山。丫角、五眼井,外边、内边之要枢也。

"堡接丫角山",就是说五眼井堡连接丫角山。

站在口子上村北山坡,向南远望柏杨岭和五眼井堡,地形清晰显示:五眼井堡就在柏杨岭
北麓,"堡接丫角山"准确无误。

图 2　五眼井堡在柏杨岭北麓和口子上村实地照片

图 3　偏关丫角山丫角墩实景照片

内外长城交会于丫角墩,内长城由此延至北京八达岭。四幅附图和军用地图结合,展示出长城结各重要节点的今貌。先后筑就的东、中、西三路长城交会于口子上村形成一个近似三角形的长城结。

图4　丫角山长城结所用地图为1961年7月绘制的山西地图

下文引用的两幅古籍,是明朝隆庆三年(1569)兵部尚书霍冀主持刊印的《九边图说》的首页和第5—191页。第5—191页所绘,为偏头关二边长城东段。其中柏杨岭堡正北面的双重长城防御圈,和底图中所标示的丫角山长城结,古今基本对证。特别是城圈东端标出丫角墩的位置与实际地形状况一致。

由此证明:古今一致确认,丫角墩就在柏杨岭堡东面丫角山上,与内蒙古清水河县没有任何关系!

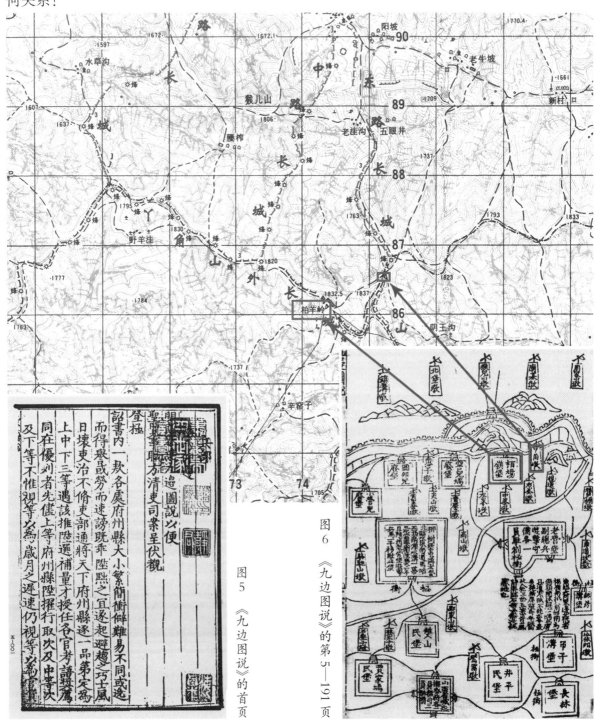

图5　《九边图说》的首页

图6　《九边图说》的第5—191页

　　为了让大家看得更清晰,特把《九边图说》的第5—191页古图放大如下,强调说明近五百年前丫角墩的位置。

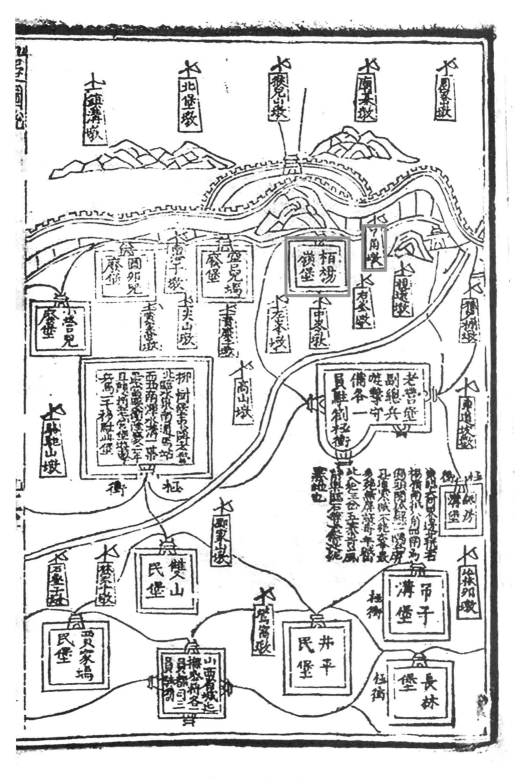

图7 《九边图说》的第5—191页

成书于清朝乾隆十三年的《宁武府志》表明：五眼井堡西北向长城上的边口叫二十六墩口，那么相应的那个墩就叫二十六墩。

图 8 山西古代
方志系列《宁武府志
注》的第34—35页所
载偏关城图表明：五眼
井堡西北向长城上的
边口叫二十六墩口。

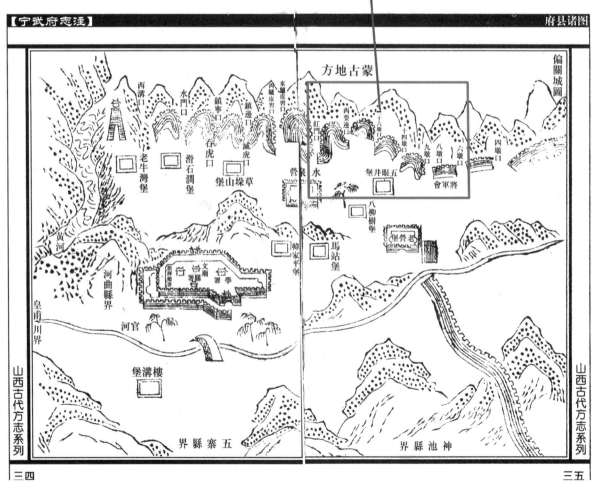

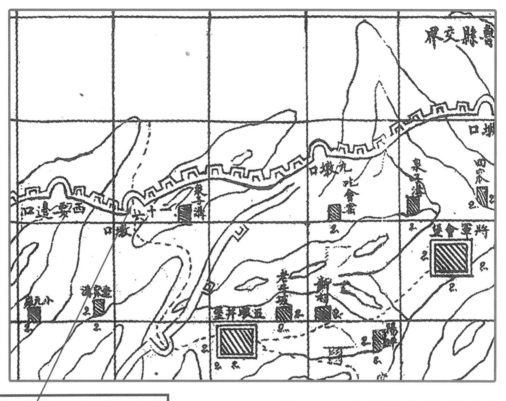

图 9 1905 年的《偏关志》所载清代偏关地图表明:五眼井堡西北向通往长城外的边口也是二十六墩口。

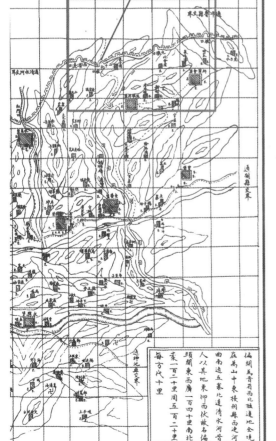

清代偏关地图

刊印于 1905 年的《偏关志》所载清代偏关地图表明:五眼井堡西北向通往长城外的边口也是二十六墩口,位置在老牛坡村顺沟往西至长城的地方。

《偏关地理志·村庄》表明:距离老牛坡村十里那个叫二十六口的村子,就是今天的口子上村。

结论:清水河县所称的"丫角墩",真名叫二十六墩。

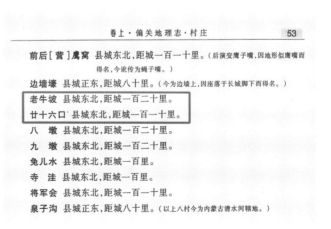

卷上·偏关地理志·村庄   53

前后[营]鹰窝 县城东北,距城一百一十里。(后演变鹰子嘴,因地形似鹰嘴而得名,今讹传为蝇子嘴。)

边墙壕 县城正东,距城八十里。(今为边墙上,因座落于长城脚下而得名。)

老牛坡 县城东北,距城一百二十里。

廿十六口 县城东北,距城一百一十里。

八 墩 县城东北,距城一百二十里。

九 墩 县城东北,距城一百二十里。

兔儿水 县城东北,距城一百里。

寺 洼 县城东北,距城一百里。

将军会 县城东北,距城一百一十里。

泉子沟 县城正东,距城八十里。(以上八村今为内蒙古清水河辖地。)

补证:清雍正版《山西通志》第49卷第11页载有将军会堡的资料如图10:

将军会堡分汛设防五处,首先就是"二十六墩边口"驻兵十名。这个分汛设防,就是派军把守边墙沟口,这二十六墩口,此前已证明,是清水河县口子上村所在的地方。清初虽裁了大批军队,但体制仍依明制。二十六墩口既然属大同镇将军会堡管辖,就不是山西镇属地,丫角墩也就不可能在那里。

至此,另一个问题也迎刃而解:由二十六墩边口过沟的大同镇长城,在丫角山北麓和山西镇长城连接,沟南的长城属山西镇老营堡,明末属老营所辖五眼井堡。沟中的边口和沟北的长城,属大同镇白草坪堡——将军会堡管辖。硬把丫角山、丫角墩说成在大同镇将军会堡辖区的口子上村北,完全是篡改历史,别有用心。

图 10　清雍正版《山西通志》第 49 卷第 11-12 页的资料图

资料显示,五眼井堡所辖之地并无五眼井口,而是丫角山北麓各个防守点。

（此文在第三届中国长城论坛上荣获优秀奖。作者系忻州市长城学会理事,忻州市长城学会偏头关分会副会长,偏关中学退休教师。）

山西抗日统一战线的形成从太和岭口谈判起步

刘燕芳

1937 年 9 月 6 日和 21 日,周恩来和朱德、彭德怀、彭雪枫等两上太和岭口会晤阎锡山,商量八路军入晋后发动群众开展全民族抗战的活动地区、作战原则、指挥关系、补充计划等事宜。商谈平型关、雁门关防御等具体问题。太和岭口谈判后,八路军在太和岭口周边进行的 115 师平型关大捷、120 师雁门关伏击战和 129 师夜袭阳明堡飞机场都取得了重大胜利,打破了日军不可战胜的神话,极大的鼓舞了全国人民的抗日斗志。周恩来与阎锡山两次太和岭口的成功谈判,为八路军进入山西扫清了障碍,为发动人民群众抗战,国共两党达成军事上的共识,建立的抗日民族统一战线组织产生了重要作用, 为山西乃至全国赢得抗日战争的最终胜利奠定了坚实基础。山西抗日统一战线的形成从太和岭口谈判起步。

一、代县太和岭口谈判的革命历史渊源

1937 年 7 月 7 日,日本侵略军发动卢沟桥事变,抗日战争全面爆发。日军分三路南犯,西路军沿平绥线进入山西,占领大同后转而南下,雁门关成为阻击日军的重要关口要塞。阎锡山将司令长官行营设于太和岭口。8 月 28 日,阎抵达太和岭口,期望以雁门关险将日军拒之于外,千年古关顿时战云密布,气氛骤紧。

此时,中共中央发出抗日宣言,提出全民族抗战的方针。当时蒋介石主张国民党政府和军队抗战,拒绝与共产党合作抗战。7 月 15 日,中共中央发布国共合作宣言。7 月 17 日,蒋介石方才宣布对日抗战。开始承认了陕甘宁边区。8 月 20 日,蒋介石任命阎锡山为第二战区司令长官,指挥山西、绥远的抗战部队,阻止从北京进犯的北线日军。我共产党八路军 115 师刚刚东渡黄河,挺进山西。但须与阎锡山谈判,才能取得在山西的军事活动区域,有效地在山西进行抗日。8 月 30 日和 31 日,毛泽东在延安发电报,要求正在西安的周恩来赶赴太和岭口,与阎锡山会晤,商量八路军入晋后发动群众开展全民族抗战的活动地区、作战原则、指挥关系、补充计划等事宜。

从 9 月 6 日起,周恩来、朱德、彭德怀、聂荣臻、徐向前等先后赶往山西。9 月 6 日,阎锡山在他的司令部院子里,满脸堆笑地迎接了周恩来、彭德怀、徐向前一行。周恩来说:"我们的军队正在开往前线,许多事情需要立即与阎先生商谈。不过,阎先生,八路军基本的作战原则,是独

立自主的游击战。阎先生,争取抗战胜利的关键,是发动全面的全民族的抗战……"。周恩来坚定地提出了我党抗日民族统一战线的政策内容。阎锡山听了频频点头,最后商定成立"第二战区民族革命战争战地总动员委员会"。周恩来写了一份第二战区作战计划,阎锡山第二天看后很吃惊,连连称赞。9月21日傍晚,周恩来和朱德、左权、彭雪枫等第二次上太和岭口见阎锡山。

太和岭口谈判后,八路军挺进山西,取得了平型关大捷、雁门关伏击战和夜袭阳明堡飞机场的重大胜利,开创了晋绥、晋察冀、晋冀鲁豫抗日根据地,从而迎来了抗日战争的最后胜利。太和岭口谈判是推进山西乃至中国全民抗战的见证。

二、太和岭口谈判后发生的重大战役

1.平型关大捷

"东渡黄河第一战,威扫敌倭青史流"这是聂荣臻元帅在86岁高龄时写下的《忆平型关大捷》中的诗句。平型关位于山西省繁峙、灵丘两县邻接处,9月25日早晨7点,日军进入设伏地域。八路军第115师突然发起攻击,打得敌人晕头转向,并乘势将日军逼退于老爷庙至小寨村的峡谷之中。日军在飞机掩护下疯狂反扑。我军英勇顽强,与敌展开白刃格斗,将日军全部歼灭。平型关战斗歼灭日军精锐第5师团第21旅团1000余人,击毁汽车百余辆、马车200辆,缴获步兵炮1门、轻重机枪20余挺、步枪1000余支及其他大批军用物资,牵制了日军第5师团的进攻。

平型关战斗是全国抗战开始以来中国军队取得的第一次重大胜利,振奋了全国的民心士气,提高了中国共产党和八路军的声威。

2.忻口战役

忻口战役从1937年10月13日至11月2日,历时21天。参加作战的部队有阎锡山的晋绥军、国民党的中央军和中国共产党领导的八路军(又称第十八集团军)。该战役是国共两党团结合作,在军事上相互配合的一次成功范例。

八路军政治部主任任弼时在当年撰写的《山西抗战回忆》一文中,曾高度评价了忻口战役的功绩。他说:"敌曾以全力猛攻忻口,遭受了忻口抗战部队的猛烈袭击。忻口战争是华北抗战中最激烈的战争,郝、刘两将军(郝梦龄第九军军长、刘家麒第54师师长)壮烈牺牲(陈长捷接郝梦龄任中路前敌总指挥)。卫立煌将军指挥下的全线部队,虽遭受了重大伤亡,毫未动摇;许多忠勇将士的英勇奋斗,是值得每个同胞永远纪念的。"

3.雁门关伏击战

1937年10月,日军侵占大同后,继续向南进犯太原。为配合国民党军在忻口的防御作战,按照朱德、彭德怀的命令,八路军第120师师长贺龙把第358旅第716团团长贺炳炎、政治委员廖汉生召到师部说:"忻口会战,敌人从大同经雁门关不断往忻口运输弹药、给养,这是日军最主要的一条运输线,发动群众,给鬼子来个突然打击,把这条运输线切断。"

10 月 17 日黄昏，贺炳炎、廖汉生率部到达雁门关下。18 日 716 团主力设伏于雁门关以南黑石头沟公路西侧高地。上午，日军运输汽车 50 余辆，满载兵员、弹药，由北向南驶入伏击区。此战，共毙伤日军 300 余人，击毁汽车 20 余辆。21 日晨，日军由南向北的汽车 200 余辆和由北向南的汽车数十辆相向而来，716 团居高临下，以突然而猛烈的火力展开攻击。日军在 8 架飞机支援下进行反扑。第 716 团毙伤日军一部后撤出战斗。该团两次伏击战斗，共毙伤日军 500 余人，击毁汽车 30 余辆。八路军第 120 师切断了日军由大同到忻口的交通补给线，同时第 115 师切断了蔚县至代县的日军交通补给线，使进攻忻口日军的弹药、油料供应濒临断绝，攻势顿挫。在战役结束后，忻口会战前敌总指挥卫立煌曾对周恩来说："八路军把敌人几条后路都截断了，给我们忻口正面作战的军队帮了大忙。"毛泽东在《抗日游击战争的战略问题》一书中也对此给予高度评价，他指出："游击战争还有其战役的配合作用。例如：太原北部忻口战役时，雁门关南北游击战，破坏同蒲铁路、平型关、阳方口汽车路，所起的战役配合作用，是很大的。"

4. 夜袭阳明堡机场

10 月上旬，侵华日军突破山西省北部国民党军防线，侵占代县、崞县后，继续南犯。国民党军退守忻口一带，阻止日军进攻太原。为配合国民党军作战，八路军第 129 师第 385 旅第 769 团团长陈锡联奉师首长刘伯承、徐向前的命令，率该团在代县、崞县以东地区，执行侧击南犯日军后方的任务。

10 月中旬陈锡联决定夜袭机场，以第 3 营为突击队，袭击机场；第 1 营袭扰崞县，牵制驻在该县的敌人；第 2 营为预备队，以第 8 连破坏王董堡的桥梁，保障第 3 营侧后安全；团属迫击炮连位于滹沱河南岸，支援第 3 营作战。

10 月 19 日夜发起战斗。命第 3 营直袭机场。第 9 连负责警戒阳明堡方向可能来援的日军，以第 10、第 11 连和机枪连组成突击队，以第 12 连作预备队。突击队从东西两侧隐蔽进入机场，当到达距飞机场约 30 米时，被日军哨兵发觉。突击队当即发起攻击，一部歼击日军警卫分队，一部迅速扑向机群，用机关枪、手榴弹向飞机猛烈袭击，顿时机场燃起熊熊火焰。经 1 小时激战，歼灭日军 100 余人，毁伤飞机 24 架，削弱了忻口日军重要的空中支援力量，减弱了它的攻势，有力地配合了国民党友军的忻口防御作战，在全国产生了巨大影响。第 769 团付出了伤亡 30 余人的代价，年仅 23 岁的第 3 营营长赵崇德不幸光荣殉国。

第 129 师师长刘伯承接到徐向前和陈锡联夜袭阳明堡飞机场的捷报后，异常兴奋，赞不绝口："首战告捷，打得好，打得好！"后来，刘伯承在总结这次战斗的经验时指出：此战侦察清楚，部署周密，行动秘密而迅速，动作突然而坚决。特别担任主攻的第 3 营，以坚决英勇的格斗，不惜牺牲，故能在 1 个小时内完全烧毁敌机。

5. 创建华北各敌后抗日根据地

1937 年 11 月太原失守后，华北地区的正面战场作战基本结束，中国共产党领导的敌后游击战争上升到主要地位。八路军第 115 师一部在聂荣臻率领下，创建了晋察冀边区抗日根据地，师部率主力南下创建以吕梁为依托的晋西南根据地；八路军第 129 师开辟以太行、太岳山为依托的晋冀豫边根据地；八路军第 120 师创建了晋绥根据地。至 1938 年 10 月，八路军共作

战 1500 余次,歼敌 5 万余人,收复大片国土,部队发展到 15 万余人,成为华北抗战的主力军。

三、结　语

太和岭口谈判在全国产生重大影响,对中国革命进程产生了巨大推动作用,开创了全民族团结抗战的新局面。山西的全民族抗战是从代县雁门关太和岭口谈判起步的,而后在全省及全国掀起了轰轰烈烈的抗日高潮。

（此文在第三届中国长城论坛上荣获优秀奖。作者系忻州市长城学会二、三届理事,忻州师范学院中文系讲师。）

北宋阳武寨探寻与考证

尹 捷

阳武寨是北宋在代州崞县(今原平市)境内修建的重要军寨,距今已有1000多年历史。宋志载:崞有芦板、阳武、石峡、土墱四砦。但是,阳武寨在《崞县志》和《原平县志》中都没有记载,文物部门第三次文物普查资料中对之也没有涉及,原平大部分人也是只知其名而不知其具体位置。

笔者在考察本地长城的过程中发现,因阳武寨位置史书记载不清,引出诸多疑问。在找到了石跌寨、土墱寨和楼板寨遗址后,阳武寨仍在寻找之中,阳武寨绝不会凭空消失,在历史上仅留下一个名字,它应该会留有一些历史遗存。

一、探证:阳武寨就在阳武峪

与"阳武"关联的地名有两个:一个是阳武村,另一个是阳武河。围绕这两条线索,笔者开始了阳武寨的探寻。

1.探访阳武村,阳武村不是阳武寨。前期资料和寻访的结果大多指向阳武村。

《原平县志》338页记载:"境内历代修筑的堡寨有35处。阳武堡在今阳武村。"

百度上搜索到一段文字:"阳武峪位于原平市西北大牛店镇下阳武村,东经112°57′,北纬38°84′,海拔999米。当恒山与云中山间古来代州西北通朔州的孔道要冲,惟已聊无遗存。"

宋代地图上标注阳武寨的位置也在今天的阳武村。

《上阳武村志》也说"图中阳武寨即上阳武"。

阳武村是"上阳武"和"下阳武"两个村子的合称,都位于阳武河南岸的平川地带,以阳武河命名。笔者在"上阳武"村拜访了李尚恒老人,查看了村南高地的一个土堡,土堡规模太小,不宜大规模驻军,疑为民堡。在下阳武村按照经纬度找到坐标,对照之下,感到此说自相矛盾:下阳武村地处平川,村庄是个整体,哪有什么峡谷孔道。阳武峪是一道峡谷,怎么会凭空消失,"聊无遗存"?

从地理位置看,上阳武村西距阳武峪东口十里,地形已是扇形开放的平川地段,建堡寨已失去扼隘口、守要道的作用。《续资治通鉴长编》记载,北宋时在阳武寨管辖范围,发生过辽人聂再友、苏直二人侵耕阳武寨地的事件,并州元帅韩琦在划界时曾凿堑立石为界。假设苏直等人所侵耕地已到了上阳武村西,边界线也理应划到这里,可北宋地图上的边界线却离上阳武村很远。假设阳武寨是上阳武村,阳武峪隘口已属辽国所有,辽军进入忻定盆地易如反掌,辽宋在划界谈判中又何必为争夺黄嵬大山而寸步不让呢?况且与"杨武寨南至阳武村三十里"的记载相矛盾。所以,地图上标注的"阳武寨"位置明显有误,上、下阳武村都不是阳武寨。

2.探寻阳武河。阳武河是滹沱河的重要支流,全长72.6公里。上游两条支流呈"V"形,西南的龙王垴和东北的白仁岩是阳武河的两大源头,两条支流在阳武口汇聚后进入阳武大峡谷,东流入滹沱河。

从阳武河周边的地形来看,忻定盆地西部是晋西高原的东部边缘,由云中山脉和恒山山脉构成保障忻定盆地的天然屏障。原平市"西山地区"就在恒山山脉的天然屏障上,被称为"西山聚宝盆"。"聚宝盆"不仅指这个地区的矿产资源丰富,而且地形特征也呈不规则的"伞状",四周群山环绕。南部云中山脉有原平境内第一高峰的老君洞,海拔2398米;西部是宁武县的纱帽顶和轿顶山;北部和东部是恒山尾部的两条支脉,进入原平市境内分为两支:一支西至阳方口驻足;另一支向西南延伸与云中山对峙,形成阳武大峡谷。谷口叫阳武口,地势最低,海拔为1100米,与四周群山的高差有1000余米。

我们不妨采用分段排除法来逐一分析。

阳武河东段,即下游,西起沙峪村,东至滹沱河入口处。下游河道位于忻定盆地,属于平川地段。虽有河水灌溉之利,但无险可守,没有建寨的可能,也没有古寨的遗迹。

阳武河西段,即上游。上游的两条支流各有称谓,有4个隘口,分别有堡寨遗址,隘口堡寨各有名称,阳武河西段设立阳武寨的可能被排除。

阳武河中段为中游阳武峪,也称阳武谷。从阳武口起至沙峪村止,全长18里,呈西北—东南走向,为沟通东西交通的咽喉要道。峡谷两侧山峰对峙,悬崖峭壁高悬,河道最窄处几十米,最宽处不过百米,因山高沟窄石耸,地势十分险要,旧称"雁门有东陉、西陉之险,崞县有杨武、石门之隘"。这里的"杨武"指的就是阳武峪隘口。"石门"是指石匣隘口。光绪《山西通志》卷三五《山川考五》载:"石峡,今名石匣口,当是唐之石门关。"从地理形胜和咽喉要道来看,符合"用险制塞",以达"一夫当关,万夫莫开"的效果,在阳武峪内建寨的可能最大。

3. 阳武峪自古以来就是战略要地。回顾历史,许多重大战事都发生在阳武峪,也为阳武峪内建寨增加了佐证。

唐朝大历十三年(778),回纥南侵,代州都督张光晟出崞城,破敌于阳武峪。

五代后唐时,石敬瑭在太原称帝建立后晋小朝廷,被后唐兵围太原。他以做儿皇帝为条件求援于契丹,辽太宗领兵五万,避开雁门关,从阳武峪南下,抵达太原击溃后唐兵。

五代后晋开运三年(946),契丹三万兵马侵犯河东,刘知远在阳武峪利用有利地形击败契丹兵马,斩首七千人。

元代时,雁门十八隘已处于疆域中心,阳武寨改名为阳武关。

明朝建立后,军事防线北移到塞外,阳武峪的军事功能虽然有所减弱,但战略位置仍受朝廷重视,阳武关改名为阳武峪口堡,不但驻军还设立巡检司,被纳入雁门关的防御体系。明隆庆元年(1567)九月,俺答率兵三次进逼崞县,并破石州。明廷派重兵堵截,激战于阳武口。

险要的阳武峪也曾让李自成的起义军望而却步。1644年2月,闯军的兵锋直指阳武峪。三关总兵周遇吉在阳武峪上游堵河截水设伏,准备水淹闯军。闯军的先锋部队抵达沙峪时,军中一谋士观察地形后称:"两山之间,必有大川,此地无水,不可轻入。"遂令大军调头,转道攻取崞县城。

"阳武"在历史上曾有"杨武、羊武"的称谓,音同字不同,其实都是一个地方。阳武峪这道天然峡谷,是兵家必争的战略要地,历朝历代都在此修筑永久性防御工事驻军戍守,唐朝叫阳武峪堡,北宋为阳武寨,元朝改为阳武关,明朝又称阳武峪口堡,尽管称谓有变化,但都以阳武峪的"阳武"两字命名。

二、史证:阳武寨乃杨家将所建

史料记载阳武寨建于北宋。《宋会要辑稿》方域一八:"阳武寨,在代州,太平兴国四年置。"《元丰九域志》卷四:崞县有杨武寨。《读史方舆纪要》卷四十载:"杨武谷,(崞)县西三十里,杨一作羊,或作阳,自昔戍守要地也……刘颁曰:代州杨武寨,其北有长城岭,今为杨武峪口堡,南至杨武村三十里,西至芦板寨四十里,设兵守戍。堡南又有杨武上下关。"

从以上史料记载不难发现,阳武寨的位置应该在阳武村北30里处,寨北有长城岭。那么,长城岭又在哪里?光绪《山西通志》卷三五《山川考五》载:"长城梁在县西四十五里,其城遗址独存,案此即高齐所筑马陵戍至土磴之城也,马陵戍在静乐。"这里的"城"是指东魏肆州长城,所在的石匣口至大立石一带的山梁就是"长城梁",虽然"长城岭"与"长城梁"有一字之差,但"马陵戍至土磴之城"具有唯一性,指向应该是一致的。前文已经排除阳武河西段有阳武寨的可能,阳武寨的位置应该在阳武村北三十里处以北至阳武口之间的这段峡谷内。

北宋时期,雁门关所在的夏屋山、句注山是辽宋两国的边境线,山北是辽,山南是宋。

宋平北汉之前,北汉这个小国是宋辽两国之间的缓冲地。北宋频频向北汉进攻,北汉屡次靠辽兵增援才得以幸存。刘崇在太原称帝建立北汉,自称是后汉的继续,由于国力微弱,无法与后周抗衡,便依附契丹求生存,在契丹皇帝册封下做了"侄皇帝",也算是对石敬瑭"儿皇帝"的继承和创新。到刘钧的养子刘继元继位后,更是结辽为援,与辽国的关系如同家人,因此辽与北汉之间的边境不设防。

《续资治通鉴长编》卷二十一载,太平兴国五年(980)十二月辛卯张齐贤的奏章说:自河东初降,臣即权知忻州……河东初平,人心未固,岚、宪、忻、代未有军寨,入侵则田牧顿失,扰边则守备可虞,……及国家守要害,增壁垒,左控右扼,疆事甚严,恩信已行,民心已定。这就印证了辽宋接壤后边境"未有军寨"的事实。

从《宋崞县方位地图》可以看出,崞县西北角的辽宋边境线有一处向南凹陷的地形,形如一只大足,它的形成正是由于庆历元年(1041)聂再友、苏直侵耕阳武寨地,由宋辽地方官府之间交涉而划定的。《续资治通鉴长编》卷二百六十五载:其黄嵬山下圣佛谷一带,久年以六番岭为界,后因北人聂再友、苏直侵耕过南朝地土,南朝仁宗为和好百年,不欲争竞。是时两朝各差官员共同订立地界,东至买马城,西至焦家寨,南至黄嵬大山北山脚为界。

六番岭在今天的宁武县城东南七里,今段家岭西一带,在长畛村南的肆州长城以北,辽人聂再友侵耕原来的两不耕地后,进入轩岗一带,双方订立地界时,四至分明:西至今焦家寨,东至买马城(今马圈村),南至黄嵬大山北山脚(轩岗以南的水背尖山脚下),因此这块领土就成了辽国朔州的地界。而崞县土墱寨、石跌寨地界,熙宁前以恒山的长连城(恒山上的长城)为界,熙宁八年(1075)以古长城(肆州长城)划界,南北失地 30 里,土墱寨、石跌寨(石匣口)成为镇守边界的重要军寨。长城以南的恒山余脉就成为边境线上的一道天然屏障。这道山体从土墱山向西南延伸至阳武口,呈带状,山势绵延,连峰叠嶂。山脊最低处海拔 1733 米,最高处海拔 1989 米,隘口与险峰重叠,断崖与峻岭错落。虽属山险,但并非不可逾越,在山与山之间的衔接处自然形成三个隘口,北部为"吊桥口",设置土墱寨防守。土墱就是东魏肆州长城的东起点,往西利用了 15 里的山险与黑峪的肆州长城遗迹相连接;中部为庙岭口,设置庙岭梁堡;西部隘口就是阳武峪。山体东侧大多为断层结构下堑,悬崖峭壁百丈,山南就是忻定盆地。

《天下郡国利病书》载:"雁门关隘口十八,东为……西为太和、为水芹、为吊桥、为庙岭、为石匣、为阳武峪、为玄岗、为芦板口,各有堡。十八隘自宋有之,宋失山后以此为防。"其中的庙岭梁、石匣口、阳武峪、玄岗口都在这道边境线附近。

太平兴国四年(979),宋灭北汉后,辽宋接壤。宋太宗想一鼓作气收复"燕云十六州"与辽开战,可惜未能如愿,辽宋两国自此为敌进入全面对峙的局面。辽军经常南下越过不设防的边境线袭扰。宋太宗心急如焚,边防建设被推上了议事日程,北宋修筑军寨填补了边境线的防御空白,这就是在夏屋山和雁门山南麓重要隘口大规模修筑军寨的原因所在,这也与《宋会要辑稿》所载代州沿边十三寨大多筑于此时相吻合。

史籍记载,宋灭北汉于太平兴国四年,宋太宗任用杨业为知代州兼三交驻泊兵马都部署,杨业上任后,对大大小小通契丹界的 45 条谷路进行勘察,用三年时间,在东起代州,西至忻州的三边川谷之口修建了十几座营寨,以防御契丹的袭扰。

在崞县西侧山脉上,巧妙利用了天然屏障和关塞隘口,吊桥口建了土墱寨,石匣口建了石跌寨,阳武峪建了阳武寨,楼板口建了楼板寨。在雁门西八隘口中所建堡寨,成为雁门关的防御体系的一部分,让这一带的军事防御功能得到了加强。

北宋所失之"山"就是恒山的山脊,地图上凹陷部分以北属于辽国。"以此为防"就是指"雁门十八隘"所建的堡寨了。

三、谱证:阳武峪寨沟有杨家营寨

在阳武峪内,笔者依据地形特征进行了反复考证。在阳武河北岸,有较为宽阔的两处台地可建寨:一是沙峪村北,二是芦庄村东。

在沙峪村北的台地上,没有发现古代遗迹,且地处阳武峪峡谷的末端,在此建寨一旦被辽军铁骑突破防线,顷刻间便会直入忻定盆地,因此并不是理想的建寨之地。

芦庄村东的台地处,离阳武口6里,隘口狭窄,河流呈120度拐弯;从阳武村驱车30里就在这里,符合"南至杨武村三十里"的记载;北岸平地较为宽阔,的确是建寨的最佳位置,但平地内没有遗迹存在,走访村里多位老人也无结果,在阳武峪内探寻阳武寨陷入了困境。

一年后,偶然在芦庄见到一本《武氏家谱》,竟有了意外收获。

家谱由武焘撰写,其中《塞沟茔图小序》载:"塞沟者,宋杨家营寨也。宋时,阳武险隘,因设营垒以成,至今石门犹在,荒城半存,确而可据。则其护卫之周密谨严,毋庸赘叙。"家谱提供的线索明确是宋代,又有杨家营寨的记载。

又据史书记载,"杨六郎寨在阳武峪,即延昭驻兵地。"《崞县志》载:"北宋都巡检使杨延昭守阳武峪,骁勇善战,辽人惮之,时部将孟良、焦赞同守焉。"史籍里的"杨家营寨""杨六郎寨"都指向阳武峪,与笔者判断相吻合。阳武峪内再没有其他军寨,难道这里的"寨"就是阳武寨?

"雁门十八隘"之一的阳武峪,处于土墱寨、石趺寨、庙岭口、轩岗口、焦家寨、阳武上下堡,乃至楼板寨的中心位置,雁门关西段防线的空间防御架构由此组成,驻防区域的指挥机关非阳武寨莫属。阳武寨设立巡检司,"北宋都巡检使杨延昭驻守阳武峪",巡检使长期驻守巡检司也就顺理成章了。而"部将孟良、焦赞同守"也不会都在阳武寨驻守。孟良在阳武寨北20里的石趺寨驻守,当地人把石趺寨叫作"孟良城"就有了合理的解释;焦赞在玄冈隘口以南10里处的"焦家寨"驻守;三个军寨呈掎角之势布局,便于相互策应,这也是熟悉兵法的杨延昭排兵布阵的常用手法。杨家将在边地耳熟能详,也难怪本地人只知有杨家营寨,而不知有阳武寨了。

塞沟在阳武河北山的南坡,人们把它看作一条普通的山沟,没有发现其中的奥秘。能做巡检司的军寨,需要较大区域驻兵,难道这条沟内另有乾坤?

为彻底了解塞沟,笔者找了芦庄乔成龙做向导。在沟口处老人停下了脚步说:"这条沟村人都叫'塞沟',这儿就是塞沟的唯一入口。杨家营寨的寨门就在沟里,原来有一道厚厚的石门,后来被村人把上面的石头拆了。"现在,当年的石门虽然不复存在,但沟口东边石壁下的坡上,一段石墙基础遗迹尚存。进入山坳,坡下和路边残砖破瓦遍地。折向南端,一道寨墙呈现眼前。

四、山证:杨家营寨即阳武寨

这段寨墙从石崖顶上的圆形小山包起至西崖洼地处止,呈西北走向,依照地形修筑,残墙形体高大,土石混筑,外墙用石块垒筑,内用黄土填充夯筑。底宽5米,顶宽3.5—4米,残高5米,残长250米,为保存较好的南墙部分。

寨西南角有一座点将台。点将台位于寨墙外侧,是一座独立的天然石台基高地,三面都是悬崖绝壁,北侧用10米高的土围墙隔开,自成体系,高程1190米。台基呈平面长方形,长70米,宽60米,上面覆盖厚厚的黄土与西崖壁等齐,东面和南面呈三层阶梯,高层的土台长30米,宽20米,高4米。西南角绝壁处矗立有擎天一柱——双印石。乔老师说,岩石顶端那块方形石头是天然的,方有一丈,顶面平整,形状像官府的授印,石头从中开裂,一分为二,取名双印石,悬崖就叫双印崖,也有村民根据其形状把它叫香炉崖。杨六郎在这里指挥士兵操练布阵,居高临下观敌瞭阵,指挥打仗。

寨沟非常隐蔽,在阳武河是看不到内部情形的。北部山峰高耸,峭壁高约七八百米。峭壁下的青石高台,东、南、西三面如刀削绝壁,南北长 1000 米,东西宽 320 米,自然延伸到阳武河,使河道呈"U"形环绕。高台与南岸悬崖对峙,形成最狭窄险要的隘口。两山夹峙,一寨把持,形成据险扼隘的险要态势,实为建寨的绝佳位置。

高台的东西两侧,两列小山峰并列,北高南低,各有三个连续隆起的小山,从鹰崖底一直延伸到高台南端。乔老师说:"那六个小山叫六和尚顶,因形状像和尚的光头而名。"中间的两个小山较大,对称向内突出,形成一个葫芦状的细腰,把高台分隔成南北两部分。北部的地势像一口锅,四周高,中间低,里侧是缓坡,锅底平坦。乔老师说,以前在锅底处有一眼泉水,水流量很大,现在已经干涸了。

南部为平面长方形,南北长 400 米,宽 320 米,西高东低。北面和尚顶的阳面为黄土缓坡,梯田层叠,阴面为陡坡;东面山梁内侧悬崖峭壁,崖下的冲沟直通阳武河。冲沟西岸上一条干道纵穿南北,三四米宽。路西的土崖上有块"U"形平地,缺口向东,形如半壁环绕,由三面黄土缓坡围拢。以"U"形平地为中心,从下至上共有六级阶梯,在坡上层层围绕,直抵西崖洼地。"荒城半存"就是指这处地方。

东南角的沟口,上宽 48 米,沟底宽约 10 米,两侧悬崖石壁呈钳形之势,东西遥遥相对。建寨时巨石垒砌的石墙与两侧石壁相接,浑然一体,石墙上开寨门。寨门一关,俨然就是一个封闭的堡垒。

寨南绝壁下有一块平地,长 70 米,宽 30 米。乔老师说,那块地叫校场,是杨家将平时操练兵马的地方,地名至今没变。

寨沟的杨家营寨,地势险要,天然石寨,寨墙高筑,防卫森严。军寨是阳武峪内唯一的存在,占地面积大,可容纳几百人;与《武经总要》"阳武寨,有井泉河水,西至楼板寨三十里,北至契丹朔州界,有谷路一,通行人"的记载相吻合。寨中有"井泉河水"可自存;凭据山险、河险,易守难攻,可自保,由此可判定杨家营寨即阳武寨。

五、址证:阳武寨有完整寨墙

"荒城半存"的阳武寨已经得到印证,东侧山梁之上的"山脊"又细又长,貌似寨墙。笔者首探阳武寨时,曾怀疑东面有寨墙但并未前去踏勘。为消除疑惑,再探阳武寨。实地查看证实:寨东部山梁形如一堵狭窄的高墙,为古寨东部屏障。"山脊"为人工垒筑的寨墙。山脊狭窄,两侧垒砌石墙加宽,中间用土石料混杂的材料填充。这段石墙顶宽 3—4 米,墙基 5 米,残高 5 米,长 205 米。虽历经千年风雨侵蚀,石墙仍然牢固,石块缝隙间苔藓斑驳,尽显沧桑古朴。寨墙仅至山腰,几经探查发现六和尚顶绝壁下的坡上,有一段隆起的土墙与山腰处的寨墙连成整体。坡上寨墙长 105 米,残高 0.5—1 米,与绝壁处接点高程 1264 米。这道东墙从绝壁处顺坡而下直至寨门东崖顶,与寨门相接,全长 310 米。

《三关志》载:杨武峪口堡,土石堡,周围一百十四丈,高二丈五尺。有厅房 3 间,库楼一座,营房 18 间,炮火二路,设立巡检司一个,千户一个,旗军 51 人,军火器 3571 件。

测量过的寨墙长度已达 560 米,与"周围一百十四丈"并不相符。经过反复考证,发现西山上的山棱也是寨墙,六和尚顶悬崖下的坡上,两道隆起的土埂呈"八"字形,加上北部绝壁山险,阳武寨封闭的寨墙轮廓终于形成。

北墙以隘口分为两段:西段筑于山顶,长 142 米,顶宽 3 米,残高 0.5—1 米。隘口长 32 米,中间为河道。东段长 190 米,石崖顶端为石墙,一直延伸到沟边。坡上寨墙与 180 米的山险墙相接,高程 1260 米,墙体两边石块垒筑,中间用红砂土填充。

阳武寨,据山而设,坐北朝南,寨门南开。古寨轮廓呈平面不规则形,寨墙随山势而筑,周长 1290 米,占地面积约 128000 平方米。现存主要设施:残存的寨墙轮廓完整,将台一座,古墓一座。

六、结 语

阳武寨位于阳武峪的寨沟内,在芦庄村东 300 米处。确定了阳武寨的具体位置,一是把宋代地图上标注阳武寨的位置向西北前推 30 里,符合边界线与阳武河交叉的实际;二是阳武寨北至马圈村 6 里,与《武经总要》中"阳武寨北至契丹朔州界"有了合理的解释,使史书记载的事件更符合地理实际。这对于考察研究北宋边界变化和重大历史事件,以及考证雁门关长城一线的军事防御体系具有重要的借鉴意义。

(此文在第四届中国长城论坛上荣获优秀奖。作者系忻州市长城学会理事兼副秘书长,山西省忻州市第六中学副校长,忻州市长城研究保护"十大杰出人物"之一。)

新广武—白草口段面临的机遇与挑战

杨继东

第一批国家级长城重要点段名单已于 2020 年 11 月 26 日以国家文物局文件公布,入选的长城共计 83 处,其中明长城 54 处;山西入选的明长城有 8 处,其中新广武—白草口段赫然在列。

此次国家级长城重要点段的遴选条件:一是构成了秦汉长城和明长城的主线;二是与抗日战争、长征等重大历史事件存在直接联系;三是具有文化景观的典型特征。其一,明长城新广武—白草口段同时具备这三项条件,它和大同、朔州的另 7 段构成了明朝"九边"之一的宣大长城五线段,也是明朝内长城、外长城上的五线和重要堡塞;其二,抗日战争爆发初期,八路军 120 师 358 旅 716 团曾在此段长城南侧连续三次设伏,切断了日军通往忻口战役的运输线,战争意义深远巨大,极大提振了全国人民抗击日寇的信心;其三,明长城新广武—白草口段是"中华第一关"雁门关左右两翼独具特色的文化景观。那么作为重要点段雁门关所在地的我们该怎么办?

一、明确两个概念,抓住两个关键要点

确立两个明确的概念,目的不是搞学术研究,更不是构建和完善明长城学的学术体系。目的很单纯、很现实,就是把新广武—白草口长城的保护和雁门关文化景观的利用汇入长城保护的国家行动之中,争取到国家的先进保护技术和专项保护资金、有了专业保护机构的设定。

确立哪两个概念呢? 一个是明长城,另一个是明朝内长城和外长城,这两个概念同时出现在经国务院同意、国家文物局制定并实施的《长城保护工程(2005—2014 年)总体工作方案》(以下简称《方案》)。该《方案》明确指出,明长城是长城保护国家行动的起点和重点,第一步先进行科学普查,掌握精准的相关数据,成立专门领导组,依托专门专业测绘单位,组建和培训由国家文物局、国家测绘局组成的专业测绘队伍。

该《方案》是一份政治站位高、科学技术性强、实际操作实施易的文件,它的草拟和出台也经历了一个科学操作的漫长过程。由国家文物局组织了多家专业文保机构、多名长城保护专家,共同起草、多次征求各方面的意见,经多次修改修订,于 2005 年年底呈报到国务院,最终于 2006 年经审核同意并印发实施。也就是在这个时间点上,明长城成为了"长城保护国家行动"的开端和重点。目前长城资源资料库中所存贮的科学依据,由当时组建的 51 支调查队,共计

448人(其中考古专业人员418人,测绘专业人员30人),经过长达近两年时间(始于2007年4月,终于2008年11月)的测绘调查所得。

明长城的概念如何表达阐述,专家们没有给出一个公认的表述语,我们基层工作人员也不能妄为,但必须牢记文件中提及的几项硬性条件。第一条是时间,从洪武元年(1368)至崇祯十七年(1644)所修的长城,持续时间达276年。第二条是长度,所修长城总长度为8851.8公里。第三条是所在地,东起辽宁省丹东市鸭绿江边的虎山,西止甘肃省的嘉峪关,中间经过辽宁、河北、天津、北京、内蒙古、山西、陕西、宁夏、甘肃、青海等地。第四条是现实意义,明长城作为军事防守工程失去其打击和抵抗、防御和警戒的军事作用后,其壮丽伟岸的本体成了国字号文物,承载了中华民族创造的核心价值观长城精神。

明内长城,目前文物界并没有一个公认的描述语,但是也有几项硬性条件。第一条是修建时间,明内长城修建有3个时间节点,一是明太祖朱元璋,二是永乐大帝明成祖朱棣,三是万历年间的翁万达。大明朝刚立国以后,朱元璋于洪武二年(1369)下诏在雁门、太和岭诸山谷间73隘俱设戍兵。如果说明成祖朱棣于永乐十四年(1416)修内长城是对北方瓦剌、鞑靼等部族的打击,永乐十九年(1421)修内长城则是对新迁京都的拱卫。嘉靖二十五年(1546),宣大总督翁万达大修雁门长城,西自偏关老营堡丫角山,东至繁峙平型关,"凿堑添墩八百余里"。第二条是内长城的总长及走向。明内长城全长1600公里,西起偏关老营堡丫角山,历经山西神池、朔城、宁武、原平、代县(雁门关)山阴、应县、繁峙、浑源、灵丘,进河北阜平、涞源、涞水、易县、涿鹿,又进北京门头沟、延庆、居庸关,在延庆四海冶与外长城交汇。内长城还有一个分支,从大同市灵丘县牛帮口分叉南下,顺太行山向南进入娘子关和固关,一直到长治市黎城县的东阳关结束。

为了纠正一个已经存在许久的常识性错误,忻州市境内的明长城是外长城,我们赘述一下忻州境外的外长城,偏关老牛湾—平鲁区—朔城区—清水河(呼市)—右玉—左云—阳高—天镇—新平堡(马市口)—张家口怀安—赤城—北京延庆四海冶(与内长城交会),内外长城形成了一个"口"形的长城包围圈,圈住了内蒙古大青山以南、河套平原以东、勾注山以北至大同盆地的广饶田地,成为漠北少数民族融入中原地区前的缓冲带和过渡带。

另外必须提及的一件事情,就是山西镇的由来。嘉靖二十一年(1542),大明朝廷增设了一个军政合一的长城伴生机构——山西镇,以抗击内长城之外鞑靼势力的军事进攻和经济掠夺。山西镇,又名三关镇,管辖长城东自大同市灵丘县牛帮口,与真保镇(即保定镇,设于嘉靖二十九年)相连,西至河曲县黄河东岸的石梯子堡;共设立路城(位于偏关)1座,关城、堡城约38座;设置总兵官(常驻偏关)1人,协守副总兵1人,分守参将4人,游击将军3人,守兵3人。

二、扛起三个责任,拉起一支队伍

我们要扛起三个责任,组建起一支专业性强、技术力量精、能吃苦耐劳、能攻克难关的长城保护技术专业队伍,把长城这份老祖宗留给我们的珍贵遗产同我们一道迈入新时代,让长城拥有的自豪感和爱国心及生生不息、奋斗不止的长城精神在新时代大放光彩,时时刻刻感化和教育前来参观的游客。

扛责任、拉队伍是文件规定的要求和时代赋予的职责，千万不能消极懈怠。保护长城的三个责任分别是：主体责任、监管责任、直接责任。

主体责任由地方人民政府扛。其一，地方政府首先要学习习近平总书记重要论述、重要指示、重要批示精神，主动自觉地扛起主体责任，树牢保护长城的文化自觉。其二，地方政府要把主体责任扛好扛扎实，要认真学习中办、国办印发的《长城、大运河、长征国家公园建设方案》《关于加强文物保护利用改革的若干意见》等重要文件。其三，要把主体责任细化到位，严格执行《中华人民共和国文物保护法》《长城保护条例》《长城保护总体规划》，坚持"共抓大保护，不搞大开发"的保护原则，把长城保护单列出来进入"五纳入"机制。

监管责任由文物部门扛。其一，要积极参与地方政府《国家级长城重要点段文物保护规划》的编制和审批工作，可以提前介入编制工作，特别要以技术的手段做好长城保护的区域划分、界线划分和连接工作。其二，要在《国家级长城重要点段文物保护规划》中增加两项新指标，即空间管控指标、净空管控范围，给游客留足和构建长城上的空中视线走廊。对建设控制地带要做出明确要求，在建设控制地带内仅限于3种基本设施的存在：一是进行保护管理的基础设施，二是长城展示阐述的基础设施，三是游客参观服务的相关基础设施。其三，要介入顶层设计，即在编制《国家级长城重要点段文物保护规划》期间，监管部门还需完成一份科学的、可行的《文物影响评估报告》。无论是在绝对保护范围内，还是在建设控制地带内，增加建设哪怕是挖一锹土、立一根杆、埋一截管的基础设施工程，都不得破坏长城周边的生态环境，都不得破坏长城管控带上的空中视线走廊。其四，要在《国家级长城重要点段文物保护规划》中建立几项符合新时代要求的新制度。一是长城沿线两侧的土地储备制度。有了土地贮备，一旦需要恢复重点景观，或复建文化点，可以丰富和提升公共文化产品，也可以为研究群体及长城保护专业技术人员提供研习活动基地。二是考古前置制度的改革和创新。考古前置制度是被动的、消极等待的，只有在基本建设准备开工时考古工作队才开进工地探测，如有古墓葬等发现才打报告发掘。这样的工作流程和申报程序，势必会造成施工单位工程项目（或工程计划）的等待或修改（如有重大考古项目发现），也使得考古工作在被动中开展被动工作。这项制度要改革，长城保护工作人员要将长城重要点段的考古工作常态化（注：不仅仅是打探方挖，非必须时不能乱挖、滥挖），如有重要发现，根据实际需要，及时调整保护规划中绝对保护范围、建设控制地段的区划面积，重新画出区划界线，重新设置新的标识。

还需特别指明一点，长城保护负主体责任和监管责任的责任单位在县乡两级不尽相同。县级人民政府由二十几个职能局组成，文旅局也是政府组成局；而在乡镇一级，仅有一名分管文教的副乡镇长兼管，其下并没有专职工作人员。因此，在《国家级长城重要点段文物保护规划》实施中，县文旅局的责任是双重的，既要在政府部门中负主体责任，也要在文物系统中负监管责任；所属乡镇政府的分管领导也要同时把主体责任和监管责任扛起来，是两个责任的第一责任人。

直接责任由管理单位和使用单位扛起来。明长城新广武—白草口段的管理单位共有4个，分别是忻州市代县文旅局、朔州市山阴县文旅局、代县雁门关镇和山阴县广武镇,它们均具有行政职能和执法权力。使用单位只有一个,即代县银泰雁门旅游开发有限公司,直接负责经营雁门关景区,行使雁门关景区的管理运营职能。雁门关景区是国家5A级景区,景区内两翼展长城通长约5公里,而明长城新广武—白草口段单线长至少有50公里,加上重叠和多重的墙体总长度至少有100公里。因此,管理单位和使用单位的直接责任一定要分清"点""段",一定要了然于心,谁的辖区谁管,谁的责任谁扛,避免出现问题后相互推诿扯皮。

三、拉起一支专业技术保护队伍

国家文物局《关于印发第一批国家级长城重要点段名单的通知》中第二部分第三条明确要求:"国家级长城重要点段、沿线地方人民政府,应明确并强化国家级长城重要点段保护机构,鼓励长城资源集中分布的地方,建立长城保护研究专业队伍。"对这支队伍的日常工作和肩负职责,也作了明确的规定:"一是落实长城执法巡查,打击破坏长城的违法行动,形成执法巡查制度常态化;二是落实长城保护员巡视及保养维护常态化;三是加强长城保护、管理专业技术的培训,建成一支负责任、专业强、技术精的长城保护研究队伍;四是学会现代科学技术,掌握采、挖遥感技术,小型无人机技术和其他执法监管的现代化科技手段,实现技术巡查与人工巡查相结合;五是这支队伍要建成长城保护的监测预警体系、安全防范体系、保养维护技术体系;六是资金保障,国家文物局补贴一部分,地方政府补贴一部分,拉起一支长城研究保护的队伍。"对于当地来讲,这是一项大任务、硬任务,需要资金支撑、制度支撑,我们一定要抓紧抓好,拉出一支队伍。

四、讲透六大焦点,提升展示阐述水平

明长城的修建,从朱元璋洪武初年立国到崇祯皇帝崇祯十七年吊死在故宫煤山,先后历时276年。明朝抵御当时北部元朝势力的复辟反攻,最初"自永平、蓟州、密云、迤西两千里,关隘20处,置戍守",再设"九边"(九镇)分地守御,继而增至十三镇。随着十三镇的强化和战争的频仍,长城的修建也在日趋完善,最终形成了中国古代长城修建的高峰;而长城也达到一个新的历史高度,形成了一个多层次、有纵深、最高指挥和戍卒直通的军事防御体系。明朝的长城是以一道或多道绵延伸展的墙体为主线,以一重或多重的关堡烽火台等军事设施为支撑点,主线和支撑点相呼应构成了一个长城地带(面)。地带上的行政机构、军事机构的命令传输、信息传输,构成了一个活跃的强大的军事防御体系、预警体系和战争体系,这个体系不仅维护了长城两边的和平安宁,也维护了商贸交流的有序进行和公平开展。综上所述,明长城具备修缮时间最长、成军政指挥扼控体系、成军事预警防御体系、最高军事长官与戍卒直通对话的指挥体系等特点。

下面分述长城的六大聚焦点,从细节特点提升其展示阐述水平。

第一个聚焦点是文化界线。长城以南属农耕文明区,长城以北属游牧文明区,它是草原游

牧和定居农牧的分野,因此也是一条有形的文化界线。关于这一点,东汉蔡邕曾云:"天设山河,秦筑长城,汉起塞垣。所以别内外,殊异俗也。"如在战国时代,赵国、秦国就在长城沿线辟出军事防御地带,设置特别行政区域,作为边地管理的军事措施和行政手段。赵国的云中、雁门、代郡,就位于今天内长城和外长城所包围的河北、山西境内,其中雁门郡在长城新广武—白草口段以北、内蒙古清水河托克托县以南,而燕国则拥有上谷、渔阳、右北平、辽西、辽东等郡。

第二个聚焦点是因地固险。长城新广武—白草口段不仅有墙体较薄的锯齿长城,也有白草口沟口的河桥长城,充分体现了古代特别是明朝修筑长城的原则"固地形,固险制塞""固边山(制)险,固河(险)为固"。白草口长城的锯齿(山险)、河桥(河固)是明长城西段的特殊段。白草口河桥段东连雕窝口山脊上的锯齿长城,顺山而下至今天的二广高速白草口隧道再下至河边;河上曾有一座桥,与白草口村的常胜堡相连,常胜堡西侧即是"口"之城门。进得城门才能进入白草口村,然后南进铁裹门,翻越勾注山,到达太和岭口;或分叉路,西到崞阳、原平,东到代县、繁峙、灵丘等地。

第三个聚焦点是骑墙敌楼。长城新广武—白草口段共有 9 座空心骑墙敌楼。骑墙楼平面是正方形,剖面呈梯形,条石砌基,夯土筑台,壁外包城砖;下部顺长城墙体方向开两个券门,上部四壁设箭窗和射孔,中层为正方形或长方形券室,各券室有通道相连,并可直通台顶;顶面一般为海墁城砖,四周有垛墙、瞭望孔和排水龙头嘴。空心骑墙楼是明长城的创举,发明人是著名爱国将领戚继光和谭纶。戚继光《练兵实记杂记》载:"先平边城,低薄砌圮。间有砖石小台,与墙各峙,势与相救。军士裸立暑雨霜雪之下,天所藉庇;军火器具,如临时起发,则远送不前;如收藏,墙上则无处可藏;敌势众大,乘高四射,守卒难突;一堵攻溃,相望奔走;大势突入,莫之能御。"他以一名实战将领的身份,道出了明代以前长城的四大弊端,经创新改造修成了空心骑墙楼,也解决了上述四大弊端,并留下了翔实的营造技法:"下筑基与边墙平,外出一丈四五尺有余,内出五尺有余,中层空豁,四面射窗,上层建楼橹,环以堵口,内卫战卒。下发火炮,外击敌人,乱矢不能及,敌骑不敢近。"

第四个聚焦点是关城及口城。关于关城,人们见得多,听得也多。对于口城,一般讲得少,知道的人更少。长城新广武—白草口段不仅有雁门关关城,还有白草口、太和岭口两大口城。关城、口城或堡城的建设,是由明朝军队和军队体系构成所决定的。省的最高军事长官叫都指挥司(也简称都司),省内又分为数个防务区,每个防务区设卫,卫下又设有数个千户所或百户所,代州振武卫即为如此。因此,关城及口城既是明朝军事制度的载体,更是长城墙体及建筑体系内涵的诠释和活化。如山西镇设于嘉靖二十一年(1542),管辖长城西起山西保德县黄河岸,向北经河曲、偏关、内蒙古清水河县老牛湾,转向东行至鸦角山,又趋向东南历神池、宁武关等地折向东北,过代县、繁峙等县抵平型关,再转南经龙泉关、固关而达黄榆岭(山西和顺县东),长800公里。此段长城设镇守总兵官 1 人,协守副总兵 1 人,分守参将 6 人,游击将军 2 人,守备13 人;置军事指挥部镇城 1 座,路城 6 座,关城、口城及堡城 100 余座,其中包括雁门关关城、白草口城、太和岭口城。

雁门关关城筑于洪武七年(1374),城墙周长 2 里有余;嘉靖中增修,万历二十五年(1597)

大修;清代渐渐荒废,雁平道贵肇于同治六年(1867)重修门楼。明万历年间,宣大总督翁万达大修长城,明确记载西自雁门关东水峪(口)鸦儿崖山,东至应县西南马兰口霍家坡,修筑长城 53 里,增设敌台 96 座、铺室 288 间、品窑(贮藏室)1840 座,可见长城防线的物资力量是多么雄厚。白草口城尚有一座比较完整的城门存世,它紧贴常胜堡,一半嵌在地下,一半立于地上。从前的士兵或驼队进出白草口城门看不到前面或后面的人,同进出新广武城的小北门一样,只听得驼队铃响,却看不见驼队的影儿。关城、口城及堡城的提出,为今后发展旅游产业、丰富公共文化品种划出了一片新的开垦地。

第五个聚焦点是烽燧系统。烽燧,又名烽堠、墩台,俗称烽火台,民间多称其为烟墩、烟墩圪蛋,烽火台及通信预警系统也是明长城的一个聚焦点。烽火台是军情传递的快速通信设施,发现敌军攻袭长城用点火、燃烟、放炮等方式传递敌情,比八百里加急快多了。成化二年(1466),朝廷规定火语、烟语和炮语:若来敌是一二十人至百余人,点火一烽放炮一响;若来敌是五百余人,则点火两烽放炮两响;若来敌是千人之上,则点火三烽放炮三响;若来敌是五千以上,则点火四烽放炮四响;若来敌是万人以上,则点火五烽放炮五响。

明代州的烽火台,是以雁门关外的新广武城为中心辐射布局的。紧邻长城的烽火台叫沿边烽火台,广武墩向西 20 里太和岭口设 1 墩,再西行 20 里水芹口设 1 墩,再西行 20 里吊桥岭设 1 墩,再西行 30 里庙岭梁设 1 墩,又西行 20 里轩岗口设 1 墩,再西行 30 里宁武楼板寨设 1 墩。从新广武向南排布的烟墩叫腹内烽台,新广武城向南 13 里至雁门关北口设 1 墩,再南行 10 里至雁塔设 1 墩,再南行 10 里至南口设 1 墩,再南行 10 里到代州城。

沿官道交通线设置的烽火台叫加道烽火台,古代州从西向东分别为陈家堡、十里堡、二十里堡、枣林、东留属直到繁峙。

烽燧系统的排布(沿边、腹内、加道)和表述(烟、火、炮),再和其他长城设施合并思考的话,就会顿然启动两个系统,即从朝廷中枢到长城沿线的军事指挥系统、长城沿边的行政隶属系统。这两个系统活化了,就会启动今天人们的丰富想象和情景再现。

第六个聚焦点是边塞互市,包括军市及军市中的人市、塞下民市场所和子市。战国时期,战国七雄之一的赵国委派李牧长期戍守雁门和代郡(河北蔚县)之地,镇守边疆,防御匈奴的侵略和掠夺。李牧根据作战需要在雁门开设了军市,课赋和市卖所得全部作为军务、军需和军备经费。文献记载:"市租(利润和税收)皆输入幕府,为士卒费"。士卒的费用,不仅包括衣服、兵器和兵饷,也包括改善士兵伙食的费用,有"日击数牛飨士"之说。军市的利润还扩大了戍边队伍,李牧与匈奴决战时有战车 1300 乘,战马 13000 匹,铁血之士 5 万余人,更重要的是士气高昂,战斗力特别强,史书称"边士日得赏赐而不用,皆愿一战"。

据明洪武版和清乾隆版《代州志》载:发展到南北朝时期,军市竟然还有人市,即买卖俘虏,一般士兵一个价,军官和大军官又是一个价,特别是如果俘虏了对方主帅的子弟或亲人后价码更高。发展到明朝,长城和关口周边的市场普遍开通货物交易,即为茶马互市,如榆林镇北台下存有数亩大的市场旧址,导游站在镇北台向下俯视,还能通过语言还原出当年熙熙攘攘的情景。大同得胜口有子市,晋蒙两地在此分界。嘉靖十八年(1539),于得胜口南 3 里处兴建得胜堡,堡墙方 2 里余,高 3 仞,厚 2 仞,设有门楼 2 座。而堡内就是市场,长城并没有切断丝路,而是与丝路紧密相关,有序调控着丝路上货物的公平交易和流通。

(此文在第四届中国长城论坛上荣获优秀奖。作者系忻州市长城学会会员,代县文化局原局长。)

红门利市的百年风云

高政清

一、红门口与红门口马市

红门口,明代边塞长城的一个重要军事隘口,山西通往内蒙古的北大门,历来是兵家必争的战略要地。红门口位于山西省偏关县东北部与内蒙古清水河县明长城交界处。两山夹一隘口,东为偏关县水泉镇许家湾山,海拔 1391 米;北为偏关县水泉镇水泉村山神庙山,海拔 1318 米;隘口上宽下窄,底部宽 300 米,纵深 300 米。209 国道从山西省境内通过隘口,途经内蒙古清水河县和林格尔,可直达内蒙古首府——呼和浩特市。据《偏关志》记载:明宣德九年(1434)山西镇总督李谦因红门隘口地势平坦,不易防守,在红门口建大望台一座,下置铁栅大门,拦阻于季节河床上,并筑有壕堑、暗道等三道防线,调重兵防守。万历二十六年(1598)明政府派兵备副使赵彦监督施工,复以砖石修砌,增筑左右翼台,至今长城望台的遗址尚存。

红门口的明长城西经海子楼、阳洼子、滑石堡,到黄河畔老牛湾堡,史籍记载的是 70 里零 186 步;沿黄河南岸折经万家寨、关河口、寺沟口,至河曲、保德,隔黄河接陕西镇长城。隘口东的明长城经好汉山视远隘口、柏杨岭堡至丫角山丫角墩与大同镇平鲁卫将军会堡相接,全长 60 里。红门口西 2 里处设水泉堡驻兵戍守,是重要的军事要塞。

从水泉镇许家湾山远眺,正梁山像鸿雁的头;6 里处的料高山像鸿雁尾,川峁村和水泉营像鸿雁的身,沿长城东西逐渐升高的山峰,像鸿雁的两个巨大翅膀。每年春季,南来的大雁因眷恋故土,在红门口上空盘旋鸣叫不肯飞向塞外。当地人有鸿雁到红门口飞一千里退八百里的传说。深秋后,一排排大雁又从内蒙古草原归来,经红门口飞回南方越冬,红门口因此也被称作鸿门口。

在明长城外侧,今内蒙古清水河县北堡乡川峁村内有一小城堡,就是明代闻名的红门马互市,是明代继张家口之后第二个蒙汉通商的边境贸易市场。

为什么要在兵家必争的战略要地——红门口建立马互市呢? 主要原因有以下几点。

1.从经济利益来看。明长城以南是晋西北一带,气候温和,盛产小杂粮。明王朝无需从内地调运粮食,在当地收购加工基本上就能满足与蒙方进行粗细粮的调整兑换。

2.从交通角度来看。红门口是山西到内蒙古的重要交通要道。从红门口北行 100 多里,可到内蒙古清水河县、卓资山县。400 多里可到归化(今呼和浩特),向北直至库伦(乌兰巴托)。这条道路平坦,利于驼队、马帮、车队等商队行走。

从红门口顺水泉河南下 30 里是偏关关河,关河西行 50 里是偏关县城。从偏头关南行数百公里便是五寨县三岔镇,直通神池、岢岚、河曲、忻州、太原等州县,是运送大量商品、牲畜的理想道路。

3.从军事布防来看。明王朝以农业立国,不希望战争,不管战争的规模大小,都会造成人民生命财产重大损失。在红门口设贸易市场,交通便利,视野开阔,利于大部队调动布防。一旦有不测,可迅速集结部队,应对突然袭击。

红门马互市,当地人俗称"红门利市"。蒙汉人民在这里进行互通有无、互惠互利的物资贸易交流,在历史上起到了缓和民族矛盾、促进两地经济建设、文化交流和繁荣、社会和谐稳定的推动作用。

二、明初红门隘口状况

明初,明王朝与元朝残余势力以长城为界,隔墙分治。蒙古族虽然被赶出了长城外,但局部的冲突仍然发生。明王朝疆土辽阔,物产丰富,经济繁荣,社会稳定,国家日益强大。蒙古族属于游牧民族,主要以饲养畜牧为主,仅有长城附近的牧民从事半农半牧的农业生产。本地特产的皮毛、肉类、盐类等农牧产品严重过剩,而赖于生活的粮食、生产用品、生活用品及手工业产品缺乏。上层官僚、达官贵人穿戴的绫罗绸缎和金银首饰奇缺,形成制约蒙古族经济发展的瓶颈。俺答部落的铁骑常常从边境侵入,多则几万人,少则几千人在长城沿线进行烧杀抢掠。尽管明王朝多次修筑长城加强防守,但也不能彻底阻挡元朝残余势力向中原进犯。在归化城驻扎着顺义王(俺答部)、打儿汉三路、恰并把汉、比妓等游牧部落,这些部落用强悍的铁骑,多次从红门口入侵内地。据《偏关志》记载:从明成化十五年(1479)至嘉靖四十三年(1564),蒙古部族共十三次从红门口入侵南下。

明三关兵备副使贾启有巡边诗一首:

> 西去边关近鲁陲,病怀愁听角声悲。
>
> 春风万壑云飘急,寒日孤城雁渡迟。
>
> 三晋河山分表里,七营人马正驰驱。
>
> 水泉滑石胡儿在,不是将军解甲时。

三、红门利市的前身——红门黑市场的产生

由于明王朝采取闭关自守政策,蒙古族部落不断入侵掠夺,造成了长城沿线百姓的大量逃亡,土地荒芜,生产及生活用品紧缺、物价上涨。戍边将士的生活用品不能从当地解决,所需军粮必须从内地调入,而长途运费远高于所需物品的本身。为保障守关将士的生活需要,明王朝每年都要耗费大量的人力、物力、财力来维持庞大的军费开支。严禁通商贸易,茶叶和生活用品成了蒙古人可望而不可及的珍贵必需品。

在这种情况下,蒙汉双方商人冒着生命危险做起了边贸交易。这种在隐蔽地进行货物等价交换的交易方式叫黑市。

明初蒙汉严禁通商,犯禁要抄没家产和杀头示众。巨大的高额利润驱使双方商人冒险进行交易。他们用金钱买通守关将士通关,带小商品进入蒙古境内,趁黑夜进行商品交易。交易地点一般在红门口外4里的正梁山进行,这里地势平缓视野开阔,一有风吹草动交易的商人四处逃窜。交易通常在晚上进行,黄昏时各地商人从隐蔽地向正梁山集中,晚上有的以钱购物,有的以

红门利市的百年风云

物换物,交易完毕,立即散开隐藏。交易时,明朝商人一般带金银首饰、生活用品、针头线脑、茶叶等物品;蒙古商人一般带皮毛和盐等。这种黑市交易风险大,成本高,时间长了易引起官方的注意。黑市虽然暂时性解决了局部边民的生活所需,但不能从根本上解决问题。

四、红门黑市的产物——黑货郎

在红门口附近有了黑市后,商人云集,大商人又将这些商品批发给零售小贩。零售小贩将小到针头线脑的小型生活用品,担着货郎担到偏远山区的山庄窝铺走村串户叫卖,成为流动的小商品售货员,当地人把小贩叫作黑货郎。

黑市和黑货郎的产生是明王朝闭关自守的畸形产物,黑市经常发生大规模的械斗和流血冲突,双方不得不出动军队进行弹压,但黑市、黑郎并未绝迹,只是换一个地方又重操旧业,这成为双方官府颇为棘手的问题。

五、建立红门利市的历史机遇

据《偏关志》记载:隆庆元年(1567)外患又起,俺答部大军越过长城,犯大同、攻石州(今离石),严重地威胁明王朝的安全。土蛮部大军也入侵蓟镇边境,京城受到两面夹攻。隆庆皇帝召集大臣商讨策略,他命谭纶、戚继光、俞大猷等平倭名将到华北边境修筑防御之事,练兵备战。穆宗又令长城沿线的将领们缓和与蒙古族的关系。

宣大、山西镇总督王崇古在议和这件事上做得很出色。他派人到蒙古族住地宣传明王朝的议和政策,凡从境外投奔过来的平民和士兵都可得到优待。

其时,又因蒙古首领俺答争夺孙子把汉那吉的貌美妻子——三娘子,家里起了内讧。隆庆四年(1570)九月,把汉那吉率妻及奴仆13人越境,到大同镇请求内附,大同巡抚方逢时和总督王崇古决定接受其投降。明穆宗接到通报后,一面积极备战,一面厚待把汉那吉。俺答生怕明廷把他孙子杀了,派黄台吉等率兵二万驰至距红门口二十里的大小庄窝村驻扎。俺答到大同镇平鲁败胡堡去找把汉那吉,对守军长官说:"与我孙,我马牛羊、骆驼及板升诸首级,惟汉太师所命。不然,吾且引诸骑入城大钞迤城中也。"当他得知孙子安然无恙,还被明朝廷授了"都指挥使"的官职,看到明朝边陲加强了防守,就同意了议和。

隆庆五年(1571)四月十二日,议和仪式在京城午门举行,穆宗亲自主持,祭天地,告祖庙,以示天下太平。把汉那吉带着明穆宗赠的赏赐回到俺答身边,诏封俺答为"顺义王",昆都力哈、黄台吉等以下各授都督、指挥、千户、百户之官。在此背景下红门利市正式建立,有了固定的边境贸易市场。

六、红门利市的市场规模

红门利市于1571年3月初动工,10月底建成。堡城坐北朝南呈长方形,东西长500米,南北宽300米,占地200多亩,城墙用条石为墙基,城墙立面用城砖砌成,石灰红泥勾缝,墙内土夯,墙高10米,城墙上留有垛口。城墙南部建有左、中、右3个大闸门,左大门为牲畜通道;中门为军民、商人进行安全检查的通道;右门为商品货物进出通道。北城墙上挖有数10个土窑洞,为双方巡逻将士的食宿处。在城堡下有宽1.5米、高2.5米的地下通道,全长400多米。堡内有三个入口,顺石台阶可到地下通道,城外有东西南北有4个通道出口,分别通向山西和内蒙境

·325·

内,现遗迹尚存。地下通道主要用来保护双方商人在交易前后携带大批银两的安全,以防不测。

红门市场内设有收购司,是登记蒙汉客商带来的大量商品,牲畜进入市场交易的品种和数量,进行注册登记的机构。

市场管理司:专门管理来交易蒙汉客商的商品存放,上市、交易的机构。

收税司:专门对蒙汉客商买卖成交后的税收机构。收入的税款用来支付在交流会期间各机构的管理费用和保持正常运转的日常开支。

安全保卫司:专门负责保卫市场内外的各种交易正常进行。发现有不法商人和聚众闹事的歹徒,采取罚款、站木笼、戴木枷示众或驱离出境等措施。

宴会司:宴请双方官方代表、上层人士以及交易成功后蒙汉商人举行庆祝的场所。

七、安全管理制度是红门利市百年不衰的根本保证

红门利市筹建之初,双方高层官员就考虑到民族之间的隔阂,生活风俗的不同、使用货币不同以及语言不通等带来的风险,制定了一系列的管理制度,为双方进行公平交易奠定了基础。

1. 红门利市的安全保卫制度

红门利市由岢岚驻偏关兵备道管辖。开市初,俺答部落为了向明王朝表示友好,进贡骏马100匹,明王朝回赠丝绸、茶叶等物品。开市后,明王朝为防止蒙古族使诈,决定由岢岚道和宁武道共同管理红门利市的一切军政事务。为了防患未然,明军在长城沿线布置巡逻士兵,红门口战略要地派总兵副将统兵防守。正兵营为总兵率领2000士兵,1000人驻老营,1000人驻八柳树、马站;游击小营巡回水泉到老牛湾段,返回巡逻内外长城交界处丫角山段。交易期间,双方各派500官兵在红门口驻扎,布置警戒,维持市场秩序。在红门利市城墙北建有一座高10米,顶宽5米的圆形土夯望台,供双方士兵在上面瞭望巡逻,一旦发现不法商人和聚众闹事歹徒,及时发出报警和弹压。城墙东南角,三个大闸门的中门有一长20米、宽3.5米、高5米的城门洞式的地下通道,里外都有重兵把守。凡进入交易市场的客商,都严禁带管制刀具和火种。一经发现有违禁品,立即没收或驱离出境。严格的安全保卫制度,使红门利市内秩序井然。

2. 红门利市的税收制度

红门利市有严格的税收制度。蒙汉官方制定了征税法,双方都设有税收管理机构。明朝的叫口税馆,馆址在红门利市西500米的水泉河,建有石窑洞3间,税收人员20多人,征收内地进入红门利市的入口税,税率不超过3%;俺答部落的叫统税馆,馆址在鸿市利市以东1000米的窑子峁,建有石窑洞3间,税收人员20多人,征收从蒙古商人进入鸿利市场的统筹税,税率不超3%。红门利市内设有收税司,税收人员由蒙汉双方确定,共同管理税收,在收税司内设有暗道通往长城内外,由双方武装人员护送大宗税收银两出入,以防不法分子抢劫。

收税司主要采取分税制征收税款。交易白银在一两以下免收征税,一两以上税率为1%,10两以上税率为2%,50两以上税率为3%;交易铜钱在一吊以下免收征税,一吊以上税率为1%,10吊以上税率为2%,50吊以上税率为3%。双方共同征收所得税制,主要用于自收自支,维护红门利市各项官方机构的正常运转。一部分用来奖励经营数额较大的各类商人,设宴招待这些客商。对于极少数违反市场交易的不法商人,轻者鞭打出境,或处以罚款驱离市场,责令3

年内不准进入市场进行交易。重者则关入市场的木笼内示众,任凭风吹雨打日晒,或戴木枷游市示众,没收货物,不准再进入市场。

由于实行了严格的税收管理制度,进入市场的商人都能够进行平等交易,人身安全和钱物都有保障,所以红门利市名声大振,远近商贩慕名而来,把红门利市当作货物交易的中转站,红门利市的客商越来越多,交易数额越来越大,红门利市内仅有的一口水井已不能满足客商的人畜饮水,只得在水泉河截留雨水解决饮水困难,遇到天旱无雨时,客商只好赶着牛羊到 2 里外水泉营内三眼井饮水。

3. 红门利市管理制度

红门利市的市场管理是非常严格的。市场内外都设有管理机构,立有市规市法,双方都有官员驻守。凡进入市场的商人,必须向双方管理机构提出书面申请,如实申报所商品名称、数量和价格,批准后方可进入市场外围。官方收购的马匹必须先交入马匹收购司,作价收购后成为官方交易牲畜。民间所需的牲畜进入市场时,必须先到入口处的官方机构验明交易人所带的马匹、商品是否与申请一致,然后准许进入第一道关口。在第二道关口再次接受安全检查,方可进入市场。进入市场的商人在规定的小商摊内进行交易,马匹、骆驼和牛羊等则进入牲畜交易市场进行交易。

八、红门利市的交易品种和形式

蒙汉双方制定了一系列善价交易政策,交易品种逐年增加。

蒙古客商带来的各类商品有:

粮食:小麦、莜麦、荞麦等;

牲畜:骆驼、马、牛、驴、羊等;

皮毛:牛皮、驴皮、骆驼皮、羊皮、羊毛等;

药品:蒙药等;

食品:食盐、干制牛羊肉等;

手工艺品:蒙古刀,装饰品、茶具等。

明朝客商带来的主要商品有:

粮食类:小米、糜米、大小豌豆、黑豆等小杂粮;

农副产品:箩头、粪筐、木杈、铁杈、杏仁、葵花等;

服装类:各式丝绸、布匹、手工织布等;

生产农具:铁犁、铁铧、铁耙、铁锄、铁锹等农业生产用具;

生活用具:铁锅、铁勺、铁匙等;

食品:茶叶、食用油、各种面食干制品;

药品:中药材;

各式手工艺品、装饰品等。

1.以市场行情定价。进入市场的牲畜和各类商品,因产地、品种、数量、长途贩运的成本不同,所产生的价格不同,由市场管理机构统一以行情定价,交易双方进行小幅调整。

2.以质定价。官方机构采取差价交易,就是以质论价。凡进入市场交易的商品和牲畜,一律以质论价。牲畜根据毛色,体形膘情、年龄等分为1、2、3、4四种,按质量划分为1、2、3、4等价。商品价也分为上、中、下3等价,由买卖双方自愿交易。

3.以斤论价。粮食、盐类、油类、糖等生活用品,以斤为单位进行交易。市场内统一设有双方都能接受的大称与小称来称物重,对买卖双方所交易的商品进行统一过秤,兑换现金。

4.以件论价。商品不能以质和以斤论价的,以件论价。日常生活用品如锅、碗、盆、勺子等;农业用具如犁、铧、锄等都是以件论件,布匹、丝绸、手工艺品都是以匹或以件为单位进行交易。

5.以物换物定价。还有一种交易形式是以物换物等价交换。出现差价,由差价的一方付给另一方差价的金额。如一匹好马值米3石,布或丝绸3匹;一头耕牛值米1石、布1匹、10只羊值米1石、布1匹、一块砖茶换5只羊或者1头牛。以物换物的交易,少用现金,实惠便利。

6.以手语定价。在交易大牲畜的过程中,有一种讨价还价的特殊交易方式——手语。手语是指在交易过程中,由买卖双方各伸出一只手,伸到衣襟下,相互捏手指头数目,来确定买卖牲畜价格的行为。买方看过牲畜的品种、数量、牙口、毛色等后,不高声谈论价格,用手语进行交易,旁边围观的人并不知情,只有市场牙子在双方讨价还价争执不下时,又分别和买卖双方在衣襟下用手语讨价,直至双方买卖成交结束。

用手语进行交易定价,一是可以解决双方客商语言不通,无法进行正常交易的难题。二是防止奸商知道买卖双方交易价格数额,故意哄涨价格,扰乱市场的不法行为。手语交易形式,一直流传至今。

7.牙子。在牲畜市场用手语论价,有时买卖双方会出现争执不下的场面,影响交易进度,引起大量人群的围观。为了解决这些市场难题,出现了由市场管理机构所聘请的职业交易员,俗称牙子,来稳定市场价格,帮助解决买卖双方进行交易。牙子通晓市场行情,懂手语,而且主持公道,伶牙俐齿、善于察言观色,促使买卖双方满意成交。

在红门利市,交易使用的货币也有所不同。据有关记载,蒙古族一直沿用元朝使用的白银作为交易货币。

明太祖洪武八年(1375)开始制造纸币在全国流通使用。大明宝钞印框高30厘米,宽约20厘米,是世界上面积最大的纸币。宝钞的面额有一贯、五百文、三百文、一百文等。由于当时的纸质差,大明宝钞难以耐久,且纸币只发不收,使宝钞泛滥成灾,容易造成通货膨胀,贬值极快。在交易中蒙古商人拒收宝钞。明王朝另一种流通货币是铜钱,铜钱的品种繁多,铸造年代不同,携带交易极不方便,在红门利市交易时铜钱必须兑换为白银。所以,白银是双方官方认定的主要货币,为双方统一使用,一直延续几百年。

九、红门利市开市的几种形式

1.小市:由本地的批发商、小商贩和手工艺人带各种农副产品等来市场进行批发或零售。交易粮食、皮毛等农副产品,每月初一至初三为固定交易时间,也可在农闲季节,即来即走。这种交易方式叫小市,边境开小门。

2.大市:大市的交易规模大,交易的商品除手工艺品、生活用品和农副产品外,还包括少量的牲畜。日期一般在每月的初十到十五,边境开大门。

3.民市:是长城内外一带小商小贩自行组织的民间贸易行为。一般在红门利市、小市、大市、互市举行之间进行。主要集中在春秋两季,人数少则几十人,多则上百人。每年春季,内地百姓需向蒙古族客商购买大量的耕畜;蒙古族百姓需购买更换生产用具和生活急需品。双方互通有无,逐渐走向多品种交易的综合交易市场。单一的"官办贸易"市场向民办市场转化,互相推动,逐步发展到水泉营内,成为边境贸易集散地。

在水泉常年驻守的南方客商带来的丝绸、茶叶、水果糖、小手工艺品等进入市场,交易的时间为每月二十五至二十九日,红门口开大门。

4.互市:互市是交易规模最大的一次盛会,时间长,人数多,交易商品全、牲畜多。最初一天不过百人,为每年农历六月廿三至七月初三结束。进入和平时期,开市的次数、人数、交易数额日益增多,由数百人增加到数千人,会期由 10 天增加到 30 天,由最初的马互市发展为物资交流盛会,一直延续到今。

在巩固红门利市的基础上,明政府于隆庆六年(1572)增设老营堡市,清朝乾隆三十年(1765)增设柏杨岭堡市,均为小市。贸易对象主要为俺答部落,大市和小市优势互补,互相配合,形成了长城沿线对俺答部落进行贸易往来的商业链。

十、红门利市的发展,促进了地方经济的繁荣

红门利市经蒙汉官方机构的共同管理维护,促进了水泉营经济文化的发展,推动了市场繁荣。到明末清初,南关、辛窑上,万家寨和后海子等邻村,水泉城的居民住户就有 400 多户,达 2000 人。水泉大街和 1 至 4 道街店铺林立,内地客商开的店铺就有 20 多家,倒贩牲畜的二道贩子就有 30 多人,常驻水泉营内负责长途贩运粮食、棉花、皮毛、日用品等的骆驼帮马帮,就有七八个商队,每个商队有驮拉牲畜 30 多(头)匹,人数 15 人。总数达 200 多(头)匹牲畜,商队人数 120 多人。南方商人在水泉营内购买土地,修建的各式货栈 10 多处。本地商人则从事饮食服务和商业服务,在水泉的主要街道上,从事制作月饼、麻花、麻叶、散子、油食子等的商店有 10 多家。常年从事榨油的油坊有 8 家;从事酿酒、酿醋、碾米、磨面、做豆腐的作坊有 10 家;从事铁匠、锻造、木匠、毡匠、裁缝(毛毛匠,制作皮袄、皮裤、毛鞋、皮绳、毛口袋的手工艺人)等的店铺有 20 多家;从事旅店、茶馆、饭馆、医药馆、兽医馆等的有 20 多家。营内 70%以上的人常年从事边境商业贸易活动,年交易金额上万两白银以上。由商户富户、在外做官的水泉籍人士和驻地将领筹集善款修建的庙宇就有 10 座,驻庙宇作佛事的僧人有 40 余人。水泉营内外的10 座庙修有 8 座戏台,在集市期间,每座戏台都唱戏助兴。水泉营和红门口虽然岗哨林立,但不乏边塞风情。

据史书记载,仅在万历年间举办的一次物资交流会期间,蒙古族部落一次就买进铁犁、铧、铁锅、勺、铁匙等铁器制品近 2000 多件,丝绸、布匹、手工纺织品 500 多匹,茶叶、红糖、粮食等5 万多斤。而明王朝的商人则买进骆驼等牲畜 6300 多头(只)。双方交易的白银有 1 万两以上,达到了前所未有的高峰。

有几位边巡守官为红门口写下了名诗,记载了当时的盛况,如明杨光远《再登红门市楼》。

边城无日不飞霜,极目关河塞草长。

雉堞巍巍通鸟道,鸟亭蠱蠱限龙荒。

请缨谁系贤王头,缓带今夸上将装。

千载安边多胜算,太平应不恃金汤。

十一、红门利市推动了蒙汉文化的交流与民族融合

红门利市不仅是交易市场,也是蒙汉双方互相交流学习传统文化、取长补短、相互融合的传播窗口和桥梁。

1.传统文化的交流。红门利市吸引了蒙汉客商和老百姓,蒙古族中西部的牧民也赶着成群的牛羊,长途跋涉来到红门利市进行牲畜交易。红门利市开市后,水泉营的旅店家家爆满,无法留客时,牧民们在大路旁搭起自己的帐篷,有时连绵几百米,成为红门利市的一道特有风景。在互市期间,岢岚驻水泉营兵备道把蒙汉双方举办的互市,作为缓和民族关系的润滑剂,由商会牵头,各商业字号集资,聘请外地和本地的戏班子来水泉演出。水泉营周边 8 个戏台,同时演出地方戏或传统戏,各个戏台场场爆满。

交流会期间,成为水泉营一年一度的盛大节日,当地驻军和文艺队、外地的杂耍艺人闻讯赶来演出。每天下午、晚上都要进行表演,节目有扭秧歌、踩高桥、跑旱船、耍狮子、舞龙灯、踢鼓子秧歌等。上街表演时各有彩旗开道,鼓乐队和八音会相伴,依次而行,热闹非常。到了晚上,大街两旁的住户和营内的商业字号都高悬彩灯。每家门前都用炭垒一个"旺火",与出红火的彩灯争相辉映,十分壮观。

另一个精彩节目是晚上放焰火。放焰火一般在广场上或置于高台进行。焰火的外形由能工巧匠制作成戏剧人物或动物,如金鸡下蛋、猴子尿尿、攻城楼、二郎担山等。特别是攻城楼焰火更具战争色彩和观感。在几十米外点燃"起火"平射击中城门,城门内和城楼角顿时明灯高照,城周边"打弹""麻炮"从周边直射空中,城内"雷子"震天,鞭炮声不断。蒙古客商和牧民中也有不少艺术精英,他们表演的摔跤、蒙古族歌舞、杂耍和马术等节目,同样吸引了无数观众。红门利市的贸易交流盛会,已经超越了单纯的商品交易,成为蒙汉传统文化交流的盛会。水泉营各个饭馆里,各式美食散发出诱人的香味,顾客们品尝美食猜拳行令,边关隘口变成了不夜城。

2.饮食文化的交流。蒙古族部落居住在蒙古高原,大部分属于高寒地区,一年中无霜期只有 90 天左右。大秋作物无法播种,只能种植少量无霜期短的小麦、莜麦、荞麦、山药等夏收作物和一些蔬菜,小米、糜米及做豆腐用的黑豆等十分金贵,吃白面只有蒸、煮比较单一的吃法。在红门利市交易过程中,蒙古客商吸收了长城内各种特色面食制作,回到草原创造出本地多种多样的做法。按熟制法分类,可分为蒸、煮、炸、烙、烤、煎等;按形态可分为饼、团、条、包、饺等;按馅心可分类,则可分为荤、素两大类,又可分为甜、咸等类别。再如莜面也创造了莜面窝窝、讨吃子卷铺盖、刨渣、鱼鱼、圪托、河捞、丸子、切片等数十种吃法,流传至今。

内地边民在吸收蒙古族肉食的基础上,增加了炖、熘、炸、煎、烤等花样,以色香味美而闻名。在几百年贸易中,蒙汉人民不仅进行了商品交易,而且互相引进、学习发展。

3. 酒文化的交流。蒙古人喜酒，在野外牧民喝酒能舒筋活血，暖胃热身，御寒防冻。聚会时有"没酒不请客，没酒不成席"的风俗习惯，形成了以酒会友、豪吃猛喝的习俗和超人的酒量。在红门利市的商品交易中，他们豪饮和粗犷性格表现得淋漓尽致，影响了内地的老百姓，至今内地百姓仍然保留着以酒请客、以酒会友、大碗吃肉、大碗喝酒的习惯。

4. 茶文化的交流。以肉食为主的蒙古人喜欢喝茶，养成了"宁可一日无食，不可一日无茶"的古老习惯，喝茶成为他们生活中的重要组成部分。蒙古人用砖茶配以本地特产的牛奶、油、小米等，制作出风味不同、香甜可口的奶茶、油茶、米茶等，一直流传到今天。

在漫长的边地贸易中，蒙汉两地人民互相学习，取长补短，在艰苦的环境中共同创造了多元、独特的饮食文化、酒文化、茶文化，也为后人留下一笔极为珍贵的文化财富。

5. 手工艺的交流。贸易往来带来服装文化的改革与发展。在红门利市交易期间，蒙古客商带来了大量的牲畜皮毛，手工艺人现制现卖，为内地从事皮毛制作的手艺工人提供了学习机会，在此基础上不断发展，涌现出一定数量的毛毛匠、毡匠、皮匠。

毛毛匠用特制的牛皮筋弹弓，把牛羊毛或骆驼毛弹松，除去杂质用毛纺车将毛纺成粗细均匀的毛线，然后用砍刀织成毛口袋并配以各种颜色和图案。这种口袋用来装盛粮食等物品，经久耐用。

毡匠是制作毛毡的手工艺人。毡匠把牛羊毛制成用途不同的、大小不一的"二五毡""三六毡""满炕毡"，或制成搭建帐篷的特制毛毡。毡匠们用毛毡做成大大小小的毛靴，可在冰天雪地里抵御零下 20 至 40 度严寒。这些形状各异的毛制品被运到红门利市出售，成为人们的抢手货，极具地方特色。

皮匠就是把各种毛皮，用火碱熬制软和，铲去表皮杂质，再裁剪缝制成大到膝盖以下的大皮袄、至腰处的小皮袄的人，有的皮匠还在皮袄上缝制各式吉祥图案，深受蒙古族牧民的喜爱。有的皮匠将羊皮去毛，缝制成油青皮袄、皮裤，适宜春秋两季田间劳动时穿，这种皮衣挡风御寒、耐磨实用。勤劳智慧的蒙汉人民不仅开拓了各式皮制品，而且不断发展创新，培养了一大批能工巧匠，形成了蒙汉人民互相学习、互相引进、谁也离不开谁的格局。

6. 戏曲文化的交流。蒙古族是一个能歌善舞的民族，他们用歌声和舞蹈来表达情感和表现生活，有着极高的美学价值。随着红门利市贸易的逐渐扩大，两地民间交流也日益增加。蒙古族民间艺人也会在交流会期间，进行各种形式的表演，把塞外风情的歌舞传入内地。而内地的戏曲艺人吸收了蒙古族戏曲文化的优点，形成了中华民族的戏曲文化，也是中国戏曲文化在各民族几百年来交融中结成的硕果。

边境贸易符合蒙汉人民的根本利益，传统文化的交流从未停歇。通过蒙汉双方开展的表演艺术交流，民族文化传统展示等活动，将蒙汉文化交流与发展提升到前所未有的高度。

十二、红门利市的历史功绩和深远意义

红门利市跨越几百年经久不衰，日益走向繁荣。蒙汉政府出于经济发展的需求，创办集贸市场。主要有以下几点益处。

1. 互利互惠，繁荣经济，促进了边地区域稳定。红门利市的开通，为边塞地区提供了一个互

通有无的交易平台,通过边贸蒙古族得到了生活必需品和先进的农业技术,促进了农业生产发展。明朝军队得到大量的蒙古战马,战斗力大大增强,内地百姓推销了农副产品得到了大量牲畜、皮毛、盐等,推动了农业生产大跨越发展,保证了社会稳定和人民生活水平不断提高。

2.增加互信,减少摩擦,促进了民族交流与融合。通过官方和民间的市场贸易,使蒙汉人民从隔长城相望到鸡犬相闻,从兵戎相见到握手言和,平等互利的边境贸易增加了互信和了解,减少了摩擦,使双方的人民迅速医治战争创伤,恢复和发展生产,促进了民族的大团结大发展。

3.借鉴学习,交流技艺,推动了当地小手工业的发展。在边地开放集贸市场,不仅巩固了统治阶级的统治地位,也符合长城内外人民需求,为两地民众架起了增加互信的桥梁和纽带,促进了当地手工艺的发展。

(此文在第四届中国长城论坛上荣获优秀奖。作者系忻州市长城学会会员,偏关县水泉乡文化站站长、长城保护员,山西省"最美长城卫士"之一,山西省长城保护研究"十大杰出人物"之一。)

"东陉关"究竟在哪里

刘淮南

一、"东陉关"不在峪口

雁门关因其在历史上重要的战略地位而闻名天下,而且还因其特殊的地理地貌即"双关四口"成为天下的唯一。这"双关四口"的"双关"即东陉关(今天人们参观的雁门关)与西陉关(铁裹门)。"四口"则是东陉关南面的南口和北面的新广武口,西陉关南面的太和岭口和北面的白草口。按说,这已经是多少年来大家的共识。然而,除了历史上的一些不同说法外,今人同样有着异议。近来又看到一篇对东陉关位置进行质疑的文章《"雁门关东陉说"辨误及相关问题》,作者认为东陉关在代县城东南的峪口而非人们一般认为的今雁门关。

该文作者之所以将峪口认定为东陉关,既有唐人杜佑《通典》中所说的雁门郡(今代县)"郡南三十里有东陉关,甚险固"作为依据,又有北魏郦道元《水经注》中的佚文"雁门郡北对句注,东陉其南,九塞之一也"的记载(这一记载客观上也成为杜佑说法的底本)作为旁证。并且,根据顾祖禹《读史方舆纪要》中关于"勾注以山形勾转水势注流而名"以及阎若璩"曾有人登雁门,逾夏屋,极目于句注、广武之间,而知陉山形如人字"的说法,认为:"句注的研究视阈可放在整个'代州'境内,而非局限于滹沱河以北的山脉。"而当视野放宽后:"代州域内滹沱河南北之山脉应视为一体。南北两脉于今繁峙以东勾连而呈'纡曲'之势,即所谓'人字'之头,滹沱河源出其中而西流,整体上恰好体现出'山形勾转水势注流'的山川大势。"这样也就更应该将峪口确定为东陉关。可以说,这是以往认为东陉关为峪口的观点中所没有的视角。

确实,如果依据杜佑《通典》和郦道元《水经注》中被引用的佚文,东陉关似乎就在峪口一带。但是,为什么多年来大多数人又认为东陉关是今之雁门关,是相对于古之雁门关(即铁裹门)而言的呢?换句话说,杜佑《通典》中认为的峪口为东陉关的说法为什么没有被人们普遍接受呢?按说,杜佑作为唐朝人,又经历了安史之乱,知道郭子仪是在打败叛军高秀岩部并收复云中和马邑后由大同盆地进入忻定盆地前"开东陉"一事,这也是《旧唐书》和《新唐书》均做过介绍的。但是,也正是因为郭子仪"开东陉"一事的影响之大,使得杜佑虽然在《通典》中介绍雁门郡时提了东陉关,却将其位置标注在"郡南三十里"。而顾祖禹在其《读史方舆纪要》中也沿用了这一说法:"东陉关,在州南三十里,所谓雁门有东陉、西陉之险也。"之所以如此,我认为重要的原因是杜佑没有考察过此地,所以,虽然雁门郡"郡南三十里有东陉关,甚险固"是一个说法,但是,后人却不应该将之作为判定东陉关所在地的依据。假如东陉关在峪口,那么,唐朝郭子仪"开东陉"这一影响较大的事情,应该在由峪口经岗上、八达翻山越岭到五台县的路途中留下开路的痕迹甚至民间传说,但是,这些内容在该路径中从来没有被人谈起。

《"雁门关东陉说"辨误及相关问题》一文还提到:"雁门一地自古有西陉阻断北犯之敌,以控守南北交通要道。设置于滹沱河南岸的东陉,则可对于经灵丘进入太行山西麓的东来之敌,扼阻在河谷道上游一线,其于河谷道东向交通的作用亦不容忽视。"那么,令人疑惑的是,郭子仪的部队既然能够控制代州,为了防范灵丘之敌西来,为什么不前往繁峙的平型关(当时还没有这个名称)一带设防?因为那里的地理状况更容易阻止敌人。而从滹沱河到峪口有10里左右的平川,不筑城堡,不修工事,仅仅守着峪口,就能够阻拦由东而来一直向西的敌人,谈何容易?

再看《水经注》中的说法时,我认为只要将《"雁门关东陉说"辨误及相关问题》以及其他人所引用的原文重新断句为:"雁门郡,北对句注、东陉,其南九塞之一也",问题同样不难回答了。换句话说,句注、东陉是并列关系,而非前一句与后一句的承接关系。而且,这也与当时雁门郡的位置相符合。因为,三国时期,雁门郡已经由雁门山北面的阴馆迁徙到南面的广武(今代县古城村西),北魏时期,由于地震,又由广武迁徙到当时的上馆城(即后来的代州城西关)。光绪《代州志》在介绍代州城时就说过:"州城,古上馆城也,后魏明帝自广武城东移于此,为雁门郡治。后周置肆州,隋改代州,历唐迄元,并因之。"这样,作为北魏时期的郦道元在介绍雁门郡郡治时才会说"雁门郡,北对句注、东陉"。至于"其南九塞之一也"一句,则是确认句注(西陉)和东陉为历史上所说的九塞之一。而这一句理解起来的麻烦是"其南"二字。既然不少人认为《水经注》这段话有错简之处,如果"其南"为"其乃"之误,将原文调整为"雁门郡,北对句注、东陉,其乃九塞之一也",那么,歧义也就不存在了。而这也与"天下九塞,句注其一"的说法相符。另外,还需要看到的是,宋代之前,因为东陉关水多不易行走,所以走的人不多。比如,《北史》记载:河清三年(564),突厥由晋阳还"至陉岭,冻滑,乃铺毡以度。胡马寒瘦,膝已下皆无毛,比至长城,死且尽。乃截槊杖之以归。"而光绪《代州志》在介绍此事时特别指出是"今关道"。换言之,今天的雁门关因为一直就在那里,自然会被人们称之为与西陉关相对的东陉关。

至于"代州域内滹沱河南北之山脉应视为一体。南北两脉于今繁峙以东勾连而呈'纡曲'之势,即所谓'人字'之头,滹沱河源出其中而西流,整体上恰好体现出'山形勾转水势注流'的山川大势",我认为实在是一种为了将东陉关确定在峪口的牵强说法。首先,"勾注以山形勾转水势注流而名"和阎若璩所说的"登雁门,逾夏屋,极目于句注、广武之间,而知陉山形如人字"具体所指是"句注""陉山"以及"句注、广武之间"的地貌本身而非滹沱河作为源头的整个繁峙与代州的地形。这样,才有了句注"以山形句转水势注流为名"的解释最早出现在《河东记》当中。其次,如果将整个繁峙、代州的地貌看作"人"字形,而以滹沱河居于其中西流,从而确定"山形句转水势注流",那么,类似的两山夹一川,而且其地貌可以呈现为"人"字的地形在中国来说太多了,难道我们都可以将它们称之为"山形句转水势注流"进而命名为"句注"吗?

二、"东陉关"也不在胡峪

其实,就东陉关具体位置提出不同意见的除了杜佑等的说法外,1983年史念海、曹尔琴也曾经发表过自己的看法。在《论雁门关》一文中,他们认为:东陉关不在滹沱河南,如果在滹沱河南,"则勾注、东陉显然两地,如何合起来以当九塞之一?这是不待再作剖析的道理"。同时,史念海、曹尔琴还特别指出:"治舆地之学者,当从实地考察的所得中来与前人记载相考证。不亲临其境,不核对有关史事,而徒陈陈相因,祖述勿失,这就难免永远是'剪不断、理还乱'了。"显然,杜佑就是因为没有实地考察过雁门关一带的地形,才会说出东陉关在"郡南三十里"这样的话来。但是,在排除了峪口为东陉关的说法之后,他们的看法却是:东陉关为胡峪。

之所以得出东陉关为胡峪的说法,史念海、曹尔琴的理由是:唐代以后,雁门关的名称多见于记载,但已经不在西陉,而是在今天的位置,可人们又不提东陉,"而胡峪山有东津口,当是东陉的所在地"。何况,宋代为了防辽,在句注山设有西陉、壶谷(即后来的胡峪)、雁门三寨。胡峪"名为寨,实际上和关的作用相仿佛"。雁门关自成一路,与其他两路并列,这样,雁门关之西的为西陉关,之东的胡峪也就是东陉关了。

针对《论雁门关》一文的观点,石鸿声、王呆升在《〈论雁门关〉质疑》中提出了不同意见。他们认为:东陉关就是现在的雁门关。在论述过程中,同样拿出了历史上的有关说法和对于有关说法的辨析。其中,除了具体的历史记载之外,还有唐朝武元衡的诗歌《度东陉关》(亦作《度东陉岭》)。

而我认为,《论雁门关》一文的观点同样难以成立,理由有如下几点。

第一,胡峪附近虽然有东津口这一说法,但是并不能将之断定是东陉关的所在地。光绪《代州志》载:"胡峪山,在州东北四十五里,有东津口,或以为即东陉关也。"其中的"或以为"也就是有人这样说过,但是并不确定,也没有为作者认可。因此,以并不确定的说法作为依据,结论很难使人信服。也可以说,光绪《代州志》的作者在修志时是尽量博采众说的,而如何对待各种说法则需要具体使用者的辨析。还有,史念海在《与代县友人论雁门关书》一文中也谈道:"屏蔽代北的高山,就是句注山和夏屋山。句注山也就是陉岭。"我们都知道陉岭(句注山)在西,夏屋山(本地人称之为草垛山)在东,而胡峪又在夏屋山之东,这样,由在西的陉岭(句注山)来确定东陉关与西陉关显然更为合理。如果将胡峪确定为东陉关,那么,确定的标准显然是混乱的,也不符合常理。

第二,历史记载中人们谈雁门关多而谈东陉关少是事实,原因是雁门关比起东陉关来知名度更大,同时,说得少并不是没有说。比如,唐朝武元衡就在《度东陉关》一诗中写道:"又过雁门北,不胜南客悲。"显然,武元衡是由东陉而非西陉走到雁门关北面的。史念海虽然由此诗判断东陉关不在滹沱河南,而又认为是在陉岭上的胡峪,实在让人不好理解。另外,宋朝时辽兵曾经在雍熙三年(986)由胡峪入侵至代州城南门外,结果被杨业的继任者张齐贤率兵打败。而《宋史·张齐贤传》中谈到胡峪时的用词是"湖谷"(《宋史·地理二》中的用词是"胡谷"),如果是东陉关，以郭子仪"开东陉"的影响和东陉关的重要性，《宋史》的相关篇目中也应该出现东陉关的字样而非只是"湖谷"（或者"胡谷"）。由此可见，说东陉关为胡峪同样难以成立。

第三，关于郭子仪"开东陉"一事，我认为应该是郭子仪派工兵将东陉关道上不利于车马行走的障碍清理掉，从而使得部队能够更好地行动。这里，我们需要回顾一下郭子仪当时面对的形势。天宝十五载（756）正月，郭子仪罢云中之围，推荐李光弼为河东节度使，同时，再从朔方发兵。二月，李光弼由太原经过井陉到达常山（今河北省正定）。过了几天，郭子仪才到达代州，到四月时才过井陉与李光弼汇合。显然，过了雁门关从代州就可以向西南的崞县（今原平）、忻州到达太原然后再向东过井陉。这样来看，从代州过滹沱河再由峪口走几十里艰难的山路到达五台县（具体线路应为今红表、杨白、东冶）再到定襄、忻州再到太原再到井陉，这对于行军来说是很不划算的。因此，峪口为东陉关的观点再次被证明是经不起推敲的。

还有，当时云中（今大同）一带的叛军高秀岩部依然存在，胡峪比起东陉关来说离云中更近，而且，这条道路比起西陉和东陉来说更不好走。如果东陉关是胡峪的话，那么，郭子仪显然是给自己选择了一条更麻烦的道路。另外，按照《论雁门关》一文的理解，郭子仪"开东陉"之前还有"关闭"东陉（胡峪）一说，目的依然是防范高秀岩部。那么，为什么不依然将之关闭、而由作者所理解的西陉关与雁门关运兵呢？因为，这样才是更为方便也更为安全的方案。

三、"东陉关"即今之雁门关

到此，需要谈谈历史上关于陉岭以及相关的陉北、陉南和西陉、东陉的记载。

《史记·赵世家》中提到："反高平、根柔于魏，反陉分、先俞于赵。"其中的"陉分""先俞"一般认为分别指的是陉山和西隃。而《尔雅》有："北陵西隃，雁门是也。"自然，由"陉山"可以知道有陉岭。《三国志·满田牵郭列传》中提到当时的雁门太守牵招"缮治陉北故上馆城"。《三国志·乌丸鲜卑东夷传》中也说到"田豫有马城之围，毕轨有陉北之败"。显然，说陉北意味着有陉南，同时也就意味着是以陉岭为界。这些记载说明，在汉魏晋时期，陉和陉岭的概念已经受到了人们的重视。《魏书·灵征志》则明确提出"西陉"一词："太祖天兴四年春，新兴太守上言：'晋昌民贾相，昔年二十二，为雁门郡吏，入句注西陉，见一老父'。"既然说西陉，也就是相对于东陉了。而且，它们均在句注。同时，雁门关的名称也正式出现在北朝。《魏书·礼志》载：泰常四年（419）八月"辛未，幸代，至雁门关，望祀恒岳"。

显然，"陉岭"应该从两个方面来理解：就大的东西走向来看，可以分出陉北和陉南；就小的南北方向而言，于是有东陉和西陉。作为基本呈东西走向的恒山余脉中断的地方，雁门关所在的具体位置上正好有两个大的可以通行的豁口，从而形成东陉关与西陉关这样两个通道。同时，东陉与西陉之间又是沟壑相通、彼此相连。也正是因为在陉岭上这一特殊的地理地貌，所以有了正史和方志中的有关记载。比如：

《新唐书·地理三》介绍代州"雁门县"时就说："有东陉关、西陉关。"

《新唐书·回鹘上》载：唐代宗大历十三年（778），"回纥袭振武，攻东陉，入寇太原"。由上述文字可知,回纥是一破东陉就直奔太原的,这里的东陉作为郭子仪所开之东陉,显然不可能是峪口,也不可能是胡峪。因为唐朝在代州设有总管府,回纥由胡峪到太原需要经过代州城,城内的部队不可能轻易放过他们。

《资治通鉴》第七十二卷又提到,青龙元年(233)"鲜卑轲比能诱保塞鲜卑步度根与深结和亲,自勒万骑迎其累重于陉北"。胡三省注曰:"陉北,陉岭之北也,雁门县有东陉关、西陉关。"

《资治通鉴》第一百四十一卷也提到:"太子恂自平城将迁洛阳,元隆与穆泰等密谋留恂,因举兵断关,规据陉北。"胡三省注曰:"陉北,即恒、朔二州之地。关,即雁门之东陉、西陉二关也。"

而除了《新唐书》和《资治通鉴》外,方志的记载同样不可忽视。比如,万历版《代州志》提到:"雁门废县,去州西北四十里,即汉广武县,隋改雁门,有东西陉二关,今废。"我们不讨论汉光武县在何处,也不讨论东西陉二关在万历年间是否废除,仅就"有东西陉二关",可见东陉关既不可能在峪口,也不可能在胡峪。

乾隆版《代州志》记载:"雁门关,古勾注东西陉之地,双阙斗绝,雁度其间,故名。"其中的"双阙"即前面所说的"东西陉"。

光绪版《代州志》也说:北魏太和十八年(494),"太子恂将迁洛阳不欲行,其党元隆密谋留恂,因举断关,规据陉北,不果。关即东陉、西陉二关也"。也可以说,这次断关,是东西陉一起断的,这也与上面提到的《资治通鉴》第一百四十一卷的记载及胡三省的"注"完全一致。

由上可见:陉岭(句注山)上的两个豁口因其一东一西而被人们称之为东陉和西陉,又因为不同时代这里分别成了南来北往的重要通道(既是关口,又是关卡),因而又被称为东陉关和西陉关,于是有了从《新唐书》开始的出现于正史和方志的相关记载。而《"雁门关东陉说"辨误及相关问题》和《论雁门关》因为对于史料记载理解得不够全面以及对地理地貌考察得不够深入,故而得出东陉关在峪口或者是胡峪的观点。那么,通过上述的史料记载、地理位置以及相关分析,也就足以说明,东陉关即今之雁门关。无论是峪口,还是胡峪,均不符合实际。

(此文在第五届中国长城论坛上荣获优秀奖。作者系忻州市长城学会理事,忻州师范学院中文系教授。)

好汉山、柏杨岭二市口辨析

洪　峰

明初,自大将军徐达入大都,元顺帝北归草原始,大明便无时不与蒙古游牧相抗衡。隆庆四年(1570),蒙古土默特部落汗王俺答向朝廷称臣纳贡,要求互市。其他各大小部落亦跟随俺答称臣。穆宗皇帝封俺答为顺义王,朝廷令各镇于沿边开设互市。史称"俺答封贡"。朝廷令于山西镇偏头关水泉营(今山西省偏关县水泉村)红门隘口设红门市,与边外俺答部落互市。而在史料中,除红门市外,亦提及偏头关老营堡(今偏关县老营镇)所辖的柏杨岭、好汉山二市口。

该二市口如今失传已久,并不知其具体位置所在。本文将予以辨析,寻找二市口所在位置。

一、开市的必备要件

隆庆五年(1571)五月俺答授封顺义王,兵部遂对山西等镇下开市令:"设藁街于边城,市期自二月至四月为率,山西于水泉营。"俺答部落分为东西二哨,其西哨互市于水泉红门,即俺答嫡孙、款贡互市的引发者把汉那吉部落。"设藁街于边城",边城既边墙,既长城。藁,汉代长安城为接待各藩属国使者、夷人,在南门内建造馆舍,逐渐形成一条街道,称为藁街,与现今使馆区相仿。

于是后世沿袭此称呼,将藩夷使者聚居之地称为藁街。于边墙处设藁街开市场,令双方交易其内,其形制与意图昭然若揭。对于藁街的具体式样,下文论述较为详尽:"大将军马芳及参议使黄九成、崔镛、佥事使韩宰论云中曰:市场筑圈城,凿池,令副帅统兵,兵备使监市。硝黄、铜铁、盔甲、兵刃各有禁约,虏入,毋持弓矢甲胄,使虏得与塞下民互市。"

藁街应筑圈城,周边挖壕,只限定于城内交易,驻兵监市。为防抢劫、作乱等事发生,虏入,不得披甲持刃、双方不得交易兵器、铁器等犯禁物品。建立藁街,其目的不许夷人入长城之内交易,以防暴起,南下劫掠。

查各地明代互市遗址,如张家口市、得胜堡市、新平堡市,甚至宁夏等市,其市场均置于边墙外侧,筑墙环为圈城,与史料所述一致。

市场交易"期至,令虏酋三百人,驱牛马类百头驻边外;我兵五百驻市场,合尽一月而止。水泉市,听约束于老营副将军及岢岚兵备使"。

明确水泉市由老营副总兵统兵驻防,岢岚兵备道兵备使监市。如此防范仍嫌不足,朝廷又于后方屯兵:"临市,上谷帅为一军,军宏赐;云中帅为一军,军左卫,山西帅为一军,军老营,以备不虞。"

由上可知，虽俺答款贡封王，双方和解，然不可不为之备。各镇除建藁街圈城外，仍向市场派兵驻防监市。市场交易制定规则，限制夷人数量，使己方力量胜于夷方。又于后方屯兵。上述均为遇警反制的必要措施。

二、好汉山、柏杨岭市口为民市

《四夷考·卷之七·北虏考三》对于互市有如下介绍："市物，虏以马、杂畜、皮毛；我以金、银、彩缯诸货，官市毕，听民市。"而《三云筹俎考·卷之二·封贡考》与上述《北虏考》其他文字相同，最后只一字之差："官市毕，听民私市。"两书记载均正确。市场有官市与民市之分。

官市，即由各镇与俺答及各部落酋长之间交易；民市即私市，由低层汉夷间互易，二者互补。

官市关闭，民市方开，是否借用藁街官市互易，或另择他地，文内并未说明。

官市互易之时，双方均虑生变，市场内官军严阵以待，市场外部落兵马云集。

互市前各镇谋划已定，不但要调兵遣将，鼓励当地汉人、邀请各地商贾前来互市，还要准备财物购买官马，抚赏大小部落酋长，招待夷人酒肉，甚至要打赏众多"守口夷"，即酋长指派把守、维持市场秩序的夷人。在此形势之下，民市不宜与官市相混同，应另择他地互市。

"自隆庆五年北虏款贡以来始立市场，每年互市，假布贾自江南，皮张易之湖广，彼时督抚以各部夷人众多，互市钱粮有限，乃为广招四方商贩，使之自相贸易，是为民市之始。"

从上文可以看到，隆庆五年民市与官市同年开市，除当地边民外，亦有各地商贾参加。

官市于藁街交易，民市亦不能听凭于山野处交易，宜比照官市于边墙外、藁街内由官军守护交易。交易种类较为繁杂，"市，我以缎绸、布绢、棉花、针线、索、改机、梳篦、米盐、糖果、梭布、水癩皮、羊皮金，易虏马牛羊驴骡及马尾、羊皮、皮袄诸种"。

夷人生活物品匮乏单一，只以牲畜及相关物品交易。改机，福建一带改良的四层绸布。羊皮金为何物至今无解。有人认为在羊皮上镶嵌金箔制成工艺品；有人认为是与羊皮相仿的金黄色布料。马尾可制作毡子等纺织品，亦可以用来制作弓弦、琴弦。

马匹分上、中、下三等，市价为"上马十二两，中马十两，下马八两。民间以故衣杂货易牛马者，一梭布可易一羊，一布衣可易一皮袄，利皆倍之"。上马规定："虏马亦必以四岁以上、八岁以下、三尺六寸以上者为上，临市毋有异议。"

隆庆五年初次互市交易情况，《俺答列传》有如下记载："水泉营市，乃自八月初四至八月十九日市毕，官易马二千九百四十一匹，贾二万六千四百两，尽给马军；商民易马骡牛羊四千四百五十一匹。大率七千三百九十一头。"

据《两朝平攘录·顺义王》载："隆庆六年五月，王总督又为俺答陈乞四事……其四、请抚赏虏中亲属，布缎米豆散所部穷夷，塞上仍许不时小市。"

隆庆五年互市，朝廷以钱币抚赏各部落酋长，现申请将抚赏范围扩大至亲属、发放物资救济贫穷夷人，另请允许于边塞不时开设小市。

王崇古时任宣大山西三镇总督,力主俺答款贡。经兵部、礼部等部议:"其亲属穷夷抚赏不可以久,宜令王总督审画一之法,毋禁毋滥,如各镇原议。诏从之。"各镇民市效果好、呼声高,每年开市一次已不能满足需求,呈报王总督再转奏朝廷,请增加小市的次数。"如各镇原议",朝廷依许各镇建议,包括"不时小市",皇帝亦"诏从之",同意所请。

对于频开小市,虏酋迫切之心更甚。王总督在其《酌许虏王请乞四事疏》中叙述道:"各部下穷夷潦倒、刁抢度生,今既不敢犯边,日无一食,岁无二衣,实为难过。有畜者每次于巡边各口求官权易,一牛易米豆石余,一羊易杂粮数斗;无畜者或驮盐数斗,或解脱皮衣,或执皮张马尾,各易杂粮充食,其瘦饿之形,穷困之态,边人共怜之。今既不敢犯边,惟有坐以待死,不知各王子何故求和,致众受苦。此虏中急迫之情。其巡边各口,每遇虏酋执书求小市。查照臣原议,听参将守备官准令边外各以牛羊、皮张、马尾等物,听军民以杂粮、布帛两平易换。"

上文描述了部分穷夷潦倒、不满之状,以致虏酋执书求小市。王总督因此请以"不时小市"互惠双方,缓解矛盾。小市灵活,即可安稳边地,又能对官市进行及时、必要的补充,二者不可偏废。民市即小市,即私市,称呼不同而已。

万历年间宣大山西总督杨时宁作《宣大山西三镇图说》,其内明确水泉市以东有两处市口,其书在介绍老营所辖柏杨岭堡时写道:"柏杨岭新堡,本堡万历二年(1574)建设,分管边墙二十里,市口一处,本堡旧设于柏杨岭,后因山高缺水,改移于窖儿塌,仍存故名,惟是款后好汉山设有市口一处,夷人往来,老营岁易市马,防范戒备不可不预慎焉。"

上文提到有市口二处:"本堡分管市口一处",即柏杨岭市口;"款后好汉山设有市口一处。"市场出入通道相当于城门,官军堵截可疑人员、盘查违禁货物、限制进入市场的人数、与市场外夷人协商等均要在入口处进行。因此史料间接告知我们,护卫市场的官军,其侧重点在于把守、防控市口。

文献并不将民市做为重点,因此对其介绍简略。对于两处市口的具体位置与开市时间语焉不详,只明确好汉山市口为款后所建。

山西镇除水泉红门为官市外,其余如好汉山、柏杨岭等市皆属民市,属小市,属私市,乃对官市不足之补充。"官市毕,听民私市",说明隆庆五年(1571)首次互市时,好汉山民市或私市便已有之,当早于柏杨岭市口。

上文已知,自隆庆六年(1572)始,经朝廷许可,好汉山等民市开市时间便已有灵活,非如官市每年互市一次。

万历年间宣大山西总督梅国桢在其《再请罢榷税疏》中印证和描述了小市的情况,同时表明与夷人互市的主体为"军余":"每年开大市一次,每月小市一次,每次不过三二日。虏人摆甲市口之外,官兵摆甲市口之内,两相戒防,无异对垒。各夷或以羊皮,或以马尾,或以板木、谷米之数与口内军余互相贸易。"

大市即官市,每年一次;小市即民市,增加至每月一次。

军余,即军中子弟。明代施行军户制,异于现今兵役制。军户即兵源,即军中基础(中后期有募兵制)。凡军户长子均应接替父亲当兵,世代如此。其余子弟便称为军余。军余平日于军田耕种务农,有事则为军效力。如替换父兄墩台守瞭、参与筑边建堡、后勤保障等项。

明代军职自小旗至指挥使均可世袭,如戚继光乃军户出身,世袭了祖上传承六代的指挥佥事之职。

明代偏头关只有军户而无民籍,至大清道光三年(1823)方始设县。梅总督任职自万历二十六年(1598)至万历二十九年(1601)。从其文内可以看出,尽管开市已近三十年,民市却依然规范。官军护卫于内,夷人擐甲于外已属常态,而多年互市,薰街之内并未有暴乱、冲突等记录。

三、好汉山市口的位置

若欲寻找好汉山、柏杨岭二市口,当在两地周边长城外侧发现圈城、夯层等遗迹。

内蒙古清水河县北堡乡口子上村北山顶有丫角墩,此乃山西、大同二镇长城的界墩。成化二年(1466)所筑的老二边由丫角墩沿山脊向西偏南行走4.5公里许至于水草沟村东山脊上分岔,一条转向正南上山,另一条继续向西,横跨山沟画弧再转南上山。两道墙体,一侧借用老二边墙体,另一侧新筑墙,在南山坡合围,形成圈城,其周长约为3.1公里。此地便是史料记载的好汉山市口。墙体合围后伸出一道墙体,向东南上至山脊,与嘉靖二十三年(1544)所筑的新二边相交汇。交汇点北侧十余米处有包砖墩台一座,当地人称"亚楼圪旦"。

立于"亚楼圪旦"西北下望,圈城建于山中洼地处,大致呈枣核状,南高北低。其内地势局部平缓,间有多条雨裂冲沟。山水汇聚向北下流,通过水草沟西北汇入北堡河。

北堡河川在二边外,大致与二边平行,西南至水泉红门口,于此北上可至清水河县,于此南下可入边。北堡河在红门口汇入水泉河后,再南至八柳树堡汇入偏关河,最后西泻黄河。

北堡河川是一条重要的通道,向东可至将军会堡,再东可往大同。当年康熙四公主下嫁喀尔喀蒙古土谢图汗部落首领敦多布多尔济之时,便由将军会堡向西,经北堡川地北上清水河厅(县)。

好汉山市口圈墙与骑墙墩台高大威猛,西墙外侧十余米处有明显的壕堑环绕痕迹,有些地段甚至出现两道。壕堑并非简单的挑壕挖堑,其内侧立面垒砌有石料,个别位置至今尚存,完全是长城墙体的规格,此与史料记载"圈城,凿池"相符。

好汉山在好汉山市口西南山脊之上,二者西北、东南相距6.3公里许。其最高点在小圆峁村北侧山巅,海拔1673米,其上有圆形墩台耸立,巅下有长城东西而过。向西有明代早期"视远隘口",于此向边外瞭望视野开阔,北堡川地尽在掌握之中。好汉山不仅指最高点,而是包括了周边大山。长城自好汉山向东逐渐转北抵达亚楼圪旦。

水草沟村处于老二边西北侧山坳处。一条东西向大沟经水草沟村穿越老二边通往东侧山内。沟内有山水冲刷出的河床,前往市场的人畜在沟内沿河而行,取水方便。过水草沟村继续向东深入,沟宽十余米,道路平整。向内深入一里许,地面出现大片平整的石板,此处有长城墙体下沟封堵,形成隘口。山顶左右两侧有墩台下瞭,向西南进入其内便是市口圈城。若沿边墙计算距离,好汉山市口西距红门市场约13公里。

四、柏杨岭市口的位置

经走访清水河县北堡乡、口子上、五眼井等村老者,皆曰:从北堡川地向南进入口子上村二边,再沿内边外侧(东侧)顺老窊沟向东南行至五眼井村(现已废弃),然后继续沿内边外侧上至柏杨岭山腰平坦处,是曾经的集市。沿途曾有很宽的马道,牵马而上十分方便。民国时期口子上村还驻有税警收税。

嘉靖二十三年(1544)筑新二边时,长城墙体自丫角墩经口子上村径直向南上柏杨岭,5公里许到达海拔1800米的柏杨岭旧堡高点,那里有一座下部包石的方形墩台作为标志,与柏杨岭旧堡南北相距仅十余米。长城墙体抵达该墩台后折西数公里与老二边相连。新二边又自该墩台转东,与从老营堡北上柏杨岭的内边在现今柏杨岭村东南约1300米处一座山尖顶部相连。该山尖海拔1812米,高于柏杨岭村最高点约3米。其正中有一圆形石圈,残高一二米,直径约25米,修筑年代不详。

无论石圈修筑年代怎样,护卫柏杨岭市场的官军应当利用过。将此处作为制高点,市场交易尽收眼底。遇有突发情况,可收缩至石圈防守,敌方只能仰攻。

新二边与内边在山顶石圈西南墙外汇合后,有意保留石圈,绕其西侧向北下山百余米,此处地势忽显宽大平缓,长城墙体于此地消失约200米。该处山脊外侧(东侧)隐约有墙体与山脊平行,已坍塌为土埂,与山体混同。其地形西高东低呈平漫缓坡,似为方形,周长约600米。从山脊向东下坡约150米至缓坡底部,边沿有明显的夯层地基。此处即柏杨岭市口圈城遗迹,其紧贴内边之外,只是墙体已消失不见。山脊过市场向北下坡,长城墙体再起,往北部口子上村丫角墩蜿蜒而去。此地沿长城向南下山至老营堡约13公里;向西沿长城至好汉山市口约5公里;向北沿长城下山至口子上村约4公里。较之好汉山市口完整的圈城墙体,柏杨岭市口墙体皆无,更显破败,令人有年代久远之感。

五、市口自好汉山迁至柏杨岭

"款后好汉山设有市口一处",明确表明开市之后只有市口一处,而非有两处。

查老营堡下辖的其他堡寨,从未分管过市口。"柏杨岭新堡,本堡分管市口一处"。说明好汉山、柏杨岭二市口并未同时存在。当年应当出于某种考虑,老营将好汉山市口迁移至柏杨岭。

柏杨岭旧堡建于弘治二年(1489),西距好汉山市口只3公里。好汉山、五眼井口二堡乃崇祯年间建,因此周边十数公里之内再无其他堡寨,分管好汉山市口非其莫属。

柏杨岭旧堡因山高缺水,迁移至新址窑儿墕,新堡"万历二年建设",仍"分管市口一处"。我们不可就此理解为好汉山市口于万历二年(1574)迁移至柏杨岭。新堡亦可能管辖好汉山市口数年、十数年之后方迁往柏杨岭。

《宣大山西三镇图说》编纂于万历三十一年(1603),杨总督收集了万历三十年(1602)之前各镇情况而成书。其内《山西镇图说·柏杨岭图说》对于柏杨岭新堡与周边位置关系介绍道:东至旧市口一十里;南至老营堡二十里;西至八柳树堡三十里;北至边墙一十里。柏杨岭新堡沿山路行走至好汉山市口需 6 公里。

明代测量距离的尺寸,1 丈等于 3.27 米,明代 1 里等于 180 丈,换算为 1 里等于 588.8 米。6 公里等于明代 10.19 里。其里数与《图说》中柏杨岭新堡至旧市口、至边墙 10 里相当。《图说》只能标注大致距离,例如 10.7 里,可能会标注为 11 里。那时尚未引进小数点,实际测量亦会有误差。而自柏杨岭新堡行走至柏杨岭市口为 11 公里,即明代的 18.7 里,或说 19 里,与"至旧市口十里"相差甚远。

《图说》又显示,好汉山在西,旧市口在东。因此旧市口只能指好汉山市口,而非柏杨岭市口。好汉山市口实际在柏杨岭新堡北偏东,老营在东南、八柳树堡在西南。而《图说》只能按照四个正方向标注。既然标注为旧市口,就表明它是曾经的市口,杨总督作《图说》时已然废弃不用。因此,好汉山市口至少于万历三十年之前已遭废弃,被柏杨岭市口替代。

综合上述情况,迁移市口至柏杨岭应有如下原因:

其一,好汉山市口距老营过远,诸事不便。

上文提到"老营岁易市马,防范戒备不可不预慎焉",说明市口防守和交易的主体均为老营。按照长城墙体计算距离,好汉山市口距老营约 18 公里。若走其他山路,距离大致相仿,亦需翻山越岭。若携带物品、轰赶牛羊,有可能当天不能往返。

老营堡驻扎有副总兵,级别高,人口多。周边城堡均为老营管辖的级别较低的小堡,无能力防守市口和成为交易主体。

《偏关志·兵马志》在介绍老营级别、规模时道:嘉靖"四十四年老营设副总兵……自设立副将后,所置属官军座营、中军、千把总、守备、下中军、把总及掌印、巡捕、监收共官一十五员,所统奇兵三千暨守备营、千户所共四千八百名"。副将即副总兵。总兵统领的兵卒称为正兵,副总兵统领的兵卒称为奇兵。

老营堡在当地级别、规模均为最高,有近五千官军,加之军余、妇人、老幼等,人口少估亦应在万人以上,有能力成为交易主体,迁移市口极利于老营交易。

其二,好汉山市口防守范围过大。

好汉山圈城周长约 3.1 公里。该市口建于山坳处,东、南、西三面皆高,只北部夷人出入通道地势较低。当年设立该市口时,夷人自北堡河川沿水草沟进入方便,不需翻山越岭,亦不需进入二边;市场依托老二边较为安全;一旦发生不测,夷人突破老二边,山脊之上尚有新二边防守。

隆庆五年(1571)初次互市时汉夷关系尚在紧张中,互信程度较低,安全须置于首位。因此初期择好汉山为市,有意忽略因路途遥远带来的困难,完全能够理解。建筑好汉山圈城时,仍会按照惯有的防御思路,令墙体走自然山脊,居高临下监视市场交易。于是圈城因山脊走向而伸展扩大。若缩小圈城,便会出现外高内低的情形,圈城外侧制高点会资敌利用,遇事受制于人,绝不可为。圈城如此之阔,交易时只得增加官军防守力量。最初互市定为每年一次,随后又增加开市次数,每月一次,每次若干日,兵力当捉襟见肘。互市时,兵卒须翻山越岭往来老营、好汉山市口之间,给养运输、互市货物均须人手。长此以往,路途遥远会成为负担,疲于奔命。于柏杨岭半腰、内边之外设市,往返老营可缩短10公里山路。夷人自北堡河川进入五眼井口,沿内边外侧上山只需4公里。迁移市口可以缩减防守官军数量、便于后勤保障、货物运输,给军民互市带来便捷。

其三,互市初始情况不明,将市口置于柏杨岭有所顾忌。

柏杨岭一带地形复杂,老二边、新二边、内边交错盘旋,令人眼花缭乱,初看者不辨内外。由北堡川地前往柏杨岭市口,首先要进入五眼井口穿越老二边、新二边,然后再至内边外侧上山。互市初期情况不明,敌对状态依然严峻,不可冒然行事。双方忽然和解互市,山西镇主官仍会十分谨慎,尚无胆气开放通道,令夷人进入二边。

互市经一二十年之后,虽汉夷双方于市场内外戒备依旧,但未曾发生对抗冲突,双方已很熟悉。加之老营至好汉山市口路途遥远已成为负担,于是山西镇主官方有胆气将好汉山市口迁至柏杨。

对于老营,柏杨岭市口较之好汉山市口位置更加合理,因此民间将此地互易沿袭至清代、民国不散。此时不再有官军护卫,已演变为正常的集贸交易市场。数百年来,长城内外的百姓已养成于此交易的习惯。柏杨岭市口旁的圈城和长城墙体此时便成为交易的障碍,400余年的自然坍塌和人为践踏早已使墙体消失,成为如今的状态。若有游客路过,无法相信这里曾是老营严防死守的市口。好汉山市口自万历三十年(1602)之前废弃迁至柏杨岭后,400多年以来无人问津,亦无人践踏,虽墙体依旧,而市口却早已口耳失传,令人疑惑至今。

结　语

柏杨岭市口消失的墙体,显示着昔日交易的繁盛;好汉山市口矗立的墙体,显示着汉蒙双方曾经矛盾的心态。

"俺答封贡"事件起始波涛汹涌,而后因封贡、互市,干戈化作玉帛,对汉蒙和解起到了重大作用,影响到后世。明人焦竑作《通贡传》,是对互市的总结和肯定,现择其部分作为结束之语:"大抵因贡为市,中国以缎布皮物市易虏马,虏亦利汉财务,交易不绝,诚所谓贸迁有无,胡越一家。故东西延袤五千余里无烽火警,行人不持弓矢,近疆水陆屯田治如内地,墩台哨望之卒以渐散去,所省粮饷岁不下数十万石。督抚诸臣及时而城边险,饬器械,练兵马,倡勇敢。所易马至数十万匹,命官设牧统养待用,在野成群,诚如云锦。"

（此文在第五届中国长城论坛上荣获优秀奖。作者系北京市海淀区公安局退休干警。）

山西镇宁武中路雕窝梁堡、朔宁堡位置考证

尹　捷

第三次国家长城资源调查按照"属地命名"新规则对堡寨命名,宁武中路雕窝梁堡和朔宁堡的位置与史料记载和地形地貌不符。

在2021年忻州市文物局编撰的《忻州文物·长城卷》中,宁武县长城资源"(二)关堡"部分第92页,关于"洞上堡、朔宁堡、半山堡"的位置是这样描述的:"洞上堡"位于薛家洼乡洞儿上村西北0.17公里;"朔宁堡"位于薛家洼乡贾家窑村东1.5公里;"半山堡"又称薛牛堡、雕窝梁堡,位于阳方口镇半山村东南0.6公里,郭家窑长城西0.1公里处。

有长城学者在考察时对堡名及位置提出异议,笔者与史料文献对照并加以考证,认为:"洞上堡就是雕窝梁堡""半山堡是朔宁堡""贾家窑村东的堡子是雕窝口堡"。本文就考察结果对三堡的位置逐一剖析。

一、洞上堡就是雕窝梁堡

(一)建雕窝梁堡的背景

1.山西镇防御体系的形成

山西镇军事防御体系是在卫所制基础上,不断增设,逐步完善而形成的。

明初在晋北武、朔诸山谷七十三隘口设兵戍守,开启了明朝卫所制的军事防御。在东部代州置振武卫,在西部岢岚州置镇西卫,分别以两卫为中心,形成以阳方口为界的东、西两大防区,初步构成了以偏头守边、雁门守险的内长城防线。从洪武初到天顺年间,奠定了长城一线军事防御体系的基础框架。

从成化到正德年间,三关防区内长城沿线防御系统得到拓展,从偏头关以东长城到平型关城之间,多次修筑长城,创建堡寨,确立了山西镇的范围,完成了长城沿线防御体系。

从嘉靖到万历年间,补建和加建长城沿线的后方冲要城堡,完善了山西镇军事防区。在宁武关设置山西镇总兵,以总兵为首的武官体系基本固定,标志着山西镇的正式确立。山西镇与大同镇组成双重防线,起着支撑加固,阻敌深入的作用,确保京师安全。

2.宁武中路防区的形成

山西边防管理体制由都司卫所制向总兵镇守制过渡,经历了漫长的历史过程。从宣德初年偏头关出现"虏患"开始,总兵几设几取,"分守"与"镇守"多次轮换。

乾隆《宁武府志》载:"宁武据雁门、偏头两关之中,其始未显也,至明中世而始为要地,始称重镇。"其始未显是因为明代以前宁武县域几乎从未形成一个共同的政区,边界极不稳定,成为各个政权相争的边防之地,这一地区常被分割,隋时分属楼烦、雁门、马邑三郡,唐时分属朔、代、岚三州。宁武西南的管涔山是山西境内汾河与恢河的分水岭,北宋熙宁十年(1077)以分水岭为界,岭南为宋,岭北为辽,契丹先置神武县,后置武州。到明朝时收复岭北之地,宁武地域属于代州崞县管辖,分水岭以北无兵守戍,虽然山势绵亘,但恢河上游为大川之冲,是虏寇南下突进的通道,宁武以南几乎无险可守,唯有一个宁化守御千户所驻兵2000多人戍守,其利害不言自明,因此其始未显。

从战略地位来说,偏头关以黄河为险,雁门关以山势为险,宁武居两关中间,在此设关戍守,便于东西呼应,首尾相顾,长城防线力量将大为增强。成化元年(1465),巡抚都御史李侃奏言:"宁武北临云朔,西带偏保,虏入要冲,请设关防守。"经兵部议准,成化三年(1467)三月宁武关城正式肇建,次年四月建成。宁武关城仅属军堡,隶振武卫。宁武设关后,与偏头、雁门东西连贯,形成一体,合称"三关",又称"外三关"。此后明朝不断加强宁武关的建置,宁武关在外三关的地位不断提升,即"中世始为要地,始称重镇"。嘉靖二十一年(1542)正月,总兵戴廉由偏头关移驻宁武关,防秋移驻阳方口,防冬移驻偏关,统领三关军务。嘉靖三十九年(1560),设宁武兵备道辖三关中路,将东西两路防区变为东中西三路防区:即云中山以东的河谷地区为东路参将防区,芦芽山以西的西部高原为西路参将防区,云中山与芦芽山之间为中路参将防区,三大防区的军事力量配置趋于均衡。

3. 李钺增筑十一堡

正德年间,蒙古人开始进入达延汗祖孙三代统治时期,蒙古人对三关地区的入侵次数与强度都有所加强。正德九年(1514),蒙古骑兵从雁门关至宁武关之间的恒山西段入口突入内地,极大地震慑了明王朝。三关地区军事形势的恶化直接促使明廷做出决定:"特设重臣,提督三关。"为了防御蒙古部族的不断入侵,正德十一年(1516)八月,提督都御史李钺经略雁门关东西隘口,增筑堡十一,在雁门关东筑七堡……在雁门关西筑四堡:八岔口、小莲花以遏马邑之冲;夹柳树、雕窝梁以遏朔州之冲。雁门关东西隘口增筑的11堡,是废弃原本位于山南隘口的堡寨,北移到长城防线上来,更有利于防守。其中雁门关西的4堡为:废弃石匣口的石跌寨,在雕窝口增筑雕窝梁堡;废弃庙岭口的庙岭梁堡,在夹柳树口增筑夹柳树堡;废弃吊桥口的土蹬寨,在莲花峪口增筑小莲花堡;废弃水芹(勤)口的水芹堡,在八岔口增筑八岔堡,才有了《三关志》中南北隘口和新旧堡名之间的相互纠缠关系。

综上所述,明王朝在难以从根本上消除北元威胁的情况下,为了防御蒙古部族的侵扰,在恒山一线修筑长城,设置堡寨,构成统一的长城与堡寨相结合的军事防御体系,这就是建雕窝梁堡的背景。

(二)雕窝梁堡的地形地貌

关于雕窝梁堡的记载,详见于明廖希颜的《三关志》和杨时宁的《宣大山西三镇图说》,也见于明清各种志书之中。

"雕窝梁堡图"（见图1）源于廖希颜的《三关志·雁门关图》。雕窝梁堡当时属雁平道东路广武城管辖，在"雁门关图"的范畴。仔细解读"雕窝梁堡图"会发现标注文字给我们提供了大量信息，为了便于解读，笔者标注的①②③④表示雕窝梁堡周围东、西、北、南四个方位。①表示雕窝梁堡以东，标注的文字有三处："卧羊坡嘉靖二十年贼由此入""火烧沟嘉靖二十年大举贼由此入""皂君崖至王野梁宁武界，边长二千九百六十六丈，平冲"。告诉我们"卧羊坡""火烧沟"两处冲口，皂君崖为至王野梁边长起点。②表示雕窝梁堡西北处长城向西的延伸处，标注为"此处即接朔宁堡王野梁，闹泥玄冈诸堡皆在南首"，意在说明长城向西连接朔宁堡和王野梁，以免与南面阳武口的闹泥堡、玄冈堡相混淆。③表示雕窝梁堡正北的长城北侧，有军事设施"象家山墩"，与"北至象家山十里"相照应。④表示雕窝梁堡南侧的烽火报警系统南传线路，由雕窝梁堡依次传"薛家梁墩""红河梁墩""石脑墩"，然后一路向东传递到代州城戍守的军事指挥中心。

方框内文字标示："雕窝梁堡周围八十二丈，高二丈五尺，即石匣口。南至前口四十里，西至王野梁十五里，北至象家山十里。"这段文字不仅描述了雕窝梁堡的规模，还明确了其与周边堡寨与村庄的距离。其中"即石匣口"指的是堡寨由石匣口移筑到雕窝口，"前口"就是"石匣口"，图上标注为"雕窝梁废堡"。

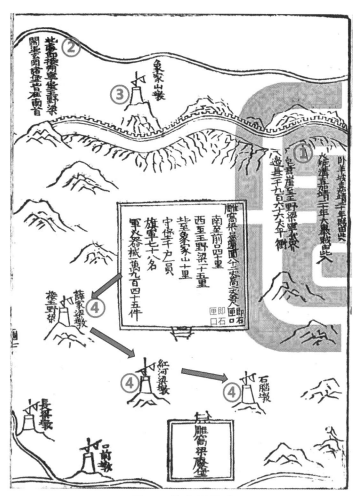

图1　雕窝梁堡图

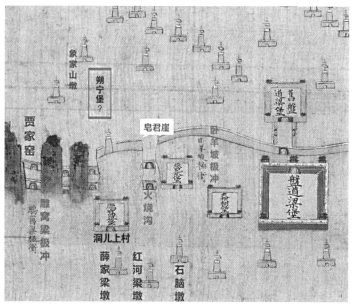

图2　《盘道梁堡图说》中雕窝梁堡周边地形

《三关志·雁门关地理总考》载:"雕窝梁,土堡一,正德十一年立。营房二十九,沿边营房九间,新建仓廒九间,草场一,敌台五。象家墩北六十里接朔州;炮火南传薛家梁、红河梁、石脑墩,东传庙岭口、黄花梁、八里庄至代州。迤南二里有大泉。"

杨时宁的《宣大山西三镇图说》成书于明万历三十一年十月,其中《山西镇》"盘道梁堡图说"中的雕窝梁堡(见图2)已划归宁武中路管辖,"盘道梁堡图"属于"山西宁武兵备道辖中路总图说"的内容。图上明确地图示了雕窝梁的地形特征为独立山梁,以及雕窝梁堡周边的地形地貌。燕儿水堡东标注出"卧羊坡极冲"的位置,雕窝梁堡西第三道沟标注着"雕窝梁极冲"。特别是"火烧沟"和堡西的三道沟内清晰地标示着两道长城,且长城下部筑有流水洞。

综合图1、图2中给出的信息,可以看到:图1中的军事设施和冲口在图2中都可得到印证,笔者在图2上做了文字标注,为实地考证提供了依据。

(三)普查认定的三堡位置与史料相悖

1.三堡的位置关系

根据《忻州文物·长城卷》对洞上堡、半山堡和朔宁堡三堡位置的认定,需要厘清这三堡之间的关系。笔者下载"卫星地图"把三堡做了标注,方框表示堡子,附近文字表示堡名,使观察判断更加直观。如图3所示:

图3 长城资源调查命名的三堡位置

按照前文史料记载,从三堡与周边村庄的距离来分析。光绪《代州志》载:"雕窝口在崞县西八十里,内距西地村五里,外距薛家洼五里,界朔宁。"《三关志·雁门关图·夹柳树堡图》里标示:"夹柳树堡西至雕窝梁一十五里。"由此可归纳出雕窝梁堡与周边村庄的距离:东至夹柳树十五里,北至象家山十里,内至西地村五里,外距薛家洼五里,西至王野梁十五里。我们列表,把史料记载的距离作为判断雕窝梁堡的标准,用卫星图测直线距离作比较。测量工具:谷歌卫星地图。为了便于与史料记载比较,长度单位设为"里"。"洞上堡"和"半山堡"与周边村庄所测直线距离数据列表如下:

表1 洞上堡、半山堡与周边村庄之间直线距离对照表

(单位:里)

堡 名	西地村	薛家洼	象家山	夹柳堡	王野梁	结 论
史料记载	5	5	10	15	15	雕窝梁堡
洞上堡	4.8	5	8.6	12.4	15	雕窝梁堡
半山堡	14	7.6	13.4	23	5	非雕窝梁堡

通过数据比较可以看到:"洞上堡"与周边村庄和堡寨之间所测的直线距离的数据,因测的是直线距离,虽有误差,但接近于史料记载的实际距离。"半山堡"与周边村庄和堡寨之间所测的直线距离,和史料记载的实际距离里数差距过大,因此"洞上堡"是雕窝梁堡的结论一目了然。

2.普查认定三堡位置出现的问题

第一,洞上堡来自哪里?

彩板《宣大山西三镇图说·山西镇》中有"山西宁武兵备道中路总图说",图上清晰地标注着宁武中路所管辖长城沿线的各级堡寨,其中在长城南侧,阳方堡至盘道梁堡之间排列着4个堡寨(见图4),由西向东依次为朔宁堡、雕窝梁堡、燕儿水堡和夹柳树堡。问题就出现在这里,凭空多出的洞上堡来自哪里?

洞上堡以洞儿上村命名,原来洞儿上的堡名叫什么,书中没有说。而朔宁堡、雕窝梁堡仍然存在,这样就由原来的4个堡寨变成了5个堡寨。洞上堡占据了一个堡址后,雕窝梁堡被推移到半

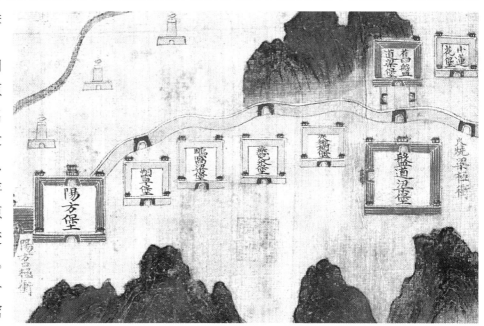

图4 《山西宁武兵备道辖中路总图说》截图

山村东朔宁堡的位置,原来在半山村东的朔宁堡被移到长城以北。

第二,堡序位置颠倒。按照《山西宁武兵备道辖中路总图说》标注的位置顺序:朔宁堡位置在西,雕窝梁堡位置在东。按照长城资源调查认定,二堡次序颠倒:雕窝梁堡(半山堡)在西,朔宁堡却在东,两个堡子的位置颠倒了。

第三,造成长城划界管辖混乱。前文已述,"宁武中路"形成后,雕窝梁堡隶属"盘道梁堡"分管;朔宁堡属于"宁武关城"所辖。按普查认定的堡址位置就出现了矛盾:原来在长城以南的朔宁堡跑到了长城以北;宁武关城要越过雕窝梁堡来管辖朔宁堡分管的长城;盘道梁堡要越过朔宁堡来管辖雕窝梁堡分管的长城,这种相互跨界的军事管辖,于情于理不通。

(四)山西镇军事体系的管理层次

长城界泰斗罗哲文先生说过,认识长城要整体地看、系统地看,才能得出科学的结论。剖析雕窝梁堡的位置,需要整体从山西镇军事体系的管理层级来逐层梳理。

1.山西镇军事体系的管理层级

山西镇军事体系有"镇—道—路—城堡—堡寨"五个管理层级。山西镇下辖五个兵备道:冀宁道、冀南道、岢岚道、宁武道和雁平道。其中冀宁道辖太原城,冀南道辖汾州城府,二城位于长城防线的后方,主要起行政和后勤保障作用。岢岚道、宁武道和雁平道临边,辖五路城堡,岢岚道下辖西路和河保路、宁武道下辖中路、雁平道下辖东路和北楼路。岢岚道分管山西镇西部防区,宁武道分管中部防区,雁门道分管东部防区。

2.宁武中路的军事管理层级

在《宣大山西三镇图说》"山西宁武兵备道辖中路总图说"中有这样的记载:本路参将设于嘉靖二十七年(1548)驻利民所,辖宁武、盘道梁、神池、利民、八角、宁化、长林、阳方八城堡。凡属守备五,防守二,千户所者三,分管内边东起光武界神树梁,西尽老营界地椒峁,沿长二百九里零四十丈,边墩124座,火路墩121座。

宁武中路所辖8城堡,各城堡之下仍有"堡寨",其中盘道梁堡下辖5堡,宁武关城下辖7堡,神池堡下辖3堡,八角下辖2堡,利民下辖3堡,共20个堡寨。

3.宁武中路分管长城的划界

明初以振武卫、镇西卫为中心形成的东、西两大防区,以阳方口为界,所以正德十一年增筑雁门关以西的八岔口、小莲花、夹柳树、雕窝梁四堡属雁平道东路广武城管辖,是为"先属雁平",为明代的"雁门十八隘"的范畴。《三关志》成书于嘉靖二十四年(1545),所以"雁门关图"中有这四堡的图示,盘道梁堡建于嘉靖三十二年(1553),燕儿水堡无建堡时间记载,二堡未能载入《三关志》中。

设立宁武兵备道中路后,原来分管的内边以及堡城、堡寨也做了重新划分:原属岢岚道西路的内边,把地椒峁东至阳方口段划归宁武中路分管;原属雁平道东路的内边,把神树梁西至阳方口段划归宁武中路分管。宁武中路分管内边就是"东起光武界神树梁,西尽老营界地椒峁,沿长二百九里零四十丈"。长城沿线的城堡和堡寨也相应地发生了变化,原属雁平道东路的小莲花、盘道梁、夹柳树、燕儿水和雕窝梁五堡也划归宁武中路分管,是为"后改宁武"。

4.雕窝梁堡角是划界管辖的分界

宁武中路长城从东界神树梁开始,按照《宣大山西三镇图说》由东向西的顺序,由"城堡级"管理层级管辖。

第一个"城堡"是盘道梁堡,"分管内边沿长48里零40丈,分管边之内外设立的小莲花、夹柳树、燕儿水、雕窝梁、玄冈口五堡,防守画地守之"。

第二个"城堡"是宁武关城,"分管内边沿长四十里零四十五丈,边墩52座,火路墩25座,与所辖朔宁、阳方、狗儿洞(大水口)三堡防守把总画地守之"。

分管宁武中路内边的其他城堡,不属于本文研究的范畴,不做具体剖析。

确定雕窝梁的位置,必须搞清楚盘道梁堡与宁武关城划界管辖长城的分界处在哪里。根据实地考证测量数据和史料记载的里程,做如下分析。

①盘道梁堡分管40里零40丈长城。《三关志·雁门关图》中"小莲花口堡图"标注"西至夹柳树三十里"。"夹柳树口堡图"标注"西至雕窝梁一十五里"。考证测得神树梁墩西至小莲花堡为1600米,合3.2里,合计48.2里,与48里零40丈相符。

②宁武关城分管40里零45丈长城。百度搜索的《方舆汇编·职方典》第296卷记载,宁武关城池"边垣:东至盘道梁界雕窝梁堡角起,西至阳方口界三十一台止,边长二十里零三十二丈,俱已塌毁"。阳方口界三十一台,是阳方口长城上从西往东数的第31个敌台,也是最后一个位于东山上的敌台,这个敌台也是阳方口与朔宁堡的分界处。

《三镇图说·宁武中路图说》阳方堡图载:本堡管边十三里一百五十步。狗儿洞堡管边为剩余的6里113丈。

以上3段长城合计39里145丈,又加150步,按照明制1里=150丈,1丈=3步计算,150步折合50丈。195丈折合为1里45丈,共计40里45丈,与宁武关城分管40里零45丈长城相吻合。

综合上述分析,可以得出"盘道梁界雕窝梁堡角是盘道梁堡与宁武关城划界管辖长城分界处"的结论。

(五)对"洞上堡"的实地考证

为了搞清楚"洞上堡"的情况,笔者曾多次到实地进行过考察。

1.洞儿上村地形地貌

洞儿上村是宁武县薛家洼乡的一个自然村,村子不大,坐北朝南,位于一道独立山梁的南坡。山梁呈东西走向,顶部平坦,石质,东西长1000余米,南北宽60米,四面临沟,一处连山,呈冰球杆拍头状,由恒山向北突出,与恒山山脊相距2里,西南角的洼地与恒山南坡相连,为进村通道。

山梁东南侧和东头是悬崖峭壁,下临深沟,隔沟与对面山坡相对,沟不宽,可通人;梁西为一面石质陡坡直达深沟;北坡为缓而漫长的土坡,直达西沟底。东西向长城从北坡经过,距堡110米。

全村人现已整村搬迁到宁武城,现有郭明眼一户人家返回村里居住养牛。笔者拜访70多岁的老郭获得三个收获:"洞儿上"村名来源于村东崖壁上三个相通的石洞;村后山梁村人叫

"堡梁","雕窝梁"是老辈儿因东崖住雕得名;弄清了附近许多地名。

村后梁上的堡子平面呈矩形,东西 56 米,南北 48 米,周长 210 米,北堡墙中部设马面一座,堡门南开。东墙外侧还有三四米宽的平台。可见,认定的"洞上堡"是旧堡,是以村名命名的。

2.皂君崖是雕窝梁的标志

堡梁东端是皂君崖。"皂君崖至王野梁宁武界边长二千九百六十六丈,平冲。"皂君崖作为边墙长度的一个起点,有何地理特征?笔者在沟对面远距离拍摄堡梁东崖,才发现崖壁有石人(见图 5),酷似端坐的皂君,头部轮廓清晰,胡须根根,皂君的上身披着长袍,崖东取名皂君崖应源于此。皂君崖的地理特征可作为判断雕窝梁的重要标志,"堡梁"就是雕窝梁。

图 5 皂君崖石人像

皂君崖下是火烧沟,沟内有一道土筑的墙体。"火烧沟,嘉靖二十年大举贼由此入"指的就是这里。

3.洞儿上村西的地形与雕窝梁堡一致

洞儿上村西的地形是个倒扣的"山"字。山脊为一横,北坡上的山梁为三竖:"堡梁"西坡和贾家窑村东的两道山梁长,中间的山梁短,当地人叫它猪嘴岭。山梁之间夹着两条沟。

洞儿上村北坡的长城有两道。起于火烧沟的东坡呈"人"字形,跨越猪嘴岭,止于贾家窑西山梁上。这两道长城相距 110 米平行向西延伸,与《宣大山西三镇图说》雕窝梁堡两侧沟内标示的两道长城及流水洞完全吻合。

北面的长城墙体遗迹为土石混筑,有的段落较为低矮,隐没于沙棘林或灌木丛里,不仔细辨认,极易被忽略。南面的长城为主墙体,夯土筑成,南墙土质为溜坡状,北立面砌石,残高三米左右,墙体高大,上建五个敌台。两道墙体之间建有五个烽火台,与南墙体上的敌台对应。特别是洞儿上堡角以西的石墙保存较好。

4.石长城起点

《三关志》载:嘉靖十二年(1533),都御史任公洛自雕窝梁至达达墩,筑边八里二百二十步,砌以石。

笔者找到了石长城的东起点。它位于雕窝梁堡西北角 580 米的长城上,地理坐标为东经 112° 27′ 26″,北纬 39° 4′ 7″,海拔 1861.5 米。起点以东的长城遗迹为土石相混,起点以西的长城遗迹北墙立面为石砌,条石有凿錾痕迹。长城由此顺坡西下,过三沟两梁向西延伸。都御史任洛所筑八里二百二十步砌石长城,换算为 8.73 里;距堡角 580 米换算为 1.16 里,雕窝梁堡至达达墩之间长城共长 9.89 里,约为 10 里。石长城起点成为断定雕窝梁堡位置的又一证据。

5.火路传递系统

考察中还发现了"薛家梁墩"。该墩在第三次长城资源普查时遗漏,账上没有记载。"薛家梁"位于薛家洼村东北,以薛家洼村命名。地理坐标为东经112°27′9″,北纬39°3′21″,海拔1937米。薛家梁墩比雕窝梁高40米,在火路传递中属于中转枢纽。雕窝梁一旦有敌情,"炮火南传薛家梁、红河梁、石脑墩"的火路传递系统即可传入内地,附近的守军可前往增援。

综上,经文献考证和实地考察后,把《三镇图说》中雕窝梁堡位置与地形图示,与实地考察结果进行比对,无论是洞儿上村的地形地貌,还是它与周边村庄的距离;无论是洞儿上村东皂君崖,还是村西石长城起点;无论是长城的走向,还是堡子的东西次序,还是火路传递和泉水方位,都与雕窝梁堡图上的标示完全吻合。可见今天认定的"洞上堡"是明朝移筑的雕窝梁堡,"洞上堡"其实就是雕窝梁堡。

二、半山堡是朔宁堡

《忻州文物·长城卷》92页关于"半山堡"的记载是:"8.半山堡,又称薛牛堡、雕窝梁堡,位于阳方口镇半山村东南0.6公里,郭家窑长城西0.1公里处,高程1905米。"

(一)半山堡又称薛牛堡、雕窝梁堡的说法是错误的

"半山堡"是旧堡新名,位于阳方口镇半山村东南,新名认定为"半山堡"无可非议,但"又称薛牛堡、雕窝梁堡"的说法是不对的。一是"薛牛堡"在史籍中未见其名,属于无中生有。"薛牛"应为当地人发音为"朔宁"的谐音,将其列为堡名且载入书中,既不科学也不严谨,易引起混乱。有学者认为"薛牛梁""薛家梁"当为一梁二称,意思是一座山梁两种称谓。笔者认为这是对谐音地名的错误引用。"朔宁梁"位于半山村东南600米处,地理坐标为东经112°24′3″,北纬39°3′29″,海拔1904米。而"薛家梁"位于薛家洼村东山梁,梁上有烽火台称"薛家梁墩",地理坐标为东经112°27′9″,北纬39°3′21″,海拔1937米。二梁相距十里,经纬度不同,海拔高度不同,两座山梁各有称谓,并非一梁二称。

雕窝梁堡的位置在前文已经考证确定,把半山堡"又称雕窝梁堡"明显错误。理由如下。

一是与《宣大山西三镇图说》中标示的阳方堡和朔宁堡的顺序相悖。二是与雕窝梁堡周边村庄的距离不符。所管长城增加了10里。三是与雕窝梁的地形地貌不符。半山堡所处地形较为特殊,北有禅房山,南有郭家窑南山,两山夹峙一梁相通,形成"工"字地貌。山梁之东主要是朔州地界,山梁之西是宁武地界,所以夹峙一梁叫作朔宁梁。

雕窝梁是东西走向的一段山梁,梁东皂君崖有石人,山梁东西两侧共有三梁四沟,长城位于堡北;而朔宁梁是南北走向的山梁,与南北两山相连,长城位于堡东。和雕窝梁的地形地貌南辕北辙,所以"半山堡又称为雕窝梁堡"的说法是错误的。

那么,这个旧堡的原名叫什么?根据《三关志》阳方堡、朔宁堡图对照,它才是朔宁堡。

《三关志·宁武关图》标示:朔宁堡嘉靖十二年建,门一,楼三,角楼四。周围一百六十步,高二丈三尺,西至宁武三十里,北至阳房十五里。炮火王野梁墩南传至代州界阳房二墩。北接青圪塔一

墩、青圪塔二墩、窑子一墩、窑子二墩、后塞一墩、后塞二墩至朔州崔家庄。水泉通流离本堡一里。

(二)半山堡实测数据与朔宁堡相符

半山堡位于朔宁梁中央凸起的山包上,南北两侧都是洼地。堡子位于长城西侧,呈平面矩形,坐北朝南,东西长 68 米,南北 66 米,周长 268 米,占地面积 4556 平方米。

南堡墙中部设楼门一座,堡门南开。东、北、西堡墙中部各设有楼;堡墙四角设角楼。与"门一,楼三,角楼四"的记载相符。周长 268 米,与"一百六十八步(换算为 267 米)"相符。

选择在此建堡符合"因地形,用险制塞"的原则,在两山峡谷之间居高临下扼守,利用了朔宁梁的天然屏障,真可说是巧夺天工。既能控制险要,又能把控朔州和宁武之间的往来必经通道,达到"易守难攻"的效果。

(三)禅房山墩和达达墩是实证

《三关志·朔宁堡阳方堡图》中(见图6),红色方框内标注的禅方山墩和达达墩分别位于长城两侧,是朔宁堡的重要军事设施。在实地考察中证实,堡南 150 米处的洼地设有烽火台一座为禅房山墩,以正北 3 里的禅房山命名。黄土夯筑,残高 9 米,东距长城45 米。

堡北长城外侧的台地上设有另一座烽火台为达达墩,以西北九里的达达庄命名。达达墩距堡 500 米,西距半山村 700 米,残高 9.5 米,构筑了三道围墙加以防卫。"达达墩"就是都御史任洛自雕窝梁筑边八里二百二十步至达达墩,是这段砌石长城的终点。这两座烽火台与朔宁堡图中标示的烽火台完全相符。

综上,无论是"半山堡"与阳方堡的距离、东西向的顺序、与周边村庄的位置,还是

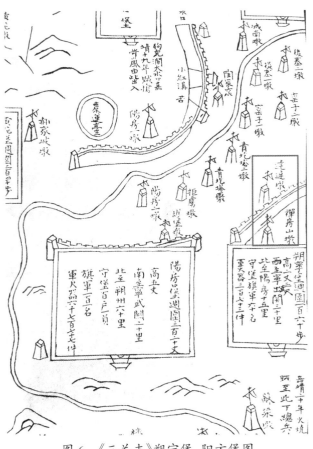

图 6 《三关志》朔宁堡、阳方堡图

堡子的设施、位于长城南北的烽火台都与朔宁堡的图示和记载相符。朔宁梁上建堡叫朔宁堡,以地命名顺理成章。所以半山堡其实是朔宁堡。

三、贾家窑东梁的堡子是雕窝口堡

(一)贾家窑东梁的古堡

贾家窑村东北 2.5 里处的古堡,平面呈矩形,夯土筑成,位于长城以北。堡城南北长 270 米,东西宽 120 米,周长 780 米,占地面积 32400 平方米。堡城中心地理坐标为东经 112° 26′ 58″,

北纬 39°5′14″，海拔高度为 1630 米。堡城东距全家沟 2.5 里，北距项家山 5 里，南距洞儿上 5 里。

堡墙底宽 4 米，顶宽 0.5—2.5 米，内高 0.8—3.2 米，外高 4.2—6.2 米。东西墙中部各设堡门一座，西门宽 8 米，外有瓮城，东西长 20 米，南北宽 5 米，墙体残高 6 米；东门和瓮城损坏，尚有部分残存。东西堡墙中间有朝里的马面各一座。

堡城的名字叫什么，长城界众说纷纭。长城资源调查认定为朔宁堡，有学者说是雕窝梁堡，有人说是无名堡。前文已经确定了雕窝梁和朔宁二堡的位置，这座多出来城堡又是什么堡？

表 2　列表比较判断排除朔宁堡

堡　名	堡子周长	堡　门	角　楼	烽火台	西距阳方堡
朔宁堡	268 米	南门一	4	禅房墩 达达墩	15 里
古堡	780 米	东西门二	0	象家山墩	25 里

通过比较，古堡在周长、堡门、角楼、烽火台和距离上与朔宁堡无一相同，说明古堡不是朔宁堡。

(二)雕窝口在贾家窑

雕窝口作为雁门十八隘口之一，是通往塞外的川谷之口，尽管雕窝梁堡距今已有 500 余年，但山河地理环境不会轻易改变。

从宏观上看，贾家窑村位于恒山北麓山脚，村南是呈东北西南走向的恒山尾部，止于阳方口；村北是海拔 1775 米的石多梁和海拔 2106.1 米的禅房山，南北山脉夹峙，中有一道 28 里长的深沟，全家沟东至高崖上山口的深沟叫大西沟，河水东流汇入桑干河。东出高崖上山口便是大同盆地的朔州川。朔宁梁东至贾家窑的深沟叫小西沟，水流汇入石碣峪。

恒山北麓有一条南北走向的沟壑叫石碣峪，全长 23 里。以贾家窑为界分为两段：南段从薛家梁分水岭至贾家窑，长 8 里；北段起于贾家窑，从禅房山与石多梁两山之间的夹缝中穿过，一路向北止于朔州市沙楞河乡下石碣谷村峡谷北口，长 15 里，两山山体石质，两厢石崖陡峭，所夹峡谷宽 3—10 米，河水北流汇入桑干河。

从微观上看，贾家窑村位于大西沟与石碣峪十字交叉中心，为山间小盆地，南北长 3 里，东西宽 1 里，适于物资调度和集散。作为咽喉隘口，不仅形势冲要，而且是交通枢纽，是兵家必须控制的要地。

《盘道梁堡图说》把石碣峪上游标注为"雕窝梁极冲"，从贾家窑循石碣谷南行 3 里便是两道长城，再行 4 里，可到薛家洼隘口，翻越分水岭就进入原平市西山地区。

在贾家窑以东 2500 米的山梁设堡在于节制整个峡谷，可以遏控"雕窝梁极冲"、小西沟和石碣谷北段，一堡守三面，战略地位十分重要。由于它是西八隘口的最西端，典型地标是雕窝梁，称为"雕窝口"。

（三）雕窝口是重要军事要塞

根据《三关志》记载，可见宁武中路东段各堡的军事配置。

表3　宁武中路东段各堡的军事配置

堡名	守堡军官	旗军人数（名）	军火器械（件）
小莲花堡	百户一员	39	8975
夹柳树堡	指挥一员	39	9000
雕窝梁堡	千户一员	78	10945
玄冈堡	百户一员	42	3970
朔宁堡	无	60	373
阳方堡	百户一员	101	6777

从表中不难看出，雕窝梁堡的守堡官是千户一员，仅次于夹柳树堡的指挥一员，其他堡都是百户。雕窝梁堡驻堡旗军78名，比同级堡寨多，仅次于城堡级的阳方堡。军火器械10945件，数量最多。可见，从守堡官等级之高、配置旗军人数编制之多以及军火器械数量之大，足以说明雕窝梁堡在军事防御体系中的地位重要。

雕窝口的军事设施设置密布。隘口处设堡立寨节制了整个峡谷。在火烧沟和全家沟设置多重挡马墙加强防御。火烧沟除两道长城外，还土筑了三道挡马墙；全家沟则土筑了五道挡马墙。洞上段修筑二道平行的石砌长城防御，峻垣深壕，烽堠相接。除主长城外，还在主长城北110米处设置了第二道石砌长城。不仅在主长城上筑有5座敌台，同时修筑了20余座烽火台：雕窝梁堡和燕儿水堡之间筑有5座烽火台，两道长城之间筑有6座烽火台，长城以南筑有2座烽火台，西沟段筑有7座烽火台，长城北有象家山烽火台，可谓群墩密集。这些墩台有用于御敌的箭墩，有用于瞭望的哨墩，也有用于传递信息的烟墩或旗墩，敌情传递迅速，增援扼守合力，形成了边有边墙、墙上有台、墙外有墙、墙内有墩的强大御敌防线。

（四）古堡形成的时间和古堡的几种可能

1.古堡建于何时

经考证古堡建堡时间有可能在嘉靖二十五年（1546）至嘉靖四十五年（1566）的20年之中。《三关志》成书于嘉靖二十四年（1545），书中没有古堡的记载，排除成书前建堡的可能。隆庆四年（1570）"隆庆和议"后，进入了60年的和平局面，也无建堡的必要。

嘉靖二十一年（1542），以总兵镇守制为标志的山西镇正式确立，完成了明王朝九边重镇的军事格局，开启了构筑长城防御体系的高潮。

嘉靖二十三年（1544）至二十八年（1549）间翁万达出任宣大总督，重新建立并加强了山西长城防御体系的整体防御能力，完成山西镇三关边镇边墙共500里。可能在嘉靖间的20年中建堡。

如果是第一种可能，那么杨时宁万历三十一年（1603）十月成书的《宣大山西三镇图说》中也没有记载这个古堡，可排除第一种建堡的可能，第二种可能为万历三十一年以后建堡。

2.雕窝梁堡移筑

嘉靖二十年（1541），因"封贡"要求遭明朝拒绝，俺答汗率兵大举南犯直取太原。蒙古铁骑大举入侵的突破口就在宁武中路，其中就有卧羊坡和火烧沟，雕窝梁堡的守军难以阻挡，成为三关中路边防的一大难题。面对朔州川要冲，雕窝梁堡的防御重点转向扼守大西沟。

《山西通志》中"胡松答翟中丞书"说，五寨堡远，距偏头宁武二关几可二百里许，敌小至，要不敢深至其城，大举则自保不暇，是亦无用之赘员也，莫若移五寨守备于夹柳雕窝梁之间，使守西八隘口。于是雕窝梁堡从山顶移筑到山谷隘口处，成为雕窝口堡。由于二者相距不远，史籍中合二为一，未予记载。

3.石硖寨

《读史方舆纪要》卷40："石硖寨，在县（宁武）东北。今为硖口堡，与阳方堡相近也，即雕窝梁堡也。"《皇明九边考》载："凡通贼要害路口，……去处计量贼众，可以摆阵驰聚者即挑可容三千人马营盘一处。若是止可单骑或双骑并行者却挑可容二千人马营盘一处。周围俱要壕，阔一丈，深一丈，藉彼为截杀以逸待劳之所。"

古堡占地面积大可做驻军营盘，利于把控要害路口阻断敌人南下通道，消除了敌人西进三沟，从"雕窝梁极冲"进入内地的威胁。全家沟村民也说，相传这个堡子驻的是马队，好像是军营。

综上所述，"洞上堡""半山堡"在国家长城资源调查时，堡名遵循了以村命名的原则，无可厚非，但是新堡名要注清旧堡名，不应随意移动旧堡的位置。

洞儿上堡就是雕窝梁堡，半山堡其实是朔宁堡的结论，既符合《三关志》《山西镇图说》的记载，也与二堡周边村庄、关隘、城堡、烽传系统的实际相吻合，符合历史原貌。贾家窑东的古堡因无史籍记载，提出几种可能供长城人探究，将对考证宁武中路长城的军事防御体系具有重要的借鉴意义。

（此文在第五届中国长城论坛上荣获优秀奖。作者系忻州市长城学会理事兼副秘书长，山西省忻州市第六中学副校长，忻州市长城研究保护"十大杰出人物"之一。）

唐末五代时期雁门关对沙陀的战略价值

刘 冬

雁门关,古称"勾注",是中国历史上著名的要塞之一,为长城军事防御体系的重要组成部分,在今山西省忻州市代县西北约 20 公里的太和岭上。自古以来,雁门关是中原农耕民族与草原游牧民族交往交流交融的重要地域。《晋·地道记》载:"北方之险,有卢龙、飞狐、勾注为之首,天下之阻,所以分别内外也。""雁门关"之名,最早见于北魏明元帝时期。《魏书·礼志四之一第十》载,泰常四年(419)八月,"(明元)帝幸代,至雁门关,望祀恒岳。"

唐末,沙陀族以今山西为家,生存繁衍 100 多年,分别建立前晋、后唐、后晋、后汉、北汉等政权。其中,沙陀族命运与雁门关有重大关联:乾符五年(878)"斗鸡台"事变之后,沙陀逐渐控制雁门关,最终问鼎天下;后唐清泰三年(936),契丹南下雁门诸路,攻灭末帝李从珂政权,沙陀族从此盛极而衰。

本文所要讨论的,正是唐末五代这一割据纷争的历史时期,雁门关对沙陀族重要作用以及沙陀对雁门关的经营等相关问题。

一、"陉北沙陀"名号的由来

元和三年(808),沙陀族从吐蕃领地甘州(今甘肃张掖)东迁降唐,这是中国古代民族关系史上的一件大事。在迁徙过程中,沙陀首领诛邪尽忠及大多数族人战死,但在尽忠之子朱邪执宜的守护下,部分族人安全归附大唐朔方节度使,此时的朔方(今宁夏吴忠)主帅为名将范希朝(今山西永济人)。范希朝及时为沙陀人发放补给,使其很快安定了下来,但唐廷对他们仍不能完全信任,猜忌之心依然较重。次年(809)六月,唐廷令沙陀举族约 1 万人迁往雁北(雁门关以北地区,也称"代北"或"北川")。《资治通鉴》卷二百三十七载,元和四年六月,"以灵盐节度使范希朝为河东节度使。朝议以沙陀在灵武,迫近吐蕃,虑其反覆,又部落众多,恐长谷价,乃命悉从希朝诣河东。希朝选其骁骑千二百,号'沙陀军',置使以领之,而处其余众于定襄川。于是,(朱邪)执宜始保神武川之黄花堆。"黄花堆,在今山西省朔州市应县黄花梁附近,距离雁门关约 100 里。

之后,沙陀部族改号曰"陉北沙陀"。《新唐书·沙陀传》载:"顷之,(范)希朝镇太原,因诏沙陀举军从之。希朝乃料其劲骑千二百,号沙陀军,置军使,而处余众于定襄川。执宜乃保神武川之黄花堆,更号阴山北沙陀。""王锷节度太原,建言:'朱邪族孳炽,散居北川,恐启野心,愿析其族隶诸州,势分易弱也。'……大和中(827—835),柳公绰领河东,奏陉北沙陀素为九姓、六州所畏……""北川"即雁门关以北地域,"陉北沙陀"为"陉山北沙陀"的简称。所以,同书所记"阴山北沙陀"之"阴"必为"陉"之讹。五代李璋撰《河东记》载:"勾注以山形勾转水势流注而名,亦曰陉岭,自雁门以南谓之陉南,以北谓之陉北。"换言之,陉岭南北的主要分界线是雁门关,陉北就是雁门关以北之义。

唐廷以代州陉岭为界,划定沙陀族的活动范围,不允许其势力向南越过雁门关,以威胁重镇晋阳(今山西太原)。所以,历任河东节度使担负的一项重要任务是委派大将担任代州刺史,守卫雁门关,遏制沙陀族势力的发展。对"陉北沙陀"而言,要想有广阔的生存空间,必须积极储备力量,选择时机夺取雁门关。朱邪执宜曾任代北行营招讨使,其子朱邪赤心(即李国昌)又为代北军使,可见此时沙陀势力已触及代州雁门关,但还未能主导雁门关及代州的局势。

二、"斗鸡台"事变与沙陀对雁门关的控制

在朱邪执宜之后,沙陀部族的首领为其子朱邪赤心,知道这个名字的人不会很多。因为多年之后,朱邪赤心以军功升任大同节度使,更有了一个新的名字——李国昌。咸通年间,桂林爆发戍卒起义,在首领庞勋的带领下,攻陷了大唐帝国无数座城池。唐廷遂派遣沙陀军3000人随从镇压,在战斗中沙陀突骑多次冲锋陷阵,造成庞勋起义军极大的伤亡。《资治通鉴》卷二百五十一载:"咸通十年二月,康承训使朱邪赤心将沙陀三千骑为前锋,陷陈却敌,十镇之兵伏其骁勇。"事成之后,唐廷不仅升朱邪赤心为首任大同节度使,并赐以宗姓改名为李国昌。其时,大同镇辖云、朔、蔚三州之地,沙陀首领具备了争夺雁门关的资格。但不久,唐廷两次转任李国昌为鄜延、振武节度使,此举激化了沙陀与唐廷的矛盾。

乾符五年(878)初,雁北一带发生大饥荒,李国昌之子李克用领兵近万人戍守云州斗鸡台(今山西大同市东城外),残暴处决了防御使段文楚及朝官柳汉璋、雍侍御、陈韬等人,沙陀之乱自此开始。唐廷先后调遣数镇之兵以平定沙陀之乱,联军苦心经营的军事要地就是太原府以及代州雁门关,但素有"万人敌"美誉的李克用多次击溃唐廷联军。《资治通鉴》卷二百五十三载:"广明元年正月,沙陀入雁门关,寇忻、代。二月庚戌,沙陀二万余人逼晋阳,辛亥,陷太谷。"如此看来,沙陀在这一时期已经临时占据了雁门关。数月后,唐廷再次击溃了沙陀军,李国昌父子及族人前往阴山投奔鞑靼部,沙陀势力在很大程度上被压制。

三、黄巢起义与雁门节度使李克用

亡命塞外的李克用对雁门关念念不忘,渴望能够东山再起。很快,合法占据雁门关的机会就来了。

广明元年(880)十二月,黄巢起义军攻占了京师长安(今陕西长安),唐僖宗李儇逃亡到蜀地。为镇压起义军和收复长安,唐廷决定宽宥沙陀部族,遂任命李克用为雁门节度使,管辖代、

忻二州。看来，唐廷深知沙陀的企图，因此将雁门关赐予沙陀以慰其心。从此，李克用便有了"李雁门"之称。这时的沙陀虽控制了雁门关，但是政治地位仍不稳定，主要是大唐王朝已经处在风雨飘摇之中，想要长久占据雁门关，只有为唐廷立下大功，方能在群雄割据的乱世之中占据一席之地。

此时，沙陀大将李友金与河东监军陈景思在代州募兵3万多名，附庸沙陀的鞑靼部士兵有1万多名，李克用控制的总兵力已近5万之众。要知道，代州附近杂虏众多，军队构成虽以步兵为主，但骑兵亦为数不少，总体战斗力很强，黄巢军听闻沙陀兵将至十分惊恐。《旧五代史》卷二十五《唐武皇纪上》载："及武皇将至，贼帅相谓曰：'鸦儿军至，当避其锋。'"《资治通鉴》卷二百五十五载："中和二年十二月，自高浔之败，诸军皆畏贼，莫敢进。及克用军至，贼惮之，曰：'鸦军至矣，当避其锋。'克用军皆衣黑，故谓之鸦军。""中和三年五月，克用时年二十八，于诸将最少，而破黄巢，复长安，功第一，兵势最强，诸将皆畏之。克用一目微眇，时人谓之'独眼龙'。"最后的结果在预料之中，唐廷联军合力镇压了黄巢起义军，其中李克用居功第一。为厚赏沙陀部族之功，唐廷任命李克用为河东节度使，镇守北都太原。

不过，李克用对雁门关仍然不放心，遂上书朝廷请求任命其父李国昌为代北军节度使，镇守代州并经营雁门关，朝廷从之。《资治通鉴》卷二百五十五载："中和三年八月甲辰，李克用至晋阳，诏以前振武节度使李国昌为代北节度使，镇代州。"光启三年（887），代北节度使李国昌卒。其时，李克用盘踞河东兵势最盛，又为陇西郡王，决心好好经营祖宗陵墓。李国昌死在代北节度使任上，其遗骸自然在代州治所雁门县。而代州又有雁门关，是沙陀部族的生命线，李克用最终决定将其祖父朱邪执宜、父李国昌之陵墓选址在雁门县。李克用家族的陵墓与雁门关同在一地，反映了沙陀朱邪氏已将家族命运与雁门关捆绑在一起。

四、沙陀创置"雁门以北都知兵马使"官职

乾宁元年（894），凤翔李茂贞、邠州王行瑜、华州韩建相继为乱。次年十二月，李克用以讨伐之功，加检校太师、兼中书令，晋封为晋王，加实封二百户，赐号"忠贞平难功臣"。从此，李克用具有了晋王的身份，史学家将其割据政权称为"前晋"，以与其子李存勖建立的"后唐"、沙陀人石敬瑭建立的"后晋"区分。

这一时期，沙陀晋国内部有雁门以北都知兵马使一职，负责雁门关及其以北军事事务。在晋王李克用、李存勖时代，担任雁门以北都知兵马使的先后有李存进、李嗣肱、安元信等人。《旧五代史》卷五十三《李存进传》载："光化三年，契丹犯塞，寇云中，改永安军使、雁门以北都知兵马使。"《新五代史》卷二《唐家人传第二》载："梁太祖围蓚县，（李）嗣肱从存审救蓚，梁军解去，嗣肱功为多，超拜蔚州刺史、雁门以北都知兵马使，累迁泽、代二州刺史。"《资治通鉴》卷二百六十九载：贞明三年（917）二月，"（刘鄩）又攻武州，雁门以北都知防御兵马使李嗣肱击败之"。《旧五代史》卷三十二《唐庄宗纪六》载：同光二年（924）八月，"丙子，（唐庄宗）以云州刺史、雁门以北都知兵马使安元信为大同军节度留后"。

此外,《旧五代史》卷五十六《周德威传》载:"天祐三年,(周德威)与李嗣昭合燕军攻潞州,降丁会,以功加检校太保、代州刺史,代嗣昭为蕃汉都将。"沙陀是一个多民族共同体,军队由蕃汉士兵构成。蕃汉都将,也称蕃汉都知兵马使,是沙陀军的统帅,地位仅次于晋王,可以说位居一人之下、万人之上。周德威以蕃汉都将的身份兼任代州刺史,又是沙陀部族苦心经营雁门关的典型例证。

天祐元年(904),李克用创建了应州,以守卫雁门关的北门。《续唐书》卷十六《地理志》载:"应州,天祐元年置。天成元年升彰国军节度。领县二:金城、浑源。"天祐五年(908)初,李克用卒,其子李存勖继承其名位。次年(909),"亚子"李存勖将李克用安葬在代州雁门县里仁乡常山里(今代县阳明堡镇七里铺村),这就是历史上有名的武皇陵,后人亦称为"晋王墓"。

李存勖即位后,曾一度计划在代州武皇陵之侧修建自己的陵墓,但为臣僚所阻未能实施。《旧五代史》卷三十三《唐庄宗纪七》载:同光三年(926)十月,"初卜山陵,帝欲祔于代州武皇陵,奏议:'天子以四海为家,不当分其南北。'乃于寿安县界别卜是陵。"

天祐八年(911)柏乡之战后,大将李嗣源以功升任代州刺史,人称"李代州"。总之,不管是雁门以北都知兵马使还是代州刺史,在晋国时代,均要委任有大功之宿将,甚至有人之后还会成为帝王,例如后唐明宗李嗣源,这主要是沙陀部族认识到雁门关的重要性使然。

五、后唐时代雁门关对契丹的防守

唐末,塞外的契丹族慢慢壮大,逐渐对沙陀部族乃至中原民族构成新的威胁。早在李存勖时期,契丹就经常侵犯晋国边地。例如,天祐十三年(916)八月,契丹攻击晋国云、朔等地,威胁雁门关。李存勖领兵讨伐,至代州,契丹闻讯撤兵,李存勖才还归晋阳。《旧五代史》卷一百三十七《外国列传一》载:"(天祐)十三年八月,安巴坚率诸部号称百万,自麟、胜陷振武,长驱云、朔,北边大扰。庄宗赴援于代,敌众方退。"其时,李存勖主要的敌人是后梁,所以对契丹采取容忍让步之策,但底线是契丹不能越过雁门关,因为契丹一旦占据雁门关,由代、忻二州南下晋阳必失,雁门关对沙陀政权而言,是必须经营好的大后方。

后唐建立之后,沙陀部族的政治中心已从晋阳转移至洛阳,但仍没有忽视雁门关。契丹每次犯塞,云、朔、应等州的兵力往往不够无以防守。这时,沙陀部族仍以代州雁门关为基地,牢牢地将契丹拦截在雁门关以北,不许其顺雁门关而下。

天成元年(926),后唐明宗李嗣源升应州为彰国军节度使,领应、寰二州,应州辖金城、浑源2县,寰州辖寰清1县。李嗣源计划以应州彰国军为雁门关外府,与代州一同构成防御契丹的军事战略体系。

《旧五代史》卷四十六《唐末帝纪上》载:清泰元年(934)十月,"契丹寇云、应州,(唐末帝李从珂)诏河东节度使石敬瑭率兵屯代州。"此时的石敬瑭不仅担任河东节度使,还兼大同、彰国、振武、威塞等军蕃汉马步都部署,一人控制五大方镇。以上五镇的范围,大约包括今山西中北部、内蒙古中部、陕西北部、河北中北部一带。在如此大的版图中,关键的军事要塞正是代州的雁门关。所以,契丹来犯,河东节度使往往以重兵屯代、忻二州,以完备的雁门关军事体系防御契丹攻势。之后,石敬瑭以御边为名,要求后唐朝廷将钱粮运往代州及雁门关,雁门关一带遂成为河东重要的战略物资补给基地。《旧五代史》卷四十七《唐末帝纪中》载:清泰二年(935)六月,"河东节度使石敬瑭奏,边军乏刍粮……寻又奏,怀、孟租税,请指挥于忻、代州输纳。朝廷以边储不给,诏河东户民积粟处,量事抄借,仍于镇州支绢五万匹,送河东充博采之直。是月,北面转运副使刘福配镇州百姓车子一千五百乘,运粮至代州。"

六、雁门关外州县的割让与沙陀败亡

清泰三年(936),石敬瑭决定造反。其实在较早时候,朝廷已有人对未来政局的演变有了一定的猜测。《资治通鉴》卷二百八十载:天福元年(936)三月,"河东若有异谋,必结契丹为援。"为讨好契丹, 石敬瑭决定给予其卢龙一道及雁门关以北诸州, 这就是历史上有名的 "燕云十六州"。同年八月,契丹大军已近应州。九月,契丹兵 5 万自羊武谷而南。但此时的雁门关守将及代州刺史等无所作为,不过婴城自守。因此,契丹军很快便抵达晋阳,最终大胜唐军。石敬瑭与契丹主耶律德光交谈之时,耶律德光也承认:"始吾自北来,谓唐必断雁门诸路,伏兵险要,则吾不可得进矣。使人侦视,皆无之。吾是以长驱深入,知大事必济也。"后唐调派大军全力攻击石敬瑭基地晋阳,造成雁门关缺兵少将,为契丹由此南下创造了条件。十一月,石敬瑭称帝,建国号为晋,史称后晋,改年号为天福。

由于雁门关外州县的割让,使沙陀部族失去了守卫雁门关的外缘军城,从而无以有效经营雁门关。石敬瑭死后,其养子石重贵即位,是为后晋出帝,但他不甘心沦为契丹的附庸,渴望自立自强,很快便激化了与契丹的矛盾。天福八年(943)十二月,契丹兵分二路讨伐后晋,东路出幽州,西路过雁门关,对后晋造成严重的威胁。《旧五代史》卷八十二《晋少帝纪二》载:开运元年(944)正月,"太原奏,契丹入雁门,围忻、代二州。恒、沧、邢三州上言,契丹大至。"《辽史》卷四《太宗本纪下》载:会同七年(944),"正月甲戌朔,赵延寿、延昭率前锋五万骑次任丘。丙子,安端入雁门,围忻、代。"在契丹的多次讨伐之下,后晋终在开运三年(946)灭亡。之后,河东节度使刘知远建立了后汉政权,但 3 年后也亡于后周。

我们看沙陀政权的存在时间:后唐有 13 年,如果连上晋国时期,共有 41 年;后晋则有 11 年;后汉仅 3 年。北汉虽存在了 28 年之久,但其为契丹奴役,雁门关对沙陀部族已无太大的战略价值。

七、余　话

对雁门关的控制与经营,事关沙陀部族的命运。唐末元和初年,雁门关是唐廷为沙陀划定的活动边界,不许其势力南过雁门关。但之后在朱邪执宜、李国昌的努力下,沙陀虽未能控制雁门关,但其势力已触及代州。乾符五年(878),李克用制造"斗鸡台"事变,用武力控制了大同镇,希望以此为基地进一步将雁门关纳为己有。之后,唐廷任命李克用为雁门节度使,沙陀部族从此占有了雁门关。沙陀以雁门关为大后方,南下坐镇晋阳,以"表里山河"之地与群雄争锋。为经营好雁门关,沙陀首领任命名臣宿将担任雁北以北都知兵马使、代州刺史等要职。但是,天福元年(936),同为沙陀人的石敬瑭将雁门关以北州县割让于契丹,并攻灭了后唐政权。沙陀部族仍据有雁门关,但其外缘要塞尽失,族运从此转衰。之后,契丹曾以雁门关为讨伐后晋的重要交通线。后晋历 11 年而亡,后汉历 3 年而亡。

沙陀部族从唐末元和四年(809)迁居雁北始,至后汉乾祐三年(950)终,虽一直苦心经营雁门关,但时势造英雄,五代十国割据的乱世终将过去,一个新的大宋王朝从沙陀政权系统内部诞生。从此,中国历史迎来了一百多年的宋辽对峙期。

（此文在第五届中国长城论坛上荣获优秀奖。作者系朔州市文物保护与利用服务中心助理馆员。）

五台山长城岭长城的历史演变

陶之义

　　五台山是太行山北段的一支,长城岭又是五台山的支脉之一。长城岭长城,沿太行山东麓、晋冀交界地带而建,是佛教圣地五台山的东大门。东临河北阜平县,西界五台山,北近平型关,南达娘子关。始建于中山国,再建于北齐,兴盛于明代,衰落于清代。雍正版《山西通志》卷十五记载,"长城岭:由高洪口沿河至石嘴村,北进则台怀镇,又繇石嘴北上过红崖为射虎川,又北铁铺村过卢家庄子东上二里,至长城岭,直隶龙泉关界。龙泉关:东台东南六十里"。长城岭段长城现在虽然多处坍塌,但是残存墙体仍如巨龙一般横卧山峦,气势雄伟壮观。徐继畲编纂的同治版《五台新志》中说长城岭长城:"关门虽归直隶辖,而实为三晋全省东北要隘,不止为五台锁钥也。"长城岭是京津冀进入五台山的必经之路,俗有"畿西屏障"之称。同治版《阜平县志》卷二记载,"长城岭:城西九十里,亦五台孙枝,石磴起伏,古长城台基尚存,上边有边城,西接五台县界,东距龙泉关二十里,重山覆嶂,奔电屯云,燕晋出入之冲也"。现在,由于区划的原因,山西方面对长城岭长城的关注并不多。本文拟对长城岭长城的前世今生作一探索。

一、中山国始建

　　中山国位于春秋战国时期的燕国与赵国之间(即今河北省中部太行山东麓一带),是一个由鲜虞人建立的国家,非常强悍,因国都城里有山,故得国名中山。中山国由中山武公建立,经历了戎狄、鲜虞和中山三个发展阶段,在每个阶段都被中原诸国视为心腹大患,经历了邢侯搏戎、晋侯抗鲜虞、魏灭中山和赵灭中山的阶段。

　　中山国的疆域在春秋晚期,大致为南疆至今石家庄市一带,北疆在今河北省唐县西南,西面在今太行山上的五台县、盂县、平定县一带,东面的疆域主要在滹沱河冲积扇地带,即今日的河北藁城、晋州等地。至战国初年,中山国开始扩张领土,面积和范围逐步增大,国力也较为强盛,有战车九千余乘。《战国策·秦策三》记载:"且昔者,中山之地,方五百里。"其时,实力仅次于秦、齐、楚、燕、韩、赵、魏七雄,后有"第八雄"之称。中山国定都灵寿(今河北平山县三汲附近),距离五台县、盂县非常近,近年来在这里出土了大量有价值的春秋战国时期的文物。

　　中山国在春秋战国时期是一个饱受列强欺凌的国家,为了防范来自燕、赵、魏诸强的侵扰,在其西南边界与赵国接壤的太行山麓修筑长城。《史记·赵世家》载:"(赵成侯)六年(前

369），中山筑长城。"明末清初著名学者顾炎武的《日知录》卷三十一记载，"若《赵世家》：成侯六年，中山筑长城。又言：肃侯十六年，筑长城。则赵与中山亦有长城矣。以此言之，中国多有长城，不但北边也"。民国年间，研究长城的代表性学者寿鹏飞在《历代长城考》中记载，"中山长城：《史记·赵世家》：'赵成侯八年，中山筑长城。'战国时，中山建国。当恒岳中部，汉为中山郡（今河北省旧真定府属地）。此城盖北起泰戏山，经长城岭（《方舆纪要》：长城岭在庆云县西南四十里），纵贯恒山，并太行而南下。凡龙泉、倒马、井陉、娘子、固关皆属之。《方舆纪要》以为至赞皇县后沟口始竟，然不至于此。而南达邢台县黄泽关宋陈口（亦见《方舆纪要》邢台篇），又南至明水岭大岭口而止（见光绪《畿辅志》）。昔以此为直隶、山西两省界城，是为南北纵贯之长城"。由此可见，中山国长城主要呈现南北走向，以主干城墙为主体，另在一些险要关口筑城或筑墙扼守，在城墙内侧修筑较大的城址为屯戍点，或在城墙附近驻兵防守，共同构成一道严密的防御体系。

2007年9月24日，新华社曾报道《河北发现"战国七雄"之外的中山国长城》。文章说："为配合保阜（保定—阜平）高速公路工程建设，河北省文物工作者对公路所涉区域做前期调查时，在该省唐县境内发现一段战国时期中山国修建的长城遗址。河北省文物研究所官员说，中山国位于今河北省保定市和石家庄市之间的太行山区域，是'战国七雄'（齐、楚、燕、韩、赵、魏、秦）之外的一个千乘之国。中山国长城地处太行山东麓，北起涞源县，南到顺平县，沿唐河东岸，蜿蜒曲折，全长约90公里，由多个隘口和关城组成，著名的紫荆关就是其中的一部分。"由此可见，中山国的长城仍然有遗址遗迹，并被发现和得到认定。

我国当代长城专家罗哲文先生曾经到山西省平定县的故关、娘子关一带现场考证，罗哲文在其专著《长城》中指出："中山长城的地理位置在中山国的西南部与赵、晋交界处。根据《汉书·地理志》《括地志》《读史方舆纪要》等记载，中山长城的位置在今河北、山西交界的地区，纵贯恒山，从太行山南下，经龙泉、倒马、井陉、娘子关、固关以至于邢台黄泽关以南的明水岭大岭口，全长约五百多里。"他认为平定一带长城应属当年中山国长城。

从以上看出，中山国长城的走向为沿太行山东麓南下，经紫荆关、长城岭至娘子关等处。五台山长城岭长城正位于紫荆关与娘子关之间，其南北均有中山国长城，长城岭处于晋冀交界的太行山东麓，正是当年赵国与中山国的交界处，其长城走向和史籍记载的中山国长城相吻合。因此，长城岭长城，也应当属于中山国长城的一部分。只是后来又修建长城，一些地段被覆盖。所以，长城岭长城最早可追溯至中山国时期修建。比秦始皇统一中国后所修的万里长城还要早155年。

二、北齐再建

五台山长城岭长城，在一些资料中说，属于北齐长城，我们现在按图索骥，看看史籍是怎么记载的。

在南北朝时期，高欢是东魏权臣，北齐的实际创建者。高欢以晋阳为大丞相府，为了晋阳的安全,曾经大修长城。他去世后,在武定八年(550),其次子高洋逼孝静帝禅位,推翻东魏,建立北齐,改元天保,称为齐文宣帝。从天保元年(550)到天保六年(555),高洋南征北战,扩拓边境。使北齐国力达到鼎盛。高洋在北伐时,常防南梁觊觎;南伐时,担心北胡偷袭。因此在征伐的同时,高洋为巩固边防,大修长城。北齐定都在邺(今河北临津西南),为了巩固北方边防和防御西部的北周,各位皇帝都曾下令沿太行山修建长城。

北齐武成帝河清三年(564),突厥在塞北集结兵力,决定联合北周攻打北齐。北齐武成帝高湛闻讯,对东魏时所筑一段旧长城增筑至雁门关,又对北齐所筑内长城进行了修葺。增修自山西省下关附近起,经插箭岭、浮图峪、紫荆关、马水口,东达居庸关一段长城。对居庸关到山海关一段长城也进行了修整。在《北史·斛律羡传》中记载:"天统元年五月,突厥可汗遣使请朝贡,自是岁时不绝,羡有力焉。诏加行台仆射。羡以虏屡犯边塞,自库推戍东拒于海二千余里,其间凡有险要,或斩山筑城,断谷起障,并置立戍逻五十余所。"还修筑了今山西河北交界处沿太行山走向的一段长城。《北齐书》卷十七记载,司空斛律光"河清二年四月,光率步骑二万,筑勋掌城于轵关西,仍筑长城二百里,置十三戍"。《资治通鉴》卷一百六十九记载:"齐河清二年,诏司空斛律光,督步骑二万,筑掌城于轵关,仍筑长城二百里,置十二戍。""轵关"在今河南济源市西北,为太行八陉之第一陉。这里是说北齐河清二年(563),齐武成帝在"轵关"修筑了"勋掌城",并且修筑长城二百里,而此长城在什么地方? 没有明确记载。

民国研究长城的代表性学者王国良在《中国长城沿革考》中记载,"又《资治通鉴》:'齐河清二年,诏司空斛律光督步骑二万,筑勋掌城于轵关;仍筑长城二百里,置十二戍。'考轵关,在今河南济源市境。县今无长城;疑此长城在今晋燕交界处。《方舆纪要》直隶庆云县条云:'长城岭,在县南四十里,势如冈陵,旧志以为齐之长城。'考今晋燕交界一段长城,南其黄泽关,中经长城岭,北讫泰巘山,长约五百里;据旧志,这堵长城,或就这次所创筑;史称二百里,当是他的北段,因为长城岭北据泰巘山很近的缘故啊。"另外,民国研究长城的代表性学者寿鹏飞在《历代长城考》中也记载,"又《通鉴》:齐河清二年,诏司空斛律光,督步骑二万,筑勋掌城于轵关(在河南济源市),仍筑长城二百里。不言筑城地点。《方舆纪要》据旧志,以为在泰巘山南,倒马关北,盖当燕赵之交。北控蔚县,经长城岭而南,接周时中山长城之北端,今龙泉、广昌、阜平诸县之城是也。其南即真定线矣(即中山城)"。

从"轵关"到长城岭,这中间有很多长城遗迹或者遗址。也有很多地方史籍记载其长城的创修时间。唐代《元和郡县图志》卷第十三记载,"(山西省盂县)白马山:在县东北六十里。《山海经》曰:白马之山,其阳多玉石,其阴多铁及赤铜,木马之水出焉。山上有白马关,后魏所置"。

山西省平定县清代学者张佩芳的《郡志考》记载:"北齐文宣帝天保六年发兵一百六十万筑长城,自幽州北夏口,至恒州九百里;先是自西河总秦戍筑长城,东至于海,前后所筑东西凡三千余里,卒十里一戍,其要害置州镇凡二十五所。按长城历代有之,今固关、娘子关山下为长垣,随山屈曲,残堞犹存,疑即古长城也。《史记·赵世家》,成侯六年(前369),中山筑长城,又肃侯十七年(前333)筑长城,刘伯庄云,此长城在漳水之北,赵南界,以地理稽之正当此处。然年世久远,恐无复存。固当属之北齐"。

1992 年版的《平定县志》也有"北齐文宣帝天保六年(555)复修长城"的记载。

1995 年版《盂县志》第十二编记载,"白马关:又名伏马关,俗称马圈口,位于县城东北 58 公里,榆林坪乡马圈村东 2 公里。与河北省平山县渣马、南营相邻,始建于北齐清河二年(563),关联长城,地势险要,两山夹峙,中为河谷,是南北河口处"。

由此看来,这条北起倒马关,经中间的长城岭,沿晋冀交界地带的白马关、娘子关南去,沿太行山走向到达"轵关"的长城,是为防御北周的东犯而修建的。此地还曾有魏、齐时代修筑的长城,那么,长城岭长城属于北齐长城,并非空穴来风。只是时代久远,北齐长城是属于新修?还是复修了中山国长城? 或者是覆盖了中山国长城? 现在难以分辨。

三、唐宋平乱

进入唐代以后,虽然现在没有发现长城岭修建长城的记载,但是,"安史之乱""五代混战"均发生在长城岭长城附近,因此长城岭长城成为平叛、御外的阵地。如光绪版《代州志》卷十三记载:"天宝十四载,安禄山反,诏朔方节度使郭子仪率本军东讨,子仪遂收云中、马邑,开东陉,引军下井陉。"

特别是宋朝时,由于"燕云十六州"控制在辽国手中,此地成为宋辽边界。无数的戍边将士在这里留下忠勇卫国的印记,宋朝杨家将抗辽保国的故事在这里广为传颂。康熙版《保定府志》卷二十七记载:"庆历二年,以杨延昭知保州(今保定)。"据《阜平山水风物志》记载,杨延昭(民间称为杨六郎)曾驻守紫荆关、倒马关、龙泉关、飞狐口。一次,他率将与辽兵大战数日,不分胜负。双方累得人困马乏,约定各自退兵,来日再战。杨六郎策马奔驰,来到长城岭下,又饥又渴,想找口水喝。仰首环顾群山四壁,一滴水也找不到。左右为难之际,陪其征战沙场多年的骏马一声长啸,前蹄猛然一举,伴随落地之声,蹄下遂现一汪清水,积水成泉。杨六郎饮过马刨清泉后精神抖擞,跨上骏马再战辽兵,不日大胜。马刨泉位于山西清河与河北北流河的分水岭之上,海拔 1520 米,周边风光怡人。这些传说与遗址遗迹,为长城岭增添了无数神秘色彩。

四、明代驻防

进入明代,尤其是明朝迁都北京后,长城岭就成为北京的西部屏障,特别是嘉靖年间几次俺答军队的侵扰,长城岭的地位明显突出,于是修复长城、加强驻防就提上了议事日程。明代到嘉靖年间形成了九个军事重镇,称为"九镇"或"九边"。另外还设有真保镇,驻保定,所辖范围北起紫荆关,南至邢台县之马岭关,是京师的西部屏障。因此开始创筑城垣,驻防官军。《河北省志·长城卷》记载,龙泉关上关初建于明代永乐年间;龙泉关下关建于明正统二年(1437),景泰二年(1451)、嘉靖二十五年(1546)分别增筑和改筑关城。

长城岭长城与龙泉关在长城的概念中,不仅仅是一个关隘,而是一个军事指挥中心,是一个统辖近两千人马的首脑机关。在明代,龙泉关路所辖范围出乎我们现在的想象。在明代的真保镇下,设有四个路,其中有龙固关路。《四镇三关志》卷三记载,"龙固关路:嘉靖二十一年设参将一员,领中军一员、哨兵二员、坐司官一员、额兵三千三百三十一名"。其中,"龙泉关:一千八十八名,龙泉关下城:九百二十七名"。在《四镇三关志》中收录的《勅龙固关参将何勋》中说:"今特命尔充参将,分守北直隶龙、固二关等处,驻劄茨沟村地方,管领龙泉迤南并顺、广二府。"光绪版《山西通志》卷四十七记载:"明代内边,自龙泉关而下,历故关三十六隘,至赞皇县之后沟口、邢台县之马岭而止。"由此可见,龙泉关在明代的地位之高。

(一)驻防机构

在明代,长城岭的作用主要是护卫京城。因此,龙泉关并不归属于山西的三个镇——宣府镇、大同镇、山西镇之一,而是归位于直隶保定府的真保镇领导。由此可见明代的军事管理体制,与地方行政管理的区域是不一致的。

明嘉靖二十年(1546),龙泉关改设参将(正三品官),规模等同于紫荆关。明嘉靖版《西关志》故关卷记载:"嘉靖二十一年,紫荆关初设参将,兼制倒马、龙泉诸关。然道里辽远,有鞭长不及之患。至二十二年,故关亦设参将,自此,龙、故两关及顺德所属隘口,咸听节制于故关参将矣。参将驻劄井陉,所统真、神二卫官军轮班值守。至二十五年,复议改于真定府城驻劄,遥制龙泉、故关云。"

(二)驻防职官

明代万历版《四镇三关志》记录了驻防龙泉关官兵的数量和职官的姓名,笔者现在转录于下。

龙固关路:嘉靖二十一年设参将一员,领中军一员、哨兵二员、坐司官一员、额兵三千三百三十一名。

龙固关参将公署:嘉靖二十二年设于井陉县,二十五年改建真定府城。

1.龙固关参将

按照万历版《四镇三关志》卷八职官武阶记载:分守龙固关参将(嘉靖二十年设固关参将一员,驻井陉县,兼制龙泉关,辖真神二卫官军。二十五年移驻真定,仍制龙固等关)。

钱济民(延庆人)	胡 潭(定州卫人)	王 衡(保定卫人)
唐 桂(卢龙卫人)	高 棠(锦衣卫人)	刘 锦(锦衣卫人)
刘松寿(保定左卫人)	陈国清(陈州卫人)	申绍祖(潞州卫人)
张卢臣(潼关卫人)	张 玘(兴和所人)	张 斌(永平卫人)
胡宗舜(神武右卫人)	赵应时(绥德卫人)	何 勋(旗守卫人)

2.龙泉关把总

按照万历版《四镇三关志》卷八职官武阶记载:龙泉关把总(成化十二年设把总一员,原属紫荆关夏。嘉靖二十一年始设,钦依把总二十二年属故关参将节制,专防龙泉等二十七隘口地方)。

戴隆 施义 胡宗舜 吴渊 杨立中(保定卫人)

(三)管辖范围

在明代的嘉靖年间,龙泉关下辖隘口二十一处。到了万历年间,就增加到了六十九处,涉及山西、河北两个省,南北长约三百公里。

嘉靖版《西关志》记载:龙泉关隘口二十一处,把总一员,管总官一员统之。龙泉关上城:南至故关三百二十里,外口紧要。下龙泉关:东至龙泉上关二十里,里口稍缓。后改移上城,今下城无军把守,遗址尚存。还有:陡撞沟口、炕儿沟口、胡家庄口、龙八沟口、石胡沟口、八答庵口、黑崖沟口、旗杆岭口、旧路岭口、盘道岭口、印钞石口、黄土坡口、胡八沟口、新路沟口、窜道沟口、各略沟口、青杆岭口、杨和门口、三关子口。

(四)关隘城池

明代龙泉关所辖各个隘口,根据险要程度,都建有关城,用于守防和守关将士生活。这些关城,经过历史的风风雨雨,有的留了下来,有的坍塌了,我们现在看到的只是遗址或者遗迹。

按照万历版《四镇三关志》卷记载,龙泉关及其下辖隘口城池共有:龙泉关:堡城一座,永乐中建,冲。下龙泉关:堡城一道,正统二年建,缓。还有:黑崖沟口正城、旗杆岭口正城、旧路沟口正城、盘道岭口正城、印钞石口正城、黄土坡口正城、胡八沟口正城、新路沟口正城、青杆岭口正城,以上九口俱弘治十五年建。各略沟口正城、陡撞沟口正城、炕儿沟口正城、胡家庄口正城、龙八沟口正城、石胡沟口正城、八答庵口正城、窜道沟口正城、阳和门口正城、三关子口正城,以上十口俱嘉靖二十一年建。共有边墙一百四十丈。

(五)关隘兵力

明代对于龙泉关是非常重视的,从兵力配备上就可以看出来。龙泉关及其下辖隘口的驻守兵力,嘉靖版《西关志》记载如下。

龙泉关:原设常守军一百九名。真、神二卫备冬、官操余八百四十一员名。余春秋两班防守民壮一百三十八名。

到了明代万历年间,按照万历版《四镇三关志》卷三记载,"龙固关路:嘉靖二十一年设参将一员,领中军一员、哨兵二员、坐司官一员、额兵三千三百三十一名"。其中,"主兵,龙泉关营:嘉靖二十一年设把总官一员,领巡捕官一员,额兵五百五十六名;客兵,龙泉关下:真定卫操余官一员,操余三百六十九名。神武右卫操余官一员,操余二百四十二名"。另外,"龙泉固关路:马骡五百匹头;龙泉关:马二十匹"。

(六)墩台兵力

在明代,不仅是长城岭长城的关隘驻有兵力,就是墩台,也都驻有兵力,与龙泉关遥相呼应。据《畿辅通志》记载:龙泉关"明正统二年建,景泰二年又于西北筑上关城。天顺二年及成化十二年皆添设官兵戍守。嘉靖二十五年改筑关城,守御益密。"

按照嘉靖版《西关志》记载,龙泉关及其所辖墩台的驻守兵力,共有墩台46座,每墩设军士3名。

(七)配备兵器

明代到了万历年间,万历版《四镇三关志》记载:龙固关路军旅器械就有"盔甲五百一十一副,兵器九千九百九十二件,火器四千件"。

火药是中国的四大发明之一,其在军事上的应用也是最早的,但是具体在军队是怎么配备和使用的,我们现在只能是从影视剧中看到,而且往往受到质疑。现在关于固关营兵器配备的记载,给我们留下了最原始的记录,我们可以一窥火药在明代军事上的应用,看看当时都有哪些用火药制成的兵器。当时把冷兵器叫作军器,而把应用火药的兵器叫作神器,看来当时对火药的作用原理还是充满神秘感的。

嘉靖版《西关志》记载,龙泉关配备军器:"盔六百三十一顶,甲六百三十一副,弓六百七十二张,弦五百三十七条,撒袋五百四十三副,箭八千三百四十九支,腰刀五百二十五把,砍刀七十一把,长枪一百五十九杆,柔钩二十根,圆牌六面,旗枪六杆,弩弓六十张,弩箭八十把,挨牌五十面。"

除了军器,另外还有神器。嘉靖版《西关志》记载:"神枪五二百八十八杆,京枪三十五杆(哈喇膆袋全),卫枪二十五杆(哈喇膆袋全),火药连篓共二千二百零一斤,神铳一百四十五杆,火烟硝黄连柜一百四十五斤,铳箭三百三十二根,木马子一万一千三百二十个,佛朗机一百八十二座,铅子五千一百五十九个,皮裆裢一百四十七条,铁蒺藜六百七十个,飞火毒炮一百座,小炮一千个,提炮一千二百三十一个,座炮九个,信炮一百五十八个,碗口炮四个,中炮二个,起火五百支,药线五百条。"

五、清代驻防

进入清代以后,在一段时期内国内局势稳定,没有大的内忧外患,因此长城岭长城也就战事减少、地位索然了,其军事地位逐步降低。民国版《河北通志稿·地理志》记载:"清初设参将驻防,康熙三十二年(1693)改设游击,乾隆九年(1744)改设都司。辖茨沟营及泛口十余处。"驻军首领由参将降为都司。同治版《阜平县志》卷五记载了驻军的具体情况。

龙固关营:顺治十一年(1654)由茨沟营移驻,设参将一员,辖中军守备一员、左右哨把总各一员、长城岭经制外委一员,鞍子岭额外外委一员,茨沟营改设守备一员,归龙泉关营辖。康熙三十三年(1694)裁参将、中军守备二员,设游击一员。乾隆十八年(1753)复改都司一员。嘉庆八年(1803)茨沟营守备移驻赵州营,以赵州汛千总改茨沟汛千总。道光二十二年(1842)长城岭经制外委归天津镇大沽协,移鞍子岭额外外委驻长城岭,二十四年(1844)茨沟汛千总归天津镇大沽协,移龙泉关营右哨把总驻茨沟汛,改设龙泉关营右哨经制外委一员。原额马步守兵五百名。节次裁拨今村官五员,兵三百五名内。

龙泉关营:都司一员,左哨把总一员,右哨经制外委一员,长城岭额外外委一员。马兵四十七名,步兵一十七名,守兵一百八十一名。茨沟汛:把总一员,马兵一十一名,步兵三名,守兵四十六名。龙王庄汛、水泉汛、中儿汛各汛守兵三名。黑崖沟汛守兵四名。鞍子岭汛、栗园铺汛、印钞石汛、秋树湾汛各汛守兵五名。长城岭口守兵九名。上杆岭口、牛邦口、竹帛口汛、吴王口汛,各马兵一名,守兵四名。青杆岭口,马兵一名,守兵八名。

清代长城岭长城的军事地位在降低,军事首脑的级别在降低,但是其交通要道的地位在提升,成为京津冀进出五台山的必经之路。特别是清代皇帝巡幸五台山,都是从龙泉关下的长城岭长城经过,并对所经之地产生了一定的影响。康熙皇帝五次巡幸五台山,并且赋诗长城岭、五台山,如《自长城岭至台怀》等;雍正皇帝在未继位时随其父亲康熙皇帝上五台山,也赋诗长城岭、五台山,如《恭谒五台过龙泉关偶题》等;乾隆皇帝六次巡幸五台山,并且也赋诗长城岭、五台山,如《度长城岭》《五台旋跸过长城岭作》等;嘉庆皇帝也巡幸过一次五台山。其他达官贵人、文人墨客也曾经走过长城岭,也留下不少诗赋名篇。清代高士奇在《扈从西巡日录》记载:龙泉关"与紫荆、倒马为声援,五台、繁峙必由之路也"。这些活动,都增加了现在长城岭长城的文化底蕴,让长城岭、龙泉关名扬大江南北。

六、近代战事

进入当代社会,长城的战争功能已经丧失,但是长城岭、龙泉关的交通要道、关隘的作用还有优势,因此,历史赋予了长城岭以新的功能。

1900 年,八国联军攻破北京后,八国联军中的德国军队从定州出发,向龙泉关进攻,意欲由此攻入山西。龙泉关都司秀昆率部组织乡民,顽强抵抗前来进犯的德国军队,给予德军一定的打击。但装备落后的清军,不是装备精良的德国军队的对手。侵略军最终攻破龙泉关。秀昆率残部退往山西境内,最终在五台山苏子坡全军覆没。龙泉关再次被攻破,见证了清朝落后挨打、屡受外辱的历史。

民国北伐战争时,长城岭长城沿线是晋奉大战的主战场。奉系军阀张作霖打败直系军阀吴佩孚后盘踞河北,并准备进一步攻占山西。山西督军阎锡山得到消息后,沿五台山长城岭一带修筑工事,加强布防。1927 年 8 月,奉军第十军军长王树昌率部进驻阜平。长驱直入到龙泉关一带,长城岭沿两省交界线阜平一侧的沟沟岔岔、村村户户都住满了奉军。这次晋奉大战在长城岭一带持续 200 多天,发生大小激战 100 多次,战线均在晋冀分界线的长城岭上,当地百姓流传下这样的歌谣:

> 长城岭上摆战场,晋奉两军争高强。
>
> 炮声隆隆震山谷,黎民百姓遭了殃。
>
> 双方战壕靠的近,士兵喊话换食粮。
>
> 命令一下不相认,血肉横飞见阎王。
>
> 忽而朋友忽而敌,这叫打的什么仗。

1928 年 3 月,张作霖要撤回东北,于是奉军连夜撤离长城岭一带。历经 200 多天的晋奉长城岭大战遂告结束。目前长城岭山坡上还可以看到保存完好的多处晋军藏兵洞、碉堡和部分石砌工事、战壕等。

抗日战争中,从 1935 年起,山西即开始构筑防御工程,主要是从娘子关及以北的龙泉关、平型关等各主要由东向西之通道地区,构筑成有纵深配置之防御工事。八路军第一个抗日根据地——晋察冀抗日根据地建立后,晋察冀军区领导机关迁至河北阜平,根据地也就进入了"扫荡与反扫荡时期",日军制造了龙泉关至山西盂县的无人区。百团大战中,日军对晋察冀边区"大扫荡",1940 年 11 月,易县、涞源之日伪军由北向南,保定、满城日伪军由东向西,五台之日伪军经台怀、长城岭、龙泉关由西向东，相互策应，会合于阜平城，反复"扫荡"，残酷烧杀破坏。我晋察冀军区持续55天的反"扫荡"，共毙伤日伪军2000余人，侵入根据地之敌全部撤退。

解放战争中，1948年的战略大转移时，毛泽东、周恩来、刘少奇等从长城岭经过，然后到达河北省的西柏坡。长城岭也是红色革命路线的重要组成部分，有毛主席路居纪念馆等红色设施，因此长城岭具有红色革命基因。

七、遗址现状

现在的长城岭段长城，大部分是明代长城遗址。明代的大规模建设，形成一个建筑形制宏大的长城建筑群。明代《西关志》记载，"龙泉关，上城：景泰六年设立。正处一座，周围四百七十丈，高厚不等。东门城楼一座，北门城楼一座，水门一空。西北城角楼一座，圈门一座，门楼一座，城铺六间。梢城一道，长七十丈。关外拦马石墙一道，长十一丈。北门外护城井城一道，长九十八丈。井楼一座，井一眼。南崖东梢城一道，长四十五丈。西梢城一道，长二十二丈。北崖东梢城一道，长十一丈。西梢城一道，长三十三丈。河内心添城一道，长六丈三尺。敌楼二座，梢城小铺二间，南敌台一座，楼一座。北敌台一座，楼一座。护城敦二座。"

时间过了一百多年，著名地理学家徐霞客在明崇祯六年（1633）八月去五台山，在《游五台日记》中这样记载："又二里，重城当隘口，为龙泉关。初五日进南关，出东关。北行十里，路渐上，山渐奇，泉声渐微。既而石路陡绝，两崖巍峰峭壁，合沓攒奇，山树与石竞丽错绮，不复知升陟之烦也。如是五里，崖逼处复设石关二重。又直上五里，登长城岭绝顶。回望远峰，极高者亦伏足下，两旁近峰拥护，惟南来一线有山隙，彻目百里。岭之上，巍楼雄峙，即龙泉上关也。关内古松一株，枝耸叶茂，干云俊物。关之西，即为山西五台县界。"可见当时长城岭长城的建筑物还在。清代山西学政黄钺在1811年画的《长城岭春晴揽胜图》，描绘的就是长城岭的风光。

清代同治版《阜平县志》卷二记载，"龙泉关：去县七十里，有上下二关。断崖峭壁，栈道盘纡。西北接山界，各数百里所属隘口，皆与晋省分列防戍。前明于茨沟设参将控制三关。国朝移驻龙泉，后改游击，复改都司。兼辖汛口十余所"。看来到清代，长城岭既降低了领军级别，又降低了管辖范围，并且长城也已经毁坏。

2006年2月24日，国家文物局在山海关召开长城保护工程启动工作会议，拉开了对我国长城资源大规模的全面调查。其中长城岭长城是由河北省做的调查。据《山西省明长城资源调查报告》记载："河北省长城资源调查队对五台县与阜平县交界处长城墙体及相关资源进行了调查；山西省明代长城资源调查四队2007年12月9日至2008年5月18日，调查了五台县境内的烽火台。"调查结束后，长城岭长城被国家文物局认定为河北省的长城：国家文物局2012年5月11日《关于河北省长城认定的批复》（文物保函〔2012〕998号）中，对位于山西、河北两地交界处的长城岭长城，被认定为河北省长城遗存的有19处。分别是：长城岭段长城墙体6段、长城岭关口、长城岭石洞、长城岭烽火台、龙泉关烽火台、长城岭4个敌台、长城岭2个马面、黑崖沟村3个烽火台。这些长城遗址都确定为河北省重点文物保护单位。国家文物局

2012 年 5 月 14 日《关于山西省长城认定的批复》（文物保函〔2012〕997 号）中，其中五台县靠近长城岭长城的遗存有 3 处被认定山西省长城。分别是：石咀乡新庄村西北侧烽火台、石咀乡铁堡村东北侧烽火台、石咀乡石咀村东北侧烽火台。这些长城遗址也都明确为山西省重点文物保护单位。

清代《清凉山志》卷二记载："龙泉关，台东南六十里，关之东及直隶，关之西即山西。"现在的长城岭，还是山西与河北的交界处。长城岭长城，已经被忻阜公路截断，忻阜高速公路从长城岭下穿洞而过，不知道将来的雄忻高铁是否路过长城岭长城？并且现在的长城岭长城已经被新建的旅游设施包围。现在看到的长城岭长城，城墙下部以条石做根基，上部包大块柴烧青砖，石灰固缝，墙内填土石，城墙上筑有敌楼、战台、烽火台等，但是墙体已经遭到破坏。

2021 年 6 月，山西省文化和旅游厅颁发的《长城国家文化公园（山西段）建设保护规划》中，第十五条《主题展示区建设保护方案》中说："主题展示区是长城文化遗产展示体验的主要区域，由一系列主题明确、内涵清晰、边界明确、功能完善的长城公共文化空间组成主题展示空间组成。包括核心展示园、集中展示带、特色展示点 3 种形态。"规划中确定的 20 个重点特色展示点，其中就有"龙泉关"。我们期待认真挖掘长城岭长城的历史，弘扬龙泉关长城的精神，把长城岭龙泉关的长城国家文化公园早日建成。

（此文在第五届中国长城论坛上荣获优秀奖。作者系山西省阳泉市三晋文化研究会副会长，平定县政府原县长助理。）

东魏肆州长城考察存疑

常潮民

北史齐书载纪文,高祖神武筑此城。召夫五万战北山,四十昼夜腾巨龙。
黏土砾石做底层,树木枝干压其中。大小石块垒墙壁,片石收顶一铺平。
火烧边墙有迹痕,石下杂土炭灰存。边墙烧结坚又硬,色若彩釉示后人。

——题记

关于东魏肆州长城的修筑,《魏书·孝静帝纪》和《北史·齐本纪上·神武帝纪》均有记载:武定元年(543 年 8 月)"是月,神武命于肆州北山筑城,召夫五万,西自马陵戍,东自土磴,四十日罢"。

东魏肆州长城分布于山西省忻州市宁武县和原平市境内。大体呈东西走向,现存遗址总长度约 60 公里,遗址从宁武县榆树坪村顺管涔山下行至苗庄村北的硫磺沟,与苗庄障城北墙相连,全长约 18 公里,再由宁武县境内的三张庄后村进入原平市北梁村,经白草洼、糜子洼、长畛,越过无名河至四十亩、大立石、陡沟、下马铺,延至西庄头、南妥,又过石匣隘口止于黑峪村山梁上的障城遗址,长约 43 公里。各段墙体多为土夯或片石构筑,保存较好的段落是四十亩村至陡沟村一带,由砂岩质片石或铝、锰等矿石垒砌,大部分有损毁,残存墙体高 1—2.5 米,顶宽 2—2.5 米,墙体剖面夯土中含有多层木炭灰及少量木炭块,过火痕迹明显,墙体砌石被烧结成块状,外表呈褐色或淡绿、淡黄色玻璃质晶体,有的与山脊炼成一体,有的从高处滚落,体积大小不等,直径多为 1 米左右,形状各异,色若彩釉,故民间有"火烧边墙"之说。

东魏肆州长城,除少数几处山险,多为沿山脊修筑,依山势而曲折蜿蜒,如巨龙盘旋腾跃,至今仍十分壮观。近年来,我们在省市学会组织引领下,对这段全国唯一的东魏肆州长城进行了大量的实地勘察,掌握了较多的第一手资料,并于去年在原平市举办了忻州市第七届长城论坛,对东魏肆州长城进行重点研讨,在获得成果的同时,也关注到疑点,我们对这段遗址的研究,始终处于正在进行时,现将存疑之处罗列如下。

一、东魏肆州长城需要正名

我们在考察东魏肆州长城的过程中,看到遗址旁赫然屹立的石刻标记是"北齐长城 XX 段",总感觉有所不妥,特别是带领外地学者和长城人参与考察时,明明史料记载和实地勘察证据充分,为何如此名不符实。

《忻州文物·长城卷》收录赵杰撰写的《山西早期长城研究》一文,对东魏肆州长城进行了全面的分析认定,确认山西忻州市宁武县、原平市境内确实有东魏时期建造的长城,既有史籍记载,又有现存遗迹,两者完全相符。文章指出:据《魏书》《北史》《资治通鉴》等资料记载,肆州长城建于东魏武定元年(543),位于肆州北山,西起马陵戍,东至土墱。学界关于这几个地名、位置的认识比较一致。肆州即今山西省忻府区,北山即今天的原平市恒山余脉,马陵戍疑为宁武县苗庄古城,土墱在原平市西北。在今宁武县中部至原平市西北部现存长城遗址、地望(地理位置)正与记载相符。结合这段长城和沿线城址的建筑方式、遗物特征等,可以确定它就是肆州长城。

另有《北史》记载的高欢"躬送公主于楼烦之北",这个楼烦应该位于雁门关南,东魏与柔然的交界地带,正合肆州北境。而这个楼烦城至今仍存遗址,即在今原平市崞阳古城正东约5公里。笔者曾数次去大阳村考察,西门、南门尚存,城郭明显。该村现为历史文化名村。

东魏肆州长城(作为全国早期长城的重要段落),又是当时唯一修筑了一次长城就修筑在忻州大地。登临实地的众多专家和长城爱好者均有认同。应该明确这段早期长城遗址就是历史上记载的东魏肆州长城,位于宁武县的长城标注为东魏肆州长城,位于原平市的长城却标注为北齐长城,一道长城,两种标注,很难理解,有关部门也应尽快为这段长城遗址发一个"身份证",以示确认。

二、"火烧边墙"并非传说,有实物遗存,无成因结论

东魏肆州长城的"火烧边墙"遗址,从原平市的四十亩村西始,翻山越岭,向东延伸,至下马铺村约20公里,沿线断断续续,都有火烧痕迹。笔者认为之所以形成我们现在看到的石块烧结形态,其关键原因是,墙体内的树木枝干夹层,产生了引火焚烧的诱因,而夹层的层数和树干的多少决定了烧结的程度。这也是"火烧边墙"形成的内因,那么外因呢?笔者从目前的爱好者、关注者、研究者中了解到三种说法。

其一,"独一无二的长城建造工艺"。为了让墙体坚固,使就地取材的铝矾土石块能够相互连接黏合在一起,充分利用了当地山林茂盛的资源,采用烧结法来解决。具体方法是,沿山脊开挖墙基,先铺一层砂质岩,然后铺上木材,接着再铺铝矾土石块,如此连续铺3—4层木材和铝矾土后,从底下木材层点火烧墙,大火烧3—5日后,高温熔化了铝矾土,使其在冷凝后完全黏接在一起,形成独一无二,坚硬无比的"火烧长城"。为了使墙体达到一定高度,在烧结后的墙体上继续加木加石焚烧,如此反复3次以上即可达到高度,且按工期完成。

其二,"明朝边防军'烧荒'所致"。采取"烧荒"之举对付游牧民族入侵,最初由明朝镇守大同的边将吴高提出,后逐渐推广至长城沿线,成为重要举措。明廷规定,务将野草林木焚烧尽绝,使贼马不得久牧,边防易守。明代以长城为界限的烧荒,作为一种防御措施,目的是断绝敌方战马草料,阻敌南侵,但造成的生态环境破坏严重,荒山秃岭,不毛之地满目皆是。由此可见,

"火烧边墙"有可能是当时"烧荒"造成的。

其三,"野火燃烧,自然形成"。东魏筑城距今1400余年,在漫长的岁月中,山林着火,自然燃烧,并不稀奇,甚至时有发生。其时,边墙两侧繁盛的荒草山柴,枯燥后见火即燃,火势必定漫延,尤其是每年的冬春季,基本具备了随时燃烧的可能性。而且边墙筑成后,分层压在墙体内的树木枝干,逐渐散失水分,也具备了干燥易燃的条件。那时,山民放牧、觅食、采摘、耕作等活动中,野外用火是常见的事,甚至是必须的,比如天寒取暖,冷食热吃……用火时无意中失火,无法控制火势。原平西山有一种"烧山药"的民俗,做法是先抱取干柴,堆集燃烧,待浓烟大火过后,把地里刚挖出的山药蛋放入火中,上面再加上干柴,直至熟透,手捏成泥,香味四溢,以此充饥解乏。古时,大山里没有灭火、救火的意识,只待自然燃烧,哪里草木茂盛,哪里火势汹汹,植被较差的地方便是山火熄灭的地带。因此,墙体烧结也出现了断断续续的状态,有的段落烧结强度大,炼成结晶体,成"骨碌磁"(俗语),有的段落燃烧不充分,未见成形,还有的段落墙体基本没有变化,石块依然层次明显,当然烧结程度、形态与石材性质有关。

三、东魏肆州长城的起止点说法不同

据考察人员实地勘察,东魏肆州长城现存遗址西自宁武县榆村坪起,东止于原平市黑峪村,大体为东西走向。而据史书记载"西自马陵戍,东至土磴。"因两者不合而产生了新的推断。以下列举关于"东至土磴"的说法:

有的认为东魏肆州长城一路东行,延伸至原平市段家堡乡黑峪村西北300米处止。

有的认为"土磴在原平市西北"。"在今宁武县中部至原平市西北部发现的长城遗迹,地望与记载相符"。

也有的认为"肆州长城从原平市段家堡乡黑峪村西南1公里处起……""黑峪村附近长城内侧有一座障城,平面呈矩形"。

还有的认为"关于肆州长城东端的土磴……都认为土磴在今原平市崞阳镇西北……。黑峪村附近的黑峪障城,正位于今原平市崞阳镇西北,当即'土磴'所在"。

近年来本土长城研究者实地勘察认为"黑峪障城是土磴,仅仅是猜测,并没有确凿的证据",提出了民间传说"六郎城遗址"就是"土磴"的新解。该遗址位于原平市段家堡乡马家庄村东约2公里,总长620米,顶宽约1.5米,高约4米,呈南北走向。

上述关于"土磴"位置所提到的"黑峪村北300米处""原平市崞阳镇西北""黑峪村西南1公里处""黑峪障城""马家庄六郎城/土磴寨"说法,为我们关注、研究长城提供了线索,产生了课题,对我们来说既是吸引力,又是驱动力。同时,笔者还认同这样的说法:"有些起止点则是比较宽泛的地名,涵盖区域较大",在研究长城时,我们也不能忽略这样的思路。

(此文在第五届中国长城论坛上荣获优秀奖。作者系忻州市长城学会原平分会会长,原平市实达高级中学原校长,原平市书法家协会原主席。)

红门口马市浅论

——促进蒙汉人民经济发展、社会进步的奠基石

孙军民

红门口位于山西省偏关县东北部，水泉镇东一公里，与内蒙古清水河县北堡乡川峁村明长城交界处。两山隔一条季节性河沟。南为水泉镇许家湾山，海拔 1391 米；北为水泉镇水泉村山神庙山，海拔 1318 米；209 国道从红门口隘口通过，是山西省通往内蒙古的北大门。

红门口是明长城防止蒙古族俺答部落入侵的重要隘口，居高临下，地势险要，易守难攻，历来就是兵家必争的战略要地。红门口因地形地貌酷似一只展翅飞翔的大雁，加之其是每年春去秋回的大雁往返的必经之路而得名。

据《偏关志》记载，明宣德九年（1434）山西太原总督李谦因红门口隘口的战略位置重要，在红门口建大望台一座，并从红门口上的季节沟设置流水铁栅和人行横道，不断加强红门口的防务力量，防止退到长城外的蒙古族俺答部落的不断入侵。

元朝被明政府推翻后，元朝蒙古族的剩余势力退到明长城以外地区，但蒙古族是一个游牧民族，生产方式主要以畜牧业为主，生活方式以肉食为主，离开肥沃的长城内地，败退到长城外以后，从高层贵族到普通百姓，所需的粮食、生活用品、手工艺品、丝绸服装等必需品，都受到不同程度的削弱和限制。特别是长城内的特产茶叶，能提神、活血、消除疲劳、帮助消化、促进身体健康，由于明政府的禁运，成为上自蒙古贵族，下至平民百姓千金难买的奇缺商品。而蒙古族饲养的马、牛、羊及皮毛制品、食用盐过剩，造成了本地的生产资料过剩，所需的必要生产资料和生活用品因禁运无法流通，供需矛盾十分突出。

蒙古族俺答部落利用蒙古族骑兵彪悍、速度快的特点，多次派兵入侵红门口突破明军防线，抢掠长城内地，沿着现在的 209 国道，大肆烧杀、掠夺当地人民的财物。特别是每年春、秋两季，蒙古族俺答部落的入侵更加频繁，春季入侵抢夺当地人民的籽种饲料及牲畜，秋季入侵掠夺当地人民的粮食和财产，给长城内沿线人民带来了巨大的灾难。为了躲避蒙古族俺答部落入侵后不断的掠抢和屠杀，长城内沿线的百姓纷纷背井离乡，逃离家园，造成了当地土地荒芜、经济落后、民不聊生的局面。随着蒙古族俺答部落入侵的次数越多，当地老百姓为了躲避战争，就会逃离得越来越远，生产资料和生活用品越来越少。蒙古族的铁蹄掠夺路线越拉越长，从红门口沿线至邻近偏关的河曲、五寨、岢岚一带，逐渐发展到山西的腹地，甚至向大同方向进攻，导致当地百姓无法正常生活，甚至威胁到明王朝京师的安全及统治地位。因此，明政府一方面调

集全国的经济力量,大量军队和民工,加紧修筑长城,不断加强军事力量和防务。另一方面,派重兵围追堵截入侵的蒙古族军队,使得蒙古族军队疲于应付,不仅需要派兵保护抢夺来的各种财物,而且还需要分兵与明军队作战。在明朝军队的围追堵截下,蒙古铁骑每次入侵掠夺都不能如愿,付出了惨重的代价。抢到财产的成本与明朝军队作战时的成本成反比。沉痛的损失与教训,使蒙古族贵族上层人士逐步从与明王朝为敌,不断抢夺生产、生活资源进行了为短期利益而进行的战术行为,向长城内外和睦相处、互通有无的战略层次转变。而明王朝政府从连年战争的废墟上刚刚建立起来,急需休养生息,发展生产。从促进社会进步的角度出发,推动和蒙古族俺答部落握手言和的进程,通过多次谈判,解决经常发生的流血冲突,在国境线上建立平等互利的通商口岸,于是,蒙汉第一个平等条约——"隆庆议和"条约诞生了。

隆庆五年(1571年4月12日),议和仪式在明王朝京城举行,由明穆宗在午门外亲自主持,大张旗鼓地祭天地、告天告神庙,昭示蒙汉和好,天下太平。蒙古族贵族代表把汉那吉带着明穆宗赠送的厚礼、赏赐回到俺答部落。明穆宗封俺答为"顺义王",赐红袍一身,俺答以下的将领和官员各有封赏。经过蒙汉双方官员批准的"红门马市"正式动工修建,并有双方签署的法律条约保证,使蒙汉互市从此有了官方批准。由官办的正式贸易市场继张家口马市之后,位于蒙汉红门口边境由双方官员主办的第二个通商口岸——红门口马市正式开通。

红门口马市,当地人称为红门利市,意为蒙汉人民互通有无、平等互利的商业市场。选址在明长城西距水泉营一公里,西侧紧邻明长城,内蒙古清水河县北堡乡川峁村沙圪巴境内。于1571年4月份初动工,至当年10月底完工建成。城堡坐北朝南,东西长500米,南北宽300米,城墙高10米,顶部宽3米,城墙底部以石条为基石,上部以砖石砌成,全部以石灰勾缝,异常坚固。城墙留有垛口,城里城外地势较为平坦,总占地面积约为200亩。在城墙南部,即是红门隘口最窄处,建有三个大门,正中的较大,为商人来往的通道,两边略小,为进入市场交易牲畜及商品通道。在红门利市的地层下面约10米深处建有环形地下通道,底部以条石为基础,上部为砖砌的半圆形通道,宽约1.5米,高为2米,全长约为300米。并在东、北、西留有3个出口,专门为带大宗银两的蒙汉客商的安全进出口。在城堡北部,修筑有一座土夯烽火台,上面有蒙汉双方派出的士兵站岗放哨,保证蒙汉经商人员的人身与财产安全,在城堡的西部,建有一座收税台,凡双方往来的客商都在收税台登记备案,根据所带的物品、交易的数量进行交税,所收到的税款用来支付马市的日常开支。

为了进一步鼓励和扩大蒙汉双方的客商在红门口马市进行平等交易、互通有无、互惠互利,蒙汉双方一致同意将初交易时以马匹交易为主的模式,扩大到双方需要的生产资料、生活用品、服装、粮食、皮毛、牲畜、茶叶、盐、丝绸等全方位交易的市场。吸引了越来越多的客商,越来越多的商品进入市场,成为继张家口后,明王朝与蒙古族俺答部落最繁荣的贸易市场。

蒙古族商人带来的交易牲畜与商品:马、牛、羊、骆驼、驴、皮毛、毛制品、盐等。明朝商人带来的交易商品:食用粮食、牲畜饲料、食用油、农副产品、手工艺品、丝绸、茶叶等。

蒙汉双方经营的贸易商品,都由红门马市统一管理,官员合理定价,以白银为主体交易货币,同时也用以物换物的方式进行,出现了公平交易、童叟无欺的交易局面。良好的交易场面,按序而行的治安环境,吸引了长城内外的蒙汉客商,甚至扩大到了中原腹地,陕西、宁夏、甘肃、新疆一带的客商来参加贸易盛会。最高的年交易额达到马、牛、羊、驴、骆驼上万匹,粮食100多万担,手工艺品、生活用品5000多件,年交易额为白银高达80万两。红门马市由初期开业期10天,扩大到为每年农历6月23日到7月23日为期一个月的贸易活动,带动了当地的市场经济的繁荣发展。在前期背井离乡逃难的长城内沿线难民,又陆续返回故土定居,发展生产。而红门马市的不断发展和壮大,刺激了当地及周边产生了相应的服务区和商业区。例如:长城内的边关重镇水泉营,便建起了酒店、百货商店、旅店、铁匠铺、马掌铺、木匠、毡匠、毛毛匠、医馆、剃头铺、食品商店等。水泉营内70%以上的人员都在服务于红门马市的商业活动,而长城内的南方商人在水泉营内购买土地,大修土木,在水泉营内兴建商号,将在红门马市内交易的商品囤积在水泉商号内,待南方的货物运到后又将囤积的货物运回南方。

红门口马市是蒙汉双方生产工具、生产资料快速、大量输出的一个平台,使长城内的先进技术源源不断地输入长城外蒙古族地区,为当地改变生产、生活方式,提高生产力和生产效益提供了强大的能源动力。

通过马市的平台,从长城外输入的马、牛、羊、骆驼和皮毛、盐等牲畜和商品,首先为明王朝的军队提供了能征善战的军马,使军队的战斗力显著提高。并为长城内老百姓提供了运输拉车、耕地驮垛的牲畜,加快了发展畜牧业的步伐。同时也带来了长城外的特产盐,为提高人民的生活水平、生活质量带来了巨大的效益。在引进皮毛成品的同时,也引进了皮毛的制做和缝纫技术,使长城内严寒地区的老百姓穿着暖和的皮毛制品、鞋帽等度过严寒的冬天。在红门口马市开通后,南方商人源源不断地将茶叶运到交易市场,使蒙古族贵族到普通老百姓都得到了实惠。红门口马市不仅是蒙汉人民互通有无、互相学习、互相进步的窗口,更是撬动蒙汉人民发展经济,提高生活水平经济杠杆。在进行物资交流的同时,蒙古族人民不断引进长城内的传统文化、传统礼仪,为发展蒙古族民族文化,促进中华民族大融合起到了无法代替的作用。

紧缺商品和不断流通,加速了货币的快速回笼,还刺激了当地的经济快速发展,也带动了周边小商贩和老百姓的主动参与,除了官方举办的贸易时间外,周边的小商贩和老百姓也不定期进行自由贸易活动,填补了小额商品贸易的空白。也促进了周边蒙汉人民的互相了解,互相信任,互相融合。从而推动了长城内外两地生产力的快速发展及生活水平不断提高,逐步减少冲突、走向和谐的发展进程,也给蒙汉双方人民带来以下几点益处。

一是明政府通过商业界为红门马互市不断提供了交易的商品,为马市提供了雄厚的物质基础。在明王朝期间,蒙汉人民隔长城相望,生产生活息息相关。通过设置通商市场,不仅有效地缓解了双方的流血冲突,加强了两地人民从事经济和日常生活的互相交流的发展步伐。二是双方的了解和互信越来越深,交流的范围越来越广,加强蒙汉双方的团结和互助已经成为双方高层和人民的共识。例如:明代边关重镇水泉营就专门设有礼宾司,用来款待管理红门口马市的蒙古族官员,定期或不定期来视察边境蒙古族官员,共同协商解决红门口马市的商品贸易进度情况、红门口边境地段的矛盾与纠纷等事项。三是进一步稳定了边境地区的和平与发展环境,不断加强和巩固了蒙汉人民盼望和平相处的民族感情,为日后清朝统一疆域,巩固祖国北部边疆,促进祖国的统一,人民安居乐业繁荣昌盛,奠定了社会、经济、文化发展的基础,作出了不可磨灭的贡献。

（此文在第五届中国长城论坛上荣获优秀奖。作者系忻州市长城学会理事,偏关县博物馆馆长。）

明代边关重镇水泉营

高政清

一、军事要塞

明代边关军事重镇——水泉营,位于山西省偏关县东北部,是山西省通往内蒙古中西部的北大门。这里到处都是崇山峻岭,地形险要,易守难攻,历来是兵家必争的战略要地。在明代,偏头关即为外三关首御,水泉营即是偏头关防御蒙古族俺答部落入侵长城内的最前哨。位于水泉营向东北一公里处的明长城边境线——红门口,与内蒙古清水河县北堡乡隔长城相望,209国道从水泉营扼守的红门口山沟中穿过,可直达内蒙古中西部地区。所以,水泉营是明代蒙古族俺答部落入侵山西北中部和中原腹地的重要陆路通道之一。

扼守明长城的战略要塞红门口——水泉营四面环山:东为明长城外内蒙古清水河县北堡乡川峁村正梁山,南为水泉营许家湾山,西为水泉营瞭高山,北为水泉营水泉村山神庙山和海子楼山。水泉营坐落在紧邻明长城西的一块小盆地里。相传北宋时期,著名的杨家将就率兵驻扎在水泉营,与入侵的辽兵在红门口地区经常浴血奋战,并留有杨家将军事活动的上马坪、教场坪、点将台、打靶湾等古代演兵遗迹。当时,水泉营修筑有规模不大的土城,难以满足反抗敌人大规模入侵的防御需要。

明宣德九年(1434),山西总督李谦主政重修了水泉营,在宋代土城的基础上向外扩展两倍多,到明代万历三年(1575),岢岚兵备道副使主持将水泉营城墙内外全部用砖石包砌,城墙周长为1802米,城墙四周每隔100米建有一个角楼,当地人俗称城斗子。城墙高10米多,顶宽为7米。万历二十四年(1596)又增修了南关外城,将供水泉营人畜饮水的三眼井保护在南关小城内,水泉营的内外城周长为2500米多。

水泉营有四座城门,经水泉河(现水泉河大桥东端)小南门进入南关城,顺石铺的官道向北缓坡而上进入瓮城,向北走十几步就是下南门。城门上方匾额镶嵌着一块石匾,正中央阳刻着刚劲有力的楷书"水泉营"三个大字。上南门比下南门还要威武高大,城门面额上镶嵌着石匾,阳刻着三个刚劲有力的楷书大字"受琛门",意为皇上授权朝廷大臣与地方军政要员接纳蒙古贵族官员缴纳贡品、商谈军政要事进城的必经之门,从上南门东直通红门口大道。传说上南门还有一个奇特的功能,就是会学人说话,每当早上负责开城门的官员在城门附近高喊"开城门了!"城门洞内也在高喊"开城门了"。在关城门的时候,又随着官员关城门了的高喊"关城门了",声音传得很远。所以,水泉营的军民根据上南门城门洞内的回声,安排进出城门的时间。每当蒙古族贵族官员进水泉营纳贡或议事的时候,上南门的回声更神气了,当负责接待的官员高喊"开城门,迎贵客",城门洞内也在高喊"开城门,迎贵客",把初到水泉营的蒙古族官员惊奇得目瞪口呆,还以为是天神在守卫城门。一般上南门城门洞内无论你有意或者无意,你说啥它就回应啥,你高声它也高声,你低声它也低声。唯一不同的是,一有哭声城门就不回应了,任凭你怎样哭喊,城门就一声不吭。如果你破涕为笑,城门也会响起笑声,所以当地人也叫"上南门"为"永乐门"。同时,在明、清至民国期间,水泉营上南门是严禁为办丧事的人员出入的,办丧事者改道由下南门出行。为什么东城门会有应声的特异功能而其他城门没有呢?直至现在也没有破解古代工匠的高超智慧和艺术。可惜这座具有神奇功能的城门,在20世纪70年初修红门口地下长城拆毁了,留下了无法挽回的遗憾和重大损失。

在有城堡的地方,大都有东、南、西城门,而没有北门。据笔者个人考察,因为"北"和"败"谐音,修建"北门"有"败门"之嫌,古人讲究风水迷信,很少有北门在城堡里出现。但是水泉营为什么要修建规模不大的"北门"呢?这就要从水泉营的地形地貌说起,水泉营最初修建的是长方形的土城,前有南海子,后有后海子,水泉营就像行驶在大海里的一条船,有顺风顺水的寓意。但在实践中不利于战略防守,很难变成易守难攻的军事要塞。蒙古族俺答部落多次派重兵攻打红门口,在攻破红门口后,居高临下,架起大炮,轰击水泉营,造成了水泉营内军民的严重伤亡,并因蒙古族俺答部落东、南、西三面围困无法及时突围,而外面的增援部队无法增援。所以,在入侵的蒙古族军队势力强大的时候,守卫水泉营的军队会受到重大的损失。根据以上实际情况,在水泉营内土墙的船形城堡,改建为夯土筑墙、砖石包墙的簸箕形城堡。在原址向东山神庙高地扩建时的接合部,新建了小北门。小北门的高度和宽度仅为上南门的三分之一,小北门向东可通往山神庙和红门口长城,也可直达海子楼山长城,不但可以隐蔽地向水泉营内增援兵力,也在危急时,供城内的军民由小北门向外撤退。小北门向西可直达后瞭高山直至草垛山堡,居高临下,随时向占据水泉营的敌人发起反击,收复失地。为了避免"北门"有谐音"败门"之嫌,在明代改称为"镇北门","镇北门"现在残存三分之二,但其叫法一直流传至今。

二、商贸重地

在水泉营内,有一条长约500米的南北直通大街,大街的东侧为明代游击将军署和驻军小区,从大街向东沿缓坡而上,分别为头道街、二道街、三道街、四道街。四道街仅有小部分为驻军小区,其余部分都为四合小院,即从事商业买卖字号的商铺。四道街修建有明代火药库,现遗迹尚存,邻近大街两列均为水泉营内从事商业的本地及长城内外各行各业的商人囤积商品、货物,从事各项服务的商业区。在南关的入口处有一座石牌坊,进入水泉营街东侧和北侧的大街上分别建有三座大石牌坊,为水泉营更增添了威严和古朴的气息。水泉营内的房屋大部分为水泉营内的民居,为排列整齐的砖瓦房住所,皆为四合头小院落,修有商业字号的大门楼。水泉营内的建筑物布局合理、秩序井然,人民安居乐业,并逐渐发展成蒙汉通商、民族融合、走向繁荣富强的边塞小镇。

在明万历二十四年四月,蒙汉高层有识之士经过平等协商,为了减少在长城内外的流血冲突,缓和民族矛盾,平等互利、互通有无、互相促进、互相发展。蒙汉双方决定在距水泉营东一公里处紧邻明长城外红门口北侧,建起一座占地200多亩的蒙汉贸易市场——红门口互马市,这是明王朝继张家口之后在长城边境隘口修建的全国第二座蒙汉贸易市场,当地人俗称红门利市。蒙汉商人在这里互通有无,平等互利地举行各种茶叶、牲畜、皮毛、农产品、生活用品等物资交易,甚至还有陕西、宁夏一带的商人和农牧民带着货物前来参加交易。红门利市每年农历六月二十三至七月二十三日开市,为蒙汉人民历史上规模最大的商品交易盛会,使当地的物资商品交易进入最繁荣的阶段。

自从蒙汉双方开通红门利市商品贸易以来,大批蒙古族商人赶着牛羊、马匹、骆驼,带着皮毛、手工艺品和长城内人民急需的食盐,在市场内与明代商人交换蒙古族人民急需的茶叶、丝绸、粮食、农副产品、生活用品等,使水泉营变成长城内外蒙汉商人的后勤基地和贸易市场。

每年一开春,大批明朝商人赶着由毛驴、骡马、牛组成的运输队,将南方的茶叶、丝绸面料、手工艺品、生活用品运到水泉营内先储存起来,开市时转运到红门市场,与蒙古族客商进行交易,或者在水泉营内现场交易。邻近红门市场的当地居民选择自产的小杂粮和农副产品,也拉运到市场就地销售。

红门利市的日益繁荣推动了水泉营的贸易经济壮大与发展,城内约70%的居民形成了饮食、服务、粮油加工、酿酒制醋、皮毛加工、铁匠、木匠等各类繁忙的产业链,当地经济收入逐年增加,生活富裕,成为长城内外蒙汉人民向往的富庶地区。一直至民国初年,水泉营内住有常住居民200多户、2000多人,仅南方的客商和长城外的商人店铺就有50多家。他们常住在水泉批发各种货物,成为推动水泉经济发展、促进红门利市繁荣交易的强大力量。

民国初年,水泉营内榨油的油坊就有8座、酒坊2座,以及粮食加工、豆腐坊、皮毛坊、裁缝铺、铁匠、木匠、酒店、旅店等百货商店、当铺和各类服务场所就有80多处,每天都从事紧张而有序的营业活动。在20世纪20年代末期,军阀不断混战,奉军入侵水泉,进行了大规模的抢夺盗窃活动,使水泉营的经济遭受了重创。1930年,内蒙古金双喜带领土匪进入红门口大肆抢掠,给水泉百姓带来了巨大灾难。1938年秋,日寇侵入水泉,进行烧、杀、抢、掠,将8座油坊和酒坊、醋坊的容器抬到大街上全部打碎,使胡油、酒、醋流入了水泉河,一直流了约5公里,足以证明水泉的经济发展之繁荣富裕。日寇不仅把水泉营内各式商店的货物全部抢走,又放火烧了大部分商号,使水泉营的经济发展遭受自明代以来最大的一次破坏和灾难。

三、文化中心

自明代以来,水泉营城内长年驻扎着守卫长城的军队,参与了水泉营的经济建设和文化建设,而常在水泉营内从事商品贸易的蒙汉商人每年捐出大量的财物,帮助水泉进行文化建设。驻军的军事将领、方圆几十里的商人富户、水泉营内的乡绅等都自发捐出钱物进行不间断地支持水泉营公益事业。明清两代,水泉营内外修建了30多座庙宇,有观音庙、玉皇庙、罗汉庙、龙王庙、五道庙等。水泉营城内的 10 座古庙的对面就有 10 座戏台,庙和戏台都设有会首,管理举办庙会唱戏的具体事宜。每年从正月初二开始,水泉营内几乎月月唱戏,月月有庙会,天天有商品交易。现在的水泉河大桥附近设有牲畜市场,每年夏季举办交流会,最多时进入市场的牲畜可达 3000 多头,这种现场交易习俗一直延续到 20 世纪 90 年代末。

更令人感到神奇的是水泉大街明代修建的"四明楼",底部至顶部高约 7 米,顶部为四周翘起的飞檐式,下面四根木头柱子支撑起飞檐。柱子下面有一米多高的方形石头台基,四周有台阶。上了台阶便是顺着东、南、西、北四个方向开的巨大木窗,各有四扇。自建楼以来,当地有一条不成文的规矩,从正月开始,四扇窗子每扇窗子一年只开四次,先从东开始,依次复始。当月哪个方向的窗户大开,即显示当月的庙会由哪个方向的会首承办,负责接待前来唱戏助兴的民间剧团,在本辖区的戏台演戏、摊款、管饭、维持秩序等一切事宜;负责接待参加庙会做法事诵经的和尚、僧人、尼姑等;负责接待到庙宇拜佛求神的善男信女的住宿、物品留存、人身安全等具体事宜。每月按次序管理,多而不乱,成为水泉戏曲文化、寺庙文化的一种地域性标志。可惜这一珍贵的历史文物在 20 世纪 70 年代前期,由于地下渗水而坍塌,成为水泉文化发展史上的一个重大损失。

从北宋至明清两代,水泉营内长期有驻军,而驻军的将军、士兵来自全国各地,带来不同地域的地方文艺风情、不同种类的文艺表演活动。他们的言传身教,当地文艺爱好者的勤奋好学,形成了独特的边塞文化。每年从正月初二开始至正月十六,加上水泉营的交流会期间,各式文艺队伍依次上场。水泉大街上舞龙灯、舞狮子、跑旱船、扭秧歌、耍把戏的民间艺人表演队伍一支接着一支,令人目不暇接。届时邻近村庄的群众都赶来看红火,大街小巷人头攒动,水泄不通,饭馆旅店人满为患,幸福和谐气氛洋溢全城。相传,水泉营内一天最多接待过八个戏班,按照先来后到的顺序,先来的戏班必须敲锣打鼓扭秧歌迎接后来的戏班,并且依次在大街上跑场子。下午在各自的戏台上同时演出,而且每个戏台下观众都是爆满,到处是喜庆气氛,使人流连忘返,水泉营成为名扬长城内外的一颗璀璨的文化艺术明珠。

几百年的历史长河逝了,水泉营从反抗外来侵略的前哨阵地到流血冲突的古战场;从蒙汉人民开通平等互利、平等交易的贸易市场,到架起蒙汉人民增深了解、加快民族融洽的桥梁;从水泉营曾经的辉煌到日寇的入侵和战争的摧残,这个繁华小镇遭受了一次又一次的灾难史。新中国成立后,古老的水泉营经历了翻天覆地的变化,逐步走向繁荣富强,人民安居乐业。从 2018 年开始,水泉古城逐步修复,水泉地下长城维修开放,吸引了来自全国各地游客的旅游参观。有明长城、边塞风光以及当地的民俗风情的支撑,2022 年,水泉成为国家 4A 级景区,使这个逐步恢复雄姿的古营焕发出勃勃生机。近年来,水泉已发展成为横跨晋蒙的最大粮油贸易市场,成为水泉人民推动文旅发展、市场繁荣、人民富裕、社会进步的经济阶梯,每年有几千万吨粮油、小杂粮从此运往全国各地,有的还漂洋过海,上了外国人的餐桌。

(此文在第五届中国长城论坛上荣获优秀奖。作者系忻州市长城学会会员,偏关县水泉乡文化站站长、长城保护员,山西省"最美长城卫士"之一,山西省长城保护研究"十大杰出人物"之一。)

红门口马市浅识

刘建国

红门口位于山西省偏关县水泉乡与内蒙古清水河县川峁村接壤处。明朝隆庆年间实施互市贸易后,红门口就成为一处重要的贸易市场,史称"红门口马市",或者叫"红门口马互市"。

据明朝《四镇三关志》记载,水泉红门口于"宣德五年建,水泉营北二里,地平无山,通(口外)杨家川大路。宣德九年总兵李谦筑敌台一座,边墙一道,上建南房三间,东西房各三间,外有壕,隶水泉营"。《偏关志》又载:水泉营距"二边红门口仅二里,最当虏冲。沿边兔儿洼等十一处亦为要冲。隆庆五年马市成,设市堡于红门口外"。

红门口旧无隘险,大路平阔,不易防守,俺答汗往往选择从红门口突破进入内地,从嘉靖九年(1530)至隆庆三年(1569)的40余年间,俺答汗曾十数次突破红门口袭扰偏关,沿线村寨深受其害。

当时北方游牧民族的日常生活用品较为缺乏,比如炊具就得依赖于中原汉族提供。获取的方式一是互市,二是通过战争掠夺。俺答汗即位后,对明政策采取边战边和,其根本目的就是"通贡通市"。蒙古人见了汉人的铁器"如蝇见血",因为蒙古人吃饭"以皮贮水煮肉为食",每次攻城陷堡"以得锅为奇"。所以抢掠首先抢铁锅,其次是刀剑金银器物。据《蒙古族通史》记载,"蒙古贵族在开始进入中原时,掠夺财富是他们从事战争的一大目的,从金银、牲畜到人口,都是他们掠夺的对象"。嘉靖年间,明朝实行严厉的封关政策,禁止生活物资输入草地,尤其是禁止铁器和铁炊具的输入。这样一来俺答不得不跳下战马遣使求和。嘉靖十三年(1543)俺答汗第一次主动向明朝提出"通贡",希望双方和睦相处,发展互市贸易。他甚至承诺,如果同意互市,"约束其下,令边民垦田塞中,夷众牧马塞外,永不相犯"。然而,俺答面对的是傲慢的嘉靖皇帝,不仅不能如其所愿,求贡反而屡屡"损兵折将"。

史载,嘉靖二十年(1541)七月,俺答遣使石天爵款阳河塞求贡,不许,且悬赏购俺答首。二十一年(1542)闰五月,复遣石天爵至大同镇边堡,杀石天爵于市。二十五年(1546)五月,三遣使至大同卫左求贡,使者再次被杀。二十六年(1547)二月,俺答遣使持番文至,翁万达为其求贡,仍不许。二十六年五月,俺答第五次遣使求贡,上仍不许。二十七年(1548)三月,翁万达因俺答求贡而被削职,自是通贡之议乃绝。俺答在多次寻求互市遭拒后,于嘉靖二十九年(1550)六月,亲率一支大军,一路南下攻破大同、古北口,兵围京师。这一年是庚戌年,俺答兵逼近皇城造成了"畿甸大震",史称"庚戌之变"。明王朝在迫不得已的情况下作出让步,同意与蒙古互市,但也是有限度的互市。嘉靖三十年(1551)明蒙开互市。《明史·兵志》载,"开马市于大同。然寇掠如故。又明年,马市罢"。这一罢市,使得边境战火又燃烧了20余年。

在明正统之后,国势转衰,汉族对蒙政策日趋保守,弘治年间明朝中断了双方贡市贸易,嘉靖皇帝拒绝蒙古提出的通贡要求。对明王朝而言,沿边屯田无法正常耕作,军饷更得不到补充。大修长城,增兵驻卫,军费成为巨大负担。蒙古部落需要中原的农产品和手工业品,有强烈的互市愿望。这种历史背景下,其实双方都有改善关系的愿望,只是没有一个合适的契机。

历史进程发展到隆庆四年(1570)九月,历史契机来了。俺答汗的孙子把汉那吉因家庭矛盾带着十几人一路南下在大同西路平鲁卫败胡堡叩关入降,历史车轮在这一刻开始变轨。

隆庆五年(1571)三月,明廷封俺答为"顺义王",并在大同镇的威远堡、宣府镇的张家口、山西镇的水泉营新开三处马市。水泉营设马市于红门口,距水泉营二里。

红门马市每年互市一个月,分为官市和民市。互市物资蒙古人以金、银、牛、马、毛皮、马尾等与汉人交换,汉人以民用生活资料为主,限制绸缎、布匹、铁锅、铁釜之类上市。

长城马市开放以后,双方贸易及其他交流得到快速发展。《宁武府志》《宣府镇志》记载,"每到交易时,人嘶马喧,人来车往,帐篷遍布,胡汉杂处,热闹非凡""六十年来,塞上物阜民安,商贾辐辏无异中原",长城边境蒙汉人民和谐共生、边市兴旺景象跃然纸上。

以宣府、大同、山西三处互市成交马匹数量为例,隆庆五年为7030匹,六年7845匹,万历元年9103匹,万历二年达到27000多匹。而红门市在隆庆五年,半个月内官市贸易成交银价为26400两,马匹2941匹。私市贸易的马、骡、牛、羊成交高达4000多匹。这些数字表明整个蒙汉互市发展何其迅速,也是非常符合蒙汉两族人民共同心愿的。

自东胜卫(今托县卫城古城)迁走后,原本防务压力不重的山西镇变得开始吃紧,蒙古各部不断南下侵扰山西边境。他们"来无时去无所,穷追无所获,屯守又多费,应付极为困难"。宣德元年(1426)七月,李谦上书宣宗皇帝朱瞻基言:"偏头关临边重地,正当要冲,堑狭城低,宜稍开拓,缘边烟墩亦有低下,或大阔远者,瞭望不及,烟火不通,亦当星移,使远近相等,声息相闻,易为守备。"宣宗曰:"朕以边务委谦,但欲守备完固,凡所设施,听自择便。"意思是说皇上将防守偏头关一带的重任交给了李谦。长城、城堡修成什么样子,由你"择便",皇上的要求只一点——"守备完固"。李谦有了皇帝的圣旨,于宣德四年(1429)在偏头关设山西镇,李谦任山西镇第一任总兵。从此时起至宣德九年(1434),山西镇防务得到加强,桦林堡、滑石涧堡、草垛山堡、寺堎堡、水泉营、楼子营、灰沟营、唐家会营、保德营城堡相继筑城,由烽火时代进入营堡时代。

水泉营红门口外是一条杨家川大道,可通蒙古各部。红门口北古称红州地,是北出红州之门户,故称红门口。其水泉营与桦林堡、滑石堡为偏头关左、中、右三大营。红门口中开城门三洞,两孔行洪,一孔通人。行洪洞为起落式双层铁栅,关口两侧筑巨大将台雄峙左右。关外挖"品"字窖与壕堑。成化年间总兵王玺筑二边长城,即西起水泉东至丫角山长约2000公里。水泉营经拓展后,构成防御要塞格局。前后百余年,红门口始终处于明蒙战争前哨,尽管历史上曾有38次"破关(口)"的记录,但红门口的马市一直沿用着。

(此文在第五届中国长城论坛上荣获优秀奖。作者系内蒙古清水河县文物局退休干部,曾任清水河县文管所所长。)

明长城"茨"字编号敌楼形态初探

严欣强　　严共明

　　长城是人类珍贵的历史文化遗产。随着社会进步，我们对长城的保护与研究意识逐年增强。保护长城的前提是必须了解长城，而了解的方法之一是查找文献资料，另一种便是从实地考察。关于明代长城的历史资料不可谓不多，但归结起来，这类古代资料往往以记述长城战事和长城修筑沿革和分布为主，缺少对于长城的细节描述，现存有限的图说、图本，对长城建筑形态的描绘记录都是为了供皇帝及官员审览，无论文字还是绘图，都必须简练以突出重点，因此只能采取示意法标示，无法兼顾细节。后人为了探寻、还原长城的本来面目，做了大量的实际考察，通过摄影、录像，为长城留下了珍贵的资料，但即便在数码资料日渐充实、搜索日益便利的当下，涉及长城形态的繁多细节时，仍然缺少一个完整、系统且便于交流的观察记述方法。

　　介绍长城的书籍我们也一直很关注，然而针对长城形态的，迄今只在连达老师撰写并绘制的《不一样的长城》一书中有较明确的记录和探讨。这本著作中不仅专辟一章介绍现存长城敌楼形态的特点，并且手绘了不同类型敌楼的立体剖面图，实在是人们认识了解长城敌楼的一本好书。以书中介绍的山西长城敌楼为例，连达老师把有特点的敌楼全部收集进书，内容相当丰富。但受篇幅所限，与所举例敌楼相邻的敌楼有时只好放弃，很难无一不备地详细阐述。

　　遵循本届中国长城论坛为推动长城事业发展，促进当地的经济腾飞和社会高质量发展作出积极贡献的宗旨，我们试以"明长城'茨'字编号敌楼的形态特色"为主题，针对在过往的长城研究中较少为学界注意的"茨"字长城敌楼形态进行专门的探究，期望为本届研讨会，更为保护长城，尽我们的一份心意。

一、"茨"字编号敌楼的形态特色及其保存现状

　　山西省繁峙县神堂堡乡的茨沟营在地图上并不起眼，但在明长城这个防御系统中，它却统领了"内长城"自北京八达岭向西，经河北进入山西境内的第一段。山西现存明代长城敌楼中，以"茨"字编号的数量为最多，整体保存状况也最好，它们与山阴县广武长城、代县白草口长城共同成为山西长城的"金字招牌"，同时也是山西长城敌楼的代言人。

　　从分布地域上看，"茨"字编号敌楼与河北涞源的"插"字编号敌楼相连。"插"字敌楼最后五座——插字四十七至五十一号，其实已分布于山西灵丘县境内，位于狼牙沟乡的荞麦茬村南。这五座砖拱券顶敌楼中，三座存有楼匾，右侧照片中的插字五十、五十一号楼骑墙而建，对内外

两侧均设四窗,接墙面一门居两窗中,属于 4×3 眼形态。敌楼有垛墙根砖棱线,却无楼室地面砖棱线。

"茨字一号台"敌楼(以下略称"茨字一号楼"或"一号敌楼",其余敌楼从),位于山西省灵丘县狼牙沟乡狼牙口长城关门外的古道北侧,敌楼门和门北一楼窗已破成一豁口。该楼另外三面均设四个楼窗。其中西面一窗被破坏成比楼门还长的大洞。一号敌楼垛墙的垛牙毁垮,尚存楼室顶和楼室地面砖棱线,这与 6 公里外的只砌楼顶砖棱线的"插"字敌楼不同。另一个差异是,茨字一号楼室内没有砖拱券结构,纯为木梁柱结构,如今均已毁朽无存。这种楼室构建方式在八达岭、金山岭等知名段落上都有遗存,而与茨字敌楼距离最近的也采用同样构建方式的敌楼,则是在河北省涿鹿县马水长城上。

茨字二号楼位于山西省灵丘县狼牙口晋冀古道南侧,与路北的茨字一号楼位置相对,其外形保存基本完整,楼顶垛墙只有少许损坏,而楼室内木梁柱无存。二号敌楼的楼门、楼窗都比一号完整。楼匾还在原位。让人奇怪的是近乎完好的茨字二号敌楼未砌楼室地面砖棱线,从外观上似乎在呼应"插"字敌楼的形态。该楼的楼座与楼室因没有这道砖棱线而显得外形洁净。这是我们所发现的"茨"字号敌楼彼此之间的第一个形态差异。

茨字三号楼位于河北省涞源县香石炉村山涧石崖之上。古时此涧难行,故只建一楼把守。远看此楼门窗数量与茨字一、二号相同,样门楼居两窗中,另外三面均开四窗,按照笔者在《长城形态图志》中的分类,属于"小 4×4 眼敌楼"。其垛墙尽毁,但楼匾尚在。楼室内为砖砌拱券,中心室与回廊均是砖拱顶,而且修砌了楼室地面砖棱线,此为与二号敌楼的两点不同。值得一提的是,"茨"字敌楼多数位于偏远山谷之中,或断崖之上,以山为险。其左右往往没有超过一里的长城墙体,敌楼因此并非跨墙而建,因此现存楼室可辨的"茨"字敌楼中,过半数的只设一座楼门,这是"茨"字敌楼的一大形态特色。

茨字四号、茨字五号楼分别位于山西省灵丘县青庄南和西湾村南。两座敌楼均早已被村民扒毁,只存残堆,由于缺乏历史影像作为参考,原有形态难以考证。

位于河北阜平漆林沟北的茨字六号楼属于"茨"字编号敌楼中保存最完好的一座。其楼顶垛墙甚至比二号更完整,楼顶哨房山墙亦存,只是哨房的木梁构架无存。六号楼楼室全部用砖砌,然而又不同于三号。三号敌楼与楼门相对的一面开了四窗,而六号楼与楼门相对应的一面只开了三个楼窗,属于 4×3 眼敌楼,因此敌楼较三号偏"瘦"。六号楼楼室完整,在环廊东南角设天井口,当年凭木梯或绳梯由此上下。茨字六号敌楼楼匾尚存,但石料质量一般。其顶垛牙上有高低两排垛孔,与垛墙根开设的通风孔一起,呈三排垛孔分布。

茨字七号与茨字八号楼在山西省灵丘县铜碌崖村南沟东西山梁上对峙。这两座敌楼均是砖室结构。七号楼楼顶垛墙被全部扒光,其宽面均开四个楼窗,而窄面只开两个楼窗或一门一窗,属于 4×2 眼敌楼,是茨字编号敌楼中最窄的之一。前述茨字敌楼的楼门均用石料凿出门券石,砌在门柱石及压柱石上,而茨字七号的楼门只有压柱石和门柱石,其上则为两顺两伏的砖砌拱券,门上楼匾无存。

茨字八号与茨字七号隔沟相望,按说两座相邻敌楼形态上多少应有所呼应,但八号敌楼却与前述所有敌楼都不同,其楼门居两窗中,无楼门的三面也均只开三个楼窗,属于 3×3 眼敌楼。八号楼楼顶垛墙只在东南、西南、西北角各存一个垛牙,其余毁尽。垛墙根斜砌的砖棱线与楼室地面平顺砌的砖棱线都清楚完整。

位于山西省灵丘县木佛台南的茨字九号楼的形态特征与七号楼完全一样,敌楼宽面设四窗,窄面开两窗,属于 4×2 眼敌楼。紧贴楼室地面砖棱线的位置上设有窗下小孔。九号与七号两楼的细微区别在于七号上砖下石的楼门偏左,门匾缺失,门槛石完好,而九号楼楼门纯用砖砌拱券,楼门偏右,门匾尚存但门槛石中间开裂,与楼座的大裂缝相通。

茨字十号楼位于河北省阜平县黄崖村西的深山断崖之上,在 20 世纪 60 年代被拆毁,只存残迹。

茨字十一号、十二号、十三号楼呈三角形分布,相互距离不超 100 米。这三座敌楼据守的是山西灵丘潘铺村通向河北阜平爱家岭村的一条古道。此道易通行,故而修长城者觉得必须严加防犯,一条沟里建了三座敌楼,而其在山坡上的高低位置也比较接近。

茨字十一号楼楼室与茨字一号、二号同为木梁柱结构,是"茨"字编号中第三座采用此种楼室架构的敌楼,但在楼窗上分布上,它则与茨字六号一样,与楼门相对应一面只有三窗,属于 4×3 眼敌楼,而非茨字一、二号敌楼所属的"小 4×4 眼敌楼"。

茨字十二号楼损毁严重,只有楼南面残存的半截楼窗、窗下小孔及楼中的砖石瓦砾证明这曾经是座 3×4 眼砖室结构敌楼。

茨字十三号楼在三座敌楼中位置偏北,楼门左右各有一窗,与楼门相对应一面也是三个楼窗,与茨字六号同属 4×3 眼楼。该楼顶垛全毁,东南角塌垮,使与之相邻的两个楼窗破损。令人奇怪的是,十三号楼楼门上未发现楼匾或匾龛,不知是否因匾龛位置过高,而随楼顶被毁尽了?

茨字十四号、十五号楼据守的是山西省灵丘县青羊口与河北省阜平县邓家庄之间的一条河谷通道。位于河东的茨字十四号楼是砖石座 4×3 眼楼,楼门在东,其左右各一窗,其楼匾尚存。虽然楼顶垛墙尽毁,但其墙根下的楼顶砖棱线完整。茨字十四号楼的中心室屋顶为木梁顶,因木构朽毁变成了空豁。

茨字十五号楼位于河西,也是座砖石座的 3×4 眼敌楼。楼门在西侧,处于四窗中的北二位置。楼南、北各开三窗,此楼与茨十四号均为中心室为木梁顶,木梁朽毁后中心室长满荒草杂木。茨字十五号楼顶垛墙下的砖棱线被彻底毁坏,而楼室地面的砖棱线完好。十四、十五号这两座中心室木顶架构的 4×3 眼敌楼因楼门位置不同,在形态样式上仍然存在细微差异。

茨字十六号楼与茨字十七号扼守吴王口。其中十六号楼在山沟南坡上,砖石楼座及砖棱线完整,楼的宽面开有四个楼窗,东侧窄面为一门两窗,西侧窄面为三窗,属于 4×3 眼敌楼。楼顶垛墙基本被拆光。楼门匾 2018 年前尚存。楼座南侧除了有"小蓬莱"刻字外,还有一段明军为记录小胜清兵所刻文字,是长城敌楼上罕见的历史记述石刻。此楼外形、楼室的砖石座以及拱券构造均与茨字六号相同,楼匾字迹则比六号楼的还要清楚,只是楼垛墙保存状况无法与六号相提并论。

茨字十七号楼据守吴王口河谷北岸,与十六号隔河对望,也是3×4眼敌楼。其楼门开向东,上有一匾。该楼楼顶垛墙无存,敌楼西南角两窗连同楼室部分拱券塌垮,楼南侧墙体上还有疑似弹坑,据老乡说为鬼子炮火所毁。

茨字十八至二十一号敌楼位于牛帮口,其中地势最低处的是十八号,该楼位于河谷东坡,其门窗分布与三号敌楼相同,但楼室结构与十四、十五号同为中心室木梁架顶,可十八号敌楼体量又比十四、十五号敌楼大。其楼匾尚存,字迹清楚。楼顶垛墙少有损坏,只是中心室木梁架顶无存,楼顶哨房仅存残根。

茨字十九号敌楼位于河谷西坡上,早在1968年修108国道时已被拆毁。

茨字二十号外形样式与十八号一样,但敌楼中心室为砖拱顶。楼顶哨房山墙部分缺损,哨房屋顶木结构全无。茨字二十号垛墙保存状况好于十八号。楼匾亦存,字迹清晰。

在茨字十八至二十一号这四座敌楼中,茨字二十一号所处位置最高,其敌楼门窗分布和楼室结构与稍低处的茨字二十号相同。不过从单面四个楼窗的窗间距看,它比二十号楼的更为紧凑、集中。

茨字二十二号到三十四号敌楼扼守在山西省繁峙县竹帛口南北的长城(竹帛口北因有村名韩庄,因此又称"韩庄长城")上。这一带共有十三座敌楼,其中只有四座楼室完整,其他均毁坏。

茨字二十二号敌楼位于长城一侧,楼室被扒尽,只剩一个砖石楼座。

茨字二十三号位于竹帛口长城北段墙体的最高处。从其窗下孔的残迹可判断这是座3×3眼敌楼,楼室东北角未垮部分还可见垛墙和楼窗破洞。

在山西省繁峙县韩庄(竹帛口)长城的十三座敌楼中,茨字二十四、二十五、二十六号连续三座敌楼保存都较好,外形一致,都是跨墙而建的3×4眼楼。每个敌楼接墙面都各开一个楼门。每个楼门上都还保存了一块石楼匾,每个敌楼所嵌的两块石匾所刻内容相同。这三座敌楼与左右被毁成堆状的其他敌楼形成强烈反差。因为该段长城墙体比较连贯,令笔者怀疑该处的被毁的敌楼也都是开两门、设双匾的,而这与前述的二十几座"茨"字编号敌楼在形态上有较大的区别,同时也说明"茨"字敌楼的形态设计,完全是因地制宜,以更好地实施其防御功能为出发点的。茨字二十四至二十六号这三座敌楼楼内构造也都是中心室木梁架顶。

三座敌楼中,茨字二十四号所在位置相对最高,楼北门离城墙最近,方便上下。其南门离墙顶甚远。楼顶垛墙还可看出有不同高低的垛孔,楼顶砖棱线完整。

茨字二十五号楼的北门距离塌毁的长城墙体4米有余,而南门距塌毁的长坏只有2米,站在五层碎砖上,踮脚即可爬进楼室。此楼垛墙被拆净,但楼顶砖棱线还完整。

茨字二十六号顺长城拐向而建,楼门为东西向。东门比毁塌的长城高出5米不止,而西门比长城残墙高出3米。西门下楼座砖面被凿出5个脚窝,为后人努力攀登之证据。

茨字二十七号至茨字三十三号的七座敌楼全部被毁成堆状,是"茨"字长城保存状况最差的地段。

茨字三十四号是韩庄长城南段最高处的一座相对完整的敌楼。其楼顶垛墙损毁严重,楼门距草丛4米多。楼门对应面开四个楼窗,其制式与茨字十八号相同。

河北省阜平县南辛庄附近有一座门匾缺失的"小4×4眼敌楼",其开门侧为一门居两窗中,石门券保存尚好但楼匾已无存。该敌楼其余三面皆为四窗。其中心室为木梁架结构,楼室东北角塌垮。按照明代《边城御虏图说》,此楼位于"黄石堂口"(区别于"高石堂口"),从属于倒马关路茨沟营管辖,因此这座偏远敌楼极有可能是茨字三十五号台。

茨字三十六号及三十七号敌楼位于山西省繁峙县神堂堡乡茨沟营堡。同样根据《边城御虏图说》记载,茨沟营堡防御体系内包含两座敌楼建筑,以其北山顶上现存楼匾的敌楼为茨字三十七号计,相邻敌楼应为茨字三十六号。经网友实地仔细考察,茨沟营堡东门"应关城"北侧确有条石台基遗存,应为已经被拆毁的被称为"军火库"的茨字三十六号台。

茨字三十七号敌楼又被称为"茨沟营北敌台",它位于茨沟营堡北山堡墙上,是目前已知的茨字敌楼中编号最末位的一座。从该敌楼仅剩的东、南立面及其上残存的两窗一门推断,该楼同样为"小4×4眼敌楼"。该楼楼室塌毁极为严重,目前仅能判定它具有回廊结构,该楼的特色之一,是具有楼顶砖棱线但未修砌楼室地面砖棱线,这种外观形态,仅有二号敌楼与之相同。茨字三十七号敌楼门匾尚存,但蚀化严重,字迹几不可辨。

二、"茨"字编号敌楼的形态成因探究

"茨"字编号敌楼共37座,湮灭或损毁至只剩台基者13座,尚有24座(一至三、六至九、十一至十八、二十、二十一、二十三至二十六、三十四、三十五、三十七号)楼室部分结构尚存,或者保存较为完好,可供形态研究。通过对这24座敌楼的观察,笔者有以下心得体会。

1."茨"字敌楼的地理分布基本可分两大类,第一类属于单独、成对或成组以险扼守山谷或山顶,依托连续墙体防控山脊。这种分布导致"茨"字敌楼的楼门设计有两种明显的形态。第一类敌楼只在背向或侧向河谷方向的一面设有楼门,其余三面只有楼窗。而第二类的敌楼因为骑墙,所以设置两门以贯通墙体。这种形态差异,恰恰体现了因地制宜、防御效果优先的军事建筑理念。

2. "茨"字编号敌楼(除八、二十三号外)均为单面四眼的砖石座敌楼,这与真保镇沿河口、乌龙沟、插箭岭辖下的敌楼形态大体一致,与同属真保镇的白家口"龙"字台、蔡树庵、马水口的单面四眼石座敌楼类似而不同,更与蓟镇、昌镇敌楼多样的外观风格形成了较大的对比,证明真保镇长城敌楼修筑前,曾对外观设计中"楼门窗数量"这一项目有着较为统一的要求,但在楼座、楼身的砖石比例问题上,允许区域间差异化处理。

3. "茨"字敌楼均砌有楼顶和楼室地面两道砖棱线(二、三十七号除外),且都在楼窗下设小孔(一至三、三十七号除外),这种外观形态与相邻的"插"字敌楼一脉相承。"茨"字二号与三十七号敌楼作为孤例,舍弃了楼室地面砖棱线,看起来与河北涞源乌龙沟的敌楼极为相似。与之遥相呼应的是,在北京市门头沟的"沿"字号敌楼中,绝大部分都只砌有楼顶砖棱线,但在黄草梁的"沿"字十号、十二号敌楼上,就砌了楼顶和楼室地面两道砖棱线,也可谓孤例。这些孤例的存在,证明即便是同一小区域内的敌楼修筑上,也有灵活操作的空间,而非严格划一。

4.“茨”字敌楼楼室结构包含木梁架结构（一、二、十一号）、砖拱回廊结合木梁结构中心室（十四、十五、十八、二十四至二十六、三十四、三十五号）、砖拱券中心室结构（三、六至九、十一至十三、十六、二十、二十一号）三种形态，说明“茨”字敌楼楼室内部结构的选择，在相近地段之间没有统一要求，在操作实施时既有“弹性”（以至于才会出现三种楼室结构的敌楼在一个区域内交错出现），又有一些“默契”，导致所有“茨”字敌楼均不设楼内通顶的砖梯道。

三、结　语

作为地处同一地理区域、同一编号系统内的“茨”字敌楼，无论是从其整体外观、楼室内外构造与用材，还是其门窗数量与分布，都体现出“整体相近、局部区分、和而不同”的特点。而对于熟悉明代长城特点的研究人士而言，若将观察孔径从本文所探讨的“敌楼”转移到长城建筑体系中的墙、门、孔、匾刻等其他元素，或将研究区域从山西灵丘、繁峙或河北阜平、涞源放宽到整个中国北方，便会发现这样一种有趣的事实，即本文中所展示的“茨”字编号敌楼的诸项形态特点，实则也是贯穿明长城全线的重要建筑特色。用“形态”的观察方法审视长城，不但能让我们充分感受古人的辛勤与智慧，也能帮助我们去发现和揭开长城建造过程中更多的未解之谜，而在保护、开发长城时充分注意并利用这些细节，也是实现长城文化与精神传承的必要举措。

（此文在第五届中国长城论坛上荣获优秀奖。作者严欣强系中国长城学会常务理事，著名长城摄影家，美术编辑。严共明，严欣强之子，系中国长城学会会员，对外汉语教师。）

勾注山南北之广武城考证

王茂盛

在恒山之支脉的勾注山或称雁门山，为东西走向的一条山脉，山之南为忻州市管辖之代县、原平，山之北为朔州市管辖的朔县、山阴。就在这道山脉的南北，分别坐落有广武古城。山南之广武城，始筑于汉代，独步关内，雄踞滹沱河畔代县之阳明堡镇，扼守忻定盆地之要。三城雄踞要地，与长城相望，进可攻，退可守，成为古代雁门关军事防御体系的前沿阵地，是中国历史上农耕民族与游牧民族相互争占的重要据点，更是各民族之间相互碰撞交融的重要通道。山北之广武城，又有新旧两座城堡，新广武城筑于明代，旧广武城筑于宋代，像一对孪生兄弟，相互牵手，坐落于雁门关外勾注山脚下的广武镇，控制朔州大川之冲。

一、广武得名与广武城的始建

广武得名有多说法，归纳起来有以下几种：一是"字义说"。以"武"为要，即"止戈为武"，以武力制止暴力，以期实现和平意愿。二是"广武君"之说。李左车，生卒年不详，为赵国名将李牧之孙。战国六国纷争时，李左车辅佐赵王歇，为赵国功臣，被封为"广武君"，著有兵书《广武君略》。赵国亡，韩信问计，李左车提出"百战奇胜"的良策。李左车为后世留下了"智者千虑，必有一失；愚者千虑，必有一得"的名言。

雁门，最早见于先秦文献《尔雅》，其文载："北陵西隃，雁门是也。"郭璞注曰："即雁门山也。"此时雁门山的具体位置在今大同市北部阳高县附近。

秦国崛起，俘赵国之代王，据有代地，设代郡，秦国将此雁门郡带名西徙至善无县（今右玉西南），郡县同治，此为侨置之雁门郡。西汉沿秦制，雁门郡仍治善无。到东汉末，北方边境逐渐凋敝，汉室启动雁门郡南迁计划，址位于今朔州市东南西汉所置之阴馆县。《汉志》云："阴馆，楼烦乡，景帝后三年置。"《汉书·地理志》载："勾注山在阴馆属雁门郡。"东汉应劭注《汉书·文帝纪》亦称勾注为"山险名也，在雁门阴馆"。此时的阴馆县（位于朔城区南榆林乡里仁村与夏关城村之间）遗址呈方形，边长约1000米，占地面积达100多万平方米，目前仅西城墙遗存几段夯土，其余城垣等均难以辨识。

三国魏文帝时，雁门郡越过勾注山，再次南迁于广武县（今代县西南广武古城），其城池当为今代县阳明堡镇之古城村，据文物部门认定是汉代的"广武古城"，勾注山之阴仅留楼烦、马邑、阴馆等县，勾注山成了南北巨防。

西晋末年,鲜卑拓跋猗卢率部从云中向南迁徙至雁门,向并州刺史刘琨请陉北之地,终使勾注山——夏屋山一线成为区分内外的边疆;直至北魏成为恒、肆两州州界,而为雁门郡所辖。在这一过程中,雁门郡境经历了"先西后南再南"的变化过程,且北部郡境不断压缩,最终使本为雁门郡南界的勾注山(塞)成为北界。其南之勾注山(塞),随着郡名"雁门"始称雁门塞,这便是后来雁门关名称之滥觞。

二、雁门关北两广武

在雁门山之北麓,坐落着新旧两座广武城。旧广武城按照考古及相关资料佐证为"辽金"时期。辽广武城有夯土为证;金广武城为金广武县治,先属朔州,贞祐二年(1214)四月,侨置西面经略司,贞祐三年(1215)七月金广武县来属,八月罢经略司。这是金贞祐年事,包括新广武地。金代州震武军,天会六年(1128)置,属河东北路,领雁门(州治)、崞县、五台、广武(旧属朔州)、繁畤五县。

新广武城则是伴随着雁门关的兴建而置建。有明一代,新旧广武城属"雁门关防御体系"的重中之地。二城一直与长城为邻,与战争相关。《两镇三关制》载:"广武当朔州、马邑大川之冲,忻代崞峙诸郡县之要,凡敌由大同左右卫入,势当首犯。"新广武最早设立城堡是明代的事,经历了由"站城"到"营城",直至"关城"的变化过程,都是基于东陉关雁门关军事之需,不是一般意义上的"行政"建制,其领地当属代州"雁门关"军事防线。清代代州统属新广武城,使之成为一个行政单位——"镇"之后,新广武城与旧广武城出现了区别,加之蒙古部族废弃旧广武后,旧广武成了"民居",新广武的地位逐渐得以提升。到了清代后期,特别是民国时,广武镇成为代县"县佐"后,新、旧广武业已成为两个独立的行政区划(村),为了区划之需,给不到1000米范围内的两个广武,分别前缀"旧"与"新",以示区别,于是,有了新、旧两个广武。

当地人说"新广武不新,旧广武不旧",认为新广武城要比旧广武城建置早,这确实不能成立。实际上"新广武不新,旧广武不旧"已经对新、旧两个广武城的外观形象给出了答案。尽管旧广武城比新广武城建置早,但旧广武城的遗址,却比新广武城保留得完整,此为"旧广武不旧"之说。反之,新广武城的毁坏程度却大大高于旧广武城,此为"新广武不新"之说。就外观而言,旧广武城确实要比新广武城保存完好。

至于新广武地发现早期文化层,证明有早期人类生存这里,这与新旧广武城的建置、新旧广武村的得名是两个概念。再说,广武地本来就包括新旧两地。广武地域有汉墓群,并有大量汉代及汉后"文物"出现,原因仍是雁门郡"阴馆县"的存在:秦代楼烦县阴馆乡,始皇帝十三年(前234)置,二十六年(前221)属雁门郡。汉阴馆县,景帝后元三年(前141),改楼烦乡置。后汉阴馆县,属雁门郡,自善无县徙治。

三、勾注山、雁门山与雁门关

雁门关所在之山叫勾注山，因"山形勾转，水势注流"得名，此处冈陇相接，峰峦叠嶂，峪口众多，白草口、太和岭口首当其冲，战略地位相当重要。打通白草口至太和岭阻隔，中原门户方可洞开。在二者之间置关，可谓"一人当关，万夫莫开"，军事位置显而易见，此即西陉之旧雁门关，俗称铁裹门。

勾注山历史久远。《吕氏春秋》云："天下九塞，勾注其一。"《战国策》载，"赵王约代王于勾注塞"之事，就发生在夏屋山，勾注山东有夏屋山。《汉书·地理志》载：广武（县）属并州太原郡，"勾注、贾屋山在北"，贾屋，即夏屋。唐初李泰《括地志》指出："夏屋与勾注山相接，盖北方之险，亦天下之阻路，所以分别内外也。"今恒山山脉余支（西段），峰峦叠嶂，连绵不断，冈隆相接，不论夏屋山（馒头山）还是复宿山（草垛山），实际上，都是勾注的山峰。

公元386年，鲜卑首领拓跋珪即代王位，后改代王为魏王，史称北魏。396年，拓跋珪统步骑四十余万，出马邑，越勾注塞，击败后燕，控制了并州。十月，又控制了北部的勾注塞以及井陉关军事要塞。《魏书·礼志》载：泰常四年（419）八月，"幸代，至雁门关，望祀恒岳"。这是史书中第一次出现雁门关的名称。但是，这并不代表雁门关始置于北魏。

对于雁门关始置的具体年代，史书所载不一。多数学者认为建置于唐代，我认为雁门关始建于后汉的可能性更切合实际。究其原因是雁门郡由阴馆侨置（将甲地之名用于乙地）代县广武城之后就已置关，以侨置的"雁门郡""雁门"二字为名，此关正是位于勾注山之铁裹门（即今人所谓"旧雁门关"）处，其目的是防御匈奴南下侵扰。北京大学梁千里认为，具体时间当在汉武帝元光五年（前130）夏。

汉代以后，不论勾注山改换过多少次名称，仍然是"勾注山"。而真正始称雁门山，是缘于旧"雁门关"之设。后世人因雁门山名气太大了，所以掩盖了勾注山名。这一新的雁门山，散见于明清诸文献，已经把勾注山和高柳北的雁门山彻底混淆了。因而明清之后的人们更是难以辨析雁门山、雁门郡、雁门关三者的关系了。

梁千里认为，恒山山脉之雁门山，大致经历了"以山名郡""以郡名关"和"以关名山"三个阶段。"以山名郡"是指赵国以"雁出其间"而得名的雁门山，命名新获得的土地——"雁门郡"时期，这是雁门关这一名称的最初来源。"以郡名关"是指从战国末年至汉武帝时期，雁门郡的南移，而使人们将位于雁门郡境内勾注山的险要隘口称为"雁门"。为了抗击匈奴，在汉武帝诏令下开始营建雁门关，在这一过程中逐渐完成了"雁门"名称的南迁和"山"与"关"名称的分离。尽管存在其他别称，但雁门关与勾注山的名称至少在宋代仍保持稳定。"以关名山"是指元代以降，由于战乱和文化的断裂，人们逐渐难以辨析雁门山、雁门郡、雁门关三者的关系了，于是想当然将雁门关附近的山称为雁门山了。

有史书记载，唐代开凿雁门关。但那也只是"开凿"而已，不是始置，这一时期的"广武"仍是代县之广武（即今代县西南广武古城），与今山阴县广武无涉。不论山南山北，早期"广武"只有一个，没有新、旧之分。

四、新广武城战略位置之提升

洪武七年（1374），被谪代州的吉安侯陆亨主持修筑雁门关，同时在距雁门关二十里（旧里）之外的地方，筑广武堡，时为独立驿站。这时的堡城，据山而设，高低不一，周围二里五十六步，无壕堑，南、北二门，窝铺十六座。洪武十二年（1379）雁门守御所城完备，成为其下的一个百户所，故又称所城。《三关志》载："广武站，旧堡一。去堡四十余步，有小泉、沙沟墩二座。"此时的广武站城，即今天我们所看到的大北关东南部残留遗迹，基本呈方形轮廓。

嘉靖中期，随着瓦剌、鞑靼的日益强盛，进而不断南侵，雁门关周边的军事地位也陡然上升。此时的雁门关（包括广武站城）属山西雁平兵备道东路管辖。本路古雁门重地，四冲八达，扼三关之命脉，控全晋之咽喉。可谓"雁代失守，则太原震恐，全晋即骚动矣"。明王朝的战略重点，逐步由"大同镇"转向了"太原镇"，雁门关的军事地位已不言而喻。增兵遣将，提升东路军事地位，将原属东路的守备官于嘉靖十九年（1540）移驻广武，改设参将驻扎代州，所辖广武一守备，振武、雁门二卫所。成书于万历三十一年（1603）的《宣大山西三镇图说》对该路的管辖范围作了详细记载："东至繁峙县伏连坊八十里，西至盘道梁九十里，南至崞县六十里，北至广武城六十里。"同时，对其分管的内长城（内边）军事布局也作了记载："东起北楼界东津峪，西讫宁武界神树梁，沿长一百里零三十八丈，边墩六十五座，砖楼九座，火路墩四十五座，边之内外设有八岔、白草、水峪、胡峪四堡，以相犄角。兵马除军门标下两掖营散兵外，阖路见在官军六千四十八员名，马骡二千七百二十四头，内援兵官军三千二百四十四员名，马骡二千三百匹头。"

嘉靖二十年（1541），明廷开始修筑广武站东西边，由都御史刘公皋经略。广武站以西，属参政张子立，以东属参政胡松，选募军夫，筑边墙三百三十里。同时，议改大同班军分成十八隘。

广武站以西的边墙，当为今新广武三段以西长城；广武站以东的边墙，当为今新广武二段以东长城，总长330里（明里）。为此，参政张子立赋诗六首，在此录二首："元帅登坛大阅兵，朝廷分阃重专征。勋名未上麒麟阁，号令先归虎豹营。""才飞羽檄传宣府，忽报狼烟接大同。十月冰霜犹绝险，三关城戍故相同。"

嘉靖二十年后，明朝修筑雁门十八隘，并对广武站城进行了增修。新修镇川、麻黄梁、草子梁、马连坪、护城、镇房墩6座，边墙30里，壕长14里，敌台1座，沿边营房10间；添置北关瓮城1座，展筑南关1座。堡内官厅1所，营房570间，仓廒1处，草场1处。二十三年（1544），雁门守备由代州移驻广武城。新广武城由"站城"变为"营城"。而此时雁门关城的军事地位已经北移至广武城，广武城已从守御千户所分离出来，成为独立的一级军事管理机构。

五、广武城与雁门关

嘉靖三十年（1551），雁门关得以重修，万历二十六年（1598）更换旧砖，重新包砌。使其周长达到"二里零三百五十步，高三丈五尺之规模。"其管辖范围"东至小石口一百四十里，西至盘道梁八十里，南至代州四十里，北至广武城二十里。设守御千户所，统领见在官军三百四十八员名,火路墩四座。""建宁迓楼于关外,威远楼于山巅"派成卒百人守之,且于寇虏必经之处,铲削山梁,俨若天堑,险要愈增。关外有大石墙三道,小石墙二十五道。北为广武站,广武城成为驿站。

万历三年(1575),明王朝将广武营城进行包砖,达到周三里,高三丈六尺之规模。经过200年的苦心经营,新广武城,实现了从"堡城"到"站城""所城",再到"营城""关城""隘城"的转变。

新广武城作为明代重要军事城堡,从洪武初,就一直活跃于雁门关一线,为明代雁门关"双关四口十八隘"军事防御体系的重要组成部分。也是山西镇雁平兵备道辖东路重要堡城。

《宣大山西三镇图说》载:广武城东至小石口一百二十里,西至盘道梁六十里,南至雁门关二十里,北至大同马邑县四十里。设守备一员,所领见在官军一千一十九员名,马骡三百五十四头。分管内边沿长一百里零三十八丈,边墩六十五座,砖楼九座。与所辖八岔、白草、水峪、胡峪四堡把总画地守之。内白草沟、樊家坡、吉家坡、灰窑沟、寺儿滩等处极冲,通大举。其大小咸沟、马莲坪山势颇峻,虏骑难驰。

本城通雁门孔道,各镇之公使,三镇之市货,络绎不绝,站骡长夫不足半用,营军营马当此极冲之地,兼此力役之征,兵马不堪御侮,岂待枹鼓而后知哉。若遇有警,雁平兵备移驻于此,居中调度,提东路兵,并檄北楼,同本境官军相机合战,使虏东不得犯平刑之太安岭,西不得犯广武之白草沟。雁平兵备道东路的军事部署,除官军、马骡外,边长、边墩、砖楼、火路墩等已经被广武城全部分管。

城池之设,兼顾山川地势。对于有军事功能的城池,还得考虑军事之需,选择和利用地势形态成为第一要务。冷兵器时代的军事城池更是如此。新广武的城池之设,就兼顾了以上两个因素。新广武至雁门关一线,呈两山夹一河之态,控雁门要道,于此隘口置城颇费周折。其一,在河谷平坦地置城,有洪涝之害;其二,在两山之侧建城,有坡度之限。可隘城之设又当紧要,非置不可。鉴于此,新广武城的建筑工匠,采取了"筑主城、建河关、置围城"的办法。

新广武初始土筑驿站,其位置北起现新广武大北关北墙,南至大北关之南门,东靠马头梁山坡,西至208国道。新广武二段长城与北城墙相叠。时有小泉、沙沟墩(烽火台)2座。嘉靖二十年(1541)后,增修广武站城时,添置北关瓮城一座,展筑南关一座。

添置的北关瓮城指小北关,东连北水关,展筑的南关指大北关南门外,开西门东连南水关。无论"添置"的北关瓮城,还是"展筑"的南关,时广武城仍为土筑。直到万历三年(1575),明王朝才将广武营城进行包砖,达到周三里,高三丈六尺之规模。据《宣大山西三镇图说》载,成"四门六楼"规制。"四门",即主城南北二门,南北水关二门;"六楼"即原主城四门,加"展筑"后南关二门。原主城为"正四边形"状,"展筑"后的南关为平行四边形状,合起来的城池大体为东西长450米,南北宽300米。

由于新广武城所处的地理环境、建筑形制,先在河谷建主城,再于主城周边立帮城,形成一城一廓之形制。此帮围城多与边墙相连。

广武城初筑时并无壕堑,增修时开通壕堑,展筑前建置河关,逐步解决了关河危害。河关的设置,打通了东西两岸的联系。这也为明后期、清代,直至民国广武城的扩容提供了便利条件。

"筑主城、建河关、置围城",意即最先夯土筑城,之后,在河谷建河关,最后,在河谷两侧的山坡,因地制宜夯筑墙体,置围城,与所经之边墙相连,形成一个大的城郭。新广武"内一""内二"段长城,既是城郭,又是边墙,一墙二用,可谓别出心裁、匠心独用。

新广武城的建设由于受雁门关季节性河流的冲刷侵扰,一直在一个"动态"的环境中修了再修、补了再补。北关(今大北关)关楼的底层通道,为洪武七年(1374)土筑时所为;二层关楼及三层望楼及"三晋雄关"匾额,建于万历三年(1575)新广武城砖包之际或后期;小北关和瓮城,建于嘉靖二十年(1541)至二十三(1544)之间。

六、广武城与代县

新广武城一直为代州所辖,直到民国十一年(1922)划入山阴县。其间在民国三十三年(1944)冬,山阴、代县合称山代县,为时一两个月,又划归山阴县。

代州,洪武八年(1375)二月复升为州,清雍正二年(1724)升为直隶州,治所在今代县驻地城关镇。雍正四年(1726)裁振武卫,并卫、所入代州。雍正五年(1727)添设广武巡检一员。广武城原系本营中军守备驻防,雍正十二年(1734)撤回,将横道镇千总移驻。时设千总1员,额外外委1员,马兵8名,步战兵2名,守兵31名,分汛兵20名,官例马2匹,兵丁骑操马8匹。

清代实行里甲制,乾隆时代州北乡有66村,广武城村、旧广武村在列;光绪时北乡70村,广武镇、旧广武城村在列。清代广武城分汛设防4处:左所铺兵5名,万家庄兵5名,老羊寨兵5名,新兴铺兵5名。

广武站驿递,南至雁门驿70里,北至山阴驿60里,额设马31匹,马夫15名半,厂夫33名〔原额马45匹,马夫22名半,乾隆十年(1745)裁拨马11匹,马夫5名半,二十一年(1756)裁拨马3匹,马夫1名半〕。

民国元年(1912)5月改代州为代县,直属山西省;民国三年(1914)4月前为北路道驻地,后属雁门道,县佐驻广武镇(今代县西北新广武);民国七年(1918)前,仍沿袭清代区划;民国八年(1919),代县全境划为5个区,第五区公所设在新广武,辖72个村;民国十一年(1922),新广武从代县划入山阴县。

(此文在第五届中国长城论坛上荣获优秀奖。作者系山西省长城保护研究会会员,朔州市长城学会副会长,山阴县文史协会会长,朔州市税务局干部。)

从暗门设置智慧看长城建筑奇迹

原雪瑞

长城，是举世瞩目的历史丰碑，其一砖一石都有自己的灵魂和气质，看似不经意，却于方寸间藏锋芒。长城作为中华民族的文化符号和精神载体，唐诗宋词难圆其芳华，豪情万端而独具魅力。为建立起长城内外的安全秩序，长城上既有宏伟壮观的建筑，也有古代戍边将士忠实、苦涩的生活痕迹。

忻州长城在中国长城史上有很重要的地位，笔者作为长城文保员，有幸踏勘代县、山阴境内的长城，经过查阅大量历史资料和实地考察不同时代的长城遗存，拜访尚珩等长城专家，经反复勘测论证，对长城天险、河谷、隘口、墙体、烽燧、敌台、暗门等作深入了解，发现长城作为古代军事防御体系在2000余年的持续营造过程中，长城不仅表现了中华民族坚韧不拔、顽强不屈的精神特质，还展现了中华民族求同存异、守望和平、开放包容的民族精神与争取民族独立、不畏艰困苦、维系思想交流的文化自信，可以说有着厚重的历史文化价值、丰富的建筑遗产价值及人与自然融合共生的生态文化价值。进而从真正意义上认识到象征碰撞的线性长城是安定和平的保障，是中华民族智慧力量的象征，是世界古代建筑工程的伟大奇迹。历经岁月锤炼，伟大的长城精神已深深融入中华民族的血脉之中，成为实现中华民族伟大复兴的强大精神力量。

搁笔眺望，远方近在咫尺，不见潮起潮落，却见天边来鸿。代县境内分布有北魏、北齐和明长城。从广灵、浑源、应县、山阴、代县一直到岢岚的这道北齐长城势若游龙与河北蔚县、涿鹿墙体相连，翻若惊鸿般向东延伸到北京门头沟、昌平。其中，某些地段的明长城恰恰是在北齐长城遗址基础上重新砌筑。明长城砌筑，暗合兵法虚实之道，有自己的独到寨门，平素若无其事，关键时候就像婴儿破体而出，痛苦之后又悄然缝合，这就是暗门的秘密所藏。

暗门是长城的一扇窗，是长城的屏蔽后门。长城本身并不伟大，之所以说长城伟大，是因为长城之上附着了无数鲜活的灵魂、华夏繁衍的族类和各种超乎想象力的隐形军防设施。不加修饰，也由此可以原真性解读中华古代军事之工程技术、战争智慧。

此前，中国长城研究者对长城上的暗门虽仅有零星研究，但该研究成果让鲜为人知的长城秘密通道毕竟走出了史书记载，为世界呈现了一个完整、立体的长城建筑体系。长城修建前后持续了2000多年，其暗门大多根据地势、军事等需求开设在隐蔽段落，矮小的门洞朝向关外，却是长城的重要组成部分。作为军方设施的长城暗门，在代县发现尚晚，这是地理的催生、军防的需要，也见证了农耕与游牧民族长达数千年的碰撞与融合。暗门也被称作旱门，是因为主关口易被暴雨山洪冲毁，在维修时期暗门可替代主关门，照常维持民生需要；有些暗门因为在雨季可兼顾排水,又被误归类为水门。代县白草口的暗门是奇袭、侦察的通道,仅容一人出入。以往认为北宋之前沿边分布的雁门关和白草口,作为两级通关设施支撑起了长城内外人员、物质、信息的交换。实际上有限的关口数量与闭关政策,结合连续边墙给人造成的隔离感,使得海外频辄以闭关锁国或故步自封来讽喻中国,所以说,固有的长城文化仍需挖掘。

以明长城为例,在代县、山阴新广武段、白草口段各处墙体墩台之间还存在重要通关孔道暗门。被长期遗落的暗门此前仅能以局部个例示人,直到后来河北、北京发现其不仅数量众多、沿线分布广泛,且因地形环境、通关需求的变化衍生出更多类型与多样功能的暗门家族,无疑其发现带给人们很多深刻启示。其中以突门挖掘为所有暗门类型中的典型案例,目前找到明长城全线唯一的突门遗存,使得墨子时代的军事智慧有了实物传承,让2000多年的记忆断层也得到一定程度的延续。暗门的时代需要结合长城墙体研究,若墙体是明代的,那暗门就是明代的,孰料偶然之发现,恰恰展示了明代长城沿边军民屯戍战斗的社会历史图景。长城暗门体现了中国古代朴素辩证的思维传统和深厚的历史渊源,不到万不得已,不会轻易使用。如一些侦察兵多借暗门通行,但还有一些暗门是长城两侧交流的通道。2021至2022年在怀柔箭扣长城发掘的明长城暗门遗址,不仅明确了暗门的建筑形制,还有力地证明了其赋予的侦察功能。暗门纵贯墙体的门道,十分低矮、窄小,仅容一人通过,其防御之严密可见一斑。明代官方有记载,政府允许游牧部落通过暗门往返于青海和河套地区放牧,一些较大的暗门可容两匹马双向对过,足以证明这一点。暗门家族不仅折射各防区规划和戍守策略,也在长城内外互动中扮演多面角色,说明长城并不是完全封闭的,而是在秩序之下的开放,不同程度地影响长城内外政治经济关系的走向。

对暗门的体系化揭示在一定程度上突破了对长城封闭性的传统认知,有利于挖掘和保护长城全线遗产资源,重塑民族文化话语权。暗门也为人们开启关于积极防御的新认知,在一定程度上打破了以往长城被动保守封闭的印象。沿边广泛分布、功能丰富、式样完备的暗门家族及其背后的各种设计巧思表明,即使是在这种宏大繁巨的军事工程体系建设中,古代中国人审时度势,仍执着于对政治局势、战争规律、防卫环境的细腻把握,并顺应发展地将其贯彻于精密的工程设计之中,展现出古人惊人的统筹能力和缜密策划的军事指挥才能。

代县暗门发现,为人们开启了雁门关长城积极防御的新认知,打破了以往视长城为保守、封闭性象征的认识局限。在《墨子》等历代重要军事理论著作对暗门的记述与阐发中,奇正是一以贯之的兵学思想源泉,反映出古人积极防御的军事策略。恰好在新广武至白草口段得到了充分的印证,终于迎来了代县长城认知范围的历史性突破。经观察发现,暗门与主关口之间的应援关系体现的军事策略是奇正相生。从胡峪口、水峪口、白草口、平刑口设置分析,关、口一般设置于河谷川道等重要地理孔道,暗门常在两翼地势高处开设,关口受攻击时,可用以出兵,出其不意地从背后偷袭、进攻、援助。暗门应援主关口的攻击方式包括利用远程火器轰击或出兵突袭、堵截等,会取得事半功倍的效果。明长城沿边"明哨""暗哨"等谍报人员常年往来于长城内外,从其交通孔径的隐秘性关系到情报人员及往来信息的安全来看,自有其妙处。"(敌方)每入犯前数日,先遣哨房将我哨路拦绝,屡致临期无报",常需尖哨提前"抄径"返报消息。因此暗门的散布性、便捷性和隐秘性应是通哨孔径的必然要求，而且各类哨探须经过严格审验才能出入，"每次出边，必给号票……返报必由暗门验实放入，毋容私自入城及家口不时近边、供馈传泄"，出哨行动对己方人员的回避也说明了雁门长城暗门的必要性。在军事功能之外，暗门还担负放行进出便利耕牧、樵采、贸易、交流、防灾等任务，这在大同长城沿线得到印证。明代中后期为缓解土地兼并、税责不清的矛盾，屯田范围普遍拓展到边外，长城暗门一度成为军民出边耕作的主要交通孔道，无疑也为长城两边是故乡奠定了基础。"宣大山西各边，一墙之外树木阴森、草薪茂密，而墙以内则童山赭土、一望平沙，束草三分、担柴百钱，如此其贵也。"出边樵采是地方乃至京师的重要建材来源，也是贫苦边军的谋生手段，而且有益于敌情监控，得到官方默许并以暗门设置为交通岗。例如，明朝隆庆年间，明朝与蒙古达成了对俺答汗的封王、通贡和互市协议后，长城沿线大开边市（马市），暗门大量作为贸易口岸，暗门从基层防务屯戍的幕后进入明蒙官方政治经济互动的前台，成为马市建筑的标准配置。选择暗门而非更高等级关口作为互市孔道，说明其形制适合马市交易。例如 2004 年出土的杀虎口马市暗门高 1.74 米、宽 1.67 米，与清水河县徐氏楼马市、左云县宁鲁堡镇宁楼马市的暗门尺度相近，既可牵马驮物通过，又便于随时启闭控制、海关查验。特别是在明、清均实施严格的边禁政策时期，暗门自此走入辉煌，仔细分析发现，这比起关门来更容易控制。从中可以看出，长城各区段、各类型暗门自始至终都是官方或非官方贸易活动的空间载体和关键节点，边贸功能的普遍性其实早已超越其原初的军事用途。事实上，明长城主关口常在边禁国策下扃钥不开，使暗门替代主关口用于政治接洽活动。"脱脱复率十余骑，诣宣府宁远堡暗门，呼通事出，攒刀为誓求通贡市。"不仅信物互动，游牧部落与军队甚至可利用暗门实现无害通过。山阴暗门多设在墙体外侧敌台不显眼的角落，用时打开，不用时封闭。灵活机动的战术，正应了兵家知己知彼百战不殆、狡兔也有三窟的道理。

作为长城遗址中的微型观察哨、捷径桥，暗门工程设计不失严谨风范。其针对不同功能场景，相地而设。暗门作为维护长城地带经济文化交流秩序的基层孔道功能，直至清代都仍然被延续，古人真正实现了经典的活化利用。"节使经临、属国职贡、过往信宿，路由暗门，商旅亦接踵往来，遂成孔道。"如果说，长城牵动了整个世界的目光，那么，暗门设施展示就是在为长城增添了又一道吸睛的花絮。长城在华夏大地上绵延伸展，曾挡住了风沙，阻断了敌人侵略，但人类在长城面前，好些时候还显得很无知，我觉得长城的伟大，更在于其蕴藏的人心，并非只有砖石所能构成。长城让人们学会了团结，学会了担当，学会了战胜逆境，学会了和衷共济，懂得了在新时期尤要坚守中华民族的根基。暗门只是长城的一道纽扣，自会隐藏着一段段鲜为人知的故事，不过，经众人的打磨，其经历变成了有趣的灵魂，更铭刻在国人的记忆之中。所以说，长城的秘密有待进一步深入研究、发掘、解读、提炼文化精髓，从而增强广大人民群众的文化认同感和归属感。

（此文在第五届中国长城论坛上荣获优秀奖。作者系忻州市长城学会会员，代县文化和旅游局长城保护员。）

真实的偏头关

顾兴虎

偏头关,地处山西西北边陲,是明代九边重镇之一山西镇的一座关,与宁武关、雁门关合称"外三关"。偏头关为"外三关"之首。号称"三关首镇,全晋冲藩","视宁(武)雁(门)鼎分,而锁钥独最"。那么,偏头关究竟是以何为关? 是怎样的一座关? 又为何冠以"偏头"之名?

一、偏头关城的地理、地形、地貌特点

什么是关? 关的本义是门闩。《说文解字》:"木横持门户也。"引申为关门。由关门的关,引申为关口、关隘、要塞。故而关的设置一般在地势十分险要之处,雄踞险绝,属于"一夫当关万夫莫开"之地。

《皇明九边考·经略总考》载:

> 夫崇岗峻岭绵亘不绝,天之所以限华夷。而其势中断两岸如关者,贼所由入之路也,于此而设关置垒,增其卑使崇,筑其虚使坚,然后精兵以守之,矢石以临之,贼何由而入乎?高城深池坚厚不拔国之所以卫生聚,而民居散乱远在郊外者则贼所必掠之地也。于此而掘堑增墉,为之关键,为之守护。

山海关,处在大兴安岭、燕山和太行山三条连续山脉形成的结点处,这三条山脉将东北、华北和蒙古高原分成了三个独立的地理单元。山海关就在结点处最狭窄的咽喉要冲处,故而为名副其实的天下第一关。

居庸关,横亘在太行山和燕山山脉之间的北方游牧民族由此南下进入华北平原必经之要道上,其间的"狭道"——关沟,最窄处仅能容一辆车通过。

"天下九塞,雁门为首"的雁门关,高踞勾注山,依山傍险,自古就是华夷天堑。

宁武关,处在芦芽山和恒山交汇的谷口,恢河穿流而过,三面环山,是大同盆地进入忻定盆地南北交通的咽喉所在。

那么偏头关作为关,又是以何为关的呢?

偏头关城即今偏关县城。黄河支流关河自东向西流过关城南,又折而向北,关城就处在关河西北岸的一处低洼地带。关河河道窄狭,最宽处不足60米,水流潺湲,除暴雨季节外基本为断流状态,属季节性河流。关城四周环山,山体为典型的黄土高原丘陵地貌特征,冈峦状的坡梁起伏,土层较厚,高不过百米,偶有基岩裸露,也属于中低山基岩,其山势起伏舒缓,绝无险峻奇

绝之说。山间沟壑纵横,山谷间又多小径可四通八达。

史籍中对偏头关城的记载为:

> 方志:"山四起而崒嵂,河东下而潺湲,孤城斗覆。""关城地势略如圩顶,四高而中坦,旁有川流环绕。"

> 明·康丕杨《山西西路总图有说》:"城设盂底,四面皆山。"

> 明·顾祖禹《读史方舆纪要》:"形若覆盂。"

由此可见,这样的关,既非峡谷要塞,也非河流与山谷之冲口,更非交通往来之必经要道。黄土梁、黄土峁的山丘无险可峙,关河,水浅河窄不能阻隔,谈不上易守难攻。这样的关能叫关吗? 这是关吗?

400多年前,一位特殊的客人不远千里从北京城出发,风尘仆仆沿长城一路来到偏头关南门城楼下,仰望关城,环顾四周之后,他不禁笑了:"噫!此偏头关耶,创之不易,守之艰难!"这位客人就是大明天子正德皇帝朱厚照。不要以为正德皇帝是位荒诞、冲动、任性的帝王,他是在"土木堡之变"后敢于御驾巡边的第一位皇帝。正德皇帝是见过大世面的人,此次巡边出居庸关,一路走来,见识了长城沿线大大小小的关城,唯独对偏头关的位置充满了惊愕与不解,故而口出此言。的确,如果你亲临偏头关,置身于关城之中,举目四望,山高城低,安全系数也太低了,莫说是一夫当关,纵然是千夫当关,尚难自保,焉能拒敌于关外?

《读史方舆纪要》载:

> 设敌登高,下瞰城中,历历可数。且山谷错杂,瞭望难周,防维不易。

曾任过山西巡按的康丕杨在他的《山西西路总图有说》中也谈道:

> 虏如登山,下瞰城中,历历可数。而山谷襟错,瞭望难及。

韩邦奇在嘉靖乙未年(1535),为提督雁门等关兼巡抚山西地方都察院右副都院使,在他的《苑洛集》中写道:

> 偏关之城昔在山麓下,若防(敌人)乘山而攻,旦夕可破,移于城西筑以甬道,长不过二里。

所以韩邦奇曾强烈建议:"即至山巅上,阔二丈高三丈两面环一女墙,设数铺房,防至以兵守之,金汤之固矣。"然而此女墙终明一代也没有修建。

除此之外,关城四周沟谷间的小径是敌人容易突袭的路径,关城东面的塔梁山同样是通虏的道路。

康丕杨《山西西路总图有说》就曾经记载:

> 尝有狡虏数十余骑,由草垛山(堡)、滑石涧堡边墩空处及沙庄窝、蒲家湾、偏坡、后崖,黄夜窃入,顺谷潜行,直至城外方出,掳掠村幢、农民、旅次商客。

> 城东山梁北通水泉、草垛,南通岢岚静乐,大举内犯,皆由此地往还,而荼毒之患亦无岁无之。

距关城东90余里的老营堡城,其东北和南面也有低矮的山,为了加强防御,在山上修建了罗城,当地人称"北邦城""南邦城"。其中"北邦城"设有左、中、右三个实心敌楼,驻兵把守。而偏头关作为关城始终未建罗城。顾祖禹《读史方舆纪要》说:

> (老营)堡城东北去山止数十步,敌若登山,下射城中,则俾危矣,此不可不虑。

此种情形不由得想到了古代影视剧围城战中的"箭雨"。

正德年间曾任山西行太仆寺卿的许铭,在《感怀》这首诗中这样描写偏头关城:

冀北群山万不齐,危峰无与竞高低。华夷界限功千古,谁谓封关赖弹泥。

"冀北"指的是偏头关北部与蒙古交界的游牧地带。"华夷界限"是指当时的二边长城一线。"弹泥"其出处源于一首上古歌谣《竹弹》,是新石器时代时先民用竹子制作弹弓,狩猎时射击小型兽类的泥丸,杀伤力和命中率都很差。许铭戏称偏头关的守御完全依靠"弹泥",一语道尽了偏头关的易攻难守、无险可依的状态。明代隆庆年间曾任宣大、山西总督的方逢时说偏头关是"兵家所谓孤地、绝地、穷地"。尽管如此,偏头关就是关,是实实在在的明代外三关之首。

二、偏头关何以称作"偏头"

偏头关始于五代十国最后一个割据政权北汉在此修建了偏头砦("砦"指石头居多的栅栏,"寨"指木头居多的栅栏)。到了元代才升为关的。《偏关志·建置》载:

北汉天会元年(957年),城偏头寨,盖以其地形东仰西伏,如人首之偏隆,故名偏头。……偏头关之名,由元始也。

偏头寨旧址在关城东侧的韩光岭上,方志中称"于韩光岭随其地势始筑岩砦"。目前比较认可的说法是,由于韩光岭所处地形的地势特点是东高西低,岭的形状酷似人头向上仰起而偏了一边,故名"偏头"。也有学者认为是随坡而建的寨子的形状"如人首偏隆"。那么偏头关得名是否真的如此呢?

首先,在黄土高原沟谷纵横的山地丘陵地带,具有东仰西伏特征的地形很多,不具有独特性和唯一性。古人选村定居时,选址标准一般为依山而建,择水而居,建筑坐北向南者居多。所依之山大多为北山或东山,极少为西山。古代风水学讲,居处,左为青龙,右为白虎,"宁叫青龙高万丈,不让白虎探了头"。若西高东低,有压制感,难以出人头地,风水不佳。韩光岭西南有关河环绕,东有塔梁山可依,东高西低,没有"白虎"的压制,坡缓面广,故而此处就成了古人建村设寨的首选。

至于此处看起来像"人首偏隆",不免有点生拉硬扯。无论是偏头寨,还是韩光岭的形状,最具"人首"所属的头型、额、鼻、嘴等明显特征实难找到。因此,偏头得名源于此说的可信度不高,缺乏相应的证据。

其次,有关偏头得名之由来,笔者通过查阅大量的史籍资料认为,偏头并非单指偏头关城而言,而是指偏关地区整体而论的。

打开山西省地图,在西北角位置突出的就是忻州市偏关县。明代以前,大同、朔州并不是晋阳的范围。从偏关老营东北与朔州交界处起往东北方向与平鲁区、内蒙古清水河县的界线,一直到老牛湾,然后南折,沿黄河东岸直到河曲县止,达保德县所围绕成的边界线轮廓,酷似人的脑袋,有额头、鼻子、嘴巴等,向西微微仰起,妥妥的"人首偏隆"啊!这一带位于吕梁山脉以西,晋西北高原北端,东为桑干河水系的分水岭,西为黄河,全境地势东高西低,即"东仰西伏"。为什么边界线延伸到了河曲、保德，是因为当时河曲保德的黄河东岸部分在明代属于偏头关的管辖范围。

"偏头"之名是源自北汉建寨，当初北汉建寨时，是否也是由于偏关地处晋阳西北，其所在区域形状恰好似"人首偏隆"而取名"偏头"呢？目前还没有直接的证据来证明，只能从明人及后来的相关记载中找到有关的印证。方志《疆域》中是这样描述的：

偏关突出雁、宁西北，如人首之偏隆，此偏头关所由名也。

明代康丕杨所著《山西西路总图有说》载：

本关以偏头得名，盖以突出西北，如人首之偏，然实为全晋门户，此地安则晋阳安，此地如不守，即晋阳亦震动矣。

明代杨时宁所著《宣大山西三镇图说》中也是这样的说法。明代史料中的这种说法很多。

偏关从北汉设寨到今，从与北汉地图对比可以看出，西北部的边界基本上没有变动。北汉立国后，偏头寨的东部和北部，与割让给契丹的幽云十六州接壤，西部隔黄河与西夏对峙，边界线围绕的轮廓构成了"人首"图案，"突出"于晋阳的西北边界，恰如"人首之偏隆"，故名偏头砦（寨），属火山军。北宋初仍沿袭之。潘美镇守河东时，为阻止契丹南下侵掠，在宋辽边界地带设立边界禁地，禁止耕种，将沿边百姓迁往内地，于是偏头关一带逐渐被辽国侵占，偏头砦不得不废弃。到"澶渊之盟"时，宋辽两国边界线已推进至今岢岚山、芦芽山一带。

三、明代偏头关是偏关与老营的合称，即"偏老关"

根据方志记载，元代时偏头由"寨"升为"关"。明代随着明朝与蒙古边防线的南移，东胜卫废弃后，偏头关直接与蒙古相邻，由"堂奥"变为"大门"。弘治年间蒙古人入住河套，并逐渐入掠，规模增大，次数逐渐增多，偏头关的战略地位随之逐步上升，迎来了它的高光时期。

基于明代文献所述，由于偏头关战略地位的特殊性，明代的偏头关是一个比较特殊的关，是个以边为关的关。关城只不过是"关"的指挥中心。偏头关城和老营堡城，成为整个"边关"防线上的两个军事战略节点。因此，笔者认为，真正的偏头关是这样的——

偏头关，或称作"偏老"，以偏头关城为主、老营堡城为辅作为指挥防御调度的两个中心，所管辖的边界线，从明代内外长城的交汇点——老营堡东北丫角山墩起，沿明代"二边"长城西行至水泉营、草垛山、滑石涧，达老牛湾堡，然后南折，沿黄河东岸的"黄河边"长城延伸到天翅湾、关河口、寺沟，达河曲楼子营、河曲县城，直至河曲县巡镇梯隘口止，边关总长 240 余里。这个"关"的东西两头节点分别为老营堡城和偏头关城。

其一，明代诸多史籍中偏头关多称为"偏老"，或者偏头、老营同时并称。

明代辛潢所著《图书编》："如偏老、宁、雁，所谓三关也。"

明代王士性《广志绎》卷三："不知三关者，偏老为边，而宁为腹也。"

廖希颜《三关志》："偏关、老营，西逼黄河，与套房仅隔一水，……称雄镇。"

《宁武府志》、明代韩邦奇《苑洛集》《山西西路总图有说》及《明实录》中，均有大量记载。单独提及偏头关时其意也多指整个边关而言,单指偏头关城时为数甚少。

其二,清代时个别文献中将偏头关别称为"通边关"。

《大清一统记》卷十七载:

> 通边关,在偏关县东北六十里,明成化间筑。东起老营堡之丫角墩,西抵老牛湾,南折黄河岸,抵河曲石梯隘口,衰二百四十余里,按此,即所谓偏头所由名也。

在这里也提到了偏头得名的由来,也是由于边界所绕成的人首图形而来的。《山西通志》卷二中也有相同的记载。

其三,明人对偏头关关城多称为"寨沟村"或"夹寨沟"。

偏关县城在明初多称作"寨沟村"或"夹寨沟"的,说穿了就是一个"村子"而已。由于村周围有南沟、西沟、大洪沟和东沟等多条"沟",故而有此称谓。

《山西通志》卷十三:"偏关古武州地,北为东胜,南为岢岚,所谓夹寨沟也。"

《三关志·偏关展城记》:"距太原西北五百余里,余至寨沟村,有关曰偏头者。"

方志中《括地云》载:"林胡(偏关一带)在(岢)岚州北,(东)胜州南,寨沟村是也。"

偏头关在明代以前是个不太起眼的小地方,根本谈不上关。历朝历代处于华夷边界线上,战乱不断,人烟稀少,典籍不存,故而在明代初期有此称谓。

其四,明代对偏头关战略地位的描述中也是指整个边关沿线,而绝不是指偏头关关城,例如方志载:

> 前则群山(岢岚山、芦芽山、管涔山至雁门关一线的山)环峙,右则黄河奔流;东南控乎太行,西北接乎沙漠。密尔浑云,逼连应朔,城中原之襟喉,华夏之屏蔽也。

《山西通志》卷十三,项忠覆邓亨《边关疏》载:

> 偏头最为紧要,宁武关次之,雁门又次之。

《读史方舆纪要》载:

> 是三关故险要虽同,而偏头为急。

> 三关重而偏头由重,……不知偏头、老营至际无外籓者。

> 盖山西唯偏头亦称外边,与宣大角峙。宣大以蔽京师,偏头以蔽全晋。

史籍中这种类似的描述很多,就不一一列举了。

其五,在晋西北一带或长城一线,一直广为流传一个说法,"铜偏关,铁宁武,生铁铸成老营堡"。这种说法将三关中鼎鼎大名的雁门关排除在外,着实难以置信,由此我们可以看出,将老营堡与三关中的两关并列,且防守之坚与二关无异,也足以说明偏头关的特殊性。

在明代,偏头关地处"极边",宁武关、雁门关属于"腹里"。雁门关,外有大同作为藩篱,雁门关是作为山西的第二道防线。同理,宁武关起初设关只是整个防御体系中的一种预防性设置。嘉靖时俺答数次入犯,大同守官贿赂俺答,俺答绕过偏头关从大同入犯,进入大同镇时秋毫无犯,多次借道大同出宁武一带南下劫掠,朝廷罪责山西,宁武关的军事战略防御地位突出,才将镇守山西的总兵官由偏头关移驻到宁武关,"舍门户而守堂奥"。明末李自成北上入京,与三关总兵周遇吉大战于宁武关,使得宁武关一战成名,名震天下。而"三关之首"的偏头关,却依旧是籍籍无名,更不用说老营堡了。

综上所述,真正意义上的偏头关,是一个以攻为守,而非以守为守的"关",其战略防御的手段是唯有主动出击,先发制人,才能御敌于藩篱之外。狭义上的偏头关仅指关城或关城所在地"寨沟村"。此外,偏头关有一个与众不同的地方,除了"秋守边"外,还要"冬御河",这一特殊的防御性在明代九边重镇中是唯一的。

偏头关自偏头砦(寨)创建始,就已经赋予了它的历史定论,尤其是明代,偏头关进入了高光时期。在近代,我们一直没有弄清楚他的本来面目,使偏头关在万里长城的众多关隘中存在感很低,知名度很小。正如方志中所述"自偏而外,且不知天壤间所云偏关者何如也"。

造成这一现象的主要原因之一是偏关自古就是华夷界限,历来兵祸不断,史典缺失,文献不足。再加上如方志中所说"中官不谙典故,兵宪时时往来",从而缺少相应的记载,使得偏头关长城的文化传承出现了断层。同时,对偏头关长城的文化挖掘与研讨方面的工作做得很不到位,也是造成偏头关没有名闻遐迩的主要原因。

长城作为我国现存规模最大的文化遗产,已经成为中华民族的代表性符号和中华文明的重要象征。对长城文化的研究、挖掘与发现,阐释长城历史文化价值和精神内涵,有助于更好地弘扬和传承长城文化与长城精神,使"万里长城永不倒",中华民族生生不息,屹立于世界民族之林。

偏头关作为万里长城中以边为关、通边称关的关,是最具特殊性和最有特色的关,它颠覆了人们对古代"关"的设置的常规思维方式,这对研究我国古代军事防御工程体系的设计和规模的多样性、复杂性,提供了最直接的证据,极具研究价值和观赏价值,其历史意义和文化价值非常重大。我不禁想起了方志中所载明代万历年间曾任太原府同知、常驻偏关的张嘉绩的那句话:"名与实,孰急? 曰:实急;实急? 何以题名为? 曰:名可以记实也,亦可以劝实也。"

(此文在第五届中国长城论坛上荣获优秀奖。作者系忻州市长城学会会员,偏关县第二中学教师。)

一座雁门关 千年大舞台

——浅析雁门关在中国古代民族融合史上的地位

乔进波

长城作为中国古代劳动人民智慧结晶,已成为世界文化遗产,入选世界新七大奇迹。它是中华民族悠久历史的见证,已成为中华民族的象征。而家乡的雁门关,以古长城上奇险关隘的地势险要、历史厚重被誉为"中华第一关",它不仅记载了历代战争,更是见证了中华民族由华夏族主干与各族融合而形成多元一体格局的历程。

雁门关古称勾注,《山海经》记载,"雁门山者,雁飞出其间"。地势奇险,古籍《吕氏春秋》记述:"天下九塞,勾注其一"。地势险要具有易守难攻的天然优势。它"外壮大同之藩卫,内固太原之锁钥,根抵三关,咽喉全晋"。作为中原门户,雁门关被称"九塞之首"。

据《代州志》记载,古代的雁门关,关楼高耸,关城雄固。雄关两侧长城蜿蜒,数百里随处可见。它是中国古代关隘规模宏伟的军事防御工程,是历史悠久、战事频繁、知名度最高的古老关隘之一。雁门关被长城专家罗哲文称赞为"万里长城第一关"。但随着岁月的流逝,特别是20世纪三四十年代侵华日军焚烧破坏,雁门关被践踏得惨不忍睹,只剩下破败的城墙、三个斑驳的门洞和一些古碑。2009年以来,代县有关部门先后投资5亿多元,对雁门关进行了修复。

修复后的雁门关,有蜿蜒的长城,高耸的雁塔,天险门、地利门、瓮城门三道关门,还有地利门上的宁边楼,十分壮观。一条宽敞的青石板路直通关城,三道关门都由关城长城连接起来,一直延伸到山顶,并在山顶建起了敌楼。关城内,建起了关署衙门和雁塔,进入雁塔向远处望,一句诗跃入我的脑海,"一览众山小"。雁门关关城正北的山岗上有明清驻军的营房旧址,东南有练兵的校场。西门外有关帝庙。东门外有靖边祠,祭祀战国名将李牧。

古代雁门关,并不是单一的一座关隘,而是由双关四口十八隘、三十九堡十二联城和长城共同构成独特的军事防御体系,堪称一道军民统战联防工事。历史上逾越雁门天险有两条通道:即东陉道和西陉道,两道上分别设有东陉关和西陉关,双关并存。雁门关是历史上的东陉关,西陉关是现存的铁裹门遗址。四口指的是连接东陉关的广武口、南口和连接西陉关的白草口、太和岭口。东西两关与水峪、胡峪、马兰、茹越等十八隘组成独特的军事防御体系。

雁门关始建于公元前350年赵肃侯时期。赵襄子灭代后,赵国占有雁门关以北的山西地域。战国中后期,七雄争霸中原,雁门关成为赵国北部要塞。赵肃侯为了巩固北部边防,开始大规模修筑雁门关长城。作为长城资源大县,代县境内长城总长度达 48013 米,涵盖战国赵长城、汉长城、北齐长城、北周长城以及明长城,历经 2000 多年岁月沧桑,隐没在苍茫的雁门山上。

雁门关长城最壮观的是猴儿岭长城(白草口长城),是中国目前保存最完好的包砖长城之一。西起白草口,东至新广武,全长 5033 米。长城内部夯土,外部用巨大的城砖包砌,为忻州三大锯齿长城之一。

历史上,中华民族是通过三次民族大融合,逐步由华夏族到汉族,再到中华民族的。其间通过战争、迁徙、通婚、商贸等多种方式融为一体,民族融合贯穿整个中国古代史,三次大融合中,雁门关一直没有缺席。

第一次民族大融合——夏商周到秦汉,华夏与四夷融为汉族。

古竹简书《穆天子传》记载了周穆王于公元前 965—前 959 年间两次西巡。穆王姬满,西周第五位统治者,是中国历史上备受尊崇的君王之一。穆天子在位 55 年,两次西巡都跨越了雁门关,穆天子自认为周人是夏朝的继承者,称华夏。穆王从镐京出发,向东北前行,穿越雁门关,征服了犬戎部落,随后抵达河宗氏的领土即河套平原,河宗氏是黄河的管理者,而黄河被视为中华民族的母亲河,是中华文明的发源地。之后达昆仑山拜西王母……最终祭祀黄帝。旅程的每一站点都具有重要的象征意义,尤其是对黄帝的祭祀。周穆王穿越了山川,遍历大片土地,与各族部落相会,四次穿越雁门关。《穆天子传》载:"……返途天子南征,升于髭之隥。""髭之隥,即隃之关隥,即雁门山,即今代县之勾注山。过勾注山,……于公元前 959 年十一月二日返回宗周洛阳……"这一切记载都象征着他对中华民族历史和起源的敬仰。

春秋时期,随着各诸侯国进行长期争霸战争,使得四夷和华夏大规模融合,号称春秋五霸之一的晋国依托雁门关北击狄人。战国时期雁门关归属赵国,赵武灵王称帝后,推行"胡服骑射",使赵国的军事实力大增。赵国先后吞并中山国,征服娄烦,击败林胡等游牧民族,设立雁门郡,这种兼并战争本身就带来民族交融。赵国名将李牧奉命戍守雁门关,屡次以少胜多,大破匈奴十万铁骑;经过长期的兼并杂居,戎狄羌胡逐渐同华夏融为一体,因此到了秦和西汉时,山西境内基本上都是汉族了,为秦统一奠定了基础。秦汉大统一后,四方征服周边各少数民族,百越等族与华夏逐渐融为一体,形成了新的民族——汉族。

秦汉大统一王朝,雁门关又成为抵御匈奴的要塞,见证了王朝强大时大将蒙恬、李广、卫青、霍去病等跃马扬鞭,剑指关外远征匈奴,留下赫赫威名。也见证了王朝衰微时,送宗室女儿远嫁和亲的委曲求全。王昭君从这里出塞,蔡文姬从这里归汉。

第二次民族大融合——魏晋南北朝到隋唐,中原少数民族逐步汉化,融为汉族。

魏晋时期,北方的匈奴、鲜卑、羯、氐、羌等游牧民族大规模进入中原,开启了长达 300 多年的战乱时期。西晋初年,有大批匈奴人从塞外迁移到山西。304 年,匈奴大单于刘渊在山西建立汉政权,316 年,西晋灭亡。汉族统治集团衣冠南渡,汉族南迁后称东晋,偏安江南与南方百越族融合,而北方黄河流域出现多个游牧民族政权,进入战乱频繁的十六国时期。我们这片土地上依托雁门关有过前赵、北魏等各民族政权的建立,成为民族融合最典型地区。

结束黄河流域长期战乱局面的是以山西为根据地的鲜卑族。386 年,鲜卑族拓跋部复建代国,后改国号魏,定都平城(今天的山西大同),这是历史上北朝第一朝代——北魏。北魏经过半个世纪兼并战争于 439 年统一黄河流域,结束了五胡十六国割据局面。其间出现了一个值得特别歌颂的北魏孝文帝,他在位期间进行了大刀阔斧的全方位汉化改革,涉及政治、经济、文化、生活习俗。皇族带头改汉姓、穿汉服,并且由大同迁都洛阳,推动改革。之后北魏分裂,东魏执政16 年,北齐 27 年,都把晋阳作为陪都,皇帝经常来往于两都间。可以说从公元 4 世纪初刘渊起兵一直到 6 世纪后期 577 年北周灭北齐,山西以及雁门关地位一直举足轻重,这片土地见证了汉民族注入游牧民族刚健的血液。

第三次民族大融合——唐末至清,中华民族形成。

大唐盛世由盛转衰始于安史之乱,最终亡于持续 6 年的黄巢起义。黄巢盘踞长安四年,唐廷征招正戴罪的雁门节度使李克用前来镇压,仅 4 个月收复长安,摧毁起义军主力,黄巢败逃回山东。《资治通鉴》中记载:"克用年二十八,于诸将最少,而破黄巢,复长安,功第一,兵势最强,诸将皆畏之。"当时称为力挽狂澜者!

进入唐末,积重难返,宦官专权藩镇割据,各路节度使叛乱频发,李克用多次勤王救驾尽显忠义本色,896 年获封晋王,五代十国 53 年乱世开启后,907 年朱温建后梁,李克用不承认,继续大唐年号。儿子李存勖灭后梁建后唐,之后的后晋、后汉,到十国时期最后一个政权北汉,都为沙陀人所建,都是以山西为根据地,依托雁门关天险,夺取黄河流域的大部分土地。特别是北汉一直得契丹援助与北宋抗衡,直到亡于宋太宗 979 年统一战争。今天雁门关下代县七里铺村晋王李克用坟冢仍保存完好,为后世诉说着历史沧桑。

及至北宋统一,也仅仅是中原黄河流域的局部统一,北宋政权与辽、西夏、金政权并立。战争不断,雁门关又成为北宋抵抗辽的门户,雁门关成为杨家将满门忠烈卫国尽忠的战场,至今边靖楼上保存着杨六郎出征时的战鼓,鹿蹄涧建有天波杨府,杨家祠堂,东留属有杨七郎墓葬,每年迎接海内外大量宗族后人及游客来祭拜瞻仰。今天代县枣林鹿蹄涧村生活着杨家第 52 代传人,杨家后人至今传承着老令公杨业所创的杨家将武术,包含三十六路梨花枪、杨家鞭、杨家剑等,村里仍有习练武术的风气。

生活在雁门关外的辽国,推行了南北院制度,以汉治汉,以夷治夷,取得了很大的效果。辽国也不断吸收汉文化,最终契丹族也逐渐汉化。辽国灭亡后,西辽国就在西域推行汉文化。后来中亚和俄罗斯将中国称为"契丹",也就是受到了辽国的影响,民族融合可见一斑。

金国灭了辽国、北宋后,占据了中原地区,大量的女真族迁徙到内地。我们这片土地属于金统治区,南宋与金以淮河大散关为边界。经历上百年的融合,到 13 世纪,蒙古兴起,先后灭西辽、西夏、金国、吐蕃、大理、南宋,完成了东亚的大统一,建立了空前辽阔的元朝。蒙古在入主中原后也在学习中原文化,但是自己的汉化程度显得十分不足,最终失败。但是元朝消灭南宋时期的割据局面,也为民族统一创造了条件。这时西域、中亚等地文化和南北方的文化开始大融合,更大范围融合的新民族"回族"形成。

特殊的地理环境决定特殊的历史文化,雁门关流域蕴藏厚重历史文化,因而形成人类最早的雁门古道。这里不仅仅记载了古今连绵不断的战争,更记载了草原游牧文明与中原农耕文明的分界和融合,这里修筑的战国赵、秦及汉、北魏、北齐、隋、明七个时期的长城,见证了南北两侧商业、文化的传输,产生了丝路茶道。战争与和平在这里演绎,蕴藏了太多的人文历史故事。民族多元,文化多元,多民族碰撞又多民族融合,融合统一、延伸拓展了版图,古道也随着版图的拓展而向更远的地域辐射,异彩纷呈,雁门关以及古长城成了一个神秘而传奇的历史载体。

2017 年雁门关景区被评为国家 5A 级旅游景区,年可接待游客 100 万人次。2019 年以来,雁门关村有多个酒店客栈申报省级"长城人家",并创建成功。同时,雁门关也被命名为"国家级登山运动训练基地"和"山西作家影视文化创作基地"。"雁门文化系列丛书"和画册,雁门关风光宣传片,应运而生。尤其是由代县籍作家张卫平编剧、山西作协影视制作中心拍摄的数字电影《浴血雁门关》获得巨大成功,多次在央视黄金时段播出,并获得了山西省"五个一工程奖"、"赵树理文学奖"等大奖,再一次让雁门关声名大噪。2020 年,雁门关伏击战遗址入选第三批国家级抗战纪念设施、遗址名录。

斗转星移,沧海桑田,历史的演变早已证明,雁门关在中国历史大舞台上的重要地位,也造就了数次民族大融合兼具有多民族新鲜血液的新的中华民族逐步形成。在实施乡村振兴战略中,雁门人又依托长城资源,实行"农产品 + 文旅直播"的新模式,古老的雁门关又焕发出新的活力。

(此文在第五届中国长城论坛上荣获优秀奖。作者系中国作家协会会员,忻州市长城学会会员,代县税务局退休职工。)

神秘的玉华寨

范亮后

　　静乐北临宁武关,西连岢岚州,东靠卧牛城,南通杨广道。《隋书·地理志》载:"静乐县东有长城,三堆故城,今静乐县治。晋永嘉后尝为县,《魏书·地形志》平寇县太平真君七年并三堆属焉,《北齐书·文宣帝纪》天保四年山胡围离石帝讨之,因巡三堆戍大狩而归。"这是史书对静乐有长城的最早记载。

　　在静乐地域关、城、戍、堡、寨、屯等地名无不与军事防御有关。境内古长城遗址散见山脊岭端,或夯土筑或片石垒砌或墙体两侧用片石整齐垒砌,或用片石、土、木头一层一层垒砌。其中较完整保存的当数静乐康家会镇后曲卜村玉华山顶的玉华寨了。

　　玉华寨在静乐并无多少名气。辛丑初秋,受李世泽主任之邀决定探一探玉华寨,八九个人驱车直达曲卜沟的后曲卜村。后曲卜是个自然村,人口不多,是静乐有名的长寿村,远近闻名的村子。

　　玉华山是后曲卜村后的一座小山包,远看并不高大。我们在向导的带领下爬到了村后的脑畔,环顾四周,远山含黛、满目苍翠。对面的笔架山含蓄挺拔,并不张扬,坡上的落叶松种子基地尽收眼底。种子园基地里的一代代园林工,默默地为绿化祖国作奉献,落叶松种子洒遍了大江南北。塞罕坝林场建设之初,种的树苗难以越冬,从这个种子园调用了 2000 斤种子,在塞罕坝就地育种种植,居然就成功了。

　　到玉华山顶要翻过三个小山峁,山峁上长满了圪针、茴茴、柱材材等灌木,我们只能在其中强行穿梭,虽然穿了户外服,回家脱了衣服才发现浑身上下布满了圪针尖留下的红色印痕。好在我们有向导,在互相鼓励中就到达了玉华山脚下,抬眼望,离顶峰也就几十米高了,隐约可见山顶周边有片石垒的一段一段的残垣断壁。剩下的这一小段没有路,却陡峭嶙峋、突兀高耸,只有通达南门鼻梁一样的山脊可以通行,我们手脚并用,近乎匍匐,宛若蜗牛爬行,到达玉华寨的南门。

　　玉华寨面积约有两个篮球场大,中间高、四周低,最高处海拔 1855 米。玉华寨有两奇:一是山顶从不刮风,外面刮多大的风,山顶也不会有风;二是整个山顶布满了用片石垒砌的神奇的小方格子,小的一两平方米,大的三四平方米,方格不大,却很多,据说有 100 间,向导说从没有人能数清过。寨墙的四周有类似于瞭望口的孔道,寨子有南北两门,南门出路艰险,门也是供人进出的通道。北门是正门,背面地势较缓,有围寨的高墙,墙体全部采用片石砌筑而成,有点像岢岚的宋长城遗址的风格,高墙中间留有一拱形的门,高约 2 米,十分坚固。东西两边是悬崖峭壁,只要关北门,守南门,就可一夫当关,万夫莫开。

寨中最高处立有四通《重修玉华寨碑记》石碑,乾隆、嘉庆、同治、道光年间各一通。碑文曰:"静邑东路治城四十里曰玉华寨,山势耸峙,林木翁翠,东南之近复引水泉泻出于石间者,斯真洞天神府,一方之伟观也!先民因依之地建关帝庙、泰山庙于兹山之巅,亦以风景极佳堪为神灵栖休之地。""是庙创建无稽传,有明嘉靖间钟铭,一云观音祠,而不言今。""本玉华寨旧有神堂殿宇,民安物阜,神实佑之⋯⋯"从碑文可知,山上曾有关帝庙、泰山庙、观音祠等庙宇。嘉庆和同治碑的碑文中明确规定了《禁山公约》,不许放牧,不许砍伐,由十二村联合约定而立,应该是最早的护林公约。

玉华寨石碑的碑文洗练,文采飞扬,哲理深邃,讲究天人合一,顺应自然,是碑中精品。据说钟文更具体更精彩,可惜前几年被盗贼洗劫一空。

玉华寨虽小,但气势恢宏,石垒墙体精致讲究。但到底是哪朝哪代修建?何人居住?有待专家学者前来考证!

静乐在古代的军事战略意义非常重要,境内关、城、堡、隘连绵不断、点线相连,从赵武灵王"跨马林胡百战开"到北魏孝文帝下马城驻足;从汉唐时期"娄烦骏马甲天下"到隋晋王开凿的"杨广道"、唐高祖李渊主政娄烦郡;从汾阳城、代城、宪城、侯莫干城、三堆城、任家村宋城遗址到天门关、两岭关、鹿径岭关、三堆戍、宁武关、守御所等,静乐大地在有史料记载的2000多年的烽火岁月中,留在山巅沟壑中的墙垣遗迹,在抵御北方游牧民族侵略、拱卫省城太原安宁中所起的作用是巨大的,尽管地处腹里的汾河川,但其和万里长城所起的作用是一样的。近年来经考古勘察,专家称自岢岚城以东至王家岔乡的长城是宋朝在北齐和隋朝长城的基础上修筑的。鹿径岭关在静乐县西30公里,路通岢岚州界,旧置巡检司。静乐县西与岢岚山水相接的东马坊、西马坊山脊岭隘之上,或夯土壁立,或石垒垣墙隐现,我想这也可能是岢岚宋长城的延续。玉华寨无论是从地理位置,还是建筑风格上来说,都应当是中国长城及长城文化的重要组成部分。

(此文在第五届中国长城论坛上荣获优秀奖。作者系静乐县文联主席。)

上勾注山　瞭雁门古道

刘俊喜

笔者从小就对雁门关特别神往,成年后不知穿越过多少次,尤其坐大巴走 G208 国道盘山公路,但始终没有厘清其历史轮廓,今重上勾注山,审视一下雁门古道。

一、爬勾注山,登穿心楼(原月亮门)

2022 年处暑时节,搭乘谢老师车从浑源出行,本没打算看雁门关长城,但在谢老师的坚持下从高速路径至旧广武城。

广武有三城,分别是古广武、旧广武、新广武。对于新广武、旧广武和雁门关(东陉关),网上资料多的是,此处不再啰嗦,对于古广武可参见马春生撰写的《雁门关内的古广武城》。

旧广武城还算完整,我们爬上了西城门楼,竟遇到一拨来自台湾的游客,颇有兴致地顺着导游的手势观看。导游是一位太原人,听到正在解说勾注山,一下子勾起了我们的兴趣。勾注山多次出现在古籍之中,清乾隆十九年(1754)的地图上也注有"勾注"的字样。这个话题实在太诱人了,按导游所说,新广武口东侧为恒山,西侧即为勾注山。

我们平时驾车上二广高速或走 G208 国道,看到有雁门长城蜿蜒盘旋的那座山就是勾注山。雁门长城主要包括雁门关长城、广武长城、白草口长城,城墙、敌楼、墩台巍然屹立,可谓雄奇险峻,气势磅礴。

勾注山应属恒山余脉,山势在 G208 国道和 G338 国道两处收紧而降,是辟路置关的最佳之地。

出了旧广武,又转到新广武,继续寻路攀登勾注山。车爬至半山腰,有一座很大的停车场,旁边立有世遗石碑,看来规格不低。

摊位前有游客惊喜地喊道:"哇,降龙木(俗称六道木)!"摆摊人也是一愣,十分诧异,显然认识此物的人应该不多。

随长城根走了好长一段路,又爬过一截木梯,赫然立有一块木牌:"特别告示,前方危险,严禁攀爬。"顺着前方的山脊,长城顶上狭窄的小路不时有驴友背囊前行。

一回头,这不是原月亮门(敌楼门洞遗存形似月亮,俗称月亮门)吗?明万历三十三年(1605),山西巡抚都御史李景元主持修筑了广武段长城,其妻(明朝大将徐达的孙女)亲自设计了月亮门所在的敌楼,并命名为穿心楼。这座广武明长城的标志性建筑,是广大驴友及游客魂牵梦萦的地方。

2016年10月3日夜,月亮门的东半部突然坍塌,官媒称是罕见大风所致,此前没有任何的倒塌迹象。众人从惊愕、难过、怀疑到愤怒,各种回忆、纪念和质问铺天而来。

从老照片可看出,以往的扒砖取石、扒墙辟口,不仅毁容,也触动了长城的根基,月亮门作为敌楼残存早就岌岌可危。如今更像一位驼背老人枯守山巅,身影孤单,一任风干。

登上了穿心楼平台,台基高耸,四面空悬,顿生满腔豪气,可谓把酒临风,君临天下。南观群山巍峨,连绵不绝。北望田畴如画,广阔无垠。G55高速、G208国道及北同蒲路,驰马奔来。旧广武、新广武、灅水、阴馆城遗址、汉墓群及汉武帝广场历历在目,神头电厂凉水塔水汽如烟扶摇直上,马邑烟墩、圪针沟、黄花梁、金沙滩却云雾缭绕……

广武明长城沿勾注山脊盘旋而来,西山下为西陉关古道,G55高速穿山而过;白草口敌楼下人来车往,古灅水还在缓缓流淌;东山下为雁门关古道,G208国道蜿蜒而下,从后腰铺村开始,盘山十八湾直通太和岭口村。

穿心楼上,有三位瓦工师傅正在调配灰泥,显然还在修缮之中。尚未圈起来收费,恰是一处访古览胜之地。

二、寻雁门关,瞭雁门古道

雁门关"咽喉全晋,势控中原",几乎历代都有重兵驻守。但雁门关到底指哪个关?不少去过雁门关的人也说不清。笼统说来,雁门关是古雁门关(亦称西陉关)和今雁门关的统称,历史上有两关、四口、十八隘,具有一套完整的防御体系。从塞外翻越雁门群山,经雁门关进入中原,有东西两条古道。西为太和岭道,自白草口出发,经赵庄、铁裹门、黑石头沟、吴家窑、石墙沟、城上、富拉沟、太和岭口,可到达古广武城;东为关沟河道,自新广武口出发,经后腰铺、雁门关(东陉关)、阜家坪、前腰铺、南口,可到达代县城。

两关之间相距十余里,旧广武、新广武分别是两关的前沿堡垒。雁门长城如一道屏障,扼卫双关,势控中原。

按《辞海》说法,唐置雁门关,即西陉关,"宋防御契丹重地,元废,明复置,并移今所"。所以,唐宋以前的诸多历史事件,诸如昭君出塞、文姬归汉及玉石之路和茶马商道,应该均在西陉关古道。到元明以后,关城的重心才逐步移到今雁门关,显然西陉关古道更为古老。

现在说到雁门关,人们就一窝蜂地涌向东侧的新关,君不见,李牧、王昭君、杨家将也都一股脑儿地跑到今雁门关。而古雁门关不仅门庭冷落,就连铁裹门也早没了,仅见残砖断瓦千年蓬蒿在朔风中苟且,时有驴友志士走过留下的几声叹息。

古雁门关在今雁门关关城西南约10里处,位于原白草口乡和太和岭乡之间的分水岭上,海拔高1625米,为石质鞍部地形。相传,经汉武帝派人开凿后,形成一条顶宽30米、底宽3米、谷深20米、东西长50米的巨大豁口。豁口底部有石块平铺成路,曾有弧形砖,当系门洞遗物。

东西两边山路下延,古道痕迹明显。山岭往南200米有人工修治过的平台,应为铁裹门遗址,曾发现战国绳纹瓦及汉唐以来的诸多遗物。南侧 100 米的平台地形上,有一座人工堆积的圆锥形构筑物,高 10 米,底部直径约 25 米,四周砖瓦残片一片狼藉。

铁裹门两边山势最陡,唯可通车,故穿凿以度。一里之外有河谷,终年山泉流淌,清冽可饮,当为昔日关上取水之处。

为什么移关改道? 据传,春秋时期,雁北长城一带气候温和,雨量充足,森林茂密,水草丰盛。而森林的存在,不仅影响戍边将士的瞭望,也有利于敌人的隐藏。于是,戍边将士便开始砍伐树木,但地广人稀,人力砍伐有限。一次,将士的常规造饭引燃了附近的树木,竟发现焚烧后的森林视野开阔了许多。顿时,他们找到了窍门,便悄悄地纵火烧林。之后,不仅有焚树以阔瞭远之便,更有烧荒以绝游牧之说。

一旦生态环境遭受破坏,土地就会出现荒漠化,山洪、沙尘暴便随之席卷而来。雁门关一带烧荒虽未见记载,估计难以幸免,新广武、西汉崞县(位于崞山西南,今浑源县麻庄北)都有水淹的说法。由于元末连续暴发山洪,冲毁了西陉关古道,冲垮了西陉寨和白草隘,更兼山体滑坡、巨石横道,迫使主要通道由古雁门关移到今雁门关,从现在宽阔的滹水河床可以看出端倪。

三、再走 G208 国道

到 1919 年,山西经济有了一定发展,主政山西的阎锡山决定修筑公路,1923 年太原到运城、太原到大同公路主干线相继建成。其中太原到大同主干线,途经忻县、崞县、阳明堡、太和岭口、新广武、怀仁。这条线路横跨两大古道,到现在的 G208 国道,基本上还是原线,中段恰好从古雁门关和今雁门关之间通过。

20 世纪八九十年代,G208 国道路况不佳,每次行至雁门十八湾总是提心吊胆,通了复线火车和二广高速后再未走过。这次从勾注山下来,我又见到新广武城。

新广武算是今雁门关古道的入口,修建于明洪武七年(1374),传说为刘伯温设计督造,素有“金斗银簸箕”之称。据考证,之前已有废址,重筑于明万历三年(1575),是雁门关东移后的重要城堡,也是大同一带长城防线之后的第二道防线。明清时期,晋商马帮驼队往返关塞,关南百姓出走口外,都要经过雁门古道,并在新广武打尖歇脚。

到了清代,新广武城商贾云集店铺林立,寺庙僧侣屡屡不绝。阎锡山曾祖阎兴泰曾北上广武镇,在杨应魁的永恒粮店立稳根基,后使阎氏家道出现了转机。杨应魁为代州杨家将后裔,自幼聪敏好学,清同治九年(1870)考中秀才,先在广武镇开办义合栈,后设有多家分店,成为当地的富户巨商。光绪二十六年(1900),慈禧、光绪西狩,八月初三到达大同府。杨应魁托大同府官行贿李莲英,两天后经怀仁、山阴直奔广武镇。相传,杨应魁率众出城跪接,穿北关、北城门,将慈禧、光绪等人迎入义合栈,黄缎障壁,饭菜丰盛。次日,又将红绸被褥分放轿中,每轿放置十只银锭压轿。慈禧见杨应魁应对自如,大为欢喜,当即封为广东廉州知府(正五品),赏黄马褂和红顶雉尾官帽,后赐“大夫第”匾额一块,并召见进京。山西巡抚丁宝铨改店名为“来圣店”,并将南门外东南之地称作老龙湾。

1948年春,中共中央直属机关离开陕北东渡黄河,途经兴县、岢岚、五寨、神池、朔县,于4月6日中午抵达新广武,在城门洞外稍事停留。又登上雁门关,还对两座关城遗址进行凭吊。

　　我再次进入G208国道,过往车辆不算多,偶有载重大车迎面而来。没想到柏油路面宽阔畅通,路侧崖边的护栏、护坝敦实坚固。不仅不用交过路费,还可穿越勾注山,领略过往金戈铁马,追忆当年筑路艰辛,体验临高过关的愉悦,浏览雁门十八湾风光。

　　恒山山脉的长城是内长城,从现存遗迹来看,西陉关古道西侧有白草口长城,后腰铺村东有广武长城,这里应该是内长城的主线。而无论是古雁门关,还是今雁门关,都不在外长城的主线上,而是向南后移了好几里,这是怎么回事呢?

　　太原道创始人张珉先生,曾负囊走遍山西的内外长城。他说:"对于内长城,在雁门关以西连绵不断,雁门关以东的恒山余脉本来就险,在险峻处就不用修长城了,因此长城不太连贯;到了太行山南北线,则是丹壁长墙,只在关隘邻近处才筑墙的。"

　　路过太和岭口村,第二战区司令长官部行营旧址应该完好,当年周恩来会晤阎锡山的太和泉仍在流淌,当然,在车上是不会看到的。

　　再行到阳明堡一带,脚下就是古广武城了,城墙旧址掩映在广阔的农田中,这座战国时期的古城承载了太多的辉煌和悲凉。

　　(此文在第五届中国长城论坛上荣获优秀奖。作者系山西省作家协会会员,大同电力技校退休高级讲师。)

第一至五届中国长城论坛忻州长城研究获奖论文名录

序号	论文题目	届别	等级	作者	备注
1	晋北长城保护调查	一	大会发言	杨峻峰	
2	长城类旅游景区如何走出同质化困境	二	大会发言	张俊亮	
3	蹚新路辟新天的伟大实践 ——长城文化"走西口"的历史内涵及现实意义	三	一	杨峻峰	
4	边塞佛教文化:开在长城上的金莲花	三	二	苏栓斌	
5	传承长城文化 弘扬长城精神	三	三	王 源	
6	东魏肆州长城的东起点——土墱	三	三	尹 捷	
7	四辩丫角山	三	优秀	秦在珍	
8	山西抗日统一战线的形成从太和岭口谈判起步	三	优秀	刘燕芳	
9	独一无二的长城建造工艺——火烧长城	四	三	陈金荣	
10	金庸小说中的长城名关及文化意蕴	四	三	李丹宇	
11	长城1号旅游公路开辟了长城旅游新境界	四	三	王 源	
12	长城破坏——长城研究的崭新课题	四	三	杨峻峰	
13	浅谈山西长城在拱卫京师方面的历史意义	四	三	王书光	
14	探寻宁武长城文化价值 重塑紫塞文化自信	四	三	杜 鹃	
15	长城精神与长城学科	四	三	杨峻峰	
16	初探保护长城研究的几点措施	四	优秀	高振清	
17	襟带山河扼关隘 纵横百里写沧桑	四	优秀	秦文理	
18	长城,构建中华民族共同体的伟大纽带	四	优秀	苏栓斌	

序号	论文题目	届别	等级	作者	备注
19	长城文化助推忻州挠羊跤的传承与发展	四	优秀	邢剑宾	
20	静乐长城文化遗产研究	四	优秀	杨秀川	
21	保护利用长城 助力乡村振兴 ——从雁门关长城开发利用的效果看保护长城和开发长城旅游的必要性	四	优秀	张俊亮	
22	红门利市的百年风云	四	优秀	高政清	
23	新广武——白草口段面临的机遇与挑战	四	优秀	杨继东	
24	从"月亮门"的维修谈长城保护的历史定位	四	优秀	杨峻峰	
25	论晋北长城的美学价值	四	优秀	杨 怡	
26	北宋阳武寨探寻与考证	四	优秀	尹 捷	
27	黄河边墙的历史文化内涵	四	优秀	岳占东	
28	弘扬长城精神 传承爱国情怀 ——探索神池长城遗址与地域文化的形成	四	优秀	张 溱	
29	弘扬长城精神 坚定文化自信	四	优秀	郝国玮	
30	山西省忻州市长城概述	四	优秀	政协文史委	
31	民俗传统的家国认同建构及其影响因素分析 ——以河保偏地区黄河灯会为中心	五	一	王宇翔	
32	明代军屯制对长城沿线村落的形成研究 ——以雁门关长城繁峙段为例	五	二	冯占军	
33	雁门关历史意义浅探 ——路与关的形成和作用	五	二	杨江斌 杨明丽	
34	长城精神助推当地乡村文化振兴的路径探究 ——以山西雁门关长城文化为例	五	二	甄俊红	
35	中国式现代化视角下的长城精神探析	五	三	岳瑞波	
36	长城国家文化公园建设背景下的忻州长城	五	三	杨峻峰	
37	赵长城在中华民族共同体形成初期的积极作用	五	三	苏栓斌	

序号	论文题目	届别	等级	作者	备注
38	发挥关隘文化优势 奔赴中国式现代化 ——以宁武关为例,探索长城文旅融合新路径	五	三	杜 鹃	
39	弘扬长城三大精神助推中国式现代化建设宏伟大业	五	三	王书光	
40	上勾注山,瞭雁门古道	五	优秀	刘俊喜	
41	边塞历史文化	五	优秀	王 铭	
42	杀虎口金戈铁马气壮山河,西口古道沧桑悠远	五	优秀	王彦峰	
43	真实的偏头关	五	优秀	顾兴虎	
44	乡村振兴背景下长城国家文化公园发展策略研究 ——以山西省繁峙县长城为例	五	优秀	赵 娟	
45	长城精神与中国文化	五	优秀	杨秀琴	
46	长城东西走向对北方文化的影响	五	优秀	岳占东	
47	长城精神与民族团结	五	优秀	孙 静	
48	聆听静乐台骀式古琴音乐 感悟烽火岁月中的长城文化	五	优秀	杨秀川	
49	传承长城文化,弘扬长城精神 ——关于如何做好新时代长城保护利用传承工作的思考	五	优秀	张 溱	
50	寻踪五百年茨字号长城	五	优秀	李旭光	
51	唐末五代时期雁门关对沙陀的战略价值	五	优秀	刘 冬	
52	五台山长城岭长城的历史演变	五	优秀	陶之义	
53	好汉山、柏杨岭二市口辨析	五	优秀	洪 峰	
54	"东陉关"究竟在哪里	五	优秀	刘淮南	
55	红门口马市浅论 ——促进蒙汉人民经济发展、社会进步的奠基石	五	优秀	孙军民	
56	明代边关重镇——水泉营	五	优秀	高政清	

序号	论文题目	届别	等级	作者	备注
57	东魏肆州长城考察存疑	五	优秀	常潮民	
58	控朔州大地之冲,扼忻定盆地之要	五	优秀	王茂盛	
59	红门马市	五	优秀	刘建国	
60	长城与晋北女子养艳姬	五	优秀	王润生	
61	从港台小说中的雁门关书写看长城的和平精神	五	优秀	李丹宇	
62	太行山红色文化遗址的空间分异特征与要素关联分析 ——以不可移动革命文保单位为例	五	优秀	赵鹏宇 司佳钰	
63	浅谈长城与法律的思考	五	优秀	李宝林	
64	一座雁门关,千年大舞台 ——浅析雁门关在中国古代民族融合史上的地位	五	优秀	乔进波	
65	山西镇宁武中路雕窝梁堡和朔宁堡位置考证	五	优秀	尹　捷	
66	神秘玉华寨	五	优秀	范亮后	
67	国家文化公园(山西段)黄河边长城边墙与景观开发浅析	五	优秀	贾亿宝	
68	雁门长城文化的创造性转化和创新性发展经典案例研析	五	优秀	朱亚云	
69	雁门长城文化体系之研究	五	优秀	解世亭	
70	长城国家文化公园(山西段)老牛湾村打造"长城村落"路径研究	五	优秀	侯雪鹤	
71	明长城"茨"字编号敌楼形态初探	五	优秀	严欣强 严共明	
72	从暗门智慧设置看长城建筑奇迹	五	优秀	原雪瑞	

后　记

　　这部获奖论文集的华彩面世是忻州长城研究的必然。

　　这部获奖论文集的正式出版是忻州市委、市政府重视长城事业、支持长城学会工作的硕果。

　　2023年7月,第五届中国长城论坛在忻州成功举办。论坛上,由忻州长城人撰写的和外地人研究忻州长城的获奖论文多达42篇,这是中国长城学会举办长城论坛以来地市获奖论文总数最多的一届。市长城学会在总结论坛成果的时候,把这一喜讯汇报给了分管忻州文化旅游的贾玲香副市长。贾玲香副市长听后激动地说,这是忻州长城研究的丰硕成果,应当祝贺! 当即建议汇编成一部文集,总结传播。

　　按照贾玲香副市长的建议,市长城学会紧锣密鼓地开始汇编第五届长城论坛的获奖论文集,同时向燕山大学出版社报送了出版选题。在收集论文、修改文章的时候,感到忻州市的长城研究成果真还值得肯定和总结, 第五届长城论坛的获奖论文只是冰山一角,忻州长城研究文章在第一至第四届论坛上或者大会宣读或者获得奖项,多为佳作。把这五届论坛的72篇获奖论文或者大会宣读研讨的文章汇集成册,正式出版,不仅是对忻州市长城研究成果的肯定,也是对忻州长城资源、长城文化的有效宣传。在收集获奖文章时,本着展示忻州长城研究成果之意,还选入了第五届长城论坛之分论坛——忻州宋辽长城学术研讨会上的两篇有代表性的发言稿,为整个研究文集补白。

　　忻州是一块重视长城的土壤,我们在选编这部获奖论文集的同时,给市政府作了详细汇报,得到李建国市长和贾玲香副市长的大力支持。李市长还指示增加印数,扩大宣传。承办整个出版工程的市文化研究院刘燕萍院长、李卫东副院长为筹集资金跑前跑后,让我们始终感到一种温暖和力量。

　　在选编文集过程中,我们抽调了长城学会的精兵强将,反复修改,认真校对,付出了辛勤的汗水。特别是远在加拿大的杨江斌专家,克服困难加入编辑的行列,通过网络交流,修改文章,提出建议。面对众编辑的辛劳,因是长城人做着自己的事业,此时此刻不再言谢,但我们感到了长城精神此时此地的再现升华。为保证文集质量,编辑人员在修改每篇文章时,对原获奖文章的结构、语言进行了认真修改把关,对冗赘的考证进行了删改,对个别文章的标题亦有修改。因为是先获奖后出版,为了尊重论坛的评奖结果,保持其本真性,未修改获奖名录表格中的标题,出现目录标题与获奖名录不符的现象,在此说明。另外,在成书过程中,有四篇文章因观点角度和文稿体裁等原因未有收录,但在获奖名录中保留了论文标题,在此一并说明。

此处还想欣喜地告诉大家,在编辑成书的过程中,该文集得到忻州市委宣传部的高度重视,市委宣传部文艺科庄严科长跑前跑后,上下协调,最后争取到山西省委宣传部的重视,列为"2024年山西省长城保护传承利用的重要活动和重点项目",可喜可贺!

在文集顺利出版的时刻,我们感谢燕山大学出版社方志强老师的辛勤努力,有他的热心支持认真编辑,方使这部文集早日面世。

编　者

2024 年 3 月 17 日

图书在版编目（CIP）数据

忻州长城研究成果汇集：第一至五届中国长城论坛获

奖论文选 / 杨峻峰主编 . -- 秦皇岛 ： 燕山大学出版社，

2024. 9. -- ISBN 978-7-5761-0696-1

Ⅰ . K928.77-53

中国国家版本馆 CIP 数据核字第 2024LZ2866 号

忻州长城研究成果汇集

——第一至五届中国长城论坛获奖论文选

XINZHOU CHANGCHENG YANJIU CHENGGUO HUIJI

杨峻峰　主编

出 版 人：陈　玉

责任编辑：方志强　　　　　　　　策划编辑：方志强

责任印制：吴　波　　　　　　　　封面设计：杨峻峰

出版发行：燕山大学出版社　　　　地　　址：河北省秦皇岛市河北大街西段 438 号

邮政编码：066004　　　　　　　　电　　话：0335-8387555

印　　刷：山西基因包装印刷科技股份有限公司　　经　　销：全国新华书店

开　　本：889mm×1194mm 1/16　　印　　张：27.25　　　　字　数：670 千字

版　　次：2024 年 9 月第 1 版　　　印　　次：2024 年 9 月第 1 次印刷

书　　号：ISBN 978-7-5761-0696-1

定　　价：198.00 元